Noam Chomsky
Demokratie und Erziehung

Noam Chomsky

DEMOKRATIE UND ERZIEHUNG

Herausgegeben von Carlos Peregrín Otero

Aus dem Amerikanischen von Sven Wunderlich

LOWELL FACTORY BOOKS

1. Auflage 2013

info@lowellfactorybooks.de

Die amerikanische Originalausgabe erschien 2003
bei RoutledgeFalmer, New York (Taylor & Francis Group).

Titel der Originalausgabe:
Chomsky on Democracy & Education

Autorisierte Übersetzung der amerikanischen Originalversion, veröffentlicht von
Routledge Inc., Teil der Taylor & Francis Group LLC

Satz und Umschlagdesign der deutschen Ausgabe: Lowell Factory Books
Druck und Bindung: CPI, Ebner & Spiegel, Ulm

Umschlagabbildungen:
Vorderseite: Ruine des Parthenon auf der Akropolis in Athen
Urheber des Fotos (wikipedia): Thermos
Rückseite: John Dewey 1902 an der Universität Chicago
Urheberin des Fotos (wikipedia): Eva Watson-Schütze

ISBN: 978-3-9814496-2-4

Inhalt

TEIL III: Die Erziehungsinstitutionen

TEIL IV: Sprache im Unterricht

Danksagung

Die in diesem Buch enthaltenen Schriften wurden mit der Erlaubnis Noam Chomskys veröffentlicht, wofür wir uns herzlich bedanken. Wir danken auch Black Rose Books (dem Herausgeber von Chomskys Büchern *Radical Priorities* und *Language and Politics*, woraus ich zunächst sieben Kapitel für dieses Buch ausgewählt habe), Alternative Radio (für die Bereitstellung der ersten Tonbandaufzeichnungen von vier der enthaltenen Kapitel), Pisa's Scuola Normale Superiore sowie den Journalen, in denen einige der enthaltenen Kapitel erstmalig erschienen (insbesondere *Z Papers, Profession 2000, Nicaraguan Perspectives, The Pedagogic Reporter, Language, Northeast Conference on the Teaching of Foreign Languages, The English Magazine* und dem *Journal of Advanced Composition*).

Vorwort

von Carlos-Peregrín Otero

Bei diesem Buch handelt es sich um die erste Zusammenstellung von Noam Chomskys Werken über Demokratie und Erziehung. Viele der Kapitel sind kaum – oder gar nicht – bekannt, und einige sind hier erstmalig veröffentlicht. Das Buch möchte eine sehr repräsentative und umfangreiche Sammlung von Interviews, Vorträgen und Schriften bieten, um Chomskys Standpunkt über Demokratie und Erziehung zu untermauern. Diese beiden Begriffe stehen in einer engen Beziehung zueinander und bilden den Ausgangspunkt von seiner libertären Sozialphilosophie. Die meisten enthaltenen Kapitel (besonders die fünf Interviews am Anfang und am Ende) gehören zu den eingängigsten und verständlichsten unter seinen zahlreichen Veröffentlichungen. Daher könnte dieses Buch als leicht zugängliche und umfassende Einführung in einige der eindrucksvollsten Ideen des "wohl bedeutendsten lebenden Intellektuellen" dienen, der vielleicht "zu den einflussreichsten Denkern aller Zeiten gehört" (so die *New York Times Book Review* vom 25. Februar 1979). Es ist verständlich geschrieben, informativ, fesselnd und eine wahrscheinlich unerlässliche Lektüre für jeden, der sich in seriöser Weise mit den Entwicklungen in den Vereinigten Staaten und weltweit in heutiger Zeit und in Zukunft befassen möchte. Eine entscheidende Rolle bei diesen Entwicklungen spielt das derzeitige und zukünftige Bildungssystem. Daher verwundert es nicht, dass Bildungsfragen zu Beginn des neuen Jahrtausends für gewöhnlich den vordersten Platz unter allen politisch bedeutenden Themen in den Vereinigten Staaten einnehmen und einen höheren Rang belegen als Kriminalität und Arbeitslosigkeit, ja sogar als alle ökonomischen Fragen zusammengenommen.

Die Bedeutung dieser Werke lässt sich kaum überschätzen. Man könnte durchaus die Meinung vertreten, dass Chomskys Betrachtung der Demokratie und Erziehung zu den grundlegendsten und am besten begründeten gehört. Unten werde ich vorschlagen, dass Chomsky aus der begrenzten Perspektive dieser Disziplinen als der natürliche Nachfolger von zwei der bedeutendsten Sozialphilosophen des 20. Jahrhunderts angesehen werden kann: des Amerikaners John Dewey und des Briten Bertrand Russell. Doch ist wichtig zu bedenken: Im scharfen Gegensatz zu Deweys und Russells Erkenntnisphilosophien, die deren Demokratie- und Erziehungsvorstellungen schwächen, statt ihnen ein festes Fundament zu verleihen, ermöglichen Chomskys Theorie des Wissens und vor allem die epochalen wissenschaftlichen Entdeckungen, die ihr zugrunde liegen, einen dringend nötigen Ausgangspunkt für eine wirklich grundlegende Sicht auf Demokratie- und Erziehungsfragen. Die Wissenschaft der menschlichen Sprache, die Chomsky Mitte der 1950er Jahre als erste der kognitiven Naturwissenschaften begründete (sie ist noch immer die am weitesten fortgeschrittene unter den Kognitionswissenschaften), liegt im Zentrum der Analyse alles Menschlichen.

Diese Auswahl von Essays, Vorlesungen, Vorträgen und Interviews bietet eine grundlegende, einheitliche und vernetzte Diskussion eines breiten Spektrums fundamentaler Fragen, die ein seltenes und einzigartiges Vorbild eines systematischen Denkers und Wissenschaftlers erläutert, der sich wie kaum ein zweiter der Wahrheit und Gerechtigkeit verpflichtet fühlt. Die betrachteten Fragen reichen von derzeitigen wissenschaftlichen Erkenntnissen und Grundmerkmalen des menschlichen Gehirns (der menschlichen Psyche) bis zu einer Beschreibung von Grundaspekten der kulturellen Umwelt und einer Vision einer höheren Kulturstufe. Eine Vielzahl weiterer Themen zwischen diesen beiden Bereichen wird behandelt. Darüber hinaus legt die neue Sichtweise der genetischen Ausstattung des Gehirns (der Psyche), die für Menschen typisch ist, eine bestimmte soziale Organisation und damit verbundene Erziehungslehre nahe.

Zu den diskutierten Fragen gehören unter anderem folgende:

i. Inwieweit lässt sich die natürliche Welt verstehen?
ii. Rationalität und Wissenschaft gegen Ideologien (d.h. gegen alle Arten des "beliebigen Behauptens")
iii. Das Sprachorgan als Produkt der biologischen Evolution
iv. Die Sprachwissenschaften als Modell für die Analyse des Menschen
v. Die kreative Besonderheit des Sprachgebrauchs (nicht nur in der Literatur)
vi. Eine Untersuchung verschiedener Standpunkte zur Gleichheit, Freiheit und sozialen Organisation
vii. Technik und Selbstverwaltung, Kulturstufe und sozialer Wandel
viii. Die ideologische Unterwanderung der Wissenschaft, Technik und Lehre (mit Hinweis auf eine einzigartige und bisher unerreichte Diskussion über Rasse und IQ)
ix. Wissenschaft und Engagement in den sechziger Jahren und in der Gegenwart

x. Medienpropaganda und die Kontrolle des öffentlichen Bewusstseins in Verhältnissen der Freiheit ("eine amerikanische Erfindung")
xi. Die Verantwortung des Individuums und der Gemeinschaft
xii. Die Funktion von Universitäten und Schulen; die Wahl von Lehrplänen (tatsächliche und mögliche)
xiii. Selbstbildung und Entdeckungsfähigkeit

Aus mehreren Gründen habe ich mich nicht um das Streichen von Wiederholungen bemüht. Auf der einen Seite können leicht voneinander abweichende Formulierungen wichtiger Punkte sich als nützlich erweisen – besonders dann, wenn man mit Chomskys umfangreichen, mannigfaltigen und manchmal sehr anspruchsvollen Werken nicht vertraut ist: Selbst die einfachsten und grundlegendsten Argumente in den folgenden Interviews werden weiterhin missverstanden. Zudem ist es nützlich und gelegentlich aufschlussreich, eine Antwort mit ihrem Hintergrund in Beziehung zu setzen; der Hintergrund der Schriften und Interviews ist ein ganz unterschiedlicher. Auch hilft es zu sehen, welche Themen immer wieder aufgegriffen und welche nie erwähnt werden. Oft ist es außerdem so, dass wir manches zehnmal gesagt bekommen müssen, bevor wir es wirklich wahrnehmen.

Die Texte, die größtenteils im Dialogstil aufgebaut sind (was nicht einfach ist für jemanden, der scheinbar mühelos über weite Themengebiete formelle Vorträge halten kann, als würde er aus einem sorgfältig belegten und gestalteten Buch vorlesen), sind möglichst wenig überarbeitet worden, oft überhaupt nicht. In einigen Fällen wurden, wenn es hilfreich schien, Satzzeichen ergänzt (ohne Kennzeichnung), und in allen Kapiteln wurden neue Absätze eingefügt. Beinahe alle Zwischenüberschriften in den Essays und Interviews sind hinzugefügt worden, ebenso einige der Titel (bisweilen wurden sie abgeändert oder ersetzt). Im Vorwort will ich eine einheitliche Sicht auf Chomskys Gedanken und Tätigkeiten vermitteln, die mit seiner moralischen und intellektuellen Entwicklung, besonders was seine Demokratie- und seine Erziehungsauffassung anbelangt, verbunden ist.

Ich bin Noam Chomsky zu großem Dank verpflichtet – nicht allein dafür, dass er (in vieler Hinsicht) die Zusammenstellung in diesem Buch ermöglicht hat, sondern zudem für seine Arbeit, für die von ihm gesetzten Maßstäbe und die Hilfe und Ermutigung, die er mir über die Jahre mit viel Wohlwollen hat zukommen lassen. Ich habe sicher nicht als einziger erkannt, dass er einige der besten Gedanken und Handlungen in der zweiten Hälfte des 20. Jahrhunderts zuwege gebracht oder inspiriert hat (jenes halbe Jahrhundert der Einblicke in die "Sprachen" und in die DNA-Struktur in den 1960er Jahren, der zunehmenden Solidaritätsbewegungen für weniger glückliche Menschen weltweit, der Tierrechte, des Internets und vieler weiterer Vorgänge). Sicher wird Noam Chomsky in den folgenden Jahren eine bedeutende Quelle der Kreativität und der umfassenden Inspiration bleiben.

Ich danke ebenso David Barsamian für seine unschätzbare Hilfe beim Zugang zu einem Großteil der Interviews mit Chomsky und anderen, für seine rasche Mitteilung der jüngsten Interview-Ergänzungen und dafür, dass er bereit war, mehrere Teile seiner Sammlung in das vorliegende Buch aufzunehmen; ich danke *Black Rose Books* und insbesondere Dimitri Roussopoulos für ihre Bereitschaft, mehrere Teile der zwei Bücher Chomskys neu auflegen zu lassen, welche ich in dem Verlag bereits herausgegeben habe; ich danke Wayne O'Neil, Louis Kampf und Richard Ohmann für einige dringend benötigten präzisen Quellenangaben; ich danke Carlos Torres für das Ergreifen des alles entscheidenden ersten Schrittes (sowie für die nicht weniger entscheidenden nächsten Schritte); ich danke Catherine Fountain für ihre Hilfe bei meinen Recherchen; ich danke Octavio Pescador für seine Hilfe bei den Briefwechseln wegen der Genehmigungen. Und wie immer danke ich Judith Strozer für ihre tägliche Bereitstellung des Wichtigsten, Daniel Oteros warmer und stimulierender Gegenwart sowie David Oteros' Nähe in großer Entfernung, die den entscheidenden Unterschied ausmachte.

Chomskys Erziehung für die Demokratie: Eine aufklärende Erweiterung des Denkens

In Noam Chomskys Werken sind Demokratie und Erziehung leitende Inhalte. Das verwundert nicht, denn seine Eltern, die beide Lehrer waren, boten ihm zuhause eine ziemlich inspirierende und zum Denken anregende Umgebung. Sie schickten Noam auf eine Experimentalschule (die *Oak Lane Country School*), die auf den Lehren John Deweys aufbaute und von der *Temple University* geleitet wurde. Diese Schule besuchte er im Alter von zwei bis etwa zwölf Jahren, also ungefähr von Anfang 1931 bis 1943.[1]

Diese beiden, sich gegenseitig ergänzenden Erfahrungen (zuhause und in der Schule) waren vielleicht die entscheidenden seines Lebens. Bis heute hat er lebendige und liebevolle Erinnerungen an diese Zeit. Hingegen erinnert er sich kaum mehr an seine Zeit an der High School (eine Art "schwarzes Loch" in seinem Leben, wie er wiederholt, mit leicht erkennbarer Verachtung, betont hat), obwohl sie als die beste High School in seiner Heimatstadt Philadelphia galt. Seine Erfahrungen an der Universität Pennsylvania, an der er studierte (und nach seinem Abschluss zunächst tätig war), waren so beschaffen, dass er bereits nach etwa einem Jahr wieder aufhören wollte. Glücklicherweise kamen ihm seine Verbindungen zu einem herausragenden Linguistikprofessor (Zellig Harris) zu Hilfe, der seine politischen Ansichten teilte. Alles Übrige ist, wie es so schön heißt, Geschichte.

Sein Vater, William Chomsky, war nicht nur ein Lehrer und herausragender Gelehrter ("einer der führenden hebräischer Grammatiker" – ein Nachruf in der *New York Times* am 22. Juli 1977), zudem galt sein Hauptinteresse der Erziehung (den Großteil seines Lebens arbeitete er als Collegeprofessor für hebräische und jüdische Pädagogik), und alle seine Schriften hatten ein Erziehungsziel.[2] Natürlich war er "in hohem Maße beeinflusst" von John Dewey, der intellektuellen Leitfigur jener Zeit und "der größte amerikanische Sozialphilosoph" (siehe Kapitel 15), zu dessen Hauptinteressen Demokratie und Erziehung gehörten: "Der Hauptarbeit [von Noams Vater], der Pädagogik, lag in der Lehre und Schrift ausdrücklich Dewey zugrunde", und war deshalb aus Sicht seines ältesten Sohnes "meist seine bevorzugte Sicht auf die Welt" (persönliche Mitteilung Chomskys) – wahrscheinlich ein Erbe von Deweys "Verkleidung", wie ich unten vorschlagen werde. Kurz vor seinem Tod beschrieb William Chomsky als das wichtigste Ziel seines Lebens, an Dewey erinnernd: "Menschen in einer Weise zu erziehen, dass sie eingebunden, frei und unabhängig in ihrem Denken sind, auf die Verbesserung und Kultivierung der Welt bedacht und wünschen, das Leben eines jeden bedeutend und interessant zu gestalten."[3] Zumindest in einem Fall scheint er außergewöhnlich erfolgreich gewesen zu sein: Es ließen sich kaum treffendere Worte finden, um die Persönlichkeit seines ältesten Sohnes zu beschreiben.

Die Ursprünge von Chomskys Erziehungsinteresse liegen jedoch viel tiefer als seine frühen, ihn prägenden Erfahrungen, sogar tiefer als seine Erfahrungen als Lehrer und als seine Arbeit als Kulturforscher und politischer Aktivist generell. Sie bilden den eigentlichen Kern seiner wissenschaftlichen und philosophischen Analysen. Zu den bedeutendsten Ergebnissen seiner Analyse der Natur der Sprache, der menschlichen Psyche (des menschlichen Gehirns) gehört, wie wir noch sehen werden, dass sie die entscheidenden uns verfügbaren Belege und Argumente zugunsten einer der beiden traditionellen Hauptansichten über das Wesen der Demokratie und Erziehung zur Verfügung stellen: jenes Standpunkts, der Demokratie als Selbstverwaltung und Erziehung vorwiegend als Selbstbildung betrachtet.

Daher könnte es hilfreich sein, die Beiträge Chomskys zur *Demokratie für jeden* und zur *Erziehung für die Demokratie*, wie er diese beiden nennt, unter drei Gesichtspunkten zu betrachten: Chomsky (1) als Lehrer, (2) als Wissenschaftler, Erkenntnistheoretiker und als Philosoph der Psyche, sowie (3) als Kulturforscher (der heutigen und früheren Kultur, besonders der Geistesgeschichte) und als politischer Aktivist.

1. Chomsky als Lehrer

Dieser Ansatz, der Erziehung zum allergrößten Teil als Selbstbildung ansieht, liegt Chomskys praktischer Arbeit zugrunde, besonders seinem phänomenalen Erfolg als Lehrer – im weitesten Sinne des Wortes –, ein Lehrer im großen Maßstab, könnte man sagen: Regelmäßig hält er Reden und Vorträge weltweit vor ganz unterschiedlichem Publikum, das seine Vorträge meist ungewöhnlich erhellend findet (anschließend schreibt er so viel davon nieder, wie seine Zeit es erlaubt). Für viele ist Chomsky in erster Linie ein leidenschaftlicher Lehrer und Vordenker: "Ein passionierter Lehrer durch und durch", schrieb Norman Mailer in seinem scharfsinnigen Buch "Geschichte als Roman" 1967, im "Jahr der ersten Demonstrationen gegen das Pentagon", nachdem er eine Nacht in einem Polizeibunker in einem Bett direkt neben Chomsky verbracht hatte (danach wurde Chomsky in ein Gefängnis nach Washington, D.C., verlegt, wo er die unfassbaren, für wirkliche Gefangene herrschenden Bedingungen miterleben konnte). Seinen Ruf als großartiger Lehrer und Mentor erwarb er sich – wie sein High-School-Jahrbuch bezeugt – schon Anfang der 1940er Jahre, als er seine Mitschüler unterrichtete.

Es ist kaum zu bezweifeln, dass Chomsky ein außergewöhnlich erfolgreicher Lehrer ist (weit mehr als John Dewey, Bertrand Russell, Albert Einstein oder Richard Feynman, um vier Personen seinesgleichen zu nennen). Offiziell hat er über achtzig Doktorarbeiten betreut (zumindest nach meiner Kenntnis eine einmalige Zahl) und bei der Betreuung vieler weiterer geholfen – im und außerhalb des MIT (*Massachusetts Institute of Technology*), wo sein beruflicher Aufstieg geradezu kometenhaft erfolgte: 1961 (im Alter von zweiunddreißig Jahren) wurde er voller Professor, 1966 erhielt er einen Stiftungslehrstuhl, seit 1976 hat er die begehrte Position eines Institutsprofessors inne (der für etwa ein Dutzend Gelehrte vorbehalten ist, von denen die meisten Nobelpreisträger sind), und 1991 wie 1992 erhielt er den *Killian Faculty Achievement Award*, den vielleicht angesehensten Fakultätspreis für "außergewöhnliche berufliche Leistungen von Vollzeitmitgliedern der MIT-Fakultät." Viele der renommiertesten heutigen Sprachwissenschaftler sowie andere Kognitionswissenschaftler waren seine Schüler, und viele weitere als seine Studenten eingeschrieben oder Besucher seiner Kurse – oder Studenten seiner Studenten oder seine Mitarbeiter. Viele lesen begeistert seine produktiven Werke, die – wie der kleine, limitierte Ausschnitt innerhalb der Umschläge dieses Buchs zeigen soll – stets einsichtsvoll und inspirierend sind.

Zudem liegt häufig etwas Besonderes in der Unterstützung, die er seinen Studenten (im weitesten Sinne des Wortes) zukommen lässt, wie viele Danksagungen in Doktorarbeiten und in Büchern zu erkennen geben. (Allgemeiner könnte man sagen, dass kein wissensdurstiger Psychologe und Gehirnforscher unserer Zeit und unseres Zeitalters daran vorbei kommt, sein Schüler zu sein – das heißt, wer wirklich weiß, was er tut.) Es ist weithin anerkannt, dass jeder, der auf dem Gebiet der generativen Grammatik und allgemeiner ebenso der Kognitionspsychologie tätig ist, ihm intellektuell gesehen viel verdankt. Wer sich glücklich schätzen kann, die "einzigartige Erfahrung" seines Unterrichts und seine "große Offenheit für persönliche Diskussionen" erfahren zu haben, verspürt gelegentlich "unschätzbaren" Dank. Das gilt besonders für Studienanfänger, die "keine offizielle Position am MIT haben", Chomsky nach seiner Meinung fragen und häufig nicht ohne Verwunderung feststellen, dass er sie behandelt, als besäßen sie eine offizielle oder quasi-offizielle Stellung am MIT (diese Zitate sind aus Danksagungen in Doktorarbeiten). Die noch einmalige-re Erfahrung, einer von Chomskys Doktoranden gewesen zu sein, haben viele seiner Studenten beschrieben. Ich werde hier nur drei vorstellen, die aus sehr verschiedenen Hintergründen stammen (amerikanisch, chinesisch und französisch), doch alle mit vergleichbarer Offenheit schreiben:[4]

> Mit Noam Chomsky zu arbeiten (...) ist ein Privileg, auf das nur wenige hoffen können. Noch Jahre später denke ich manchmal, dass es ein Traum gewesen sein muss. Über Noam Chomsky ist viel gesagt worden, und ich stimme allen guten Beurteilungen zu. Sein inspirierender Unterricht, seine brillanten Einsichten und sein großes Engagement für die Arbeit seiner Studenten sind nur drei Aspekte, die ich bei der Arbeit mit ihm erfahren habe. Er antwortet auf alle Fragen so rasch, dass ich einmal voller Stolz war, als er mehrere Minuten in Ruhe nachdenken musste, um ein Gegenargument zu finden. Die Dienstage, an denen er unterrichtete und ich ihm begegnete, werden nie wieder so gut sein.
>
> – Diana Massam

> Noam Chomsky, dessen Einfluss auf mich auf jeder der folgenden Seiten erkennbar sein wird, hat mir unschätzbare Ratschläge über alle Aspekte meiner Doktorarbeit und alle anderen Facetten der Linguistik und des Lebens gegeben. Der Umfang, in dem er sich mir zur Verfügung stellte, und die Gedanken, die er in meine Arbeit investiert hat, gehen weit über alles hinaus, was ich oder ein anderer sich vernünftigerweise vorstellen kann. Sein Vertrauen in mich und sein Interesse für meine Arbeit haben mir in den letzten Jahren geholfen, den Mut nicht zu verlieren.
>
> – Cheng-Teh James Huang

Als Erfinder und brillantester Vertreter der modernen Syntaxtheorie hat Noam Chomsky bereits mehr zu dieser Doktorarbeit beigetragen, als vielleicht in ihr steckt. In der unmittelbaren Arbeit mit ihm habe ich entscheidend von der unvergleichlichen Geschwindigkeit seiner Auffassungsgabe und der Grenzenlosigkeit seiner theoretischen Vorstellungskraft profitiert, die er routinemäßig auf die Objekte seiner Aufmerksamkeit richtet.

– Jean-Roger Vergnaud (der ebenfalls weiß, wie es ist, den Doktorgrad in Paris verliehen zu bekommen)

2. Chomsky als Wissenschaftler, Erkenntnistheoretiker und Philosoph der Psyche

Betrachten wir die *Demokratie für jeden* und die *Erziehung für die Demokratie*, so richtet sich – genau wie bei anderen menschlichen Unternehmungen auch – die Grundfrage notwendig auf die Interaktion zwischen "Natur" und "Erziehung" oder, weniger irreführend ausgedrückt, auf die Interaktion der genetischen Ausstattung eines Menschen mit einer bestimmten kulturellen Umwelt. Dies setzt jedoch stillschweigend voraus, dass die Disjunktion "Natur *oder* Erziehung" wörtlich genommen gar keinen Sinn ergibt. Es müsste gleich ersichtlich sein, dass bei der psychischen Entwicklung jedes Menschen (und genauso jedes Tiers) die genetische Ausstattung eines Individuums genauso wie seine spezielle kulturelle Umwelt eine Rolle spielen. Schließlich spricht nicht jeder Armenisch, Baskisch und Katalanisch… oder Vietnamesisch, Walisisch, Xhosa, Yaqui und Zhuang – und niemals kann die Stimmung eines Menschen von seinem Charakter getrennt werden (wenn man danach geht, wie diese Begriffe verwendet werden: der individuelle Charakter wird aus angeborenen, die Stimmung aber aus durch Erfahrung erworbenen Merkmalen bestehend gesehen). Bestimmt werden muss demnach die relative Bedeutung oder Gewichtung der jeweiligen Beiträge des menschlichen Gehirns und der Umwelt.

Es bedarf keiner Genialität, um zu erkennen, dass die Umwelt nicht erklären kann, dass Menschen nicht wie Adler zu fliegen und Adler nicht wie fünfjährige Kinder zu sprechen vermögen. Nicht jeder erkennt jedoch unmittelbar (und kann noch schwieriger anderen zu der Erkenntnis verhelfen), dass die Umwelt keine potenzielle oder ausreichende Grundlage für eine der scheinbar an ein Wunder grenzenden Fähigkeiten sein kann, zu denen ein fünfjähriges Kind in der Lage ist. Ein kurzer Blick auf das Wissen, das Kinder benötigen, um ohne nachzudenken so handeln zu können, wie sie es tun, lässt unmittelbar erkennen, dass ihr Wissen weit über alles hinausgeht, was die Umwelt bewirken kann. Dasselbe gilt natürlich für erwachsene Menschen.

Zwei einfache Sätze reichen aus, um die Hintergründe erahnen zu können. Betrachten wir die folgenden Sätze (nennen wir sie E1 und E2), die bis auf die ersten drei Wörter im zweiten Satz offensichtlich identisch sind:

(E1) Leslie expects to educate herself.
(E2) I wonder who Leslie expects to educate herself.

Wenn wir uns auf das verlassen, was die Umwelt bewirken kann, würden wir logisch schließen, dass die sich selbst bildende Frau in E1 und E2 dieselbe ist, denn in beiden Fällen sind die Wörter nach *Leslie* identisch und stehen in derselben Reigenfolge. Zu unserer großen Überraschung stellt sich diese Erwartung jedoch als falsch heraus. Zunächst begreifen wir, dass Leslie bei E1 eine Frau ist, wohingegen wir bei E2 bezüglich Leslies Geschlecht im Dunkeln gelassen werden. Wir verstehen auch, dass es bei E1 Leslie ist, die erwartet, sich selbst zu bilden, während es bei E2 nicht Leslie, sondern eine andere Frau ist, die es erwartet, sich zu bilden: Jeder englischsprachige Mensch würde dies als völlig selbstverständlich betrachten (vielleicht ohne zu zögern, vielleicht auch nach einem Moment des Nachdenkens), wenn die Antwort auf die Frage, die in E2 inbegriffen ist, etwa so ausfällt: "Weißt du es wirklich nicht? Es ist Laura." Wenn daher "Laura" die richtige Antwort auf die in E2 inbegriffene Frage ist, verstehen wir, dass Leslie (ob männlich oder weiblich, wissen wir nicht) erwartet, dass Laura sich bildet. Fachsprachlicher ausgedrückt bedeutet dies: Der "Wert", den der Hörer oder Leser für die "Variable" *sich selbst* "berechnen" muss, um E2 zu verstehen, ist nicht derselbe wie der Wert, den er für die "Variable" *sich selbst* bei E1 berechnet hat – obwohl E2 alle Wörter von E1 in genau der gleichen Reihenfolge enthält. Jeder englischsprachige Mensch weiß das "instinktiv." Das zeigt uns, dass die Umwelt zu "schwach" ist, um diese und andere Tatsachen (wahrscheinlich endlos viele) erklären zu können, die von den Sprechern der Sprache nie wirklich "wahrgenommen" werden, wenn sie nicht einigermaßen gute Linguisten sind.

Nun zur entscheidenden Frage: Wie gelangen Sie (z.B. eine englischsprachige Person) an dieses Wissen, obwohl es aufs Schärfste allem widerspricht, was Sie nach ihren durch Erfahrungen erworbenen Informationen erwarten? Haben Ihre Freunde oder Ihre Mutter Ihnen davon erzählt? Oder Ihr Lehrer? Natürlich scherze ich nur. Weil niemand davon wusste, bevor Chomsky vor einigen Jahren erstmals ein "Aha!-Erlebnis" hatte – wie konnte Ihnen jemand davon erzählen? Entdeckt es jeder für sich alleine, wenn er zufällig mit dem richtigen Satz in Berührung kommt (mit einer Wahrscheinlichkeit, die gegen Null geht) und dabei unbewusst die Regeln durchschaut – wobei einem diese überwältigende Entdeckung niemals bewusst wird?

Lautet die Antwort auf diese oder ähnliche Fragen nein, so gibt es nur zwei mögliche Wege aus der Sackgasse: (1) Es handelt sich um ein Wunder, das im Prinzip jede Sekunde wieder geschehen könnte, oder (2) jenes Wissen, das es jedem Sprecher der englischen Sprache (notwendigerweise einem Menschen) ermöglicht, beide Sätze unterschiedlich zu verstehen, entstammt dem Inneren einer Person und ist schlicht ein Bestandteil seiner genetischen Ausstattung; d.h. ein Beispiel für das “angeborene” Wissen, das in Kapitel 1 ausführlicher behandelt wird.

Eine genauere Erkundung dieser Frage lässt vermuten, dass der Großteil unseres Wissens dem Inneren und nicht der Umwelt entstammt, obwohl die Umwelt häufig einen nicht zu vernachlässigenden Beitrag leistet (zunächst einmal kann es ohne die richtige “Nahrung” kein nicht-mentales und mentales körperliches Wachstum geben). Wenn das zutrifft (und das scheint der Fall zu sein), kann das nur bedeuten, dass sich “Lernen” in vielen seiner Verwendungen (ebenso wie “Lehren”, das notwendigerweise in Beziehung zum “Lernen” verstanden wird) sich nur umgangssprachlich auf jenes aus der psychischen Entwicklung (dem mentalen Wachstum) stammende Wissen anwenden lässt – in derselben Weise, wie wir umgangssprachlich vom “Untergang” der Sonne sprechen. Dieses Problem wird in Kapitel 25 diskutiert.

Jetzt, da Chomsky dies in aller Deutlichkeit aufgezeigt hat, lässt sich leicht verstehen, dass die Belege zur Untermauerung dieser Resultate dem Erkenntnistheoretiker viel wertvolle Nahrung geben: Sie weisen unzweideutig darauf hin, dass nicht die Erkenntnisphilosophien des Aristoteles’ und der britischen Empiriker auf der richtigen Spur waren, sondern die Erkenntnisphilosophien von Platon und Descartes.[5]

Im Rahmen dieses Buches können wir diese kaum beschriebenen Entdeckungen und die daraus hervorgehenden Resultate als Kern der sogenannten kognitiven Revolution bezeichnen, die sich in den 1950er Jahren vollzog – als Entstehung dessen, was wir als Kognitionswissenschaften kennen, die durch Chomskys grundlegende Entdeckungen über die menschliche Sprache und die Psyche (bzw. des Gehirns) begründet wurden. Chomsky dehnte als erster die Reichweite der Untersuchungsmethoden Galileis und Newtons auf humanwissenschaftliche Analysen im engeren Sinne aus, die selten angewandt werden und noch seltener anwendbar sind. Es sollte aber nicht vergessen werden, dass dies nur die anfängliche und bedeutendste Aussage ist. Das gesamte, sich fortsetzende Bemühen, das menschliche Sprachorgan als einen einzigartigen und bedeutenden Teil der menschlichen Psyche (des menschlichen Gehirns) zu verstehen, umfasst hunderte gut begründeter Seiten, die gelegentlich reichlich von einer präzisen, manchmal auch abschreckenden Symbolik Gebrauch machen (das gilt vor allem für große Teile von Chomskys erster wegweisender

Studie von 1955, die fast eintausend Seiten umfasst). Angesichts der zentralen Bedeutung der Sprache als Bestandteil unserer genetischen Ausstattung (im Allgemeinen wird die Sprache als *eine*, wenn nicht gar *die* definierende Besonderheit der menschlichen Natur angesehen) können die daraus hervorgehenden neuen Einsichten, die sicher Chomskys wichtigster geistiger Beitrag zum kumulierten Kulturreichtum der Menschheit sind, nur als bahnbrechend angesehen werden. Nicht unbedeutend als weiteres Ergebnis ist, dass diese präzise Theorie der menschlichen Sprache als nützliches Vorbild für andere Kognitionswissenschaften dienen kann (als erstes naturalistische Modell dieser Art in der Zivilisationsgeschichte, welches in anderen Teilgebieten der kognitiven Forschung noch weit von einer Anwendung entfernt ist).

Die Bedeutung dieses Modells für eine Demokratie- und Erziehungslehre ist keineswegs ohne Belege und leitet sich aus folgender Tatsache ab: Es weist deutlich darauf hin, dass der kulturelle Fortschritt und die Kulturstufe, die am Ursprungsort der Demokratie liegen und die äußeren Grenzen der Erziehung definieren, mit persönlicher Aufklärung verbunden sind. Wie Chomsky nie zu betonen aufhört, ist eine weitergehende psychische Entwicklung, die zu persönlicher Aufklärung führt, nur eine bestimmte Art des körperlichen Wachstums – das Wachstum der Psyche bzw. des Gehirns (besonders während des natürlichen Entwicklungsverlaufs vor der Pubertät).[6] Von diesem erhellenden Blickwinkel aus betrachtet besteht das Ziel einer *Erziehung für die Demokratie* darin, ein zur Bereicherung führendes psychisches Wachstum eines Menschen zu fördern, eine sich selbst auf Aufklärung richtende Entwicklung, und daher ein auf Selbstaufklärung gerichtetes mentales Wachstum. Doch Aufklärung in welchem Sinne und in welcher Richtung genau? Darauf gibt es leider keine wissenschaftliche Antwort (zumindest nicht im Moment). Wir kommen später auf diese Frage zurück.

Vielleicht sollten an dieser Stelle einige Worte zu einer weiteren (und damit zusammenhängenden) Frage ergänzt werden, die von der Wissenschaft bisher nicht beantwortet werden konnte: die Entstehung des menschlichen Gehirns (mit seinem einzigartigen Sprachvermögen). Aus der gerade dargestellten Perspektive gesehen lässt sich unschwer erkennen, dass enge Parallelen zwischen der (ontogenetischen) Sprachentwicklung eines individuellen Menschen sowie der (phylogenetischen) Sprachentwicklung der menschlichen Spezies zu finden sind. Selbst B. F. Skinner, der führende Behaviorist seiner Zeit, konnte diese Parallelen erkennen (natürlich in seinen eigenen Begriffen).[7] So nahm er 1966 in einem Artikel in *Science* solche Parallelen als offensichtlich an. Folglich war er zumindest konsequent – was sich von vielen modernen (Neo-)Evolutionsforschern nicht sagen lässt. Skinner erkannte aber nicht, dass, in gleicher Weise, wie es keine Umwelterklärung für das Wunder der Sprachentwicklung in der Psyche eines gewöhnlichen Kindes gibt, es auch keine Umwelterklärung für das Mysterium der menschlichen Evolution gibt.

Für jeden einigermaßen vorurteilsfreien Menschen sollte gleich ersichtlich sein, dass die Umwelt (die natürliche Selektion) die Entstehung der menschlichen Kognition unserer Spezies ebenso wenig erklären kann wie die Sprachentwicklung eines Kindes. Dies ist in beiden Fällen darauf zurückzuführen, dass der Umwelt schlicht die Mittel fehlen. Ihr fehlen die komplexen mentalen Kognitionsstrukturen völlig, die in jeder Studie über die Psyche (das Gehirn) des Menschen angenommen werden müssen. Hierin ist in den Einwänden der Kreationisten weit mehr Sinn zu erkennen als in den dogmatischen Behauptungen mancher selbsternannter (Neo-)Evolutionsforscher.

Zunächst scheint es keinerlei Weg zu geben, die unbelegte Behauptung zu beweisen, dass Hasen aus dem evolutionären Umwelt-Hut eines Magiers gezaubert werden können. Demgegenüber ist es ein Leichtes, die Behauptungen der Kreationisten mit Vernunft zu füllen: Man muss sie bloß durch Spinozas Formulierung *Natura sive Deus* austauschen: "Natur oder Gott/Göttlichkeit/ Schöpfer" (eine viel gefeierte Formulierung z.B. von Goethe, der nicht dumm war). *Sive* ist hier (im Gegensatz zu *aut*) natürlich als Identifizierung gemeint, nicht als disjunktes "oder" aus der mathematischen Elementarlogik. Spinozas Worte wiederum lassen sich als einen frühen Weg ansehen, um zu sagen, dass "die gesamte Evolution vielleicht in tiefem Sinn durch physikalische Vorgänge bestimmt war und viele Merkmale hervorbrachte, die manchmal der Selektion zugeschrieben werden", wie Chomsky kürzlich sagte.[8]

3. Chomsky als Erforscher der Kultur und Geschichte und als Aktivist

Chomskys wissenschaftliche und erkenntnistheoretische Analyse enthüllt uns daher die bedeutendsten verfügbaren Belege und Argumente zugunsten einer der beiden traditionellen Hauptansichten über das Wesen der Erziehung: des Standpunkts, der die genetische Ausstattung gegenüber der Umwelt bevorzugt (besonders gegenüber der kulturellen Umwelt). Wie ich erneut betonen will, soll das nicht bedeuten, dass die Umwelt keinen großen Einfluss haben kann). Am ausdrücklichsten wurde dieser Standpunkt ohne Zweifel von Platon und seinen modernen Nachfolgern vertreten. Er folgt einem roten Faden, der von Descartes bis Chomsky reicht, einschließlich der britischen Platoniker, besonders Ralph Cudworth (1617-1688) und Leibniz, auf die sich Kant in hohem Maß stützte. Der bedeutende Vertreter des klassischen Liberalismus, Wilhelm von Humboldt, ein wichtiger Theoretiker nicht nur der Sprache, sondern auch der Demokratie und der Erziehung (er war "der Architekt des preußischen Bildungssystems und Begründer der Berliner Universität", die von einer Reihe moderner Universitäten bewusst als Modell gewählt wurde), den Chomsky in seinen Werken über die Geistesgeschichte in den Vordergrund stellt, stimmte dieser kartesianischen Tradition (unbewusst) in entscheidenden Punkten zu (siehe Kapitel 7, 9 und 10).[9]

Als lehrreichen Weg, um Chomskys Erziehungsauffassung zu betrachten, könnte man versuchen, sie als natürlichen Nachfolger einer moderneren und bereicherten Form der kartesianischen Lehre von der Psyche zu sehen, die er mit dieser jahrhundertealten Tradition in Zusammenhang brachte. Man könnte sagen, dass Chomskys Erziehungsauffassung der derzeitige Höhepunkt der Aufklärungsphase dieser Tradition ist. Das ist jedoch eine Art rekonstruierte Geschichtsidealisierung. In Wahrheit machte Chomsky seine Entdeckungen in großer Unkenntnis seiner teilweisen Vorgänger und suchte erst anschließend nach Vorläufern.[10]

Von dieser korrigierten und sehr bereicherten kartesianischen Perspektive aus gesehen ist die Erziehung (im Englischen "*e-ducation*", wörtlich "hervorlocken"), verstanden als Vorgang des Hervorlockens von etwas in der menschlichen Psyche ruhend vorhandenem – oder schlicht als Hilfe beim "Gedeihen" dieses Etwas in der geeigneten "Erde" und "Sonne" (vielleicht mit der Bereitstellung des nötigen "Wassers" und der benötigten "Nahrung") –, immer der "In-struktion" oder der gar noch schlimmeren "In-doktrination" vorzuziehen (und selbst der sanft indoktrinierenden Überzeugung, die damit vergleichbar ist, Erfindungen in die menschliche Psyche zu gießen, so wie man eine Flüssigkeit in ein Gefäß gießt). Obwohl es unüblich ist, Erziehung und Indoktrination in dieser Weise gegenüberzustellen, besitzt diese Einsicht sicher sehr alte Wurzeln ("Der Lehrer öffnet die Tür, doch hindurchtreten muss man selbst", wie ein bekanntes chinesisches Sprichwort besagt). Es ist leicht zu verstehen, dass der wahrscheinliche Nutzen des Versuchs, eine solche Erziehungspraxis einzuführen (eine "Praxis der Freiheit" und Kreativität, wie der brasilianische Pädagoge Paulo Freire betonte) – einen Nutzen, den sie für den Ausbau der Demokratie haben kann –, kaum überschätzt werden kann, sofern unsere anfänglichen Einblicke in die menschliche Psyche (beziehungsweise ins Gehirn) auf der richtigen Spur sind (siehe Kapitel 25).[11]

So zitiert Chomsky zum Beispiel unter Zustimmung Russells Sicht des Erziehungsziels: "Ein Gefühl vom Wert der Dinge zu vermitteln, das nichts mit der Beherrschung anderer zu tun hat, zur Schaffung weiser Bürger in freien Gemeinschaften beizutragen, ein Miteinander aus Bürgerschaft, Freiheit und individueller Kreativität zu fördern. Das bedeutet, ein Kind so zu sehen, wie ein Gärtner einen jungen Baum betrachtet, als etwas, das über eine eigene Natur verfügt und zu etwas Bewunderungswürdigem heranwachsen kann, wenn Boden, Licht und Luft der passenden Art zugegen sind." (siehe Kapitel

9). Auch ist Chomsky der Meinung, dass "Dewey die überwiegende Zeit seines Lebens gefühlt zu haben scheint, dass Reformen der Früherziehung eine entscheidende Stellschraube für einen Gesellschaftswandel darstellen könnten (in höherem Alter war er skeptischer). Sie könnten Wegbereiter für eine gerechtere und freiere Gesellschaft sein, in der, wie Dewey schrieb, 'das letzte Ziel der Produktion nicht die Herstellung von Waren ist, sondern die Schaffung freier Menschen, die unter gleichen Bedingungen miteinander verbunden sind.'" Anschließend betont er Deweys Standpunkt, dass es "antiliberal und unmoralisch" sei, Kinder so zu erziehen, dass sie "nicht frei und intelligent, sondern des erhaltenen Lohns" wegen arbeiten, dann ist ihre Tätigkeit "nicht frei, da sie sich nicht frei daran beteiligen."[12]

Die Zitate stammen aus der Einleitung, einem wichtigen, wenig bekannten Vortrag Chomskys aus dem Jahre 1994. Zu Beginn stellt er zwei vollkommen verschiedene Traditionen des westlichen Denkens über demokratische Ideen, Freiheitsideale und Gerechtigkeitsvorstellungen gegenüber, die sich seit der Französischen und der Amerikanischen Revolution gebildet haben. *Eine* Tradition, die ihre Ursprünge in den Werten der Aufklärung hat, entstammte den Zeitungen und den Organisationen der Arbeiterklasse im 19. Jahrhundert und entwickelte sich zu den linkslibertären und sozialistischen Bewegungen. In Chomskys Vorstellung der *Demokratie für jeden* und der *Erziehung für die Demokratie* erfährt diese Tradition eine Bereicherung und dringend nötige Unterstützung. In der Einleitung schreibt Chomsky:

> Zu [dieser Tradition] gehörten moderne Liberale wie John Dewey, unabhängige Sozialisten wie Bertrand Russell, die wichtigsten Vertreter der marxistischen Hauptströmung (die den Bolschewismus größtenteils ablehnten), libertäre Sozialisten verschiedener anarchistischer Bewegungen – und natürlich ein Großteil der Arbeiterbewegungen und andere Teile der Bevölkerung.[13]

Auch wenn Chomsky es nicht erwähnt (vermutlich war es nicht die passende Gelegenheit), werden die libertären Standpunkte dieser nach Chomskys Ansicht "beiden führenden westlichen Denker des 20. Jahrhunderts" von der empirischen Erkenntnistheorie, auf der sie aufbauen, untergraben. Der klassische britische Empirismus, der "oft in einer gesunden Opposition zum religiösen Obskurantismus und zur reaktionären Ideologie erwuchs" und "eine Vision eines grenzenlosen Fortschritts bietet", war geschichtlich "eng mit dem klassisch-liberalen Denken verbunden" – wie bei Dewey und Russell.[14] Doch "bei näherem Hinsehen zeigt sich, dass die Idee des formbaren und unstrukturierten 'leeren Organismus' nicht nur falsch ist, sondern ohne Zweifel auch die reaktionärsten Gesellschaftslehren stützt", wie Chomsky in *Reflexionen über die Sprache* schreibt.

Diese Einsicht ist nicht neu. Ich möchte nur einen bekannten Vorgänger nennen: Kants Kritik bestimmter Gesichtspunkte der empirischen Doktrinen "ist nicht nur erkenntnistheoretische Haarspalterei, sondern eine weitreichende Argumentation über die Hintergründe der menschlichen Freiheit", schrieb Ellen Wood in ihrem 1972 erschienenen Buch (das eine überarbeitete Version ihrer Doktorarbeit an der Universität Kalifornien ist). Sie begründet ihre Meinung folgendermaßen: Ob die menschliche Psyche "ein reagierendes Zahnrad im Mechanismus der Natur" ist, wie in der Lehre des Empirismus, oder "eine kreative, bestimmende Kraft", ist eine wesentliche Frage, die den wichtigsten gesellschaftlichen Entscheidungen zugrunde liegt.[15]

Aus dieser Perspektive lässt sich leichter verstehen, warum Chomsky von Anfang an Bedenken gegenüber empirischen – und besonders behavioristischen – Ansichten über die menschliche Natur äußerte, die er im Grunde als manipulierend und zu Zwang führend sah und sieht. Wie die Bolschewiken und andere autoritäre Gruppen (einschließlich vieler postklassischer Liberaler) stellten die Behavioristen sich das Gehirn gewissermaßen als eine unbeschriebene Tafel vor, in die überlegene Geister und weitsichtige Führer ("leninistisch" damals in Leningrad, und "(neo-)liberal", "konservativ" oder Ähnliches in den beiden Cambridges) ein bestimmtes Bewusstsein einprägen können. Es verwundert deshalb nicht, dass Chomsky diesen Entwicklungen, besonders aus politischen Gründen, stets mit großer Besorgnis gegenüberstand, denn alle diese Ansichten schienen Chomsky mit äußerst gefährlichen gesellschaftlichen Strömungen verbunden zu sein.

Für Chomsky muss eine wohlbegründete Vision einer sozialen Ordnung in einer beständigen Weiterentwicklung der kartesianischen Tradition verankert sein. Diese Tradition trat durchweg für eine Auffassung von der menschlichen Psyche ein, die das genaue Gegenteil der Vorstellung einer unbeschriebenen Tafel ist. Zudem gibt es für Chomsky (wie für Descartes) außer oberflächlichen körperlichen Merkmalen keine wesentlichen Unterschiede zwischen den Menschen (keine "Stufen der Menschlichkeit"): Entweder man ist ein Mensch oder man ist es nicht. Folglich sind Rassismus, Sexismus und andere nichtegalitäre Neigungen, sofern wir Chomskys im Prinzip kartesianische Konzeption konsequent anwenden, eine logische Unmöglichkeit.[16] Diese korrigierte und vertiefte egalitäre Vision, die in gewissem Umfang durch seine professionelle sprachwissenschaftliche Arbeit gestützt wird, liegt am Ursprung seiner allgemeineren Analysen über die menschliche Natur und Gesellschaft, vor allem seiner Sicht der Erziehung. Daher sind die Resultate seiner wissenschaftlichen und erkenntnistheoretischen Analysen und sein unerreichter moderner Beitrag zur Lösung dieser jahrhundertealten philosophischen Debatte über die Natur der menschlichen Psyche von solcher Bedeutung.

Wenn wir gute Gründe zu der Annahme haben, dass die Psyche (und das Gehirn) bei der Geburt überhaupt nicht leer sind, sondern äußerst strukturiert und inhaltsreich, müssten vernünftige Menschen, die sich mit Demokratie und Erziehung befassen, logischerweise fragen, welche Rolle, wenn überhaupt, die Umwelt spielt. Man versteht unmittelbar, dass Menschen im wahrsten Sinne des Wortes wachsen und ein Großteil ihres intellektuellen und moralischen Wachstums nicht nur biologisch ererbt sein kann. Die genetische Ausstattung eines Individuums ist angeboren, auch die Grundstruktur der Psyche (und des Gehirns) und die Prinzipien, die ihre Merkmale und Entwicklung bestimmen. Dass der Entwicklungs*verlauf* vorwiegend von innen bestimmt wird, "bedeutet nicht, dass er ohne Fürsorge, Anregung und Herausforderung weitergeht." Die volle Entwicklung eines Menschen, einschließlich der Entwicklung seines moralischen Urteilsvermögens, "wird beträchtlich durch die Art der Umwelt bestimmt und kann stark eingeschränkt sein, wenn die Umwelt nicht die passende ist": "Eine stimulierende Umgebung ist nötig, um die Entwicklung der natürlichen Neugier, Intelligenz und Kreativität zu ermöglichen und unsere biologischen Fähigkeiten zur Entfaltung zu bringen." Deshalb verwundert es nicht: "Wenn ein Kind in eine verarmte Umwelt gebracht wird, werden sich seine angeborenen Fähigkeiten schlicht nicht entwickeln, werden nicht wachsen und sich nicht entfalten" (siehe Kapitel 3).[17]

Ich muss nicht hinzufügen, dass diese und ähnliche Folgerungen faktische Annahmen über die menschliche Natur enthalten, für welche es einige Belege gibt, und "bestimmte Resultate, die sich aus dieser Beurteilung über die Tatsachen der Erziehungstheorie und Erziehungspraxis ergeben, und ebenfalls aus der Gesellschaftslehre sowie aus Handlungen, die aus einem gewissenhaften Engagement für die Resultate dieser Lehre logisch folgen." Daher ist wichtig, dass wir diese Beurteilung höchst nachdenklich zu vollziehen versuchen, statt "gedankenlos in Übereinstimmung mit der vorherrschenden Ideologie", unter stillschweigender Akzeptanz der meisten "Überzeugungen, die in unserer Gesellschaft vorherrschen" (Kapitel 9).

Als nächstes stellt sich folglich die Frage: Welche psychische Entwicklung sollte bei Menschen gefördert werden? Im vorigen Abschnitt wurde vorläufig die Idee vorgebracht, dass die *Erziehung für die Demokratie* zum Ziel habe, eine Entwicklung voranzubringen, die sich selbst auf Aufklärung richtet – eine zur Selbstaufklärung führende psychische Entwicklung. Weil Aufklärung aus den beiden Grunddimensionen der menschlichen Existenz, d.h. der intellektuellen und der moralischen, hervorgehen sollte, ist damit also die freie Entwicklung intellektueller und moralischer Erkenntnisse und Einsichten gemeint – denen es hoffentlich nicht an Weisheit fehlt. Nun können wir zu der Frage zurückkehren, die wir bislang unbeantwortet gelassen haben: Welches Wissen und welche Erkenntnis stehen im Zentrum einer gelungenen Selbstbildung?

Der intellektuelle Teil der Frage ist für ein Kind der Aufklärung recht einfach zu beantworten: mit einem großgeschriebenen *E* (*Enlightenment*; d.h. die Wirkung der wissenschaftlichen Revolution Galileis und Newtons im 18. Jahrhundert): Wissen ist nur durch rationale Untersuchung zu erlangen, die (wie in den theoretischen Wissenschaften) nur auf (logischen) Argumenten beruhen darf, oder (wie in den Naturwissenschaften) auf (faktischen) Belegen und Argumenten (dies ist die tiefsinnigste und verlässlichste Wissenslagerstätte, die die Menschen hervorzubringen versuchen), oder (auf einfacherer Ebene) auf der bestmöglichen Analyse des Tierverhaltens und der kulturellen Tätigkeiten des Menschen (siehe Kapitel 5).[18] Erkenntnisse können aus den Wissenschaften hervorgehen, aus den "Nebenwissenschaften" (den Humanwissenschaften sowie den sozialwissenschaftlichen und anthropologischen Disziplinen), oder aus den Künsten (im weitesten Sinne des Wortes).

Zumindest im Augenblick ist unser Verständnis des moralischen Teils der Frage ist weit geringer. Wie Chomsky aber immer wieder betont, liegt all dem die Binsenweisheit zugrunde, dass jeder Mensch für die absehbaren Folgen seiner Handlungen in vollem Umfang verantwortlich ist (oder für das Unterlassen einer Handlung). Ziemlich klar ist ebenfalls, dass es moralisch zurückgebliebene Menschen geben kann (moralisch Unterbelichtete, wie man sagen könnte), in derselben Weise, wie es intellektuell zurückgebliebene Menschen (intellektuell Unterbelichtete) geben kann.

Zumindest soweit, möchte man meinen, müssten hochgebildete Menschen zustimmen. Doch die Dinge liegen anders. Wie Russell betont Chomsky, dass man "ohne zwingende Gründe für das Gegenteil äußerst vorsichtig sein sollte, Leben, Persönlichkeit oder Gedanken eines anderen kontrollieren zu wollen" – eine Bemerkung mit "politischen, sozialen und pädagogischen Folgen für Erzieher und für Lehrer." Daraus ergeben sich "wichtige Folgerungen für die eigenen Gedanken oder das Ausbleiben der Gedanken darüber, die mit einer entsprechenden persönlichen und beruflichen Verantwortung einhergehen." So ist zum Beispiel die "Verhaltenskontrolle", wie sie allgemein bejaht wurde, bevor Chomsky 1959 Skinners Buch kritisierte, in bestimmter Hinsicht "denjenigen zuwider, die die humanistischen Erziehungsauffassung anerkennen" (Kapitel 9).

Es gibt viele Dinge, die niemand beweisen kann. Von direkter Bedeutung in diesem Zusammenhang ist, dass sich nicht beweisen lässt, dass Autoritäts- oder Herrschaftssysteme – sei es nun das Patriarchat, die Sklaverei, der Feudalismus, "moderne" Privatkonzerne oder andere autoritäre Institutionen (auch die Schulen) – unnötig sind. Wie Chomsky überdeutlich machte, ist also von entscheidender Bedeutung, dass die Beweislast bei denen liegt, die behaupten, dass diese Systeme notwendig wären. Vernünftige Fragen von menschlicher Bedeutung kann nur das Experiment beantworten; die anfängliche Negativannahme (die Statistiker die Nullhypothese nennen) über jedes autokratische Land, jede autokratische Stadt, jede autokratische Schule und jede andere Art Autokratie lautet, dass sie unnötig sind: Niemand sollte anderen irgendwelche Lösungen vorschreiben können, denn keiner verfügt über genügend Einblicke in das menschliche Verhalten, um mit einiger Gewissheit bereits im Vorfeld das beste Resultat vorhersagen zu können. Weitreichende Diskussionen und Analysen sind unersetzlich. Chomskys erstes Gebot ist es daher, in höchstem Maße skeptisch zu bleiben. Im Februar 1999 sagte er in einem Interview:

> Die Welt ist ein komplizierter Ort. Gleichgültig, was man untersucht – ein Molekül, die internationale Gesellschaft –, immer lassen sich verschiedene Standpunkte einnehmen, die in Abhängigkeit vom vertretenen Standpunkt zu ganz verschiedenen Antworten führen. In den Naturwissenschaften ist dies ein alltägliches Problem. Warum führen wir Experimente durch? Das Experimentieren ist eine kreative Tätigkeit: Man will Dinge weglassen, von denen man zu Recht oder Unrecht annimmt, dass sie keine Rolle bei der Entdeckung der Grundprinzipien spielen, nach denen etwas funktioniert. Man will wissen, ob sich etwas genügend Vereinfachtes finden lässt, das diesen Grundprinzipien ähnelt. Dann versucht man, daraus ein neues Bild der komplizierten Realität aufzubauen, das der Realität jedoch nie nahekommt, weil diese einfach ein zu großes Durcheinander ist und zu viele Faktoren und anderes eine Rolle spielen. Jedes Experiment in den Naturwissenschaften versucht, eine aufschlussreiche Perspektive zu finden. Dieser Ansatz ist umso nötiger, wenn man sich mit Dingen beschäftigt, die so wenig verstanden und so kompliziert sind wie menschliche Beziehungen. Man muss eine Perspektive finden, aus der lehrreiche Dinge hervorzugehen scheinen, und sich darüber im Klaren sein, dass man bestenfalls *einen* relevanten Ausschnitt einer sehr komplizierten Realität erfasst. Bleibt nur zu hoffen, dass es ein wichtiger ist.

In einer entscheidenden Frage, die in einer engen Verbindung mit seiner vorwiegend kartesianischen Sicht einer (libertären) sozialen Ordnung und seiner grundlegenden egalitären Vision steht, wimmelt Chomskys Beitrag zum besseren Verständnis dieser Frage nur so von Schlussfolgerungen: im Hinblick auf die direkte Möglichkeit eines echten revolutionären Fortschritts in Kultur und Gesellschaft. Es stellt sich daher die Frage nach der eigentlichen Beziehung zwischen zwei Arten der sozialen Organisation, die aus Chomskys Sicht beides Tyranneien sind (siehe Kapitel 7):

1. Der Staatssozialismus (Faschismus) in seiner totalitären Form
2. Die staatliche (private) "Konzernherrschaft" à la USA

Die meisten würden heute zustimmen, dass das bolschewistische System, das Lenin und Trotsky ins Leben gerufen hatten und das von seinen Bewunderern wie Kritikern gelegentlich "real existierender Sozialismus" genannt wird, "von Stalin zu einem noch größeren Monster verwandelt" wurde, und dass der (zu damaliger Zeit) real existierende Faschismus (Nazismus), der kurz darauf von Mussolini, Hitler und ihren kleineren Klonen (bis hin zu Franco) verwirklicht wurde, in Sachen monströser Unmenschlichkeit keinen geringeren Rang verdient. Doch wäre kaum einer, der Chomskys Gedanken nicht kennt, geneigt, den "real existierenden Kapitalismus", wie man ihn nennen könnte (der früheren Bedeutung dieses Begriffs gemäß ist es kein wirklicher Kapitalismus), oder genauer gesagt die staatliche (private) Konzernherrschaft, als ein tyrannisches System anzusehen.[19]

Nach Chomskys korrigiertem kartesianischem Konzept der menschlichen Psyche ähneln sich beide Systeme – der Bolschewismus (Faschismus) und die private Konzernherrschaft (nach Muster der Vereinigten Staaten) – in wesentlichen Punkten. Schon früh hatte Russell "die extreme Ähnlichkeit zwischen bolschewistischen [Kommissaren] und [Konzern-]Magnaten" bemerkt, zu der Chomsky sogleich die Ähnlichkeit ihrer ideologisch vorgefärbten Doktrinen hinzufügte, die mehr oder weniger unbemerkt aus den Annahmen der Empiriker folgen (vgl. Anfang Kapitel 2). Das ist einer der wichtigsten Punkte, den Chomsky in seinem ersten "Laienbuch" *Amerika und die neuen Mandarine* (1969) zu erläutern versuchte. In diesem versuchte er zu zeigen, dass "der Bolschewismus und der amerikanische Liberalismus im Grunde Erscheinungsformen ein und desselben Phänomens sind." Wenige Jahre später zitierte er zustimmend die Beobachtung, dass "sich Lenin in Pamphleten wie z.B. *Was tun?* das Proletariat als *unbeschriebene Tafel* vorstellte, in welche die 'radikale' Klasse der Gebildeten das sozialistische Bewusstsein einprägen muss (…) in die ausländischen Menschenmassen", und welche "die Gesellschaft so organisieren und kontrollieren muss, dass 'sozialistische Strukturen' realisiert werden" (wobei ihn nie kümmerte, was der Großteil der Bevölkerung, die "Massen", denken oder wollen könnten).[20] In unseren konsumorientierten Profitgesellschaften haben jene, die mit Waren und Wählerstimmen handeln, den Begriff "sozialistische Strukturen" durch "demokratische Strukturen" ersetzt – die "Massen" (Alexander Hamiltons "wilde Bestie") müssen gegen die Strömungen gewisser vorprogrammierter und zulässiger Gedanken anschwimmen. So gesehen lässt der überdimensionierte und weiter wachsende "virtuelle Große Bruder der Medien" (von den bestehenden oder gewünschten "Spionagezentren" ganz zu schweigen) den viel weniger ausgereiften "bolschewistischen Großen Bruder" zu einem Gespött werden.

In Chomskys erhellender Analyse verbinden sich diese beiden Systeme zu einer einzigen Tradition, die in scharfem Gegensatz zu den libertären Traditionen steht und kulturellen Ausdruck in den "real existierenden industriellen Demokratien", ihren Medien und Erziehungsinstitutionen findet. Beide Arten der Tyrannei, der Totalitarismus und der Neoliberalismus, widersprechen den ursprünglichen libertären Werten aufs Schärfste, und "beide waren (und eine ist es noch heute) in ihrer Grundstruktur in höchstem Maße autoritär", wie Chomsky in der Einleitung schreibt.

An diesem Punkt werden interessante Fragen aufgeworfen. Woher stammt diese "moderne" (d.h. neue) Lehre vom Privatkonzern, der vorherrschenden Institution der heutigen Industriegesellschaften? Von welchem intellektuellen Boden nährt sich der Privatkonzern? Welche Annahmen liegen ihm zugrunde? Die Antworten auf diese Fragen werfen viel Licht auf unsere augenblickliche Zwangslage und legen Handlungen nahe, die epochale Möglichkeiten in sich bergen.

Versuchen wir, zu einer Antwort zu gelangen. Ein guter Ausgangspunkt ist die Entstehung des Privatkonzerns à la USA vor nicht viel mehr als einem Jahrhundert als "kollektive Rechtsträger" (in der Terminologie der Rechtsgeschichte), einem neuen Monster auf Erden. Wie kam es dazu? Wie schafften es die privaten Gesellschaften und Institutionen dieser damaligen Periode, an Rechte und Privilegien zu kommen, die individuellen Menschen eigen sind? Auf Grundlage entsprechender Gesetze? Keineswegs. Sie schafften es vorwiegend durch Taschenspielertricks von Gerichten und Anwälten mit der Unterstützung der elitären Intellektuellengemeinschaft. Diese Gerichte und Anwälte führten jenen gewaltigen Wandel im Gesetzessystem herbei, der den tyrannischen "kollektiven Rechtsträgern" ("wie sie richtigerweise zu nennen sind") jene Rechte zukommen ließ, die sie heute innehaben – ein radikaler und ungerechtfertigter Bruch mit der Vergangenheit. Tatsächlich war das 19. Jahrhundert durch "ein vollkommen anderes moralisches Klima" gekennzeichnet, wie Chomsky wiederholt in Erinnerung ruft: "In der Lohnarbeit sahen Leute wie Abraham Lincoln, die Republikanische Partei oder die *New York Times* kaum Unterschiede zur Sklaverei – von den Ansichten der Arbeiter ganz zu schweigen." Erst im ausgehenden 19. Jahrhundert wurden erstmals Schritte unternommen, die radikal von der althergebrachten Tradition abwichen.[21] Im Jahr 1998 betonte Chomsky in einem Interview in *Citizenship Studies*:

> Die Entwicklung begann in den achtziger Jahren des 19. Jahrhunderts [vgl. *Die Mächte und ihre Zukunft* (1999)], doch bedurfte es einiger Zeit, bis das

> System wirklich eingerichtet war. Die Konservativen, die schon damals eine im Verschwinden begriffene Spezies waren und heute praktisch ausgestorben sind (bis auf ihren Namen, der meist von staatlichen Reaktionären übernommen wurde), verurteilten die Vorgänge aufs Schärfste. Der Grund für ihre Verurteilung war, dass die radikalen Neuerungen die traditionelle Lehre von den "natürlichen Rechten" und ebenso die Märkte untergruben. Diese Entwicklungen spiegelten einen bedeutenden Wandel der Wirtschaft wider und wurden von einem beachtlichen Meinungsspektrum unterstützt: aus naheliegenden Gründen von der Konzernmacht, jedoch zugleich auch von den "fortschrittlichen Meinungslagern."

Auch wenn es verwundern mag: Die geistigen Wurzeln dieser beispiellosen Neuerungen liegen in der bis dahin absurden Vorstellung, dass "organische Wesen", die über individuelle Menschen hinausgehen, personengleiche Rechte hätten. Dies, so Chomsky, sei gewiss eine neohegelianische Lehre. Erinnern wir uns, dass die antike Metapher "organische Form" ("organische Einheit" wurde zuerst von Platon erörtert und später von Aristoteles definiert), eine Hauptbeschäftigung der deutschen Romantiker war und sicher mit ihrer grenzenlosen Bewunderung für die "Herrlichkeit Griechenlands" zusammenhing. Deshalb muss Wilhelm von Humboldts Konzept der "organischen Form" der Sprache (das mit Goethes *Urform* aus viel früherer Zeit vergleichbar ist) "vor dem Hintergrund der intensiven Debatten im romantischen Zeitalter gesehen werden, wo man zwischen einer 'mechanischen Form' und einer 'organischen Form' unterschied."[22] Damals verloren die meisten jedoch offenbar nicht die Tatsache aus den Augen, dass die Aussage, eine frei von Menschen gestaltete Form sei "organisch", nur eine Methode ist, um einen Punkt zu verdeutlichen, und nicht wörtlich genommen werden dürfe: der metaphorische "Organismus" sollte nicht mit dem biologischen Organismus durcheinander gebracht werden (und ebenso wenig mit der biologisch-organischen Form der menschlichen Sprache).[23] Nichtbiologischen "Organismen" wurde daher keine biologische Existenz zugeschrieben, und auch keinerlei Eigenschaften biologischer Lebewesen (besonders nicht einem Staat oder einer Gesellschaft).

Eine denkwürdige Ausnahme (nicht nur in dieser Hinsicht) war Hegel, der nach Chomskys wohlüberlegter Überzeugung "ein Mensch von einer himmelschreienden Unwissenheit" war (und noch dazu "ein entsetzlicher Rassist"). Aus Gründen, die nicht jedermann versteht, genoss er vorübergehend weithin großes Ansehen, was in manchen Kreisen noch heute der Fall ist.[24] Für Hegel war ein Gebilde wie der Staat, der seiner Überzeugung zufolge die Einheit der Gemeinschaft zum Ausdruck bringt, ein "organisches Wesen" oder ein sozialer "Organismus" (wortwörtlich, wie wir glauben sollen), welcher ein eigenes Leben führe: logisch und real gehe er den einzelnen Teilen der Gemeinschaft voraus. Für Hegel geht folglich das Ganze logisch und real seinen Elementen voraus: "Kultur, Bräuche, Institutionen usw. sollten als Ergebnis eines sich in zunehmendem Maße abzeichnenden Geschichtsprozesses gesehen werden." Deshalb lehnte er sogar die "irreführende philosophische Fantasievorstellung" des "Gesellschaftsvertrags" als Ursprung für die Legitimität des Staats ab (der Staat war für ihn stets absolutistisch).[25]

Es ist unschwer zu durchschauen, dass diese Lehre jenen Dogmen nicht unähnlich ist, die das Fundament des Bolschewismus und des Faschismus (d.h. des Nazismus) bilden, den beiden weithin anerkannten Hauptformen des modernen Totalitarismus. Weniger offensichtlich ist vielleicht, dass ähnliche neohegelianische Lehren der Idee der privaten Konzernherrschaft à la USA im 20. Jahrhundert zugrunde liegen: Nach dem Gesetz verfügt ein Konzern über den "organischen" Status einer "Person."[26] Das ist von keiner geringen Bedeutung, denn die Privatkonzerne à la USA sind aus Chomskys Sicht wahrlich "die totalitärsten Institutionen, die Menschen bisher geschaffen haben": "Menschen als Teil der hierarchischen Kommandostruktur nehmen Befehle von oben entgegen und leiten sie nach unten weiter."[27] Die Tatsache, dass "Begriffe wie 'faschistisch' und 'totalitär' auf politische Gebilde beschränkt sind", spielt hier keine Rolle. Weiter schreibt Chomsky, an Dewey erinnernd: "Die Begriffe sind konstruiert, um das Wesentliche hinter einem Schatten zu verbergen." Der springende Punkt ist, dass "die Ähnlichkeiten im Charakter unverkennbar sind." Nach Chomskys Überzeugung ist das einer der Gründe, warum echte Konservative (auch klassische Liberale) diesen Angriff auf die Prinzipien der Menschenrechte (die "natürlichen" Rechte) und auf die Märkte (denn wie er betont, stellen Konzerne ebenso einen radikalen Angriff auf die Märkte dar) entschieden ablehnten. Zudem erklärt es, warum (postklassische) "Liberale" und "Progressive" geneigt waren, diese epochale Gerichtsentscheidung zu unterstützen, welche den Konzernen die Rechte von "unsterblichen Personen" und maßlose Macht einräumte.

Auffälligerweise wird dieser Anschlag auf die Menschenrechte gelegentlich als Erbe des "Individualismus" gesehen, wo er doch im in Wirklichkeit einen scharfen Angriff auf den Individualismus darstellt, oder genauer gesagt auf die bis heute für selbstverständlich gehaltene Lehre, dass "Personen" über Rechte verfügen. Wie es über die meiste Zeit der Geschichte üblich war, meinten die klassischen Liberalen damit Personen aus Fleisch und Blut, nicht aber "kollektive Rechtsträger." Heute ist ein typischer Privatkonzern – und das gilt noch mehr für einen Megakonzern – im Grunde eine Art staatsähnliche Institution, die in der Tat manchmal größer, mächtiger und autokratischer ist als manche der Staaten im Ausland, mit denen er "Geschäfte tätigt." Akzeptiert man die Lehre, dass ein "Konzerngebilde" ein "organisches Wesen" bzw. ein sozialer

"Organismus" ist, gehen seine "Rechte" (besonders sein Recht auf "Redefreiheit" in Sachen Vermarktung, Werbung und anderen Täuschungsmethoden) weit über die Rechte von Personen hinaus, zum einen wegen des gewaltigen Größenunterschieds, und zum anderen wegen der Unsterblichkeit der Privatkonzerne (auch das haben die Gerichte entschieden), Merkmale, die Chomsky mehr als einmal in den Vordergrund gestellt hat (siehe Kapitel 15).[28]

Zum Glück für die große Bevölkerungsmehrheit wurde eine der traditionellen Grenzen, welche den Konzernen im Allgemeinen auferlegt werden, nie geändert: Sie müssen vom Staat vermietet werden. Das ist eine Art Achillesferse, deren Bedeutung nicht unterschätzt werden sollte: Da die Gründungsurkunde entzogen werden kann, besteht ein amerikanischer Privatkonzern "gemäß der Willkür der Bevölkerung."[29] Daher ist die private Konzernstruktur, das größte (tyrannische) Machtsystem des Westens, entgegen dem äußeren Anschein Chomsky zufolge schwach. Angesichts der Tatsache, dass "die halbe Bevölkerung denkt, dass die beiden Parteien aufgelöst werden sollten", und dass "über 80 Prozent das Wirtschaftssystem als 'grundsätzlich ungerecht' ansehen" und der Meinung sind, "dass die Regierung 'zum Wohl der Wenigen geführt wird' (…), nicht zum Wohl der Bevölkerung", "könnte eine demokratisch organisierte Bevölkerung allen Konzernen schlicht die Gründungsurkunde entziehen und sie unter die Verwaltung der Arbeiter und der Gemeinden stellen", sobald ein bestimmtes Maß an Einsicht und Engagement einmal erreicht ist.[30] Lange ist nichts dergleichen passiert (vielleicht seit den 1880er Jahren nicht mehr), doch die Mittel sind vorhanden und einsatzbereit. Wenn dem so ist, bedeutet die Tatsache, dass dieses System der zentralisierten, autokratischen und niemandem verantwortlichen Macht bis heute überlebt hat (im Gegensatz zu seinen Zwillingsbrüdern, dem Faschismus respektive Nazismus und dem Bolschewismus), und überdies seinen Einfluss und seine Dominanz weltweit ausbreitet, nicht, dass jegliche Möglichkeiten des Geschichtsverlaufs schon ausgeschöpft wären. Die Führer dieser beiden missgestalteten Monster dachten, ihre Reiche würden tausend Jahre währen, doch gingen sie in einem winzigen Bruchteil dieser Zeit zugrunde. Die scheinbar überwältigende Macht dieses bis heute lebendigen Inbegriffs der Autokratie "basiert [zudem] auf einer Sozialpolitik mit bestimmten Zielen, die weder in Stein gemeißelt sind, noch in einem Natur- oder Sozialgesetz begründet sind – genauso wenig wie die menschlichen Institutionen, aus denen sie hervorgehen."[31]

An dieser Stelle ist es nur noch ein kleiner Schritt von einer erhellenden Analyse eines herausragenden intellektuellen Historikers bis zu einem Erziehungsprogramm und desgleichen zum Vorschlag eines womöglich effektiven Handlungsprogramms. Weil "der erste Schritt stets darin besteht, den Nebel der Täuschung und Irreführung zu lichten und die Wahrheit über die Welt zu lernen", haben unsere Schulen und Universitäten einen Teil ihrer Arbeit unterlassen. Ihre Verantwortung in dieser Hinsicht ist nicht gering: Es müsste ziemlich klar geworden sein, dass "es in der Geschichte kaum jemals eine Zeit gegeben hat, in der die gefällten Entscheidungen so drastische Folgen für die Menschen bereithielten."[32] Daher verwundert es nicht, dass die amerikanische Bevölkerung zu Beginn des neuen Jahrtausends die Bildung als das wichtigste politische Thema sieht.

In einer echten demokratischen (politischen und ökonomischen) Ordnung, wie Chomsky sie begreift, sind freie, offene Diskussionen an unseren Schulen, Hochschulen und Universitäten (und, wie ergänzt werden könnte, in den lokalen und nationalen Medien) über wirklich bedeutende Fragen wie die gerade dargestellten ein angemessener Maßstab für die Hauptinhalte aller Programme zur *Erziehung für die Demokratie*. Solche Diskussionen wären nicht nur für den Fortschritt entscheidend, sondern schlicht und einfach für das Überleben der menschlichen Zivilisation, vielleicht sogar für das Überleben unserer Spezies (und zweifellos für das Überleben vieler anderer Spezies). Nur wenn es möglich werden sollte, alle tatsächlich bedeutenden Fragen regelmäßig, offen und ehrlich in unseren Schulen und an unseren Universitäten innerhalb eines vielfältigen Lehrplans zu diskutieren, können wir mit dem Gedanken zu spielen beginnen, die Trübsal unserer derzeitigen Starre zu verlassen und uns auf den Weg zu machen, zumindest ein Aufschimmern einer wirklich fortschrittlichen Industriegesellschaft zu schaffen.

Eine Gesellschaft, die zumindest das intellektuelle und moralische Niveau der Aufklärungsperiode des 18. Jahrhunderts erreicht hat, würde diese Art der Bildung zudem für alle Kinder und Jugendlichen zur freien Verfügung stellen, und tatsächlich auch für jeden Menschen in jedem Alter (siehe Kapitel 10). "Freiheit ohne die Möglichkeit, sie zu leben, ist ein Teufelsgeschenk, und ihre Verweigerung ein Verbrechen", lesen wir zu Beginn von Chomskys "Marktdemokratie und neoliberale Ordnung" (1997). Das ist mit Sicherheit der Fall, wenn die intellektuelle und moralische Entwicklung der Schwächeren von uns (vor allem der Kinder) auf dem Spiel steht. In der Tat "gibt uns das Schicksal der Schwächeren einen genaueren Maßstab dafür, wie fern wir einem Zustand sind, der mit einigem Recht 'Zivilisation' genannt werden könnte."[33]

Einleitung

DEMOKRATIE UND ERZIEHUNG

(Oktober 1994)

Ich freue mich sehr darüber, dass mir als Thema dieses Vortrags "Demokratie und Erziehung" vorgeschlagen wurde. *Demokratie und Erziehung* erinnern mich gleich an Leben, Werk und Gedanken John Deweys, der zu den herausragenden Denkern des 20. Jahrhunderts zählte und diesen Fragen weite Teile seines Lebens und seiner Überlegungen widmete. Ich sollte gleich zu Beginn sagen, welch großes Interesse ich an dem Gebiet habe: Seit ich etwa zwei Jahre alt war, übten Deweys Gedanken durch eine zufällige Begebenheit einen erheblichen Einfluss auf mich aus, und diese Zeit war prägend für mich. Dafür gibt es eine Reihe einleuchtender Gründe, die ich hier aber übergehen werde. Über weite Teile seines Lebens scheint Dewey gefühlt zu haben (in späteren Jahren war er skeptischer), dass Reformen in der Früherziehung eine entscheidende Stellschraube für einen gesellschaftlichen Umbruch sein könnten. Sie könnten der Wegbereiter für eine gerechtere und freiere Gesellschaft sein, in der, wie Dewey sagte, "das letzte Ziel der Produktion nicht die Herstellung von Waren ist, sondern die Schaffung freier Menschen, die unter gleichen Bedingungen miteinander in Verbindung stehen."

Diese Grundhaltung, die alle Werke und Gedanken Deweys durchdringt, steht in scharfem Widerspruch zu den zwei Hauptströmungen der modernen Intellektuellen innerhalb der Gesellschaft: Die eine Richtung, die zu Deweys Zeit (er schrieb in den 1920er und 1930er Jahren) gewichtig war, steht mit den Kommandowirtschaften Osteuropas jener Zeit in Verbindung – jene Systeme, die von Lenin und Trotsky geschaffen und von Stalin zu einem noch größeren Monstrum ausgebaut wurden. Die andere Richtung, die staatskapitalistische Industriegesellschaft, wurde in den Vereinigten Staaten und weiten Teilen des Westens errichtet; dort herrscht im Wesentlichen die private Macht. Diese beiden Systeme ähneln sich in wesentlichen Punkten, auch in ideologischer Hinsicht. Beide waren (eines von ihnen ist es noch heute) in ihrer Grundhaltung in höchstem Maße autoritär, und beide standen in einem sehr tiefen und scharfen Widerspruch zu einer anderen Tradition – der linkslibertären –, die in den Werten der Aufklärung wurzelt. Zu dieser Tradition gehörten moderne

Liberale wie John Dewey, unabhängige Sozialisten wie Bertrand Russell, die wichtigsten Vertreter der marxistischen Hauptströmung (die den Bolschewismus größtenteils ablehnten) und libertäre Sozialisten verschiedener anarchistischer Bewegungen – und natürlich ein Großteil der Arbeiterbewegungen und andere Bevölkerungsteile. Vielleicht lässt sich sagen, dass Dewey und Russell die bedeutendsten westlichen Denker des 20. Jahrhunderts waren.

Diese unabhängige Linke, der Dewey angehörte, besitzt starke Wurzeln im klassischen Liberalismus. Sie geht direkt aus ihm hervor und steht in scharfem Gegensatz zu den absolutistischen Strömungen der staatskapitalistischen und staatssozialistischen Institutionen und Denkweisen – einschließlich jener sehr extremen Formen des Absolutismus, welche in den Vereinigten Staaten heute "konservativ" genannt werden (ein Wort, das Orwell Vergnügen bereitet hätte und jeden echten Konservativen dazu bringen würde, sich im eigenen Grabe umzudrehen – falls Sie einen finden können).

Es ist unnötig zu betonen, dass diese Darstellung nicht die gewöhnliche ist, um es noch eher zurückhaltend auszudrücken. Dennoch besitzt sie zumindest einen Vorzug, nämlich den Vorzug der genauen Beschreibung der Situation. Ich werde zu erklären versuchen, weshalb ich dieser Meinung bin.

Ich möchte zu einem zentralen Gedanken Deweys zurückkehren: dass das letzte Ziel der Produktion nicht die Herstellung von Waren sei, sondern die Schaffung freier Menschen, die unter gleichen Bedingungen miteinander in Verbindung stehen. Das schließt natürlich auch die Erziehung mit ein, welche eines seiner Hauptanliegen war. Ziel der Erziehung (um zu Bertrand Russell überzuleiten) ist es, "ein Gefühl vom Wert der Dinge zu vermitteln, das nichts mit Beherrschung anderer zu tun hat, zur Schaffung weiser Bürger in freien Gemeinschaften beizutragen, ein Miteinander aus Bürgerschaft, Freiheit und individueller Kreativität zu fördern. Das bedeutet, ein Kind so zu sehen, wie ein Gärtner einen jungen Baum betrachtet, als etwas, das über eine eigene Natur verfügt und zu etwas Bewundernswürdigem heranwachsen kann, wenn Boden, Licht und Luft der passenden Art zugegen sind."

So sehr sich Dewey und Russell in vielen anderen Fragen widersprachen, waren sie doch darin einer Meinung, was Russell den humanistischen Ansatz nannte, dessen Wurzeln in der Aufklärung liegen: dass Erziehung nicht damit verglichen werden kann, Wasser in einen Behälter zu füllen, sondern vielmehr damit verglichen werden müsse, einer Blume zu helfen, auf ihre eigene Art zu wachsen (d.h. für eine Umwelt zu sorgen, in der die natürliche Kreativität sich entfalten kann). Dies ist eine Auffassung aus dem 18. Jahrhundert, die Dewey und Russell hier wieder aufleben ließen.

Dewey und Russell teilten auch die Auffassung, dass diese Grundideen der Aufklärung und des klassischen Liberalismus einen revolutionären Charakter in sich tragen, und daran hielten sie fest, als sie Anfang des 20. Jahrhunderts schrieben. Würden diese Ideen verwirklicht, könnten freie Menschen geschaffen werden, die nicht an Reichtum oder der Beherrschung anderer interessiert wären, sondern an freier Verbindung unter gleichen Bedingungen, an Teilen und Kooperation – eine egalitäre Beteiligung, um geteilte Ziele zu erreichen, die demokratischer Natur wären. Für das, was Adam Smith die “abscheuliche Maxime der Herren der Menschheit” nannte, “alles für uns und nichts für andere”, hatten sie nur Verachtung übrig. Was uns heute als traditionelle Werte zu bewundern und zu verehren gelehrt wird, ist durch ständige Angriffe zerschlagen worden, und in den letzten Jahrzehnten waren die sogenannten Konservativen die Anführer diese Angriffe.

Es ist der Mühe wert, sich die Zeit zu nehmen und bewusst zu werden, wie scharf und einschneidend der Zusammenstoß dieser unterschiedlichen Wertevorstellungen ist: einerseits die humanistischen Ideen, die von der Aufklärung bis zu führenden Vertretern wie Russell und Dewey im 20. Jahrhundert reichen, und auf der anderen Seite die vorherrschenden Lehren in unserer Zeit, die Adam Smith als “abscheuliche Maximen” bloßgestellt hatte und die von den vitalen Zeitungen der Arbeiterklasse vor einem Jahrhundert gebrandmarkt worden waren. Die Arbeiterklasse verurteilte den sogenannten “neuen Zeitgeist”: “Werde reich und vergiss alles außer dir selbst” (Smiths abscheuliche Maxime). Das Zitat stammt etwa aus dem Jahr 1850 und ist der Presse der amerikanischen Arbeiterklasse entnommen.

Es ist ganz erstaunlich, den Wertewandel zu verfolgen, angefangen bei einem vorkapitalistischen Denker wie Adam Smith, der den Einklang, das Ziel völliger Gleichheit und das grundlegende Menschenrecht auf kreative Arbeit betonte, und dies mit den Werten derer zu vergleichen, die heute den “neuen Zeitgeist” rühmen und sich manchmal ziemlich schamlos auf Adam Smith berufen. Nehmen wir etwa den Nobelpreisträger und Ökonomen James Buchanan, der da schreibt: “Was jeder als Idealsituation anstrebt, ist die Herrschaft über eine Welt von Sklaven.” Genau danach haben Sie schon immer gesucht, sofern Sie es noch nicht bemerkt haben – etwas, das Adam Smith einfach nur als pathologisch eingestuft hätte. Das beste mir bekannte Buch über Smiths tatsächliche Ansichten (*Adam Smith and his legacy for modern capitalism* [1991], “Adam Smith und sein Vermächtnis für den modernen Kapitalismus”) wurde von Patricia Werhane, einer Professorin aus Loyola, geschrieben. Darin sind Smiths wirkliche Ansichten zu finden. Doch natürlich ist es immer am besten, das Original zu lesen.

Zu den dramatischsten Beispielen für den neuen Zeitgeist und seine Wertevorstellungen gehören aktuelle Medienberichte über die Schwierigkeiten, auf die wir stoßen, während wir den Völkern Osteuropas aus ihrer Misere helfen.

Wie Sie wissen, lassen wir ihnen, unseren neuen Nutznießern, jetzt dieselbe liebevolle Fürsorge zukommen, die wir so großzügig überall in unseren Breiten verteilt haben – in Lateinamerika, auf den Philippinen und anderswo –, mit denselben Folgen, die in diesen Schreckenskammern so überdeutlich und beständig zutage treten. Zugleich haben wir merkwürdigerweise nichts darüber gelernt, wer wir sind und was wir hier eigentlich tun. Man könnte nach den Gründen fragen. Jedenfalls fahren wir nun fort, den vom Kommunismus befreiten Ländern aus der Misere zu helfen, in derselben Weise, wie wir in der Vergangenheit die Bevölkerungen Haitis, Brasiliens, Guatemalas, die der Philippinen, die Ureinwohner Amerikas, die afrikanischen Sklaven und zahlreiche andere befreit haben.

Die *New York Times* veröffentlicht im Augenblick eine lehrreiche Artikelreihe über diese verschiedenen Dinge. Sie verschaffen uns einige interessante Einblicke in die herrschenden Werte. So zum Beispiel ein Artikel von Steven Kinzer über Ostdeutschland. Zu Beginn zitiert Kinzer einen Priester, der die öffentlichen Proteste gegen das kommunistische Regime in Ostdeutschland mit angeführt hatte. Er beschreibt die wachsende Besorgnis darüber, was mit der Gesellschaft Ostdeutschlands geschieht: "Brutaler Wettbewerb und Geldgier zerstören unseren Gemeinschaftssinn, und beinahe jeder verspürt eine gewisse Angst, Bedrückung oder Unsicherheit" (die Ostdeutschen eignen sich gerade den neuen Zeitgeist an, in dem wir die rückständigen Völker der Welt unterweisen).

Der folgende Artikel von Jane Perlez befasst sich mit *dem* Schauplatz, mit der wahren Erfolgsgeschichte: Polen. Seine Überschrift lautet: "Schnelle und langsame Fahrspuren auf der kapitalistischen Straße." Die Story ist folgendermaßen aufgebaut: Manche haben die Botschaft verstanden, doch gibt es andere, die noch rückständig sind. Zur Veranschaulichung wählt Perlez eine Frau, die es schnell begriffen hat, und einen Mann, der nur langsam dazulernt. Erstere ist Besitzerin einer kleinen Fabrik und ein "vortreffliches Beispiel für das Beste im modernen kapitalistischen Polen." "Die Fabrik stellt aufwändig gestaltete Brautkleider her, die größtenteils an wohlhabende Deutsche oder an jene kleine Schicht superreicher Polen verkauft werden." Seit Durchsetzung der Reformen hat sich die Armut in Polen mehr als verdoppelt, wie eine Studie der Weltbank vom vergangenen Juli feststellt, und die Einkommen sind um rund 30 Prozent zurückgegangen. Währenddessen können die Leute, die hungern und ohne Arbeit sind, die aufwändig gestalteten Brautkleider in den Schaufenstern bewundern und den neuen Zeitgeist anpreisen. Daher ist verständlich, dass Polen als die größte Erfolgsgeschichte unserer Bemühungen gefeiert wird. Die Fabrikbesitzerin erklärt, dass "den Leuten beigebracht werden muss, dass sie für sich selbst kämpfen müssen und sich nicht auf andere verlassen können." Sie beschreibt ein Trainingsprogramm, das sie leitet und in dem sie sich bemüht, den Leuten amerikanische Werte beizubringen, denn sie stehen noch immer unter dem Einfluss der Gehirnwäsche durch Werbesprüche wie: "Ich bin Minenarbeiter. Kann es einen Besseren geben?" Das müssen sie aus ihren Köpfen bekommen. Viele Leute sind besser, und zwar Leute, die Brautkleider für reiche Deutsche entwerfen können.

Das sind die Beispiele, die zur Veranschaulichung der Erfolgsgeschichte amerikanischer Werte ausgewählt wurden. Dann gibt es noch die Versager, die sich noch immer auf der langsamen Spur der kapitalistischen Straße bewegen. Als Beispiel nimmt sie einen vierzigjährigen Bergarbeiter, der "in seinem holzgetäfelten Wohnzimmer sitzt und die Früchte seiner Arbeit unter kommunistischer Herrschaft genießt: eine Fernsehanlage, komfortable Möbel sowie eine helle, moderne Küche. Er wundert sich, warum er zuhause sitzt, ohne Arbeit und von Sozialhilfe abhängig ist" und den neuen Zeitgeist noch immer nicht begriffen hat (werde reich, vergiss alles außer dir selbst – und nicht etwa: "Ich bin Minenarbeiter. Kann es einen Besseren geben?"). Die Artikel setzen sich in dieser Weise fort. Es ist aufschlussreich, sie zu lesen und zu sehen, was alles für selbstverständlich gehalten wird.

Was sich in Osteuropa abspielt, ruft in Erinnerung, was in unseren Machtbereichen in der Dritten Welt bereits viele Jahre lang geschehen ist und wird verständlicher, wenn wir es in eine umfassendere Geschichte einordnen. Aus unserer eigenen Geschichte und der vorherigen Geschichte Englands sind uns diese Vorgänge bereits vertraut. In seinem kürzlich erschienenen Buch betont der renommierte Gewerkschaftshistoriker David Montgomery von der Yale-Universität, dass das moderne Amerika unter den Protesten der arbeitenden Menschen errichtet wurde. Er liegt ganz richtig. Diese Proteste waren energischer und freimütiger Natur, besonders in den Zeitungen der Arbeiterklasse und der Gemeinden, die in den Vereinigten Staaten vom Anfang des 19. Jahrhunderts an bis in die 1930er Jahre aufblühten und am Ende durch die private Macht zerstört wurden, genau wie es ihren englischen Pendants rund dreißig Jahre später erging. Die erste umfangreichere Studie dieser Dinge stammt von Norman Ware aus dem Jahr 1924. Sie zu lesen ist immer noch sehr lehrreich. Sie wurde hier in Chicago veröffentlicht und jüngst von Ivan Dee, einem lokalen Verleger, neu herausgegeben. Sie zu lesen lohnt sich sehr. Wares Studie setzte umfangreiche Analysen der Sozialgeschichte in Gang.

Ware beschreibt, insbesondere im Hinblick auf die Arbeiterpresse, wie das von der privaten Macht vertretene Wertesystem in die Köpfe gewöhnlicher Menschen geschlagen werden musste. Es musste ihnen beigebracht werden, ihre normalen Gefühle fallen zu lassen und sie durch den neuen Zeitgeist, wie sie ihn nannten, zu ersetzen. Ware untersuchte vorwiegend die Zeitungen der

Arbeiterklasse gegen Mitte des 19. Jahrhunderts, die übrigens oft von Frauen betrieben wurden. Die Gedanken, die dort zum Ausdruck kamen, waren lange Zeit ziemlich beständig. Die Arbeiter sorgten sich um die "Erniedrigung" und "Entwürdigung, den Verlust der Unabhängigkeit und der Selbstachtung, den Niedergang des Arbeiters als Person, den beträchtlichen Verfall des Kulturniveaus und der Verwirklichung in der Kultur" – denn die Arbeiter waren der sogenannten "Lohnsklaverei" ausgesetzt. Darin sahen sie kaum Unterschiede zur Sklaverei, für deren Abschaffung sie während des Amerikanischen Bürgerkriegs gekämpft hatten. Besonders dramatisch und von erheblicher Bedeutung für unsere heutigen Probleme war der massive Verfall dessen, was wir "Hochkultur" nennen – die Lektüre klassischer Werke und zeitgenössischer Literatur z.B. von den "Fabrikarbeiterinnen von Lowell", Handwerkern und anderen Arbeitern. Handwerker stellten Leute ein, damit sie ihnen während der Arbeit vorlasen, denn sie waren interessiert und hatten Bibliotheken. All dies musste verschwinden.

Die Arbeiter beschrieben folgendes (hier ein Zitat aus der Arbeiterpresse): "Verkauft man sein Produkt, bewahrt man seine Person. Verkauft man jedoch seine Arbeit, verkauft man sich selbst, verliert alle Rechte eines freien Menschen und wird zum Vasallen eines riesigen Establishments einer vermögenden Aristokratie, die jedem, der ihr das Recht zu versklaven und zu unterdrücken abspricht, mit Vernichtung droht. Die Menschen, die in den Mühlen arbeiten, sollten sie besitzen und nicht den Status von Maschinen haben und von privaten Despoten beherrscht werden. Diese Despoten verwurzeln monarchische Prinzipien auf demokratischem Boden, indem sie Freiheit, Recht, Kultur, Gesundheit, Moral und Verstand dem neuen Unternehmensfeudalismus in die Arme treiben." Nur für den Fall, dass Sie jetzt verwirrt sind: Das ist noch lange vor dem Marxismus. Es sind amerikanische Arbeiter, die über ihre Erfahrungen in den 1840er Jahren berichten.

Die Arbeiterpresse verurteilte außerdem die "gekaufte Priesterschaft", wie sie diese nannte – Medien, Universitäten und die Intellektuellenklasse – jene Apologeten, die den absolutistischen Despotismus rechtfertigen wollten, der den neuen Zeitgeist kennzeichnet, und seine grausamen und erniedrigenden Werte in die Köpfe der Menschen zu schlagen suchten. Einer der ersten Leiter der AFL (Amerikanische Arbeitervereinigung) brachte vor etwa einhundert Jahren (im späten 19. Jahrhundert) eine allgemeine Meinung zum Ausdruck, als er das Ziel der Arbeiterbewegung so beschrieb: Sie muss "über die Sünden des Marktes Herr werden und die Demokratie verteidigen, indem sie diese auf eine Industrieverwaltung durch die Arbeiter ausweitet."

All dies wäre den Vätern des klassischen Liberalismus nur ganz vernünftig erschienen, so zum Beispiel Wilhelm von Humboldt, der John Stuart Mill inspirierte und der, ganz ähnlich wie sein Zeitgenosse Adam Smith, in kreativer Arbeit, die in freier Verbindung mit anderen unternommenen wird, den primären Wert eines menschlichen Lebens sah. Wenn jemand etwas auf Befehl hin produziert, schrieb Humboldt, so "mögen wir bewundern, was er tut, aber (...) verachten, was er ist" (denn dann ist er kein wirklicher Mensch, der aus eigenem Antrieb und eigenem Wunsch handelt).

Aufgabe der gekauften Priesterschaft ist es, jene Werte zu untergraben und sie aus den Köpfen der Menschen, die sich auf dem Arbeitsmarkt verkaufen, zu löschen. Aus ähnlichen Gründen äußerte Adam Smith folgende Warnung: In jeder zivilisierten Gesellschaft müssten die Regierungen eingreifen, um zu verhindern, dass die Arbeitsteilung die Menschen in "Kreaturen" verwandelt, "die so dumm und unwissend sind, wie menschliche Wesen nur sein können." Er gründete seine recht differenzierte Befürwortung der Märkte auf folgende These: Wenn die Verhältnisse von echter Freiheit geprägt wären, würden die Märkte zu vollkommener Gleichheit führen (das war seine moralische Rechtfertigung für die Märkte). All dies wurde von der gekauften Priesterschaft vergessen, die uns eine ganz andere Geschichte zu erzählen weiß.

Im 20. Jahrhundert waren Dewey und Russell die beiden führenden Erben dieser Tradition, deren Ursprünge bis zur Aufklärung und bis zum klassischen Liberalismus zurückreichen. Noch aufschlussreicher ist die inspirierende Geschichte des Kampfes, der Organisation und des Protestes der Arbeiterinnen und Arbeiter seit den Anfängen des 19. Jahrhunderts: Sie versuchten, Freiheit und Gerechtigkeit zu erreichen und die Rechte zurückzuerlangen, die sie einst besessen hatten, als die neue Despotie der staatlich gestützten privaten Macht ihren Einfluss auszuweiten begann.

Den Kerngedanken formulierte Thomas Jefferson um 1816 mit ziemlicher Deutlichkeit. Zwar steckte die industrielle Revolution in den einstigen Kolonien noch in den Kinderschuhen, doch waren die Anfänge dieser Entwicklung bereits erkennbar. Als Jefferson in höherem Alter durchschaute, was passieren würde, hatte er ernste Sorgen um das Schicksal des demokratischen Experiments. Er befürchtete, dass eine neue Form des Absolutismus emporkommen könnte, die noch unheilvoller wäre als das, was in der Amerikanischen Revolution – in der er freilich einer der Anführer gewesen war – abgeschafft worden war. In späteren Jahren unterschied Jefferson zwischen "Aristokraten" und "Demokraten." Die Aristokraten sind "diejenigen, die das Volk fürchten, ihm misstrauen und wünschen, dass die ganze Macht des Volkes in die Hände der höheren Klassen übergeht." Die Demokraten dagegen "identifizieren sich mit der Bevölkerung, haben Vertrauen in sie, schätzen sie und betrachten sie als aufrichtige und sichere Verwahrer des öffentlichen Interesses, wenngleich auch nicht immer als die weisesten." Die Aristokraten dieser Zeit waren die

Fürsprecher des entstehenden kapitalistischen Staates, den Jefferson mit viel Geringschätzung bedachte. Er erkannte deutlich den sehr augenscheinlichen Widerspruch zwischen Demokratie und Kapitalismus (oder genauer: dem real existierenden Kapitalismus) – d.h. eine Art Kapitalismus, der durch mächtige, entwickelte Staaten gelenkt und subventioniert wird, wie es in England, in den Vereinigten Staaten und überall sonst der Fall gewesen ist.

Dieser Grundwiderspruch vertiefte sich, als den neuen Konzernstrukturen vermehrte Macht eingeräumt wurde. Dies geschah nicht auf demokratischem Wege, sondern vorwiegend durch Gerichte und Anwälte, die sich daranmachten, die "Bankinstitutionen und vermögenden Körperschaften", wie Jefferson sie nannte, umzugestalten. Diese, so Jefferson, würden die Freiheit zerstören (ihre Anfänge konnte er seinerzeit noch kaum erkennen). Sie wurden, in erster Linie von Gerichten und Anwälten, in "unsterbliche Personen" verwandelt und mit Macht und Rechten versehen, die sich vorkapitalistische Denker wie Smith und Jefferson nicht einmal in ihren schlimmsten Alpträumen vorgestellt hatten. Ein halbes Jahrhundert zuvor hatte Adam Smith bereits vor dieser Entwicklung gewarnt, auch wenn er ihre Anfänge noch kaum wahrzunehmen vermochte.

Bakunin, der anarchistische Denker und Aktivist, erweiterte Jeffersons Unterscheidung zwischen Aristokraten und Demokraten fünfzig Jahre später (es ist eine der wenigen Vorhersagen in den Sozialwissenschaften, die sich jemals bewahrheitet haben; schon allein deshalb sollte sie einen Ehrenplatz in jedem seriösen sozial- und humanwissenschaftlichen Lehrplan erhalten). Im 19. Jahrhundert prophezeite Bakunin, dass die emporkommende intellektuelle Klasse dieses Jahrhunderts einen von zwei ähnlichen Wegen einschlagen würde. Der eine Weg bestünde in der Nutzung öffentlicher Bewegungen, um die Staatsmacht zu übernehmen. Er würde zur sogenannten "roten Bürokratie" führen, "die das grausamste und brutalste Regime der Geschichte aufzwingen wird." Das ist der eine Weg. Die anderen Intellektuellen würden erkennen, dass die tatsächliche Macht andernorts liegt. Sie würden zur "gekauften Priesterschaft" (in den Worten der Arbeiterpresse) werden, die im staatlich gestützten System privater Macht den wahren Herren als Manager oder Fürsprecher dient und in den staatskapitalistischen Demokratien "das Volk mit den Waffen des Volkes besiegt", wie Bakunin es formulierte.

Die Ähnlichkeiten beider Wege sind ganz bemerkenswert, sie durchziehen die Geschichte bis direkt zur Gegenwart. Sie helfen uns zu verstehen, wie der rasche Wandel vom einen zum anderen Standpunkt möglich ist. Was wie ein vergnüglicher Wandel anmutet, ist in Wirklichkeit eine gemeinsame Ideologie. Wir erkennen diese Ideologie gerade jetzt in Osteuropa bei denen wieder, die manchmal Bilderbuchkapitalisten genannt werden (die alte kommunistische

Herrscherklasse) und jetzt zu den begeistertsten Befürwortern der Märkte geworden sind, durch die sie an Reichtum gelangen, während die Gesellschaften Osteuropas zu typischen Dritte-Welt-Gesellschaften werden. Der Wandel ist recht einfach zu bewerkstelligen, denn im Grunde handelt es sich um dieselbe Ideologie. Ein ähnlicher Wandel vom stalinistischen Kommissar zum "feiernden Befürworter Amerikas" ist in heutiger Zeit nichts Ungewöhnliches mehr. Dazu bedarf es keines großartigen Wandels der Werte, sondern lediglich eine veränderte Beurteilung darüber, bei wem die Macht liegt.

Unabhängig von Jefferson und Bakunin gelangten andere im 19. Jahrhundert zu derselben Einsicht. Einer der führenden amerikanischen Intellektuellen jener Tage war Charles Francis Adams, der 1880 die Anfänge der sogenannten "postindustriellen Gesellschaft" beschrieb, wie Daniel Bell, Robert Reich, John Kenneth Galbraith und andere sie heute nennen: d.h. eine Gesellschaft, so Adams, in der "die Zukunft in den Händen unserer Universitäten und Schulen, unserer Spezialisten, Wissenschaftler und Schriftsteller liegt und in den Händen derer, die in den ideologischen und ökonomischen Institutionen die eigentliche Managerarbeit leisten." Heute werden sie "technokratische Elite", "handelnde Intellektuelle", "neue Klasse" oder ähnlich genannt. 1880 folgerte Adams: "Das Hauptziel denkender Bürger sollte daher nicht sein, die eine oder andere politische Partei an der Macht zu halten, sondern für Ordnung und Gehorsam gegenüber dem Gesetz zu sorgen." Das bedeutet, den Eliten soll erlaubt werden, ihre Funktion darin zu erfüllen, was die Weltbank "technokratische Isolation" nennt (ich bin hier etwas unzeitgemäß, doch das ist moderner Fachjargon). Oder wie der Londoner *Economist* dieses Ideal heute formuliert: "Die politische Linie sollte von der Tagespolitik getrennt werden." Wie man dem Leser versichert, ist das im freien Polen der Fall, und deshalb braucht man sich keine Sorgen darüber zu machen, dass die Menschen in freien Wahlen etwas ganz anderes fordern. Sie können wählen, wen sie wollen – weil die politische Linie von der Tagespolitik getrennt ist und die technokratische Isolation weiter fortschreitet, ist das vollkommen bedeutungslos. Das ist Demokratie.

Ein Jahrzehnt zuvor, im Jahre 1870 – damals war man über das Wahlrecht für jeden besorgt, für das die Menschen kämpften –, hatte Adams davor gewarnt, dass das allgemeine Wahlrecht "eine Regierung des Unwissens und der Laster hervorbringen und die Macht in die Hände der Europäer geben würde, besonders der irischen Proletarier an der Küste des Atlantik" ("diese entsetzlichen irischen Leute"), "der afrikanischen Proletarier am Ufer des Golfs und der chinesischen Proletarier am Pazifik." Adams sah nicht die ausgeklügelten Methoden vorher, die im 20. Jahrhundert erfunden werden sollten und dafür sorgten, dass die politische Linie von der Tagespolitik getrennt blieb, während das Wahlrecht durch öffentliche Kämpfe ausgeweitet wurde. Diese Methoden sorgten zugleich dafür, dass die allgemeine Bevölkerung an den Rand gedrängt und unzufrieden blieb, unterworfen vom neuen Zeitgeist und nicht fähig, sich als freie Menschen mit einem Recht auf Würde und Unabhängigkeit zu sehen – sondern als Atome des Konsumgeschehens, die sich auf dem Arbeitsmarkt verkaufen (zumindest wenn sie Glück haben).

Im Grunde äußerte Adams eine altbekannte Haltung. Alexander Hamilton hatte sie achtzig Jahre zuvor in klarer Weise beschrieben: Er sagte, die Bevölkerung sei eine "wilde Bestie" und die gefährlichste Krankheit Demokratie – das ist Hamilton. Diese Vorstellungen setzten sich noch tiefer in den gebildeten Kreisen fest, als Jeffersons Ängste und Bakunins Vorhersagen sich mehr und mehr bewahrheiteten. Die Grundeinstellungen, die ins 20. Jahrhundert einflossen, formulierte Robert Lansing, Woodrow Wilsons Außenminister, in aller Deutlichkeit. Sie führten zu Wilsons Kampagne der "Angst vor den Roten", die Gewerkschaften und unabhängiges Denken für ein ganzes Jahrzehnt lahmlegte. Lansing warnte vor der Gefahr, den "ungebildeten und unfähigen Massen" zu erlauben, "die Erde zu dominieren" oder auch nur an Einfluss zu gewinnen (diese Absicht schrieb er den Bolschewiken zu). Das ist die hysterische und ganz irrationale Reaktion, die ganz typisch ist für Menschen, die ihre Macht gefährdet sehen. Die fortschrittlichen Intellektuellen jener Tage formulierten die Sorgen klar und deutlich. Der führende unter ihnen war vielleicht Walter Lippmann mit seinen Werken über Demokratie, die er größtenteils in den 1920ern verfasste. (Lippmann war überdies der Vordenker des amerikanischen Journalismus und jahrelang einer der renommiertesten Kommentatoren öffentlicher Angelegenheiten.)

Lippmann empfahl: "Die Bevölkerung muss unter Kontrolle gehalten werden, damit die verantwortlichen Männer frei vom Getrampel und Gebrüll der verwirrten Masse (Hamiltons "Bestie") leben können." In einer Demokratie, so Lippmann, haben diese "ungebildeten und lästigen Außenseiter" in der Tat eine "Funktion." Sie besteht darin, "interessierte Zuschauer des Geschehens" zu sein, nicht jedoch Beteiligte. Von Zeit zu Zeit sollen sie einem Mitglied der Herrscherklasse Gewicht verleihen (das wird dann eine "Wahl" genannt), und danach sollen sie sich wieder um ihre Privatangelegenheiten kümmern.

Ähnliche Vorstellungen wurden zu ungefähr jener Zeit Teil der etablierten akademischen Theorie. 1934 sagte William Shepard in der Präsidentenrede an die amerikanische Vereinigung für Politikwissenschaft, dass die Herrschaft in den Händen "einer Aristokratie der Intellektuellen und der Mächtigen" liegen sollte. Den "ungebildeten, uninformierten und unsozialen Elementen" jedoch dürfe es nicht erlaubt werden, die Wahlen zu kontrollieren. Irrtümlicherweise glaubte er, dass sie dies in der Vergangenheit getan hätten. Harold Lasswell, einer der Begründer der modernen Politikwissenschaften (und wohlgemerkt ebenfalls einer der Väter der Kommunikationswissenschaften), bemerkte im *Lexikon der Sozialwissenschaften* ungefähr im Jahr 1933 oder 1934, dass moderne Propagandamethoden – welche die Wilson-Liberalen in eindrucksvoller Weise weiterentwickelt hatten – den Weg weisen würden, um die Öffentlichkeit im Zaum zu halten. Lasswell nannte Wilson “den legendären Oberbefehlshaber an der Propagandafront.” Wilsons Propagandaerfolge im Ersten Weltkrieg beeindruckten auch andere, darunter Adolf Hitler (das können Sie in *Mein Kampf* nachlesen), besonders aber prägten sie sich der amerikanischen Geschäftswelt ein. Dies führte zu einer enormen Ausweitung der Public-Relations-Industrie, die sich der “Beherrschung des öffentlichen Bewusstseins” verschrieben hatte, wie deren Fürsprecher es in Zeiten größerer Ehrlichkeit ausdrückten. Zudem stellte Lasswell 1933 oder 1934 im Lexikon der Sozialwissenschaften dar, was er unter Propaganda verstand. Wir gebrauchen dieses Wort heute nicht mehr, wir sind klüger.

In seiner Rolle als Politikwissenschaftler sprach sich Lasswell für eine ausgeklügeltere Anwendung der neuen Methoden zur Bevölkerungskontrolle aus, die durch die moderne Propaganda ermöglicht wurde. Durch diese, schrieb er, würden die intelligenten Männer der Gesellschaft, die von Natur aus die Herrscher sind, in die Lage versetzt, die Gefahr der wilden “Bestie” auszuschalten, denn jene “Bestie” könnte aufgrund “der Ignoranz und des Aberglaubens der Massen” (wie Lasswell sagte) die Ordnung untergraben. Wir sollten nicht dem “demokratischen Dogmatismus” erliegen, “dass die Menschen ihre Interessen selbst am besten beurteilen könnten.” Am besten können das die Eliten (d.h. Jeffersons Aristokraten): Ihnen müssen die Mittel gesichert werden, damit sie zum Zweck des Allgemeinwohls ihren Willen aufzwingen können.

Lippmann und Lasswell repräsentierten das liberalere und fortschrittlichere Meinungslager, das der “Bestie” zumindest eine Zuschauerrolle zugestand. Am reaktionären Ende finden wir diejenigen, die in der heutigen Orwellschen Neusprache zu Unrecht konservativ genannt werden. So waren die staatlichen Reaktionäre à la Reagan der Meinung, dass die Öffentlichkeit – die “Bestie” – noch nicht einmal eine Zuschauerrolle innehaben dürfe. Das erklärt die Faszination der Reaganisten für geheime Terroroperationen, die für niemanden ein Geheimnis waren, außer für die amerikanische Bevölkerung – unzweifelhaft jedenfalls nicht für die Opfer. Man plante geheime Terroroperationen, um die eigene Bevölkerung im Unwissen zu halten. Die Reaganisten verfochten zudem beispiellose Methoden der Zensur und der Propaganda und andere Maßnahmen, um dafür zu sorgen, dass der mächtige, interventionistische Staat, den sie schufen, als Wohlfahrtsstaat für die Wohlhabenden dienen und nicht durch die Menschenmassen in Bedrängnis geraten würde.

Die immense Ausweitung der Konzernpropaganda in den jüngsten Jahren, die neuesten Angriffe auf Universitäten durch rechtsstehende Organisationen und weitere Tendenzen in heutiger Zeit sind bloß neue Erscheinungsformen derselben Sorgen. Sie wurden wieder wachgerufen, als in den 1960er Jahren die "Krise der Demokratie" entstand, wie die liberalen Eliten sie nannten: Zuvor an den Rand gedrängte und apathische Bevölkerungsgruppen wie Frauen, junge Leute, alte Menschen, Arbeiter und andere versuchten, die öffentliche Bühne der Politik zu betreten, wo sich aufzuhalten sie keinerlei Berechtigung haben, wie alle rechts denkenden Aristokraten einsehen.

John Dewey war einer der Überlebenden der klassisch-liberalen Tradition der Aufklärung, der sich den Regeln der Weisen – dem Ansturm von Jeffersons Aristokraten – widersetzte. Bei diesen Aristokraten spielte es keine Rolle, ob sie im reaktionären oder liberalen Bereich des sehr schmalen ideologischen Spektrums ihren Platz gefunden hatten. Dewey verstand sehr klar, dass "die Politik der Schatten ist, den die Großkonzerne auf die Gesellschaft werfen", und solange das so bleibt, "wird die Abschwächung des Schattens nichts Wesentliches ändern", d.h. Reformen werden nur von begrenztem Nutzen sein: Voraussetzung der Demokratie ist, dass die Ursache des Schattens verschwindet, nicht nur wegen ihrer Beherrschung der politischen Bühne, sondern weil eben diese Institutionen der privaten Macht es sind, welche Demokratie und Freiheit untergraben. Dewey äußerte sich ziemlich klar und deutlich über die antidemokratische Macht, die er im Auge hatte: "Die heutige Macht" (in den 1920er Jahren) "liegt in der Kontrolle der Produktionsmittel, des Handels, der Werbung, des Verkehrswesens und der Kommunikation. Wer immer diese besitzt, beherrscht das Leben im Land", selbst wenn demokratische Strukturen bestehen bleiben. "Geschäfte, die zum Zweck privaten Profits mittels der privaten Kontrolle über Banken, Land und Industrie getätigt werden, verstärkt durch die Macht über Presse, Pressevertreter und andere Mittel der Werbung und Propaganda", das ist das eigentliche System der Macht, der Ursprung des Zwangs und der Kontrolle. Solange das so bleibt, können wir uns nicht ernsthaft über Demokratie und Freiheit unterhalten. Dewey hoffte, dass die Erziehung, so wie er sie verstand ("die Schaffung freier menschlicher Wesen"), ein Weg sein würde, dieses absolutistische Monster in Frage zu stellen.

In einer freien und demokratischen Gesellschaft, sagte Dewey, sollten die Arbeiter "die Herren und Meister ihres eigenen industriellen Schicksals sein", keine Werkzeuge, die von Arbeitgebern gemietet werden. Er stimmte mit den Grundansichten der Väter des klassischen Liberalismus und mit den demokratischen und libertären Ideen überein, die seit der Frühphase der industriellen Revolution die weitverbreiteten Bewegungen der Arbeiterklasse inspiriert hatten, bis diese letztlich durch ein Zusammenspiel aus Gewalt und Propaganda zerstört wurden. Im Felde der Erziehung, so Dewey, sei es daher "antiliberal und unmoralisch", Kinder darauf einzuüben, "des erhaltenen Lohnes wegen" zu arbeiten statt "frei und intelligent." Denn dann ist ihre Arbeit "nicht frei, weil sie sich nicht frei daran beteiligen" (wieder sind hier die Ideen des klassischen Liberalismus und der Arbeiterbewegungen zu finden). Deshalb, so Dewey, muss auch die Industrie "von einer feudalistischen in eine demokratische Gesellschaftsordnung" verwandelt werden, die auf Arbeiterverwaltungen und freien Verbindungen beruht (abermals haben wir es mit traditionell anarchistischen Idealen zu tun, deren Ursprünge im klassischen Liberalismus und in der Aufklärung liegen).

Weil die Lehrmeinung unter den Angriffen der privaten Macht, besonders in den letzten Jahrzehnten, immer weiter beschränkt worden ist, klingen diese libertären Grundvorstellungen und Grundprinzipien heute befremdlich und extrem in unseren Ohren, vielleicht sogar antiamerikanisch (um einen der Begriffe des totalitären westlichen Denkens unserer Zeit zu verwenden). Mit diesem Wandel konfrontiert, sollten wir uns in Erinnerung rufen, dass Deweys Vorstellungen genauso amerikanisch sind wie Apfelkuchen. Ihr Ursprung liegt in den ganz gewöhnlichen amerikanischen Traditionen, direkt im Mainstream (seine Gedanken sind unbeeinflusst durch gefährliche ausländische Ideologien irgendeiner Art). Sie entstammen einer würdigen Tradition, die feierlich gepriesen wird, obwohl sie in den meisten Fällen verzerrt dargestellt wird oder vergessen wurde. All dies ist Teil des Verfalls funktionierender Demokratien im heutigen Zeitalter, der sich auf institutioneller ebenso wie auf ideologischer Ebene vollzieht.

Zweifellos ist die Bildung zum Teil eine Sache von Schulen, Universitäten und formalen Informationssystemen, ob das Ziel Freiheit und Demokratie ist, was Dewey befürwortete, oder Gefügigkeit, Unterordnung und Marginalisierung, wonach die herrschenden Institutionen verlangen. Der Soziologe James Coleman von der Universität Chicago, eine der Größen auf dem Gebiet der Erziehung und der Auswirkung von Erfahrungen auf das Leben von Kindern, folgert aus einer Reihe von Studien: "Die Gesamtwirkung der familiären Herkunft ist beträchtlich größer als die Gesamtwirkung der schulischen Einflussfaktoren in der Bestimmung der Erfolge von Schülern." Ungefähr doppelt so groß, wie er aus einer Fülle von Studien schließt. Daher ist es wichtig, dass wir uns ansehen, wie die Sozialpolitik und die herrschende Kultur die genannten Faktoren (z.B. familiäre Einflüsse) prägen.

Diese Frage ist hochinteressant. Eine UNICEF-Studie der renommierten US-Ökonomin Sylvia Ann Hewlett, die vor einem Jahr unter dem Titel "Die Vernachlässigung von Kindern in reichen Ländern" (*Child Neglect in Rich Nations*) veröffentlicht wurde, erleichtert unsere Nachforschungen sehr. Hewlett untersuchte die Verhältnisse in reichen Ländern in den vergangenen fünfzehn Jahren, von den späten 1970er bis in die frühen 1990er Jahre. Wohlgemerkt befasste sie sich nicht mit der Dritten Welt, sondern mit reichen Nationen. Sie bemerkt eine tiefe Kluft zwischen angloamerikanischen Gesellschaften auf der einen und dem kontinentalen Europa inklusive Japan auf der anderen Seite. Das angloamerikanische Modell, das die Reaganisten und Thatcher eingeführt haben, sei eine Katastrophe für Kinder und Familien gewesen, sagt Hewlett. Das europäische Modell hingegen hat die Situation von Kindern beträchtlich verbessert (ausgehend von einem Anfangsniveau, das schon weit höher lag) – und das trotz der Tatsache, dass den europäischen Gesellschaften die Vorzüge der angloamerikanischen fehlen. In den Vereinigten Staaten herrschen beispielloser Wohlstand und einzigartige Privilegien, und obwohl sich die Situation in Großbritannien sehr verschlechtert hat (besonders unter Thatcher), so besitzt das Land zumindest doch den ökonomischen Vorteil, Schützling der Vereinigten Staaten zu sein und in der Regierung unter Thatcher als führender Ölexporteur agiert zu haben. Diese Tatsache dramatisiert die wirtschaftlichen Misserfolge unter Thatcher noch mehr, wie echte britische Konservative (wie Lord Ian Gilmour) aufgezeigt haben.

Für die angloamerikanische Katastrophe für Kinder und Familien macht Hewlett die "ideologische Bevorzugung der freien Märkte" verantwortlich. Ich meine, hier liegt sie bloß zur Hälfte richtig. Die konservative Politik der Reaganisten war den freien Märkten feindlich gesonnen. Sie verfochten zwar die Märkte für die Armen, übertrafen jedoch sogar ihre Regierungsvorgänger darin, riesige öffentliche Subventionen und staatliche Absicherungen für die Reichen zu fordern und durchzusetzen. Welche Worte man auch wählen mag, um die herrschende Ideologie zu beschreiben: Es ist nicht gerechtfertigt, den guten Ruf des Konservativen zu trüben, wenn man diesen Begriff für diese besondere Art brutaler, gesetzloser und reaktionärer Staaten benutzt. Nennen sie es, wie immer sie wollen, aber es ist nichts Konservatives, es sind nicht die freien Märkte.

Hewlett trifft jedoch voll ins Schwarze, wenn sie die freien Märkte für die Armen als Ursache der Katastrophe für Familien und Kinder identifiziert. An der Wirkung dessen, was Hewlett die "gegen Kinder und Familien gerichtete Stimmung" nennt, "die bei uns weitverbreitet ist", besteht kaum ein Zweifel (in den angloamerikanischen Nationen, am dramatischsten in den USA, doch ebenso in Großbritannien). Dieses "von Vernachlässigung nur so durchsetzte angloamerikanische Modell, dessen Grundlage die Marktdisziplin der Armen ist, hat die Erziehung der Kinder größtenteils privatisiert und das Aufziehen von Kindern für die Mehrheit der Bevölkerung letztlich unmöglich gemacht." Das waren Ziel und Politik des Konservatismus à la Reagan sowie seiner Entsprechung in den Thatcher-Anhängern. Das Ergebnis ist natürlich eine Katastrophe für Kinder und Familien.

Weiter betont Hewlett: "In dem viel unterstützenswerteren europäischen Modell hat die Sozialpolitik die Hilfssysteme für Familien und Kinder eher gestärkt als geschwächt." Das ist kein Geheimnis, außer natürlich wie immer für die Zeitungsleser. Meines Wissens wartet die Studie von Hewlett aus dem Jahre 1993, die für unsere heutigen Sorgen von entscheidender Bedeutung ist, noch auf eine Besprechung in den Zeitungen. So wurde sie z.B. nicht in der *New York Times* diskutiert, auch wenn sich der dortige Buchbesprechungsteil letzten Sonntag ausführlich mit dem Thema befasste. Hingegen berichtete die *Times* über düstere Vorahnungen wegen eines Rückgangs der IQ-Werte, eines Nachlassens der Punktzahlen der *SAT-Tests* [Zulassungstests amerikanischer Hochschulen] und dergleichen mehr. Sie berichtete auch über die möglichen Ursachen, z.B. über die Sozialpolitik der Stadt New York, die die *Times* beobachtete und unterstützte. Diese Politik trieb 40 Prozent der Kinder unter die Armutsschwelle, weshalb sie als Folge an Mangelernährung, Krankheiten und anderem leiden.

Wie sich jedoch herausstellt, ist das für den Rückgang der IQ-Werte unerheblich – genau wie alles andere, was Hewlett in ihrem angloamerikanischen Vernachlässigungsmodell beschreibt. Was eine Rolle spielt, so zeigt sich, sind schlechte Gene. Irgendwie bekommen die Leute schlechte Gene. Als nächstes werden verschiedene Gründe dafür diskutiert. Zum Beispiel wäre es möglich, dass schwarze Mütter ihre Kinder nicht richtig ernähren, weil sie sich im Lauf der Evolution in Afrika entwickelten, wo ihnen das Klima feindlich gesonnen war. So sehen also die möglichen Gründe aus – und das ist seriöse, nüchterne Wissenschaft. Eine demokratische Gesellschaft, so der Reporter, wird all diese Umstände auf die eigene Gefahr hin ignorieren. Disziplinierte Entscheidungsträger wissen nur zu gut, dass sie um die offensichtlichen Gründe, die in einer leicht verständlichen und durchschaubaren Sozialpolitik liegen, einen weiten Bogen machen müssen. Die Ursachen sind für jeden vernünftigen Menschen ganz offensichtlich. Eine renommierte Ökonomin diskutierte sie in allen Einzelheiten in einer UNICEF-Studie, die hierzulande wahrscheinlich niemals das Licht der Welt erblicken wird.

Die Tatsachen sind kein Geheimnis. So berichteten eine unabhängige Expertenkommission der Staatsbehörde für Erziehung sowie der amerikanische Ärztebund: "Nie zuvor war eine Kindergeneration weniger gesund, schlechter auf das Leben vorbereitet und weniger umsorgt, als deren Eltern im gleichen Alter es waren." Dies ist ein großer Wandel der Industriegesellschaften. Man findet ihn nur in den angloamerikanischen Gesellschaften, in denen die Stimmung gegen Kinder und Familien fünfzehn Jahre lang in der Verkleidung des

Konservativen und der Familienwerte vorherrschte – ein wahrer Triumph der Propaganda. Sogar der "Oberbefehlshaber" Woodrow Wilson wäre tief beeindruckt gewesen, und wahrscheinlich auch Stalin und Hitler.

Als Hewlett vor einem Jahr ihr Buch schrieb, ereignete sich ein symbolischer Ausdruck dieser Katastrophe: 146 Ländern unterzeichneten das internationale Kinderrechtsabkommen, mit Ausnahme eines einzigen Landes – den Vereinigten Staaten. Was internationale Menschenrechtsabkommen anlangt, ist das ein typisches Muster. Aus Gründen der Fairness sollte ich aber ergänzen, dass die konservative Politik der Reaganisten in ihrer Stimmung gegen Kinder und Familien warmherzig ist: So plädierte die Weltgesundheitsorganisation dafür, den Nestlé-Konzern wegen seiner aggressiven Vermarktung von Kindernahrung zu verurteilen, durch die viele Kinder sterben. Das Abstimmungsergebnis lautete 118 zu 1. Ich überlasse es ihnen, die eine Gegenstimme zu erraten. Das ist aber von untergeordneter Bedeutung im Vergleich zu dem, was die Weltgesundheitsorganisation den "stillen Genozid" nennt, der jährlich Millionen Kinder tötet und eine Folge der Politik des freien Marktes für die Armen ist, und zugleich eine Folge der Weigerung der Reichen, irgendeine Art von Hilfe zu leisten. Auch in diesem Fall ist die Bilanz der Vereinigten Staaten eine der miserabelsten und geizigsten unter den reichen Gesellschaften.

Ein weiterer symbolischer Ausdruck für diese Katastrophe ist eine neue Grußkartenserie des *Hallmark*-Konzerns. Auf einer dieser Karten ist zu lesen: "Hab' einen tollen Tag in der Schule." Man soll sie morgens, wenn die Kinder zur Schule gehen, unter ihre Müslischale legen, so dass sie dort lesen können: "Hab' einen tollen Tag in der Schule." Auf einer anderen Karte steht: "Ich wünschte, ich hätte mehr Zeit, dich ins Bett zu bringen." Diese steckt man abends unters Kopfkissen, wenn das Kind allein ins Bett geht. Es gibt weitere solche Beispiele.

Zum Teil ist die Katastrophe für Kinder und Familien schlicht eine Folge der fallenden Löhne. In den letzten Jahren war die Konzernpolitik der Regierung – besonders unter den Reaganisten und Thatcher – so konzipiert, dass schmale Schichten reich wurden und die Bevölkerungsmehrheit verarmte; und die Politik war erfolgreich, sie hatte genau die beabsichtigte Wirkung. Das bedeutet, dass man jetzt viel mehr arbeiten muss, um überleben zu können. Beide Elternteile des Großteils der Bevölkerung müssen rund fünfzig bis sechzig Stunden arbeiten, um sich nur mit dem Nötigsten zu versorgen. In der Zwischenzeit schießen rein zufällig die Konzernprofite in die Höhe. Das Magazin *Fortune* berichtet von "blendenden" Profiten, die für die Glücklichen 500 in neue Höhen vorstoßen, während die Absätze stagnieren.

Ein weiterer Grund ist die Unsicherheit der Arbeitsplätze, die Ökonomen gerne "Flexibilität an den Arbeitsmärkten" nennen. Nach der etablierten akademischen Theologie ist das eine gute Sache, doch eine ganz miese für Menschen, deren Schicksal nicht in die Berechnungen der nüchternen Denker eingeht. Flexibilität bedeutet, dass man Überstunden und Ähnliches machen soll, und es gibt weder Verträge noch Rechte: Das ist Flexibilität. Wir müssen die Starrheit der Märkte loswerden. Ökonomen können das erklären. Wenn beide Elternteile Überstunden machen – meist bei schlechterer Bezahlung –, muss man kein Genie sein, um das Ergebnis vorherzusehen: Die Statistiken zeigen es. Sie können es in Hewletts UNICEF-Studie nachlesen, wenn Sie möchten. Auch ohne es zu lesen, ist völlig offensichtlich, was geschehen wird. Die Kontaktzeit – die Zeit, die Eltern wirklich mit ihren Kindern verbringen – ist in den angloamerikanischen Gesellschaften in den vergangenen fünfundzwanzig Jahren um 40 Prozent zurückgegangen, besonders in den letzten Jahren. Faktisch sind das zehn bis zwölf Stunden weniger Kontaktzeit in der Woche. Die sogenannte "Hochqualitätszeit" – die Zeit, in der man sich nur um die Kinder kümmert – verschwindet praktisch gänzlich. Gewiss führt das zur Zerstörung der Familienidentität und der Familienwerte. Bei der Beaufsichtigung der Kinder verlässt man sich viel mehr auf den Fernseher. Die Folge sind sogenannte "Schlüsselkinder", vereinsamte Kinder mit einem erhöhten Risiko für Kinderalkoholismus, Drogenmissbrauch, kriminelle Gewalt gegen andere Kinder und weitere offensichtliche Folgen für ihre Gesundheit und Bildung, für ihr Vermögen, sich an einer demokratischen Gesellschaft zu beteiligen, ja sogar für ihr Überleben – und außerdem ebenfalls für die Abnahme der SAT- und IQ-Werte. Doch eigentlich soll Sie das gar nicht bemerken. Denken Sie daran, es sind die schlechten Gene.

Nichts davon ist ein Naturgesetz. Es ist eine bewusst gewählte Sozialpolitik, die für bestimmte Ziele konstruiert wurde: Die Glücklichen 500 zu bereichern und andere Leute zu verarmen. In Europa, wo die Verhältnisse strenger sind, die Politik aber nicht von derselben Stimmung gegen Familien und Kinder beherrscht wird, nimmt die Entwicklung einen anderen Verlauf, und die Bedingungen für Kinder und Familien sind viel besser.

Ich möchte sagen und betonen, dass dies nicht nur für die englischen und amerikanischen Gesellschaften gilt. Wir leben in einem großen und mächtigen Staat, wir haben Einfluss. Ganz erstaunlich ist, was sich abspielt, wenn andere Länder, die in unseren Machtbereichen liegen, eine andere Politik in die Tat umzusetzen versuchen, die Familien und Kindern zugutekommt. Hierfür gibt es gleich mehrere eindrucksvolle Beispiele.

Die am vollständigsten von uns kontrollierten Regionen sind die Karibik und Mittelamerika. Zwei der dortigen Länder haben eine solche Politik betrieben: Kuba und Nicaragua, und das mit beträchtlichem Erfolg. Es sollte daher niemanden verwundern, dass die amerikanischen Angriffe sich hauptsächlich gegen diese beiden Nationen richteten – mit Erfolg. In Nicaragua wurden die steigenden Gesundheitsnormen, die Zunahme der Alphabetisierung und die Abnahme der Unterernährung bei Kindern dank des terroristischen Krieges, den wir dort führten, ins Gegenteil verkehrt. Jetzt setzt sich Nicaraguas Entwicklung in Richtung auf das Niveau Haitis fort.

In Kuba vollzog sich der terroristische Krieg schon eine Weile länger. John F. Kennedy hatte ihn in Gang gesetzt. Er hatte nichts mit Kommunismus zu tun, denn zu dieser Zeit waren keine Russen in der Nähe. Der Krieg hatte beispielsweise mit der Tatsache zu tun, dass die Kubaner ihre Ressourcen den falschen Bevölkerungsteilen zukommen ließen. Man verbesserte die Gesundheitsstandards, sorgte sich um Kinder und um Mangelernährung. Also setzten wir einen enormen Terrorkrieg in Gang. Kürzlich wurden einige CIA-Dokumente freigegeben, die manche Einzelheiten der Regierungszeit Kennedys ergänzen, die an sich schon schlimm genug war. Der Krieg dauert bis heute an; tatsächlich erfolgte vor wenigen Tagen ein weiterer Angriff. Darüber hinaus besteht ein Embargo, um dafür zu sorgen, dass die Leute dort wirklich leiden. Viele Jahre lang war der Vorwand gewesen, es hätte mit den Russen zu tun. Das war eine glatte Lüge. Dies zeigt sich zum einen daran, was sich abspielte, als die Politik realisiert wurde, und zum anderen daran, was passierte, als die Russen von der Bildfläche verschwanden. Die "gekaufte Priesterschaft" hatte eine verdammt schwierige Arbeit zu erledigen. Niemand soll bemerken, dass wir, nachdem die Russen den Schauplatz verlassen hatten, die Angriffe gegen Kuba *verschärften.* Irgendwie seltsam, wenn der Grund für den Angriff der war, dass Kuba ein Außenposten des Kommunismus und des sowjetischen Weltimperiums war. Aber dem können wir Herr werden.

Als die Russen den Schauplatz verließen und es nun wirklich möglich wurde, den Menschen die Luft abzuschneiden, wurden die Verhältnisse brutaler. Liberale Demokraten – angeführt vom Abgeordneten Torricelli – ließen einen Gesetzesvorschlag durch den Kongress gehen, der von sämtlichen Tochterunternehmen aller amerikanischen und ausländischen Unternehmen nach dem Ende jeglichen Handels mit Kuba verlangte, wenn sie Produkte verwendeten, die in den Vereinigten Staaten gefertigt wurden. Das verstieß so offensichtlich gegen internationale Rechte, dass selbst George Bush den Gesetzesvorschlag ablehnte. Er sah sich jedoch gezwungen, ihn anzunehmen, als ihn die Clinton-Anhänger in den Wahlen von rechts überholten – deshalb gab er dem Antrag schließlich statt. Dann wurde er den Vereinten Nationen vorgelegt, wo praktisch jeder den Standpunkt der Vereinigten Staaten verurteilte. In der Schlussabstimmung konnten die Vereinigten Staaten nur Israel für sich gewinnen (was nicht ungewöhnlich ist), und aus irgendeinem Grund bekamen sie auch Rumäniens Stimme. Alle anderen stimmten dagegen, kein Land verteidigte die

Position der Vereinigten Staaten. Sie verletzte zu offensichtlich internationales Recht, wie selbst Großbritannien und andere Länder hervorhoben. Das spielt jedoch keine Rolle – es ist von größter Wichtigkeit, unsere Stimmung gegen Kinder und Familien zu realisieren, und dasselbe gilt für unser Verlangen nach äußerst polarisierten Gesellschaften überall dort, wo wir hingelangen können. Unternimmt ein von uns beherrschtes Land den Versuch, andere Wege einzuschlagen, werden wir uns auch seiner annehmen.

Im Augenblick setzt sich diese Entwicklung fort. Es gehört zu den Dingen, gegen die man wirklich etwas tun kann, wenn man will. In Chicago gibt es die "Pfarrer für den Frieden", und die "Chicago-Kuba-Vereinigung" schickt weitere Wohnwägen nach Kuba, um das Embargo zu umgehen und humanitäre Hilfe, Medikamente, Medizinbücher, Milchpulver für Kinder und andere Unterstützung bereitzustellen. Man findet sie im Telefonbuch unter *Chicago-Kuba-Vereinigung*, man kann sich mit ihnen in Verbindung setzen. Jeder, der gegen die bei uns herrschende Stimmung gegen Kinder und Familien, die wir gewaltsam in andere Länder exportieren, etwas tun möchte, kann etwas unternehmen, genauso wie man auch von zuhause viel bewirken kann.

Ich sollte erwähnen, dass die Auswirkungen dieses jüngsten Gesetzesvorschlags der Demokraten, Kuba die Luft abzuschneiden (der gebilligt wurde), kürzlich in zwei Ausgaben zweier führender amerikanischer Medizinfachzeitschriften, in *Neurology* und dem *Florida Journal of Medicine*, in diesem Monat (im Oktober) besprochen wurden; man beschrieb die Folgen und betonte das Offensichtliche. Wie sich herausstellte, umfassten rund 90 Prozent des Handels, der durch die Gesetzesvorlage von Clinton und Torricelli unterbunden wurde, Lebensmittel und humanitäre Hilfe – Nahrung, Medikamente und Ähnliches. Zum Beispiel wurde eine schwedische Firma, die Wasserfiltergeräte zur Herstellung von Impfstoffen zu exportieren versuchte, von den Vereinigten Staaten gehindert, weil sich in den Geräten etwas befand, das in Amerika gefertigt wurde. Wir müssen sie würgen, so stark wir können und müssen dafür sorgen, dass viele Kinder sterben. Zu den Folgen gehörten eine starke Zunahme der Kindersterblichkeit und -unterernährung und eine seltene Gehirnerkrankung, die sich in Kuba ausbreitete. Alle gaben vor, die Ursachen dafür nicht zu kennen (natürlich wusste man es, und jetzt wurde es zugegeben: Es ist Mangelernährung). Diese Krankheit wurde seit den japanischen Gefangenenlagern im Zweiten Weltkrieg nicht mehr gesehen. Wir waren also auch hier erfolgreich. Die Stimmung gegen Kinder und Familien ist daher nicht nur gegen Kinder in New York gerichtet, sondern umfassender angelegt.

Ich möchte abermals betonen, dass der Unterschied zu Europa – einer der Unterschiede – in der Existenz starker Gewerkschaftsbewegungen besteht (in Europa herrscht aus bestimmten Gründen eine andere Situation). Das ist nur eine Facette einer Grundverschiedenheit, dass nämlich die Vereinigten Staaten eine Gesellschaft sind, die in beispiellosem Umfang durch die Geschäftswelt beherrscht wird. Daher obsiegt die abscheuliche Maxime der Herrschenden in höchstem Maße, weit mehr, als zu erwarten wäre. Das ist eine der Methoden, um das Funktionieren der Demokratie formell zu erlauben, obwohl der Großteil der Bevölkerung längst von einer Krankheit befallen wurde, die die Zeitungen "antipolitisch" nennen: Hass auf die Regierung, die Verachtung politischer Parteien und aller demokratischen Prozesse. Auch das ist ein wahrhafter Triumph der Jeffersonschen Aristokraten – derjenigen also, welche das Volk fürchten, ihm misstrauen und seine ganze Macht in die Hände der oberen Gesellschaftsschichten geben wollen, d.h. heute in die Hände der transnationalen Konzerne und der Regierungen und regierungsähnlichen Institutionen, die ihre Interessen vertreten.

Ein weiterer Triumph ist die Tatsache, dass die um sich greifende Desillusionierung antipolitischer Natur ist. Eine Schlagzeile der *New York Times* über dieses Thema ließ verlauten: "Unter den Wählern breiten sich Wut und Zynismus aus, weil die Hoffnung schwindet. Die Stimmung verschlechtert sich, weil immer mehr Leute von der Politik desillusioniert sind." Letzten Sonntag widmeten sich die Zeitschriften der antipolitischen Stimmung (beachten wir, sie widmeten sich *nicht* dem Widerstand gegen Macht und Autorität, und *nicht* den offensichtlichen Kräften, die ihre Hände am Entscheidungshebel halten und ihren Schatten auf Gesellschaft und Politik werfen, wie Dewey sagte; sie müssen unsichtbar bleiben). In der *Times* erschien heute abermals eine Story darüber. Es wird eine ungebildete Person zitiert, die von der Sache nichts versteht und sagt: "Ja genau, der Kongress ist niederträchtig, und das liegt daran, dass der Kongress die Geschäftswelt ist. Daher ist klar, dass er niederträchtig ist." Diese Art Story soll man *nicht* sehen – man soll antipolitisch sein. Denn was immer man von der Regierung halten mag, so soll man doch denken, dass sie zu dem institutionellen System gehört, in dem man mitbestimmen, etwas verändern und bewirken *kann* (im Prinzip und dem Gesetz nach kann man nichts gegen Investmentfirmen und transnationale Konzerne unternehmen). Daher ist besser, wenn niemand die Sache durchschaut, man soll antipolitisch sein. Das stellt einen weiteren Triumph dar.

Deweys Beobachtung, dass Politik der Schatten ist, den die Großkonzerne auf die Gesellschaft werfen (was übrigens auch für Adam Smith eine Binsenweisheit) war, ist jetzt unsichtbar geworden. Die Macht, welche den Schatten wirft, ist durch die ideologischen Institutionen so gut versteckt worden und unserem Bewusstsein so fern, dass wir zu antipolitischen Bürgern werden – ein weiterer schwerer Schlag für die Demokratie und ein großes Geschenk für das absolutistische und niemandem verantwortliche Machtsystem, das Größen erreicht hat, die sich ein Thomas Jefferson oder ein John Dewey kaum hätten erträumen lassen.

Wir können zwischen den altbekannten Optionen wählen. Wir können uns dafür entscheiden, Demokraten im Sinne Thomas Jeffersons zu sein, oder wir können uns entscheiden, Aristokraten zu sein. Der zweite Weg ist leichter zu beschreiten – zu seiner Belohnung sind die Institutionen konstruiert. In der Welt der Wohlhabenden, der Privilegierten, der Mächtigen und der Ziele, die sie natürlicherweise verfolgen, sind hohe Belohnungen zu holen. Der andere Weg, der Weg der Jeffersonschen Demokraten, ist von Kampf geprägt – oft auch von Niederlagen –, aber mit einer Belohnung verbunden, die außerhalb des Vorstellungsvermögens derer liegt, die dem neuen Zeitgeist verfallen sind: "Werde reich und vergiss alles außer dir selbst." Die heutige Situation gleicht derjenigen vor 150 Jahren, als erstmals der Versuch unternommen wurde, den neuen Zeitgeist in die Köpfe der Fabrikarbeiterinnen von Lowell, der Handwerker von Lawrence und anderer zu schlagen. Die heutige Welt ist Thomas Jeffersons Welt sehr fern. Die Möglichkeiten, die uns zur Wahl stehen, haben sich jedoch in keiner grundlegenden Weise geändert.

TEIL I

Wissenschaft: Die genetische Grundausstattung

Kapitel 1

WAS LERNEN NICHT ERMÖGLICHEN KANN

(November 1983)

Warum denken Sie, dass die Verwendung der Sprache entscheidend von der Existenz eines genetisch vorprogrammierten Sprachorgans im Gehirn abhängt?

Viele sprachwissenschaftliche Belege stützen diese Aussage. Doch selbst ohne die Resultate detaillierter sprachwissenschaftlicher Analysen wäre zu erwarten, dass die Vererbung bei der Sprache eine entscheidende Rolle spielt. Wie sonst könnten wir erklären, dass Kinder überhaupt zu sprechen lernen?

Wie meinen Sie das?

Nehmen wir etwas, das jeder der Vererbung zuschreibt – die Tatsache, dass Menschen Arme, aber keine Flügel wachsen. Warum denken wir dabei an die Vererbung? Weil nichts in der vorgeburtlichen Umwelt von Menschen- und Vogelembryonen die Unterschiede zwischen Vögeln und Menschen erklären kann, nehmen wir an, dass die Vererbung der Grund sein muss. Käme jemand daher und erzählte uns, dass Vogelembryonen irgendwie "trainiert" werden, Flügel zu entwickeln, würden wir nur lachen, obwohl Entwicklungsbiologen nicht genau verstehen, wie die Gene die Embryonalentwicklung steuern.

Enge Parallelen zur Embryonalentwicklung

Ist die Rolle, die die Vererbung bei der Embryonalentwicklung spielt, bei der Sprache von derselben Bedeutung?

Ich denke, ja. Man kann nur lachen, wenn man die Behauptung hört, dass die Vererbung beim Erlernen der Sprachen keine wichtige Rolle spiele, denn hier gilt genau dieselbe genetische Logik wie bei der Embryonalentwicklung.

Ich interessiere mich sehr für Embryonalbiologie, verfüge auf dem Gebiet aber lediglich über Laienkenntnisse. Soweit ich weiß, versucht man in der neueren Forschung, besonders in der Molekularbiologie, zu verstehen, wie Gene die Embryonalentwicklung steuern. Die Frage der genetischen Steuerung ist der Frage der Erklärung des Sprachwachstums gedanklich ähnlich. Deshalb sollte die Sprachentwicklung besser *Sprachwachstum* genannt werden, denn das Sprachorgan wächst wie jedes andere Organ des Körpers.

Gibt es im Gehirn einen bestimmten Ort und eine bestimmte Gehirnstruktur, wo sich das Sprachorgan befindet?

Über kognitive Systeme und ihre Grundlagen im Gehirn wissen wir wenig, daher ist bei allen genaueren Aussagen Vorsicht geboten. Für die Repräsentation und den Gebrauch der Sprache scheinen jedoch bestimmte Gehirnstrukturen nötig zu sein, deren Eigenschaften aber bisher kaum verstanden sind.

Doch sicher spielt die Umwelt eine gewisse *Rolle bei der Sprachentwicklung. In welchem Verhältnis stehen Vererbung und Umwelt bei der menschlichen Sprache?*

Das Sprachorgan interagiert mit den frühen Erfahrungen und entwickelt sich zur Grammatik der Kindessprache. Wächst jemand mit einer bestimmten biologischen Ausstattung in Philadelphia auf (wie ich), speichert sein Gehirn die Informationen des in Philadelphia gesprochenen englischen Dialekts. Würde dasselbe Gehirn in Tokyo aufwachsen, würde es den in Tokyo gesprochenen japanischen Dialekt speichern. Die unterschiedlichen Spracherfahrungen des Gehirns – z.B. Englisch im Vergleich zu Japanisch – verändern die Struktur des Sprachorgans.

Ganz Ähnliches zeigen Tierexperimente. Unterschiedliche Arten visueller Früherfahrungen vermögen jenen Teil des Gehirns zu verändern, der visuelle Informationen verarbeitet. Wie Sie vielleicht wissen, verfügen Katzen, Affen und Menschen über hierarchisch organisierte Gehirnzellnetzwerke, die mit der Netzhaut so verbunden sind, dass bestimmte Zellen nur dann aktiv werden, wenn sich eine horizontale Linie im Gesichtsfeld befindet; andere Netzwerkhierarchien reagieren nur auf vertikale Linien. Früherfahrungen scheinen die relative Anzahl der Zellen verändern zu können, die horizontale und vertikale Linien erkennen. So konnten die Psychologen Richard Held und Alan Hein vom MIT kürzlich zeigen, dass junge Katzen, die in einem Käfig mit auffälligen schwarzen, vertikalen Linien an den Wänden aufgezogen wurden, im Erwachsenenalter eine normale Empfindlichkeit für vertikale Linien entwickeln, doch nur eine schwache Sensibilität für horizontale Linien. Reizmangel führt offenbar dazu, dass die für die Erkennung horizontaler Linien verantwortlichen Zellen atrophieren.

Noch engere Parallelen sind beim Sprachwachstum und beim Wachstum eines Menschen *nach* seiner Geburt zu finden – z.B. beim Beginn der Pubertät. Würde jemand daherkommen und uns erzählen, "Kinder werden trainiert, die Pubertät zu durchlaufen, weil sie andere Menschen beobachten", würde wieder jeder lachen. Lachen wir deshalb, weil wir die genetischen Mechanismen, welche die Pubertät steuern, in allen Einzelheiten kennen würden? Meines Wissens weiß niemand viel darüber. Und doch nehmen wir alle an, dass die Pubertät der genetischen Steuerung unterliegt.

Doch wie Ihr eigenes Beispiel zeigt, spielen Umweltfaktoren beim körperlichen Wachstum eine wesentliche Rolle.

Natürlich kann das Einsetzen der Pubertät über weite Bereiche schwanken – es hängt von der Ernährung während der Kindheit und allen möglichen anderen Umwelteinflüssen ab. Trotzdem sieht es jeder als selbstverständlich an, dass die wichtigsten Steuerprozesse der Pubertät genetisch bestimmt werden. Gleiches gilt wahrscheinlich auch für den Tod. Möglicherweise sind wir genetisch programmiert, nach einer ungefähren Zeit zu sterben; zumindest ist das eine einleuchtende Annahme.

Denn in seiner gesamten Existenz – von der Geburt bis zum Tod – durchläuft ein Organismus eine Abfolge genetisch gesteuerter Veränderungen. Das Sprachwachstum ist bloß eine dieser vorherbestimmten Veränderungen. Die Sprache hängt von der genetischen Ausstattung ab und entspricht genetischen Programmen, die den Aufbau unseres Sehsystems und unseres Blutkreislaufsystems steuern und uns Arme, aber keine Flügel wachsen lassen.

Welche Belege dafür gibt es aus den Sprachwissenschaften? Was haben Sie aus Ihren Analysen über die menschliche Sprache gelernt, um Ihren biologischen Standpunkt zu stützen?

Die besten Belege finden wir in den Grammatikeigenschaften einer Sprache. Sie sind so offensichtlich und für jeden intuitiv selbstverständlich, dass sie in der traditionellen Grammatik völlig zu Recht nie erwähnt werden.

Meinen Sie damit, dass die Schulgrammatik jene Lücken füllt, die die Vererbung offen lässt? Sie lehrt z.B. alles über Französisch und Russisch, was allein durch die Tatsache des Menschseins nicht vorausgesetzt werden kann.

So ist es. Eben das, was uns selbstverständlich erscheint, gehört mit größter

Wahrscheinlichkeit zu unserem evolutionären Erbe. Manche der Merkwürdigkeiten in der Verwendung englischer Pronomen verdeutlichen, was ich meine. Nehmen wir z.B. den Satz "John denkt, er ist intelligent." Wie wir alle wissen, kann *er* sich entweder auf John oder auf jemand anderen beziehen, daher ist der Satz nicht eindeutig. Er könnte bedeuten, John denkt, dass er selbst, John, intelligent sei, oder dass irgendeine andere Person intelligent sei. Nehmen wir hingegen den Satz "John hält ihn für intelligent", so kann sich das Pronomen *ihn* in diesem Fall nicht auf John beziehen, es kann nur eine andere Person gemeint sein.

Hat uns diese Besonderheit englischer Pronomen jemand beigebracht, als wir Kinder waren? Ein Lehrverfahren, das ein solches Wissen vermittelt, ist kaum vorstellbar. Und doch weiß jeder das schon in sehr jungen Jahren, ohne Erfahrung und ohne Unterricht. Viele weitere Beispiele zeigen, dass wir Menschen über explizite und höchst wortgewandte Sprachkenntnisse verfügen, die ganz einfach nicht der Spracherfahrung entstammen können.

Kinder haben also keine Möglichkeit, solche Informationen aufzuschnappen, wenn sie Erwachsene in ihrer Umgebung sprechen hören?

Ganz genau. Doch gehen wir zu einem weiteren Beispiel. Die englische Sprache enthält grammatische Konstruktionen, die man parasitäre Lücken (*parasitic gaps*) nennt. Bei diesen Satzkonstruktionen kann das Pronomen weggelassen werden, doch der Satz wird genauso verstanden, als ob er das Pronomen enthielte. So zum Beispiel der Satz *"Which article did you file without reading it?"* (dt.: Welchen Artikel haben Sie archiviert, ohne ihn gelesen zu haben?) Wir bemerken, dass das Pronomen *it* weggelassen werden kann, ohne die Bedeutung oder die Satzstruktur zu verändern. Wir könnten auch sagen: "*Which article did you file without reading?*" Doch kann man nicht sagen "*John was killed by a rock falling on*", wenn man eigentlich meint: "*John was killed by a rock falling on him*" (dt.: John wurde durch einen Gesteinsbrocken getötet, der auf ihn fiel). In diesem Fall würde das Weglassen des Pronomens die Bedeutung und die Satzstruktur zerstören.

Satzkonstruktionen dieser Art, bei denen das Pronomen weggelassen werden kann, sind sehr selten. Faktisch findet man sie so selten, dass ein Kind in der Zeitspanne, in der es seine Muttersprache erlernt (in den ersten fünf bis sechs Lebensjahren), höchstwahrscheinlich keine dieser Satzkonstruktionen wahrnimmt, oder sie nur sehr vereinzelt hört. Und doch weiß jeder englische Muttersprachler fehlerfrei, wann die Pronomen in Sätzen dieser Art weggelassen werden können und wann nicht.

Wir stehen also vor einem Rätsel. Wie kann jemand genügend über die englische Sprache lernen, um die vielfältigen und fremdartigen Grammatikkenntnisse zu besitzen, über die wir im Alter von fünf oder sechs Jahren alle zu verfügen scheinen?

Darauf gibt es eine offensichtliche Antwort: Das Wissen ist bereits in uns. Wir beide können Englisch und jede andere Sprache in all ihren Facetten lernen, weil wir auf das Lernen von Sprachen programmiert sind – auf der Basis einer geteilten Zahl von Prinzipien, die wir Universalgrammatik nennen könnten.

Was ist die Universalgrammatik?

Sie ist die Gesamtheit aller unveränderlichen Prinzipien, die durch Vererbung in das Sprachorgan eingebaut werden. Dazu zählen Grammatik, Sprachlaute und Wortbedeutungen. Man könnte auch sagen, dass die Universalgrammatik die ererbte genetische Ausstattung ist, welche es uns ermöglicht, menschliche Sprachen zu erlernen und zu sprechen.

Angenommen, an einem zweiten Ort im Weltall hätte sich intelligentes Leben entwickelt. Könnten wir mithilfe unseres spezialisierten Sprachorgans die Sprache der Außerirdischen erlernen, wenn wir zu ihnen Kontakt herstellen würden?

Nicht, wenn die Sprache der Außerirdischen die Prinzipien unserer Universalgrammatik verletzen würde, was mir angesichts der unzähligen Möglichkeiten zur Bildung von Sprachen höchst wahrscheinlich erscheint.

Vielleicht sollten wir die Universalgrammatik dann nicht universal nennen. Doch erklären Sie bitte, was Sie damit meinen.

Die gleichen Strukturen, die uns das Erlernen menschlicher Sprachen ermöglichen, hindern uns daran, Sprachen zu lernen, die die Prinzipien der Universalgrammatik verletzen. Würde ein Marsbewohner aus dem Weltraum zu uns kommen und eine Sprache sprechen, die unsere Universalgrammatik verletzt, wären wir einfach nicht in der Lage, seine Sprache so zu lernen, wie wir eine menschliche Sprache, etwa Englisch oder Swahili, erlernen. Wir müssten uns der Sprache des Marsbewohners langsam und mühselig nähern – in gleicher Weise, wie Wissenschaftler Physik studieren, und wo es Generationen harter Arbeit braucht, um an neue Erkenntnisse zu kommen und bedeutende Fortschritte zu erzielen. Wir sind von Natur aus auf das Erlernen von Englisch, Chinesisch und all den anderen möglichen menschlichen Sprachen programmiert, nicht jedoch auf perfekt verwendbare Sprachen, die die Regeln unserer

Universalgrammatik verletzen. Derartige Sprachen lägen schlicht und einfach außerhalb der Reichweite unserer Fähigkeiten.

Was denken Sie über die aktuelle Forschung in der Universalgrammatik?

In den letzten drei bis vier Jahren hat es eine bedeutende gedankliche Änderung in der zugrundeliegenden Theorie gegeben. Heute glauben wir, dass die Universalgrammatik aus einer Reihe vorprogrammierter Untersysteme besteht – z.B. ein Untersystem für Bedeutungen, eines für das Zusammenfügen von Satzteilen zu Sätzen, und ein weiteres, das sich neben anderen Dingen mit der erwähnten Beziehung zwischen Nomen und Pronomen befasst. Es gibt viele weitere Untersysteme.

Diese Untersysteme sind nicht bis ins letzte Detail genetisch vorprogrammiert. Wären sie es, gäbe es nur eine einzige menschliche Sprache. Doch die Vererbung setzt den Variationsmöglichkeiten dieser Regeln, die die Funktion eines jeden Untersystems bestimmen, enge Grenzen. Sprachen wie z.B. Englisch oder Italienisch unterscheiden sich in der Wahl der genetisch erlaubten Variationen, die als potenzielle Möglichkeiten innerhalb der Universalgrammatik zu finden sind. Diese Möglichkeiten lassen sich als eine Art linguistisches Menü vorstellen, das grammatische Alternativoptionen enthält, die sich gegenseitig ausschließen.

So wurde in Sprachen wie Italienisch die Möglichkeit des "Null-Subjekts" aus dem universalgrammatischen Menü ausgewählt: Im Italienischen lässt sich *ging weg* sagen, wenn eigentlich "er ging weg" oder "sie ging weg" gemeint ist. Im Englischen und Französischen findet man diese Möglichkeiten nicht – hier wurde hingegen eine Regel ausgewählt, die eine ausdrückliche Erwähnung des Subjekts erfordert.

Welche weiteren grammatischen Möglichkeiten sind im universalgrammatischen Menü zu finden?

Im Englischen steht der wichtigste Teil jeder bedeutenden Grammatikkategorie am Satzanfang. In einfachen Sätze sagen wir z.B. "*John hit Bill*" (dt. John schlug Bill), und nicht "*John Bill hit.*" Wenn wir Adjektive verwenden, sagen wir "*proud of John*" (dt.: stolz auf John), und nicht "*John of proud*"; bei Hauptwörtern sagen wir "*habit of drinking wine*" (dt.: die Gewohnheit, Wein zu trinken), nicht "*drinking wine of habit*"; bei Präpositionen sagen wir "*to John*" (dt.: für John), nicht "*John to.*" Weil die Hauptelemente dieser Grammatikkategorien immer vorangestellt werden, ist die englische Sprache eine sogenannte "Kopf-am-Anfang-Sprache."

Japanisch ist eine "Kopf-am-Ende-Sprache." Im Japanischen sagt man "*John Bill hit*" (dt.: John Bill schlug). Statt Präpositionen verwendet man Postpositionen nach Hauptwörtern: "*John to*" und nicht "*to John.*" Das ist eine weitere Regel, die ein Kind durch Erfahrung erlernen muss: Besitzt eine Sprache "den Kopf am Anfang" oder "den Kopf am Ende"?

Diese grammatischen Größen sind miteinander verbunden. Bei ihrer Wahl hat man genauso wenig Freiheit wie ein Weinfanatiker, der Weißwein zu Fisch und Rotwein zu Fleisch trinkt und eine Hauptspeise wählt, nachdem er sich bereits für einen bestimmten Wein entschieden hat. Doch die Grammatik ist noch empfindlicher, als dieses kulinarische Beispiel anzudeuten vermag. Eine winzige Abänderung auch nur einer einzigen universalgrammatischen Größe kann enorme Auswirkungen auf alle Sprachen haben. So kann eine ganz neue Sprache entstehen.

Wieder zeigen sich enge Parallelen zur Embryonalentwicklung. Auch hier kann bereits eine winzige Veränderung der genetischen, das Wachstum regulierenden Mechanismen ausreichen, um aus einer befruchteten Eizelle einen Löwen statt eines Wals entstehen zu lassen.

Was genau ist *dann die Grammatik der englischen Sprache?*

Die englische Grammatik ist die Gesamtheit aller getroffenen Entscheidungen – z.B. "Kopf am Anfang" statt "Kopf am Ende", kein Nullsubjekt –, die aus einer begrenzten Anzahl genetisch erlaubter Möglichkeiten aus dem universalgrammatischen Menü der grammatischen Optionen eine bestimmte Möglichkeit auswählen. Natürlich gibt es noch all die Wörter, die im Lexikon stehen. Man muss lediglich das Vokabular seiner Sprache lernen. Die Universalgrammatik legt nicht fest, dass *tree* (dt. Baum) im Englischen tatsächlich "*tree*" bedeutet.

Sobald man das Vokabular erlernt und die grammatischen Parameter der englischen Sprache verinnerlicht hat, ist das ganze System einsatzbereit. Die im Sprachorgan genetisch programmierten Grundprinzipien werden kräftig durchgerüttelt, und es ergeben sich all die speziellen Tatsachen der englischen Grammatik.

Besteht Ihr derzeitiges Forschungsziel demnach darin, so weit zu kommen, dass sich alle Grammatiken der menschlichen Sprachen dadurch beschreiben lassen, dass man einfach ihre Wahl aus dem universalgrammatikalischen Menü bestimmt?

Dies ist die Art Ergebnis, die ich bald zu sehen hoffen würde: eine universalgrammatische Theorie herzunehmen, ihre Parameter auf die eine oder andere

Weise einstellen, und dann die Grammatik einer echten menschlichen Sprache daraus abzuleiten – Japanisch, Swahili, Englisch und alle übrigen.

Dieses Ziel erscheint bislang nur am Horizont. Ich denke aber, dass es in unserer gedanklichen Reichweite liegt. Die Prinzipien der Universalgrammatik, die in unseren heutigen Theorien auftauchen, sind sicher falsch. Es wäre ein Wunder, wenn wir in einem so frühen Stadium schon richtig lägen. Doch die Prinzipien *sind* ihrer Form nach richtig – und nun können wir beginnen, unser augenblickliches System anhand komplexer Beispiele zu testen, um das Fehlerhafte zu erkennen und Änderungen zur Verbesserung unserer Theorie vorzunehmen.

Nach dem zu urteilen, was Sie über Sprache und Vererbung gesagt haben, scheint es, als sympathisierten Sie mit den Zielen der Soziobiologie. Ist die Vermutung gerechtfertigt?

Nun, ich denke, in mancher Hinsicht sind die Soziobiologen auf der richtigen Spur. Ich denke, es trifft zu, dass sich hinter großen Teilen unseres individuellen und sozialen Verhaltens, hinter unseren Verhaltensreaktionen und anderem genetische Programme verbergen, und ich halte es für ein lohnenswertes Unternehmen, die Bedeutung dieser Programmen zu entdecken. Aber obwohl ich die generelle Idee der Soziobiologie für richtig halte, denke ich zugleich, dass die Soziobiologen mit konkreten Schlüssen, die sie aus ihren Analysen ableiten, äußerst vorsichtig sein sollten. Unglücklicherweise sind ihre Schlussfolgerungen von Belegen und Theorien oft weit entfernt.

Viele Soziobiologen würden Ihre Warnung zur Vorsicht zurückweisen. Sie behaupten, die Wissenschaft hätte bereits genug Informationen über die Zusammenhänge zwischen Genen und Verhalten gesammelt, um manche scharfsinnige Vermutungen darüber zu ermöglichen, wie die Vererbung das Sozialverhalten bei den Menschen beeinflusst. Was sagen Sie zu diesen Behauptungen?

Ich bin sehr skeptisch. Ich habe die neueren Forschungen nicht wirklich eingehend genug studiert, um ein sachkundiges Urteil fällen zu können. Doch im Hinblick auf frühere Arbeiten – E. O. Wilsons *Soziobiologie* z.B. –, nun ja, etwa 90 Prozent des Buchs befassten sich mit Nicht-Primaten – und dieser Teil schien interessant zu sein. Ein kleiner Teil handelte von Primaten, was schon fragwürdiger war. Das letzte Kapitel über Menschen war völlig inhaltsleer. Ich glaube nicht, dass Wilson verstand, worüber er im letzten Kapitel schrieb. In dem, was er näher beschrieb, offenbarten sich grobe Fehler. Ich verstehe gar nicht, warum er das Kapitel überhaupt in sein Buch aufnahm, es schien dort fehl am Platz.

Was denken Sie über die Behauptung von Wilson und anderen über die Existenz eines angeborenen Inzesttabus beim Menschen?

Auseinanderzuhalten, was im menschlichen Verhalten genetisch vorprogrammiert ist und was nicht, ist eine sehr schwierige Aufgabe. Wie ich bereits sagte, stimme ich mit dem *allgemeinen* Ansatz der Soziobiologie überein. Ich halte den Ansatz für vernünftig. Doch müssen wir mit Behauptungen über die Rolle der Vererbung beim menschlichen Verhalten sehr vorsichtig sein – besonders bei Behauptungen, die, wären sie wahr, soziale Folgen hätten. In unserer Kultur belegt man die Wissenschaft mit einer solchen Ehrfurcht, dass jeder Wissenschaftler die besondere Verantwortung hat, seinem Laienpublikum zu verdeutlichen, wo sein Expertenwissen tatsächlich wissenschaftlich nachprüfbare Ergebnisse erbringt, und wo er nur Vermutungen anstellt, reinen Spekulationen nachgeht oder persönliche Hoffnungen über den Erfolg seiner Forschung zum Ausdruck bringt. Diese Verantwortung ist wichtig, denn Nichtwissenschaftler befinden sich keineswegs in der Lage, eine derartige Unterscheidung vornehmen zu können.

Piaget gegen Skinner

Wenden wir uns einem anderen kontroversen Gebiet der Verhaltenswissenschaften zu. Wie unterscheiden sich ihre Ansichten von B. F. Skinners behavioristischen Theorien über die Sprache, über das Lernen und über die Psyche?

Skinner pflegte einen ziemlich extremen Standpunkt zu vertreten. Zum einen behauptete er, abgesehen von den grundlegendsten Funktionen sei so gut wie nichts Wichtiges im menschlichen Gehirn genetisch vorprogrammiert. Skinner war zwar auch der Meinung, dass Menschen genetisch programmiert sind, zu sehen und zu hören, doch das ist schon so ziemlich alles. Entsprechend argumentierte er, alles menschliche Verhalten sei bloß ein Spiegel der Übung und Erfahrung. Diese Auffassung kann unmöglich wahr sein. Tatsächlich hat Skinners Ansatz auf diesem Gebiet zu absolut nichts geführt. Soweit ich weiß, hat er keine theoretischen Erkenntnisse, sondern nur triviale Prinzipien hervorgebracht – zumindest bisher.

Warum das?

Der Behaviorismus Skinners ist zu weit von der Realität entfernt. Er ist ein ebenso aussichtsloses Unterfangen wie der Versuch, den Beginn der Pubertät anhand der sozialen Erfahrung erklären zu wollen. Allerdings weiß ich nicht, ob Skinner diesen extremen Standpunkt noch immer vertritt.

Was ist mit dem späten Jean Piaget? Was halten Sie von seinen Theorien über die geistige Entwicklung bei Kindern?

Piagets Ansichten sind anders, sie sind komplexer als die von Skinner. Piaget behauptete, dass Kinder kognitive Stadien durchlaufen. So wie ich die Werke Piagets verstehe, haben er und seine Anhänger nie wirklich deutlich gemacht, wodurch ein neues Stadium der kognitiven Entwicklung hervorgerufen wird. Sie hätten sagen können – wenngleich sie sich davor zu scheuen schienen –, dass die kognitive Entwicklung ein genetisch bestimmter Wachstumsprozess in gleicher Weise wie z.B. die Pubertät ist – das hätten die Anhänger Piagets sagen sollen. Sie mögen diese Formulierung zwar nicht, doch erscheint sie mir richtig.

Die Anhänger Piagets legen also bei weitem mehr Gewicht auf die Rolle der Erfahrung bei der kognitiven Entwicklung, als Sie es tun. Gibt es weitere Unterschiede?

Ja. Die Anhänger Piagets behaupten, die Psyche entwickle sich als ganze statt als Modulstruktur, deren Teile bestimmte Funktionen aufweisen und sich auf eigene Weise entwickeln. Diese Hypothese ist zwar möglich, doch ist sie völlig falsch.

Wie meinen Sie das?

Schauen wir uns die Eigenschaften an, welche den Rahmen für die erwähnten Pronomen festlegen. Sobald Sie die für Pronomen geltenden Regeln gefunden haben, werden Sie feststellen, dass sie nichts mit den logischen Operationen zu tun zu haben scheinen, die die Anhänger Piagets als charakteristisch für die Frühstadien der psychischen Entwicklung von Kindern betrachten.

Es könnte also sein, dass ein vier Jahre altes Kind, das nicht zu erkennen vermag, dass die Wassermenge dieselbe bleibt, wenn man den Inhalt eines kleinen, breiten Glases in ein großes und schmales Glas kippt, dennoch hochentwickelte logische Fähigkeiten besitzt, was das Verständnis der komplexen Regeln der englischen Grammatik betrifft?

Ja, und diese Fähigkeiten sind unabhängig von den logischen Fähigkeiten, die anhand bestimmter Tests gemessen werden. Es gibt schlicht keine Ähnlichkeit zwischen dem, was ein Kind mit Bausteinen anstellt, und der Art des Wissens, die es im selben Alter in englischer Grammatik besitzt. Ich halte es für ziemlich abenteuerlich, enge Verbindungen zwischen der Sprachentwicklung und dem Wachstum anderer Teile der Psyche zu erwarten. Im Allgemeinen entwickeln sich die verschiedenen Körpersysteme auf ihre eigene Art mit eigener Geschwindigkeit. Es finden Wechselwirkungen statt, doch das Blutkreislaufsystem wartet nicht, bis das Sehsystem ein bestimmtes Entwicklungsstadium erreicht hat, um dann die organisatorische Komplexität des Sehsystems nachzuahmen. Die Entwicklung der Kognition müsste in dieser Hinsicht eigentlich nicht anders beschaffen sein, und meines Wissens ist sie das auch nicht.

Ein Rätsel: der freie Wille

Was ist mit dem freien Willen? Wenn die Gene eine entscheidende Rolle bei der Strukturierung der psychischen Fähigkeiten spielen, ist dann der freie Wille eine Illusion?

Eine interessante Frage. Hier neige ich dazu, Descartes Recht zu geben. Der freie Wille ist einfach ein offensichtlicher Bestandteil der menschlichen Erfahrung. Ich weiß – genauso wie ich weiß, dass Sie im Moment vor mir sitzen –, dass ich meine Uhr nehmen und aus dem Fenster werfen kann, wenn ich den Wunsch dazu verspüre. Ebenso weiß ich, dass ich es nicht tun werde, weil ich die Uhr behalten möchte. Ich könnte es aber tun, wenn mir danach wäre. Ich weiß es ganz einfach.

Ich glaube nicht, dass es wissenschaftliche Anhaltspunkte oder die geringste Vorstellung davon gibt, wie der freie Wille erklärt werden könnte. Nehmen wir an, jemand würde behaupten, der freie Wille sei eine Illusion. Okay, das könnte wahr sein, doch glaube ich nicht, dass es stimmt. Es *könnte* wahr sein. Man muss der Möglichkeit gegenüber offen sein. Doch müssten Sie sehr gewichtige Argumente anführen, um mich zu überzeugen, dass etwas so Offensichtliches wie der freie Wille eine Illusion ist. Bislang hat mir niemand solche Argumente präsentiert oder auch nur vorgegeben, welche zu kennen.

Wohin führt uns das nun? Wir haben es mit einem höchst offensichtlichen Phänomen zu tun, das zwar eine Illusion sein *könnte*, wenngleich kein Grund zu der Annahme besteht. Wir besitzen eine Menge wissenschaftlicher Kenntnisse, die mit der Frage des freien Willens nichts zu tun zu haben scheinen.

Denken Sie, dass die Wissenschaft das Problem des freien Willens je lösen wird?

Ich für meinen Teil glaube das nicht. Seit Jahrtausenden hat man versucht, die Frage zu lösen, doch der Fortschritt war gleich Null. Man hatte nicht einmal *schlechte* Ideen, wie die Antwort ausfallen könnte. Ich nehme an – und es ist nicht mehr als ein Gefühl –, dass die Antwort auf das Rätsel des freien Willens im Bereich einer möglichen Wissenschaft liegt, die der menschliche Verstand aufgrund der Grenzen seiner genetischen Struktur nie zu beherrschen in der Lage sein wird.

Können Sie verdeutlichen, was Sie damit meinen?

Wir mögen über eine Ratte lachen, die bei einem schwierigen Labyrinth stets versagt. Vielleicht sagen wir: "Die Ratte wird es niemals schaffen, weil sie das Labyrinth nicht in der richtigen Weise betrachten kann. Sie ist bei diesem Test zum ewigen Scheitern verurteilt."

Ähnlich könnte eine andere Intelligenz, die über eine andere Vererbungsgeschichte verfügt als wir, das Menschengeschlecht betrachten und sich sagen: "Diese Menschen formulieren das Problem des freien Willens immer falsch. Sie verstehen das Problem aus Gründen ihrer biologischen Natur nicht."

Der freie Wille könnte sich durchaus als Labyrinth erweisen, das wir nie zu lösen in der Lage sein werden. Vielleicht sind wir wie die Ratte, deren Natur schlicht nicht darauf angelegt ist, eine bestimmte Art von Labyrinth zu lösen; sie würde dieses Labyrinth nie schaffen, selbst wenn sie zehn Millionen Jahre dafür Zeit hätte. Im Prinzip gibt es höchstwahrscheinlich zutreffende wissenschaftliche Theorien, die besagen, dass unsere genetisch bestimmten Gehirnstrukturen uns daran hindern werden, den freien Willen zu verstehen. Einige dieser Theorien würden wir vielleicht gerne kennen.

Das sind entmutigende Aussichten.

Ich sehe es nicht wirklich als Anlass zur Verzweiflung. Eigentlich gefällt mir das Resultat irgendwie. Ich bin nicht sicher, ob ich mir wirklich wünsche, dass der freie Wille irgendwann einmal verstanden wird.

Die neuen Werke in Kunst und Wissenschaft: eine Krise der Moderne?

Halten Sie andere menschliche Fähigkeiten für ebenso rätselhaft wie den freien Willen?

Meiner Meinung nach gilt das für alle menschlichen Fähigkeiten.

Für alle?

Nehmen wir z.B. unseren Sinn für Schönheit. Wir verstehen und wir mögen Beethoven, weil wir Menschen mit einer spezifischen, genetisch bestimmten psychischen Grundstruktur sind. Doch ebendiese menschliche Natur bedeutet auch, dass andere denkbare Formen des ästhetischen Ausdrucks völlig bedeutungslos für uns sind. Das gilt für die Kunst wie für die Wissenschaft: Die Tatsache, dass wir bestimmte Arten der Kunst zu verstehen und zu würdigen vermögen, hat eine Kehrseite: Es gibt alle möglichen Bereiche künstlerischer Leistungen, die außerhalb unseres geistigen Verständnisvermögens liegen.

Denken Sie, dass sich in manchen Bereichen der Kunst und Wissenschaft genetische Grenzen eines weiteren Fortschritts auftun werden?

Man könnte die Meinung vertreten, dass sich etwas dieser Art in so mancher Disziplin bereits ereignet hat. Gegen Ende des 19. Jahrhunderts war es jedem, der Intelligenz, viel Freizeit und viel Geld besaß, möglich, sich in den Künsten und Wissenschaften so gut auszukennen, wie er nur wollte. Doch vierzig Jahre später wurde es aussichtslos, dieses Ziel zu erreichen. Viele der neuen Werke in den Künsten und Wissenschaften sind für gewöhnliche Menschen seither bedeutungslos.

Nehmen wir die moderne Musik – die Musik *nach* Schönberg. Viele Künstler sagen, wenn man die moderne Musik nicht verstehe, liege das daran, dass man noch nicht genug davon gehört hätte. Doch ich hätte selbst dann keinen Zugang zu ihr, wenn ich sie bis in alle Ewigkeit hören würde. Moderne Musik ist für Experten und vielleicht für Leute mit speziellen Neigungen zugänglich, nicht aber für gewöhnliche Menschen ohne bestimmte geistige Besonderheiten, die es ihnen erlauben, die moderne Musik zu erfassen und sich mit ihr zu beschäftigen.

Denken Sie, dass sich etwas Vergleichbares auch in manchen wissenschaftlichen Disziplinen ereignet hat?

Etwas Derartiges hat sich zum Beispiel in der Physik und in der Mathematik vollzogen, wie ich meine. Eine Idee, die auf eine Gruppe französischer Mathematiker (die als *Bourbaki* bekannt waren) zurückgeht, besagt, dass die Mathematik ursprünglich aus der Erforschung alltäglicher Vorstellungen über Raum und Zahlen entstand. Bis zum ausgehenden 19. Jahrhundert stimmt das wahrscheinlich, doch denke ich nicht, dass es heute noch gilt. Wenn ich etwa mit Physikstudenten am MIT spreche, fällt mir auf, dass viele der klügsten unter ihnen, die noch vor zwanzig Jahren Physik studiert hätten, sich jetzt der Biologie zuwenden. Einer der Gründe für diese Veränderung ist wohl, dass in der Biologie noch Entdeckungen zu machen sind, die in Reichweite intelligenter Menschen liegen. Das gilt für andere Gebiete vielleicht nicht mehr.

Sie scheinen damit zwei Dinge sagen zu wollen. Erstens: Was immer unsere gemeinsame menschliche Natur kennzeichnen mag, es wird sich als eine Zahl geteilter Vorstellungen erweisen, die das meiste ihres Wesens und ihrer Stärke unserem gemeinsamen genetischen Erbe verdanken, dem Genotyp unserer Spezies. Zweitens: Die Ausschöpfung dieser Intuitionen bringt auf vielen Gebieten eine merkwürdige künstlerische und wissenschaftliche Spezialisierung hervor. Für weitere Fortschritte in der Musik oder Mathematik wären dann Wissenschaftler und Künstler mit ungewöhnlichen genetischen Eigenschaften erforderlich.

Naja, mit einer anderen psychischen Verfassung – wie z.B. ein Schachfreak oder ein Läufer, der eine Meile in dreieinhalb Minuten laufen kann. Es ist nur logisch, dass sich ein solcher Wandel früher oder später vollziehen wird. Hat er sich bereits vollzogen? Das hängt von der Beurteilung ab, davon, wie man z.B. auf das 20. Jahrhundert blickt und ob man Zeichen eines solchen Wandels zu erkennen glaubt. Ist es beispielsweise wahr, dass die heutigen Werke in den Künsten und Wissenschaften kein Teil unserer gemeinsamen ästhetischen und intellektuellen Erfahrung mehr sind? Hinweise darauf gibt es. Aber ob diese Zeichen realistisch sind oder ob wir nur eine Art Zeitenwende durchlaufen und bestimmte andere Entwicklungen einsetzen werden – wer weiß das schon? Vielleicht werden wir es in einigen Jahrtausenden wissen.

Führen diese Möglichkeiten bei Ihnen manchmal zu dem Gefühl, dass Sie in einer Zeit des kreativen Stillstands leben würden?

So fühle ich keineswegs. Dafür gibt es aus meiner Sicht zu viele Möglichkeiten, zu viel menschliches Potenzial, das bislang nicht verwirklicht worden ist. Und wir dürfen nicht vergessen, dass die überwiegende Zahl der Menschen noch nicht einmal die Welt betreten hat, die wir bereits für beendet erklären. Wer kann schon sagen, was die Länder der Dritten Welt zum menschlichen Bestand in den Wissenschaften und Künsten beitragen werden, wenn sie mit den Industrienationen gleichziehen? Wir befinden uns ziemlich nahe an einer wirklichen Stagnation beziehungsweise Auslöschung – doch das schließt nicht die Möglichkeit aus, dass man Zeichen eines solchen Umbruchs zu erkennen in der Lage sein könnte und dass Untersuchungen dieser Zeichen sogar einige Einsichten in die letztendlichen Grenzen unseres Verstands zu gewinnen imstande sein werden.

Wie passen Ihre Gedanken zur Berufswahl der Sprachwissenschaften?

Ich habe mich für die Sprachwissenschaften aus denselben Gründen entschieden, aus denen die meisten Menschen ihren Beruf wählen. Es geschah durch

Zufall und war abhängig davon, wem ich begegnete, wo ich mich gerade aufhielt und ähnlichen Dingen. Die Linguistik war jedoch eine glückliche Wahl für mich, denn aus meiner Sicht handelt es sich dabei um eine Disziplin, aus der eine höchst ergiebige Wissenschaft entstehen könnte.

Eine bedeutende wissenschaftliche Revolution mit vielen Ausläufern

Wie würden Sie Ihren eigenen Beitrag zu den Sprachwissenschaften einschätzen?

Er scheint mir prägalileisch.

Wie in der Physik vor der wissenschaftlichen Revolution im 17. Jahrhundert?

Genau. In der Zeit vor Galilei begann man, physikalische Fragen in der richtigen Art und Weise zu formulieren. Man konnte noch keine Antworten darauf finden, doch fasste man die Fragen in einer Weise auf, die wir rückblickend als richtig erkennen.

Wie weit vor Galilei meinen Sie? Meinen Sie damit, dass die Sprachwissenschaften gerade dort stehen, wo die Physik im 16. Jahrhundert stand? Oder noch weiter in der Vergangenheit, bei Aristoteles und anderen griechischen Ideen über die Physik?

Das wissen wir nicht. Es hängt davon ab, wann der Durchbruch erfolgt. Ich vermute aber, dass irgendwann einer daherkommt und sagt: "Schaut mal, ihr seid ja auf der richtigen Spur, doch hier habt ihr den falschen Weg eingeschlagen. Ihr hättet so vorgehen müssen." Dann wird die Zeit gekommen sein, und auf einmal werden die Dinge klar werden.

Und dann werden wir eine wissenschaftliche Revolution in den Sprachwissenschaften erleben?

Ich meine ja, obwohl es ziemlich irreführend ist, von wissenschaftlichen Revolutionen zu sprechen, wenn sie sich außerhalb eines schmalen Kernbereichs der Naturwissenschaften vollziehen. Tatsächlich kam es im 17. Jahrhundert zu einer bedeutenden wissenschaftlichen Revolution, die seither zahlreiche Ausläufer hervorgebracht hat, darunter die Biochemie und die Molekularbiologie. Doch das war schon alles. Nichts, was einer wissenschaftlichen Revolution im Entferntesten vergleichbar wäre, hat sich jemals in den Sozialwissenschaften ereignet.

Wie sollte ein Wissenschaftler mit der Verantwortung für die Verwendung seiner Forschung umgehen?

In derselben Weise wie jeder Mensch in jedem Bereich seines Lebens.

Denken Sie, dass es wissenschaftliche Disziplinen gibt, die für einen sozialen Missbrauch potenziell so anfällig sind, dass sie nicht weiterverfolgt werden sollten?

Ich meine, die gibt es, z.B. die Erforschung des Baus effektiverer Kernwaffen. Aus meiner Sicht sollte diese Forschung eingestellt werden.

Was ist mit der Grundlagenforschung – beispielweise in der Molekularbiologie –, die den Waffenherstellern der nächsten Generation womöglich eine neue Serie von Zerstörungswerkzeugen in die Hand geben könnte?

Darauf gibt es keine einfache Antwort. Menschen sind für die vorhersehbaren Folgen ihrer Handlungen verantwortlich. Ich würde meine Arbeit sein lassen, wenn ich entdecken würde, dass ich an einem Forschungsgebiet beteiligt bin, von dem ich dächte, dass es unter den herrschenden Gesellschaftsbedingungen zu Unterdrückung, Zerstörung und Leid führt.

Zum Schluss eine anachronistische Frage: Wären Sie im Jahre 1929 Physiker, hätten Sie dann Grundlagenforschung in der Kernphysik betrieben, selbst wenn es schon Vermutungen dahingehend gegeben hätte, dass eines Tages einmal der Bau einer Atombombe möglich werden könnte?

Die Frage ist nicht leicht zu beantworten. Ich neige zu sagen: "Ja, weil wir die Welt verstehen müssen." Es wäre andererseits aber ebenfalls möglich, dass die Grundlagenforschung in der Kernphysik zur Auslöschung der menschlichen Spezies führt oder zu etwas, das dem nahekommt. Deshalb glaube ich nicht, dass eine vorschnelle Antwort möglich ist. Doch wenn Sie mich ausdrücklich fragen würden, wäre meine Antwort sicher ja. Ich hätte die Arbeit schlicht aus Interesse und Neugier betrieben und gehofft, dass die Dinge irgendwie gut verlaufen würden. Aber ob das der moralisch verantwortliche Weg gewesen wäre, ist unklar.

Kapitel 2

Sprache als Schlüssel zur menschlichen Natur und Gesellschaft

(1975)

Sie stehen für eine anthropologischen Ansatz in den Sprachwissenschaften. Denken Sie, dass die Sprachwissenschaften zum Verständnis philosophischer Fragen über die menschliche Natur und Kultur beitragen können?

Aus meiner Sicht verfügen Menschen genau wie alle komplexen Organismen über ein System kognitiver Strukturen, die sich in ganz ähnlicher Weise entwickeln wie die physischen Organe des Körpers. Das heißt, ihrer grundlegenden Natur nach sind sie angeboren; ihre Grundstruktur wird durch die genetische Beschaffenheit des Organismus bestimmt. Natürlich entwickeln sie sich unter bestimmten Umweltbedingungen und nehmen eine spezifische Form an, die manche Variationen erlaubt. Viele der Unterschiede zwischen den Menschen sind darauf zurückzuführen, dass sich eine Vielzahl geteilter kognitiver Strukturen verschieden entwickeln.

Die vielleicht komplizierteste dieser kognitiven Strukturen ist die Sprache. Analysieren wir die Sprache, so können wir zahlreiche Grundmerkmale dieser Strukturen entdecken, einschließlich ihrer Organisation und der genetischen Veranlagungen, die das Fundament ihrer Entwicklung bilden.

In diesem Sinne besteht der vorrangige Versuch der Sprachwissenschaften somit darin, ein Grundmerkmal in der kognitiven Organisation des Menschen zu beschreiben. Zweitens können die Sprachwissenschaften, wie ich denke, als nützliches Modell zur Analyse anderer kognitiver Systeme dienen. Zusammen bilden diese Systeme einen Gesichtspunkt der menschlichen Natur.

Wird irgendetwas wirklich "erlernt"?

Ist die Sprache demnach ein Schlüssel zum Verständnis der menschlichen Natur?

In den letzten Jahrhunderten neigte das wissenschaftliche Denken im Westen zu der Annahme, die menschliche Natur beschränke sich auf direkt beobachtbare Körperstrukturen eines Organismus. Man dachte, andere Gesichtspunkte der menschlichen Natur, besonders das Verhalten, verfügten über keine genetisch gesteuerten Strukturen, die der Komplexität der direkt beobachtbaren physischen Körperstruktur vergleichbar wären. Daher werden körperliche und psychische Strukturen heute meist in verschiedener Weise untersucht. Dahinter verbirgt sich die Annahme, dass körperliche Strukturen genetisch vererbt und psychische Strukturen erlernt würden.

Ich halte diese Annahme für falsch. Keine dieser Strukturen wird erlernt. Sie alle wachsen, und sie wachsen in vergleichbarer Weise. Ihre letztendliche Form hängt stark von der genetischen Veranlagung ab. Würden wir die körperlichen Grundlage dieser Strukturen verstehen (was nicht der Fall ist), hätte ich kaum Zweifel, dass wir im Gehirn Strukturen vorfänden, die für Sozialbeziehungen, für die Sprache und für Persönlichkeitsanalysen zuständig sind – eine ganze Reihe von Systemen, die sich auf der Grundlage einer bestimmten biologischen Ausstattung entwickeln.

Wollen Sie damit sagen, dass alles Verhalten angeboren und genetisch determiniert ist?

Nein, doch die Grundbestandteile unseres Verhaltens sind angeboren. Die jeweiligen Besonderheiten ihres Wachstums hängen von der Interaktion mit der Umwelt ab.

Denken ohne Sprache

Angenommen, die Sprachwissenschaften wären in der Lage, eine dieser Strukturen zu beschreiben. Würden sich die Ergebnisse dann auf alle unsere psychischen Fähigkeiten anwenden lassen? Denken wir nur in Sprachen oder gibt es ebenfalls nichtsprachliche Formen des Denkens?

Eine Analyse der Sprachstrukturen könnte helfen, andere Teile der Psyche zu verstehen. Soweit ich weiß, gibt es keine wissenschaftlichen Hinweise auf die Frage, ob wir einzig in Sprachen denken oder nicht. Die Selbstbeobachtung weist für mich jedoch recht deutlich darauf hin, dass wir nicht unbedingt immer in Sprachen denken. Wir denken ebenso in visuellen Bildern, Situationen, Ereignissen usw., und oft vermögen wir die Inhalte unserer Gedanken nicht einmal ansatzweise in Worte zu fassen. Selbst wenn wir es vermögen, machen wir oft die Erfahrung, dass wir etwas sagen und dann feststellen, dass es nicht das Gemeinte war, sondern etwas anderes.

Was sagt uns das? Dass es eine Art nichtsprachliches Denken gibt, das wir sprachlich auszudrücken versuchen. Außerdem verrät es uns, dass wir wissen, dass es uns manchmal misslingt.

Ich habe oft gelesen, dass wir in Sprachen denken, aber auf nichtsprachliche Weise "fühlen" würden.

Für mich gilt das sicher nicht, zumindest wenn mit "Sprache" (wie in meinem Fall) die englische Sprache gemeint ist. Ich glaube auch nicht, dass es auf andere zutrifft. Vermutlich wären Sie problemlos in der Lage, an ein bestimmtes Ereignis zu denken und sich dann bildlich seinen Ablauf und die sich ergebenden Folgen vorzustellen. Sie könnten eine rationale Analyse durchführen und wären dennoch nicht in der Lage, auch nur annähernd die ganze Komplexität angemessen in Worte zu fassen.

Sie haben gerade den Begriff "rationale Analyse" verwendet. Denken Sie, dass unser ganzes Denken rational und linear ist?

Ich glaube nicht, dass das gesamte Denken einer Art rationalen Struktur folgt, und ebenfalls nicht, dass sich die rationale/nichtrationale Dichotomie mit der sprachlichen/nichtsprachlichen Dichotomie gleichsetzen lässt.

Kann Sprache nicht-rational sein?

Ja, wir haben es hier mit zwei verschiedenen Dimensionen zu tun, die nichts miteinander zu tun haben. Es stimmt, dass die Sprache in gewissem Sinn linear ist, doch das ist eine ebenso offensichtliche Tatsache wie die Dreidimensionalität der räumlichen Wahrnehmung.

Sprache ohne Kommunikation

Soweit ich die Sprache verstehe, hat sie eine angeborene biologische Grundlage, ihre Verwendung hingegen ist sozial. Was denken Sie über die sozialen Funktionen der Sprache? Ist die Sprache vornehmlich ein Kommunikationsmittel?

Ich denke, ein sehr wichtiges Merkmal der Sprache hat mit der Bildung von Sozialbeziehungen und -interaktionen zu tun. Dies wird oft Kommunikation genannt, führt jedoch aus meiner Sicht ziemlich in die Irre. Wenn die Absicht im Informationsaustausch besteht, wird die Sprache innerhalb enger Grenzen verwendet. Kommunikation ist der Versuch, andere in die Lage zu versetzen, das Gemeinte zu verstehen. Sicher ist das einer der Verwendungszwecke der Sprache, ein sozialer. Ich denke aber nicht, dass dies die einzige soziale Verwendung der Sprache ist, und dass die soziale Verwendung ihre einzige Funktion ist. Sprache kann z.B. ebenfalls dazu dienen, die eigenen Gedanken auszudrücken oder zu verdeutlichen, und dann ist ihr sozialer Bezug gering oder gar nicht vorhanden.

Ich halte die Verwendung der Sprache für ein höchst wichtiges Mittel, um unserer biologischen Natur entsprechend eine Art sozialen Raum zu schaffen, durch den wir mit anderen in Kontakt treten können. Das hat nicht viel mit Kommunikation im engeren Sinne, d.h. mit Informationsaustausch, zu tun. Zwar werden viele Informationen weitergegeben, deren Inhalt jedoch ein anderer ist als das, was zu übermitteln vorgegeben wird. Sicher müssen wir noch eine Menge über die soziale Verwendung der Sprache lernen, über die Kommunikation und ihre anderen wichtigen Funktionen. Doch im Augenblick ist meines Wissens keine Theorie der Soziolinguistik oder des sozialen Sprachgebrauchs am Horizont erkennbar.

Und was sind dann die größten Errungenschaften im Feld der Sprachwissenschaften?

Die wichtigsten Arbeiten, die derzeit im Gange sind, haben aus meiner Sicht mit der Suche nach sehr allgemeinen, abstrakten Eigenschaften der Universalgrammatik (wie sie gelegentlich genannt wird) zu tun: allgemeine Aspekte der Sprache, die eine Art biologische, jedoch keine logische Notwendigkeit widerspiegeln – Merkmale der Sprache folglich, die für ein solches System nicht aus logischen Gründen erforderlich sind, sondern unveränderliche Grundaspekte der menschlichen Sprache darstellen, die wir beherrschen, ohne sie erlernt zu haben. Wir kennen sie, lernen sie aber nicht. Wir benutzen unser Wissen über diese Merkmale schlicht als Grundlage für das Lernen.

Wird dieses Wissen genetisch vererbt?

Ja, das muss der Fall sein. Mit Universalgrammatik meine ich eigentlich nichts anderes als ein System von Regeln und Strukturen, das für den Spracherwerb nötig ist und dem jede Sprache notwendigerweise entsprechen muss.

Meinen Sie damit, dass diese genetische Grundlage der Sprache universell ist?

Ja, das ist korrekt. Jedoch sind wir nur *eine* Spezies. Es wäre auch eine andere Welt vorstellbar, in der sich eine ganze Reihe von Spezies mit unterschiedlichen, genetisch gesteuerten Sprachsystemen entwickelt hätte. Doch das ist in der Evolution nicht geschehen. Was entstand, war eine Spezies, deren genetische Struktur viele komplizierte und abstrakte Regeln der Sprachorganisation aufweist, und die somit jeder Sprache Schranken auferlegen und die als Basis des Erlernens einer Sprache dienen. Diese Regeln organisieren die Erfahrung, werden aber nicht durch Erfahrung erlernt.

Könnten solche Kenntnisse auch zum Verständnis der menschlichen Natur beitragen?

Das könnten sie, und zwar in doppeltem Sinne. Zum einen sind sie schon an sich Teil der Analyse der menschlichen Intelligenz, dem vielleicht zentralen Merkmal der menschlichen Natur. Zum anderen ist dieses Wissen aus meiner Sicht ein nützliches Modell zur Analyse weiterer menschlicher Merkmale, die von Psychologen in derselben Weise untersucht werden sollten.

Meinen Sie damit, dass die Psychologie von den Sprachwissenschaften profitieren könnte? Würden Sie uns erklären, wie?

Etwas, das wir alle kennen, ist die Sprache. Auch wissen wir alle, wie Gegenstände sich in der räumlichen Wahrnehmung verhalten. Wir haben zahlreiche komplexe Möglichkeiten, um ein Verständnis davon zu bekommen, wie der visuelle Raum beschaffen ist. Ein Hauptgebiet der Psychologie sollte sich mit der Entdeckung der Prinzipien befassen, nach denen wir den visuellen Raum organisieren (in den vergangenen Jahren war es das auch). Ich würde sagen, das gilt für jedes Gebiet der Psychologie und für alle Analysen des Menschen. Wenn wir zum Beispiel verstehen wollen, wie Menschen ihre Sozialsysteme organisieren, müssen wir den Prinzipien nachspüren, die wir zum Verständnis mancher Gesellschaften ersinnen.

Mir ist klar, dass wir auch eine Art "Universalgrammatik" nichtsprachlicher Formen des menschlichen Verhaltens besitzen könnten. Doch wenn, wie Sie sagen, unser Verhalten und unsere Sprache in hohem Maße von universellen Prinzipien gelenkt werden, warum sind sie dann weltweit so verschieden?

Ich glaube nicht, dass sie so verschieden sind. Als Menschen halten wir unsere Ähnlichkeiten natürlich für selbstverständlich und konzentrieren uns auf die Unterschiede. Für uns als Menschen macht das absolut Sinn. Frösche achten vermutlich auch nicht darauf, dass sie Frösche sind. Sie halten es für selbstverständlich. Frösche interessieren sich nur für die Unterschiede zwischen den Fröschen. Aus unserer Sicht sind alle Frösche so ziemlich dieselben, doch aus ihrer Perspektive sind sie grundverschieden.

Ähnlich verhält es sich ebenso bei uns. Aus unserer Sicht sind wir alle sehr verschieden, unsere Sprachen, unsere Gesellschaften. Doch könnten wir unsere Perspektive verlassen und auf das Leben der Menschen gewissermaßen von oben schauen – so wie ein Biologe andere Lebewesen sieht –, würden wir uns wahrscheinlich anders sehen. Denken wir uns einen außerirdischen Beobachter, der auf uns schaut. Gerade wegen der Einheitlichkeit der menschlichen Sprachen wäre er erstaunt, wegen der nur feinen Unterschiede zwischen den Sprachen, wegen der auffälligen Aspekte, in denen sich alle Sprachen gleichen. Dann würde er bemerken, dass wir dem keine Aufmerksamkeit schenken, weil es für die Ziele des menschlichen Lebens nur zu logisch und angemessen ist, alles Gewöhnliche für selbstverständlich zu halten. Wir beschäftigen uns nicht damit. Alles, was uns interessiert, sind die Unterschiede.

Begrenzte wissenschaftliche Möglichkeiten

Würde der außerirdische Beobachter dasselbe über unsere Symbole, Ideen, Bedürfnisse und Werte denken?

Allerdings. Er wäre wohl sprachlos angesichts der Tatsache, wie einheitlich die menschlichen Gesellschaften in jeder Hinsicht sind. Das wäre aber noch nicht alles. Denken wir uns abermals einen außerirdischen Beobachter, der uns ganz unparteiisch beobachtet. Ich denke, er wäre über folgendes erstaunt: Obwohl wir wissenschaftliche Kenntnisse hervorbringen können, muss diese Fähigkeit sehr begrenzt sein, denn Wissenschaften werden nur auf eng umgrenzten und spezifischen Gebieten betrieben. Es gibt weitläufige Bereiche, auf denen die menschliche Intelligenz offenbar nicht imstande ist, Wissenschaften zu bilden, oder zumindest hat sie es bisher nicht getan. In anderen Gebieten (bisher im Grunde nur in einem einzigen) sind wir zu tatsächlichem wissenschaftlichen Fortschritt fähig.

In der Physik?

In der Physik und in den Teilgebieten anderer Disziplinen, die aus der Physik hervorgegangen sind: die Chemie, die Analyse des Aufbaus großer Moleküle – dort gibt es viel Fortschritt. In einer Reihe anderer Gebieten kommt es, was das Erreichen eines echten wissenschaftlichen Verständnisses anlangt, jedoch nur zu geringen Fortschritten.

Ist der Grund dafür nicht der, dass die Menschen die Kontrolle über die physische Welt erlangen wollen?

Nein, ich denke nicht. Ich meine, es spiegelt etwas ganz Spezielles im Wesen unseres Verstands wider. Für die Bildung einer Intelligenz, die Wissenschaften hervorzubringen vermag, bestand kein Selektionsdruck; es geschah einfach. Der Selektionsdruck führte nicht zu höheren Fortpflanzungsraten bei denen, die wissenschaftliche Probleme lösen oder neue wissenschaftliche Ideen hervorbringen konnten. Wenn die Fähigkeit zur Bildung von Wissenschaften im Laufe der Evolution aus anderen Gründen entstand, würde es folglich nicht besonders überraschen, wenn sich diese bestimmten Strukturen ihrer Natur nach als etwas sehr Spezielles erweisen würden und entweder die Verhältnisse ihrer Evolution oder das Wirken physikalischer Gesetze widerspiegelten.

Meinen Sie damit, dass wir durch diesen zufälligen Ursprung der Wissenschaften manche wissenschaftlichen Disziplinen hervorbringen können und andere nicht, und dass wir uns dem nicht bewusst sind?

Ja, als Menschen sind wir uns dem nicht besonders bewusst, denn natürlicherweise nehmen wir an, dass unsere mentalen Strukturen allgemeingültig wären. Ich denke jedoch, der außerirdische Biologe würde zu ganz anderen Ergebnissen gelangen. Ihm würde auffallen, dass wir, genau wie andere Organismen, über einen eng umgrenzten Bereich verfügen, auf dem wir hervorragend sind – doch dieser Bereich liegt in sehr engen Grenzen. Dem Biologen würde auffallen, dass die Leistungen, die wir in diesem Bereich bewerkstelligen können, mit einem Leistungsmangel in anderen Gebieten einhergehen.

Eine wissenschaftliche Theorie aus Informationen zu konstruieren und als vernünftige Theorie zu erkennen, ist einzig dann möglich, wenn Prinzipien existieren, die klare Grenzen setzen und uns in eine bestimmte Richtung führen, nicht aber in andere. Andernfalls gäbe es gar keine Wissenschaften, sondern nur zufällig gewählte Hypothesen. Die Möglichkeiten des menschlichen Verstands wären dann vielleicht in einem gewissen Bereich grenzenlos, doch zugleich wäre er unfähig, andere Richtungen einzuschlagen. Diese beiden Gedanken sind miteinander verknüpft. Genau diese Merkmale der menschlichen Psyche, die der menschlichen Intelligenz in manchen Gebieten enorme Perspektiven eröffnen, wirken in anderen als Fortschrittsgrenzen. Gleichermaßen verhindert diejenige Fähigkeit, die es allen Kindern ermöglicht, eine komplexe und höchst wortgewandte menschliche Sprache zu lernen, die Aneignung anderer möglicher Sprachsysteme.

Ein Zustand des (vorübergehenden) Unwissens?

Welche Gebiete halten Sie für die rückständigsten und am meisten vernachlässigten?

Ich denke, auf dem Gebiet des menschlichen Verhaltens wissen wir im Grunde nichts. Vielleicht ist das nur ein Zustand des vorübergehenden Unwissens; es wäre aber auch möglich, dass unser Verstand einfach nicht darauf angelegt ist, eine Theorie darüber zu entwickeln.

Wollen Sie damit sagen, dass wir nicht nur keine Möglichkeiten haben, solche Theorien zu bilden, sondern dass wir zudem unfähig sind, die dafür notwendigen Möglichkeiten zu erschließen?

Ja, uns fehlen die intellektuellen Möglichkeiten. Unser Verstand ist speziell daran angepasst, bestimmte Theorien aufzustellen; wenn die unserem Verstand zugänglichen Theorien der Wahrheit nahekommen, haben wir eine Wissenschaft gefunden. Ich sehe aber keinen guten Grund, warum ich denken sollte, dass die Schnittmenge zwischen echten Theorien und der unserem Verstand zugänglichen Theorien ein sehr großer wäre. Womöglich ist sie das nicht.

Können wir zumindest wissen, wie groß die Schnittmenge ist?

Ihre Größe ist eine Frage unserer Biologie. Wenn Menschen Organismen wie alle anderen sind (und das ist der Fall), wäre folgendes zu erwarten: Wenn es manche Gebiete gibt, in denen echter wissenschaftlicher Fortschritt möglich ist, gibt es ebenfalls andere, in denen dem nicht so ist.

Kapitel 3

Eine völlig neue Sicht der Sprache

(November 1987)

Dr. Chomsky, viele unserer Lehrer sind mit Ihren Werken nicht vertraut, weil ihre Berufsausbildung kein Studium der Sprachwissenschaften erfordert. Es wäre hilfreich und würde das Interesse an den Sprachwissenschaften mehren, wenn Sie die folgenden Fragen für uns beantworten würden.

Vier zentrale Fragen: angeborenes Wissen und sein kreativer Gebrauch

Ihr 1957 erschienenes Buch Strukturen der Syntax *eröffnete völlig neue Wege, die Sprache zu sehen. Was veranlasste Sie zu diesen Nachforschungen?*

Man kann sich für die Sprache aus vielen Gründen und unter vielen Gesichtspunkten interessieren. Mein eigenes Interesse wurde durch mehrere zentrale Fragen bestimmt: (1) Was wissen wir, wenn wir eine Sprache kennen? (2) Wie wird das Wissen erworben? (3) Wie machen wir davon Gebrauch? (4) Welche physische Grundlage (neuralen Mechanismen) haben die Wissenssysteme und der Sprachgebrauch? Die vierte Frage verbleibt am Horizont der Forschung – beschränken wir uns deshalb auf die ersten drei Fragen.

Zu Beginn der 1950er Jahre wären die Antworten auf die drei Fragen typischerweise ungefähr so ausgefallen: (1) Die Sprache setzt sich aus bestimmten Gewohnheiten und Fertigkeiten zusammen; eine Sprache zu kennen bedeutet, diese Fertigkeiten zu beherrschen. (2) Sprachkenntnisse werden durch Prozesse wie Konditionierung, Assoziation, Einübung praktischer Fertigkeiten usw. erworben. (3) Der Sprachgebrauch besteht in der Anwendung dieser erworbenen Fertigkeiten. Das beherrschende Gedankengebäude der Psychologie war diese oder jene Version des Behaviorismus. In der Sprachwissenschaft dominierten die strukturalistischen Annahmen. Als theoretisches Gebiet waren die Sprachwissenschaften mit der Suche nach Analyseprinzipien befasst, die der geordneten und systematischen Erklärung der Elemente einer Sprache dienen könnten, dem Verständnis der Beziehungen der Sprachelemente untereinander, dem Verständnis ihrer Reihenfolge, der Art und Weise, wie sie in größere Einheiten gruppiert werden, und so weiter.

Mir schien klar, dass diese Ansätze völlig unzureichend waren – dass die ganze Theorie im Grunde vollkommen falsch war. Der alltägliche Sprachgebrauch hat nichts mit der Ausübung irgendeiner Gewohnheit oder Fertigkeit zu tun. Normalerweise ist der Sprachgebrauch kreativ, da er andauernd neue Formen produziert und interpretiert – in der Erfahrung eines Menschen und sogar in der Sprachgeschichte sind sie unbekannt. Dieses Phänomen ist nicht fremdartig, sondern vielmehr der Normalfall. Wer die Sätze dieser Zeilen liest, hat vielleicht keinen davon je gesehen, nicht einmal ähnliche Sätze. Dennoch bereitet es keine Schwierigkeit, sie als Sätze der eigenen Sprache zu erkennen und ihnen eine bestimmte Bedeutung zu geben. Dabei geht man in derselben Weise vor wie andere, die (ähnliche Versionen) der Sprache sprechen. Würde man die Sätze in zufälliger Weise verändern – z.B. die Reihenfolge der Wörter umkehren –, dann wären sie für den Leser zwar immer noch neu, würden aber keinen Sinn mehr ergeben. Es lässt sich leicht zeigen, dass die Sprecher einer Sprache (selbst kleine Kinder) sehr simplen Sätzen, die ganz neu für sie sind, bestimmte und präzise Bedeutungen geben.

Betrachten wir die folgenden Sätze, um die Alltagsverwendung der Sprache zu veranschaulichen:

(1) We expect to like each other.
(2) John wonders who [we expect to like each other].
(3) John is too clever to catch Bill.
(4) John is too clever to expect anyone to catch Bill.
(5) John is too clever to catch.
(6) John is too clever to expect anyone to catch.
(7) John is too clever to meet anyone who caught.

Bei Fall (1) wissen wir, dass der Satz im Prinzip bedeutet, dass jeder von uns erwartet, dass wir alle anderen von uns mögen. Bei (2) ist genau derselbe Satz in den Satzzusammenhang "*John wonders who...*" eingebettet – doch interpretieren wir ihn ganz anders. Der reziproke Begriff "*each other*" bezieht sich nicht auf *we*, sondern auf das weiter entfernte Wort *who*. Der Satz bedeutet ungefähr "*John wonders which people are such that we expect that each of those people will like the others of those people*" (dt.: John fragt sich, welche Leute sich so verhalten, dass wir erwarten können, dass alle diese Leute alle anderen von ihnen mögen). Im Fall (3) verstehen wir, dass John fängt; bei (4) verspürt John eine Erwartungshaltung. Doch (5) und (6), die sich von (3) und (4) nur durch die Weglassung des abschließenden Substantivs unterscheiden, haben eine ganz andere Bedeutung: Nicht von John gehen die Erwartungshaltung und das Fangen aus, sondern von jemand anderem, vielleicht von uns; John ist derjenige, der gefangen werden soll. (Um Satz 6 zu verstehen, ist oft ein kurzer Moment des Nachdenkens nötig, was auch immer das genau bedeuten mag.) (7) scheint genauso kompliziert zu sein und etwa die gleiche Form zu haben wie (6), doch ist er völliger Unsinn – außer wir verstehen *catch* ganz anders, wie z.B. in dem Satz "*he catches for the Yankees.*"

Diese Sätze sind ziemlich kurz und einfach. Wir verstehen sie präzise und klar, auch wenn sie vielleicht neu für uns sein mögen und sich von anderen Sätzen, die wir bereits kennen, unterscheiden (im Normalfall wissen wir nicht, welche Sätze wir schon gehört haben, außer alltägliche Grußworte oder Ähnliches). Kindern bringt man nicht bei, Sätze so zu interpretieren, wie sie es tun – und auch keinen Ausländern, die Englisch lernen. In Grammatikbüchern und Lehrbüchern findet man diese Beispiele nicht, sie würden nur Verwirrung beim Leser stiften. Tatsächlich wurden die Eigenschaften dieser Sätze bis vor kurzem nicht einmal beachtet. Sie erscheinen uns vertraut, was jedoch nicht darauf zurückzuführen ist, dass wir ähnliche Sätze kennen würden.

Eine Analyse echter Texte würde zeigen, dass solche Satzkonstruktionen höchst selten sind. Dass wir sie zu verstehen vermögen, ist keine Gewohnheit, und genauso wenig handelt es sich um eine reine Fertigkeit. Dass wir bei (2) "*each other*" nicht mit "*we*" in Zusammenhang bringen können, liegt nicht am Mangel unserer Fähigkeiten. Der Grund ist nicht der, dass wir zu wenig geübt hätten, zu leistungsschwach wären und uns mehr anstrengen müssten. Darüber hinaus zeigen diese Beispiele, dass uns der Begriff einer "Analogie" oder "Ähnlichkeit" überhaupt nicht helfen kann, die Grundeigenschaften der Sprache zu verstehen. Zum Beispiel sind die Wörter in eckigen Klammern bei (2) identisch mit (1) und daher sicher analog (in jeder vernünftigen Bedeutung des Wortes Analogie), doch interpretiert man Satz (2) völlig anders. Beispiele dieser Art zeigen auch, dass das ganze System der behavioristischen Psychologie schlicht bedeutungslos für den alltäglichen Sprachgebrauch ist. Zur Demonstration dieses Sachverhalts reichen bereits viel einfachere Betrachtungen. Sie genügen auch, um die Bedeutungslosigkeit der behavioristischen Lehre für das Verhalten generell zu zeigen (von ihren nebensächlichen Bedeutungen einmal abgesehen).

Eine Berücksichtigung der Fakten zeigt, dass die Antworten auf die drei gestellten Fragen sich völlig von denen unterscheiden müssen, die in früherer Zeit üblich waren. Die breite Akzeptanz dieser Tatsachen und Vorschläge zu ihrer Erklärung haben Mitte der 1950er Jahre den "kognitiven Wandel" in der Psychologie eingeleitet und in den Sprachwissenschaften zur Entwicklung der generativen Grammatik geführt. Die generative Grammatik ist ein Grundbestandteil der "kognitiven Revolution", wie sie von manchen genannt wird. Die korrekten Antworten auf diese Fragen scheinen etwa so auszufallen: (1) Eine Sprache zu kennen bedeutet, ein System von Regeln und Prinzipien zu beherrschen; (2) Kinder erwerben dieses Wissen auf Grundlage der sehr umfassenden biologischen Ausstattung, die ziemlich präzise die Art der Systeme bestimmt, die sich im Laufe des Sprachwachstums bilden können; (3) die Verwendung der Sprache ist eine durch Regeln gesteuerte Verhaltensweise. Das wichtigste Element der Sprache und zahlreicher menschlicher Handlungen und Gedanken ist ein System mentaler Repräsentationen und Berechnungen. Ziel der Sprachwissenschaften ist demnach, diese Systeme zu ergründen und anschließend die feste, unveränderliche biologische Ausstattung zu entdecken, die es jedem Kind ermöglicht, ein sehr reiches und wortgewandtes Wissenssystem auf der Basis einer ziemlich lückenhaften und begrenzten Erfahrung aufzubauen.

Diese Gedanken waren keineswegs völlig neu. Sie erinnern an eine reiche Tradition, die bis Mitte der 1950er Jahre schon lange in Vergessenheit geraten war und auch heute nur wenig bekannt ist.

Ein System mentaler Berechnungen

Für diejenigen unter uns, die keine Linguisten sind – wie würden sie die Grundidee Ihrer Theorie der generativen Grammatik beschreiben?

Die Grundidee ist, dass die Sprachkenntnis aus einem System von Regeln und Repräsentationen besteht – aus einem System mentaler Berechnungen, die mit der Motorik und mit dem Wahrnehmungssystem verbunden sind –, und dass ein Großteil dieses Systems fest und unveränderlich ist, genau wie die Grundform und -organisation des menschlichen Körpers fest und unveränderlich ist und von unserer biologischen Ausstattung bestimmt wird. Würden wir diese Ideen weiterverfolgen, gelangten wir zu jenen Prinzipien, die die Form und die Bedeutung von Sätzen bestimmen. Soweit wir wissen, haben alle Sprachen weltweit die beschriebenen Eigenschaften. Zu beachten ist, dass in allen aufgeführten Beispielen bestimmte Elemente nicht vorhanden sind, aber dennoch verstanden werden. So wird bei (1) und (2) das Subjekt des Worts *like* nicht genannt, aber verstanden; in beiden Fällen wird es unterschiedlich verstanden, und dasselbe gilt auch für die anderen Beispiele. Die Prinzipien der Sprache legen fest, wo diese fehlenden Elemente stehen können und wie sie zu verstehen sind. Sie fehlen nur in der Hinsicht, dass sie nicht ausgesprochen werden: Die Psyche "sieht" sie und verwendet sie in ihren mentalen Berechnungen. Sie sind genauso real wie die Elemente *John*, *we* und alle anderen Elemente, die in diesem System mentaler Berechnungen mit dem Sprachapparat gekoppelt sind.

Natürlich unterscheiden sich die Sprachen voneinander; Englisch ist nicht dasselbe wie Japanisch. Doch die Sprachen scheinen sich nur in der Wortwahl und in der Auswahl bestimmter Alternativmöglichkeiten zu unterscheiden, die von den unveränderlichen Prinzipien unserer biologischen Ausstattung nicht vollständig festgelegt werden. Verben z.B. erfordern in jeder Sprache Objekte; doch die Objekte können den Verben nachfolgen, wie im Englischen, oder ihnen vorausgehen, wie im Japanischen. Diese Alternativmöglichkeiten gelten nicht nur für Verbsätze, sondern für alle Sätze. So werden Präpositionen im Englischen vorangestellt und im Japanischen nachgestellt. Japanisch scheint in vieler Hinsicht ein Spiegelbild der englischen Sprache zu sein und sich oberflächlich auch in vielen anderen Punkten vom Englischen zu unterscheiden. Doch beide Sprachsysteme sind aus demselben Holz geschnitzt. Soweit wir wissen, gilt das auch für alle anderen Sprachen, wie verschieden sie zunächst scheinen mögen. Wir wissen, dass dies der Fall sein muss, denn sonst wären Kinder gar nicht in der Lage, überhaupt eine Sprache zu lernen. Eine Sprache kann in all ihrer Vielfalt und Komplexität erlernt werden, weil ein Kind sie als Bestandteil seiner biologischen Ausstattung bereits kennt. Das gilt noch viel allgemeiner für alle Bereiche menschlicher Leistungen.

Das komplizierteste und vielschichtigste biologische System

Sie haben geschrieben, dass die Sprachanalyse einen entscheidenden Beitrag zum Verständnis der Hintergründe psychischer Vorgänge darstellt. Sie sagten z.B.: "Die Sprache ist ein Spiegel der Psyche." Wenn wir den gegenwärtigen Stand Ihrer Arbeit betrachten, welche wichtigen Reflexionen zeigen sich dann in dem Spiegel?

Die Vorstellung der Sprache als Spiegel der Psyche stammt aus traditioneller Zeit und hat sich über die Jahrhunderte unterschiedlich geäußert. Ich war nie der Meinung, dass die Metapher zu wörtlich genommen werden sollte. Vielmehr scheint die Sprache ein Grundelement der menschlichen Psyche zu sein. Das menschliche Gehirn ist das komplizierteste und vielschichtigste uns bekannte System. Wenn wir seine Eigenschaften und Erscheinungsformen untersuchen, analysieren wir die sogenannte "Psyche." Die menschliche Psyche scheint aus unterschiedlichen Systemen zu bestehen, die alle kompliziert und höchst spezialisiert sind und Interaktionen unterhalten, die größtenteils durch unsere biologische Ausstattung festgelegt sind; in dieser Hinsicht gleicht die Psyche allen anderen bekannten biologischen Systemen, z.B. auch den Organen im Körper unterhalb des Kopfes.

Eines dieser Systeme ist das menschliche Sprachvermögen. Es ist aus dem Grund besonders interessant, weil es eine allgemeine menschliche Eigenschaft darstellt, die wenigen oder keinen Variationen unterworfen ist (abgesehen von schwerwiegenden Beeinträchtigungen). Sie scheint einzig in der menschlichen Spezies vorzufinden zu sein; entgegen vieler Mythen scheinen anderen Lebewesen selbst die grundlegendsten Merkmale des menschlichen Sprachvermögens zu fehlen. Jüngst durchgeführte Studien mit Menschenaffen haben dies ziemlich deutlich gezeigt. Die menschliche Sprache scheint folglich wirklichen "Gattungscharakter" zu haben – noch dazu einer, der entscheidend in unser Denken und Verständnis einfließt. Aus meiner Sicht ist die Sprache aber kein "Spiegel der Psyche", sondern ein wesentlicher Bestandteil der menschlichen Psyche und ein entscheidendes Element der menschlichen Natur.

Eine radikale Abweichung von der Tradition

In Ihrem Buch Sprache und Geist *haben sie im Wesentlichen geschrieben, dass mit dem Fortschritt der Erforschung der Grammatik Grenzen zu erwarten sind, die heute eindeutig zu einer neuen Grundlage der Organisation der Grammatik verschoben zu werden scheinen. Welche Grenzen haben sich bis heute, im Jahr 1987, verschoben – wenn überhaupt?*

In den vergangenen dreißig Jahren hat es viele Änderungen in unserer Vorstellung des Wesens der Sprache gegeben. Frühe Arbeiten in der generativen Grammatik, wie *Strukturen der Syntax*, waren in mancher Hinsicht der traditionellen Grammatik ähnlich: Ihr Gegenstand waren Regeln, die für bestimmte Satzkonstruktionen und für bestimmte Sprachen charakteristisch sind. So war z.B. die Regel für die Fragenbildung oder die Passivbildung im Englischen für die Sprache sowie für die Satzkonstruktion charakteristisch – genau wie es in der traditionellen Grammatik ein Kapitel zum Passiv gibt, eines zur Fragenbildung usw. Die sogenannten Regeln der traditionellen Grammatik sind in Wirklichkeit nur Hinweise, die für einen intelligenten Leser, der die Sprache bereits kennt, verstehbar sind – genauso wie die Regeln der Schulgrammatik voraussetzen, dass der Lernende die Grundstrukturen der Sprache bereits beherrscht. Die generative Grammatik hingegen versuchte deutlich zu machen, was in der traditionellen und in der pädagogischen Grammatik vorausgesetzt, ja nicht einmal erkannt worden war. Außer diesem wesentlichen Unterschied waren der traditionellen und pädagogischen Grammatik aber die Regelsysteme der frühen generativen Grammatik sehr vertraut.

Neuere Arbeiten haben zu dem Resultat geführt, dass die Regeln der traditionellen und frühen generativen Grammatik fehlerhaft sind und keine echten Bestandteile der Psyche oder des Gehirns darstellen. Es scheint keine für Satzkonstruktionen charakteristischen Regeln zu geben, sondern vielmehr sehr allgemeine Prinzipien – z.B. für die Interpretation fehlender Elemente, die allen Sprachen und Satzkonstruktionen gemein sind. Sprachen unterscheiden sich in oben erwähnter Weise voneinander, nicht aber in der Wahl verschiedener Regeln. Deshalb ist in der neueren Forschung eine sehr radikale Abweichung von der traditionellen Sprachanalyse der letzten Jahrtausende zu erkennen.

Lehrer, die Lesen unterrichten, befassen sich mit dem Spracherwerb, denn die gesprochene Sprache bildet eine Grundlage für das Lesen. In Ihren Werken stellen Sie fest, dass Kinder von Geburt an genetisch darauf programmiert seien, Sprachen zu lernen, und dass dies ein angeborener Prozess sei. Ist das große Gewicht, das Vorschulen und Kindergärten auf die Sprachentwicklung legen, folglich gerechtfertigt?

Es ist kaum in Abrede zu stellen, dass die Grundstruktur der Sprache und die Prinzipien, die die Form und Interpretation von Sätzen in allen menschlichen Sprachen bestimmen, größtenteils angeboren sind. Daraus folgt jedoch nicht, dass das auf die Sprachentwicklung gelegte Gewicht fehl am Platz wäre. Wenn man ein Kind in eine verarmte Umwelt bringt, entwickeln sich seine angeborenen Fähigkeiten schlicht nicht, reifen und gedeihen nicht. Nehmen wir den Extremfall: Ein Kind, das zu lange Zeit einen Gips an den Beinen trägt, wird nie gehen lernen, und ein Kind, das ausreichenden Lebensmitteln beraubt ist, wird die Pubertät möglicherweise erst nach langer Verzögerung oder gar nicht durchlaufen, obwohl das Gehen und die sexuelle Reifung zweifellos angeborene, biologisch gesteuerte Merkmale sind. In ähnlicher Weise könnte es sein, dass ein in einer Anstalt aufgezogenes Kind zwar ausreichend Erfahrung und Nahrung erhält, sich aber trotzdem körperlich oder geistig nicht normal entwickelt, weil ihm die normalen menschlichen Beziehungen fehlen.

Eine traditionelle Einsicht ist, dass das Lehren nicht mit dem Füllen eines Behälters mit Wasser verglichen werden kann, sondern vielmehr einer Blume gleicht, der das Wachsen auf ihre eigene Art ermöglicht wird; doch ohne die richtige Fürsorge würde sie weder wachsen noch gedeihen. Genau wie alles, was sich beim Menschen entwickelt, ist die Sprachentwicklung stark durch die Art der Umwelt bestimmt und kann sehr in Mitleidenschaft gezogen werden, wenn die Umwelt nicht die richtige ist. Eine stimulierende Umwelt ist nötig, damit Neugier, Verstand und Kreativität sich entwickeln und unsere biologischen Fähigkeiten sich entfalten können. Dass der Verlauf der Entwicklung größtenteils von innen bestimmt wird, bedeutet nicht, dass er ohne Fürsorge, Herausforderung und günstige Möglichkeiten erfolgen könnte.

Wir begreifen also, dass die Linguistik die wissenschaftliche Analyse der Sprache ist, und kein Rezept für sprachliche Unterweisungen. Wären Grundschullehrer mit Ihrer Arbeit vertraut, welche Änderungen könnten sie dann bei Instruktionen beim Lesen vornehmen, und welche Schwerpunkte könnten sie vielleicht sogar setzen? Welche Hinweise allgemeiner Art könnten ihnen weiterhelfen?

Ich zögere, auch nur eine Antwort vorzuschlagen. Wer in der Praxis arbeitet, muss selber entscheiden, was von den Wissenschaften nützlich für ihn ist und was nicht. Als Sprachwissenschaftler habe ich weder besondere Qualifikationen noch die Kenntnisse, die mich dazu befähigen oder berechtigen würden, bestimmte sprachliche Instruktionsmethoden vorzuschreiben. Als *Individuum* habe ich meine eigenen Vorstellungen darüber, die sich auf meine Erfahrung (u.a. als Sprachlehrer für Kinder), auf meine Selbstwahrnehmung und meine persönliche Einschätzung gründen. Das darf aber nicht mit einer bestimmten Art des professionellen Expertenwissens verwechselt werden, das von oben herab präsentiert wird. Ich persönlich denke, dass auf jeder Ebene – von der Vorschule bis zur Hochschule – die Lehre größtenteils mit der Förderung der natürlichen Entwicklung zu tun hat. Die beste "Methode" des Unterrichtens besteht darin, zu verdeutlichen, dass der Lehrgegenstand es Wert ist, gelernt zu werden, und die natürliche Neugier und das natürliche Interesse des Kindes (oder des Erwachsenen) an Wahrheit und Verständnis wachsen und sich entwickeln zu lassen. Das sind ungefähr 90 Prozent des Problems, wenn nicht gar mehr. Instruktionsmethoden spielen vielleicht bei den verbleibenden 10 Prozent eine Rolle.

Probleme der Gesellschaft als ganzer

Viele der ersten Annahmen über die Hintergründe der Sprache "benachteiligter Kinder" sind durch die Forschung widerlegt worden, z.B. dass das Englisch der Schwarzen (Black English) *unzureichend oder unterlegen sei und dass es keine ausreichende Grundlage für abstraktes Denken darstellen würde. Und doch möchten* Black English *sprechende Leute, dass ihre Kinder Standardenglisch lernen. Gelingt das am besten durch direkte Instruktion oder durch Nachahmung?*

Wer mit Sprachen vertraut ist, betrachtet es als selbstverständlich (oder müsste es), dass das sogenannte *Black English* einfach nur eine Sprache ist, die meinem städtischen Philadelphia-Dialektenglisch ebenbürtig ist, dem Englisch der *High Table* in Oxford, dem Japanischen, dem Griechischen und den anderen Sprachen. Würden die Rassen, die Klassen oder andere Machtverhältnisse sich ändern, könnte *Black English* zur Standardsprache werden, und wie ich spreche, würde als unvollkommen angesehen werden. Nichts davon hat etwas mit der Natur der Sprachen zu tun. Die Vorstellung, dass *Black English*, mein städtischer Dialekt oder irgendeine andere Sprache keine ausreichende Grundlage für das abstrakte Denken darstellen würde, ist höchst unglaubwürdig, und ich denke, bei gegenteiligen Behauptungen sollte man äußerst skeptisch sein. Für gewöhnlich beruhen sie auf schweren Missverständnissen.

Aber dennoch stellt sich die Frage, was in den Schulen unterrichtet werden sollte. Würden diejenigen, die *Black English* sprechen, die Oberhand gewinnen und die amerikanische Gesellschaft dominieren, so dass meine Art des Sprechens als ungewöhnlich und unvollkommen angesehen würde, könnte man argumentieren, dass meine Kinder die Sprache der dominierenden Kultur, *Black English*, lernen sollten, und nicht die spezielle Version des Englischen, die ich spreche. Der Grund für diese Entscheidung wären nicht die Eigenschaften der Sprache oder irgendein lächerlicher Glaube daran, wie bestimmte Sprachen dem abstrakten Denken im Weg stehen, sondern andere Erwägungen. So müsste ich mir die Frage stellen, ob meine Kinder in der wirklichen Welt der Macht und Autorität, der Ungleichheit und des Zwangs leiden würden, wenn sie sich nicht die wichtigsten Elemente der dominierenden Kultur aneignen. Unzweifelhaft müsste solchen Überlegungen Gewicht beigemessen werden, wenn das Wohl meiner Kinder berücksichtigt würde. Würden meine Kinder hingegen in einer Sprache ausgebildet, die einer ausländischen Sprache gleichkäme, könnte ihre intellektuelle Entwicklung dadurch gebremst werden. Daher können kaum Zweifel bestehen, dass ihnen das Lernen und das Lesen schwerer fallen würden, wenn *Black English* die Unterrichtssprache wäre und nicht die Sprache, die sie in ihrer vorschulischen Umgebung gelernt haben. Dieselben Fragen würden sich stellen, wenn ich nach Italien gezogen wäre, als meine Kinder noch jung waren. Wie genau diese Faktoren ins Gleichgewicht gebracht werden sollten, ist keine einfache Frage – und ich sehe keinen Grund zu glauben, dass es eine einheitliche Antwort darauf geben könnte; zu viele beteiligte Faktoren variieren.

Meine eigene Einschätzung (sofern sie eine Rolle spielt) ist folgende: Wer eine andere Sprache spricht als die der herrschenden Gesellschaftsgruppen, sollte wahrscheinlich zumindest in sehr frühen Jahren in der eigenen Sprache unterrichtet werden, bis die Grundfertigkeiten erworben worden sind, und dann in späteren Stadien in der dominierenden Sprache unterrichtet werden, um einen Platz in der Gesellschaft zu finden, ohne Nachteile erleiden zu müssen, die durch die herrschende Macht, die Privilegien und die Dominanz entstehen. Vielleicht hofft man, diese Merkmale der dominierenden Gesellschaft zu ändern, doch das ist eine andere Frage. Man muss Kindern helfen, in der bestehenden Welt zurechtzukommen; das bedeutet natürlich nicht, dass sie – oder andere – nicht versuchen sollten, die Welt in eine bessere zu verwandeln.

Ich gebe nicht vor, eine verbindliche Beurteilung abgeben oder allgemeine Vorschläge anbieten zu können. Viele Faktoren sind zu berücksichtigen, und die Antworten werden sich je nach Menschen und Situationen sicher voneinander unterscheiden. Wir haben es hier nicht mit Problemen der Sprache zu tun, sondern mit Problemen der Gesellschaft als ganzer, und als solche müssen sie angegangen werden.

Kapitel 4

Perspektiven der Sprache und der Psyche

(Oktober 1999)

Es wäre wahrhaftig angemessen, mit den Gedanken des Meisters zu beginnen. Obwohl die Fragen, die ich hier betrachten möchte, mit seinen Hauptanliegen weniger zu tun haben, enttäuscht er uns nicht: Galilei war vielleicht der erste, der die Bedeutung der Grundeigenschaft der menschlichen Sprache deutlich erkannte, die zugleich eines ihrer typischsten Merkmale ist: der Gebrauch begrenzter Mittel, um eine unendliche Zahl Gedanken auszudrücken. In seinem *Dialogo* beschreibt Galilei voller Staunen die Entdeckung einer Möglichkeit, "jedem anderen die geheimsten Gedanken" mitzuteilen, "nur durch die verschiedenen Anordnungen 24 kleiner Buchstaben auf einem Blatt Papier." Das ist die größte aller menschlichen Erfindungen, so schreibt er, vergleichbar den Schöpfungen Michelangelos, dessen Reinkarnation Galilei in gewisser Weise war, wenn wir einem Mythos seines Schülers und Biographen Viviani Glauben schenken wollen. Dieser Mythologie setzte Kant ein Denkmal, indem er das Bild von der Reinkarnation Michelangelos in Newton schuf, wobei Galilei als Mittelsmann fungierte.

Ein Produkt der biologischen Evolution: die diskrete Unendlichkeit

Galilei sprach von der alphabetischen Schrift, doch erfolgreich war die Erfindung deshalb, weil sie das Wesen der Sprache widerspiegelt, für deren Repräsentation die kleinen Buchstaben verwendet werden. Kurz nach Galileis Tod vollzogen die "philosophischen Grammatiker" von *Port Royal* diesen weiteren Schritt und sprachen von der "wunderbaren Erfindung" einer Methode, "aus 25 oder 30 Lautäußerungen eine endlose Zahl Mitteilungen" zu konstruieren, "die keine Ähnlichkeit mit den Vorgängen in unserer Psyche haben, uns aber in die Lage versetzen, all unsere Gedanken und all unsere geistigen Regungen [anderen] zu offenbaren." Die "unendlichen Mitteilungen" sind eine Form der diskreten Unendlichkeit – ähnlich der Unendlichkeit der natürlichen Zahlen. Die Theoretiker von *Port Royal* erkannten, dass jene "wunderbare Erfindung" zu einem Hauptgegenstand der Sprachanalyse werden würde und verfolgten diese Einsicht in origineller Weise weiter. Sie entwickelten und nutzten Ideen, die erst viel später zu führenden Untersuchungsgebieten wurden. Einige dieser Ideen wurden neu belebt und nahmen in Freges Konzeption von *Sinn* und *Bedeutung* neue Gestalt an. Andere flossen gegen Ende des 20. Jahrhunderts in die Theorien der Satzstruktur und der Transformationsgrammatik ein.

Aus heutiger Sicht ist der Begriff *Erfindung* natürlich fehl am Platz, doch die Haupteigenschaft der Sprache, die Galilei und seine Nachfolger ausfindig machten, erstaunt als Produkt der biologischen Evolution nicht weniger und gelangt in einer Art und Weise zum Ausdruck, die unser heutiges Verständnis womöglich übersteigen könnte.

Dieselbe Besonderheit der menschlichen Sprache und ihre scheinbare biologische Einzigartigkeit faszinierten ebenfalls Charles Darwin, als dieser seine Aufmerksamkeit auf die menschliche Evolution richtete. In *Die Abstammung des Menschen* schrieb Darwin, dass Hunde im Sprachverständnis "auf demselben Entwicklungsstand" zu sein scheinen wie einjährige Kinder, "die zahlreiche Wörter und kurze Sätze verstehen, aber noch kein Wort zu äußern in der Lage sind." In dieser Hinsicht, so Darwin, bestehe nur ein Unterschied zwischen Menschen und anderen Tieren: "Menschen unterscheiden sich lediglich in ihrem fast unendlich größerem Vermögen, die verschiedensten Laute und Vorstellungen miteinander in Beziehung zu setzen." Diese "Assoziation von Lauten und Vorstellungen" gleicht der erwähnten "wunderbaren Erfindung" der Schriftsteller des 17. Jahrhunderts. Darwin hoffte, sie in irgendeiner Form in die Evolutionstheorie aufnehmen zu können.

Er meinte die *Evolutions*theorie – nicht unbedingt den Vorgang der natürlichen Selektion. Und sicher nicht ihn alleine, denn gewiss funktioniert er unter physikalischen Bedingungen, deren Wirkungsweise entdeckt werden muss und nicht vorgeschrieben werden kann. Zudem lohnt es, sich daran zu erinnern, dass Darwin den "Hyperselektionismus" seines engen Kollegen Alfred Russell Wallace entschieden ablehnte, der in aktuell populären Versionen des sogenannten Neodarwinismus wieder auflebt. Darwin betonte häufig seine Überzeugung, "dass die natürliche Selektion der hauptsächliche, wenn auch nicht der einzige Veränderungsfaktor gewesen ist." Folglich schenkt er ausdrücklich vielen Möglichkeiten Beachtung, einschließlich nichtadaptiven Veränderungen und nichtselektionierten Funktionen, die durch die Struktur bestimmt werden. All dies sind Dinge, die in der modernen Evolutionstheorie lebendig sind.

Die Sprachfähigkeit als "Sprachorgan"

Die Neugier an den Hintergründen und Ursprüngen der "wunderbaren Erfindung" veranlasst uns, jene Teile des menschlichen Gehirns zu analysieren, die für diese einzigartigen und ganz erstaunlichen Leistungen verantwortlich sind. Dieses Sprachorgan oder diese Sprachfähigkeit, wie man sagen könnte, besitzen alle Menschen, und unseres Wissens variiert sie nur geringfügig in unserer Spezies (von schweren Krankheiten einmal abgesehen). Durch ihr Wachstum und ihre Wechselwirkungen mit der Umwelt nimmt die allgemeine Sprachfähigkeit den einen oder anderen Zustand an. Über eine Periode von mehreren Phasen erreicht sie einen scheinbar stabilen Zustand, zuletzt um die Zeit der Pubertät. Eine durch diese Fähigkeit erreichte Stufe ähnelt dem, was im Alltagsgebrauch Sprache genannt wird – doch nur zum Teil: Es überrascht nicht länger, dass die Vorstellungen des gewöhnlichen Menschenverstandes keinen Platz mehr beim Verstehen und Erklären dieser Phänomene einnehmen (damit befasst sich der gesunde Menschenverstand in seiner eigenen Weise). Dies ist eine weitere Errungenschaft der Galileischen Revolution, die heute in den Naturwissenschaften als selbstverständlich betrachtet wird, aber außerhalb der Naturwissenschaften noch immer strittig ist (zu Unrecht, wie ich meine).

Aus formaler Sicht ist die "innere Sprache" eine Zustandsform der Sprachfähigkeit. Jede innere Sprache vermag mentale Objekte zu konstruieren, die dazu dienen, unsere Gedanken auszudrücken und die endlosen offenen Ausdrucksformen, denen wir begegnen, zu interpretieren. All die mentalen Objekte setzen Laute und Bedeutungen in bestimmter, geordneter Weise zueinander in Beziehung. Wie ein endlicher Mechanismus eine unendliche Anzahl dieser Objekte hervorbringen kann, wurde erst im 20. Jahrhundert durch die Forschung in den Grundlagenwissenschaften genau verstanden. Die Entdeckungen ermöglichten eine ausdrückliche Auseinandersetzung mit jener Frage, die Galilei, die Theoretiker von *Port Royal*, Darwin und einige andere gestellt hatten (und verstreut einige andere, soweit ich herausfinden konnte). In den vergangenen fünfzig Jahren haben sich größere Teile der Sprachanalyse mit der Erforschung dieser Mechanismen befasst (sie werden dort "generative Grammatik" genannt). Es ist eine wichtige Neuerung in der langen und ereignisreichen Geschichte der Sprachwissenschaften, wenngleich wie immer Vorläufer existieren, die in diesem Fall bis ins antike Indien zurückreichen.

Darwins Bemerkung ist aus mehreren Gründen irreführend: Wie wir heute begreifen, gehen die Sprachleistungen von Kindern weit über das hinaus, was Darwin ihnen beimaß, und andere Lebewesen besitzen nicht annähernd die von ihm angenommenen Sprachfähigkeiten. Zudem ist die Assoziation nicht das richtige Konzept. Seine Worte "unterscheiden sich nur" sind sicher unzureichend, obwohl "vornehmlich" anstelle von "nur" wäre vertretbar: Die diskrete Unendlichkeit ist nur einer von vielen Grundunterschieden zwischen der Sprache der Menschen und den Kommunikationssystemen und Ausdrucksformen der Tiere – und biologischen Systemen im Allgemeinen. Natürlich ist "fast unendlich" im Sinne von "unbegrenzt" zu verstehen, d.h. folglich in der Bedeutung von "unendlich."

Dennoch ist Darwins Bemerkung im Wesentlichen richtig. Die Grundeigenschaften der menschlichen Sprache, wie der diskret-unendliche Gebrauch endlicher Mittel, die ihn und seine berühmten Nachfolger faszinierten, scheinen in der biologischen Welt einzigartig und eine ziemlich neue Entwicklung in der menschlichen Evolution zu sein, die erst Millionen Jahre nach der Abtrennung von unseren engsten überlebenden Verwandten erfolgte. Außerdem muss die "wunderbare Erfindung" schon in Darwins einjährigen Kindern vorhanden gewesen sein, ja eigentlich schon im Embryonalstadium (wenngleich noch unsichtbar), ebenso wie das Vermögen zum binokularen Sehen oder die Fähigkeit, die Pubertät zu durchlaufen, zu unserer genetischen Ausstattung gehören, auch wenn sie nur in einer bestimmten Entwicklungsstufe und unter den richtigen Umweltbedingungen entstehen. Ähnliches scheint mir ebenfalls für andere Merkmale unserer psychischen Natur sehr einleuchtend.

Die Konzeption von einer psychischen Natur erlebte zur Zeit Galileis eine wichtige Korrektur. Sie wurde in ziemlich klarer Weise neu formuliert – zum letzten Mal, wie man meiner Ansicht nach argumentieren könnte: Bald darauf brach sie in sich zusammen und ist seit jener Zeit durch keine andere ersetzt worden. Die Vorstellung der Psyche wurde in Begriffe gefasst, die "mechanistische Philosophie" genannt wurden: die Vorstellung, dass die natürliche Welt eine komplizierte Maschine ist, die ein sachkundiger Handwerker theoretisch nachbauen könnte. "Die Welt war eine bloße Aneinanderreihung einfacher, miteinander verbundener archimedischer Maschinen", schrieb Galileis Schüler Peter Machamar, "oder eine Reihe zusammenstoßender Korpuskel, die den Gesetzen der mechanischen Kollision gehorchten." Die Welt glich einer komplizierten Uhr oder einer anderen Maschine, die die wissenschaftliche Vorstellungskraft dieser Periode beflügelte, wie es heute bei Computern der Fall ist. Dieser Wandel ist, wie Alan Turing vor sechzig Jahren zeigte, in bedeutender Hinsicht nicht grundlegender Natur.

Ausgehend von der mechanistischen Philosophie entwickelte Descartes seine Theorie der Psyche und des Körper-Psyche-Dualismus, die noch immer der klassische Ausgangspunkt zahlreicher Debatten über unsere psychische Natur ist – ein schwerwiegendes Missverständnis, wie ich meine. Descartes selbst verfolgte einen nachvollziehbaren Weg. Er versuchte zu zeigen, dass die nichtbiologische und biologische Welt mithilfe der mechanistischen Philosophie erklärt werden könnten. Doch argumentierte er, dass grundlegende Eigenschaften der menschlichen Natur jene Grenzen überschreiten würden und nicht mit diesem Ansatz zu verstehen wären. Sein bedeutendstes Beispiel war die menschliche Sprache, besonders die "wunderbare Erfindung" einer Möglichkeit, unsere Gedanken in neuer und unbegrenzter Weise auszudrücken, die nur durch unseren Körperzustand begrenzt ist, nicht aber durch ihn bestimmt wird; in einer Weise, die der jeweiligen Situation entspricht, aber nicht durch sie verursacht wird (ein entscheidender Unterschied); und in einer Weise, die Gedanken in anderen auslöst, die sie auf ähnlichem Wege hätten ausdrücken können. In ihrer Gesamtheit könnten wir diese Eigenschaften als kreativen Sprachgebrauch bezeichnen.

Allgemeiner, so Descartes, "ist der freie Wille an sich das Edelste, über das wir verfügen können", und all dies ist "wirklich Teil" von uns. Oder wie seine Anhänger die These formulierten: Menschen sind "getrieben und geneigt", in bestimmter Weise zu handeln, nicht aber "gezwungen" (oder aber dem Zufall überlassen). In dieser Hinsicht gleichen sie keinen Maschinen; eine Kategorie, die für die gesamte nichtmenschliche Welt gelte, wie sie sagten.

Für die Cartesianer generell war die kreative Eigenschaft des alltäglichen Sprachgebrauchs das eindrucksvollste Beispiel für unser edelstes Geschenk. Sie hängt entscheidend von der "wunderbaren Erfindung" ab, jenem Mechanismus, der für die endlosen Mitteilungen verantwortlich ist, mithilfe derer wir unsere Gedanken äußern und andere Menschen verstehen können – obgleich diesem Mechanismus noch viel mehr zugrunde liegt.

Dass wir über diese edlen psychischen Qualitäten verfügen, wissen wir aus der Selbstbeobachtung. Nach dem cartesianischen Modell schreiben wir diese Qualitäten auch anderen zu – gemäß den "Argumenten der besten Theorie", wie wir heute sagen würden. Nur so kann das Problem der Existenz "anderer Psychen" gelöst werden. Körper und Psyche sind zwei Substanzen, die erste eine ausgedehnte, die zweite eine denkende (*res cogitans*). Die erste ist Teil der mechanistischen Philosophie, die zweite nicht.

Galilei machte sich die mechanistische Philosophie zu eigen und "erfand ein neues Verständnismodell menschlicher Erkenntnisse", wie Machamer in überzeugender Weise argumentiert. Dazu gehören zudem "neue Kriterien zur schlüssigen Erklärung von Naturphänomenen", die auf der Auffassung der Welt als einer komplizierten Maschine beruhen. Für Galilei und die Hauptvertreter der frühzeitigen wissenschaftlichen Revolution der Moderne allgemein erfordert ein echtes Verständnis ein mechanistisches Modell, eine Maschine, die ein Handwerker konstruieren könnte. Aus diesem Grund verwarf Galilei die traditionellen Wellentheorien, da sie sich nicht "durch geeignete künstliche Vorrichtungen nachbauen" ließen.

Die Unbegreiflichkeit der Natur

Das Verständnismodell Galileis hat ein logisches Nebenprodukt: Versagt der Mechanismus, misslingt das Verstehen. Das scheinbare Versagen mechanistischer Erklärungen bei Phänomenen wie Kohäsion, Anziehung und anderem veranlasste Galilei letztlich, "die eingebildete Anmaßung, alles verstehen zu wollen", fallen zu lassen. Und noch schlimmer: "Es gibt in der Natur nicht ein einziges Phänomen, das selbst der genialste theoretische Denker vollständig verstehen könnte." Bei der Psyche versagt Galileis Modell eindeutig, wie Descartes in überzeugender Weise zeigte. Obwohl Descartes bezüglich des Potenzials mechanistischer Erklärungen viel zuversichtlicher war als Galilei, vermutete er doch, dass die Tätigkeit des denkenden Ichs jenseits des menschlichen Begriffsvermögens liegen könnte. Er war der Überzeugung, dass wir vielleicht "nicht über genügend Intelligenz verfügen", um die kreative Besonderheit des Sprachgebrauchs und andere Phänomene der menschlichen Psyche zu verstehen, obwohl wir "nichts klarer und vollständiger begreifen" als unseren Besitz dieser Fähigkeiten. "Es würde keinen Sinn machen, an dem zu zweifeln, was wir als existierend in uns selbst erfahren und wahrnehmen, denn wir können schlicht keine Dinge verstehen, über die wir wissen, dass sie ihrer Natur nach unbegreiflich sind." Wenn Descartes sagt, wir würden von bestimmten Dingen "wissen", dass sie unbegreiflich seien, geht er zu weit; doch jeder, der die Meinung vertritt, dass Menschen biologische Wesen und keine Engel sind, wird begreifen, dass die menschliche Intelligenz eine bestimmte Reichweite und bestimmte Grenzen hat. Viele der Dinge, die wir gerne verstehen wollen, liegen vielleicht jenseits dieser Grenzen.

Die Tatsache, dass sich das denkende Ich dem Verständnismodell entzieht, das die moderne Wissenschaftsrevolution antrieb, ist zwar interessant, aber in gewissem Sinne unwichtig. Das ganze Modell brach nämlich rasch in sich zusammen und bestätigte so Galileis schlimmste Ängste. Zu seinem Entsetzen zeigte Newton, dass in der Natur nichts zum mechanistischen Verständnismodell gehört, was die Schöpfer der modernen Wissenschaften auch nur im Entferntesten mit dem gesunden Menschenverstand in Verbindung gebracht hätten. Newton betrachtete seine Entdeckung der Fernwirkung als Verletzung der Grundprinzipien der mechanistischen Philosophie, als eine "so ungeheure Absurdität, dass ich nicht glaube, dass jemand, der in philosophischen Fragen zum Denken fähig ist, je darauf hereinfallen könnte." Dennoch sah er sich gezwungen zu folgern, dass die Absurdität "wirklich existiert." "Newton hatte dafür nicht den Hauch einer physikalischen Erklärung", wie zwei moderne Wissenschaftler meinen. Das war ein großes Problem für ihn und seine angesehenen Zeitgenossen, die "ihn beschuldigten, den Okkultismus wieder einzuführen", ohne "physische, materielle Stoffe", die "man begreifen kann" (Betty Dobbs und Margaret Jacob). Oder wie Alexander Koyré, einer der Begründer moderner Untersuchungen über Galilei, es ausdrückte: Newton zeigte, dass "eine rein materielle oder mechanistische Physik unmöglich" ist.

Gegen Ende seines Lebens suchte Newton nach Wegen, der Absurdität zu entkommen, wie Euler, D'Alembert und viele andere es seither getan haben – doch vergeblich. Nichts hat die Kraft von David Humes Urteil gemindert: Indem Newton die selbstevidente, mechanistische Philosophie widerlegte, versetzte er "die letzten Geheimnisse [der Natur] in eine Obskurität zurück, in der sie für immer verbleiben werden." Spätere Entdeckungen, die zu noch größeren Absurditäten führten, untermauerten noch nachhaltiger die Einsicht, dass die menschliche Intelligenz die natürliche Welt nicht zu fassen vermag – zumindest nicht so, wie die Begründer der modernen Wissenschaften es sich vorgestellt hatten.

Während Newton die Absurdität akzeptierte, verteidigte er sich energisch gegen die Kritik kontinentaleuropäischer Wissenschaftler – Huygens, Leibniz und anderer –, die Newton beschuldigten, den "Okkultismus" der verachteten scholastischen Philosophen wieder einzuführen. Die okkulten Qualitäten der Aristoteliker seien gedankenlos, schrieb Newton, doch seine neuen Prinzipien beinhalteten, obwohl sie bedauerlicherweise okkult waren, etwas Bedeutendes. "Zwei bis drei allgemeine Bewegungsprinzipien aus natürlichen Phänomenen abzuleiten und anschließend zu sagen, wie die Eigenschaften und Bewegungen aller physischen Dinge aus diesen offenkundigen Prinzipien folgen, wäre ein sehr großer Schritt für die Philosophie", so Newton, "auch wenn die Ursachen dieser Prinzipien noch nicht entdeckt wurden." Newton formulierte ein neues, aber schwächeres Verständnismodell, das dem sogenannten "milderen Skeptizismus" der britischen Wissenschaftstradition entstammte. Letztere hatte die Suche nach den "ersten Ursachen für die natürlichen Bewegungen" als aussichtslos erklärt und sich auf den bescheideneren Versuch konzentriert, die bestmögliche theoretische Erklärung dafür zu finden.

Die Auswirkungen auf die Theorie der Psyche waren unmittelbar und wurden sogleich erkannt. Der Körper-Psyche-Dualismus war nicht länger haltbar, weil keine Vorstellung des Körpers existiert. In den letzten Jahren ist es üblich gewesen, Descartes' "Geist in der Maschine" zu verspotten und bei der Annahme einer zweiten Substanz – der Psyche (im Unterschied zum Körper) – von "Descartes' Fehler" zu sprechen. Dass Descartes sich als falsch erwiesen hat, ist wahr – doch nicht aus diesen Gründen. Newton trieb die Maschine aus, den Geist aber ließ er unversehrt. Es war die erste Substanz, die ausgedehnte Materie, die in Mysterien aufging. Wir können vernünftigerweise von *physischen* Phänomenen sprechen (z.B. von Prozessen), genau wie wir von der *tatsächlichen* Wahrheit oder *tatsächlichen* Welt sprechen, doch ohne anzunehmen, dass es irgendeine andere Wahrheit oder Welt gibt. Die Naturwissenschaften kennen neben optischen, chemischen und biologischen ebenfalls mentale und andere Eigenschaften der Welt. Diese Kategorien müssen nicht felsenfest und eindeutig sein, sie müssen auch nicht der alltäglichen Intuition entsprechen. Dies ist eine wissenschaftliche Norm, die durch Newtons Entdeckungen und seine Forderung nach Verständnis (derart, wie Galilei und die frühe moderne Wissenschaft allgemein es auffassten) letztlich aufgegeben wurde.

Aus dieser Sicht fallen psychische Aspekte der Welt mit der übrigen Natur zusammen. Galilei argumentierte, dass "wir derzeit nur (...) bestimmte Merkmale der beschleunigten Bewegung erforschen und nachweisen müssen", wodurch er die Frage nach "der Ursache für die Beschleunigung bei natürlichen Bewegungen" zur Seite legte. Nach Newton wurde dieses Leitprinzip auf die gesamte Wissenschaft ausgeweitet. Im 18. Jahrhundert schlug der englische Chemiker Joseph Black vor, dass "die chemische Affinität als das erste Prinzip angenommen werden sollte, das wir nicht weiter erklären können, als Newton die Schwerkraft zu erklären vermochte. Stellen wir die Erklärung des Affinitätsgesetzes zurück, bis wir einen Wissensbestand aufgebaut haben, wie [Newton] dies für die Gesetze der Schwerkraft getan hat." Die Chemie beschritt diesen Weg weiter. Sie errichtete einen umfangreichen Wissensbestand und erreichte ihre "Erfolge (...) getrennt von den neu entstehenden physikalischen Wissenschaften", wie ein renommierter Chemiehistoriker (Arnold Thackray) betonte. Bis weit ins 20. Jahrhundert hinein sahen bedeutende Wissenschaftler Moleküle und chemische Eigenschaften im Wesentlichen als ein Mittel zum Rechnen; ein Verständnis dieser Fragen war damals weit entfernt von all dem, was man über die psychische Wirklichkeit wusste. Eine Vereinigung wurde schließlich vor 65 Jahren erreicht, doch erst nachdem die Physik tiefgreifende Veränderungen durchlaufen hatte und noch weiter von den Alltagsintuitionen abgerückt war.

Beachten wir, dass dies eine Vereinigung war, keine Reduzierung. Es *schien* nicht nur so, als könne die Chemie nicht auf die Physik dieser Tage reduziert werden, es war tatsächlich der Fall.

Wichtige Lehren für die Kognitionswissenschaften

In all dem sind wichtige Lehren für die Analyse der Psyche enthalten. Obwohl sie heute viel augenscheinlicher für uns sein sollten, lagen sie bereits damals, nachdem Newton die mechanistische Philosophie demontiert hatte, klar vor Augen. Man zog die Lehren auf der Stelle und folgte John Lockes Vorschlag, dass Gott entschieden haben mag, "der Materie ein *Denkvermögen*" beizufügen, genau wie er "der Bewegung Wirkungen zufügte, von denen wir uns in keiner Weise vorzustellen vermögen, wie eine Bewegung sie hervorbringen könnte." Oder wie Newton es in Verteidigung seines Postulats jener der Materie innewohnenden aktiven Prinzipien ausdrückte: "Gott, der den Tieren ihre eigene Bewegung gab, die unseren Verstand übersteigt, vermag zweifellos ebenfalls andere Bewegungsprinzipien in Körper einzupflanzen, die wir genauso wenig verstehen." Die Bewegung der Gliedmaßen, das Denken, die Aktivitäten des Willens – all das liegt "jenseits unseres Verständnisses", und doch können wir versuchen, "allgemeine Prinzipien" und "Wissensbestände" zu finden, die uns ein begrenztes Verständnis ihrer grundlegenden Natur ermöglichen. Aus diesen Ideen folgt logisch, dass die Eigenschaften der Psyche aus "der Organisation des Nervensystems selbst" hervorgehen, dass die als "psychisch" zu bezeichnenden Merkmale das Ergebnis der "Organisationsstruktur" des Gehirns sind, genau wie die Materie "voller anziehender und abstoßender Kräfte ist", die in bestimmter Entfernung wirken (La Mettrie, Joseph Priestley). Es ist unklar, wie eine schlüssige Alternative aussehen sollte.

Hundert Jahre später äußerte Darwin seine Zustimmung. Rhetorisch stellte er die Frage: "Warum ist das Denken, ein Ergebnis des Gehirns, erstaunlicher als die Schwerkraft, die eine Eigenschaft der Materie ist?" Das ist im Wesentlichen Lockes Vorschlag, welcher von Priestley und anderen weiterentwickelt wurde. Man sollte jedoch daran denken, dass die von den Cartesianern gestellten Fragen nie beantwortet wurden. Es existiert kein echter "Wissensbestand" unseres alltäglichen Sprachgebrauchs oder anderer Ausdrucksformen unserer "edelsten" Qualität. Ohne einen solchen Wissensbestand kann die Frage der Vereinheitlichung nicht ernsthaft gestellt werden.

Die modernen Kognitionswissenschaften, auch die Sprachwissenschaften, sind mit Problemen konfrontiert, die den Problemen der Chemie ganz ähnlich sind, die letztere seit dem Zusammenbruch der mechanistischen Philosophie bis in die 1930er Jahre hatte. Schließlich wurde der Wissensbestand, den die Chemiker entwickelt hatten, mit einer radikal abgewandelten Physik vereinigt. Die Neurowissenschaften unserer Zeit bringen üblicherweise als Leitidee die These vor, dass "mentale Dinge und in der Tat auch die Psyche Eigenschaften sind, die aus dem Gehirn hervorgehen." Zugleich erkennen sie an, dass "diese Eigenschaften als reduzierbar betrachtet werden und durch Prinzipien entstehen, die die Beziehungen von Ereignissen auf niedrigerer Ebene bestimmen – Prinzipien, die wir noch nicht verstehen" (Vernon Mountcastle). Diese These wird häufig als "erstaunliche Hypothese" präsentiert, als "die kühne Aussage, dass mentale Phänomene vollkommen natürlich sind und aus den neurophysiologischen Aktivitäten des Gehirns hervorgehen" – als "radikal neue Idee" in der Philosophie der Psyche, die letztlich den Dualismus der Cartesianer zur

Ruhe betten wird, wie manche glauben. Andere bekunden ihre Zweifel, ob die scheinbare Kluft zwischen Körper und Psyche wirklich überwunden werden könnte.

Dies ist jedoch nicht die richtige Herangehensweise zur Betrachtung dieser Fragen. Die These ist alt, nicht neu; sie befindet sich sehr dicht an der These Priestleys und anderen vor zweihundert Jahren. Außerdem ist sie gewissermaßen eine Folge des Zusammenbruchs des Körper-Psyche-Dualismus, zu dem es kam, als Newton die Idee der Materie in ganz vernünftiger Weise in Frage stellte und die Wissenschaft mit dem Problem zurückließ, "Wissensbestände" auf verschiedenen Forschungsgebieten zu konstruieren und nach Vereinheitlichung zu suchen.

Wie eine Vereinheitlichung aussehen könnte, und ob sie von der menschlichen Intelligenz oder überhaupt erreicht werden kann, werden wir erst dann wissen, wenn wir es wissen. Spekulationen sind genauso nutzlos, wie sie es in der Chemie zu Beginn des 20. Jahrhunderts waren – und die Chemie ist eine Naturwissenschaft, die sich in der irreführenden Hierarchie des Reduktionismus direkt hinter der Physik befindet. Die Zusammenführung psychischer Eigenschaften der Welt mit anderen Aspekten scheint ein weit entferntes Ziel. Selbst bei den Insekten – bei der sogenannten Sprache der Bienen z.B. – ist die Frage der neuronalen Realisierung und ihrer Evolution kaum am Horizont erkennbar. Vielleicht überrascht es zu sehen, dass solche Fragen in Bezug auf das weit komplexere und undurchsichtigere System der höheren psychischen Vermögen, der Sprache sowie anderer Fähigkeiten des Menschen lebendige Themen der Spekulation sind, und dass wir ständig selbstsichere Äußerungen über die Mechanismen und die Evolution dieser Fähigkeiten vernehmen – bei Menschen, nicht bei Bienen. Bei Bienen wird verstanden, dass die Fragen zu schwierig zu lösen sind. Gewöhnlich werden diese Spekulationen als Lösung des Körper-Psyche-Problems präsentiert. Das kann aber kaum möglich sein, da die Frage seit dreihundert Jahren nicht einmal in verständlicher Weise formuliert worden ist.

Gegenwärtig setzt sich die Analyse der Sprache und anderer höherer psychischer Fähigkeiten des Menschen ganz ähnlich fort wie in der Chemie. Man versucht, "einen reichen Wissensbestand aufzubauen" und richtet ein Auge auf die letztendliche Vereinheitlichung, ohne aber eine klare Vorstellung von ihrer Realisierung zu haben.

Eine Idee mit überraschenden Ergebnissen

Einige der erforschten Wissensbestände haben zu ganz erstaunlichen Ergebnissen geführt. So scheint es jetzt möglich, eine Auffassung ernst zu nehmen, die noch vor wenigen Jahren als weltfremd erschien: dass das Sprachorgan des Gehirns einer Art optimalen Konstruktion nahekommt. Für einfache biologische Systeme scheinen solche Resultate sehr vernünftig und werden teilweise gar verstanden. Wenn ein jüngst entstandenes Organ, das für die menschliche Existenz eine zentrale Rolle spielt, wirklich einer Art optimalen Konstruktion nahekäme, wäre dies ein Hinweis darauf, dass es in unbekannter Weise aus der Wirkung physikalischer und chemischer Gesetzmäßigkeiten des Gehirns hervorgeht, das eine bestimmte Komplexitätsstufe erreicht hat. Weitere Fragen stellen sich über die Evolution allgemein; diese Fragen sind keineswegs neu, lagen aber bis vor kurzem irgendwo in den Randgebieten der Forschung. Ich denke hier an die Arbeiten von D'Arcy Thompson und Alan Turing, um zwei der prominentesten modernen Forscher zu nennen.

Ähnliche Gedanken, die derzeit in der Sprachanalyse in bestimmter Form auftauchen, nahmen auch in Galileis Gedanken einen zentralen Platz ein. Als er die Beschleunigung untersuchte, schrieb er: "Wir haben uns von unseren Einsichten in die Hintergründe und Besonderheiten anderer Werke der Natur leiten lassen, bei denen die Natur sich zumeist nur in unkompliziertester und einfachster Weise bemerkbar macht. Denn ich glaube, niemand könnte sich vorstellen, wie das Schwimmen oder Fliegen einfacher bewerkstelligt werden könnte, als dass Fische und Vögel ihrem natürlichen Instinkt folgen." In einer eher theologischen Stimmung bemerkte Galilei, dass Gott sich "stets mit den einfachsten Regeln zufrieden gibt, damit seine Macht in noch viel höherem Maße durch seine kompliziertesten Handlungen offenbart wird." Galilei ließ sich von dem ontologischen Prinzip leiten, dass "die Natur perfekt und simpel ist und nichts Sinnloses hervorbringt", wie der Wissenschaftshistoriker Pietro Rebondi anmerkt.

Die Evolutionstheorie nimmt ein komplizierteres Bild an. Die Evolution, um es in Francois Jacobs oft zitierten Worten zu sagen, ist ein "Tüftler." Sie macht aus dem verfügbaren Material das Bestmögliche – doch das Beste kann kompliziert sein, ein Resultat der wegabhängigen Evolution, mit physischen Grenzen und oft auch mit entgegengesetzten Anpassungsinteressen behaftet. Dennoch bleibt die Vorstellung der Perfektion in der Natur ein lebendiger Bestandteil heutiger Studien der biologischen Natur, zumindest ihrer einfacheren Aspekte: die polyedrische Hülle von Viren, die sphärische Zellteilung, die Fibonacci-Folge, die sich in vielen Naturphänomenen finden lässt, und andere Eigenschaften der biologischen Welt. Wie weit dies reicht, ist Gegenstand der Spekulation und der Diskussion.

In der Sprachanalyse sind diese Fragen kürzlich in den Vordergrund getreten. Es ist möglich geworden, die Frage nach der "Perfektion der Sprache" in sinnvoller Weise zu stellen – speziell die Frage, wie nahe die menschliche

Sprache einer optimalen Lösung zur Schaffung von Bedingungen kommt, die jenes System erfüllen muss, um überhaupt brauchbar zu sein. Soweit die Frage zu bejahen ist, werden wir finden, dass die Natur, um es in Galileis Worten zu sagen, "in unkompliziertester, einfachster und simpelster Weise funktioniert", und das dort, wo es kaum zu erwarten gewesen wäre: ein jüngst entstandenes und scheinbar einzigartiges Ergebnis der Evolution, ein wesentlicher Bestandteil des kompliziertesten uns bekannten biologischen Objekts und etwas, das sicher im Kern unserer psychischen Natur, in den Errungenschaften unserer Kultur und in unserer kuriosen Geschichte anzutreffen ist.

Vielleicht sollte ich noch etwas über die Grenzen des Verstandes ergänzen. Viele der Fragen, die die wissenschaftliche Revolution der Neuzeit inspiriert haben, stehen nicht einmal auf der Tagesordnung. Zu ihnen gehören Fragen über Wille und Entscheidung, die man für das Körper-Psyche-Problem als zentral annahm, bevor Newton es demontierte. Es gibt sehr aufschlussreiche Arbeiten darüber, wie ein Organismus die Absicht einer integrierten motorischen Handlung ausführt – über die Fortbewegung einer Küchenschabe, oder wie ein Mensch nach einer Tasse greift, die auf einem Tisch steht. Doch keiner stellt nur die Frage, warum diese Absicht ausgeführt wird und keine andere (die einfachsten Organismen ausgenommen). Sehr Ähnliches gilt selbst für die visuelle Wahrnehmung, die manchmal als passiver oder reflexartiger Vorgang betrachtet wird. Kürzlich haben zwei mit Kognition befasste Neurowissenschaftler einen Überblick des Fortschritts bei der Lösung eines Problems veröffentlicht, das Helmholtz 1850 aufstellte: "Selbst ohne unsere Augen zu bewegen, können wir unsere Aufmerksamkeit nach Belieben auf verschiedene Objekte konzentrieren, was zu ziemlich verschiedenen Wahrnehmungserfahrungen im selben Gesichtsfeld führt." Der Ausdruck "nach Belieben" deutet auf einen Bereich hin, der jenseits tatsächlicher empirischer Forschung liegt. Auch bleibt ein Rätsel, was für Newton gegen Ende seines Lebens ein Rätsel war, als er noch immer nach einem "fast unmerklichen Geist" suchte, der sich in allen Körpern versteckt und der, ohne gegen die Vernunft zu verstoßen, die Merkmale der Anziehung und der Abstoßung von Körpern erklärt, die Natur und Wirkung des Lichts, der Sinneswahrnehmung und die Art und Weise, wie "sich Teile der Körper der Tiere gemäß den Anordnungen ihres Willens bewegen." All das waren für Newton ähnliche Rätsel, die, genau wie die "Prinzipien der Bewegung", vielleicht "jenseits unseres Verstands" liegen.

In den letzten Jahren ist es zum Standardverfahren geworden, das Problem des Bewusstseins als "schwieriges Problem" darzustellen; andere wieder meinen, dass es in unserem heutigen oder künftigen Verständnisvermögen liegt. Aus meiner Sicht gibt es gute Gründe, solche Verlautbarungen zumindest mit milder Skepsis zu belegen, besonders wenn wir uns bewusst machen, wie sehr unser Verständnis jenseits der einfachsten Systeme der Natur abnimmt. Auch die Geschichte warnt zur Vorsicht. Im Zeitalter Galileis war das Wesen der Bewegung das "schwierige Problem." "Springende oder elastische Bewegungen" sind der "harte Felsen der Philosophie", sagte Sir William Petty, während er ähnliche Ideen wie die vorschlug, die Newton bald viel umfassender entwickeln sollte. Das "schwierige Problem" war, dass Körper, die für unsere Sinne in Ruhe zu sein scheinen, sich in einem "stürmischen" Zustand befinden und "ein starkes Bestreben zeigen, wegzufliegen oder sich voneinander zu entfernen", wie Robert Boyle sagte. Das Problem war nach seinem Gefühl genauso undurchsichtig wie "die Ursache und die Natur" der Schwerkraft, was seinen Glauben an "einen intelligenten Urheber oder an einen Ordner der Dinge" untermauerte. Selbst der skeptische Newton-Anhänger Voltaire argumentierte, dass das menschliche Vermögen, "Bewegungen zu erzeugen", wo es keine gibt, "einen Gott" offenbart, der der Materie "Bewegung verlieh." Für Henry More war die Übertragung der Bewegung von einem Körper auf einen anderen das schwerste aller Rätsel: Trifft ein blauer einen roten Ball, wird zwar die Bewegung übertragen, nicht aber die Farbe, obwohl beides Eigenschaften des sich bewegenden roten Balles sind.

Diese "schwierigen Probleme" wurden nicht gelöst; als die Wissenschaften nach Newton einen bescheideneren Weg einschlugen, ließ man sie gar fallen. Führende Wissenschaftshistoriker haben das erkannt. Vor einem Jahrhundert bemerkte Friedrich Lange in seiner klassischen Wissenschaftsgeschichte über den Materialismus, dass wir uns einfach "an die abstrakte Vorstellung von den Kräften gewöhnt haben – oder vielmehr an die Vorstellung, in einer mysteriösen Unklarheit zwischen Abstraktion und greifbarem Verständnis zu schwanken." Das war ein "Wendepunkt" in der Geschichte des Materialismus, welcher die Lehren weit von denen der "echten Materialisten" im 17. Jahrhundert entfernte und sie eines Großteils ihrer Bedeutung beraubte. Die "schwierigen Probleme" verschwanden, und es gab wenige tatsächliche Fortschritte bei der Lösung der anderen "schwierigen Probleme", die Descartes, Newton, Locke und anderen führenden Persönlichkeiten nicht weniger mysteriös erschienen wären. Dazu gehört auch der "freie Wille", der "nobelsten Einrichtung", über die wir verfügen und die sich am auffälligsten im alltäglichen Sprachgebrauch bemerkbar macht. Dies glaubten sie aus Gründen, die wir nicht leichtfertig außer Acht lassen sollten.

Im Zusammenhang mit einigen dieser Rätsel sind in den vergangenen Jahrhunderten enorme Wissensbestände aufgebaut worden – manche der größten Errungenschaften der menschlichen Intelligenz. Auch hat es bemerkenswerte Meisterleistungen der Vereinigung gegeben. Wie weit entfernt die bleibenden Bergspitzen liegen und wo sie sich vielleicht gar nur befinden mögen, darüber lässt sich nur spekulieren. In der Reichweite durchführbarer Untersuchungen ist noch viel Arbeit zu tun, um die mentalen Aspekte der Welt, einschließlich der menschlichen Sprache, zu verstehen. Die Perspektiven sind sicher aufregend. Wir würden jedoch gut daran tun, an irgendeinem Ort unserer Erinnerung Humes Schlussfolgerung über "die letzten Rätsel der Natur" zu behalten, und über die "Unverständlichkeit, in der sie immer schon waren und auf immer bleiben werden." Das gilt besonders für den Gedankengang, der ihn zu diesem Urteil führte, und seine Bestätigung in der folgenden Geschichte der Naturwissenschaften. Diese Dinge werden manchmal zu leicht vergessen und verdienen ernsthaftes Nachdenken, und eines Tages vielleicht gar gewinnbringende wissenschaftliche Nachforschungen.

TEIL II

Anthropologie:
Die kulturelle Umwelt
(Vorstellung und Wirklichkeit)

Kapitel 5

Rationalität und Wissenschaft oder Beliebiges behaupten

(Oktober 1992)

An dieser Diskussion [in den *Z Papers*] nehmen Menschen teil, die zahlreiche Ziele und Bemühungen teilen. Manche von ihnen sind Freunde, die viele Jahre zusammen gearbeitet und gekämpft haben. Ich hoffe daher, dass ich ganz offen sprechen und persönliche Dinge sagen kann, denn ehrlich gesagt glaube ich nicht, dass wir hier viele neue Fragen diskutieren werden.

Eine selbstzerstörerische Verdrehung der Werte rationaler Untersuchungen

Ich will hier nicht in die Irre führen, und deshalb sollte ich gleich zu Beginn sagen, dass ich mir nicht ganz sicher bin, ob ich der Diskussion folgen kann. Ich glaube einiges zu verstehen, was in jenen sechs Artikeln beschrieben wird [in derselben Ausgabe der *Z Papers*], und vielem stimme ich zu. Das Thema jedoch verstehe ich nicht: die Zulässigkeit der "Rationalität", "Wissenschaft" und "Logik" (vielleicht wäre "westlich" zu ergänzen) – nennen wir es zusammen kurz "rationale Untersuchung." Ich las die Artikel und hoffte auf manche Erkenntnisse in diesen Fragen. Doch wie einer der Autoren schreibt: "Meine Augen werden glasig und ich danke, aber ich kann einfach nicht zustimmen." Als Mike Albert mich fragte, ob ich die Artikel kommentieren könnte, die eine Abschaffung oder Überschreitung der rationalen Untersuchung befürworten, lehnte ich ab, und wahrscheinlich wäre es weise gewesen, an meiner Entscheidung festzuhalten. Doch nach einigem hin und her bin ich nun bereit, einige Worte dazu zu sagen. Doch ganz offen gesagt verstehe ich wirklich nicht, was hier eigentlich zur Diskussion stehen soll.

Über die rationale Untersuchung sind eine Menge interessanter Fragen gestellt worden: das Problem der Rechtfertigung des Glaubens, die Bedeutung mathematischer Wahrheiten und theoretischer Gebilde, die Nutzung rationaler Untersuchungen unter bestimmten sozialen und kulturellen Bedingungen, die Art des Einflusses dieser Bedingungen auf den Verlauf rationaler Untersuchungen usw. Mit diesen Fragen beschäftigen wir uns hier aber nicht, sondern mit der Zulässigkeit der gesamten Methode. Das verwirrt mich aus mehreren Gründen.

Um an einer Diskussion teilnehmen zu können, muss man zunächst einmal die Grundregeln verstanden haben. In diesem Fall verstehe ich sie nicht. Insbesondere kenne ich keine Antwort auf so grundlegende Fragen wie z.B.: Müssen Schlussfolgerungen mit den Voraussetzungen stimmig sein (und vielleicht gar aus ihnen folgen)? Spielen Tatsachen eine Rolle? Oder können wir Gedanken zusammenfügen, wie es uns beliebt, und sie dann einen "Beweis" nennen? Können wir uns die Tatsachen nach Wunsch zurechtlegen, und der einen Erklärung denselben Wert beimessen wie einer anderen? Es existieren bestimmte, uns vertraute Grundregeln – jene der rationalen Untersuchung. Sie sind keineswegs völlig eindeutig; es gab interessante Versuche, sie kritisch zu beleuchten und zu verdeutlichen; wir haben jedoch genug begriffen, um über weite Bereiche fortfahren zu können. Was mir hier zur Diskussion zu stehen scheint, ist die Frage, ob wir diese Grundregeln überhaupt beibehalten sollten (und sie künftig zu verbessern versuchen sollten). Wenn die Antwort so ausfällt, dass wir an ihnen festhalten sollten, dann ist die Diskussion beendet und wir haben die Gültigkeit der rationalen Untersuchung vorbehaltlos anerkannt. Lassen wir sie fallen, können wir solange nicht fortfahren, bis wir einen Ersatz für die Einhaltung der Widerspruchsfreiheit, die Beachtung der Tatsachen und weitere antiquierte Vorstellungen gefunden haben. Ohne Anleitung in diesem Punkt werden wir zu Urschreien zurückversetzt. Ich vermag in den Artikeln keinerlei Hinweis auf neue Methoden oder Ideen zu finden, welche die alten ersetzen könnten. Daher bleibt meine Verwirrung bestehen.

Ein zweites Problem hat mit Anspielungen auf Worte wie "Wissenschaft", "Rationalität" und andere Begriffe zu tun, die verstreut überall in den Artikeln vorkommen. Sie werden scharf kritisiert, doch nicht klar definiert. Zwar werden ihnen gewisse Eigenschaften zugeschrieben, die aber für den Sachverhalt entweder irrelevant oder für mich nicht durchschaubar sind. Häufig stehen die der rationalen Untersuchung zugeschriebenen Eigenschaften im Widerspruch zu ihr – zumindest wenn mit rationaler Untersuchung das gemeint ist, was ich immer darunter verstanden habe.

Dass ich nicht zu durchschauen vermag, was hier mit "Wissenschaft" usw. gemeint ist, spiegelt vielleicht meine persönlichen Grenzen wider. Das könnte durchaus der Fall sein, aber dennoch wundere ich mich. Vierzig Jahre lang habe ich mich bewusst mit dem befasst, was ich und andere rationale Untersuchung nennen (Wissenschaft, Mathematik); die überwiegende Zeit davon befand ich mich direkt im Herzen des Übels, am MIT. Wenn ich Seminare besuche, Fachartikel in meiner oder in anderen Disziplinen lese, mit Studenten und Kollegen arbeite, dann vermag ich leicht zu erkennen, was mit rationalen Untersuchungen gemeint ist. Das Beschriebene hat hingegen kaum Ähnlichkeit mit meinen Erfahrungen auf diesen Gebieten oder meinem Verständnis von ihnen. Hier taucht folglich ein zweites Problem auf.

Ich fürchte, was das erste Problem betrifft, sehe ich nur eine Möglichkeit, die Diskussion fortzusetzen: indem wir die Zulässigkeit der rationalen Untersuchung voraussetzen. Stellen wir uns einmal vor, die Widerspruchsfreiheit, die Beachtung der Tatsachen und Ähnliches wären nur antiquierte und irrige Vorstellungen, die durch etwas anderes ersetzt werden müssten – vielleicht durch eine Art intuitives Verständnis, das mir zu fehlen scheint: Dann bliebe mir nichts anderes zu tun, als meine Grenzen zu gestehen und den Leser von vornherein darüber zu informieren, dass das Folgende irrelevant ist. Ich weiß: Indem ich die Zulässigkeit der rationalen Untersuchung und ihrer Regeln anerkenne, gehe ich der eigentlichen Frage aus dem Weg, und die Diskussion endet, bevor sie wirklich angefangen hat. Zweifellos ist das unfair – doch die Alternativmöglichkeit rettet mich.

Nun zum zweiten Problem: Was hier "Wissenschaft" oder ähnlich genannt wird, ist mir größtenteils unbekannt. Deshalb möchte ich es durch X ersetzen und schauen, ob ich die Argumente gegen X verstehe. Schauen wir uns verschiedene Arten von Merkmalen an, die X zugewiesen werden und betrachten dann die Vorschläge, eine neue Richtung einzuschlagen (die folgenden Zitate sind den Artikeln entnommen, die X kritisieren).

Zur ersten Kategorie: X werde vom "weißen, männlichen Geschlecht" beherrscht. Es befinde sich "innerhalb der Grenzen kultureller, rassischer und geschlechtlicher Vorurteile" und "etabliert und bewahrt bestimmte Arten der sozialen Organisation mit versteckten politischen, sozialen und ökonomischen Zielen." "Die meisten der auf der Südhalbkugel der Erde lebenden Menschen hätten die vergangenen vierhundert Jahre auf eine mitfühlende, humane Verwendung von X gewartet"; die Verwendung von X stehe "außerhalb und über demokratischen Prozessen." X sei "tief kapitalistischen Kolonialismus verwurzelt" und "beendet weder den Rassismus, noch zerschlägt es das Patriarchat." X sei von Sowjetkommissaren ins Feld geführt worden, um Menschen zu veranlassen, "Reglementierung, mörderische Kollektivierung und Schlimmeres anzubeten"; obwohl es niemand ausspreche, sei X von Nazi-Ideologen für dieselben Ziele benutzt worden. Die Vorherrschaft von X "hat sich unerschütterlich fortgesetzt." X werde "benutzt, um neue Arten der Kontrolle zu etablieren, welche durch die politischen und ökonomischen Mächte realisiert werden." Das "Staatssystem" habe Groteskes über X behauptet und "X für erstaunlich zerstörerische Prozesse verwendet (...) um neue Herrschaftsformern zu schaffen, die durch die politische und ökonomische Macht vermittelt werden, die in allen System entstanden ist."

Die Schlussfolgerung: Mit X "stimmt grundsätzlich etwas nicht", und wir müssen X ablehnen oder überschreiten. Es muss durch etwas anderes ersetzt werden. Mittellose und leidende Menschen müssen angewiesen werden, es uns gleichzutun. Daraus folgt, dass wir Literatur und Künste abschaffen müssen, die sicher die Bedingungen von X erfüllen, und desgleichen die Wissenschaft. Generell müssen wir ein Schweigegelübde ablegen und ebenso die weltweiten Opfer dazu bewegen, denn die Sprache und ihr Gebrauch weisen typischerweise alle Merkmale von X auf – Tatsachen, die zu geläufig sind, als dass man sie zu diskutieren bräuchte.

Noch offenkundiger folgt daraus, dass Handwerk und Technik vollständig abgeschafft werden sollten. Mich erstaunt, dass einige der Kritiker das "praktische und logische Denken" von "Technikern" zu loben scheinen, die sich auf "die Mechanik von Gegenständen" konzentrieren – auf das "T-Wissen" –, das "sich auf Praktisches bezieht" und in "der Erfahrung wurzelt"; d.h. jene Art des Denkens und der Praxis, die bekanntermaßen Jahrtausende zur Herstellung von Zerstörungs- und Unterdrückungswerkzeugen verwendet wurde – unter der Kontrolle der weißen Männer, die sie beherrschen (ich sage hier "zu loben scheinen", weil die Absicht nicht eindeutig ist). Obwohl die Widersprüche erstaunlich sind, muss ich zugeben: Würden wir die Widerspruchsfreiheit abschaffen oder überschreiten, bestünde kein Problem.

Ich will offen sagen: Was ich hier erörtert habe, führt an der eigentlichen Diskussion vorbei. Das können keine Merkmale der rationalen Untersuchung sein, die zu ihrer Abschaffung (oder Überschreitung) führen würden. Wenden wir uns einer zweiten Kategorie von Merkmalen zu, die X zugeschrieben wird.

Die "zwei Kulturen" und ihre jeweiligen Grenzen: keine schlüssige Alternative

X sei "E-Wissen", das "durch logische Ableitung aus fest etablierten ersten Prinzipien erhalten werden kann." Die Aussagen von X müssten "beweisbar" sein; X verlange nach "endgültige Beweisen." Das "eindeutigste Element des westlichen E-Wissens" seien womöglich "seine weit fortgeschrittenen Methoden", "zu annehmbaren ersten Prinzipien zu gelangen." Das ist einer der wenigen Versuche, das Übel zu definieren und aufzuspüren.

Von X werde außerdem "ein Wissensmonopol beansprucht." So bestreite es beispielsweise, dass ich weiß, wie ich meine Schuhe binde, dass der Himmel nachts dunkel ist, dass es Spaß macht, im Wald zu wandern oder dass ich die

Namen meiner Kinder kenne und etwas über ihre Sorgen weiß usw. All diese Aspekte meines (intuitiven) Wissens sind dem sehr fern, was "durch logische Ableitung aus fest etablierten ersten Prinzipien erhalten werden kann", und in der Tat auch weit außerhalb der Reichweite der rationalen Untersuchung, wie sie jetzt und vielleicht irgendwann in Zukunft aussehen wird; deshalb seien sie bloßer "Aberglaube, Glaube und Vorurteil", sagten die Befürworter von X. Oder, wenn X ein solches Wissen nicht gänzlich bestreite, dann werde es von X "marginalisiert und verunglimpft." X postuliere dogmatisch, dass "ein vorhersehbares Ziel als Ausdruck der Wahrheit, die von X erreicht wurde, schon im Vorfeld bekannt sein kann", und beharre auf den "fundamentalen Werten [dieser] objektiven Wahrheit." X bestreite "vorläufige und subjektive Grundlagen" der Übereinkunft im menschlichen Leben und Handeln und betrachte sich selbst als "höchstes Organisationsprinzip und die endgültige Quelle der Legitimität moderner Gesellschaften" – eine Doktrin, der X einen "axiomatischen Stellenwert" zuweise. X sei "arrogant" und "absolutistisch." Was nicht "den Bedingungen seiner Hegemonie" entspreche, wie z.B. "Zorn, Verlangen, Vergnügen und Schmerz, werde zum Anlass für Disziplinarmaßnahmen." Die vielfältigen Ausprägungen von X würden uns als "Zauberformel präsentiert, um uns durch die düstere Kompliziertheit der Welt zu geleiten" und uns eine "vorübergehende Bleibe" anzubieten, die einen "sicheren Weg" darstelle, um "die Welt oder unsere Stellung in ihr zu 'verstehen.'" Die Anwender von X "schenken Gefühlen keine Beachtung und bilden andere als Objekte nach, die manipuliert werden können" – ein Verfahren, das dadurch "vereinfacht wird, dass das Subjekt als irrelevant und nicht als Teil von X angesehen wird." "Gefühle zu haben bedeutet, gegen X zu sein." "Gegen Mitte des 20. Jahrhunderts ist der Begriff 'es funktioniert' für die Anhänger von X ausreichend" geworden; es sei ihnen egal geworden, "warum etwas funktioniert", und interessiere sie nicht mehr, "welche Folgen" sich daraus ergeben usw.

Ich stimme vollkommen zu, dass X den Flammen übergeben werden sollte. Mir leuchtet aber nicht ein, was das mit unserem Thema zu tun haben soll, angesichts der Tatsache, dass diese Zuschreibungen nicht mal eine Karikatur der rationalen Untersuchung (z.B. der Wissenschaft) sind – zumindest soweit sie mir bekannt ist.

Nehmen wir z.B. den Begriff des "E-Wissens" – die einzige Definition der Wissenschaft, die hier vorgeschlagen wird. Nicht einmal für die Mengenlehre (d.h. die konventionelle Mathematik) reicht die angebotene Definition. Nichts in den Wissenschaften ist ihr auch nur ähnlich. Die Begriffe der "Beweisbarkeit" und der "endgültigen Beweise" sind den Naturwissenschaften fremd. Solche Vorstellungen findet man in der Untersuchung abstrakter Modelle, die so lange zur reinen Mathematik gehören, bis sie in den empirischen Wissenschaften angewandt werden, wo es dann keinerlei "Beweis" mehr gibt. Wenn "komplizierte Methoden" oder beliebige andere generelle Methoden existieren, "um zu annehmbaren ersten Prinzipien zu gelangen", sind sie ein dunkel gehütetes Geheimnis geblieben.

Wissenschaft ist vorläufig, forschend, hinterfragend und wird größtenteils durch Probieren erlernt. Einer der weltweit führenden Physiker war bekannt dafür, seine Einführungskurse mit folgenden Worten zu eröffnen: Es spielt keine Rolle, was wir *ab*decken, sondern bloß, was wir *ent*decken – wenn wir Glück haben vielleicht etwas, das die herrschenden Überzeugungen in Frage stellt. Weiter fortgeschrittene Untersuchungen sind größtenteils ein gemeinsames Unternehmen. Von Studenten erwartet man, neue Ideen zu entwickeln, das Gelesene und Gelehrte in Frage zu stellen und oft auch abzulehnen, und dass sie die Geheimnisse (die bisher niemand auch nur ansatzweise verstanden hat) irgendwie durch Erfahrungen und gemeinsame Nachforschungen lüften, entscheidende Probleme identifizieren und mögliche Lösungen vorschlagen. Zudem "überschreiten" die vorgeschlagenen Lösungen (einfache wie umfangreiche Theorien) selbst in den leichtesten Fällen das Empirische – sofern wir mit "empirisch" meinen, was durch eine beliebige Methode aus der Erfahrung abgeleitet werden kann. Man braucht sich kaum mit Einstein zu befassen, um dieses universelle Merkmal der rationalen Untersuchung aufzuzeigen.

Die zitierten Merkmale von X gelten außerdem für manche Aspekte des menschlichen Denkens und Handelns: für einen Teil der organisierten Religion, für Bereiche der Geisteswissenschaften und der "Sozialwissenschaften", wo die Erkenntnisse und Einsichten gering sind und es daher leichter ist, mit Dogmen, Falsifizierungen und vielleicht auch anderen Mitteln etwas zu erreichen. Doch die Naturwissenschaften – zumindest soweit ich sie kenne – sind von diesen Beschreibungen so fern wie alles andere im menschlichen Leben. Ihrer Natur nach sind Wissenschaftler keine ehrlicheren, offeneren oder kritischeren Menschen. Es verhält sich schlicht so, dass ihnen Natur und Logik eine strenge Disziplin auferlegen: Auf vielen Gebieten kann man sich ungestraft phantasievolle Geschichten ausdenken oder sich mit der langweiligsten Büroarbeit beschäftigen (was gelegentlich Wissenschaft genannt wird); in den Naturwissenschaften werden diese Geschichten widerlegt, und man wird von jenen Studenten ignoriert, die etwas über die Welt erfahren wollen und sich nicht damit abfinden, die Dinge "der Willkür anderer" zu überlassen. All dies scheint mir die reinste Binsenweisheit zu sein.

Manche der weiteren Merkmale, die X zugeschrieben werden, sind wohl als Karikatur gedacht sind: z.B. dass die Anwender von X behaupten würden, "im 17. Jahrhundert hat Europa alle Grundfragen der Menschheit für alle Zeiten beantwortet..."

Ich habe ein faires Bild zu zeichnen versucht und möchte mich entschuldigen, wenn mir das misslungen ist. Soweit ich sehen kann, lassen sich zwei Kategorien von Merkmalen unterscheiden, welche die Kritiker der rationalen Untersuchung zuschreiben. Manche gelten ziemlich allgemein für menschliche Belange und sind daher für unser Thema bedeutungslos (außer wir beabsichtigen zugleich, die Sprache, die Künste usw. abzuschaffen); diese Merkmale spiegeln deutlich die Situation in Gesellschaft und Kultur wider, deren Folgen zu Recht verurteilt werden. Andere wiederum treffen nicht auf die rationale Untersuchung zu und werden im Gegenteil radikal von ihr abgelehnt; wo man sie ausfindig macht, rufen sie interne Kritik hervor.

Mehrere Autoren scheinen Lenins und Stalins Gewaltherrschaft als Inbegriff der Wissenschaft und der Rationalität zu betrachten. So "ist die Überzeugung, es gebe eine universelle Geschichte, aus der die Wahrheit spricht, durch den Zusammenbruch der politischen Systeme untergraben worden, die den 'neuen sozialistischen und postkolonialistischen Menschen'" hätten hervorbringen sollen. Jene "Regierungssysteme", die "die positive Rationalität für erstaunlich zerstörerische Zwecke verwenden", seien von "sozialistischen und kapitalistischen Ideologien" gelenkt worden – das scheint mir eine Anspielung auf die fundamental antisozialistischen (leninistischen) und antikapitalistischen (staatskapitalistischen) Ideologien zu sein. Da "wissenschaftlicher und technischer Fortschritt die Parole der sozialistischen und kapitalistischen Ideologien war", erkennen wir die Tiefe ihres Irrtum und ihrer Widernatürlichkeit und müssen sie zu Grabe tragen. Gleiches gilt wie jede Sorge um Freiheit, Gerechtigkeit, Menschenrechte, Demokratie und weitere "Parolen" der säkularen Priesterschaft, die die Ideale der Aufklärung im Interesse der Obrigkeiten ins Gegenteil verkehrt hat.

Die "Wissenschaft der weißen Männer" als Bemühen, schwierige Fragen zu verstehen

Manche der Kommentare sind mir vertrauter. Zum Beispiel verlangt ein Autor nach "einer vielfältigen Beteiligung und deutlichen Integration, bei der alle mit am Tisch sitzen und durch ein gemeinsames Bewusstsein miteinander verbunden sind", inspiriert durch "einen Moralbegriff, der an soziales Vertrauen und Zuwendung geknüpft ist, wo man sagt, was man zu erkennen glaubt und Freunden wie Fremden erlaubt, die grundlegenden Daten und Folgerungen zu untersuchen": Das ist keine schlechte Beschreibung zahlreicher Seminare und Arbeitsgruppen ist, an denen ich über die Jahre teilnehmen durfte. Dort sieht man es als selbstverständlich an, dass "Wissen produziert und nicht gefunden wird, dass es erkämpft werden muss und nicht gegeben ist" – ein Standpunkt, den jeder gutheißt, der sich um das Verstehen schwieriger Fragen bemüht hat. Dasselbe gilt was genauso für politisch tätige Leute, an die diese Bemühungen gerichtet sind.

Zumindest ein Fünkchen Wahrheit steckt auch in der Bemerkung, dass die Naturwissenschaften "vom Körper, vom metaphorischen Denken, vom ethischen Denken und von der Welt losgelöst sind", was ihr zum Vorteil gereicht. Obwohl die rationale Untersuchung voller Metaphern steckt und in der Welt verankert ist (was unstrittig ist), will sie verstehen und keine Doktrinen konstruieren, die mit beliebigen ethischen oder Vorlieben anderer Art harmonieren oder durch Metaphern Verwirrung stiften. Obwohl Wissenschaftler Menschen sind und ihren Körper nicht verlassen können, unternehmen sie zweifellos (vielleicht aufrichtig) den Versuch, die Verzerrungen, die der "Körper" hervorruft, so gut es geht zu überwinden (besonders die kognitiven Strukturen des Menschen und deren spezifischen Merkmale). Oberflächliche Phänomene und "natürliche Ordnungen" könnten, so zentral sie im Leben der Menschen auch sein mögen, in die Irre führen (auch das ist unstrittig): Wir "sehen" Sonnenuntergänge und Mondillusionen, haben aber gelernt, dass sich mehr hinter ihnen verbirgt.

Es stimmt auch, dass "das 'Reale' bzw. das Erkennbare durch die Vernunft (...) vom 'Irrealen' getrennt wird", oder die Vernunft dies zumindest versucht (ohne dabei das "Reale" mit dem "Erkennbaren" gleichzusetzen): ein weiteres ihrer Verdienste. Jedenfalls bin ich mir bewusst, dass ich diese Unterscheidung vorzunehmen versuche – ganz gleich, ob ich komplexe Fragen wie die Ursprünge des menschlichen Wissens untersuche, oder eher einfache Fragen wie die Hintergründe und Rolle der amerikanischen Außenpolitik. Im zweiten Fall würde ich beispielsweise versuchen und anderen raten, die eigentlichen Ursachen von all den Geschichten zu trennen, die im Interesse der Mächtigen und Privilegierten erfunden werden. Wenn diese Methode falsch sein sollte, so bekenne ich mich schuldig. Und wenn ich andere dazu veranlassen sollte, sich in gleicher Weise zu irren, lade ich noch mehr Schuld auf mich.

Persönlich kann ich sagen, dass ich einen Großteil meines Lebens mit der Arbeit an solchen Fragen zugebracht habe. Dabei habe ich die einzigen mir bekannten Mittel benutzt (die hier als "Wissenschaft", "Rationalität", "Logik" usw. missbilligt werden). Deshalb habe ich die Artikel mit mancher Hoffnung gelesen, dass sie mir jene Grenzen zu "überschreiten" helfen würden oder mir womöglich völlig neue Möglichkeiten aufzeigen. Ich fürchte jedoch, dass ich enttäuscht worden bin. Ich gebe zu, dass hier meine Grenzen liegen könnten. Immer wieder "werden meine Augen glasig", wenn ich umfassende Abhandlungen über Poststrukturalismus oder Postmodernismus lese. Was ich davon begreife, sind meist Binsenweisheiten oder Fehler – doch das sind nur Bruchteile des Gesamttextes. Natürlich verstehe ich auch viele andere Dinge nicht – z.B. bestimmte Artikel in aktuellen Ausgaben von Mathematik- und Physikjournalen. Doch hier besteht ein Unterschied. Im zweiten Fall weiß ich, wie ich es verstehen könnte – und ich bin auch so vorgegangen, wenn mich etwas besonders interessierte. Zudem weiß ich, dass die dort tätigen Menschen mir den Inhalt auf meinem Wissensstand erklären können, so dass ich (teilweise) verstehen kann, was ich wissen will. Mir scheint jedoch niemand erklären zu können, warum beliebige Behauptungen (in der Mehrheit) keine Binsenweisheiten, keine Fehler und kein Kauderwelsch sein sollen. Dann weiß ich nie, wie ich fortfahren soll. Vielleicht lässt sich das durch meine eigene Unzulänglichkeit erklären, zum Beispiel dass ich unmusikalisch bin oder vielleicht etwas auch anderes. Diese Frage ist an dieser Stelle nicht unbedingt von Bedeutung, ich werde ihr nicht weiter nachgehen.

Im Hinblick auf meine eigene Suche nach Hilfe für jene Probleme, denen ich weite Teile meines Lebens gewidmet habe, lese ich hier, ich soll verstehen, dass "unser Wissen Grenzen hat" (genau dieses Argument habe ich, in Übereinstimmung mit der klassischen Tradition des Rationalismus, viele Jahre lang vorgebracht). Ich solle die "alles durchschauende Rationalität" hinter mir lassen (was ich vielleicht gern tun würde, wenn ich wüsste, wovon die Rede ist) und nicht "Gott in die erkennbare Natur übertragen" (danke). Weil "es nun offensichtlich geworden ist", dass die "sehr begrenzte und oberflächliche Idee der Rationalität und des Rationalismus den Kanon des westlichen Denkens" untergraben hat, solle ich "einem neuen Denksystem" folgen, "welches unsere moralischen und geschichtlichen Aussagen" in eine "tiefere Rationalität [einbettet]" (auch dafür will ich mich bedanken). Ich solle mich an "widerlegbare Axiome" halten, d.h. nach meinem Verständnis, dass Hypothesen als hinterfragbar gesehen werden sollten – eine Gewohnheit, die in jeder wissenschaftlicher Arbeit ganz selbstverständlich angenommen wird (außer damit ist gemeint, ich sollte den *Modus Ponens* und die Axiome der Arithmetik aufgeben). Das scheint der Fall zu sein, denn ich solle auch auf "den Absolutismus bzw. auf absolute Beweise" verzichten. Diese sind in der Wissenschaft unbekannt, werden jedoch zugegebenermaßen gelegentlich in den elementarsten Gebieten der Logik und der Arithmetik vorausgesetzt werden (was in der Grundlagenforschung eine Fülle interner Diskussionen auslöst).

Außerdem solle ich der Anleitung derer folgen, die "behaupten, dass es ein gemeinsames Bewusstsein aller Gedanken und aller Materie gibt", was für Menschen bis hin zu "Pflanzen und Mineralien" gelte – ein Vorschlag, der sich unmittelbar auf meine jahrelangen Bemühungen auswirkt, die "geheimen Quellen und Ursprünge, welche die Operationen der menschlichen Psyche in Gang setzen", zu verstehen (wie Hume sagte). Anders gesagt könnte sich der

Vorschlag in dieser Weise auswirken, sofern ich die geringste Ahnung hätte, wovon hier die Rede ist. Man fordert von mir, die Vorstellung zu verwerfen, dass "Zahlen außerhalb der menschlichen Geschichte existieren", und Gödels Unvollständigkeitstheorem als "Zustand des Unvermögens" des 20. Jahrhunderts zu sehen. Das hört sich für meine altmodischen Ohren wie die Behauptung an, die Irrationalität der Quadratwurzel von Zwei (in jenen Tagen eine beunruhigende Entdeckung) sei ein "Zustand des Unvermögens" des antiken Griechenlands gewesen. Wie die Geschichte der Menschheit oder die "heutige Definition" der Rationalität diese Wahrheiten beeinflusst (für die ich sie gehalten habe), kann ich auch in diesem Fall nicht erkennen.

Ich solle die "Wahrheit" nicht "als Wesen", sondern "als Entscheidung der Gesellschaft" betrachten, die "auf zwischenmenschlichem Vertrauen und dem Geschichtenerzählen anhand von Berichten, Zahlen und Zeichen basiert." Ich solle akzeptieren, dass "auch die Bemühungen der Wissenschaften zur Welt der Geschichten und Mythenerschaffungen gehören" und weder besser oder schlechter sind als andere "Geschichten und Mythen"; die moderne Physik mag "mehr Gelder und eine bessere PR" haben als die Astrologie, doch sonst befänden sich beide auf Augenhöhe. Dieser Vorschlag hilft mir tatsächlich, meine Probleme zu lösen. Wenn ich einfach Geschichten über Fragen erzählen könnte, mit denen ich jahrelang gerungen habe, wird das Leben tatsächlich einfacher; dieser Vorschlag "besitzt alle Vorzüge, die der Diebstahl gegenüber ehrlicher Arbeit hat", wie Bertrand Russell einmal in ähnlichem Zusammenhang sagte.

Ich solle auch "bestimmte Richtungen wissenschaftlicher und gesellschaftlicher Untersuchungen aufgrund ihrer wahrscheinlich positiven sozialen Folgen bevorzugen" und mich in dieser Weise der überwältigenden Mehrheit von Wissenschaftlern und Ingenieuren anschließen – wenngleich wir gewöhnlich unterschiedliche Meinungen darüber haben, was "positive gesellschaftliche Folgen" sind, und keinerlei Hinweise gegeben werden, wie dieses Problem zu lösen wäre. Eine weitere Folgerung scheint zu sein, dass wir "Theorien und Experimente" abschaffen sollten, die "aufgrund ihrer angeblichen Schönheit und Eleganz" bevorzugt werden. Das läuft darauf hinaus, dass wir den Versuch aufgeben sollten, die Rätsel der Welt zu verstehen; nach derselben Logik sollten wir uns nicht mehr von der Literatur, der Musik oder den bildenden Künsten irreführen lassen.

Ich fürchte, dass ich aus diesen Instruktionen nicht viel gelernt habe. Ich kann nur schwer ersehen, wie Freunde und Kollegen der "nichtweißen Welt" etwas aus jenem Ratschlag lernen sollen, den "eine Handvoll Wissenschaftler" erteilt haben, und sagen, dass sie "den Weg der westlichen Wissenschaft und Technik nicht weiter beschreiten sollten", sondern andere "Geschichten" und

"Mythen" bevorzugen sollten – welche das sein mögen, wird nicht gesagt, obgleich die Astrologie erwähnt wird. Sie werden diesen Rat als große Hilfe für ihre Probleme und diejenigen der "nichtweißen Welt" allgemein empfinden. Ich gestehe, dass meine Sympathie bei den Freiwilligen der *Tecnica* liegt.

Im Grunde erinnert mich die ganze Vorstellung von der "Wissenschaft der weißen Männer", so fürchte ich, an den Begriff der "Physik der Juden." Vielleicht ist das nur eine weitere Unzulänglichkeit meinerseits. Wenn ich jedoch einen wissenschaftlichen Artikel lese, vermag ich nicht zu sagen, ob der Autor weiß und männlich ist. Gleiches gilt für Debatten über die Arbeit im Unterricht, im Büro und anderswo. Ich habe meine Zweifel, dass die nichtweißen, nichtmännlichen Studenten, Freunde und Kollegen, mit denen ich arbeite, von der Ansicht besonders beeindruckt wären, dass sich ihre Gedanken und Einblicke aufgrund ihrer "Kultur, ihrem Geschlecht oder ihrer Rasse" von der "Wissenschaft der weißen Männer" unterscheiden. Ich vermute, "Erstaunen" wäre nicht ganz die richtige Beschreibung für ihre Reaktion.

Ein gemeinsames Merkmal der Menschen, das Möglichkeiten zur Emanzipation und Befreiung bietet

Offen gesagt finde ich es bedrückend, wenn ich lese, dass der linke gebildete Diskurs über Wissenschaft und Technik als ein Hoheitsgebiet weißer Männer gedeutet wird: Ich laufe durch die Korridore des MIT und sehe den bedeutenden Erfolg der Bemühungen, die traditionellen Ansichten der Wissenschaftler und Ingenieure zu ändern – von denen viele einem Verständnis der "positiven gesellschaftlichen Folgen", das wir größtenteils teilen, weit entfernt sind. Sie haben tatsächliche und häufig erfolgreiche Versuche unternommen, die früher herrschende Exklusivität und Bevorzugung zu überwinden, denn sie tendierten (wie ich selbst) dazu, Descartes Recht zu geben, dass das Vermögen zum Begreifen der "tiefsten Wissenschaften" und "höchsten Gefühle" ein allgemeines Merkmal der Menschen ist, und dass jene, denen die Möglichkeit zur Benutzung der Fähigkeit des Forschens, Erfindens und Verstehens fehlt, eine der wunderbarsten Erfahrungen im Leben missen. Ein Autor verurteilt diese humane Überzeugung, andere als "unvollkommen" zu bezeichnen. Nach derselben Logik müssten wir auch die Ansicht verurteilen, dass die Fähigkeit zum Gehen über weite Bereiche ein allgemeines Merkmal der Menschen ist.

Viele Wissenschaftler, die aus denselben Überzeugungen handelten, beteiligten sich vor nicht langer Zeit an der lebendigen Kultur der Arbeiterklasse jener Tage. Sie versuchten, den Klassencharakter der kulturellen Institutionen zu korrigieren, indem sie Programme zur Arbeiterbildung leiteten oder Bücher über Mathematik, Wissenschaften und über andere Gebiete für die allgemeine

Bevölkerung schrieben. Linke Intellektuelle waren bei Bemühungen dieser Art keineswegs die einzigen. Mich erstaunt, dass ihre derzeitigen linken Pendants den Unterdrückten nicht nur die Freude an Verständnis und Erkenntnis nehmen wollen, sondern auch die Wege zur Emanzipation. Sie erzählen uns, "das Unternehmen der Aufklärung" sei gestorben, und die "Trugbilder" der Wissenschaft und Rationalität müssten aufgegeben werden – eine Nachricht, die das Herz der Mächtigen erfreuen wird, die entzückt sein werden, diese Werkzeuge für ihre Zwecke zu monopolisieren. Nicht weniger wird ihnen gefallen zu hören, dass die Wissenschaften (das E-Wissen) eigentlich ein "Wissenssystem [sind], das die Autorität der Bosse legitimiert", weshalb jede Anfechtung dieser Autoritäten ein Verstoß gegen die Rationalität selbst sei. Das offenbart einen radikalen Wandel seit jenen Tagen, als die Arbeiterbildung als Mittel zur Emanzipation und Befreiung erachtet wurde. Es erinnert an jene Tage, als die evangelische Kirche unter den widerspenstigen Massen ganz ähnliche Lehren verbreitete, als Teil der "psychischen Prozesse der Gegenrevolution", wie E. P. Thompson sie nannte, und wie deren Nachfolger in Bauerngesellschaften Mittelamerikas sie heute nennen.

Ich bedaure, wenn sich das Resultat brutal anhört. Nun ist die Frage zu betrachten, ob es zutrifft. Ich persönlich denke ja.

Besonders auffällig ist, dass diese selbstzerstörerischen Tendenzen in einer Zeit die Welt betreten, da die überwältigende Bevölkerungsmehrheit das Wirtschaftssystem als "von Grund auf ungerecht" ansieht und verändern will. Im Laufe der Regierungszeit Reagans bewegte sich die Bevölkerung immer weiter in Richtung sozialdemokratischer Ideen, während die Reste des früher Vorherrschenden hinweg gerissen wurden. Zudem ist das Vertrauen in die moralischen Prinzipien des traditionellen Sozialismus erstaunlich stark. Um nur ein Beispiel zu nennen: Fast die Hälfte der Bevölkerung hält das Sprichwort "jeder nach seinen Fähigkeiten, jeder nach seinen Bedürfnissen" für eine derart augenscheinliche Wahrheit, dass sie es sogar der amerikanischen Verfassung zuschreiben – ein Dokument, das der Heiligen Schrift verwandt gilt. Jetzt, da die sowjetische Tyrannei endgültig gestürzt wurde, ist zugleich auch ein lang bestehendes Hindernis für die Verwirklichung dieser Ideale überwunden. Mit der begrenzten Unterstützung linker Intellektueller haben sich große Teile der Bevölkerung in ernste und drückende Probleme eingemischt: Unterdrückung, Umweltfragen und zahlreiches andere. Die mittelamerikanischen Solidaritätsbewegungen der 1980er Jahre sind dafür ein beachtliches Beispiel: das Engagement für die Opfer war ein bemerkenswertes, neues Phänomen der Proteste und Aktivitäten. Diese öffentlichen Bemühungen haben auch zu zahlreichen Einsichten darüber geführt, wie die Welt funktioniert; doch hier ebenfalls, um es offen zu sagen, mit einer sehr begrenzten Beteiligung linker Intellektueller.

Besonders beachtlich ist, in welchem Maße die öffentliche Meinung von der Mainstream-Ideologie abweicht. Nach fünfundzwanzig Jahren unaufhörlicher Propaganda – darunter zehn Jahre unter den Reaganisten –, betrachten noch immer 70 Prozent der Bevölkerung den Vietnamkrieg als "grundsätzlich falsch und unmoralisch", nicht bloß als einen "Fehler." Wenige Tage, bevor die Vereinigten Staaten und Großbritannien mit der Bombardierung der Golfregion begannen, zogen zwei Drittel der Bevölkerung eine Beilegung durch Verhandlungen und eine Herstellung von "Verbindungen" dem Krieg vor. In diesem und unzähligen weiteren Fällen (auch bei nationalen Angelegenheiten und Problemen) sind die Gedanken der Menschen individuell und privat, und nur selten oder nie werden sie öffentlich geäußert. Das spiegelt einerseits die Effektivität des kulturellen Managementsystems wider, und andererseits die Tatsache, wie linke Intellektuelle sich entschieden haben.

Im Allgemeinen besteht eine öffentliche Basis zur Regelung menschlicher Belange, was lange zum "Projekt des Aufklärungszeitalters" gehörte. Was hier u.a. fehlt, ist die Beteiligung linker Intellektueller.

Wie gut die Absichten auch sein mögen, so spiegelt der Verzicht auf solche Unternehmungen meines Erachtens einen weiteren Triumph der Kultur der Mächtigen und der Privilegierten wider und treibt sie voran. Eben dieser Verzicht trägt auch maßgeblich zu dem unaufhörlichen Versuch bei, eine Version der Geschichte zu konstruieren, die den herrschenden Institutionen dient. Im Zeitalter öffentlicher Bewegungen sind eine Menge Menschen imstande, die von den Kulturmanagern verschleierten Wahrheiten zu durchschauen und viel über die Welt zu lernen. Indochina und Mittelamerika sind diesbezüglich zwei eindrucksvolle Beispiele der letzten Jahre. Wenn die öffentlichen Bewegungen an Stärke verlieren, gewinnt die Kommissarenklasse, die nie von ihren Zielen abweicht, wieder die Kontrolle. Wenn die linken Intellektuellen sich geschlagen geben sollten, verschwinden früher einmal verstandene Wahrheiten von der Bildfläche und ziehen sich in individuelle Erinnerungen zurück. Alsdann wird die Geschichte in ein Machtinstrument verwandelt und der Grundstein für zukünftige Vorhaben gelegt werden.

Die Kritik an der "Wissenschaft" und "Rationalität" hat viele Verdienste, die ich hier nicht betrachtet habe. Soweit ich sehen kann, wendet sich die Kritik, wo sie berechtigt und nützlich ist, aber größtenteils gegen die Verdrehung der Werte der rationalen Untersuchung, die unter bestimmten institutionellen Rahmenbedingungen "falsch angewandt" werden. Was hier als tiefere Kritik der Hintergründe rationaler Untersuchungen dargestellt wird, scheint mir auf Annahmen über deren Methoden und Leitprinzipien zu basieren, die kaum zu rechtfertigen sind. Soweit ich erkennen kann, wird keine schlüssige Alternative vorgeschlagen. Der Grund ist vielleicht der, dass es keine gibt. Vorgeschlagen wird, einen Weg einzuschlagen, der für hilfsbedürftige Menschen unmittelbar in der Katastrophe enden wird, und das bedeutet zudem, irgendwann in naher Zukunft für alle.

Anhang

Bemerkungen zur Entscheidung über den Lehrplan an der Kansas School

(September 1999)

Im ZNet-Unterstützungsforum wurde Chomsky gefragt, ob ihm die Entscheidung über den Lehrplan der Kansas School, *die natürliche Selektion nicht mehr zu unterrichten, Sorgen bereite. Hier seine Antwort.*

Ich bin sehr besorgt darüber, genauso wie ich es über die Entscheidung bin, den Urknall aus dem Lehrplan zu streichen: Es bedeutet, Grundprinzipien der Physik wie auch Grundbegriffe der Biologie aus dem elementaren Lehrplan zu nehmen. Allgemeiner gesehen ist es ein weiterer großer Schritt in dem Bestreben, die Schullehrpläne so umzugestalten, dass die Schüler weniger Möglichkeiten zum Erwerb intellektueller Mittel haben, um dem fundamentalistischen Fanatismus zu entfliehen, dem die Macher dieser neuen Lehrpläne den Vorzug geben. Man sollte sich nicht durch die Rhetorik irreführen lassen, die zur Verschleierung ihrer Handlungen benutzt wird – z.B. der Vorwand, dass es weiterhin jedem erlaubt sei, alles zu tun, was einem beliebt. Das stimmt zwar theoretisch, doch der Anpassungsdruck ist sicherlich beträchtlich. Wir können uns ausmalen, wie viel Aufmerksamkeit die Schüler und die Lehrer Gebieten schenken werden, die in Misskredit gebracht werden und vom Grundlehrplan und von den Prüfungen ausgeschlossen sind.

Gemäß der Absicht ist dies ein schwerer Schlag für die Aufrichtigkeit und die Ehrlichkeit. Wenn sich Vergleichbares z.B. in Andorra ereignete, könnten wir vielleicht einfach darüber lachen, wenngleich es für die dortigen Menschen ungerecht wäre. Sie verdienen weit mehr als die Herrschaft eines hysterischen Aberglaubens und extrem autoritärer Herren, die ihnen Gehorsam gegenüber ihren heiligen Schriften und gewählten Gottheiten einzuflößen versuchen – und wir sollten daran denken, dass diese Beschreibung zutreffend, wenn nicht gar zu freundlich ist. Wenn das aber im reichsten und bei weitem mächtigsten Staat der Welt geschieht, der ein großes Potenzial für Zerstörung und Schaden besitzt, ist das kein Anlass zum Lachen – und das nicht nur in Kansas. Kansas ist nur ein Teil einer Welle einer erstaunlichen Irrationalität und eines beachtlichen Fanatismus; andere Bundesstaaten haben ähnliche Regelungen eingeführt. Man denke auch an eine einfache ökonomische Tatsache in der Produktion von Schulbüchern. Die Herausgeber möchten große und undifferenzierte Märkte haben. Verschiedene Texte für unterschiedliche Teile des Lands herzustellen und zu vermarkten, ist teuer. Deshalb gibt es die Tendenz (manchmal eine sehr starke Tendenz), sich dem kleinsten gemeinsamen Nenner zu nähern. Wenn sich aus irgendeinem Grund keine Bücher in Kansas verkaufen lassen, nimmt man das "anstößige Material" im ganzen Land vom Markt. Die Folgen liegen klar vor Augen und entsprechen zweifellos genau der Absicht jener autoritären Extremisten, die ihre religiösen Doktrinen der Bevölkerung als ganzer aufzwingen wollen.

Jahrelang sind vergleichende Studien über religiösen Fanatismus und über die damit zusammenhängenden Faktoren durchgeführt worden. Im Allgemeinen tendiert der religiöse Fanatismus mit zunehmender Industrialisierung und Bildung zum Rückgang. Die Vereinigten Staaten befinden sich außerhalb des Schaubilds und belegen einen Rang irgendwo in der Nähe zerstörter Bauerngesellschaften. Ungefähr die Hälfte der Bevölkerung glaubt, die Welt sei vor einigen tausend Jahren erschaffen worden. Zur Rechtfertigung des Glaubens wird angeführt, befugte Autoritäten es ihnen zu glauben befohlen. Sie hätten ihnen gelehrt, man habe sich unterzuordnen und Ähnliches. Es lässt sich unmittelbar verstehen, warum große Anstrengungen unternommen werden, um die Bevölkerung auf einem extrem niedrigen kulturellen und intellektuellen Niveau zu halten, wo sie der Macht ergeben sind und den Autoritäten blind gehorchen. Das sollte Anlass zu großer Besorgnis sein.

Ich möchte auch die Scheinheiligkeit erwähnen: Dieselben Zeitungsstorys zeigten Bilder der Zehn Gebote, die an Klassenzimmerwänden angebracht sind (oder zumindest eine bestimmte Version der Zehn Gebote). Abgesehen von der offenkundigeren Frage, ob eine bestimmte Auswahl religiöser Doktrinen im öffentlichen Schulsystem etabliert werden sollte, sehen wir und einmal an, was man die Kinder zu glauben lehren will (wenn wir von der zugegebenermaßen schwachen Annahme ausgehen, dass alle Kinder den Unterricht ernst nehmen): Der selbsternannte Gottvater befiehlt ihnen, dass sie keine anderen Götter anbeten dürfen. Im polytheistischen System ist er der Boss. Man erzählt ihnen, sie sollen keine "Götzenbilder" (d.h. Statuen, Bilder usw.) anbeten: Man lehrt sie also, dass alle Priester, Minister, Lehrer und andere Autoritätspersonen Lügner und Heuchler sind – und das ist noch nicht alles. Im 17. und 18. Jahrhundert war all dies geläufig, und nun soll es von den Autokraten, welche die Kontrolle über das Kulturwesen gewinnen und die Bedrohung des unabhängigen Denkens und der rationalen Untersuchung und Diskussion zerstören wollen, aus den Köpfen vertrieben werden.

Keine unwichtige Angelegenheit, wie ich meine.

Kapitel 6

Gleichheit: Sprachentwicklung, Intelligenz und soziale Organisation

(März 1976)

Ich will hier drei verschiedene Vorstellungen über die Gleichheit diskutieren: egalitäre Rechte, egalitäre Verhältnisse und egalitäre Ausstattungen. Mit der dritten Vorstellung sind allgemeiner die Hintergründe dieser Ausstattungen gemeint, oder kurz die menschliche Natur und ihre Vielfalt. Sie ist im Grunde eine Tatsache, über die wir bislang wenig wissen, die aber in den Naturwissenschaften einen festen Platz einnimmt und durch unvoreingenommene Analysen zu verstehen ist – so gut wir dies vermögen. Die ersten beiden egalitären Vorstellungen werfen ernste Fragen über die vorherrschenden Werte auf. Alle drei erfordern sorgfältige Untersuchungen, die weit über all das hinausgehen, was ich hier zu erörtern versuchen kann.

Wenn eine Diskussion egalitärer Rechte und Verhältnisse überhaupt einen Sinn haben soll – und noch wichtiger, die Wahl unserer Handlungen beeinflussen soll –, dann stellt sich unbedingt die Frage, welche Rolle die Tatsachen spielen. Unsere Diskussion wird aus gesellschaftlicher Sicht umso irrelevanter (wie interessant sie als intellektuelle Übung auch sein mag), je weniger die relevanten Tatsachen Beachtung finden. Viele heutige Betrachtungen über egalitäre Fragen berücksichtigen die Tatsachen nur unzureichend.

Regierungsprogramme in einer ungleichen Gesellschaft

Schauen wir uns etwa eine Artikelreihe von John Cobbs über "Egalitarismus" an, welche im Dezember 1975 in *Business Week* erschien und für die aktuellen Debatten über diese Fragen nicht untypisch ist. Zu Beginn nimmt Cobbs als Tatsache an, dass "alle Regierungsprogramme in der ein oder anderen Weise egalitär ausgerichtet sind" (wenngleich sie, wie er ergänzt, "nicht immer dieses Ergebnis erzielen"). Kommen diese Tatsachenannahmen der Realität auch nur nahe? Es lassen sich schlagende Argumente für die Richtigkeit des Gegenteils anführen. Zuschüsse für die Hochschulbildung etwa entsprechen tendenziell im Verhältnis dem Familieneinkommen. Das riesige staatliche Autobahnprogramm war in erster Linie eine Subvention für private Speditionsunternehmen (was indirekt wahrscheinlich zur Erhöhung der Lebenskosten führte), und für Großkonzerne, die ihre Gewinne aus Erdöl und verschiedenen Beförderungsarten einfahren, was enorme soziale Kosten verursacht. Auch die Wohnungsbauprogramme der letzten drei Jahrzehnte können nicht einfach als "egalitär" bezeichnet werden. So z.B. die Programme, die in meiner Heimatstadt "eine vorwiegend italienische Nachbarschaft mit niedrigen Einkommensbeziehern" im Stadtteil Beacon Hill zerstörten und ersetzten durch Hochhausapartments, "in denen, gestützt durch staatliche Kredite, Bezieher von hohen Einkommen wohnen." Ich zitiere hier aus einen Artikel von Robert Goodman (einem Architekturprofessor am MIT) über staatliche Wohnungsbauprogramme, die er als "wirksamen Weg zur Ausbeutung der Armen" sieht.[1]

Oder betrachten wir die staatlichen Subventionen für Waffenhersteller und für die Agrarindustrie. Letztere erfolgen zum Teil durch Forschungssubventionen für Agrartechnologien, die im Interesse von Großkonzernen entworfen und in staatlich gestützten Universitäten ausgearbeitet werden. Oder die immensen Regierungsausgaben, die für ein günstiges internationales Klima für Wirtschaftsoperationen sorgen sollen. In einer höchst ungleichen Gesellschaft ist es extrem unwahrscheinlich, dass Regierungsprogramme der Gleichheit dienen. Vielmehr ist zu erwarten, dass die private Macht sie zu ihrem eigenen Nutzen entwirft und manipuliert, und diese Erwartung wird weitgehend erfüllt. Die Dinge könnten kaum anders liegen, solange umfangreiche Bevölkerungsorganisationen fehlen, die bereit sind, für ihre Rechte und Interessen zu kämpfen. Der Versuch, wirklich egalitäre Regierungsprogramme auszuarbeiten und zu verwirklichen, würde zu einer Art Klassenkampf führen. Wenn wir uns den derzeitigen Zustand öffentlicher Organisationen und die Verteilung echter Macht vor Augen führen, können wir uns ausmalen, wer diesen Kampf gewinnen würde – eine Tatsache, die manche der "Populisten", welche die der privaten Wirtschaftsmacht förderlichen Regierungsprogramme zu Recht verurteilen, gelegentlich gerne übersehen.

In einer Gesellschaft, die nach den Prinzipien der privaten Macht funktioniert, darf eine Diskussion über die Rolle des Staates nicht außer Acht lassen, dass "der Kapitalismus im Allgemeinen als eine Wirtschaftsform der unbezahlten Kosten angesehen werden muss – 'unbezahlt' in dem Sinne, dass ein beträchtlicher Teil der tatsächlichen Produktionskosten der Konzerne nicht in die Ausgaben eingeht; nein, die Kosten werden umverteilt und gehen letztlich zu Lasten Dritter oder der Gesamtgesellschaft."[2] Eine umfangreiche Analyse staatlicher Sozialprogramme (und mehr noch von Regierungsprogrammen zur wirtschaftlichen Intervention und zur Stärkung des Militärs) wird feststellen, dass die Funktion dieser Programme in der Bezahlung sozialer Kosten liegt, die eigentlich nicht in Fußnoten verbannt werden dürften. Trotzdem könnte ein Rest von Sinn in der Aussage bleiben, dass die Regierung egalitär handelt: Ohne Interventionen durch die Regierung würden die zerstörerischen Kräfte des Kapitalismus die soziale Existenz ausradieren und die materielle Umwelt vernichten. Dieser Tatsache sind sich die Herren der Privatwirtschaft nur zu bewusst: Wieder und wieder haben sie den Staat aufgerufen, diese Kräfte zu begrenzen und zu ordnen. Die weitverbreitete Meinung, dass die Regierung sozial egalitär handeln würde, kann aber kaum als allgemeines Prinzip hingestellt werden.

Egalitäre Effizienz und egalitäre Freiheit

Nehmen wir als zweites Beispiel die weitverbreitete Lehre, Bewegungen hin zu egalitären Verhältnissen würden die Effizienz vermindern und die Freiheit beschränken. Neben dem angeblich negativen Zusammenhang von Gleichheit und Effizienz sind empirische Behauptungen zu hören, die genauso gut wahr wie falsch sein könnten. Wäre der Zusammenhang wahr, so wäre zu erwarten, dass Industriebetriebe, die sich in dem Besitz und in der Verwaltung egalitärer Arbeitergemeinschaften befinden, weniger effizient funktionieren würden als Industriebetriebe in Privatbesitz, die von privater Hand geführt werden und sich auf dem sogenannten freien Markt Arbeiter mieten.

Die Forschung auf dem Gebiet ist nicht sehr umfangreich, zeigt aber tendenziell die Richtigkeit des Gegenteils.[3] Der Harvardökonom Stephen Marglin meint, dass in den Frühstadien des Industriezeitalters brutale Methoden eingesetzt werden mussten, um die natürliche Überlegenheit gemeinschaftlicher Unternehmen zu übertreffen. Solche kooperativen Unternehmen ließen Führungspersönlichkeiten keinerlei Platz. Eine Vielzahl empirischer Befunde legt folgenden Schluss nahe: "Gibt man den Arbeitern die Kontrolle über die Entscheidungen und die Ziele, wächst die Produktivität in erheblichem Maße."[4] Aus anderer Perspektive argumentiert der Cambridgeökonom J. E. Meade: Effizienz und gerechte Lohnverteilungen könnten zusammengeführt werden, wenn Maßnahmen ergriffen werden, "um die Verteilung privaten Eigentumsbesitzes anzugleichen und die Nettomenge des Besitzes zu erhöhen, die sich in öffentlicher Hand befindet."[5] Allgemein ist der Zusammenhang zwischen Gleichheit und Effizienz jedoch weder einfach noch gut verstanden, obgleich viele leichtfertige Behauptungen darüber zu vernehmen sind.

Der angeblich negative Zusammenhang zwischen Gleichheit und Freiheit wirft ebenso komplizierte Fragen auf. Wenn die Arbeiter über die Produktion bestimmen, wächst die Freiheit sicher in gewisser Hinsicht (in einer äußerst wichtigen, wie ich finde). Zugleich beseitigt es die fundamentale Ungleichheit zwischen denen, die ihre Arbeitskraft verkaufen müssen, um zu überleben, und denen, die privilegiert sind, sie zu kaufen (wenn sie sich so entscheiden). Zumindest sollten wir die altbekannte Einsicht nicht vergessen, dass Freiheit bloß Illusion und Farce ist, wenn die Voraussetzungen zur freien Wahl nicht gegeben sind. Wir betreten nur dann Marx' "Königreich der Freiheit", wenn die Arbeit nicht mehr "von Notwendigkeiten und stumpfsinnigen Vorstellungen beherrscht wird."[6] Diese Einsicht war nicht nur für Radikale und Revolutionäre eine Maxime. So schrieb Vico, dass es keinerlei Freiheit geben würde, wenn die Menschen "in einem Meer aus Wucher (...) ertrinken" und "ihre Schulden durch Arbeit und Schufterei abbezahlen" müssen.[7] David Ellerman bringt dies in einem wichtigen Essay auf den Punkt:

> Eine wahrhaft tragende Säule des kapitalistischen Gedankengebäudes (und mehr noch des sogenannten "rechten Liberalismus") ist, dass der Kapitalismus die moralischen Fehler der Sklaverei angeblich überwunden hätte, weil Arbeiter, anders als Sklaven, freie Menschen seien, die auf freiwilliger Basis Lohnvereinbarungen eingingen. Die Verweigerung natürlicher Rechte ist im Kapitalismus aber nur weniger vollständig: Als freiem "Warenbesitzer" bleibt dem Arbeiter ein Rest individueller Rechte: Ihm ist erlaubt, sein Arbeitsleben frei im Handel anzubieten. Wenn ein Dieb einer Person nur die Wahl zwischen dem Verlust seines Geldes und seines Lebens lässt, ihm aber das Recht abspricht, zwischen endlosen anderen Möglichkeiten zu wählen, und die Weigerung des Opfers durch ein Gewehr sichergestellt wird, dann ist das ein klarer Fall von Diebstahl, obwohl man sagen könnte, das Opfer hatte die "freie Wahl" zwischen den verbleibenden Optionen. Wenn jedoch das Rechtssystem im Namen der Vorrechte des Kapitals den arbeitenden Menschen ihre natürlichen Rechte verweigert, und dies durch die legale Gewalt des Staats abgesegnet wird, sprechen die Theoretiker des "liberalen" Kapitalismus nicht von institutionellem Diebstahl, sondern feiern die "natürliche Freiheit" arbeitender Menschen, zwischen den verbleibenden Möglichkeiten zu wählen: ihre Arbeit als Ware zu verkaufen oder arbeitslos zu bleiben.[8]

Mit Fragen wie diesen konfrontiert, können wir uns kaum länger mit der Annahme begnügen, dass die Freiheit abnehmen würde, wenn die Gleichheit – z.B. bezüglich der Kontrolle über die Ressourcen und die Produktionsmittel – zunimmt. Es mag stimmen, dass die Gleichheit in der sozialen Organisation des Kapitalismus in negativer Beziehung zur Freiheit steht, Befehle zu geben und von seinem Besitz Gebrauch zu machen. Doch diese Bedingungen lassen sich nicht einfach mit "Freiheit" gleichsetzen.

Ich berücksichtige hier noch nicht einmal den unermesslichen Verlust, der durch die Umwandlung der Menschen in Produktionswerkzeuge entsteht, wodurch sie, wie Adam Smith hervorhob, “keine Möglichkeit haben, von ihrem Verstand oder Einfallsreichtum Gebrauch zu machen” und “daher gewiss die Gewohnheit im Umgang mit diesen Fähigkeiten verlieren und meist so dumm und unwissend werden, wie menschliche Wesen nur sein können.” Dann verfallen ihre Gedanken “in diesen schläfrigen Stumpfsinn, der in den zivilisierten Gesellschaften den Verstand praktisch aller unteren Klassen zu lähmen scheint.”[9] Wie groß ist der Verlust an “Effizienz” und an Sozialprodukt, der durch diese erzwungene Dummheit entsteht? Was heißt es, wenn gesagt wird, dass jemand, der durch die Arbeitsverhältnisse zu einem solchen “schläfrigen Stumpfsinn” getrieben wird, dennoch “frei” sein würde?

Eine Theorie der Gerechtigkeit

Wenn wir uns selbst fragen, was eine gerechte und annehmbare Gesellschaft für uns wäre, sehen wir uns mit widersprüchlichen Gefühlen konfrontiert, mit ungenauen, vage formulierten Standardantworten und zentralen Fragen nach den Tatsachen. Verlassen wir uns auf einige dieser Gefühle und lassen andere außer Acht, scheinen wir imstande, den Problemen und dem inneren Konflikt zu entkommen, doch nur auf die Gefahr hin, eine rein logische Übung vorzunehmen, und keine sehr interessante noch dazu. Einige aktuelle Diskussionen veranschaulichen diese Gefahren, z.B. “die Berechtigungstheorie der Gerechtigkeit”, die sich derzeit einiger Beliebtheit erfreut. Dieser Theorie zufolge hat eine Person ein Recht auf alles, was sie durch gerechte Mittel erworben hat. Erwirbt jemand, sei es durch Glück, Arbeit oder Einfallsreichtum, dieses oder jenes, ist er berechtigt, es zu behalten und damit nach Belieben zu verfahren. Eine gerechte Gesellschaft wird dieses Recht nicht antasten.

Man kann sich leicht vorstellen, wohin ein solches Prinzip führen könnte. Es wäre durchaus möglich, dass jemand durch legale Mittel (sagen wir durch Glück und Vertragsvereinbarungen, denen unter dem Druck der Bedürfnisse “frei zugestimmt” wird) die Kontrolle über die Lebensgrundlagen der Gesellschaft erlangt. Anderen steht es dann frei, sich als Sklaven an diese Person zu verkaufen, wenn letztere gewillt ist, sie zu nehmen. Andernfalls steht es ihnen frei, zugrunde zu gehen. Ohne weitere Bedingungen zu berücksichtigen, die nach Fragen geradezu schreien, wäre die Gesellschaft also gerecht.

Dieses Argument hat denselben Wert wie ein Beweis, dass zwei und zwei gleich fünf ist. Mit einem solchen Beweis konfrontiert wächst unsere Neugier vielleicht so sehr, dass wir den Ursprung des Fehlers in der mangelhaften Beweisführung oder in den unrichtigen Annahmen aufspüren wollen. Vielleicht ignorieren wir den Beweis auch und konzentrieren uns auf wichtigere Dinge. Auf einem Gebiet mit echter intellektueller Substanz wie der Mathematik könnte es interessant sein, solchen Fragen nachzuspüren, was sich in der Vergangenheit auch als recht fruchtbar erwiesen hat. Bei menschlichen und sozialen Fragen wäre dies jedoch von zweifelhaftem Wert. Nehmen wir einmal an, eine bestimmte Theorie einer "gerechten Gesellschaft" würde aufgestellt, die, im Extremfall, die beschriebene Situation nicht als ungerecht sieht (wie immer dieses Ergebnis zustande kam). Dann wären zwei Folgerungen denkbar. Wir könnten folgern, dass die Theorie schlicht wertlos ist und nicht als Anleitung zum Denken oder Handeln taugt, da sie nicht einmal in einem so elementaren Fall in geeigneter Weise verwendbar ist. Oder wir könnten folgern, dass die Theorie verworfen werden muss, da sie nicht zu den Ansichten passt, die vor der Aufstellung der Theorie vorhanden waren, denen sie in eindeutigen Fällen entsprechen sollte. Wurde unsere intuitive Gerechtigkeitsvorstellung eindeutig genug formuliert, um gesellschaftliche Regeln vorschreiben zu können, die so ungerecht wären wie die beschriebenen, läge das einzige Interesse an einem Beweis, dass das Resultat einer bestimmten "Gerechtigkeitstheorie" "gerecht" ist, in folgendem: die Schlussfolgerung, dass die Theorie völlig unzureichend ist, würde ad absurdum geführt. Auch wenn die Theorie vielleicht dieses oder jenes parteiische Gerechtigkeitsgefühl aufgreift, lässt sie offenkundig andere außer Acht.

Theorien, die der maßgeblichen und intuitiven Bedeutung von Gerechtigkeitsvorstellungen so vollkommen widersprechen, müssten sich eigentlich die Frage gefallen lassen, warum sie so großes Interesse hervorrufen. Wenn sie in eindeutigen Fällen so offensichtlich versagen, warum werden sie dann nicht kurzerhand fallen gelassen? Vielleicht gibt uns Edward Greenberg in seiner Diskussion moderner Studien über die Berechtigungstheorie der Gerechtigkeit einen Teil der Antwort. Zuerst erläutert er empirische und begriffliche Mängel und bemerkt dann, dass solche Studien "eine wichtige Rolle dabei spielen (…) 'die Opfer zu beschuldigen' und die Eigentümer vor den egalitären Angriffen verschiedener besitzloser Gruppen zu schützen."[10] Eine ideologische Verteidigung von Privilegien, Ausbeutungen und privater Macht wird begrüßt, ganz egal wie die Begründung lautet.

Für Arme und Unterdrückte hierzulande und andernorts sind diese Fragen von keiner geringen Bedeutung. Die Methoden der sozialen Kontrolle, die in einer expandierenden Wirtschaft noch für Gehorsam zu sorgen vermochten, haben in Zeiten des ökonomischen Stillstands ihre Wirksamkeit verloren. Die in Hochschulclubs und Exekutivinstitutionen zirkulierenden Ideen können in ideologische Werkzeuge verwandelt werden, um für Verwirrung und Entmutigung zu sorgen. Auch können wir heute kaum mehr die Tatsache übersehen, dass die Macht des amerikanischen Staats in massiver Weise eingesetzt wurde, um unwilligen und widerstrebenden Opfern in der ganzen Welt kapitalistische Gesellschaftsformen und ideologische Prinzipien aufzuzwingen. Akademische Ideologen und politische Medienkommentatoren mögen sich vielleicht entschieden haben, die Geschichte anders zu deuten, doch die Wirtschaftspresse ist in ihrer Beobachtung viel genauer: Der "stabilen Weltordnung, die Wirtschaftsoperationen förderlich ist", und "der internationalen Wirtschaftsstruktur, in der amerikanische Konzerne seit Ende des Zweiten Weltkriegs aufgeblüht sind", lag die organisierte Gewalt des Staates zugrunde: "Wie negativ die Fehlentwicklung auch war, stets gab es den Schutzschirm der amerikanischen Macht, um sie einzudämmen", obwohl befürchtet wurde, dass dies in der Welt nach Vietnam ein Ende haben könnte.[11]

Ich besuchte einmal ein Dorf in Laos, in dessen Mitte ein schöner See war, der dem Dorf früher als Wasserversorgung gedient hatte und als ein Ort, an dem die Dorfbewohner sich entspannen und Vergnügen haben konnten. Eine einzige einflussreiche Person hatte es geschafft, die volle Kontrolle über den Zugang zum See zu übernehmen, um den jetzt ein Zaun gezogen ist. Um an Wasser zu gelangen, mussten die Dorfbewohner mehrere Meilen weit gehen. Sie konnten den See hinter dem Zaun noch sehen, doch war er nicht länger für sie erreichbar. Nehmen wir einmal an, der Besitz des Sees wurde durch "gerechte" Mittel erreicht, was im Prinzip sicher der Fall gewesen sein könnte.[12] Würden wir daraus folgern, dass das Dorf in Bezug darauf eine "gerechte Gesellschaft" ist? Würden wir ernsthaft von den Dorfbewohnern verlangen, dieses Ergebnis als das einzig richtige und gerechte anzunehmen? Die US-gestützte Regierung (das Wort genötigt wäre hier wohl angebrachter) akzeptierte die Situation stillschweigend. Die Pathet Lao [Widerstandsbewegung in Laos] organisierte die laotischen Bauern, um diese Art der "Gerechtigkeit" zu überwinden. Ihre Anstrengungen waren so sehr von Erfolg gekrönt, dass die Vereinigten Staaten einen "geheimen" Krieg in Gang setzten, um einen Großteil des ländlichen Laos' zu zerstören. Der Krieg war in dem Sinne geheim, dass die freie Presse in unserer freien Gesellschaft sich frei dazu entschied, ihn lange zu verschweigen, während tausende Bauern ermordet wurden und ihren Besitz verloren. Jetzt entscheiden wir uns frei, das Geschehene zu vergessen und aus der Geschichte zu streichen, oder es als unglückliches und unwichtiges Ereignis abzutun – als Beispiel für unsere "tollpatschigen Bemühungen, Gutes zu tun", und für unsere "guten Absichten", die mysteriöserweise durch unser Unwissen, unsere Fehler und unsere Naivität in eine "schlechte Politik" umgemünzt wurden.[13] In Wahrheit ist die Frage nach der "Gerechtigkeit" in entscheidenden Fällen wie diesem keineswegs abstrakt oder unnahbar, und wir täten gut daran, ernsthaft darüber nachzudenken.

Ähnliche Fragen stellen sich vermehrt auch in unserer Gesellschaft, in der, gemessen am Weltmaßstab, ein hohes Maß an Freiheit herrscht. Zum Beispiel besitzen wir – zumindest im Prinzip – einen freien Zugang zu Informationen. Im Falle des Geheimkriegs gegen Laos wäre es möglich gewesen, sich der Tatsachen zu vergewissern (viel zu spät allerdings), wenn man das Land bereist, mit den Leuten in den Flüchtlingslagern gesprochen und die Berichte in der Auslandspresse gelesen hätte (schließlich sogar in unserer eigenen). Doch obwohl diese Art Freiheit für die Privilegierten entscheidend ist, ist sie für die Bevölkerung praktisch bedeutungslos. Faktisch hatte der Großteil der amerikanischen Bevölkerung keine Möglichkeit, an die Informationen zu gelangen, geschweige denn ihre Bedeutung zu erkennen. Die Macht- und Privilegienverteilung begrenzt den Informationszugang in effektiver Weise und schränkt zudem unser Vermögen ein, dem Indoktrinationssystem zu entkommen, das uns von ideologischen Institutionen wie Massenmedien, meinungsbildenden Zeitungen, Schulen und Universitäten auferlegt wird.

Dasselbe gilt für alle anderen Bereiche. Dem Gesetz zufolge haben wir im Prinzip verschiedene bedeutende Rechte. Zugleich wissen wir jedoch, welche geringe Rolle sie im realen Leben von Menschen spielen, die sich diese Rechte nicht kaufen können. Wir haben das Recht auf freie Meinungsäußerung, doch manche können durch ihre Macht, ihr Vermögen und ihre Privilegien lauter schreien als andere. Wir vermögen unsere Rechte vor Gericht zu verteidigen – d.h. sofern wir sie verstehen und uns die Kosten leisten können. All dies liegt offen zutage und bedarf kaum der weiteren Erklärung. In einer perfekt funktionierenden kapitalistischen Demokratie, in welcher kein illegaler Machtmissbrauch erfolgt, wird die Freiheit letztlich zu einer Art Ware. Am Ende besitzt man so viel Freiheit, wie man sich kaufen kann. Jetzt lässt sich gleich verstehen, warum die Mächtigen und Privilegierten immer wieder zur Verteidigung der persönlichen Freiheiten aufrufen, deren hauptsächliche Nutznießer sie in Wirklichkeit sind. Doch schauen sie oft weg, wenn sich die Landespolitik z.B. an der politischen Verfolgung und Zerstörung politischer Gruppen beteiligt, die sich mitten unter den Armen zu organisieren versuchen. Etwas dieser Art ereignete sich kürzlich in Chicago, was bei der nationalen Presse und bei den meinungsbildenden Zeitungen auf Stillschwiegen stieß.[14]

Menschliche Natur und soziale Ordnung

Ich habe nur kurz einige der Dinge gestreift, die sich stellen, wenn wir Fragen der Freiheit und Gleichheit untersuchen. Ich habe bisher noch nichts zur dritten Gleichheitsvorstellung gesagt, der “egalitären Ausstattung.” Auch bei ihr stoßen wir auf eine weithin vertretene Doktrin, die der Prüfung bedarf. Und wieder ist es John Cobbs, der sie in aller Deutlichkeit zum Ausdruck bringt. Er beschreibt die aus seiner Sicht "beträchtliche intellektuelle Zwickmühle der Anhänger des Egalitarismus", dass nämlich "ein Blick auf die reale Welt zeigt, dass manche Leute klüger sind als andere." Ist es gerecht, fragt er, wenn wir darauf bestehen, dass "die Schnellen und die Langsamen (...) alle gleichzeitig bei denselben Verhältnissen ankommen?" Ist die Forderung nach der Gleichheit der erreichten Lebensbedingungen gerecht, wenn die natürlichen Ausstattungen so stark schwanken?

In der "realen Welt" ist es vermutlich so, dass eine Kombination gewisser Charaktermerkmale, die "den Erfordernissen des Wirtschaftssystems" dienlich sind, zum Erfolg führen. Nehmen wir der Diskussion zuliebe einmal an, diese Kombination von Charaktermerkmalen sei zum Teil auf die angeborene Ausstattung zurückzuführen.

Warum sollte diese (angebliche) Tatsache für die Befürworter des Egalitarismus eine "intellektuelle Zwickmühle" darstellen? Wir können kaum einmal Einsichten in die maßgebliche Kombination von Charaktermerkmalen vorweisen. Ich sehe keinen Grund zu glauben (und glaube auch nicht), dass "intelligent zu sein" hier eine große Rolle spielt. Man könnte vermuten, dass irgendeine Mischung aus Gier, Egoismus, wenig Sorge um andere, Aggressivität und ähnliche Attribute dazu beitragen, in einer nach kapitalistischen Prinzipien funktionierenden Gesellschaft konkurrierender Individuen vorwärts zu kommen und "es zu schaffen." Andere mögen dem ihre eigenen Vorurteile entgegensetzen. Wie immer die entsprechende Kombination von Charaktermerkmalen aussehen mag, können wir uns doch fragen, was aus der Tatsache folgt (wenn es eine Tatsache ist), dass eine teilweise angeborene Kombination von Charaktermerkmalen tendenziell zu materiellem Erfolg führt. Soweit ich sehen kann, folgt daraus lediglich eine Aussage über unsere soziale und wirtschaftliche Ordnung. Es lässt sich leicht eine Gesellschaft vorstellen, in der körperliche Fähigkeiten, die Bereitschaft zum Mord, das Vermögen, andere zu täuschen und anderes dem Erfolg dienen; dazu brauchen wir uns kaum unserer Fantasie zu bedienen. In all diesen Fällen könnten die Anhänger des Egalitarismus entgegenhalten, dass die soziale Ordnung geändert werden sollte, um jene Charaktermerkmale, die häufig zum Erfolg führen, unwirksam werden zu lassen. Sie könnten gar argumentieren, dass diese Merkmale in einer gerechteren Gesellschaft als pathologisch eingestuft würden und vorsichtige Überzeugung eine geeignete Methode wäre, um bei der Heilung dieser bedauerlichen Krankheit zu helfen. Und erneut stellt sich die Frage: Wie sieht eine gerechte und faire Gesellschaftsordnung aus? Die "Befürworter des Egalitarismus" befinden sich in keiner "intellektuellen Zwickmühle" einer anderen Art als die Verfechter anderer Gesellschaftsordnungen.

Eine häufige Antwort darauf ist, dass es eben in der menschlichen Natur liege, mit allen Mitteln nach Macht und materiellem Erfolg zu streben, solange man irgendwie damit davonkommt. Nehmen wir einmal an, die menschliche Natur wäre so beschaffen, dass diese bewunderungswürdigen Eigenschaften nur unter bestimmten Gesellschaftsbedingungen in den Vordergrund treten würden, oder genauer gesagt, dass Menschen mit diesen Persönlichkeitseigenschaften unter derartigen Bedingungen erfolgreich wären. Nehmen wir zudem an, dass Reichtum und Macht, wenn einmal erreicht, dazu verwendet werden können, die Privilegien zu mehren und zu bewahren, wie es im Industriekapitalismus der Fall ist. Natürlich liegt die Frage auf der Hand, ob andere soziale Ordnungen möglich wären, die nicht in diese Richtungen führen, sondern die Entstehung anderer Charaktermerkmale fördern, die nicht weniger zu unserer gemeinsamen Natur gehören, wie z.B. Gemeinschaftssinn, Sorge um andere, Mitgefühl und Freundlichkeit.

Wie Egalitäre immer wieder betont haben, führen Diskussionen egalitärer Ansichten oft in die Irre, weil die Kritik gewöhnlich gegen unsichtbare Feinde gerichtet ist.[15] Die Idee "egalitärer Verhältnisse", welche von zeitgenössischen Ideologen sehr entstellt wurde, war in Wirklichkeit selten das erklärte Ziel von Reformern oder Revolutionären, zumindest nicht der linken. In Marx' Utopie ist "die Entfaltung der menschlichen Kräfte" als "Ziel an sich" anzusehen – sobald die Menschen der "Welt des Notwendigen" einmal entkommen sind, so dass Fragen der Freiheit wirklich gestellt werden können. Der Leitspruch, der bis ins Klischeehafte wiederholt wurde, lautet "Jeder nach seinen Fähigkeiten, jeder nach seinen Bedürfnissen." Das Prinzip "egalitärer Verhältnisse" wird an keiner Stelle erwähnt. Wenn jemand medizinische Hilfe benötigt und sich ein anderer in einer glücklicheren Situation befindet, wird beiden nicht dieselbe medizinische Hilfe zugestanden – und dasselbe gilt auch für andere menschliche Bedürfnisse.

Libertäre Sozialisten, die die Lehre der Diktatur des Proletariats ablehnten, sahen auch nur einen geringen Wert in bloßen "egalitären Verhältnissen" und verurteilten den "autoritären Sozialismus", weil dieser nicht erkennt, dass der "Sozialismus entweder frei oder gar nicht ist":

> In Gefängnissen, Klöstern und Kasernen findet man ein sehr hohes Maß an wirtschaftlicher Gleichheit, denn alle dort haben die gleiche Wohnung, dasselbe Essen, die gleiche Uniform und dieselbe Aufgabe. Der antike Inkastaat in Peru und der Jesuitenstaat in Paraguay sorgten in einem festen System für dieselbe ökonomische Versorgung jedes Bewohners, und dennoch herrschte dort eine schreckliche Tyrannei, und die Menschen waren lediglich Werkzeuge eines höheren Willens, auf dessen Entscheidungen sie nicht den geringsten Einfluss hatten. Nicht ohne Grund sah Proudhon in

> einem "Sozialismus" ohne Freiheit die schlimmste Art der Sklaverei. Das Verlangen nach sozialer Gerechtigkeit kann nur dann wirklich entstehen und etwas bewirken, wenn es aus dem menschlichen Gefühl für Freiheit und Verantwortung hervorgeht und darauf aufgebaut ist.[16]

Für Rocker war Anarchismus "freiwilliger Sozialismus" und "die Freiheit eben keine abstrakte philosophische Theorie, sondern die lebendige und greifbare Möglichkeit jedes Menschen, all seine natürlichen Fähigkeiten und Begabungen zur vollen Entfaltung zu bringen und sie in soziale Werte umzumünzen." Marx hätte ihm nicht widersprochen. Die Grundkonzepte können auf frühere libertäre Ideen zurückgeführt werden.[17] Sie verdienen aus meiner Sicht größte Beachtung als seriöse Beschreibung einer gerechten und fairen Gesellschaft, die wichtige und wesentliche Prinzipien enthält und zudem die maßgeblichen sozialen und historischen Tatsachen berücksichtigt.

Halten wir also fest, dass Sozialisten wie Marx, Bakunin, Rocker und andere linke Denker in ungleichen Ausstattungen keine "intellektuelle Zwickmühle" sahen. Zumindest libertäre Sozialisten wünschten sich ein "Bündnis freier Gemeinschaften, die durch gemeinsame wirtschaftliche und gesellschaftliche Interessen zusammengehalten werden und ihre Beziehungen durch gegenseitige Zustimmung und freie Verträge regeln" – "eine freie Verbindung aller Produktivkräfte, die auf gemeinschaftlicher Arbeit basiert und dem einzigen Zweck dient, die nötigen Bedürfnisse aller Gesellschaftsmitglieder zu befriedigen."[18] In einer solchen Gesellschaft gäbe es keinen Grund, Belohnungen von bestimmten Charaktermerkmalen abhängig zu machen, gleichgültig nach welchen Kriterien man diese wählen würde. Ungleiche Ausstattungen liegen einfach in der menschlichen Natur und sind eine Tatsache, für die wir dankbar sein sollten. Eine Gesellschaft untereinander austauschbarer Individuen wäre wie ein Blick in die Hölle. Aus ungleichen Ausstattungen lässt sich nichts über gesellschaftliche Belohnungen folgern.

In einer sozialistischen Gesellschaft, wie echte linke Bewegungen sie sich vorgestellt haben, wäre es ein zentrales Anliegen, die nötigen Bedürfnisse aller Gesellschaftsmitglieder zu befriedigen.[19] Wir können annehmen, dass diese "nötigen Bedürfnisse" zum einen durch die Geschichte bedingt sind und sich zum anderen mit dem Wachstum und der Ausgestaltung der materiellen und geistigen Kultur entwickeln. Nähern wir uns Marx' "Königreich der Freiheit", werden "egalitäre Verhältnisse" aber nicht zu einem Wunschtraum. Menschen unterscheiden sich in ihren Erwartungen, ihren Fähigkeiten und persönlichen Zielen. Der eine mag ein überwältigendes Verlangen spüren, zehn Stunden am Tag Klavier zu spielen, der andere nicht. Wenn die materiellen Verhältnisse es gestatten, sollte es in einer gerechten Gesellschaft – wie in einem gesunden

Familienleben – möglich sein, den verschiedenen Bedürfnissen nachzugehen. In funktionierenden sozialistischen Gesellschaften wie etwa den israelischen Kibbuzim stellen sich Fragen dieser Art andauernd. Ich kann mir keine Möglichkeit vorstellen, allgemeingültige Prinzipien aufzustellen, um Konflikte zu lösen oder individuelle Möglichkeiten gegen gesellschaftliche Notwendigkeiten abzuwägen. Ehrliche Menschen unterscheiden sich in ihren Beurteilungen und versuchen, durch Diskussionen und die wohlwollende Berücksichtigung der Bedürfnisse anderer Einigung zu erreichen.

Diese Fragen sind keine abstrakten. In funktionierenden sozialen Gruppen wie Familien stellen sie sich ständig. Wegen der unmenschlichen und pathologischen Bedingungen des auf Konkurrenz ausgelegten Kapitalismus und seiner perversen Ideologie sind wir nicht gewohnt, über solche kleinen Gruppen hinausgehend zu denken. Kein Wunder, dass auf revolutionären Bannern neben "Freiheit" und "Gleichheit" traditionellerweise "Brüderlichkeit" geschrieben stand. Ohne die gesellschaftlichen Banden der Solidarität, des Mitgefühls und der Sorge um andere wäre eine sozialistische Gesellschaft undenkbar. Wir können nur hoffen, dass die menschliche Natur in einer Weise beschaffen ist, die eine Entfaltung dieser Grundbestandteile unserer Natur ermöglicht und unser Leben bereichert, wenn die sie unterdrückerischen Gesellschaftsbedingungen einmal überwunden sind. Sozialisten sind dem Glauben verbunden, dass wir nicht in einer Gesellschaft aus Gier, Neid und Hass zu leben verurteilt sind. Zwar kenne ich keine Möglichkeit, diesen Standpunkt zu beweisen, doch gleichermaßen gibt es keinen Grund für die weitverbreitete Meinung, sie müsse falsch sein.

Bei genauerer Betrachtung verliert die Unterscheidung zwischen egalitären Verhältnissen und Rechten ihre scheinbare Eindeutigkeit. Nehmen wir einmal an, in jeder Phase der individuellen Existenz würden jedermann die grundlegenden Menschenrechte zugestanden. In diesem Sinne wären "egalitäre Rechte" zu befürworten. Dann müssten die Verhältnisse so beschaffen sein, dass jeder in den Genuss dieser Rechte zu kommen vermag. In dem Maße, wie ungleiche Verhältnisse die Ausübung solcher Rechte beschränkten, wären sie in einer gerechten Gesellschaft illegitim und müssten überwunden werden. Doch um welche Rechte handelt es sich? Wenn dazu das Recht gehört, die eigenen Fähigkeiten zur vollen Entfaltung zu bringen und zu verwirklichen – was Marx den "Gattungscharakter" nannte (die "freie und bewusste Tätigkeit" und ein "produktives Leben" in freier Verbindung, basierend auf konstruktiver und kreativer Arbeit) –, dann müssten die Verhältnisse zumindest in solch einem Maße angeglichen werden, dass für diese Rechte gesorgt wäre (sofern egalitäre Rechte gewahrt werden wollen). Die Vision der Linken lässt folglich die Grenze zwischen gleichen Rechten und gleichen Verhältnissen verwischen und bestreitet, dass ungleiche Ausstattungen entsprechende ungleiche Belohnungen verdient hätten oder erfordern würden. Sie weist von sich, dass egalitäre Verhältnisse einen Wert an sich hätten, und sie sieht keine intellektuelle Zwickmühle zwischen – in richtiger Weise verstandenen – egalitären Prinzipien auf der einen und einer Vielfalt der Ausstattungen auf der anderen Seite. Vielmehr müssen wir unseren Blick auf die Probleme in einer repressiven und ungerechten Gesellschaft richten, die immer deutlicher in den Vordergrund tritt, während wir die Welt des Notwendigen verlassen.

Die Kritik am Egalitarismus führt zumindest immer dann in die Irre, wenn sie gegen diesen Bereich der Linken gerichtet ist. Andere Fragen könnten aber gerechtfertigt sein. Zum Beispiel könnte man vorbringen, dass die Intuitionen, die zu dieser Vision einer annehmbaren und gerechten Gesellschaft führen, anderen Intuitionen widersprechen – etwa dem Glauben, dass man für seine Sünden und Fehler bezahlen müsse. Oder man könnte anführen, dass all dies bloß utopischer Unsinn ist und dass Lohnsklaverei und autoritäre Strukturen (z.B. moderne Wirtschaftskonzerne) in einer komplizierten Gesellschaft eine unumgängliche Notwendigkeit darstellen. Oder man könnte ein begrenzteres Zeitfenster betrachten und auf "mehr Gleichheit und Gerechtigkeit" hinarbeiten, was jedoch die Frage nach darüber hinausgehenden Zielen und den sie inspirierenden Prinzipien außer Acht ließe.

Jetzt betreten wir den Boden berechtigter und gewinnbringender Diskussionen. Könnte jemand ein Argument zugunsten der Ansicht vorbringen, dass moderne Industriegesellschaften nur dann überleben könnten, wenn manche Menschen sich an andere vermieten, und wenn manche Befehle geben, während andere zum Takt des Trommelschlags marschieren, dann sollte dies ernst genommen werden. Wäre es wahr, würde es die sozialistische Vision untergraben. Die Beweislast liegt jedoch bei denen, die beharrlich behaupten, dass Unterdrückung, Ausbeutung und Ungleichheit ein unvermeidbarer Grundzustand wären. Einfach nur zu sagen, die Verhältnisse seien nie andere gewesen, ist nicht sehr überzeugend. Auf dieser Grundlage hätte man im 18. Jahrhundert beweisen können, dass kapitalistische Demokratien ein nicht erreichbarer Traum sind.

Können wir wirklich die Frage stellen: "Was hat es mit der menschlichen Natur auf sich?" Können wir in unserem Verständnis der menschlichen Natur Fortschritte erzielen? Vermögen wir eine Theorie der menschlichen Grundbedürfnisse aufzustellen, eine Theorie der Natur menschlicher Fähigkeiten und ihrer Variationen in unserer Spezies, eine Theorie der verschiedenen Formen, die diese Fähigkeiten in verschiedenen Gesellschaftsbedingungen annehmen? Eine Theorie, die uns einige Antworten auf Fragen von humaner und sozialer Bedeutung gibt oder zumindest andeutet? Im Grunde betreten wir jetzt das

Gebiet der wissenschaftlichen Forschung, selbst wenn es sich dabei mehr um eine mögliche als um eine wirkliche Wissenschaft handelt.

Dass Menschen sich in grundlegender Hinsicht von anderen Lebewesen der Natur unterscheiden, braucht kaum ernsthaft diskutiert zu werden. Würde ein Wissenschaftler vom Mars die irdischen Verhältnisse untersuchen, hätte er diesbezüglich wenig Zweifel. Der Schluss wäre besonders dann offensichtlich, wenn er den Lebenswandel der Organismen über längere Zeiträume betrachten würde. Moderne Menschen verfügen (mit allenfalls geringen Abänderungen) noch über dieselbe genetische Ausstattung wie ihre Vorfahren vor vielen Jahrtausenden, doch die Lebensmuster haben sich in dramatischer Weise verändert, besonders in den letzten Jahrhunderten. Für andere Organismen gilt das nicht, außer als das Resultat menschlicher Eingriffe. Der Marsbeobachter wäre auch erstaunt darüber, dass sich in jeder geschichtlichen Periode Überreste vergangener Lebensweisen finden lassen (sogar steinzeitliche), und zwar solcher Menschen, die sich in ihrer genetischen Ausstattung kaum von denen unterscheiden, die sich in ihrer Lebensweise derart radikal gewandelt haben. Der Marsbeobachter würde also vermerken, dass Menschen einzigartig in der Natur sind, da sie über eine Geschichte, kulturelle Vielfalt und eine kulturelle Evolution verfügen. Unseren gedachten Marsbesucher könnte durchaus die Frage faszinieren: "Was sind die Gründe dafür?"

Gerade diese Frage ist in dieser oder jener Art unzweifelhaft schon seit den frühesten überlieferten Anfängen des menschlichen Denkens gestellt worden. Das ist nur allzu logisch. Ihrer Natur nach versuchen Menschen, ihren Platz in der Natur zu bestimmen. Die Frage "Was hat es mit der menschlichen Natur auf sich?" – was unterscheidet sie in so grundlegender Weise von der übrigen biologischen Welt – ist eine tiefgründige und größtenteils unbeantwortete wissenschaftliche Fragestellung. Einige haben behauptet, die Antwort läge außerhalb der Reichweite wissenschaftlicher Nachforschungen, weil die spezifische Besonderheit des Menschen der Besitz einer unsterblichen Seele sei, die durch wissenschaftliche Methoden nicht näher zu verstehen wäre. Wir könnten anmerken, dass die analytische Unzugänglichkeit der Psyche nicht notwendig aus der dualistischen Lehre folgt. Wir könnten z.B. mit Descartes argumentieren, dass Menschen (und nur Menschen) über etwas Immaterielles verfügen: die cartesianische Psyche. Aber dennoch könnte man sagen – wie die Cartesianer es wohl getan hätten –, dass eine Wissenschaft der Psyche möglich ist. Doch davon abgesehen verfügt der menschliche Verstand über ganz einzigartige, für die menschliche Natur typische Qualitäten. Unter der Annahme, dass unseren Untersuchungen nicht schon im Vorfeld Grenzen gesetzt sind, handelt es sich bei der Bestimmung der menschlichen Natur um eine empirische und wissenschaftliche Fragestellung.

Die Verwirrung unseres gedachten Marsbeobachters angesichts der Einzigartigkeit der menschlichen Natur würde womöglich weiter wachsen, wenn er einige Kenntnisse in moderner Biologie besäße. Die Menge an DNA in befruchteten Eizellen von Mäusen, Kühen, Schimpansen und Menschen scheint sich nur wenig voneinander zu unterscheiden. Strukturelle Unterschiede, die bloß auf feiner Untersuchungsebene erkennbar sind, sorgen offenbar für den präzisen Ablauf und die Einzelheiten der Embryonalentwicklung. In Systemen hoher Komplexität können bereits kleinste anfängliche Unterschiede bedeutende Auswirkungen auf Form und Größe, Struktur und Funktion des entstehenden Organismus und seine Anatomie haben. In den Naturwissenschaften ist dieses Phänomen eine Binsenweisheit. Bei einer Analyse des komplizierten Systems der menschlichen Sprache ist es leicht nachzuweisen. Eine linguistische Theorie genügender Reichweite und Komplexität kann leicht zeigen, dass geringfügige Abänderungen der allgemeinen Voraussetzungen, die den Regeln zugrunde liegen, zu ganz erstaunlichen und vielfältigen Abwandlungen der zu erwartenden Ergebnisse führen. Das liegt an den komplexen Wechselwirkungen, die bei Satzkonstruktionen auftreten, wenn ein Regelsystem unter diesen Bedingungen zur Anwendung gelangt.

Angenommen, die moderne Biologie ist im Wesentlichen auf der richtigen Spur. Dann muss die natürliche Selektion irgendwie gewisse Merkmale einer genetischen Komplexität hervorgebracht haben, die zur Entwicklung "einer neuen Kraft: der menschlichen Psyche" führten – einem "einzigartigen Werkzeug, [das] einer biologischen Spezies erstmals die Macht verlieh, seine Beziehung zur Umwelt durch die bewusste Manipulation der Umgebung zu verändern." Außerdem stattete es diese Spezies mit der Möglichkeit aus, Gedanken und Emotionen auszudrücken, Künste und Wissenschaften hervorzubringen, Handlungen zu planen und deren Folgen in einem zuvor undenkbaren Maße vorherzusehen. Häufig wird recht einleuchtend angenommen, dass "der entscheidende Schritt" bei der Entstehung dieses einzigartigen Werkzeugs – der menschlichen Psyche – "die Erfindung der Sprache gewesen sein muss."[20] Irgendwie (wir verstehen bislang kaum wie) wurde die genetische Ausstattung so verändert, dass ein Wesen entstand, in dem als Bestandteil eines Systems "mentaler Organe" die menschliche Sprache wächst. Es schafft Bedingungen und lebt darin in einem Umfang, für das es in der Natur (soweit wir wissen) keine wirkliche Entsprechung gibt.

Die Frage "Wie ist die menschliche Natur beschaffen?" ist nicht nur aus wissenschaftlicher Sicht interessant. Wie wir gesehen haben, steht sie auch im Zentrum gesellschaftlicher Überlegungen: Wodurch zeichnet sich eine gute Gesellschaft aus? Vermutlich dadurch, dass sie die natürlichen Bedürfnisse der Menschen soweit befriedigt, wie die materiellen Verhältnisse es erlauben. Um geachtet und respektiert zu werden, sollte eine Soziallehre auf einer Theorie der Interessen und Rechte des Menschen basieren, und diese wiederum auf einer Theorie der menschlichen Natur. Letztere muss Voraussetzung für jede echte Erklärung des Ursprungs und des Hintergrunds dieser Interessen und Rechte sein. Daher werden die sozialen Strukturen und Beziehungen, die ein Reformer oder Revolutionär zu verwirklichen wünscht, auf einer Theorie der menschlichen Natur basieren – gleichgültig, wie vage und undeutlich sie auch formuliert sein mag.

Nehmen wir einmal an, zum Wesen der menschlichen Natur gehöre das Verlangen zu handeln und zu tauschen, wie Adam Smith behauptete. Dann würden wir versuchen, eine frühkapitalistische Gesellschaft kleiner Händler zu aufzubauen, die weder durch Monopole, noch durch staatliche Interventionen oder eine gesellschaftlich verwaltete Produktion behindert wird. Gehen wir hingegen davon aus, wir nähmen die Gedanken eines anderen klassisch-liberalen Denkers, Wilhelm von Humboldt, ernst, der behauptete: "Forschen und Schaffen – darum drehen und darauf beziehen sich wenigstens, wenngleich mittelbarer oder unmittelbarer, alle Beschäftigungen des Menschen." Weiter sagt Humboldt, dass in einer Gesellschaft, in der soziale Fesseln durch soziale Bindungen ersetzt wurden, wirkliche Erfindungen nur unter Bedingungen der freien Wahl realisiert werden können, nie durch "Anweisung und Führung." Oder nehmen wir mit Marx an, dass "es einem Individuum nur in Gemeinschaft mit anderen möglich ist, alle seine Anlagen zur vollen Entfaltung zu bringen; nur im Zustand der Gemeinschaft wird folglich individuelle Freiheit möglich." Individuelle Freiheit setzt jedoch die Abschaffung der entfremdeten Arbeit voraus, die auch Humboldt verurteilte – jene Arbeitsbedingungen, die "einen Teil der Arbeiter zu einer barbarischen Arbeit zurück[werfen] und den anderen Teil zur Maschine [macht]."[21] Basierend auf solchen Annahmen über die menschlichen Bedürfnisse gelangen wir zu einer ganz anderen Theorie der sozialen Ordnung, die wir verwirklichen wollen.

Manche Marxisten haben die Auffassung vertreten, dass "der Mensch kein Wesen besitzt, das unabhängig von seiner historischen Existenz wäre"[22], dass "die menschliche Natur nicht *durch die Natur festgelegt*, sondern vielmehr eine *vom Menschen selbst gemachte* 'Natur' ist – im Versuch der 'Selbstüberschreitung' als einem natürlichen Wesen."[23] Diese Interpretation leitet sich von Marx' Ausspruch her, dass "die Natur, die in der menschlichen Geschichte Gestalt annimmt (in der Entstehung der menschlichen Gesellschaften), die eigentliche Natur des Menschen ist", und von weiteren ähnlichen Äußerungen.[24] Selbst wenn wir diese Auffassung akzeptieren, bleibt dennoch wahr, dass der nächste Schritt bei einem sozialen Wandel in dem Versuch bestehen sollte, die Bedingungen der "eigentlichen Natur" hervorzubringen, die in einem bestimmten

Stadium der historischen und kulturellen Evolution zum Ausdruck gelangen kann.

Ist es wahr, dass die menschliche Natur in keiner Weise "durch die Natur festgelegt" ist? Natürlich gilt das nicht für die körperlichen Bestandteile der menschlichen Natur. Wenn ein moderner marxistischer Denker wie Antonio Gramsci behauptet, dass die "wichtigste Neuerung, die Marxisten in die Politik- und Geschichtswissenschaften eingeführt haben, der Nachweis ist, dass es keine abstrakte, feste oder unwandelbare 'menschliche Natur' gibt (...) sondern dass die menschliche Natur vielmehr aus der Gesamtheit aller historisch bedingten Sozialbeziehungen besteht", bezieht er sich natürlich nicht auf die körperlichen Organe des Menschen allgemein, sondern auf ein bestimmtes: das menschliche Gehirn und seine Erfindungen.[25] Bestandteil dieser Lehre ist notwendigerweise, dass das menschliche Gehirn, zumindest in seinen höheren psychischen Funktionen, einzigartig unter den bekannten Systemen der Natur sei, weil es keine genetisch bestimmte Struktur besitze, sondern letztlich eine leere Tafel sei, in die die Gesamtheit der historisch bedingten Sozialbeziehungen eingeschrieben werde. Gewisse Teile der Linken waren außerordentlich geneigt, solche Standpunkte zu übernehmen. Walter Sullivan schrieb in einem Bericht über eine Debatte, zu der es kürzlich bei der *Amerikanischen Vereinigung für wissenschaftlichen Fortschritt* kam:

> Die extremste Ansicht mancher Zuhörer war, das menschliche Gehirn sei von allen genetischen Einflüssen "entkoppelt" – seine Leistungsfähigkeit werde, ähnlich wie bei in Standardausführung gefertigten Computern, vollständig durch seine Programmierung bestimmt.[26]

Diese Annahmen, die uns bereits aus dem radikalen Behaviorismus vertraut sind, scheinen mir als wissenschaftliche Hypothesen wenig Wert zu besitzen. Davon ausgehend ist es praktisch unmöglich, die Vielfalt und Komplexität der kognitiven Systeme beim Menschen, ihr einheitliches Wachstum und noch weniger ihre beachtlichen qualitativen Unterschiede im Vergleich zu anderen Spezies zu erklären. Zweifellos ist noch nie ein Beweis oder Argument vorgebracht worden, um die Überzeugung zu stützen, dass das menschliche Gehirn von anderen aus der Natur bekannten Strukturen derart verschieden sei. Vielleicht liegt ein bisschen Ironie darin, dass solche Standpunkte (nicht nur von der Linken) vorgebracht werden, als seien sie eine logische Folge irgendeiner Art eines wissenschaftlichen Naturalismus. Genau das Gegenteil scheint mir der Fall. In vielerlei Hinsicht ist das menschliche Gehirn einzigartig, und die mentalen Strukturen, die unter den begrenzenden Bedingungen der Erfahrung wachsen (die "erlernten" kognitiven Strukturen, um die landläufige und, wie ich meine, ziemlich irreführende Bezeichnung zu benutzen), statten Menschen darüber hinaus mit einem “einzigartigen Werkzeug” aus. Ich kann ich mir jedoch nur schwer vorstellen, wie diese Einzigartigkeit gänzlich ohne Struktur existieren könnte, selbst wenn diese Auffassung schon sehr alt ist und einen bemerkenswerten Einfluss auf die moderne Gedankenwelt ausgeübt hat.

Das wenige, was wir über das Gehirn des Menschen und seine kognitiven Systeme wissen, lässt etwas vollkommen anderes erwarten: Ein genetisches Programm, das in engen Grenzen arbeitet, bestimmt die elementaren Struktureigenschaften unserer “mentalen Organe” und gestattet es so, dass wir auf der Grundlage ziemlich begrenzter Erfahrungen einheitliche, umfassende und komplexe Wissens- und Meinungssysteme aufbauen. Ich sollte ergänzen, dass dies für Biologen keine Überraschung ist, besonders nicht, was die menschliche Sprache betrifft.[27] Ein Neurophysiologe würden dies vermutlich als ganz selbstverständlich, wenn nicht gar fast offensichtlich ansehen.

Wir müssen uns nicht mit qualitativen und vagen Bemerkungen wie diesen zufriedengeben. Zumindest die Analyse der menschlichen Sprache ermöglicht stichhaltige Hypothesen, die nach meiner Ansicht beträchtliche Aussagekraft besitzen und eine überzeugende Erklärung für die Grundmerkmale des genetischen Programms liefern, das für die Entstehung des Sprachvermögens und seine speziellen Formen verantwortlich ist. Ich sehe keinen Grund, zu bezweifeln, dass sich dasselbe in anderen Disziplinen als wahr herausstellen wird, sobald es uns gelingt, die Struktur des menschlichen Kognitionsvermögens zu verstehen. Auf diesem Wege könnten wir die menschliche Natur als System verstehen, das uns aus der biologischen Welt bereits vertraut ist: ein System “mentaler Organe”, das auf physischen Mechanismen beruht, die bisher noch größtenteils im Dunkeln liegen, einer Erforschung aber prinzipiell nicht unzugänglich sind; ein System, das eine einzigartige Art von Verstand hervorbringt, der sich in der menschlichen Sprache offenbart, in unserer einzigartigen Fähigkeit, eine Vorstellung von Zahlen und abstrakten Räumen zu entwickeln,[28] auf bestimmten Gebieten wissenschaftliche Theorien aufzustellen, bestimmte Systeme der Kunst und der Mystik, rituelle Systeme und weiteres zu schaffen, menschliche Handlungen zu interpretieren, gewisse Systeme gesellschaftlicher Institutionen aufzubauen und zu verstehen, usw.

Die Variabilität menschlicher Begabungen: Einkommen, IQ und Rasse

Die Hypothese des “leeren Organismus” besagt zweifellos, dass die Menschen sich in ihrer intellektuellen Ausstattung gleichen. Genauer gesagt: Nach dieser Hypothese wären alle Menschen gleichermaßen unfähig, die typisch menschlichen komplexen Kognitionsstrukturen zu entwickeln. Wenn wir andererseits davon ausgehen, dass der menschliche Organismus wie alle anderen Organismen über bestimmte Fähigkeiten verfügt (darunter das Vermögen, kognitive Strukturen der für Menschen charakteristischen Art hervorzubringen), dann bestünde die Möglichkeit, dass individuelle Menschen sich in ihren höheren psychischen Funktionen voneinander unterscheiden. Wenn kognitive Fähigkeiten wie das Sprachvermögen tatsächlich "mentale Organe" sind, würde es verwundern, wenn dem nicht so wäre. Offensichtlich unterscheiden sich die Menschen in ihren körperlichen Besonderheiten und Fähigkeiten voneinander. Warum sollten die mentalen Organe des Menschen und die körperlichen Strukturen, auf denen sie basieren, keine genetisch bestimmten Unterschiede aufweisen?

Analysen bestimmter kognitiver Fähigkeiten wie der Sprache führen uns zu spezifischen und, wie ich denke, bedeutenden Hypothesen über die genetisch programmierten Sprachstrukturen, geben uns jedoch keinerlei Anhaltspunkte, was ihre Variabilität betrifft. Vielleicht ist die Unzulänglichkeit unserer analytischen Methoden der Grund. Denkbar wäre aber auch, dass die grundlegenden Fähigkeiten, abgesehen von schweren Krankheiten, tatsächlich fest sind. Wir finden folgendes: Zumindest über weite Strecken bestehen in der Fähigkeit, menschliche Sprachen zu erlernen und effektiv zu verwenden, bis zu einem gewissen Grade keine Unterschiede – wenngleich Unterschiede im Inhalt des Gelernten bestehen können (wie auch das Geschick ihrer Verwendung unterschiedlich sein kann). Ich sehe hier keinerlei Grund für Dogmatismus. Über andere kognitive Fähigkeiten wissen wir so wenig, dass wir kaum einmal darüber spekulieren können. Die Erfahrung scheint jedoch die Überzeugung zu stützen, dass die psychischen Fähigkeiten und ihre Spezialisierung unter den Menschen variieren. Das würde kaum überraschen, wenn wir annehmen, dass wir es mit biologischen Strukturen bekannter Art zu tun haben, so kompliziert und beeindruckend sie auch sein mögen.

Viele – und besonders diejenigen, die sich dem linksliberalen politischen Meinungslager zurechnen – finden derartige Schlussfolgerungen abstoßend. Vielleicht besitzt die Hypothese des leeren Organismus auch deshalb so viel Anziehungskraft für die Linke, weil sie die erwähnten Möglichkeiten ausschließt; bei einer Begabung von Null existiert keine Variabilität. Ich kann jedoch nur schwer nachvollziehen, warum solche Resultate überhaupt irgendwie beunruhigen sollten. Ich selbst bin zutiefst davon überzeugt: Welche Ausbildung oder Erziehung ich auch erhalten hätte, es wäre mir nie möglich gewesen, eine Meile in vier Minuten zu laufen, Gödels Theoreme zu entdecken, Beethovens Quartette zu komponieren oder einen der unzählbaren anderen Höhepunkte menschlicher Errungenschaften zu erreichen. Durch diese Unzulänglichkeit fühle ich mich in keiner Weise erniedrigt. Mir reicht schon völlig aus, dass ich – wie jeder andere mit einer normalen Begabung wahrscheinlich auch – die Leistungen anderer anerkennen und zum Teil nachvollziehen kann, während ich selbst meinen Beitrag zu etwas leiste, für das ich die Mittel und Wege besitze.

Menschliche Begabungen variieren innerhalb bestimmter Grenzen, die für unsere Spezies charakteristisch sind und einen großen Spielraum kreativer Betätigungen zulassen, erheblich. Dazu gehört auch die kreative Aktivität, die Leistungen anderer zu verstehen. Das sollte Anlass zur Freude sein und keinen Widerwillen hervorrufen. Wer vom Gegenteil ausgeht, muss stillschweigend annehmen, dass sich die Fähigkeiten irgendwie auf die Rechte und die sozialen Belohnungen auswirken. Was die Rechte angeht, so liegt in der Annahme tatsächlich etwas Nachvollziehbares, und zwar einzig in der erwähnten Hinsicht: In einer gerechten Gesellschaft sollten die Möglichkeiten so weit als möglich den individuellen Bedürfnissen entsprechen. Diese Bedürfnisse können ganz spezieller Natur sein und mit bestimmten Begabungen und Fähigkeiten einhergehen. Meine Lebensfreude vergrößert sich durch die Tatsache, dass andere vieles tun können, zu dem ich nicht imstande bin, und ich sehe keinen Grund, Menschen die Gelegenheit zur Weiterentwicklung ihrer Begabungen zu nehmen, sofern sie mit den Bedürfnissen der Gesellschaft als ganzer vereinbar sind. Praktisch stellen sich in jeder funktionierenden sozialen Gruppe zweifellos komplizierte Fragen, doch im Grunde genommen sehe ich hier kein Problem.

Was soziale Belohnungen anbelangt, so wird behauptet, die Einkommen in unserer Gesellschaft würden zum Teil mit dem IQ zusammenhängen. Doch insoweit das zutrifft, handelt es sich nur um eine soziale Krankheit, die überwunden werden muss, in gleicher Weise, wie in einem früheren Stadium der Menschheitsgeschichte die Sklaverei beseitigt werden musste. Manchmal wird argumentiert, konstruktive und kreative Arbeit würde verschwinden, wenn sie nicht zu materiellen Belohnungen führe, und so würde die Gesamtgesellschaft profitieren, wenn begabte Menschen spezielle Belohnungen erhielten. Für die meisten Menschen lautet die Botschaft daher: "Ihr seid besser dran, wenn ihr arm seid." Man erkennt gleich, warum den Privilegierten diese Doktrin gefällt, doch kann ich nur schwer glauben, dass sie ernsthaft jemand anführt, der Erfahrungen mit kreativer Arbeit, Kunst, Wissenschaft oder Handwerk gemacht hat. Die üblicherweise vorgebrachten Argumente zugunsten einer derartigen "Meritokratie" haben meines Wissens weder mit Logik noch mit Tatsachen zu tun, sondern beruhen auf vorherrschenden Glaubensüberzeugungen, die zudem nicht sehr überzeugend scheinen. Ich habe das bereits an anderer Stelle erörtert und werde hier nicht weiter darauf eingehen.[29]

Nehmen wir einmal an, diese Analyse der menschlichen Natur würde enthüllen, dass die kognitiven Fähigkeiten des Menschen in beträchtlichem Maße von unserem genetischen Programm strukturiert werden, und dass es unter den Menschen im Rahmen geteilter Ausgangsbedingungen Variationen gibt. Diese Erwartung scheint mir ganz vernünftig und gleichzeitig eine sehr wünschenswerte Situation. Soweit ich sehen kann, ist darin keine Schlussfolgerung über egalitäre Rechte oder egalitäre Verhältnisse enthalten, welche über unsere bisherigen Betrachtungen hinausgehen würde.

Betrachten wir abschließend die Frage über Rassen und intellektuelle Begabungen. Wieder zeigt sich, dass diesbezügliche Entdeckungen in einer gerechten Gesellschaft keine sozialen Auswirkungen hätten. Menschen sind, wie sie sind. Nur aus der Perspektive rassistischer Annahmen gesehen können sie als Exemplare ihrer jeweiligen Rasse betrachtet werden. In diesem Fall hätten solche Entdeckungen soziale Folgen, wenn z.B. der Durchschnittswert einer bestimmten Fähigkeit bei einer bestimmten Rasse den ein oder anderen Wert annähme. Gibt es keine rassistischen Annahmen, dann wirken sich Tatsachen keineswegs auf die Gesellschaft aus und sind deshalb, zumindest von diesem Standpunkt aus gesehen, nicht wissenswert. Soll eine Untersuchung des Zusammenhangs von Rassen und bestimmten Fähigkeiten einen Sinn haben, so muss dieser aus der wissenschaftlichen Bedeutung abgeleitet sein.

Es fällt schwer, den wissenschaftlichen Wert präzise zu beurteilen. Studien sind meist dann von wissenschaftlichem Wert, wenn die Resultate allgemeine wissenschaftliche Prinzipien beeinflussen könnten. Man führt keine Analysen über die Dichte von Grashalmen verschiedener Rasenflächen oder unzählige andere triviale und belanglose Fragen durch. Untersuchungen über Rasse und IQ scheinen beinahe keine wissenschaftliche Bedeutung zu haben. Zwar wäre vorstellbar, dass der Zusammenhang zwischen teilweise erblichen Merkmalen interessant ist, doch wer sich für solche Fragen interessiert, würde sicher keine Eigenschaften wie Rasse oder IQ wählen, denn beides sind undurchsichtige Mischungen komplizierter Merkmale. Man würde vielmehr untersuchen, ob Zusammenhänge zwischen messbaren und bedeutungsvollen Merkmalen bestehen, z.B. zwischen der Augenfarbe und der Länge des großen Zehs. Es ist schwer zu ersehen, warum Analysen z.B. über Rasse und IQ wissenschaftlich gerechtfertigt sein sollten.

Weil Nachforschungen dieser Art weder eine wissenschaftliche noch eine soziale Bedeutung haben (außer aus Perspektive der rassistischen Annahme, dass Menschen nicht gesehen werden sollten, wie sie sind, sondern als Durchschnitt ihrer jeweiligen Rassenkategorie), folgt daraus, dass sie ganz und gar wertlos sind. Dann stellt sich jedoch die Frage: Warum werden sie mit so viel Eifer verfolgt? Warum werden sie ernst genommen? Der Blick fällt natürlich auf rassistische Annahmen, die solchen Studien, wenn sie anerkannt würden, einige Bedeutung verleihen würden.

In einer rassistischen Gesellschaft wäre zu erwarten, dass eine Analyse der Rasse und des IQs, ziemlich unabhängig vom Ergebnis, die Vorurteile verstärken würde. Bei Begriffen wie "Rasse" und "IQ" müssen wir davon ausgehen, dass die Ergebnisse aller durchgeführten Untersuchungen vage und widersprüchlich, die Argumente kompliziert und für Laien schwer verständlich sein werden. Lautet das Ergebnis "unbewiesen", wird es von einem Rassisten als "wahrscheinlich wahr" gedeutet werden. Über weite Strecken wird der Rassist in seinen Vorurteilen schwelgen können. Schon allein die Tatsache, dass solche Studien durchgeführt werden, lässt vermuten, dass ihre Ergebnisse eine bestimmte Bedeutung haben. Weil sie nur unter rassistischen Gesichtspunkten bedeutend sind, werden rassistische Annahmen Teil der Studie sein, selbst wenn sie unerwähnt bleiben. Es wäre entsetzlich gewesen, eine wissenschaftliche Studie über die genetischen Merkmale der Juden im Nazi-Deutschland durchzuführen. Zweifellos haben Studien über Rasse und IQ bei den Opfern des amerikanischen Rassismus zu großem Schaden geführt. Ich habe schwarze Lehrer in lebendigen Worten beschreiben hören, wie man Kindern Leid und Verletzungen zufügte und zu verstehen gab, die "Wissenschaft" hätte etwas über ihre Rasse herausgefunden, oder man würde es gar als notwendig sehen, die Frage der Rasse zu stellen.

Auch wenn wir es gerne vergessen, können wir nicht ignorieren, dass wir in einer zutiefst rassistischen Gesellschaft leben. Wenn die Herausgeber der *New York Times* und der UN-Botschafter Daniel Patrick Moynihan den ugandischen Staatsbürger Idi Amin, vielleicht zu Recht, als "rassistischen Mörder" geißeln, wogt eine Welle des Stolzes durchs ganze Land, und sie werden für ihren Mut und ihre Ehrlichkeit gelobt. Doch niemand wäre so geschmacklos zu bemerken, dass die Herausgeber und der Botschafter vor nicht allzu langer Zeit rassistische Morde in einem Ausmaß unterstützten, das Amins wildeste Phantasien übertrifft. Dass ihre scheinheiligen Worte kein Entsetzen hervorrufen, enthüllt erstens die extrem mächtigen ideologischen Kontrollen, die uns daran hindern, unsere Handlungen und ihre Bedeutung zu durchschauen, und zeigt zweitens, wie innig sich unsere Nation rassistischen Prinzipien verbunden fühlt. Die Opfer unserer Asienkriege sind nie als volle Menschen gesehen worden, was zu unserer immerwährenden Schande allzu leicht nachzuweisen ist. Über den Rassismus hier bei uns brauche ich wohl keine weiteren Worte zu verlieren.

Genau wie jeder andere ist ein Wissenschaftler für die absehbaren Folgen seiner Handlungen verantwortlich. Dieser Punkt ist augenscheinlich und wird gewöhnlich wohlverstanden; betrachten wir die Bedingungen für Experimente mit Menschen. In dem betrachteten Fall würden Untersuchungen über Rasse und IQ – ganz egal zu welchen Ergebnissen sie führten – aus den genannten Gründen in einer rassistischen Gesellschaft erhebliche soziale Kosten verursachen. Ein Wissenschaftler, der solche Studien durchführt, müsste also zeigen, dass sie von genügender Bedeutung wären, um die Kosten aufzuwiegen. Würde jemand behaupten, die Studien wären gerechtfertigt, weil sie die Methoden der Sozialwissenschaften verbessern könnten (so wie John Silber, der Präsident der Universität Boston, argumentierte, *Encounter*, August 1974), verschafft er uns Einsichten in seine moralische Rechnung: Der mögliche Nutzen für Forschungsmethoden überwiegt die sozialen Kosten, die eine Studie über Rasse und IQ in einer rassistischen Gesellschaft verursachen würde. Befürworter solcher Studien scheinen oft dem Glauben anzuhängen, sie würden die akademische Freiheit verteidigen, doch das ist nur wirres Zeug. Die Frage nach der Forschungsfreiheit stellt sich hier in ihrer gewöhnlichen Form: Sind mit der Forschung Kosten verbunden? Und wenn ja, werden sie durch den Nutzen wieder aufgewogen? Wissenschaftler haben nicht das Privileg, die absehbaren Folgen ihrer Handlungen zu ignorieren.

Sobald die Frage nach Rasse und IQ einmal gestellt ist, sitzt derjenige, der die hohen sozialen Kosten erkennt und sich darüber sorgt, gewissermaßen in der Falle. Aus den genannten Gründen könnte zu Recht die Forschung ablehnen. Doch täte er das in einer rassistischen Gesellschaft, in der die Menschen geschult werden, Fragen von humaner und sozialer Bedeutung "technischen Experten" zu überlassen, die sich nur zu oft als Experten im Stiften von Verwirrung und im Verteidigen von Privilegien erweisen – als "Experten für die Legitimation", wie Gramsci es formulierte. Die Folgen sind offenkundig. Man könnte sich andererseits auch in den Kampfplatz der Argumente und Gegenargumente begeben. Doch dann würde man indirekt die Überzeugung stützen, es wäre gleichgültig, auf welchem Weg die Forschung bekannt wird, und man würde auch indirekt die rassistische Annahme stützen, auf der die Überzeugung letztlich beruht. Weist man daher angebliche Zusammenhänge zwischen Rasse und IQ (oder zwischen Rasse und X, für jedes beliebige X) zurück, befördert man rassistische Vorurteile. Diese Zwickmühle ist nicht nur auf unsere Frage beschränkt, ich habe sie an anderer Stelle in Verbindung mit einer Diskussion über Mord und Aggression erörtert.[30] In einer zutiefst ideologischen Gesellschaft könnten die Dinge kaum anders liegen; dies ist eine unglückliche Situation, die wir zwar beklagen, der wir jedoch nicht so einfach entkommen können.

Wir leben und arbeiten unter gegebenen geschichtlichen Bedingungen. Wir können versuchen, sie zu verändern, doch können wir sie nicht ignorieren – weder in unserer Arbeit und einer Planung des von uns gewünschten sozialen

Wandels, noch in unseren direkten Handlungen, denen wir nachgehen oder von denen wir Abstand nehmen. In einer Diskussion über Fragen der Freiheit und Gleichheit fällt es sehr schwer, Tatsachen von Werturteilen zu trennen. Wir sollten jedoch versuchen, beide auseinanderzuhalten, und Analysen der Tatsachen (wohin sie auch führen mögen) ohne dogmatische Vorurteile anzugehen, und ohne die Folgen unserer Handlungen außer Acht zu lassen. Wir dürfen niemals vergessen, dass unsere Tätigkeit stets durch die Ehrfurcht vor Expertenwissen verzerrt oder falsch dargestellt wird. Die Ehrfurcht wird von gesellschaftlichen Institutionen in uns erzeugt, damit wir passiver und ergebener werden. Wie wir als Wissenschaftler, Lehrer und Anhänger einer bestimmten Sache handeln, ist mit Folgen verbunden, genauso wie unsere Weigerung zu reden und zu handeln eindeutig Folgen hat. In einer Gesellschaft, die auf der Konzentration von Macht und Privilegien aufgebaut ist, können wir dieser Situation nicht entfliehen. Hier liegt eine wichtige Verantwortung, deren Bürde die Wissenschaftler und Forscher nicht tragen müssten, wenn die Gesellschaft gerecht wäre und die Menschen Entscheidungen über ihr Leben und über ihre Überzeugungen nicht an Autoritäten abgeben müssten. Wir könnten und sollten für einfache Werte eintreten: Ehrlichkeit, Aufrichtigkeit, Verantwortung und die Sorge um andere. Nach diesen Grundsätzen zu leben ist aber oft nicht leicht.

Anhang

Einige grundlegende Bemerkungen über das Recht auf freie Meinungsäußerung

(11. Oktober 1980)

Die folgenden Bemerkungen sind derart abgedroschen, dass ich mich bei allen vernünftigen Menschen, die sie zufällig lesen, dafür entschuldigen möchte. Wenn es dennoch gute Gründe gibt, sie zu Papier zu bringen (und ich fürchte, die gibt es), so bezeugt das einige bemerkenswerte Züge der heutigen Intellektuellenkultur in Frankreich.

Bevor ich mich den Themen zuwende, über die zu schreiben ich gebeten wurde, sind aber zwei Klarstellungen nötig. Die folgenden Bemerkungen sind in zweierlei Hinsicht limitiert. Erstens befasse ich mich hier nur mit einer eng umgrenzten und bestimmten Frage, nämlich dem Recht auf die freie Äußerung von Meinungen, Beurteilungen und Glaubensüberzeugungen. Ich sage hier nichts über die Arbeiten von Robert Faurisson oder seiner Kritiker, die ich kaum kenne, und sage auch nichts über die Gebiete, mit denen sie befasst sind und über die ich so gut wie nichts weiß. Zweitens muss ich einige brutale (doch gerechtfertigte) Worte über bestimmte Teile der französischen Intellektuellenklasse sagen, denn sie haben bewiesen, dass sie nicht im Geringsten an Tatsachen oder Begründungen interessiert sind. Das musste ich aus unerfreulichen persönlichen Erfahrungen lernen, die ich hier nicht erwähnen werde. Was ich sagen möchte, gilt sicher nicht für viele andere, die sich entschieden der intellektuellen Ehrlichkeit verpflichtet fühlen. Hier ist aber nicht der richtige Ort für eine eingehendere Betrachtung dieser Frage. Die Tendenzen, auf die ich mich beziehe, sind aus meiner Sicht von so großer Wichtigkeit, dass sie Beachtung verdienen und zugleich Besorgnis hervorrufen. Ich möchte meine Bemerkungen aber nicht so verstanden wissen, dass sie außerhalb ihres bestimmten Geltungsbereichs Bedeutung hätten.

Vor einiger Zeit wurde ich gebeten, eine Petition zu unterschreiben, um Robert Faurissons "Redefreiheit und Meinungsfreiheit" zu verteidigen. In der Petition stand nichts über die Art, Qualität oder Gültigkeit seiner Forschung; sie beschränkte sich ganz ausdrücklich auf die Verteidigung von Grundrechten, die in demokratischen Gesellschaften für selbstverständlich gehalten werden. Sie forderte die Vertreter von Universitäten und Regierungen auf, "alles Mögliche zu tun, um die Sicherheit [von Faurisson] und die freie Ausübung seiner Rechte sicherzustellen." Ich unterzeichnete die Petition, ohne nur einen Moment zu zögern.

Die Tatsache, dass ich die Petition unterschrieben hatte, rief in Frankreich eine Welle des Protests hervor. Im *Nouvel Observateur* veröffentlichte ein ehemaliger Stalinist, der zwar seine Loyalität, nicht aber seinen intellektuellen Stil geändert hatte, eine stark verfälschte Version des Petitionsinhalts und eine Menge Unwahrheiten, die keinen Kommentar Wert sind. Ich habe gelernt, dergleichen als normal zu betrachten. Viel überraschter war ich, in *Esprit* von Pierre Vidal-Naquet (im September 1980) zu lesen, dass er die Petition für "skandalös" halte. Er stellte besonders die Tatsache in den Vordergrund, dass ich sie unterschrieben hatte (ich verzichte hier auf die Diskussion eines Begleitartikels, den der Herausgeber verfasste und der ebenso keinen Kommentar verdient, zumindest nicht unter denen, die sich Grundwerten wie Wahrheit und Ehrlichkeit verpflichtet fühlen).

Vidal-Naquet führte genau einen Grund an, warum er die Petition und ihre Unterzeichnung meinerseits für "skandalös" halte: Die Petition, behauptete er, würde Faurissons "conclusions" [Schlussfolgerungen] so behandeln, "comme si elles étaient effectivement des découvertes" [als wären sie in Wahrheit neue Entdeckungen gewesen]. Vidal-Naquets Aussage ist falsch. Die Petition erklärte nur, dass Faurisson seine "Entdeckungen" präsentiert hatte, was unstrittig ist und überhaupt nichts über deren Wert oder Güte aussagt oder andeutet. Vielleicht wurde Vidal-Naquet in die Irre geführt, weil er die englischen Formulierungen der Petition nicht richtig verstand – möglicherweise verstand er den englischen Begriff *findings* falsch. Wenn ich sage, dass jemand seine neuen Entdeckungen präsentiert, ist natürlich klar, dass ich rein gar nichts über ihre Art oder Güte andeute; in dieser Hinsicht ist die Aussage völlig neutral. Ich vermute, dass es sich in der Tat nur um ein Missverständnis des Texts handelte, das Vidal-Naquet dazu veranlasste, etwas Derartiges zu schreiben. In diesem Fall wird er seine Beschuldigung sicher öffentlich zurücknehmen. Er warf mir vor, ich (und andere) hätten etwas "Skandalöses" getan, als wir eine harmlose Bürgerrechtspetition einer Art unterschrieben, wie wir sie alle regelmäßig unterzeichnen.

Ich will mich hier aber nicht auf einzelne Personen beziehen. Nehmen wir also an, irgendjemand hält die Petition tatsächlich für "skandalös", nicht wegen eines Missverständnisses, sondern aufgrund ihres wirklichen Wortlauts. Nehmen wir einmal an, diese Person betrachtet Faurissons Meinungen als anstößig, ja sogar abscheulich, und hält seine Forschung für einen Eklat. Nehmen wir weiter an, die Schlussfolgerungen dieser Person wären richtig (ob sie es sind oder nicht, spielt in diesem Zusammenhang kaum eine Rolle). Dann müssten wir folgern, dass die betreffende Person denkt, die Petition sei deshalb skandalös, weil man Faurisson das gewöhnliche Recht auf freie Meinungsäußerung aberkennen sollte, dass er von der Universität fliegen sollte, dass er Schikanen und gar Gewalt ausgesetzt werden sollte usw. Solche Überzeugungen sind nichts Ungewöhnliches. Sie sind zum Beispiel für amerikanische Kommunisten typisch, und zweifellos auch für ihre Pendants anderswo. Wer etwas aus dem 18. Jahrhundert gelernt hat (sagen wir von Voltaire), sieht es als Binsenweisheit, die kaum der Diskussion wert ist, dass die Verteidigung des Rechts auf freie Meinungsäußerung nicht nur Meinungen einschließt, die man selbst gutheißt. Vor allem wenn es um Meinungen geht, die man für besonders anstößig hält, muss dieses Recht am energischsten verteidigt werden. Offensichtlich ist es bedeutungslos, für das Recht auf die freie Äußerung von Meinungen einzutreten, die allgemein anerkannt sind. All das hat man in den Vereinigten Staaten durchaus verstanden, und deshalb gab es bei uns nichts, was der Faurisson-Affäre vergleichbar wäre. In Frankreich, wo die libertären Bürgertraditionen offenbar nicht so gefestigt sind und wo es über viele Jahre sehr totalitäre Gruppen von Intellektuellen gegeben hat (die Kollaboration; die enormen Einflüsse des Leninismus und seiner Ausläufer; die fast irrsinnigen neuen geistigen Eigentumsrechte und anderes), ist die Situation scheinbar eine ganz andere.

Wer sich über den Zustand der Intellektuellenkultur in Frankreich sorgt, blickt auf die Faurisson-Affäre nicht ohne Interesse. Zwei Vergleiche fallen sogleich ins Auge. Erstens habe ich schon oft Petitionen unterschrieben (und bin dabei viel weiter gegangen), so etwa für russische Dissidenten, deren Ansichten absolut grauenhaft waren: Befürworter der Fortsetzung der amerikanischen Grausamkeiten in Indochina, Befürworter politischer Strategien, die zu einem Atomkrieg führen würden, Befürworter eines religiösen Chauvinismus, der an die dunkle Zeit des Mittelalters erinnert. Nie hat irgendwer Einwände dagegen geäußert. Hätte es jemand getan, würde ich aus denselben Gründen mit derselben Geringschätzung darauf blicken, die das Verhalten derer verdient, die die Petition zur Verteidigung von Faurissons Bürgerrechten geißeln. Ich lese zwar nicht die kommunistische Presse, doch habe ich wenig Zweifel, dass kommunistische Funktionäre und Bürokraten jene Petitionen gründlich untersucht haben, um Sätze zu finden, die böswillig fehlinterpretiert werden könnten, damit sie die Bemühungen in Verruf bringen können, die Unterdrückung der Menschenrechte zu verhindern. Wenn ich demgegenüber sage, dass Faurissons Bürgerrechte ungeachtet seiner Ansichten Geltung haben sollten, wird dies als "skandalös" betrachtet, und in Frankreich wird ein großes Theater veranstaltet. Der Grund für die unterschiedlichen Reaktionen scheint mir nur allzu offensichtlich. Im Falle der russischen Dissidenten billigt der Staat (unser Staat) deren Unterstützung, und zwar aus Eigeninteresse, das natürlich nur wenig mit der Sorge um Bürgerrechte zu tun hat. Im Falle Faurissons ist die Verteidigung von Bürgerrechten aber keine offiziell anerkannte Doktrin (sie ist sogar weit davon entfernt), so dass Teile der Intellektuellenklasse, die immer bereit sind, sich in einer Reihe aufzustellen und nach dem Takt der Trommeln zu marschieren, es nicht für nötig erachten, einen solchen Standpunkt einzunehmen, wie sie ihn ohne Bedenken im Falle sowjetischer Dissidenten einnehmen würden. In Frankreich könnten durchaus weitere Gründe eine Rolle spielen: möglicherweise ein nachklingendes Schuldgefühl wegen des beschämenden Verhaltens vieler Intellektueller während des Vichy-Regimes; das nicht vorhandenen Proteste gegen die französischen Indochinakriege; der bleibende Einfluss des Stalinismus und von leninistischen Lehren generell; die bizarre dadaistische Natur bestimmter intellektueller Strömungen im Frankreich der Nachkriegszeit (aus deren Sicht rationale Diskussionen ein veralteter und unkluger Zeitvertrieb sind); oder die antisemitischen Strömungen, die in Gewalt ausgeartet sind.

Ein zweiter Vergleich fällt auch sogleich ins Auge. Ich könnte kaum etwas Gutes über die etablierte Intellektuellenklasse der Vereinigten Staaten sagen, die im Allgemeinen ihren Pendants auf der ganzen Welt ähnelt. Dennoch ist höchst aufschlussreich, die Reaktionen in Frankreich auf die Faurisson-Affäre mit demselben Phänomen bei uns zu vergleichen. In den Vereinigten Staaten war Arthur Butz (den man als amerikanischen Faurisson bezeichnen könnte) kein Opfer von unerbittlichen Angriffen, wie sie Faurisson zu spüren bekam.

Wenn Historiker, die den Holocaust leugnen, ein großes internationales Treffen in den Vereinigten Staaten abhalten (was sie vor einigen Monaten taten), lässt sich nichts finden, was mit der Hysterie vergleichbar wäre, die in Frankreich im Gefolge der Faurisson-Affäre zu beobachten war. Wenn die amerikanische Nazipartei zu einem Aufmarsch in der überwiegend jüdischen Stadt Skokie in Illinois aufruft – offensichtlich reine Provokation –, verteidigt die *American Civil Liberties Union* [eine amerikanische Bürgerrechtsvereinigung] ihre Rechte (obgleich die Amerikanische Kommunistische Partei natürlich in Wut versetzt wurde). Soweit mir bekannt ist, gilt gleiches auch für England und Australien – Länder, die wie die Vereinigten Staaten eine lebendige libertäre Bürgertradition haben. Butz und andere werden aufs Schärfste kritisiert und verachtet, doch meines Wissens ohne dabei ihre Bürgerechte anzugreifen. In diesen Ländern besteht nicht die Notwendigkeit, harmlose Petitionen zu unterschreiben wie solche, die man in Frankreich als "skandalös" ansieht. Und selbst wenn es solche Petitionen gäbe, würden sie außer von sehr kleinen und unbedeutenden Kreisen mit Sicherheit nicht angegriffen werden. Auch dieser Vergleich ist sehr aufschlussreich – man sollte versuchen, ihn zu verstehen. Man könnte vielleicht argumentieren, dass in Frankreich der Nazismus und der Antisemitismus sehr viel gefährlicher sind. Das halte ich für wahr, doch spiegelt es nichts anderes als die Gründe wider, die dazu geführt haben, dass große Teile der französischen Intellektuellenklasse lange Zeit Leninisten gewesen sind, dass sie heute grundlegende libertäre Bürgerprinzipien geringschätzen und dass sie derzeit fanatisch die Trommeln für Kreuzzüge gegen die Dritte Welt schlagen. Es herrschen dort tief verwurzelte totalitäre Züge, die in verschiedenen Gewändern auftreten – ein Thema, das meiner Meinung nach weitere Gedanken wert ist.

Ich will noch eine abschließende Bemerkung über Faurissons angeblichen "Antisemitismus" ergänzen. Als erstes fällt ins Auge, dass, selbst wenn Faurisson ein wütender Antisemit und fanatischer Nazi wäre (diese Beschuldigung wurde mir in privaten Schriftwechseln mitgeteilt, es wäre unangemessen, sie hier im Detail zu zitieren), hätte das keinerlei Bedeutung im Hinblick darauf, ob die Verteidigung seiner Bürgerrechte zulässig ist. Im Gegenteil, dann wäre ihre Verteidigung noch unerlässlicher. Auch das ist schon seit langer Zeit eine Binsenweisheit, tatsächlich schon seit Jahrhunderten: Vor allem bei entsetzlichen Ideen muss das Recht auf die freie Meinungsäußerung am energischsten verteidigt werden; dieses Recht bei denen zu verteidigen, die keiner Verteidigung bedürfen, ist nicht schwer. Wenn wir von dieser entscheidenden Frage einmal absehen: Stimmt es, dass Faurisson ein Antisemit oder ein Neonazi ist? Wie ich bereits erwähnt habe, kenne ich seine Arbeiten nicht besonders gut. Doch aus dem zu schließen, was ich von ihm gelesen habe – vorwiegend wegen der Angriffe gegen ihn –, kann ich keine Hinweise finden, die eines der beiden Urteile über ihn stützen würden. Zudem kann ich in den Artikeln, die ich ihn betreffend gelesen habe, keine glaubhaften Beweise finden, weder in öffentlichen Archiven, noch in privaten Schriftwechseln. Soweit ich ihn zu beurteilen vermag, ist er ein irgendein relativ unpolitischer Liberaler. Mir wurde mitgeteilt – und das spricht für den Vorwurf des Antisemitismus –, dass sich einige Mitschüler von Faurisson an Äußerungen antisemitischer Gedanken in den 1940er Jahren erinnern, und dass er einen Brief schrieb, in dem manche antisemitische Haltungen zur Zeit des Algerienkrieges erkennbar sind. Ich bin etwas überrascht, dass seriöse Leute solche Beschuldigungen – selbst privat – als hinreichende Grundlage nehmen, um jemanden als langjährigen und wohlbekannten Antisemiten zu geißeln. Aus öffentlichen Archiven ist mir nichts bekannt, was diese Beschuldigungen stützen würde. Ich werde der Frage nicht weiter nachgehen, doch nehmen einmal wir an, wir würden ähnliche Maßstäbe setzen und diese Leute z.B. fragen, wie ihre Haltung zum französischen Krieg in Indochina oder zum Stalinismus vor einigen Jahrzehnten ausgesehen hat. Vielleicht müssen keine weiteren Worte verloren werden.

Kapitel 7

Zwei Ideen der sozialen Organisation

(16. Februar 1970)

Ich will als Ausgangspunkt für diese Diskussion vier verschiedene, ein wenig idealisierte Standpunkte über die Rolle des Staates in einer modernen Industriegesellschaft erörtern. Diese möchte ich (1) den klassischen Liberalismus, (2) den libertären Sozialismus, (3) den Staatssozialismus und (4) den Staatskapitalismus nennen und sie der Reihe nach betrachten. Außerdem will ich meine eigene Position gleich zu Anfang verdeutlichen, so dass beurteilt und bewertet werden kann, was ich hier sage.

Ich denke, dass die Vorstellungen des libertären Sozialismus – und damit meine ich eine ganze Bandbreite von Denkweisen, die vom linken Marxismus bis zum Anarchismus reichen – im Wesentlichen richtig sind, und dass sie die angemessene und logische Erweiterung des klassischen Liberalismus ins Zeitalter der modernen Industriegesellschaft darstellen. Hingegen scheinen mir die Ideologien des Staatssozialismus (das, was aus dem Bolschewismus geworden ist) und des Staatskapitalismus (der moderne Wohlfahrtsstaat) – auch wenn sie die Industriegesellschaften beherrschen – veraltete und äußerst unzureichende Gesellschaftslehren zu sein. Viele unserer grundlegendsten Probleme scheinen mir daraus hervorzugehen, dass diese Gesellschaftsformen mit der modernen Industriegesellschaft unvereinbar und für sie ungeeignet sind.

Vier Orientierungspunkte

Ich möchte diese vier Standpunkte jetzt nacheinander betrachten und mit der Auffassung des klassischen Liberalismus beginnen.

Als Grundidee bekundet der klassische Liberalismus seine Gegnerschaft zu allen staatlichen Eingriffen in das Leben der Menschen und der Gesellschaft, außer in einer extrem begrenzten Form. Diese Schlussfolgerung ist allgemein bekannt, doch die Überlegungen, die zu ihr führen, sind weniger geläufig und aus meiner Sicht viel wichtiger als die Schlussfolgerung selbst.

Eine der ersten und geistreichsten Darstellungen dieser Position finden wir in Wilhelm von Humboldts Werk *Ideen zu einem Versuch, die Grenzen der Wirksamkeit des Staats zu bestimmen* von 1792, das 60 oder 70 Jahre lang unveröffentlicht blieb (und erst 1851 vollständig in Buchform erschien). Nach Humboldt neigt der Staat dazu, "sich des Menschen, mit Übersehung der individuellen Zwecke desselben, eigenmächtig zu seinen Absichten zu bedienen." Weil die Menschen ihrer Natur nach freie, forschende, sich selbst vervollkommnende Wesen sind, folgt daraus, dass der Staat eine zutiefst unmenschliche Einrichtung ist. Daher sind seine Handlungen und schon allein seine bloße Existenz letztlich unvereinbar mit "der vollständigen und harmonischen Entfaltung der menschlichen Kräfte in ihrer höchsten Vielfalt" und somit auch mit dem, was Humboldt – und im darauffolgenden Jahrhundert Marx, Bakunin, Mill und viele andere – als die eigentliche Bestimmung des Menschen sahen. Ich selbst halte diese Beschreibung für zutreffend.

Moderne Konservative sehen sich häufig als unmittelbare Nachfolger des klassischen Liberalismus, wie ich ihn hier beschrieben habe. Ich denke jedoch, dass diese Meinung nur von einer ganz oberflächlichen Perspektive aus gesehen aufrechterhalten werden kann; dies wird augenscheinlich, wenn man die Grundideen des klassisch-liberalen Denkens genauer untersucht, wie sie (meiner Meinung nach in ihrer fundiertesten Form) von Humboldt zum Ausdruck gebracht werden. Aus meiner Sicht sind diese Ideen von höchster Bedeutung für die Gegenwart. Wenn Sie nichts gegen einen womöglich etwas angestaubt anmutenden Ausflug einzuwenden haben, möchte ich gerne mehr über diese Dinge sagen.

Genauso wie für Rousseau und die Cartesianer vor ihm war für Humboldt das Grundmerkmal des Menschen seine Freiheit: "Forschen und Schaffen – darum drehen und darauf beziehen sich wenigstens, wenngleich mittelbarer oder unmittelbarer, alle Beschäftigungen des Menschen." Doch dann schreibt er: "Alle Bildung hat ihren Ursprung allein in dem Innern der Seele und kann durch äußre Veranstaltungen nie hervorgebracht werden. Überhaupt wird der Verstand des Menschen doch, wie jede andre seiner Kräfte, nur durch eigne Tätigkeit, eigne Erfindsamkeit oder eigne Benutzung fremder Erfindungen gebildet."

Ganz offensichtlich folgt aus diesen Annahmen eine Bildungstheorie, der Humboldt Gestalt verleiht; ich werde aber nicht näher auf sie eingehen. Doch daraus folgt noch weit mehr. Im Folgenden entwirft Humboldt zumindest die Umrisse einer Theorie der Ausbeutung und einer Theorie der entfremdeten Arbeit, die meiner Meinung nach beide stark auf den frühen Marx hinweisen. So verfolgt Humboldt seine Gedanken über die Kultivierung des Verstandes durch eigene Tätigkeit weiter:

> Nun hält aber der Mensch das nie so sehr für sein, was er besitzt, als was er tut, und der Arbeiter, welcher einen Garten bestellt, ist vielleicht in einem wahreren Sinn Eigentümer als der müßige Schwelger, der ihn genießt.

Und da echte menschliche Handlungen aus innerem Antrieb hervorgehen,

> ließen sich vielleicht aus allen Bauern und Handwerkern Künstler bilden, d.h. Menschen, die ihr Gewerbe um ihres Gewerbes willen liebten, durch eigengelenkte Kraft und eigne Erfindsamkeit verbesserten und dadurch ihre intellektuellen Kräfte kultivierten, ihren Charakter veredelten, ihre Genüsse erhöhten. So würde die Menschheit durch eben die Dinge geadelt, die jetzt, wie schön sie auch an sich sind, so oft dazu dienen, sie zu entehren. Freilich ist Freiheit die notwendige Bedingung, ohne welche selbst das seelenvollste Geschäft keine heilsamen Wirkungen dieser Art hervorzubringen vermag. Was nicht von dem Menschen selbst gewählt, worin er auch nur eingeschränkt und geleitet wird, das geht nicht in sein Wesen über, das bleibt ihm ewig fremd, das verrichtet er nicht eigentlich mit menschlicher Kraft, sondern mit mechanischer Fertigkeit.

Wenn ein Mensch mechanisch handelt, auf äußere Vorgaben oder Anweisungen reagierend statt so, wie seine Neigungen, Wünsche und Kräfte es wollen, mögen wir bewundern, was er tut, doch verachten, was er ist.

Für Humboldt ist der Mensch also zum Forschen und Erfinden geboren. Wenn Erwachsene oder Kinder sich entscheiden, nach eigener freier Wahl zu forschen und zu erfinden, werden sie auf ihre eigene Weise zu Künstlern werden statt zu Produktionswerkzeugen oder wohlerzogenen Papageien.

Das ist der Kern seiner Gedanken über die menschliche Natur. Es ist sehr lehrreich und interessant, Humboldt mit den frühen Schriften von Marx zu vergleichen, besonders mit Marx' Beschreibung der "Entfremdung der Arbeit, wenn die Arbeit dem Arbeiter äußerlich ist, d.h. nicht zu seinem Wesen gehört, [so] dass er sich daher in seiner Arbeit nicht bejaht, sondern verneint (...) [und] seine Physis abkasteit und seinen Geist ruiniert." Diese entfremdete Arbeit "wirft einen Teil der Arbeiter zu einer barbarischen Arbeit zurück und macht den anderen Teil zur Maschine", wodurch sie den Menschen seines "Gattungscharakters" beraubt, der "freien bewussten Tätigkeit" und des "produktiven Lebens."

Erinnern wir uns auch an den wohlbekannten und häufig zitierten Verweis von Marx auf eine höhere Gesellschaftsform, in der die Arbeit "nicht nur Mittel zum Leben, sondern selbst das erste Lebensbedürfnis geworden" ist. Denken wir an seine wiederholte Kritik an den spezialisierten Arbeitsprozessen: Sie "verstümmeln den Arbeiter in einen Teilmenschen, entwürdigen ihn zum Anhängsel der Maschine, vernichten mit der Qual seiner Arbeit ihren Inhalt, entfremden ihm die geistigen Potenzen des Arbeitsprozesses, im selben Maße worin letzterem die Wissenschaft als selbstständige Potenz einverleibt wird."

Robert Tucker u.a. hat richtigerweise hervorgehoben, dass Marx den Revolutionär "nicht so sehr im unzufriedenen Konsumenten denn im frustrierten Produzenten" sieht. Diese viel tiefere Kritik der kapitalistischen Produktionsverhältnisse entstammt direkt, oft in denselben Worten, dem libertären Denken der Aufklärung. Demnach muss man aus meiner Sicht zugeben, dass die klassisch-liberalen Ideen ihrem Wesen, obgleich nicht ihrer Entstehung nach, zutiefst antikapitalistisch sind. Der Kern dieser Ideen musste zerstört werden, um dem modernen Industriekapitalismus als Ideologie zu dienen.

Vom klassischen Liberalismus zum libertären Sozialismus

Als Humboldt in den frühen 1790er Jahren schrieb, hatte er keine Vorstellung davon, welche Formen der Industriekapitalismus schließlich annehmen würde. Daher stellte er in seinem Klassiker des klassischen Liberalismus die Frage der Begrenzung staatlicher Macht in den Vordergrund und befasste sich nicht übermäßig mit den Gefahren privater Macht. Das liegt daran, dass er an die fundamentale Gleichheit der Verhältnisse aller Privatbürger glaubte und über diese schrieb. Als er 1791 und 1792 seine Werke verfasste, hatte er natürlich noch keine Ahnung davon, wie der Begriff "Privatperson" im Zeitalter des Konzernkapitalismus uminterpretiert werden würde. Er sah nicht vorher (ich zitiere den anarchistischen Historiker Rudolf Rocker), dass "die Demokratie, mit ihrem Grundprinzip der Gleichheit aller Bürger vor dem Gesetz, und der Liberalismus, mit seinem Recht der Menschen auf die Bestimmung über die eigene Person, beide an der Realität der kapitalistischen Ökonomie zerschellen würden."

Humboldt sah nicht vorher, dass staatliche Interventionen in einer kapitalistischen Raubwirtschaft eine unabdingbare Notwendigkeit sein würden, um die menschliche Existenz zu wahren und die Zerstörung der physischen Umwelt zu verhindern (ich äußere mich hier natürlich optimistisch). Karl Polanyi hat neben anderen hervorgehoben: Der sich selbst regulierende Markt "kann nicht unbegrenzt lange Zeit existieren, ohne den humanen und natürlichen Wesenskern der Gesellschaft zu vernichten; er würde den Menschen physisch zerstören und seine Umwelt in eine Wüste verwandeln." Ich denke, seine Bemerkung trifft zu.

Humboldt sah auch nicht voraus, welche Folgen der Warencharakter der Arbeit haben würde – die Doktrin (wieder in Polanyis Worten), dass "nicht die Ware darüber entscheidet, wo sie zum Verkauf angeboten wird, welcher Verwendung sie zugeführt wird, zu welchem Preis ihr der Besitzerwechsel gestattet ist und wie sie konsumiert oder eliminiert werden sollte." Doch in diesem Fall ist die Ware ein menschliches Wesen, und so war sozialer Schutz das Mindeste, was zur Eindämmung des irrationalen und zerstörerischen Wirkens des klassischen freien Marktes getan werden musste.

Auch begriff Humboldt im Jahre 1790 noch nicht, dass die kapitalistischen Wirtschaftsbeziehungen eine Art der Unfreiheit am Leben erhalten würden, über die Simon Linguet schon lange zuvor (tatsächlich schon 1767) geschrieben hatte, sie sei etwas noch Schlimmeres als die Sklaverei:

> Es ist die Unmöglichkeit, auf andere Weise zu leben, die unsere Landarbeiter zwingt, Erde umzugraben, deren Früchte sie nie genießen werden, und unsere Maurer, Gebäude zu errichten, in denen sie nicht wohnen werden. Es ist die Not, die sie auf die Märkte treibt, wo sie auf Herren warten, die so gnädig sein möchten, sie zu kaufen; es ist die Not, die sie zwingt, vor den Reichen auf die Knie zu fallen, damit man ihnen erlaubt, sie zu bereichern. (...) Welchen echten Gewinn hat die Abschaffung der Sklaverei ihnen gebracht? (...) Sie sind frei, so sagt man. Ach! Das ist ihr Unglück. (...) Diese Menschen, so sagt man, haben keinen Herren. Sie haben einen, den grausamsten und gebieterischsten aller Herren, nämlich die *Not.* Sie ist es, die sie in die entsetzlichste Abhängigkeit treibt.

Wenn in der Vorstellung der Unfreiheit eine Erniedrigung der menschlichen Natur verborgen liegt, wie alle Befürworter der Aufklärung geltend machen würden, folgt daraus, dass eine neue Befreiungsbewegung zu erwarten ist, die Fourier als dritte und letzte Emanzipationsstufe der Geschichte bezeichnete. Die erste hatte Sklaven zu Dienern gemacht, die zweite hatte aus den Dienern Lohnarbeiter werden lassen, und die dritte wird das Proletariat in freie Menschen verwandeln, indem sie den Warencharakter der Arbeit beseitigt, die Lohnsklaverei beendet und die Handels-, Industrie- und Finanzinstitutionen unter demokratische Kontrolle bringt.

All dies äußerte Humboldt in seiner klassisch-liberalen Lehre nicht und sah es nicht vorher. Ich denke jedoch, dass er diesen Folgerungen wahrscheinlich zugestimmt hätte. So war auch er der Meinung, dass staatliche Eingriffe in das Gesellschaftsleben legitim seien, wenn andernfalls die Freiheit die Bedingungen zerstören würde, ohne welche Freiheit und Existenz selbst unvorstellbar wären. Das sind genau die Verhältnisse in einer ungezügelten kapitalistischen Ökonomie. In den zitierten Bemerkungen verurteilt er ebenfalls energisch die Entfremdung der Arbeit. Zumindest bleibt seine Kritik an der Bürokratie und am autokratischen Staat eine höchst wortgewandte Vorwarnung vor einer der dunkelsten Erscheinungen der modernen Geschichte. Der springende Punkt ist, dass sich die Basis seiner Kritik auf ein weit größeres Spektrum repressiver Institutionen anwenden lässt, als Humboldt sich vorgestellt hatte. Besonders gilt das für die Institutionen des Industriekapitalismus.

Obwohl Humboldt eine klassisch-liberale Lehre vertrat, ist er kein urtümlicher Individualist wie beispielsweise Rousseau. Rousseau rühmt den Wilden, der in sich lebt. Humboldts Vision aber ist eine ganz andere. Er fasst seine Ausführungen wie folgt zusammen:

> Und die ganze Absicht der hier vorgetragenen Ideen ließe sich ja vielleicht nicht unrichtig darin setzen, dass sie alle Fesseln in der Gesellschaft zu zerbrechen, aber auch dieselbe mit so viel Banden als möglich untereinander zu verschlingen bemüht sind. Der Isolierte vermag sich ebenso wenig zu bilden als der Gefesselte.

Humboldt strebte nach einer Gemeinschaft freier Verbindungen, die frei wäre vom Zwang staatlicher oder anderer autoritärer Institutionen – eine Gemeinschaft, in der freie Menschen schaffen, erfinden und die höchstmögliche Entfaltung ihrer Kräfte erreichen können. Seiner Zeit weit voraus, beschreibt er eine anarchistische Vision, die für die nächste Stufe der Industriegesellschaft geeignet sein könnte.

Vielleicht dürfen wir auf den Tag hoffen, an dem diese vielfältigen Adern in ein Gebilde des libertären Sozialismus zusammenfließen, in eine Gesellschaftsform, die heute noch kaum existiert, obwohl ihre Elemente womöglich schon erkennbar sind – z.B. in der Garantie persönlicher Rechte, die in den westlichen Demokratien bislang am besten verwirklicht sind (wenn auch noch äußerst mangelhaft), bei den israelischen Kibbuzim, bei den Experimenten mit Arbeiterräten in Jugoslawien, bei den Bemühungen, das Bewusstsein der Bevölkerung zu wecken und eine neue Form der Beteiligung an sozialen Prozessen zu schaffen. Solche Bemühungen sind ein elementarer Bestandteil der Revolutionen in der Dritten Welt, die Hand in Hand mit unhaltbaren autoritären Praktiken existieren.

Ich will diesen ersten Standpunkt zusammenfassen: Die erste Vorstellung des Staates, die ich als Orientierung genommen habe, ist die klassisch-liberale. Sie besagt, dass die Rolle des Staates in höchstem Maße beschränkt werden sollte. Doch diese bekannte Charakterisierung des klassischen Liberalismus ist sehr oberflächlich. Schauen wir uns die klassisch-liberale Haltung genauer an, so entstammt sie einer bestimmten Sicht der menschlichen Natur, welche die Wichtigkeit der Vielfalt und der freien Erfindung betont. Aus diesem Grund steht sie in fundamentalem Widerspruch zum Industriekapitalismus mit seiner

Lohnsklaverei, seiner entfremdeten Arbeit und seinen hierarchischen und autoritären Prinzipien der gesellschaftlichen und wirtschaftlichen Organisation. Zumindest in der Fassung Humboldts widersprechen diese klassisch-liberalen Gedanken außerdem den Lehren des besitzgierigen Individualismus, die untrennbar mit der kapitalistischen Ideologie verbunden sind. Der klassische Liberalismus möchte folglich soziale Fesseln beseitigen und durch soziale Bindungen ersetzen – weder durch konkurrierende Habgier noch durch räuberischen Individualismus, und sicher nicht durch Konzernimperien, seien es nun staatliche oder private. Die klassisch-liberalen Gedanken scheinen mir deshalb auf direktem Wege zum libertären Sozialismus – oder man könnte auch sagen zum Anarchismus – zu führen, wenn sie mit einem Verständnis des Industriekapitalismus verbunden werden.

Der zweite Standpunkt, den ich diskutieren möchte, ist die libertär-sozialistische Vision des Staates. Ein französischer Schriftsteller, der mit dem Anarchismus sympathisierte, schrieb einst: "Der Anarchismus hat breite Schultern, wie Papier übersteht er alles." Der Anarchismus hat viele Gesichter, und ich möchte mich hier nur mit einem befassen – mit dem Anarchismus Bakunins. In seinem anarchistischen Manifest von 1865 schrieb er, dass man, um Anarchist zu sein, zunächst Sozialist sein müsse. Ich beschäftige mich hier mit dem Anarchismus Adolf Fischers, einem der Märtyrer der Haymarket-Affäre von 1886, der sagte, dass "jeder Anarchist zugleich Sozialist ist, nicht aber jeder Sozialist notwendigerweise Anarchist sein muss."

Ein konsequenter Anarchist muss den Privatbesitz an Produktionsmitteln ablehnen. Ein derartiger Besitz ist, wie Proudhons berühmte Bemerkung zum Ausdruck bringt, in Wirklichkeit eine Form des Diebstahls. Ein konsequenter Anarchist verneint jedoch ebenfalls "die Organisation der Produktion durch die Regierung":

> Des bedeutet Staatssozialismus: die Kontrolle staatlicher Funktionäre über die Produktion, und die Kontrolle von Managern, Wissenschaftlern und Betriebsoffiziellen über die Geschäfte. Ziel der Arbeiterklasse ist die Befreiung von der Ausbeutung, und dieses Ziel wird nicht erreicht und kann nicht erreicht werden, wenn eine neue befehlende und herrschende Klasse an die Stelle der Bourgeoisie tritt. Es kann nur erreicht werden, wenn die Arbeiter selbst die Herren über die Produktion werden, indem sie gewisse Formen von Arbeiterräten errichten.

Wie es der Zufall will, stammt dieses Zitat von dem linken Marxisten Anton Pannekoek, und in der Tat fließt der radikale Marxismus (den Lenin einmal "die kindische Ultra-Linke" nannte) mit anarchistischen Strömungen zusammen. Diesen Punkt halte ich für wichtig.

Ich möchte ein weiteres Beispiel dieser Annäherung des linken Marxismus und des sozialistischen Anarchismus geben.

Betrachten wir folgende Beschreibung des revolutionären Sozialismus:

> Der revolutionäre Sozialist denkt, dass staatlicher Besitz in nichts anderem als im bürokratischen Despotismus enden kann. Wir haben gesehen, warum der Staat die Industrie nicht demokratisch kontrollieren kann. Die Industrie kann nur dann im demokratischen Besitz der Arbeiter sein und von ihnen demokratisch kontrolliert werden, wenn die Arbeiter direkt aus ihren Reihen industrielle Verwaltungskomitees wählen. Der Sozialismus wird im Kern ein industrielles System sein, da seine Elemente industriellen Charakter haben. Diejenigen, die die sozialen Aktivitäten und Industrien am Laufen halten, werden also direkt in den Lokal- und Zentralräten der sozialen Verwaltung repräsentiert sein. So wird die Macht, die diese Repräsentanten haben, von denen nach oben strömen, die die Arbeit verrichten und mit den Bedürfnissen der Gemeinschaft vertraut sind. Wenn das zentrale Industrieverwaltungskomitee sich versammelt, wird es jeden Teil der sozialen Aktivität repräsentieren, und so wird der kapitalistische, politische und geografische Staat durch das industrielle Verwaltungskomitee des Sozialismus ersetzt werden. Der Übergang vom einen zum anderen Gesellschaftssystem wird die soziale Revolution sein. In der gesamten Geschichte bedeutete der politische Staat, dass die Menschen von Herrscherklassen regiert wurden. Die sozialistische Republik wird die Verwaltung der Industrie durch die gesamte Gemeinschaft sein. Der politische Staat hatte die wirtschaftliche und politische Unterwerfung vieler zur Folge, die sozialistische Republik wird die wirtschaftliche Freiheit aller bedeuten. Sie wird daher eine echte Demokratie sein.

Diese Bemerkungen sind dem Buch *Der Staat: Sein Ursprung und seine Funktion* entnommen, das William Paul Anfang 1917 schrieb, kurz bevor Lenins *Staat und Revolution* erschien, sein libertärstes Werk. William Paul war einer der Begründer der kommunistischen Partei Großbritanniens und später Herausgeber der kommunistischen Parteizeitung. Ich finde es interessant, dass seine Kritik am Staatssozialismus der libertär-anarchistischen Lehre ziemlich ähnlich ist – besonders was das Prinzip anlangt, dass der Staat verschwinden muss und im Laufe der sozialen Revolution durch die industrielle Gesellschaftsorganisation ersetzt werden soll. 1851 schrieb Proudhon: "Was wir an die Stelle der Regierung setzen, ist die Organisation der Industrie", und ich könnte eine Fülle ähnlicher Äußerungen zitieren. In gewissem Sinn ist das die Grundauffassung anarchistischer Revolutionäre.

Wichtiger als die Tatsache, dass zahlreiche solche Äußerungen vorgebracht werden können, ist, dass diese Ideen einige Male durch spontane revolutionäre Handlungen realisiert worden sind, so z.B. in Deutschland und Italien nach dem Ersten Weltkrieg und in Katalonien 1936. Man könnte argumentieren – oder zumindest würde ich so argumentieren –, dass diese Art des Rätekommunismus (im Sinne des angeführten langen Zitats) die natürliche Form des revolutionären Sozialismus für eine Industriegesellschaft darstellt. Das spiegelt die intuitive Einsicht wider, dass die Demokratie größtenteils nur Schein ist, wenn das industrielle System von dieser oder jener bürokratischen Elite beherrscht wird – seien es nun Besitzer, Manager, Technokraten, eine Vorreiterpartei, die Staatsbürokratie oder wer auch immer. In diesen Verhältnissen der autoritären Dominanz vermögen die klassisch-liberalen Ideale, die gleichfalls Marx, Bakunin und alle echten Revolutionäre zum Ausdruck brachten, nicht realisiert zu werden. Dann steht es einem Menschen nicht frei, zu forschen, zu erfinden und seine eigenen Begabungen in höchstem Maße zu entwickeln. Die Arbeiter bleiben Bruchstücke menschlicher Wesen, erniedrigte Werkzeuge im Produktionsprozess, der von oben dirigiert wird.

Die Ideen des revolutionären libertären Sozialismus, die ich beschrieben habe, sind in den Industriegesellschaften in den letzten hundert Jahren unter den Teppich gekehrt worden. Dominierend waren die Ideologien des Staatssozialismus und des Staatskapitalismus. Interessanterweise sind sie jedoch in den vergangenen Jahren wieder aufgelebt. Die von Anton Pannekoek zitierten Worte sind einer jüngst erschienenen Broschüre einer radikalen Vereinigung französischer Arbeiter entnommen, und das Zitat von William Paul über den revolutionären Sozialismus stammt aus einem Artikel über Arbeiterverwaltung von Walter Kendall auf der Nationalen Konferenz im englischen Sheffield vom vergangenen März. Die französischen und englischen Verbände stehen für etwas Bedeutendes. Vor allem die englische Bewegung für Arbeiterverwaltung hat sich, wie ich meine, in den letzten Jahren zu einer bemerkenswert wichtigen Kraft entwickelt. Ihr gehören einige der größten Gewerkschaften an, z.B. das Vereinigte Ingenieursbündnis, das meines Wissens die zweitgrößte Gewerkschaft Englands ist und die genannten Prinzipien in ihr Grundsatzprogramm aufgenommen hat. Es gab eine Reihe erfolgreicher Konferenzen, die interessante Schriften aus Pamphleten in ihre Programme aufgenommen haben. Im kontinentalen Europa sind ganz ähnliche Entwicklungen im Gange. In Frankreich bewirkte der Mai des Jahres 1968 zweifellos ein wachsendes Interesse am Rätekommunismus, und gleiches gilt auch für ähnliche Vorstellungen und andere Formen des libertären Sozialismus in Frankreich und in Deutschland, die mit England vergleichbar sind.

Wenn man die generell konservativen Neigungen unserer zutiefst ideologischen Gesellschaft bedenkt, überrascht es nicht sonderlich, dass die Vereinigten Staaten von diesen Strömungen relativ unberührt bleiben. Doch auch das könnte sich ändern. Die Aufweichung des Mythos des Kalten Krieges ermöglicht es, zumindest manche dieser Fragen zu diskutieren. Und wenn die gegenwärtige Repressionswelle zurückgeschlagen werden kann, die Linke ihre eher selbstmörderischen Tendenzen überwindet und auf den Triumphen des vergangenen Jahrzehnts aufbauen kann, sollte die Frage nach einer Organisation der Industriegesellschaft nach echten demokratischen Prinzipien – mit einer demokratischen Verwaltung der Arbeitsplätze und der Gemeinschaft –, zum vorrangigen intellektuellen Thema derer werden, die sich den Problemen der heutigen Gesellschaft bewusst sind. Sollte eine Massenbewegung für einen revolutionären libertären Sozialismus entstehen, wie ich es hoffe, dann sollten Erwartungen zu Handlungen werden.

Es mag abenteuerlich erscheinen, linke Marxisten und Anarchisten in dieselbe Kategorie einzuordnen (wie ich es getan habe), wenn wir uns ihre Feindschaft im 19. Jahrhundert anschauen, die mit der Gegnerschaft von Marx und Engels auf der einen und beispielsweise Proudhon und Bakunin auf der anderen Seite begann. Zumindest im 19. Jahrhundert waren ihre Streitigkeiten über die Frage der Rolle des Staates nicht zu übersehen, doch in gewissem Sinne waren sie taktischer Natur. Die Anarchisten waren überzeugt, dass Staat und Kapitalismus gleichzeitig abgeschafft werden müssten. Engels brachte 1883 in einem Brief seine Ablehnung dieses Standpunkts zum Ausdruck:

> Die Anarchisten stellen die Sache auf den Kopf. Sie erklären, die proletarische Revolution müsse damit *anfangen*, dass sie die politische Organisation des Staates abschafft. Aber diesen in einem solchen Augenblick zu zerstören, das hieße den einzigen Organismus zerstören, vermittels dessen das siegende Proletariat seine eben eroberte Macht geltend machen, seine kapitalistischen Gegner niederhalten und diejenige ökonomische Revolution der Gesellschaft durchsetzen kann, ohne die der ganze Sieg enden müsste in einer neuen Niederlage und in einer Massenabschlachtung der Arbeiter, ähnlich derjenigen nach der Pariser Kommune.

Die Pariser Kommune, so lässt sich durchaus sagen, verkörperte die Ideen des libertären Sozialismus – des Anarchismus, wenn sie so wollen –, und natürlich schrieb Marx mit großer Begeisterung über sie. Die Erfahrung der Kommune veranlasste ihn, seine Vorstellung der Rolle des Staates zu verändern, wie man z.B. sehen kann, wenn man die Einleitung des *Kommunistischen Manifests* in der Ausgabe von 1872 liest. Er machte sich gewissermaßen einen anarchistischeren Standpunkt über das Wesen sozialer Revolutionen zu eigen.

Die Kommune wurde natürlich in Blut ertränkt, in gleicher Weise wie die anarchistischen Kommunen in Spanien durch die Armeen der Faschisten und der Kommunisten zerstört wurden. Jetzt ließe sich argumentieren, dass diktatorischere Strukturen die Revolution vor Kräften dieser Art bewahrt hätten, doch bezweifle ich das sehr. Zumindest was Spanien anlangt, scheint mir, dass eine konsequentere libertäre Politik die einzige Möglichkeit zur Verteidigung der Revolution gewesen wäre. Gewiss lässt sich das in Frage stellen – es handelt sich um ein umfassendes geschichtliches Ereignis, auf das ich hier nicht näher eingehen will. Zumindest ist jedoch klar, dass man angesichts der Geschehnisse in den letzten fünfzig Jahren schon ziemlich naiv sein müsste, um nicht die Wahrheit in Bakunins wiederholter Warnung zu erkennen, dass sich die Rote Bürokratie als "niederträchtigste und furchtbarste Lüge des Jahrhunderts" erweisen würde. 1870 schrieb er:

> Nimm den radikalsten Revolutionär, setze ihn auf den Thron aller Russen oder gib ihm die Macht eines Diktators, und noch bevor ein Jahr um ist, wird er schlimmer sein als der Zar höchstpersönlich.

Ich fürchte, Bakunin war in dieser Hinsicht nur allzu scharfsichtig. Die Linke äußerte diese Warnung wiederholt. Der Anarchosyndikalist Fernand Pelloutier z.B. stellte in den 1890er Jahren folgende Frage zur Diskussion:

> Muss denn selbst der Übergangsstaat, dem wir uns zwangsläufig und verhängnisvollerweise unterwerfen müssen, das kollektivistische Gefängnis sein? Kann es keine freie Organisation sein, deren einzige Grenze der Bedarf der Produktion und des Konsums ist, wenn alle politischen Institutionen einmal verschwunden sind?

Ich gebe nicht vor, die Antworten darauf zu kennen. Wenn aber die Antwort auf die letzte Frage nicht positiv ausfällt, dürfte ziemlich klar sein, dass die Chancen für eine wirklich demokratische Revolution, die die humanistischen Ideale der Linken verwirklicht, wahrscheinlich relativ gering sind. Ich finde, Martin Buber brachte das Problem auf den Punkt, als er sagte: "Angesichts der Natur der Dinge ist kaum zu erwarten, dass aus einem kleinen Baum ein Schlagstock gefertigt wurde, um Blätter hervorzubringen."

Aus eben diesem Grund wäre eine mächtige Revolutionsbewegung in den Vereinigten Staaten nötig, wenn an irgendeinem Ort in der kapitalistischen Welt eine reelle Chance auf einen radikalen demokratischen Gesellschaftswandel bestehen soll. Ich denke, Ähnliches gilt sicher auch für das russische Imperium. So betonte Lenin bis zum Ende seiner Tage: "Es ist eine Grundwahrheit des Marxismus, dass für einen Erfolg des Sozialismus die geteilten Bemühungen der Arbeiter in einer Vielzahl entwickelter Länder nötig sind." Zuallermindest erfordert ein solcher Erfolg, dass die Hauptzentren des Weltimperialismus durch den Druck der eigenen Bevölkerung an gegenrevolutionären Interventionen gehindert werden. Nur dann bestünde die Möglichkeit, dass Revolutionen die Zwangsinstitutionen des Staates beseitigen, während sie zugleich die Wirtschaft unter eine direkte demokratische Kontrolle zu bringen versuchen.

Ich möchte das Bisherige wieder kurz zusammenfassen. In der Diskussion des Staats habe ich bisher zwei Orientierungspunkte genannt: den klassischen Liberalismus und den libertären Sozialismus. Sie stimmen beide darin überein, dass sie die Rolle des Staates als unterdrückerisch sehen und staatliches Handeln begrenzen wollen. Der libertäre Sozialist geht einen Schritt weiter und sagt, dass die staatliche Macht beseitigt werden müsse, um die Industriegesellschaft demokratisch zu organisieren, zusammen mit der öffentlichen Verwaltung aller Institutionen durch diejenigen, die an den Tätigkeiten dieser Institutionen beteiligt sind oder direkt durch sie beeinflusst werden. So könnte man sich ein System von Arbeiter- und Verbraucherräten, kommunalen Versammlungen, regionalen Vereinen und Ähnlichem samt einer Form eines direkten, widerruflichen Repräsentationssystems vorstellen: Die Repräsentanten wären einer definierten und integrierten Gesellschaftsgruppe, für die sie auf höherer Organisationsebene sprechen, direkt verantwortlich und würden ohne Umwege in sie zurückkehren. Offensichtlich wäre das etwas völlig anderes als unser Repräsentationssystem.

Man könnte mit Recht fragen, ob eine solche Gesellschaftsordnung in einer komplexen, hochtechnologischen Gesellschaft realisierbar wäre. Die Gegenargumente lassen sich zwei Kategorien zuordnen: Erstens, dass diese Art der Organisation der menschlichen Natur widerspräche, und zweitens (grob gesagt), sie sei mit den Effizienzanforderungen unvereinbar. Ich will auf beide Argumente kurz eingehen.

Betrachten wir das erste Gegenargument, dass eine freie Gesellschaft der menschlichen Natur zuwider wäre. Häufig ist sie Frage zu hören: Wollen die Menschen denn wirklich frei sein? Wollen sie die Verantwortung tragen, die damit einhergeht? Oder ziehen sie es vor, von gütigen Gebietern beherrscht zu werden? Die Fürsprecher der bestehenden Machtverteilung haben stets die eine oder andere Version der Idee des "glücklichen Sklaven" verfochten. Vor zweihundert Jahren beschuldigte Rousseau die sophistischen Politiker und Intellektuellen, sie würden nach Wegen suchen (wie er behauptete), die Tatsache zu verbergen, dass "die wesentliche und definierende Eigenschaft des Menschen seine Freiheit ist":

> Sie schreiben dem Menschen eine natürliche Neigung zur Unterwerfung zu, ohne zu bedenken, dass es mit der Freiheit dasselbe auf sich hat wie mit der Unschuld und mit der Tugend: Man fühlt nur solange ihren Wert,

> wie man in ihren Genuss zu gelangen vermag. Verliert man sie, so geht der Gefallen an ihnen verloren.

Als Beweis seiner Ansicht verweist er auf all die Wunderwerke, die von allen freien Menschen vollbracht wurden, um sich vor Unterdrückung zu schützen. "Fürwahr", sagt Rousseau,

> diejenigen, die das Leben freier Menschen aufgegeben haben, prahlen unablässig vom Frieden und von der Ruhe, die sie in ihren Ketten genießen. Doch wenn ich sehe, dass andere ihre Vergnügen, ihre Ruhe, ihren Reichtum, ihre Macht und gar ihr Leben für die Bewahrung dieses einen Gutes opfern, das so verachtet wird von denen, die es verloren haben, wenn ich sehe, wie Massen gänzlich nackter Wilder die europäische Üppigkeit verschmähen und zur Bewahrung einzig ihrer Unabhängigkeit Hunger, Feuer, das Schwert oder den Tod ertragen, dann glaube ich nicht, dass es sich für Sklaven schickt, von Freiheit zu sprechen.

Worte, denen wir eine moderne Interpretation geben könnten.

Vierzig Jahre später äußerte Kant ziemlich ähnliche Gedanken. Er könne nicht, so sagte er, die Behauptung akzeptieren, dass manche Menschen "zur Freiheit noch nicht reif" seien, wie z.B. die Leibeigenen eines Grundherren. "Nach einer solchen Voraussetzung aber", so Kant,

> wird die Freiheit nie eintreten; denn man kann zu dieser nicht *reifen*, wenn man nicht zuvor in Freiheit gesetzt worden ist (man muss frei sein, um sich seiner Kräfte in der Freiheit zweckmäßig bedienen zu können). Die ersten Versuche werden freilich roh, gemeiniglich auch mit einem beschwerlichen und gefährlichen Zustand verbunden sein, als da man noch unter den Befehlen, aber auch der Vorsorge anderer stand; allein man reift für die Vernunft nie anders als durch *eigne* Versuche (welche machen zu dürfen man frei sein muss). Es zum Grundsatze machen, dass denen, die ihnen [denjenigen, "welche die Gewalt in Händen haben"] einmal unterworfen sind, überhaupt die Freiheit nicht tauge, und man berechtigt sei, sie jederzeit davon zu entfernen, ist ein Eingriff in die Regalien der Gottheit selbst, die den Menschen zur Freiheit schuf.

Eben diese Bemerkung ist auch wegen ihres Hintergrunds interessant. Kant verteidigte hier die französische Revolution, während Terror gegen diejenigen herrschte, die behaupteten, die Revolution würde zeigen, dass die Massen für das Privileg der Freiheit noch nicht bereit wären. Kants Ausführungen haben meiner Ansicht nach auch für die Gegenwart offenkundige Bedeutung. Kein vernünftiger Mensch würde Gewalt und Terror billigen; besonders der Terror in postrevolutionären Staaten, die in die Hände unerbittlicher Autokratien gefallen sind, hat mehr als einmal zu unbeschreiblichen Grausamkeiten geführt. Auch würde niemand, der bei Verstand ist und Humanität besitzt, zu voreilig jene Gewalt verurteilen, zu der es oft kommt, wenn lange Zeit unterworfene Völker gegen ihre Unterdrücker aufbegehren und erste Schritte in Richtung Freiheit und sozialer Neuerung unternehmen.

Nur wenige Jahre vor Kant hatte Humboldt eine ganz ähnliche Auffassung geäußert. Auch er war der Meinung, "Freiheit und Mannigfaltigkeit stellen die Voraussetzungen zur Selbstverwirklichung des Menschen dar":

> Denn durch nichts wird die Reife zur Freiheit in gleichem Grade befördert als durch Freiheit selbst. Diese Behauptung dürften zwar diejenigen nicht anerkennen, welche sich so oft gerade dieses Mangels der Reife als eines Vorwandes bedient haben, die Unterdrückung fortdauern zu lassen. Allein sie folgt, dünkt mich, unwidersprechlich aus der Natur des Menschen selbst. Mangel an Reife zur Freiheit kann nur aus Mangel intellektueller und moralischer Kräfte entspringen; diesem Mangel wird allein durch Erhöhung derselben entgegengearbeitet; diese Erhöhung aber fordert Übung und die Übung Selbsttätigkeit erweckende Freiheit. Wer dies nicht versteht, den hat man, nicht mit Unrecht, in Verdacht, dass er die Menschheit misskennt und aus Menschen Maschinen machen will.

Rosa Luxemburgs brüderliche, verständnisvolle Kritik der bolschewistischen Ideologie und Praxis war in sehr ähnliche Worte gefasst. Nur die aktive Beteiligung der Massen in der Selbstverwaltung und sozialen Neuerung könnte zuwege bringen, was sie als "ganze geistige Umwälzung in den durch Jahrhunderte der bürgerlichen Klassenherrschaft degradierten Massen" bezeichnete. Und in gleicher Weise können nur deren kreative Erfahrungen und spontane Handlungen die unzähligen Probleme lösen, die bei der Schaffung einer libertär-sozialistischen Gesellschaft entstehen. Und dann fährt Luxemburg fort: "Fehltritte, die eine wirkliche revolutionäre Arbeiterbewegung begeht, sind geschichtlich unermesslich fruchtbarer und wertvoller als die Unfehlbarkeit des allerbesten 'Zentralkomitees.'"

Ihre Bemerkungen lassen sich, wie ich denke, direkt auf die ganz ähnliche Ideologie des "mitfühlenden Konzerns" übertragen, die bei amerikanischen Akademikern derzeit großes Ansehen genießt. So etwa bei Carl Kaysen, der da schreibt:

> Die Vertreter der Eigentümer versuchen nicht länger, die Erträge aus Investitionen zu maximieren. Die Manager sehen sich in der Verantwortung

> für die Anteilseigner und für die Angestellten, für die Kunden, die Öffentlichkeit und, was vielleicht am wichtigsten ist, für das Unternehmen selbst als Institution. Es gibt keine Zurschaustellung von Gier und Habsucht, es werden keinerlei Versuche unternommen, auch nur einen Teil der sozialen Kosten des Unternehmens auf die Arbeiter der Gemeinschaft abzuwälzen. Der moderne Konzern ist ein mitfühlender Konzern.

In gleicher Weise ist die Avantgarde-Partei eine mitfühlende Partei. In beiden Fällen könnte man diejenigen, die die Unterwerfung der Menschen unter die Herrschaft dieser wohltätigen Autokratien fordern, mit Recht des Wunsches beschuldigen, Menschen in Maschinen verwandeln zu wollen.

Ich glaube nicht, dass sich die Richtigkeit der von Rousseau, Kant, Humboldt, Luxemburg und unzähligen anderen geäußerten Ansichten derzeit wissenschaftlich beweisen lässt. Man kann sie nur durch Erfahrung und Intuition beurteilen. Jedoch kann man auf die Folgen für die Gesellschaft hinweisen, wenn man den Standpunkt anerkennt, dass Menschen geboren sind, um frei zu sein, oder die Auffassung, dass sie geboren sind, um von gütigen Autokraten beherrscht zu werden.

Was ist mit der zweiten Frage, der Frage der Effizienz? Ist eine demokratische Verwaltung des Industriesystems bis in die kleinsten funktionellen sozialen Einheiten unvereinbar mit der Effizienz? So wird oft aus verschiedenen Richtungen argumentiert. Manche behaupten, ein zentralisiertes Management sei ein technologisches Muss. Doch bei genauerem Hinsehen halte ich dieses Argument für äußerst schwach. Dieselbe Technologie, die wichtige Informationen an die Managerriege übermittelt, könnte die Informationen zur passenden Zeit auch der gesamten Arbeiterschaft zuführen. Die Technologie, die der verdummenden Arbeit ein Ende bereiten könnte, die die Menschen in spezialisierte Produktionswerkzeuge verwandelt, könnte im Prinzip ebenso Freizeit und Bildungsmöglichkeiten eröffnen, welche die Arbeiter zur vernünftigen Nutzung der Informationen befähigen. Selbst eine Wirtschaftselite, die "vor Mitgefühl nur so trieft" (um Ralph Millibands Worte zu zitieren), wäre durch das System gebunden, in dem sie funktioniert, um die Produktion zur Erreichung gewisser Ziele zu organisieren (Macht, Wachstum, Profit). Ihrer Natur nach ist die Produktion jedoch nicht auf die Erfüllung menschlicher Bedürfnisse gerichtet, die vermehrt nur gemeinschaftlich geäußert werden können. Sicher ist denkbar – und vielleicht gar wahrscheinlich –, dass in Gemeinschaft getroffene Entscheidungen solche Bedürfnisse und Interessen genauso widerspiegeln wie Entscheidungen, die von mitfühlenden Eliten gefällt werden. Jedenfalls fällt es etwas schwer, Argumente hinsichtlich der Effizienz in einer Gesellschaft ernst zu nehmen, die so ungeheure Mengen an Ressourcen verschwendet und vernichtet. Sicher trieft das ganze Konzept der Effizienz nur so vor Ideologie. Warenmaximierung kann kaum als einziger Maßstab für eine annehmbare Existenz gelten. Dieser Punkt ist uns bereits vertraut, es sind keine näheren Ausführungen nötig.

Staatssozialismus und Staatskapitalismus: zwei vergleichbare Ideologien

Abschließend möchte ich mich den letzten beiden Orientierungspunkten zuwenden, dem Bolschewismus (Staatssozialismus) und dem Staatskapitalismus. Wie ich auszuführen versucht habe, besitzen beide geteilte Eigenschaften und weichen in interessanten Punkten vom klassisch-liberalen Ideal und seiner späteren Weiterentwicklung zum libertären Sozialismus ab.

Da ich mich hier mit der amerikanischen Gesellschaft befasse, möchte ich einige grundlegende Bemerkungen über die Rolle des Staats vornehmen, über seine wahrscheinliche künftige Entwicklung und über die damit verbundenen ideologischen Annahmen, die seine Rolle manchmal verschleiern.

Es liegt nahe, anfangs zwei Machtsysteme voneinander zu unterscheiden: das politische und das ökonomische System. Das erste besteht theoretisch aus gewählten Volksvertretern, die über die öffentliche Politik entscheiden. Das zweite ist im Grunde ein System privater Macht und privater Imperien, das keiner öffentlichen Kontrolle unterliegt, wenn man einmal von der indirekten Weise absieht, in welcher selbst feudale Aristokratien und totalitäre Diktaturen dem öffentlichen Willen empfänglich sein müssen.

Aus dieser sozialen Organisation ergeben sich mehrere direkte Folgen. Zunächst wird bei einem Großteil der Bevölkerung, der den willkürlichen Entscheidungen von oben unterliegt, fast unmerklich eine autoritäre Gesinnung erzeugt. Dies hat große Auswirkungen auf den Allgemeinzustand der Kultur – die Meinung nämlich, man müsse willkürlichen Diktaten gehorchen und den Obrigkeiten beipflichten. Eine ganz bemerkenswerte und interessante Tatsache der Studentenbewegung der letzten Jahre war es, dass sie manche dieser Autoritätsmuster in Frage stellte und niederzureißen begann.

Die zweite wichtige Tatsache ist, dass jene Entscheidungen, die im Prinzip der demokratischen Kontrolle der Bevölkerung unterliegen, in ihrem Umfang sehr gering sind. In allen modernen Industriegesellschaften sind die zentralen Institutionen, d.h. der gesamte Handels-, Industrie- und Finanzsektor, theoretisch und gesetzlich von der demokratischen Kontrolle ausgeschlossen.

Als dritte Tatsache ergibt sich, dass selbst innerhalb dieses schmalen Spektrums, das im Prinzip demokratischen Entscheidungen unterliegt, die privaten Machtzentren auf ganz offensichtliche Art große Einflüsse ausüben: durch die

Kontrolle über Medien und politische Organisationen, oder durch die simple und direkte Methode, das Spitzenpersonal in den Parlamenten zu stellen (was sie eindeutig auch tun). In einer jüngst veröffentlichten Studie über die vierhundert obersten Entscheidungsträger des nationalen Sicherheitssystems der Nachkriegszeit berichtete Dick Barnet, dass die meisten unter ihnen "in Vorstandsetagen und Anwaltskanzleien sitzen, die sich in fünfzehn Häuserblocks fünf großer Städte in Rufweite zueinander befinden." Jede andere Studie zeigt dasselbe.

In kapitalistischen Demokratien funktioniert das demokratische System daher bestenfalls in äußerst engen Grenzen, und selbst innerhalb dieser Grenzen wird seine Funktion durch die Konzentration der privaten Macht erheblich in bestimmte Richtungen gelenkt. Gleiches gilt für die autoritären und passiven Denkmuster, die von autokratischen Institutionen wie Konzernen hervorgerufen werden. Dass Kapitalismus und Demokratie letztlich völlig unvereinbar sind, ist eine Binsenweisheit, die aber immer wieder hervorgehoben werden muss. Eine genauere Betrachtung der Verhältnisse stützt nur diese Folgerung. Im politischen und industriellen System ereignen sich unübersehbare Prozesse der Zentralisierung und der Kontrolle.

Seit dem Zweiten Weltkrieg spielen die Parlamente, was die Gestaltung der Politik anbelangt, im politischen System jeder parlamentarischen Demokratie (nicht nur bei uns) eine immer geringere Rolle, wie allgemein bekannt ist und politische Kommentatoren wiederholt betonen. Während also die staatlichen Planungsfunktionen zunehmende Bedeutung erlangen, wird die Exekutive immer mächtiger. Vor ein paar Jahren beschrieb das *Armed Services Committee* des Abgeordnetenhauses die Rolle des Kongresses als die "eines manchmal mürrischen, doch im Grunde freundlichen Onkels, der sich beschwert, während er wütend an seiner Pfeife raucht, doch am Ende wie zu erwarten nachgibt und seine Zustimmung erteilt." Wie eingehende Untersuchungen der zivilen Militärentscheidungen seit dem Zweiten Weltkrieg zeigen, ist diese Beobachtung sehr präzise. Vor zwanzig Jahren äußerte Senator Vanderberg seine Befürchtung, dass der Oberbefehlshaber der amerikanischen Exekutive zum "größten Kriegsherren auf Erden" (so seine Worte) werden würde. Das ist mittlerweile Realität geworden. Das beste Beispiel dafür ist die im Februar 1965 getroffene Entscheidung, den Vietnamkrieg zu eskalieren – unter zynischer Missachtung des geäußerten Wählerwillens.

Dies zeigt meiner Meinung nach mit vollkommener Klarheit die Rolle der Öffentlichkeit, wenn Entscheidungen über Krieg und Frieden getroffen werden – Entscheidungen über die Linie der öffentlichen Politik im Allgemeinen. Es zeigt außerdem die Bedeutungslosigkeit der Wahlpolitik bei bedeutenden Entscheidungen über die nationale Politik. Unglücklicherweise lassen sich "die

Schufte nicht abwählen", denn wir haben sie ja nie gewählt. Konzernmanager, Konzernanwälte und andere, die vornehmlich über die Exekutive bestimmen und dabei zunehmend von einer akademischen Bürokratenklasse gestützt werden, bleiben an der Macht, ganz egal wen man wählt.

Zudem ist interessant, dass sich diese Herrscherelite ihrer sozialen Rolle durchaus bewusst ist. So etwa Robert McNamara – ein Mann, der in liberalen Kreisen weithin für seine Menschlichkeit, seinen technischen Scharfsinn und seine Bemühungen zur Begrenzung des Militärs gelobt wird. Seine Sicht der sozialen Organisation finde ich sehr aufschlussreich. Er sagt: "Die wichtigsten politischen und wirtschaftlichen Entscheidungsbefugnisse müssen den Obrigkeiten vorbehalten bleiben. Unter anderem dazu sind die Oberen da." Dann weist er darauf hin, dass dies wohl ein Gebot Gottes sei:

> Gott ist eindeutig Demokrat, Er verteilt die Intelligenz auf alle. Doch zu Recht erwartet Er von uns, dass wir mit diesem unschätzbaren Geschenk etwas Effizientes und Konstruktives anfangen. Um nichts anderes geht es beim Managen. Das Managen ist letztlich die kreativste aller Künste, denn sein Feld ist die menschliche Begabung selbst. Die eigentliche Bedrohung für die Demokratie ist ein Mangel an Management. Zu wenig Führung der Gesellschaft heißt nicht, die Freiheit zu achten, sondern eine andere Kraft als die Vernunft die Wirklichkeit bestimmen zu lassen. Regiert nicht die Vernunft den Menschen, bleibt er hinter seinen Fähigkeiten zurück.

Vernünftig ist somit die Zentralisierung der Entscheidungsbefugnisse an der Spitze in den Händen des Managements. Beteiligt sich die Öffentlichkeit an Entscheidungen, ist dies eine Bedrohung der Freiheit, ein Verstoß gegen die Vernunft. Vernunft wird durch autokratische, stramm geführte Institutionen verkörpert. Die Stärkung dieser Institutionen, innerhalb derer die Menschen so effizient wie möglich funktionieren können, ist aus McNamaras Sicht "das fantastischste Abenteuer der Menschheit in unserer Zeit." All dies hört sich ein wenig vertraut an, und ich denke, hier spricht die leibhaftige Stimme der liberalen technischen Intellektuellenklasse, der technokratischen Konzerneliten innerhalb der heutigen Gesellschaften.

In der Wirtschaft vollzieht sich ein vergleichbarer Zentralisierungsvorgang. Ein kürzlich erschienener Bericht der FTC (*Federal Trade Commission*) stellt fest, dass die 200 größten produzierenden Unternehmen heute über ungefähr zwei Drittel aller produzierten Wirtschaftsgüter verfügen. Zu Beginn des Zweiten Weltkriegs war dieselbe Menge an Macht auf über tausend Konzerne verteilt. In dem Bericht ist zu lesen, dass "eine kleine Industrieelite riesiger Konzernkonglomerate die amerikanische Geschäftswelt verschlingt und die Konkurrenz der freien Marktwirtschaft größtenteils zerstört." Noch dazu "sind diese

200 Konzerne zum Teil miteinander und mit anderen Konzernen verbunden, und das in einer Weise, die unabhängiges Handeln bei Marktentscheidungen verhindern oder demotivieren könnte." Neu an solchen Äußerungen ist nur ihr Ursprung: die FTC. Linke und liberale Kommentatoren, die über die amerikanische Gesellschaft berichten, kennen diese Verhältnisse schon bis an die Grenzen des Abgedroschenen.

Die Machtkonzentration hat außerdem internationale Dimensionen. *Foreign Affairs* betonte, dass "im Ausland tätige US-Unternehmen gemessen am Bruttowert ihrer Produktion zusammen das drittgrößte Land der Welt darstellen; ihr Bruttosozialprodukt ist größer als das sämtlicher Nationen mit Ausnahme der Vereinigten Staaten und der Sowjetunion." US-Firmen kontrollieren mehr als die Hälfte der Automobilindustrie Englands, fast 40 Prozent des Erdöls in Deutschland, über 40 Prozent der telegrafischen, telefonischen, elektrischen und gewerblichen Ausstattung in Frankreich und 75 Prozent der Computerindustrie. Sollte der gegenwärtige Trend anhalten, werden in einem Jahrzehnt über die Hälfte aller britischen Exporte von Unternehmen getätigt werden, die in amerikanischem Besitz sind. Darüber hinaus handelt es sich hier um höchst konzentrierte Investitionen. Vierzig Prozent jener nach Deutschland, Frankreich und Großbritannien fließenden Direktinvestitionen stammen von drei US-Unternehmen.

George Ball erklärte, dass das Vorhaben, eine integrierte Weltwirtschaft zu errichten, die durch US-Kapital beherrscht wird (anders gesagt ein Imperium), kein idealistischer Wunschtraum sei, sondern eine nüchterne Vorhersage. In diese Rolle, sagt er, drängten uns die Gebote unserer eigenen Ökonomie. Das Hauptwerkzeug hierfür sind multinationale Konzerne, die er folgendermaßen beschreibt:

> In ihrer modernen Form sind multinationale Konzerne, d.h. Konzerne mit weltweiten Tätigkeiten und Märkten, eindeutig eine amerikanische Erfindung. Durch diese Konzerne ist es zum ersten Mal möglich geworden, die Weltressourcen mit maximaler Effizienz zu nutzen. Doch muss eine größere Einheit in der Weltwirtschaft vorherrschen, damit den Wohltaten der multinationalen Konzerne das gesamte Feld überlassen werden kann. Die multinationalen Konzerne sind die Begünstigten der Ressourcenmobilisierung durch die amerikanische Regierung. Letztlich werden ihre weltweiten Operationen und Märkte von US-Militärkräften gesichert, die in Dutzenden Ländern Stellung bezogen haben.

Es ist nicht schwer zu erraten, wer in dieser vereinheitlichten Weltwirtschaft, die das Operationsgebiet der in den Vereinigten Staaten heimischen internationalen Wirtschaftsinstitutionen darstellt, die Gewinne einfährt.

An diesem Punkt der Diskussion muss ich das kommunistische Gespenst erwähnen. Wodurch bedroht der Kommunismus jenes System? Um eine klare und überzeugende Antwort zu erhalten, könnte man sich eine umfangreiche Studie der *Woodrow Wilson Foundation* (des Nationalen Planungsverbands) ansehen, die den Titel *The political economy of American foreign policy* (Die politische Ökonomie der US-Außenpolitik) trägt – ein Buch von höchster Wichtigkeit, das von einem repräsentativen Teil jener winzigen Elite erstellt wurde, die vornehmlich die politischen Linie bestimmt, ganz gleich, wer formell an der Regierung ist. Diese Studie kommt einem Manifest der US-Herrscherklasse so nahe wie irgend möglich. Dort definieren sie die Hauptbedrohung des Kommunismus: "Die wirtschaftliche Umwandlung der kommunistischen Kräfte in einer Weise, die ihre Bereitschaft oder Fähigkeit reduziert, die Industriewirtschaften des Westens zu ergänzen." Das ist die Hauptgefahr des Kommunismus. Der Kommunismus reduziert folglich die Bereitschaft oder Fähigkeit der unterentwickelten Nationen, innerhalb der kapitalistischen Weltwirtschaft zu funktionieren. Das gilt z.B. ebenfalls für die Philippinen, die sich nach 75 Jahren der US-Vormundschaft und US-Herrschaft zu einer kolonialen Ökonomie des klassischen Typs entwickelten. Diese Lehre erklärt darüber hinaus, warum die britische Ökonomin Joan Robinson den amerikanischen Kreuzzug gegen den Kommunismus als Kreuzzug gegen Entwicklung sieht.

Die Ideologie des Kalten Krieges und die internationale kommunistische Verschwörung funktionieren entscheidend im Wesentlichen als Propagandainstrumente, um in einem bestimmten Moment der Geschichte Unterstützung für dieses langwierige imperiale Projekt zu mobilisieren. Ich glaube, dass dies wahrscheinlich die Hauptfunktion des Kalten Krieges ist. Für die Manager der amerikanischen Gesellschaft und ihre Pendants in der Sowjetunion stellt der Kalte Krieg ein willkommenes Werkzeug dar, um ihre jeweiligen imperialen Systeme und ihre Bevölkerungen zu kontrollieren. Die beharrliche Fortdauer des Kalten Krieges kann, wie ich denke, unter anderem durch seinen Nutzen für die Manager der beiden großen Weltimperien erklärt werden.

Auswege aus der gegenwärtigen Barbarei

Ein letztes Element in unserer Darstellung ist zu ergänzen: die fortschreitende Militarisierung der US-Gesellschaft. Wie fügt sie sich ins Bild?

Um dies zu verstehen, müssen wir uns auf den Zweiten Weltkrieg zurückbesinnen und uns daran erinnern, dass wir im Vorfeld des Weltkriegs in einer tiefen Wirtschaftskrise steckten. Der Zweite Weltkrieg erteilte uns eine wichtige ökonomische Lektion: dass eine von der Regierung induzierte Produktion in einer sorgsam kontrollierten Zentralwirtschaft die Folgen der Wirtschaftskrise überwinden kann. Das hatte vermutlich auch Charles E. Wilson (damals Präsident von *General Electric*) im Sinn, als er 1944 vorschlug, dass wir in der Nachkriegswelt eine "permanente Kriegswirtschaft" einrichten sollten. Das Dumme daran ist natürlich nur, dass man in einer kapitalistischen Wirtschaft wenige staatliche Interventionsmöglichkeiten zur Verfügung hat: Der Staat darf nicht mit den privaten Imperien in Konkurrenz treten – d.h. er darf keine nützlichen Waren produzieren. Er muss Luxusgüter herstellen – kein Kapital und keine nützlichen Waren, die zu Wettbewerb führen würden. Leider gibt es nur eine einzige Luxusware, die endlos produziert werden kann, rasch veraltet, rasch unbrauchbar wird und in ihrer Verwendungszahl keine Grenzen kennt. Wir alle wissen, wovon ich spreche.

Der Unternehmenshistoriker Alfred Chandler stellt dies hervorragend dar. Die ökonomischen Lehren des Zweiten Weltkriegs beschreibt er wie folgt:

> Die Regierung gab weit mehr aus, als selbst die begeistertsten Anhänger des New Deals je vorgeschlagen hatten. Die meisten produzierten Güter wurden zerstört oder blieben auf den Schlachtfeldern Europas und Asiens liegen. Der dadurch bewirkte Nachfrageanstieg aber ließ das Land in eine Wohlstandsperiode eintreten, wie sie es nie zuvor gegeben hatte. Für die Versorgung der riesigen Armeen und Flotten, die den gewaltigsten Krieg aller Zeiten führten, war zudem eine strenge und zentralisierte Lenkung der nationalen Wirtschaft nötig. Im Zuge dieser Bemühungen holte man Konzernmanager nach Washington, die einen der kompliziertesten ökonomischen Pläne der Geschichte in die Tat umsetzten. Diese Erfahrung verringerte die ideologische Angst vor der Rolle der Regierung bei der Stabilisierung der Wirtschaft.

Es sollte betont werden, dass Chandler ein konservativer Autor ist.

Ich möchte ergänzen, dass der dann folgende Kalte Krieg die Entpolitisierung der US-Gesellschaft weiter vorantrieb und eine psychische Atmosphäre schuf, die es der Regierung erlaubte, Interventionen durch Steuerpolitik und durch öffentliche Arbeit und öffentliche Dienste vorzunehmen, in erster Linie aber durch "Verteidigungsausgaben." So, schreibt Alfred Chandler, "handelt die Regierung als Koordinator der letzten Instanz", wenn "die Manager nicht imstande sind, eine hohe gesamtwirtschaftliche Nachfrage zu erhalten." Oder wie ein anderer konservativer Unternehmenshistoriker, Joseph Monsen, sagt: "Aufgeklärte Konzernmanager fürchten Wirtschaftsinterventionen seitens der Regierung keineswegs, sie sehen die neue ökonomische Lehre als einen Weg, um die Rentabilität des Konzerns zu erhöhen."

Am zynischsten nutzen diese Ideen sicher die Manager der öffentlich subventionierten Kriegsindustrien. Die *Washington Post* brachte zu diesem Thema vor etwa einem Jahr eine bemerkenswerte Artikelserie von Bernard Nossiter. Er zitierte u.a. Samuel Downer, den Vizepräsidenten der Finanzabteilung der *LTV Aerospace Corporation*, einem der großen neuen Konglomerate. Downer erklärt, warum "die Nachkriegswelt durch militärische Befehle gestärkt werden muss":

> Es ist enorm wichtig. Der Verkaufsanreiz ist die Verteidigung des Heimatlandes. Dieser Anreiz ist einer der stärksten, der Politikern zur Regulierung des Systems zur Verfügung steht. Ist man Präsident und benötigt einen ökonomischen Kontrollfaktor, ist aber gezwungen, einen solchen Faktor zu verkaufen, dann verkauft man nicht *Harlem und Watts*. Was man aber verkaufen kann, ist Selbsterhaltung, ist eine neue Umwelt. Wir werden den Verteidigungshaushalt solange erhöhen, bis diese russischen Bastarde nicht mehr vor uns liegen. Das amerikanische Volk versteht das.

Natürlich liegen "die Bastarde" in diesem tödlichen und zynischen Spiel nicht wirklich vor uns, doch dies trübt das Argument kaum. Wenn uns danach ist, können wir jederzeit Dean Rusk, Hubert Humphrey oder anderen Lichtgestalten folgen und die eine Milliarde Chinesen beeindrucken, bewaffnet bis an die Zähne und auf dem Weg zur Welteroberung.

Auch hier möchte ich wieder die Rolle des Kalten Kriegs in diesem System betonen, das als Methode zur Kontrolle der eigenen Bevölkerung dient – eine Methode, um ein psychisches Klima des psychotischen Verfolgungswahns zu schaffen, in dem der Steuerzahler bereit ist, riesige, endlose Subventionen an die technisch modernen US-Industriesektoren und an die Konzerne zu verteilen, die das zunehmend zentralisierte System beherrschen.

Natürlich ist vollkommen klar, dass der russische Imperialismus keine Erfindung von US-Ideologen ist. Nur allzu real ist er z.B. für die Ungarn und Tschechen. Doch erfunden sind die Verwendungszwecke, denen er zugeführt wird, so z.B. von Dean Acheson 1950 oder Walt Rostow ein Jahrzehnt später. Beide gaben vor, der Vietnamkrieg sei ein Beispiel des russischen Imperialismus. Oder die Regierung Johnson, die 1965 die Interventionen in der Dominikanischen Republik mit dem Verweis auf den chinesisch-sowjetischen Block rechtfertigte. Oder die Kennedy-Intellektuellen, die, wie Townsend Hopes vergangenen Monat in einem Artikel im *Washington Monthly* schrieb, "durch die Spannungen während des Kalten Krieges konditioniert" waren und nicht zu erkennen vermochten, dass der Sieg der vietnamesischen Nationalrevolution kein "Sieg für Moskau oder Peking" war. Das ist eine gewaltige Verblendung scheinbar gebildeter Menschen. Oder Eugene Rostow, der in einem neu erschienenen Buch, das von liberalen Senatoren und akademischen Intellektuellen weithin gelobt wurde, mehrere Herausforderungen für die moderne Weltordnung wie folgt zusammenfasste: Napoleon, Kaiser Wilhelm, Hitler und in der Nachkriegswelt die Massenstreiks in Frankreich und Italien, der Bürgerkrieg in Griechenland und der Angriff auf Südvietnam. In Südvietnam, so Rostow, hat uns Russland mit seinem Versuch, den Kommunismus mit dem Schwert zu verbreiten, "auf eine ernste Probe gestellt." Diese Aufzählung von Herausforderungen für die Weltordnung ist hochinteressant: Napoleon, Kaiser Wilhelm, Hitler und in der Nachkriegswelt die Massenstreiks in Frankreich und Italien, der Bürgerkrieg in Griechenland und der Angriff auf Südvietnam. Würde Rostow seine Gedanken weiterverfolgen, könnte er auf manche höchst interessante Folgerungen über die moderne Geschichte stoßen.

Das ließe sich endlos fortsetzen. Ich will damit sagen, dass der Kalte Krieg für die US-Eliten wie auch für ihre sowjetischen Pendants höchst funktionell war. Letztere nutzen den westlichen Imperialismus (den sie nicht erfunden haben) in ganz ähnlicher Weise, wenn sie ihre Armeen in die Tschechoslowakei schicken. In beiden Ländern muss dem Imperium und dem staatlich subventionierten System (bei uns ist es der militärische Kapitalismus) eine Ideologie gegeben werden. So ist vorhersehbar, dass man sich verbittert und wenn nötig mit Gewalt zur Wehr setzen wird, wenn man diese Ideologie infrage stellt.

In vieler Hinsicht ist die amerikanische Gesellschaft wirklich eine offene, und liberale Werte werden gewahrt. Wie jedoch Arme, Schwarze und andere ethnische Minderheiten nur zu gut wissen, ist die liberale Fassade hauchdünn. Mark Twain schrieb einst: "Es liegt an der Güte Gottes, dass wir in unserem Land diese drei unsagbar wertvollen Dinge haben: Redefreiheit, Gewissensfreiheit und die Besonnenheit, keine von beiden zu praktizieren." Wer keine genügend ausgeprägte Besonnenheit besitzt, könnte durchaus dafür bezahlen müssen.

Die Situation stellt sich mir etwa so dar: Eine Konzernelite von Managern und Besitzern beherrscht, zumindest in sehr hohem Maße, das wirtschaftliche und politische System. Das sogenannte Volk wählt gelegentlich zwischen denen, die Marx einst die "rivalisierenden Lager und Abenteurer der Herrscherklasse" nannte. Wer dieses Bild zu brutal findet, bevorzugt vielleicht die Darstellung eines modernen Demokratietheoretikers wie Joseph Schumpeter. Er beschreibt die moderne politische Demokratie wohlwollend als ein "System, in dem die Entscheidungen der Wähler hinter der Wahl der Männer zurückbleiben, die die Entscheidungen treffen." "Eine politische Partei", so stellt Schumpeter treffend fest, "ist eine Gruppe, deren Mitglieder sich dazu bereiterklären, im Konkurrenzkampf um politische Macht als Gemeinschaft zu handeln; wäre dem nicht so, wäre es unmöglich, dass unterschiedliche Parteien sich identische oder fast identische Programme zu eigen machen." Aus seiner Sicht sind das sämtliche Vorteile der politischen Demokratie.

Das Programm, das sich die zwei Parteien [in den Vereinigten Staaten] zu eigen machen (es ist mehr oder weniger genau dasselbe), und die Menschen, die um Macht konkurrieren, bekunden eine eng gefasste konservative Ideologie, die, mit einigen Modifikationen, im Kern den Interessen dieses oder jenes Teils der Konzerneliten entsprechen. Natürlich ist das keine Verschwörung – es ist ganz einfach im konzernkapitalistischen System angelegt. Letzten Endes befinden sich diese Leute und die Institutionen, die sie repräsentieren, an der Macht, und ihre Interessen sind die "nationalen Interessen." Genau diesen Interessen dient das Imperium im Ausland sowie das wachsende System des militärischen Staatskapitalismus bei uns vorwiegend. Könnte die Zustimmung der Beherrschten zurückgenommen werden – und ich denke, das sollten wir tun –, würden wir nicht länger akzeptieren, dass diese Männer und die von ihnen repräsentierten Interessen die amerikanische Gesellschaft beherrschen und führen, und dass sie ihre Sicht einer "Weltordnung" und ihre Regeln für politische und wirtschaftliche Entwicklung einem Großteil der Welt aufzwingen. Auch wenn enorme Anstrengungen der Propaganda und der Irreführung unternommen werden, um diese Tatsachen zu verschleiern, bleiben es nichtsdestoweniger Tatsachen.

Heute verfügen wir über die technischen und materiellen Ressourcen, um für die tierischen Bedürfnisse des Menschen zu sorgen. Die kulturellen und geistigen Möglichkeiten und die demokratischen Formen einer Gesellschaftsorganisation, die einen humanen und vernünftigen Gebrauch unseres materiellen Reichtums und unserer Macht bewirken könnten, haben wir aber nicht entwickelt. Die klassisch-liberalen Ideen, wie sie in der libertär-sozialistischen Version geäußert und entwickelt wurden, könnten realisierbar sein, doch nur durch eine revolutionäre Bewegung des Volkes, die in breiten Bevölkerungsschichten verankert ist und sich der Beseitigung der staatlichen wie privaten unterdrückerischen und autoritären Institutionen verschrieben hat.

Wenn wir die heutigen Grausamkeiten überwinden wollen, stehen wir vor der Aufgabe, eine solche Bewegung aufzubauen, und wir müssen uns dieser Aufgabe annehmen.

Anhang

Über die "Interessen der Nation"

(28. Januar 1977)

Die Idee des "nationalen Interesses" ist von Propagandisten derart herabgewürdigt worden, dass es wahrscheinlich am besten wäre, sie fallenzulassen. Dennoch wäre es denkbar, sie als sinnvolles Konzept wieder einzusetzen, um in einer aus Nationalstaaten bestehenden Welt die internationalen Beziehungen zu untersuchen. In einer solchen Welt kann es bisweilen passieren, dass es im Durcheinander der Einzel-, Klassen- und Gruppeninteressen manche Bedürfnisse gibt, die von den Bürgern eines Nationalstaats überwiegend geteilt werden, wie z.B. das Interesse, nicht von ausländischen Mächten überrollt zu werden. In Wahrheit ist die "Nation" selbst in diesem grundsätzlichen Bedürfnis gespalten: Keiner Besatzungsarmee mangelte es je an Kollaborateuren, die die Drecksarbeit für sie erledigten. Dennoch könnte man auf jener vagen und allgemeinen Ebene, die für soziale und politische Analysen typisch ist, einen sinnvollen Begriff des "nationalen Interesses" wieder zum Leben erwecken.

Dieses Unternehmen ist jedoch akademischer Natur, ja sogar trügerisch. In einem Nationalstaat wird das "nationale Interesse" von denen zur Sprache gebracht, die über die zentralen ökonomischen und politischen Institutionen bestimmen. Es besteht keinerlei Grund zu der Annahme, dass das so artikulierte "nationale Interesse" irgendeine Verbindung zu gemeinsamen Interessen besäße, die die meisten Menschen in der Gesellschaft teilen.

Oft wird behauptet, den Begriff "nationales Interesse" nicht anzuerkennen und stattdessen dem Begriff "Klasseninteressen" den Vorzug zu geben, sei ein radikaler Standpunkt, doch das ist nicht wahr. Außerhalb radikaler Kreise ist dieser Standpunkt weitverbreitet, wenngleich er häufig anders dargestellt und Stillschweigen darüber bewahrt wird.

Nehmen wir z.B. die Schriften von Hans Morgenthau, der vieles und oft Scharfsinniges über das nationale Interesse geschrieben hat, vielleicht mehr als jeder andere politische Kommentator Amerikas. In der neuesten Darstellung seines Standpunkts (am 22. Januar 1977 in der *New Republic*) sagt er, dass das nationale Interesse, welches die Grundlage einer rationalen Außenpolitik ist, "weder durch die Launen Einzelner noch durch die Parteizugehörigkeit bestimmt wird, sondern als objektive Tatsache allen Menschen obliegt, die ihre rationalen Fähigkeiten auf die Führung der Außenpolitik richten." Als Beispiele zitiert er dann Einsätze wie die Unterstützung Südvietnams, die Eindämmung Chinas und die Einhaltung der Monroe-Doktrin. Des Weiteren bemerkt er, dass "die Konzentrationen privater Macht, die Amerika im Grunde schon seit dem Bürgerkrieg regiert haben, allen Versuchen standgehalten haben, sie zu kontrollieren oder gar aufzulösen (...) [und] ihren Griff am Hebel der politischen Entscheidungsmacht bewahrt haben."

Was zweifellos der Wahrheit entspricht. Erwarten wir unter solchen Bedingungen, dass das "nationale Interesse" bloß durch die Anwendung rationaler Fähigkeiten auf objektive Tatsachen zur Sprache gebracht und verfolgt wird, oder dass es spezifische Klasseninteressen zum Ausdruck bringt? Offensichtlich letzteres, und eine sorgfältige Untersuchung der von Morgenthau zitierten Beispiele, die über die Grenzen seiner Bemerkungen hinausgeht, zeigt, dass diese Erwartung in hohem Maße erfüllt wird. Die tatsächlichen Interessen der Amerikaner wurden keineswegs durch die Zerschlagung der südkoreanischen Volksbewegungen Ende der 1940er Jahre vorangetrieben, und genauso wenig durch das Aufzwingen einer Reihe diktatorischer Regime – um nur eines von Morgenthaus Beispielen zu nehmen. Jedoch könnte man argumentieren, dass die Interessen der "Konzentrationen privater Macht" in den Vereinigten Staaten, die faktisch das kapitalistische Weltsystem beherrschen, durch das Verfolgen "nationaler Interessen" vorangebracht wurden. Das lässt sich auch verallgemeinern. Die Auffassung, dass die Außenpolitik gleich der Physik abgeleitet werden könnte, ist reiner Mythos.

Oder nehmen wir eine kürzlich von Walter Dean Burnham durchgeführte Studie in *Trialogue* (im Herbst 1976), des Journals der Trilateralen Kommission. Er stellt fest, dass die "Grundfunktionen" des Staats darin bestehen, "im Äußeren und Inneren die Hauptinteressen der herrschenden Produktionsverhältnisse und das Bedürfnis nach sozialer Harmonie voranzubringen." Radikale würden prinzipiell nicht widersprechen, obwohl sie sagen würden, dass die Formulierung höchst irreführend ist. Zunächst sind diese "Grundfunktionen" keine metaphysische Notwendigkeit, da ihnen bestimmte Ursachen zugrunde liegen. Und zudem haben die "herrschenden Produktionsverhältnisse" keine Interessen, sondern die einzelnen daran beteiligten Gruppen, deren Interessen häufig in Konflikt geraten. Da diejenigen, die das System besitzen und führen, faktisch auch die Kontrolle über den Staatsapparat innehaben (eine Tatsache, die jeder gleich erkennen müsste, der mit der Trilateralen Kommission vertraut ist, die in ganz bemerkenswerter Weise die neue Regierung beherrscht), werden *deren* "Grundinteressen" bedient. Es gibt keine geschichtlichen oder logischen Gründe, die die Annahme stützen würden, dass diese Interessen in irgendeiner relevanten Weise mit den Interessen jener Menschen zusammenfließen, die an den herrschenden Produktionsverhältnissen teilnehmen, indem sie sich an deren Besitzer und Manager vermieten.

Begriffe wie "Sozialismus" oder "Demokratie" sind in den gegenwärtigen politischen Diskussionen nicht weniger herabgewürdigt worden. Für libertäre Sozialisten zumindest sind Sozialismus und Freiheit untrennbar. In einer Parteiendiktatur gibt es keinen Sozialismus, welcher diesen Namen verdient hätte. Demokratie ist nur ein leerer Vorwand, wenn die Produktion, der Finanz- und Handelssektor (und mit ihnen die politischen Vorgänge in der Gesellschaft) sich unter der Kontrolle der "Konzentrationen der privaten Macht" befinden. Bei dem "nationalen Interesse", das von denen zur Sprache gebracht wird, die die staatskapitalistischen und staatssozialistischen Gesellschaften beherrschen, handelt es sich um deren Sonderinteressen. Unter diesen Bedingungen kann all das Gerede über das "nationale Interesse" nur zur Irreführung und Unterdrückung beitragen.

Wenn sich libertär-sozialistische Kräfte in bedeutendem Maße entwickeln sollten, werden sie zumindest anfänglich gezwungen sein, sich an das System der Nationalstaaten anzupassen. Dann werden sie versuchen, die Systeme der Klassendominanz von innen aufzulösen, während sie gleichzeitig mit anderen über die nationalen Grenzen hinausgehend daran arbeiten, die internationale Gesellschaft umzugestalten. Bald werden autoritäre Staaten – ob sie sich nun "sozialistisch", "demokratisch" oder beides zusammen nennen – so handeln, dass sie die speziellen Interessen derer bedienen, die sich in der Position befinden, die Ressourcen und die produktiven Institutionen der Gesellschaft zu organisieren. Es ist müßig zu fragen, ob die Vereinigten Staaten oder die Sowjetunion (oder vielleicht weniger mächtige Staaten) Maßnahmen für die allgemeinen Interessen ihrer eigenen Bevölkerung oder anderer Völker ergreifen werden. Im Interesse der herrschenden Ordnung (der "sozialen Harmonie") könnte das Verfolgen einer derartigen Politik in jeder Gesellschaft nötig sein – ob sie feudalistisch, faschistisch, staatssozialistisch, demokratisch-kapitalistisch oder anders genannt wird. Durch bloße historische Unfälle kann eine solche, im Interesse der herrschenden Gruppen verfolgte Politik bisweilen etwas dieser Art hervorbringen. Die Mächtigen aber werden auf ihre eigenen Ziele hinarbeiten, ganz unabhängig von der Rhetorik, die zu ihrer Verschleierung oder Legitimierung verwendet wird.

Kapitel 8

Aufgaben für aufgeklärte Menschen

(August 1969)

Düstere Warnungen über den Zustand der amerikanischen Gesellschaft sind heute kaum mehr auf die Linke beschränkt. Senator Fulbright warnte kürzlich davor, dass die Vereinigten Staaten sich "schon auf dem Weg zu einer gewählten Diktatur befinden." Wenn wir den jetzigen Kurs beibehalten, "können wir für die Zukunft nichts erwarten als unaufhörliche Konflikte mit dem Ausland, endlosen Krieg, wachsende Ausgaben und den Ausbau des militärisch-industriell-gewerkschaftlich-akademischen Komplexes, der schon jetzt beachtliche Ausmaße erreicht hat – kurz, die Militarisierung amerikanischen Lebens (…) Sollten die Vereinigten Staaten ein Weltreich werden, ist kaum zu verhindern, dass sie zugleich eine Art Diktatur werden."[1]

Senator Fulbright äußerte sich zu einem Versuch, gegen die Abtragung des Rechtssystems anzukämpfen, die für alle parlamentarischen Demokratien des Westens typisch ist, während die Machtzentralisation in der Exekutive laufend fortschreitet. Der Versuch verkörperte einen Beschluss "im Sinne des Senats", welchen das *Senatskomitee für ausländische Angelegenheiten* vorgeschlagen hatte. Der Bericht jenes Komitees (vom 16. April 1969) stellt fest: Der Regierungsführer hat "heute eine Entscheidungsbefugnis inne, die einer absoluten Macht über Leben und Tod eines jeden lebenden Amerikaners nahekommt, ganz zu schweigen von der Macht über Millionen andere Menschen auf der Welt." Die amerikanische Bevölkerung werde als Folge davon, so warnt der Bericht, "von Tyranneien und Katastrophen" bedroht.

"Innere Aggression" und "nationale Verteidigung"

Der Bericht des Komitees ruft die Ängste Abraham Lincolns in Erinnerung, die er äußerte, als Präsident James Polk "jenen Konflikt herbeiführte, der zum Ausbruch des Mexikanischen Krieges führte": "Schon immer hatten Könige ihr Volk an Kriegen mitkämpfen und es verarmen lassen, wobei sie meistens – wenn auch nicht immer – vorgaben, das Wohl der Bevölkerung sei ihr Ziel. Unser Abkommen sollte die repressivste aller königlichen Unterdrückungen werden. Man beschloss, die Verfassung so zu gestalten, dass keiner die Macht haben sollte, uns zu unterdrücken." Im Bericht ist auch vermerkt, dass 50.000 US-Truppen in Thailand stationiert sind, von denen viele "mit militärischen Unterstützungsoperationen gegen Aufständische befasst" sind. Ein geheimes Memorandum wird zitiert, wo bekundet wird: "Die Anwesenheit bewaffneter US-Truppen in Spanien ist eine wichtigere Sicherheitsgarantie für Spanien als ein Vertrag in schriftlicher Form." Da der einzige Angriff, der Spanien droht, die "innere Aggression" ist (wie sie heute genannt wird), liegt offen zutage, für welche Art der "Sicherheit" diese Geheimverträge sorgen.

Das Senatskomitee liegt zweifellos richtig, wenn es bemerkt, dass brutale Gewalt gegen die Bevölkerung eine wahrscheinliche Begleiterscheinung der Bemühungen der "königlichen Unterdrücker" ist, so entzückende Regime wie jene in Spanien und Thailand (und in Saigon, Griechenland und Brasilien) vor "innerer Aggression" zu schützen. Wir können mit ziemlicher Sicherheit davon ausgehen, dass jede Bevölkerung, die das amerikanische Weltmanagement oder seine ideologische Rechtfertigung ernsthaft in Frage stellt, die repressive Macht und letztlich die Gewalt des Staats heraufbeschwören wird. Aus diesem Grund ist entweder mit einer freiwilligen Unterwerfung unter die erzwungene amerikanische Friedensideologie und ihre unterdrückerischen Werkzeuge zu rechnen, oder offene Gewaltanwendung, um Gehorsam zu erzwingen; beides sind Formen der brutalen Gewalt gegen eine Bevölkerung.

Der Versuch, eine vernetzte globale Ökonomie zu konstruieren, die durch US-Kapital beherrscht wird, war ein Leitgedanke der Nachkriegsgeschichte. Auch wenn das Projekt Rückschläge hinnehmen musste, wird es auf vielen Wegen rasch weitergeführt. Niemand kann vorhersagen, inwieweit es gelingen wird. Offensichtlich sind nur bestimmte Entwicklungen anderer Länder damit vereinbar, weshalb die US-amerikanische Außenpolitik bemüht war, alle anderen Entwicklungen zu unterdrücken. In der Praxis bedeutete dies oft, wie Joan Robinson sagte, dass "der US-Kreuzzug gegen den Kommunismus ein Feldzug gegen Entwicklung ist. Auf diesem Wege wurde die amerikanische Bevölkerung dazu gebracht, die Unterhaltung einer gewaltigen Kriegsmaschinerie stillschweigend zu billigen und deren Einsatz zu dulden – durch Androhung oder Anwendung von Gewalt. Ziel war es, alle öffentlichen Bewegungen zu unterdrücken, die damalige und heutige Gewaltherrschaften stürzen wollten oder Wege zu beschreiten begannen, um für eine Selbstachtung der Nation zu sorgen und die Armut zu überwinden."[2]

Das Fortbestehen der enormen Kriegsmaschinerie hat aber tiefere soziale Wurzeln als bloß das Bedürfnis, die Regierungen Griechenlands, Spaniens und Brasiliens vor "innerer Aggression" zu schützen. Selbst wenn keine US-Militärunterstützung nötig wäre, um diese Bollwerke der Freiheit zu erhalten, würde die Militarisierung der amerikanischen Gesellschaft wahrscheinlich nicht abnehmen. Die spezielle Form des staatssubventionierten Kapitalismus, die in den Vereinigten Staaten entsteht, erfordert beträchtliche staatliche Unterstützungen der technisch fortschrittlichen US-Industriesektoren. Angesichts der herrschenden Gesellschaftsverhältnisse, wo die öffentliche Politik vorwiegend von privaten Imperien dominiert wird, fließen die öffentlichen Subventionen natürlich in Kriegsvorbereitungen. Selbst mit den besten Absichten wäre es keine leichte Aufgabe, andere Formen staatlicher Wirtschaftsinterventionen – die mit den Interessen dieser Privatimperien nicht in Konflikt geraten, sondern sie eher fördern – zu erdenken. Noch dazu müssen öffentliche Subventionen für die Bevölkerung als ganze tragbar sein. Selbst totalitäre Nationen müssen eine gewisse öffentliche Unterstützung für ihre Politik und Ausgaben gewinnen. Die "Verteidigung des Vaterlands" ist hier stets die letzte Zuflucht. Eine Ablehnung jenes Systems der Kriegsvorbereitungen wird wahrscheinlich nicht geduldet werden.

Eine solche ablehnende Haltung ist in den Vereinigten Staaten – besonders als Folge der Studentenbewegung und der Freiheitsbewegungen der Schwarzen – in den letzten Jahren entstanden. Die zunehmende Repressionswelle sollte daher nicht verwundern. Die Herausgeber des *Monthly Review* haben zu Recht Ähnlichkeiten zur Repression der Nachkriegszeit festgestellt, die den strengen Konservatismus aufzuzwingen half, der das amerikanische Leben in den vergangenen zwei Jahrzehnten beherrscht hat. Ein typisches Merkmal unterdrückerischer Regime überall auf der Welt ist es, dass sie den brutalsten und reaktionärsten Menschen die Kontrolle über das Kriegs- und Innenministerium überlassen. Auch die Regierung Nixon entschied sich für dieses altbewährte Prinzip (Laird und Mitchell). Ein aktuell dem US-Kongress vorliegender Gesetzesentwurf will Landesverrat auch in Friedenszeiten verfolgen und jene hart bestrafen, die "ausländischen Nationen oder bewaffneten Gruppen, die in offene Kriegshandlungen" mit amerikanischen Streitkräften verwickelt sind, "Hilfe oder Annehmlichkeiten" gewähren. Die Folgen sind offenkundig. Selbst ohne solche "legale" Ermächtigungen gibt es aber viele erste Anzeichen dafür, dass am Ende – vielleicht mit beträchtlicher öffentlicher Unterstützung – ein Polizeistaat entstehen könnte: koordinierte Maßnahmen zur Aufstandsniederschlagung wie in Berkeley; kriminelle Polizeigewalt gegen Mitglieder der Schwarzen Panther; Schikanen mit scheinbar legalen Mitteln; Strafverfolgung aufgrund geringer Verstöße; Ermittlungsverfahren gegen Universitäten durch den Kongress und weiteres.

Bereits vor zwanzig Jahren leistete der amerikanische Liberalismus keinen geringen Beitrag zur Repression. Zu den ersten Maßnahmen der Vereinigung *Americans for Democratic Action* gehörte "eine Taktik der Schuldzuweisung: Man veröffentlichte die Namen der bedeutendsten Mitglieder der *Progressive Party* in großen städtischen Zeitungen und führte Organisationen auf, die in einer Liste des Justizministeriums als subversive Gruppen eingestuft wurden, zu denen auch die Mitglieder der *Progressive Party* gehören oder gehörten." All dies war noch zu einer Zeit, bevor McCarthy die Bühne betrat.[3] Dass man auf die Wiederbelebung der Politik in den 1960er Jahren mancherorts hysterisch reagierte, bedeutet, dass die Geschichte sich wiederholen könnte. In dieser Situation hat selbst die Verteidigung von Bürgerrechten einen radikalen Beigeschmack.

Eine Vision einer künftigen Gesellschaftsordnung

Der beste Weg zur Verteidigung bürgerlicher Freiheiten besteht im Aufbau einer Bewegung, die für eine soziale Neuerung eintritt und ein überzeugendes Programm mit großer Anziehungskraft besitzt, das freie und offene Diskussionen fördert und eine Fülle von Möglichkeiten zur Betätigung und Handlung bietet. Sicher besteht das Potenzial zur Entstehung einer solchen Bewegung. Ob sie realisiert werden wird, bleibt abzuwarten. Eine ernste Gefahr ist äußere Repression, und eine noch viel größere sind wohl innerer Streit, Rechthaberei, Phantasiegebilde und manipulierende Strategien.

Eine Bewegung der Linken sollte deutlich zwischen ihren langfristigen revolutionären Zielen und bestimmten, eher zeitnahen Erfolgen unterscheiden, die zu verwirklichen sie hoffen kann. So kann es kein dringlicheres Ziel als die rasche Beendigung des Vietnamkriegs und den Rückzug aller amerikanischen Militärkräfte für uns geben. Dieses Ziel könnte machbar sein. Dies würde die Verabschiedung von einer Politik bedeuten, die zwanzig Jahre lang als Teil einer allgemeineren Strategie verfolgt wurde: ein integriertes Weltimperium zu errichten, das den wahrgenommenen Interessen der amerikanischen Kapitalbesitzer entspricht und gemäß den etablierten Prinzipien der amerikanischen Ideologie organisiert ist. Dennoch könnte diesem Abenteuer spezieller Art in Vietnam ein Ende bereitet werden, ohne dem herrschenden System einen zu schweren Schlag zu versetzen – zum Glück für die Menschen in Vietnam und in Laos, denn wäre dem nicht so, würde eine wahrlich düstere Zukunft auf sie warten. Ich denke nach wie vor, dass gewaltloser Widerstand das beste Mittel zur Erreichung dieses Ziels ist.

Auf lange Sicht hat eine Bewegung der Linken aber keine Erfolgschancen und verdient auch keinen Erfolg, wenn sie nicht lernt, die heutige Gesellschaft zu verstehen und eine Vision einer zukünftigen Gesellschaftsordnung zu entwerfen, die die große Bevölkerungsmehrheit überzeugen kann. Ihre Ziele und Organisationsformen müssen durch aktive Teilnahme an politischen Debatten und am Umbau der Gesellschaft entstehen. Eine Kultur, die auf einen echten

Wandel bedacht ist, lässt sich nur dann erreichen, wenn viele Menschen einen Bewusstseinswandel durchlaufen. Dieser ist das entscheidende Merkmal jeder sozialen Revolution, die darauf bedacht ist, die Möglichkeiten menschlicher Kreativität und Freiheit zu erweitern.

Zweifellos können wir aus den Erfolgen und Fehlschlägen revolutionärer Kämpfe lernen, die in weniger entwickelten Nationen stattgefunden haben. Das zu unterlassen wäre ebenso töricht, wie es kriminell wäre, nicht zu helfen, wo wir nur können. Doch natürlich können die Erfahrungen dieser Revolutionskämpfe nicht einfach auf eine Gesellschaft wie die unsere übertragen werden. In einer modernen Industriegesellschaft wäre es von der Wahrheit sicher weit entfernt, wenn wir denken würden, dass die Bevölkerungsmehrheit außer ihren Fesseln nichts zu verlieren hätte; die Vortäuschung des Gegenteils wäre sinnlos. Nein, der Großteil der Bevölkerung hat ein beträchtliches Interesse an der Bewahrung der bestehenden Gesellschaftsordnung.

Entsprechend wird die kulturelle und intellektuelle Größenordnung jeder wirklich revolutionären Bewegung über jene der Vergangenheit hinausgehen müssen, wie u.a. Andre Gorz zu Recht betont hat. Sie wird sich nicht mit der Auflistung von Unterdrückung und Ungerechtigkeiten begnügen können. Sie wird schlüssige Antworten finden müssen, wie diese Übel durch Revolutionen oder umfangreiche Reformen überwunden werden könnten. Zur Erreichung dieses Ziel wird die Linke eine ehrliche Haltung gegenüber libertären Werten einnehmen und einhalten müssen. Sie darf nicht der Illusion erliegen, dass eine "Vorreiterpartei", die sich als Inbegriff aller Wahrheit und aller Tugend ausgibt, die Staatsmacht übernehmen und wundersamer Weise eine Revolution bewirken könnte, die gerechte Werte und echte demokratische Strukturen als Rahmengefüge des Gesellschaftslebens durchsetzt. Wenn ihr einziges eindeutig formuliertes Ziel darin besteht, zu zerschlagen und zu zerstören, wird es ihr nur gelingen, sich selbst zu zerschlagen und zu zerstören.

Wenn eine revolutionäre Bewegung hoffen will, den Imperialismus und die verschiedenen Arten der Unterdrückung, des sozialen Managements und des gesellschaftlichen Zwangs zu bekämpfen, die die entstehenden internationalen Wirtschaftsinstitutionen aufzwingen werden, wird sie in ihrer Organisationsform und gewünschten Kulturstufe darüber hinaus international ausgerichtet sein müssen. Eine solche Bewegung aufzubauen, ist keine leichte Aufgabe. Es könnte aber durchaus sein, dass der Erfolg dieses Unternehmens der einzige Ausweg aus Tyranneien und Katastrophen darstellt.

Die von Gewaltherrschaften und Katastrophen ausgehende Bedrohung – sogar ihre anfänglichen Momente – geben uns aber keine genügende Grundlage für die Entstehung einer bedeutenden revolutionären Massenbewegung. Die Bedrohung könnte auch zu konservativen Abwehrreaktionen führen. Um sich einer Bewegung für einen revolutionären sozialen Wandel anzuschließen – mit all den damit einhergehenden Unsicherheiten und Risiken –, muss man gute Gründe haben, um an gewisse Erfolgschancen bei der Errichtung einer neuen sozialen Ordnung zu glauben.

Dies hat nicht nur mit der Erfüllung persönlicher materieller Bedürfnisse zu tun, mit der Befriedigung jenes engstirnigen Eigeninteresses, das die kapitalistische Ideologie heranzüchtet. Aber selbst auf Grundlage dieses Eigeninteresses gibt es sicherlich eine Rechtfertigung für eine revolutionäre Politik. Die immense Ressourcenverschwendung, die alle Grenzen überschreitet, und der Wettlauf der Großmächte, der auf gegenseitige Vernichtung gerichtet ist, geben vernünftigen Menschen hinreichende Gründe, um aktiv nach weitläufigen Alternativen zu suchen. Und darüber hinaus wird nun vielen bewusst, dass die "äußeren Einflussfaktoren", von denen die Ökonomen sprechen, nicht länger in Fußnoten verbannt werden können. Wer einen Moment über die Probleme der heutigen Gesellschaften nachdenkt, dem können die sozialen Kosten des Konsums und der Produktion nicht verborgen bleiben, die voranschreitende Zerstörung der Umwelt, die völlig irrationale Verwendung moderner Technologie, die Unfähigkeit des auf Profit und Wachstumsmaximierung gerichteten Systems, Bedürfnisse zu erfüllen, die nur gemeinschaftlich geäußert werden können, und die enorme, vom System erzwungene Einseitigkeit der Konsumgütermaximierung zum Zweck des persönlichen Gebrauchs anstelle einer allgemeinen Verbesserung der Lebensbedingungen.

All dies sind Erscheinungen des modernen Lebens, die zu einer lebendigen Bewegung der Linken führen sollten. Sie wird versuchen, die heutige Barbarei durch eine Art libertären Sozialismus zu ersetzen. Es liegt etwas unerträglich Arrogantes in der Überzeugung, "wir" seien die Revolutionäre, da wir human sind, und "sie" werden sich uns anschließen, sobald sie erkennen, dass dies in ihrem eigenen Interesse liegt. Mitgefühl, Solidarität und Freundschaft sind ebenfalls menschliche Bedürfnisse – sogar treibende Bedürfnisse –, die nicht weniger wiegen als der Wunsch, den Besitz eigener Konsumgüter zu mehren oder die Arbeitsbedingungen zu verbessern. Ich habe auch keine Zweifel, dass es ein Grundbedürfnis des Menschen ist, bei der demokratischen Verwaltung sozialer Institutionen eine aktive Rolle zu spielen. Wenn dem so ist, sollte die Forderung einer industriellen Demokratie zu einem zentralen Ziel jeder wiedererstarkten linken Bewegung werden, die von der Arbeiterklasse ausgeht.

Technologie und Selbstverwaltung: von der Autokratie zur Akratie

Nach einigen Jahren der Ruhe ist in Frankreich und England tatsächlich ein neuerliches Interesse an industrieller Demokratie und an Arbeiterverwaltung entstanden.[4] Diese Entwicklung ist höchst begrüßenswert. Häufig wird argumentiert, die Errichtung großer Planungseinheiten – eine zentralisierte Staatsbürokratie, riesige Konzerne oder beide im Verein – sei ein technologisches Muss, eine Notwendigkeit für die Gesundheit der Wirtschaft und die richtige Verwendung der Ressourcen in einer komplizierten, fortgeschrittenen Industriegesellschaft. Ich habe bisher noch keine Gründe gehört, warum die moderne Industrie eine zentralisierte, autokratische Führung erfordern sollte. Dieselbe Technologie, die die Macht einer kleinen Elite von Besitzern, Managern und Technokraten mehrt, könnte auch dem Ausbau der industriellen Demokratie dienen. Als das Industriesystem noch in den Kinderschuhen steckte, benötigte es jene Form der spezialisierten Arbeit, die, wie Adam Smith betonte, Menschen in Dummköpfe verwandelt, in bloße Werkzeuge der Produktion. Für die heutige Zeit gilt das nicht mehr. Mit der modernen Technik könnte ein Werkzeug ein Werkzeug bleiben und ein Mensch ein Mensch. Der Bedarf an Managern ist eine Folge der Arbeiterspezialisierung. Er schwindet, wenn alle Arbeiter mehr Möglichkeiten erhalten, an die für Entscheidungen nötigen Informationen zu gelangen, und wenn die Arbeiter eine Kulturstufe erreichen, die ihnen eine weltweite Beteiligung an Entscheidungen ermöglicht. Mit Hilfe von Simulationen lassen sich bestimmte Experimente durchführen, ohne die Kosten von Fehlschlägen tragen zu müssen. Durch die Automatisierung des Arbeitsablaufs könnte die Beseitigung der Schufterei möglich werden, die den Verstand zerstört. Die Ausarbeitung dieser Möglichkeiten in einer greifbaren und präzisen Form ist eine passende Aufgabe für eine linke Bewegung. Diese Aufgabe kann nur durch die direkte Beteiligung der mit Hand und mit Verstand arbeitenden Menschen verwirklicht werden. Dies sollte zum Verwischen der Trennlinie oder womöglich gar zum Verschwinden dieser beiden sozialen Klassen führen.

In einer fortgeschrittenen Industriegesellschaft lassen sich überzeugende Gründe für die Notwendigkeit einer Planung anführen. Wir müssen jedoch im Gedächtnis behalten, was Ken Coates auf einer Tagung über Arbeiterverwaltung in einer Eröffnungsrede kürzlich höchst treffend zum Ausdruck brachte: "Wenn Planung eine unverzichtbare Notwendigkeit geworden ist, so müsste außerdem völlig klar sein, dass keiner der grundlegendsten und elementarsten liberalen Werte eine Planung dieses Maßstabs überleben könnte, außer wenn sie so gestaltet wird, dass sie in sich zutiefst demokratisch ist."[5] Die Frage, wie Planung und Demokratie zu verbinden wären und so liberale Werte gewahrt, erweitert und bereichert werden könnten, wird nicht auf dem Papier gelöst werden, sondern nur durch eine Kombination aus praktischer Erfahrung und klugen Analysen. Das ist schon fast per Definition eine Aufgabe einer wiedererstarkten Bewegung der Linken, die das höchste Maß an Wissenschaft und

Technologie mit eingehenden Analysen über die Ursprünge und sozialen Voraussetzungen für Kreativität und Freiheit verbinden wird.

Dinge wie diese sind in den akademischen Sozialwissenschaften kaum anzutreffen. So beschreibt das führende moderne Ökonomie-Lehrbuch folgende Extremfälle als die gesamte Bandbreite möglicher Wirtschaftssysteme: völliges Laissez-faire oder die "totalitäre Diktatur über die Produktion." "Die wichtige Entscheidung heutiger Politik besteht nicht darin, eine Wahl zwischen diesen beiden Extremen zu treffen, sondern zu bestimmen, inwieweit die öffentliche Politik *mehr oder weniger* in die Tätigkeit der einzelnen Privatkonzerne eingreifen sollte."[6] Die Bandbreite möglicher Wirtschaftssysteme derart zu beschreiben, schreit natürlich geradezu nach grundlegenderen Fragen. Denkbar wäre auch ein ganz anderes Spektrum, in dem eine demokratische und eine autokratische Kontrolle über das Produktionssystem als Extremfälle einander gegenüberstehen. Aus dieser Perspektive gesehen gehören die von Samuelson in seinem Lehrbuch beschriebenen, sich widersprechenden Fälle zu ein und demselben Extremfall: Der "ideale" Privatkapitalismus und "die totalitäre Diktatur über die Produktion" sind beides Arten einer autokratischen Kontrolle, die im Gegensatz stehen zu einer öffentlichen, demokratischen Kontrolle über die Wirtschaft durch Arbeiterräte, Kommunalverbände und andere vorstellbare Arten der öffentlichen Organisation. In ähnlicher Weise wurde auf einer Tagung der Amerikanischen Akademie für Künste und Wissenschaften, die sich kürzlich mit den "Aussichten für die Geschäftswelt" befasste, viel über Management versus Eigentümerkontrolle diskutiert (und über die Wirkung der Technologie auf diese Machtverteilung), doch die Möglichkeit, dass das Wirtschaftssystem von der Öffentlichkeit demokratisch kontrolliert werden könnte, wurde nicht erwähnt.[7]

Die Annahmen, die den überwiegenden Teil der Wissenschaft bestimmen, unterscheiden sich kaum von jenen Annahmen, die in den Programmschriften der amerikanischen Herrschereliten geäußert werden. So wird in dem Bericht einer Forschergruppe über die *Politische Ökonomie der amerikanischen Außenpolitik* die westliche Zivilisation mit Kapitalismus gleichgesetzt – im Gegensatz zur kollektivistischen Ablehnung von Freiheit, Unternehmergeist und Fortschritt; und "das Ziel der Wirtschaftstätigkeit des Westens [als] die persönliche Maximierung der Geldeinkommen in der einen oder anderen Form" definiert, was "durch Kapital- oder Arbeitsinvestition in eigener Sache oder für andere unter deren Anleitung" erfolgt.[8] Der Bericht fährt bezeichnenderweise damit fort, dass er diese spezielle Perversion als ein allgemeingültiges Ideal hinstellt. Wir können nicht bloß "unparteiischer Schiedsrichter (...) in der Bewahrung der Weltordnung" sein, wir müssen auch als tatkräftiger Anführer im Kampf um die Rettung der westlichen Zivilisation auftreten, für die "allgemeinen Ideale menschlicher Freiheit, persönlicher Entfaltung und ökonomischer Gerechtigkeit", die ("wenn auch unvollkommen") in den kapitalistischen Institutionen des Westens verwirklicht sind.

Diese Lehre vom Wirtschaftsmenschen ist natürlich eine psychologische Absurdität, die bei denen, die sich danach zu richten versuchen, und bei deren Opfern zu unbeschreiblichem Leid führt. "Sorge dich nur um dich selbst" ist der Weg zur Demoralisierung, Bestechlichkeit und am Ende zum allgemeinen Zusammenbruch – gleichgültig, welche Vorzüge diese Lehre in der Frühzeit der Industrialisierung auch gehabt haben mag. Zusammenarbeit zum Zweck des Allgemeinwohls und Sorge um die Rechte und Bedürfnisse anderer müssen die jämmerliche Suche nach der Maximierung der privaten Macht und des persönlichen Konsums ersetzen, wenn die Grausamkeiten der kapitalistischen Gesellschaften überwunden werden wollen.

Eine "kulturelle Revolution" großen Maßstabs

Ein unschätzbarer Vorteil der Linken ist, dass sie für humane Werte zu sprechen hoffen kann, gegen die barbarische Irrationalität einer Gesellschaft der konkurrierenden Individuen und der autokratischen Herrschaft privater Wirtschaftsimperien, gegen Staatsbürokratien, Avantgardeparteien, technokratisch-leistungsorientierte Eliten und alle anderen Monster, die in Zukunft auf uns warten könnten. Sie wird diese Vorteile nutzen müssen, wenn Zuversicht auf eine gegen Imperialismus und Militarismus gerichtete Bewegung bestehen soll, die in den fortschrittlichen Gesellschaften eine breite Basis besitzt.

Werfen wir nochmals einen Blick in die zitierte Programmschrift der amerikanischen Herrscherelite. Scharfsichtig beschreibt sie die Hauptbedrohung durch den Kommunismus:

> Er bedeutete: (1) Einen bedenklichen Rückgang der potenziellen, für den Westen zugänglichen Ressourcengrundlagen und Absatzmärkte aufgrund des Wegfalls der kommunistischen Gebiete aus der internationalen Wirtschaft und ihrer ökonomischen Transformation in einer Art und Weise, die ihre Bereitschaft und Fähigkeit verminderte, die Industriewirtschaften des Westens zu ergänzen.[9]

Diese Interpretation der kommunistischen Gefahr (die einiges zur Erklärung von Joan Robinsons Meinung beiträgt, wonach der amerikanische Kreuzzug gegen den Kommunismus ein Feldzug gegen Entwicklung ist) wird den Reichen sicher sehr gefallen. Sie werden sofort begreifen, dass es unser Ziel sein muss, “den Mühlenarbeitern Kalkuttas, den Bauern Ägyptens und den Indios in Guatemala” zu helfen, “politisch verlässlichere und wirtschaftlich kooperativere Mitglieder der freien Weltgemeinschaft zu werden”, die imstande sind, “die Fähigkeit zur Selbstdisziplin, zur vernünftigen und moralisch richtigen Wahl und zum verantwortungsbewussten Handeln” auszuüben. Die amerikanische Vorherrschaft über die Welt verlangt nach einer derartigen politischen Verlässlichkeit, Kooperationsbereitschaft und moralischen Verantwortung. Für die Wohlhabenden und Privilegierten ist es ein Leichtes, die amerikanische Vorherrschaft über die Weltressourcen mit “dem Fortbestand menschlicher Freiheit und menschenwürdiger Gesellschaften weltweit” gleichzusetzen. Diese Vorherrschaft wird durch gewisse Formen der nationalen Unabhängigkeit und der internationalen Zusammenarbeit gefährdet, durch die Ressourcen zum Wohl derer bereitgestellt werden, die in heutiger Zeit “die Industriewirtschaften des Westens ergänzen.”

Diese “Gefahr” und ihre inländische Entsprechung sollten von der Linken begrüßt und ermutigt werden. Gewiss sollte eine internationale Bewegung der Linken zum Ziel haben, Ungerechtigkeiten zu beseitigen. Doch ist zu sagen, dass die in fortschrittlichen Nationen an einer solchen Bewegung Beteiligten durch Leidenschaft und Brüderlichkeit und nicht durch persönliche Habgier motiviert sein müssen. Auf lange Sicht besteht kein Grund zu der Annahme, dass eine gerechte Verteilung der Weltressourcen zur Minderung des Lebensstandards in den entwickelten Ländern führen wird, sofern dies mit dem Ende der irrationalen Verschwendung und Zerstörung der Ressourcen einhergeht, die für moderne Industriegesellschaften typisch sind. Abermals wird deutlich, dass eine umfangreiche “kulturelle Revolution” eine Voraussetzung – oder besser gesagt eine notwendige Begleiterscheinung – für eine linke Bewegung sein wird, die in technologisch fortschrittlichen Gesellschaften tiefe Wurzeln besitzen will.

Diese Gedanken behalten ihre Gültigkeit, wenn wir uns mit der dringlichen Frage der Beendigung des Rüstungswettlaufs befassen. In naher Zukunft wird es sicher immer schwieriger, eine Kampagne gegen den Militarismus mit der Unterstützung jener Arbeiter, Facharbeiter, Ingenieure und Wissenschaftler zu organisieren, deren Anstellung in hohem Maße von der Finanzierung durch das Militär abhängt. Sollte es revolutionären Studenten am MIT (*Massachusetts Institute of Technology*) gelingen, die militärische Forschung ernsthaft in Frage zu stellen, wäre die erste Reaktion der Gewerkschaften der Universitätslabore, eine Klage vor dem Bundesgerichtshof anzustrengen, um die Beendigung der militärischen Tätigkeit am MIT zu verhindern. Diese Reaktion wäre nicht irrational: Die Wirtschaft Neuenglands unterstützt keine andere Art der Anstellung. Aus ähnlichen Gründen wird es für Ingenieure und viele Wissenschaftler ziemlich schwierig werden, sich von ihrer Bindung an den Krieg und an die Verschwendung loszusagen.

Wenn eine revolutionäre Bewegung auf eine vermehrte Zustimmung seitens Facharbeitern, Ingenieuren und Wissenschaftlern hoffen will, wird sie sie überzeugen müssen, dass ihre kurzzeitigen Interessen durch andere Umstände wieder aufgewogen werden, z.B. durch das Eigeninteresse jedes vernünftigen Menschen, intellektuelle und materielle Ressourcen für rationale Zwecke zu verwenden, und speziell um die Kriegsvorbereitungen zu beenden, die durchaus zu einer finalen Katastrophe führen könnten. Die Aufgabe von Revolutionären besteht in diesem Fall darin, greifbare Alternativen auszuarbeiten und zu zeigen, wie sie in verschiedenen Formen der sozialen Organisation verwirklicht werden könnten. Außerdem müssen Revolutionäre jene irre Weltanschauung bekämpfen, die zur Rechtfertigung des auf Vernichtung gerichteten Wettrüstens konstruiert wurde. Sie müssen versuchen, einen grundlegenden Wertewandel und ein Engagement für Ziele genereller Art zu bewirken, die, sollten sie erfolgreich sein, der imperialen Dominanz, dem Militarismus und der Unterdrückung ein Ende bereiten werden.

Noch vor einem Jahrzehnt hätte nur ein Visionär Fragen wie diese erahnen können. Jetzt sind sie lebendig und erregen Aufmerksamkeit. Revisionistische Historiker haben die Illusionen, die die Wissenschaft der Nachkriegszeit beherrschten, erfolgreich zerstört. Verbände wie die *North American Conference on Latin America* (Nordamerikanische Konferenz Lateinamerikas), das *Committee of Concerned Asian Scholars* (Ausschuss besorgter asiatischer Wissenschaftler), die *Union for Radical Political Economics* (Bund für Radikale Politische Ökonomie) und viele andere haben die Möglichkeit, die akademischen Berufszweige neu zu beleben und eine revolutionäre intellektuelle Kultur zu schaffen, die an den Universitäten und an den Fachhochschulen eine breite Basis besitzt. Ihr Einfluss könnte auf die Medien (die zu diesem Zweck womöglich umgestaltet werden müssten), auf Schulen, Gemeinden und politisch tätige Organisationen verschiedenster Art übergehen.

Diese Berufsgruppen schwammen auf der Welle des politischen Aktivismus natürlich ganz oben. Studien, die von den starren, durch die dominierenden Gesellschaftsinstitutionen auferlegten ideologischen Beschränkungen frei sind, werden massiv unterdrückt und können leicht übersehen werden, wenn die allgemeine politische Stimmung keinerlei Anfechtungen und Neuerungen begünstigt. Sollte es keine lebendigen und soliden revolutionären politischen Bewegungen geben, könnten die "nachgiebigeren" Disziplinen mühelos durch sozialen Druck unterwandert werden, wie es auch in der Vergangenheit häufig geschah. Zudem wird eine linke Bewegung rasch versagen und in Bedeutungslosigkeit versinken, wenn sie keine geistige Kultur errichtet, die aus Gründen ihrer Vortrefflichkeit zur dominierenden wird und für die meisten Menschen einen Sinn ergibt. In den fortschrittlichen Industriegesellschaften könnte der Großteil der Menschen an der Schaffung und Vertiefung einer solchen Kultur beteiligt sein.

Universitäten und Zukunft

Die Chancen scheinen mir gut, dass die kleinen, heute existierenden Gruppen an Größe zunehmen, miteinander in Kontakt treten und sich mit einer politischen Bewegung nach links verbinden können, die in zahlreichen Schichten der US-Gesellschaft verankert ist. Im Augenblick sind die Universitäten ein logischer und bevorzugter Ort für eine solche Entwicklung und Zusammenarbeit. Zweifellos wird es Widerstände gegen die Schaffung einer Wissenschaft und Lehre geben, die nicht an die herrschende konservative Ideologie gebunden ist. Zweifellos wird man solche politischen Tätigkeiten zu unterdrücken versuchen, die eine natürliche Folge echter Forschung sind. Die Universitäten sind durch die Einflüsse der beherrschenden Gesellschaftsinstitutionen, des Nationalstaats und der großen Konzerne, mit denen sie in enger Verbindung stehen, stark politisiert worden. Der natürliche Konservatismus der Fakultäten wird sich mit dem politischen Konservatismus verbinden, der durch äußeren Druck auferlegt wird, um die freie Forschung in die Schranken zu verweisen. Beispiele der Repression zu finden ist nicht schwer, doch sollte man sie nicht übertrieben darstellen. Man sollte sich bewusst machen: Wer einen gewissen Status und ein bestimmtes Ansehen erlangt hat, wird sich in allen Bereichen Neuerungen widersetzen. Dieser natürliche Widerstand, der leicht nachzuweisen ist, gibt uns eine Art Maßstab dafür, wie die aktuelle, an den Universitäten vorherrschende politische Repression einzuschätzen ist. An diesem Maßstab gemessen (welcher korrekt ist) ist die politische Repression meines Erachtens derzeit nicht besonders ausgeprägt. Sie könnte wachsen, doch das muss nicht bedeuten, dass sie zwangsläufig die Oberhand gewinnen wird. Augenblicklich gibt es in dieser Hinsicht wenig Anlass zum Pessimismus.

Besonders wichtig sind aus meiner Sicht Bemühungen, die im vergangenen Jahr von Wissenschaftlern und Ingenieuren unternommen wurden. So gelang es etwa einer Handvoll Doktoranden am MIT, innerhalb nur weniger Monate einen eintägigen Forschungsstreik zu organisieren, der sich auf rund fünfzig Hochschulen ausbreitete und zur Entstehung aktiver und dauerhafter Vereinigungen von Studenten und Fakultäten führte. Diese Initiative entstand, weil man einem "unerlaubt abwesenden Soldaten", Mike O'Connor, letzten Herbst einen Zufluchtsort am MIT bereitstellte. Dies veränderte die politische Stimmung an der Universität dramatisch.

"Revolutionäre" Kultur und sozialer Wandel

In gewisser Weise ist die Bildung einer revolutionären Bewegung von Wissenschaftlern und Ingenieuren mit der Organisation eines Widerstands US-amerikanischer Soldaten vergleichbar. Die imperiale Vormachtstellung Amerikas basiert genauso sehr auf Technologie wie auf der Größenordnung der Militärstreitkräfte. Wie Franz Schurmann treffend betonte: "Außer in gravierenden Notsituationen ist es unwahrscheinlich, dass die Vereinigten Staaten abermals eine große Armee auf die Beine werden stellen können", und "mit Ausnahme weniger Marionettenstaaten wie Südkorea war kein Land gewillt, den US-Militaristen Soldaten zur Verfügung zu stellen, welche über die nötige Standkraft verfügen, um 'begrenzte Kriege' fern von Amerikas Küsten zu führen (...) Folglich müssen sich [die Vereinigten Staaten] auf ihre Technologie verlassen, um ihre Kriege führen zu können."[10]

Außerdem sind sich diese Wissenschaftler und Ingenieure der Korruption der Intellektuellen allzu bewusst. Sie wird durch ein System auferlegt, das so irrational ist, dass die meisten Ingenieure gezwungen sind, eine Anstellung bei der NASA, bei der AEC (Amerikanische Energiekommission; eine vornehmlich mit Waffenproduktion befasste Behörde) oder beim Verteidigungsministerium anzunehmen. Die Tatsache, dass eine erfolgreiche Bewegung von Wissenschaftlern und Ingenieuren zum Teil aus einer Solidaritätsbekundung für die Kriegsdienstverweigerung eines amerikanischen Soldaten entstanden ist, hat daher eine symbolische Bedeutung. Eine solche Organisation von Wissenschaftlern und Ingenieuren könnte dieses System, welches technologisch fortschrittliche Industriesektoren subventioniert und die globale Vormachtstellung durch eine Umfunktionierung der Technologie erreichen will, an seinem verwundbarsten Punkt treffen – seinen Mitarbeitern. Die Wissenschaftler und Ingenieure könnten denselben entscheidenden Beitrag zu einer revolutionären Kultur leisten – und letztlich auch zu einer erfolgreichen Bewegung für einen umfassenden sozialen Wandel –, den sie augenblicklich für Militarismus und Unterdrückung aufbringen.

Wie bereits erwähnt, wäre es undenkbar, dass die Linke in einer modernen Industriegesellschaft echte Triumphe feiern kann, wenn sie ihre intellektuellen Möglichkeiten nicht ausschöpft, um nachvollziehbare und greifbare Lösungen für die Probleme in unserer Gesellschaft zu finden. Wer der Meinung ist, dass man diese Probleme nur angehen kann, wenn die sozialen Institutionen nach demokratischen Prinzipien neu aufgebaut werden, steht vor der Aufgabe, die Machbarkeit dieses Vorhabens zu beweisen. Mögliche Lösungen sind nur von begrenztem Interesse, wenn sie bloß in technischen Monographen erscheinen (obwohl das viel mehr als ein unwichtiger Erfolg wäre). Die Lösungen müssen sich tief ins Bewusstsein derer einprägen, die unter Verhältnissen leben, die sie zu verwirklichen suchen.

Zwischen Wissenschaftlern, Ingenieuren, Technikern, Facharbeitern, Arbeitern, Berufstätigen und anderen Angestellten, Schriftstellern und Künstlern gibt es viele Arten des Austauschs – zwischen all denen, die zu einer lebendigen Bewegung der Linken beitragen müssen. Einige der Möglichkeiten dieses Austauschs habe ich bereits genannt. Besonders die Verwendung der moderner Technik, um die Voraussetzungen für eine industrielle Demokratie und für eine rationale, humane Ressourcenverwendung zu schaffen, zählen zu den wichtigsten Zielen, die in greifbarer Nähe sind. Eine tatsächliche Mehrheitsbewegung der Linken sollte all diese Bereiche der amerikanischen Gesellschaft einschließen. Ihre politischen Prinzipien und ihre Einsichten müssen aus dem gemeinsamen Versuch erwachsen, eine neue Welt zu errichten.

Kapitel 9
WEGE ZU EINER HUMANISTISCHEN ERZIEHUNGSAUFFASSUNG

(April 1971)

Ich hatte die besondere Ehre, am *Trinity College* in Cambridge einige Vorträge in Erinnerung an Bertrand Russell zu halten. Als ich mich auf sie vorbereitete und mir Gedanken darüber machte, kam ich in den Genuss, eine ganze Reihe seiner Werke, die er über einen langen Zeitraum hinweg geschrieben hat, zum ersten oder wiederholten Mal zu lesen.[1]

Russell hatte eine Menge über Erziehungsfragen zu sagen. Was er schrieb, hat heute nichts von seiner Bedeutung verloren. Immer wieder beschäftigte er sich mit sehr interessanten und provokanten Ideen aus der Theorie und Praxis der Erziehung. Er schrieb nicht nur über seine Ideen, sondern versuchte auch, sie zu verwirklichen. Während der langen Jahre seines Interesses an diesem Gebiet war er der Meinung, dass es das vorrangige Erziehungsziel sein müsse, alle kreativen Neigungen des Menschen zu wecken und zu erweitern. Dieser Grundgedanke, den er über die Jahre in verschiedene Worte fasste, hat seinen Ursprung in einer bestimmten Auffassung von der menschlichen Natur, die er ebenfalls verschieden darstellte. Sie geht aus einem Standpunkt hervor, den er die "humanistische Idee" nannte und ein Kind so sieht, wie ein Gärtner einen jungen Baum betrachtet, als "etwas, das über eine eigene Natur verfügt und zu etwas Bewunderungswürdigem heranwachsen kann, wenn Boden, Licht und Luft der passenden Art zugegen sind."

An anderer Stelle betonte Russell, dass "der Boden und die Freiheit, die für das Wachsen eines Menschen nötig sind, ungleich schwerer zu entdecken und zu erreichen sind (...) das volle Wachstum, auf das man hoffen mag, ist weder fassbar noch nachweisbar. Es erfolgt fast unmerklich in komplizierter Weise und vermag nur mit größter Sensibilität wahrgenommen und mit unserer Vorstellungskraft und Achtung vage erahnt zu werden." Aus diesen Gründen war er der Meinung, dass die Erziehung vom "Geist der Ehrfurcht" geleitet sein müsse, um "etwas Heiliges, Unfassbares und Unendliches" hervorzubringen, "etwas Individuelles, seltsam Wertvolles, das Wachstumsprinzip des Lebens, ein Gestalt gewordenes Bruchstück des stummen Strebens der Welt."

Das ist *eine* Sichtweise vom Wesen der Erziehung. Ihr liegt eine bestimmte Auffassung der menschlichen Natur zugrunde, die Russell die humanistische Idee nannte. Nach ihr hat jedes Kind eine innewohnende Natur, deren wichtigster Bestandteil kreative Neigungen sind. Verfolgen wir diese Gedanken weiter, sollte es Ziel der Erziehung sein, den Boden und die Freiheit bereitzustellen, die für die Entwicklung der kreativen Neigungen nötig sind; folglich sollte für eine reichhaltige und herausfordernde Umwelt gesorgt werden, die ein Kind mit seinem Vorstellungsvermögen erforschen kann. Dadurch kann es seine inneren kreativen Neigungen entwickeln, um vielleicht auf ganz eigene und einmalige Weise sein Leben zu bereichern. Dieser Ansatz, so Russell, wird durch einen Geist der Bewunderung und der Bescheidenheit bestimmt: Bewunderung für das kostbare, vielgestaltige, individuelle und unvorhersehbare Wachstumsprinzips des Lebens, und Bescheidenheit hinsichtlich der Ziele und Verständnismöglichkeiten des Lehrers.

Da sich Russell hervorragend in den modernen Wissenschaften auskannte, war ihm auch überaus bewusst, wie wenig wir über die Ziele und Zwecke des menschlichen Lebens wissen. Ziel der Erziehung könne daher aus seiner Sicht nicht sein, die Entwicklung eines Kindes zu bestimmten, im Voraus festgelegten Zielen zu lenken, denn jedes solche Ziel müsste durch beliebige autoritäre Maßnahmen festgelegt werden. Ziel der Erziehung müsse vielmehr sein, dem Wachstumsprinzip des Lebens seinen eigenen und individuellen Verlauf zu ermöglichen und diesen durch Verständnis, Ermutigung, Herausforderung und die Schaffung eines reichhaltigen und vielfältigen Rahmens und Umfelds zu erleichtern.

In dieser humanistischen Erziehungsidee verbergen sich natürlich mehrere Annahmen über die Tatsachen der inneren menschlichen Natur, insbesondere über die Bedeutung kreativer Neigungen für diese innere Natur. Sollten sich diese Annahmen – in richtiger Weise dargestellt – als falsch erweisen, werden die Folgerungen über die Theorie und Praxis der Erziehung nicht belegt worden sein. Treffen die Annahmen aber ins Schwarze, wäre vieles der heutigen amerikanischen Erziehungspraxis rational und moralisch fragwürdig.

Libertäre Erziehungstheorien: das Wesen der Arbeit

Die humanistische Sicht des Menschen führt uns zu etwas, das man als libertäre Erziehungstheorie bezeichnen könnte. Zugleich führt sie auf logischem und direktem Wege zu libertären Ideen der Gesellschaftsorganisation, die eng mit Ideen etwa über zentrale und entscheidende Theorien über das Wesen der Arbeit verbundenen sind. In diesem Zusammenhang zitierte Russell folgende Bemerkung Kropotkins: "Zuviel Arbeit widerspricht der menschlichen Natur, nicht aber die Arbeit an sich. Ein Übermaß an Arbeit dient dazu, wenige mit Luxusgütern zu versorgen, nicht jedoch dem Wohle aller. Arbeit ist eine physische Notwendigkeit, ist nötig zum Verbrauch gespeicherter Körperenergie und für Gesundheit und das Leben an sich."[2]

Russell verfolgte diesen Gedanken weiter und betonte: "Wenn Menschen der Arbeit zugetan wären anstatt zu ihr veranlasst werden zu müssen, wäre es ein offenkundiges Interesse der Gemeinschaft, die Arbeit angenehm zu gestalten", und die sozialen Institutionen wären zu diesem Zweck organisiert. Sie würden dann Verhältnisse schaffen, in denen produktiver und kreativer Arbeit frei nachgegangen werden könnte, als Element eines ganz gewöhnlichen und gesunden Lebens. Ich möchte diese Bemerkungen in einen passenden historischen Kontext setzen: Wer den "Gattungscharakter" des Menschen in einer "freien und bewussten Tätigkeit" sieht – um den frühen Marx zu zitieren –, wird eine höhere Gesellschaftsform anstreben (die Marx sich vorstellte), in der Arbeit nicht nur Mittel zum Leben wäre, sondern zugleich der größte Wunsch im Leben.[3]

Es gibt auch eine dazu im Gegensatz stehende und bekanntere Sicht vom Wesen der Arbeit: dass Arbeit eine Ware ist, die auf dem Arbeitsmarkt zum größtmöglichen Profit verkauft werden sollte und keinen Wert an sich besitzt. Ihr einziger Wert und unmittelbarer Zweck besteht darin, Konsummöglichkeiten zu eröffnen. Aus diesem Grund sind Menschen vorwiegend mit maximalem Konsum befasst und nicht mit kreativer Arbeit unter freien Bedingungen. Einzigartig und individuell sind die Menschen nicht durch das, womit sie sich beschäftigen, was sie für andere tun oder wie sie die Natur verändern; ihre Individualität wird durch materiellen Besitz und Konsum bestimmt: Was ich bin, bin ich durch das, was ich besitze und konsumiere. Nach dieser Auffassung muss das vorrangige Ziel im Leben demzufolge die Maximierung des Warenbesitzes sein, und Arbeit wird fast ausschließlich zu diesem Zweck geleistet. Dieser Sichtweise liegt natürlich die Annahme zugrunde, dass Arbeit der menschlichen Natur zuwider ist und dass Untätigkeit und Besitz und nicht kreative Arbeit das Ziel der Menschheit sein müssen.

Auch in dieser Sicht der menschlichen Natur verbergen sich Annahmen über Fakten. Nach ihr sollte es Ziel der Erziehung sein, die Kinder darauf einzuüben, sich bestmöglich in den Produktionsprozess einzupassen und sie mit den dafür nötigen Fähigkeiten und Gewohnheiten auszustatten. Menschlich gesehen ist das bedeutungslos, doch notwendig, um ihnen die Möglichkeit zu eröffnen, ihre Freiheit als Konsumenten auszuüben – eine Freiheit, die sie während jener Stunden genießen können, in denen sie von der beschwerlichen Mühsal der Schufterei befreit sind. Diese Vorstellung wirkt natürlich auf jeden abstoßend, der Russells humanistischen Standpunkt der menschlichen Natur anerkennt. Ich sollte erneut erwähnen, dass diese gegensätzlichen Ansichten über die Arbeit und Erziehung Tatsachenurteile über das Wesen der menschlichen Natur enthalten.

Auf den Punkt gebracht lautet die Frage: Ist die kreative Arbeit der größte Wunsch im Leben, oder ist sie eine Last und stattdessen Untätigkeit und Warenkonsum höchstes Bedürfnis und größtes Ziel im Leben?

Der humanistische Standpunkt, wie er von Russell, Kropotkin, Marx und vielen anderen vorgebracht wurde, könnte falsch sein. Ich selbst halte ihn für zutreffend. In beiden Fällen ergeben sich daraus direkte Folgen für die soziale Organisation und für die Erziehung.

Sozialkritiker, die versuchten, die humanistische Idee weiterzuführen und die richtigen Schlüsse aus ihr zu ziehen, waren sich der Möglichkeit ihrer Unrichtigkeit bewusst. So zitierte Russell aus einer Broschüre der *National Guilds League*, einer radikalen sozialistischen Organisation der britischen Arbeiterklasse Anfang des 20. Jahrhunderts, die eine der beschriebenen humanistischen Idee sehr ähnliche Sichtweise aufzustellen versuchte. In einer Diskussion über Russells humanistische Vorstellung des Menschen räumt die Broschüre ein: "In der Arbeit stecken die Scheinheiligkeit des Mittelalters und die Scheinheiligkeit der Freude." Doch weiter erklärt sie: "Vielleicht wäre es besser, diese Scheinheiligkeit zu riskieren", als eine Philosophie anzuerkennen, welche "die Arbeit zu einer rein kommerziellen Tätigkeit und zugleich zu einer gefühllosen und freudlosen Angelegenheit" werden lässt.

Auch hier neige ich zu Russell und jener mittelalterlichen Scheinheiligkeit, doch geht es mir hier nicht so sehr um die Verteidigung dieser Auffassung als um den Zusammenhang zwischen der damit verbundenen Sicht der menschlichen Natur – besonders im Hinblick auf Kreativität und produktive Arbeit – und bestimmten Fragen, die sich in der Erziehungspraxis stellen: Sollte die Erziehung auf Freiheit und Herausforderung gerichtet sein, oder auf Führung, Anweisung und Kontrolle?

Folgen für die Sozialtheorie und Erziehungspraxis

Die Diskussion über diese Standpunkte begann nicht erst im 20. Jahrhundert. Ich möchte hier nur einen Namen von großer historischer Bedeutung nennen: Wilhelm von Humboldt, ein äußerst wichtiger und viel zu wenig beachteter Denker, dessen Werke erst in den vergangenen Jahren allgemein zugänglich gemacht wurden. Humboldt schrieb über die Praxis der Erziehung und über ihren Ursprung in einer bestimmten Vorstellung von der menschlichen Natur, die der bereits betrachteten humanistischen Idee gleicht. Er war der Meinung: "Forschen und Schaffen – darum drehen und darauf beziehen sich wenigstens, wenngleich mittelbarer oder unmittelbarer, alle Beschäftigungen des Menschen (…) Alle Bildung", so schrieb er, "hat ihren Ursprung allein in dem Innern der Seele und kann durch äußre Veranstaltungen nie hervorgebracht werden (…) Was nicht von dem Menschen selbst gewählt, worin er auch nur eingeschränkt und geleitet wird, das geht nicht in sein Wesen über, das bleibt ihm ewig fremd, das verrichtet er nicht eigentlich mit menschlicher Kraft, sondern mit mechanischer Fertigkeit." Wenn ein Mensch in dieser Weise handelt, sagte Humboldt, "mögen wir bewundern was er tut, aber (...) verachten, was er ist."[4]

Aus diesem Standpunkt folgt Ähnliches über die Erziehungspraxis wie bei Russell, und natürlich sind auch darin Folgerungen für eine Sozialtheorie enthalten. Wer die menschliche Natur in diesem Licht sieht, wird weiterhin nach Gesellschaftsformen suchen, die solche wirklichen menschlichen Tätigkeiten ermutigen, die aus inneren Neigungen hervorgehen. Dazu schrieb Humboldt:

> [Dann] ließen sich vielleicht aus allen Bauern und Handwerkern Künstler bilden, d.h. Menschen, die ihr Gewerbe um ihres Gewerbes willen liebten, durch eigengelenkte Kraft und eigne Erfindsamkeit verbesserten und dadurch ihre intellektuellen Kräfte kultivierten, ihren Charakter veredelten, ihre Genüsse erhöhten. So würde die Menschheit durch eben die Dinge geadelt, die jetzt, wie schön sie auch an sich sind, so oft dazu dienen, sie zu entehren.[5]

Humboldt war in der Theorie und in der Praxis der Erziehung eine wichtige Persönlichkeit. Er gehörte zu den Begründern des modernen Universitätssystems und war zugleich ein bedeutender sozial-libertärer Denker, der John Stuart Mill in verschiedener Weise inspirierte und ihm vieles vorwegnahm. Seine rationale Vorstellung von der menschlichen Natur, die eine freie und kreative Tätigkeit als ihr Wesen in den Vordergrund stellte, erfuhr im sozial-libertären Denken des Industriezeitalters eine Weiterentwicklung – insbesondere in der Sozialtheorie des libertären Sozialismus und Anarchismus im 19. Jahrhundert und in den damit verbundenen praktischen Erziehungslehren.

Ich will nochmals darauf hinweisen, dass diese Ansichten mit Fragen über die Fakten der menschlichen Natur zusammenhängen, aus denen bestimmte Schlüsse über die Theorie und Praxis der Erziehung gezogen werden können, und auch über eine Sozialtheorie und Handlungen, die sich logisch aus einem authentischen Engagement für die Folgerungen dieser Theorie ergeben.

Die Beurteilung dieser Fragen wird meist weniger durch Beweise als durch ideologische Bindungen bestimmt. Auch wenn das kein sehr erfreulicher Umstand ist, überrascht er nicht sonderlich. Er überrascht deshalb nicht, weil bei solchen Fragen kaum einmal Beweise zum Tragen kommen und wir dennoch nicht vermeiden können, darüber zu urteilen. Wir können die meisten in der Gesellschaft dominierenden Meinungen einfach stillschweigend akzeptieren, was wir für gewöhnlich auch tun. Wir bilden unsere Meinung gemäß der herrschenden Ideologie, ohne groß darüber nachzudenken. Es bedarf der Mühe, durchdacht zu urteilen und sich des Mangels an Beweisen bewusst zu werden. Hierzu gibt es jedoch keine Alternative.

In dieser Situation wäre die Nullhypothese der Standpunkt, den Bertrand Russell einnehmen würde. Das heißt, wenn keine gegenteiligen Beweise vorliegen, sollte man sich solchen Fragen mit der Ehrfurcht und Bescheidenheit nähern, die Russell in seiner Diskussion der "humanistischen Idee" vorschlug. Mangelt es an zwingenden Gründen für die gegenteilige Annahme, sollte man äußerst zurückhaltend darin sein, Leben, Persönlichkeit oder Gedanken eines anderen kontrollieren zu wollen. Die Anerkennung oder Ablehnung der Nullhypothese hat politische, soziale und pädagogische Folgen für Erzieher wie für Lehrer. Anders formuliert wirkt sie sich stark auf die Gedanken oder die fehlenden Gedanken darüber und auf die damit verbundene persönliche und berufliche Verantwortung aus.

Nehmen wir, um das zu verdeutlichen, die Verhaltenskontrolle als Beispiel. In gewissem Sinne wirkt sie auf jeden, der die humanistische Sicht der Erziehung anerkennt, abstoßend. Sicher lässt sich das Verhalten in gewissem Maße kontrollieren. Wirksame Methoden der Konditionierung und Kontrolle sind bekannt, die in Experimenten bis in alle Einzelheiten erforscht wurden. Doch sicher wäre es ein Fehler zu glauben, dass diese Experimente unsere Einsichten in Lernprozesse [d.h. mentale Wachstumsprozesse] tatsächlich verbessert hätten. Zum Beispiel gibt es viele Ergebnisse über die Wirkung verschiedener Verstärkungsmethoden auf die Häufigkeit einfacher Reaktionen. Haben wir – durch die Anwendung dieser Methoden in natürlichen und künstlichen Umgebungen – gelernt, dass Lernen durch Konditionierung erfolgen würde? Natürlich haben wir nichts dergleichen gelernt. Lernen erfolgt durch eine Interaktion der angeborenen Ausstattung, erblich bestimmten Wachstumsprozessen und Wechselwirkungen mit der Umwelt. Das Muster der Interaktion und die Merkmale der beteiligten Faktoren sind, wie jeder ehrliche Forscher zugeben wird, größtenteils unbekannt.

Auf manchen Gebieten, z.B. in den Sprachwissenschaften, scheinen die vorhandenen Belege darauf hinzudeuten, dass die angeborene Komponente außerordentlich bedeutsam ist und dass die Art und Natur des Erlernten mit großer Genauigkeit durch angeborene psychische Strukturen bestimmt werden. In der Tat scheinen genau jene Merkmale der Sprache, die sie zu einem effektiven Werkzeug des freien Denkens und der freien Meinungsäußerung machen, aus diesen erblich bestimmten Strukturen hervorzugehen. Ziemlich klar ist, dass die Sprache kaum als System von Gewohnheiten und Fertigkeiten gesehen werden kann, das durch Übung erworben wurde. Vielmehr muss sie als hochentwickelte mentale Struktur betrachtet werden, die vorwiegend durch angeborene Attribute der Psyche bestimmt wird. Dieser Standpunkt mag, in allen Einzelheiten dargelegt, richtig oder falsch sein, doch haftet ihm nichts Geheimnisvolles an. Man könnte die Sprache sehr klar und genau verstehen, sie ist überhaupt kein Mysterium. Rätselhaft sind vielleicht die biologischen und neurophysiologischen Grundlagen dieses (und anderer) psychischer Mechanismen, doch das ist eine ganz andere Frage.

Ich will an dieser Stelle einen Punkt erwähnen, der zu Verwirrung führt. Diese Verwirrung herrscht bei vielen Sprachwissenschaftlern vor, die den freien und kreativen Sprachgebrauch mit jenen Regeln in Verbindung bringen, die die freie und kreative Verwendung der Sprache ermöglichen: die rekursive Eigenschaft der Grammatik, die es möglich macht, unendlich viele Sätze zu bilden. Wenngleich diese beiden Vorstellungen nicht unabhängig voneinander sind, sollten sie dennoch nicht durcheinandergebracht werden. Dies wäre ein schwerer Fehler – eine Verwechslung einer Leistung mit einer Fähigkeit. Es gibt Regeln, die eine unbegrenzte Zahl möglicher Ausdrucksformen erlauben. Diese Regeln sind ein notwendiger Bestandteil des kreativen Sprachgebrauchs. Ein Computer, der zufällig Sätze konstruiert, geht aber nicht kreativ vor. Zwischen Grenzen, Regeln und kreativem Verhalten bestehen Wechselwirkungen und komplexe Beziehungen. Gäbe es kein Regelsystem, keine systematischen Grenzen und keine vorgeschriebene Form, wäre kreatives Verhalten praktisch undenkbar. Wer willkürlich Farbe auf eine Wand kippt, betätigt sich nicht als kreativer Künstler. Genauso ist ein System von Grenzen, Formen und Regeln als Grundlage jeder kreativen Tätigkeit vorauszusetzen. Doch kreatives Verhaltens muss aus verschiedenen Perspektiven verstanden werden – dies ist nur *ein* wesentlicher Bestandteil.[6]

Kehren wir zu der Frage zurück, was aus der Analyse der Konditionierung gelernt wurde. Diese Untersuchungen können unmöglich gezeigt haben, dass Lernen durch Konditionierung erfolgen würde, ganz einfach deshalb, weil die Grundfrage der Lerntheorie – so wie sie sich in den letzten Jahre entwickelt hat – kaum je gestellt, geschweige denn beantwortet wurde. Die Lerntheorie weist eine wichtige Begriffslücke auf, die es sehr erschwert, diese Grundfrage zu stellen. Dies ruft erhebliche Zweifel an der Richtigkeit aller erzielten Ergebnisse hervor, wie interessant sie für sich genommen auch sein mögen. Die

Begriffslücke besteht vor allem darin, dass die Lerntheorie mit Situationen und Handlungen zu tun hat, d.h. mit Reizen und Reaktionen. Man hat jedoch keine wirkliche Vorstellung vom Lerninhalt. Das richtig verstandene Grundproblem der Lerntheorie ist zu bestimmen, wie der Lerninhalt mit der Erfahrung zusammenhängt – und zwar auf der Grundlage des Lernvorgangs. Wenn wir wollen, können wir den Zusammenhang zwischen Reizen und Reaktionen erforschen, doch werden unsere Untersuchungen wahrscheinlich nicht zur Lösung des Problems beitragen, denn zweifellos wird dieser Zusammenhang durch das erworbene Wissens- und Meinungssystem – d.h. durch den Lerninhalt – vermittelt.

Betrachten wir erneut die Sprache, das womöglich eindeutigste Beispiel in dieser Hinsicht: Reize wirken auf den Organismus auf, und dieser reagiert mit einem bestimmten "verbalen Verhalten." Völlig augenscheinlich ist, dass das Sprachverhalten der Person dadurch beeinflusst wird, was sie als Sprecher der Sprache weiß, sowie durch das System von Regeln, das in bestimmter Form mental repräsentiert ist und die Grundlage eines größtenteils freien, kreativen Verhaltens darstellt. Wollen wir das Lernen von Sprachen verstehen, müssen wir die Beziehungen zwischen Erfahrung und Lerninhalt, zwischen Erfahrung und Wissen sowie zwischen Erfahrung und dem intern repräsentierten Regelsystem untersuchen. Nachfolgend können wir dann das Verhalten analysieren, d.h. die Interaktion vieler Faktoren, einschließlich direkter Reize, die von dem dann bekannten Regelsystem vermittelt werden. Wir können den Zusammenhang zwischen diesen Faktoren und dem Verhalten studieren. Doch der Versuch, den Zusammenhang zwischen Reizen und Reaktionen direkt zu untersuchen, ist ein sicherer Weg zur Bedeutungslosigkeit.

Wenn wir den Lerninhalt außer Acht lassen, ist keine direkte Verbindung zwischen Erfahrungen und Handlungen zu erwarten. Genauso wenig könnten wir die Fragen der Lerntheorie (Was wird gelernt? Welches Wissen ist bereits vorhanden?) überhaupt stellen, wenn eine solche Theorie fehlt. Um das Problem der Lerntheorie erst einmal zu formulieren, muss man sich mit der Aufgabe befassen, die von einer Person in einem bestimmten Stadium ihrer Entwicklung erworbenen und erlernten Kenntnisse und Meinungen systematisch darzustellen (das gleiche gilt ebenso für das Lernen bei Tieren). Dann können wir fragen, wie diese Wissens- und Meinungssysteme aus den verschiedenen, eine Rolle spielenden Faktoren entstanden sind – Erfahrung, Wachstum usw. Jeden Bezug zum Inhalt des Wissens und des Gelernten zu ignorieren, heißt nur, das Vorhaben von Anfang an zum Scheitern zu verurteilen.

Stellen wir die Frage nach dem Lerninhalt, sind die wenigen vorläufigen und überzeugend scheinenden Antworten den stillschweigenden, im Allgemeinen als unbestreitbar geltenden Annahmen vieler Lerntheoretiker sehr fern.

Die Überzeugung, dass Konditionierung ein wichtiger Bestandteil des Lernens sei, könnte wahr sein, doch im Augenblick steht sie wie eine Art Dogma im Raum. Ist die beschriebene humanistische Idee über die menschliche Natur, Arbeit und Erziehung wahr, könnte die Konditionierungstheorie ein gefährliches und womöglich schädliches Dogma darstellen. Denken wir an die Worte Humboldts: "Was nicht von dem Menschen selbst gewählt, worin er auch nur eingeschränkt und geleitet wird, das geht nicht in sein Wesen über, das bleibt ihm ewig fremd, das verrichtet er nicht eigentlich mit menschlicher Kraft, sondern mit mechanischer Fertigkeit."[7]

Die Tatsache, dass diese Beobachtung von einem großen Gesellschaftskritiker stammt, lässt sie natürlich nicht wahr werden. Es gibt jedoch nicht einen einzigen wissenschaftlichen Hinweis auf ihre Unwahrheit. Ich denke, unsere Erfahrung und die aus ihr hervorgehenden Einsichten verleihen dieser Sicht eine gewisse Glaubwürdigkeit (sie kann nicht von Gebieten widerlegt werden, wo die wissenschaftlichen Belege dürftig sind). Experimente liefern uns einige Anhaltspunkte, dass freiwillige und selbstbestimmte Handlungen eine äußerst wichtige Rolle beim Lernen und beim Wissenserwerb spielen. Sie stützen die Beobachtungen und Vermutungen bezüglich des inneren, freiwilligen Wesens all dessen, was für Menschen von tatsächlicher Bedeutung ist und was Kinder und Erwachsene im Laufe des Lernprozesses erwerben.

Was ist mit der damit verknüpften Vorstellung, dass das Wissen in kleinen, stufenweisen Schritten erworben würde? Nehmen wir z.B. einen Lehrplan in Geometrie. Wieder verbergen sich Gefahren in jedem solchen Lehrplan. Vielleicht werden die Gefahren sogar größer, wenn der Lehrplan zu funktionieren beginnt. Bildet man einen Mathematiker aus, lehrt man ihn nicht, Probleme zu lösen, die sich gerade an den Grenzen seines Wissens befinden. Nein, er muss lernen, mit neuen Situationen umzugehen, Gedankensprünge zu vollziehen und kreativ vorzugehen. Um ein guter Mathematiker zu werden, muss er ein gutes Vorstellungsvermögen besitzen und es oft zur Anwendung bringen können.

Eigentlich verstehen wir nicht wirklich, was sich bei solchen kreativen Gedankensprüngen in der Mathematik oder in anderen Disziplinen abspielt. Wir können jedoch annehmen, dass die Fähigkeit, solche im Wesentlichen kreativen Arbeiten zu tun, durch Erfahrung in der Auseinandersetzung mit interessanten und schwierigen Problemen erworben wird, die herausfordern und Interesse hervorrufen. Sie scheinen aber in keiner Weise mit der schrittweisen Erweiterung der erworbenen Fertigkeiten in enger Verbindung zu stehen. Lehrpläne, die bestimmte feste Inhalte in kleinen, aufeinander aufbauenden Schritten vermitteln können, behindern vielleicht die Möglichkeit, diese kaum verstandenen Fertigkeiten zu erwerben, die es jemandem ermöglichen, in der gewöhnlichen menschlichen Weise vorzugehen – bisweilen gar mit Genialität; und etwas ganz Ähnliches könnte auch für das ganz gewöhnliche menschliche Verhalten gelten.

Wohldurchdachte Schulen und herausfordernde Umgebungen

In den letzten Jahren haben sich die Schulen eine wahre Schlacht geliefert. Diesem Schlagabtausch will ich mich nicht anschließen. Ich teile nicht wirklich die Ansichten radikalerer Kritiker wie Paul Goodman oder Ivan Illich, die sagen, die Lösung des Schulproblems bestehe darin, die Schulen im Grunde abzuschaffen. (Nach der humanistischen Erziehungsauffassung ist es wichtig, Kindern eine möglichst reichhaltige und herausfordernde Umgebung zu bieten, damit sie größtmöglichen Gebrauch von ihren kreativen Kräften machen können; wohldurchdachte Schulen sollten für derartige Umgebungen sorgen können.) Doch vieles, was Goodman und Illich sagen, lässt sich meines Erachtens nicht einfach ignorieren. Ein enger Freund von mir kam im Alter von fünfzehn Jahren aus Europa in die Vereinigten Staaten und ging an eine amerikanische High School in New York. Nach kurzer Zeit war er entsetzt, dass er ins Büro des Rektors zitiert und hart bestraft wurde, wenn er drei Minuten zu spät in die Schule kam. Wenn er sich aber bei seinen Hausaufgaben nicht genügend angestrengte oder nicht kreativ und einfallsreich genug war, zeigte man sich vielleicht nicht besonders glücklich darüber, zitierte ihn aber zumindest nicht ins Büro des Direktors. Im Allgemeinen wurden Pünktlichkeit und Gehorsam hoch belohnt und waren Werte, die einem unbedingt eingeflößt werden mussten. Einfallsreichtum und Leistung waren zwar auch ganz schön, doch offensichtlich von untergeordneter Bedeutung.

Ein Erziehungsansatz, der Werte wie Pünktlichkeit und Gehorsam in den Vordergrund stellt, eignet sich bestens zur Heranbildung von Fabrikarbeitern, die als Produktionswerkzeuge dienen. Sie verträgt sich in keiner Weise mit der humanistischen Idee kreativer und unabhängiger Menschen. Das bringt uns zu den Annahmen über die menschliche Natur zurück, zu den sozialen Neigungen und Erziehungspraktiken, die den inneren Fähigkeiten des Menschen angemessene Beachtung schenken.

Ein enormes Potenzial für Gut und Böse

In einer reichen und mächtigen Nation, in dem die Möglichkeiten zum Guten und Bösen enorm sind, ist eine Analyse dieser Annahmen besonders wichtig. Die frühzeitigen Erfahrungen der Bewohner dieses Landes sind von größter humaner Bedeutung. Es ist ein Klischee zu sagen, dass die Verantwortung des

Lehrers gegenüber Schülern genau wie die Verantwortung von Eltern gegenüber ihren Kindern außerhalb unserer Reichweite liege. Deren Verantwortung wächst umso mehr, je umfassender Kinder den Lauf der Geschichte zu beeinflussen vermögen.

Bei uns in den Vereinigten Staaten herrscht eindeutig eine solche Situation. Eine der schlimmsten Formen der Beeinflussung, die in totalitären Staaten in gefährlichster Weise bis zum Äußersten entwickelt wurde, ist die Indoktrination der Kinder. In anderen Ländern verurteilen wir das völlig zu Recht, doch bei uns nehmen wir es kaum wahr. Ich gebe nicht vor, besonders viel darüber zu wissen, doch habe ich Kinder, die in die Schule gehen, und gelegentlich schaue ich ihnen über die Schulter. Manche der Indoktrinationsmethoden, mit denen sie in Berührung kommen, sind offen gesagt erschreckend. Kürzlich las ich einen Artikel in einer Kinderzeitung, dem *Weekly Reader*, der das Problem amerikanischer Gefangener in Nordvietnam erörterte. Dort war zu lesen: "In Vietnam herrscht ein Krieg, der schon viele Jahre andauert. Nordvietnam und Südvietnam kämpfen gegeneinander. Amerika kämpft auf der Seite Südvietnams. Nordvietnam hat viele Amerikaner gefangen genommen." Dann ist von einigen amerikanischen Kindern die Rede: "Die Kinder schickten ihre Briefe dem Präsidenten Nordvietnams. Sie baten ihn, die amerikanischen Kriegsgefangenen freizulassen und sie nach Hause in die Vereinigten Staaten gehen zu lassen."[8] Es gibt auch eine Ausgabe für Lehrer, die dem Artikel gleichkommt und erklärt, wie Lehrer die richtigen Antworten bewirken sollen.

Schauen wir uns an, was der *Weekly Reader* diesen beeinflussbaren jungen Kindern berichtete: erstens, dass es einen Krieg zwischen Nord- und Südvietnam gegeben habe. Das ist natürlich völlig falsch. Jeder in der Regierung weiß, dass es nicht stimmt. In der Regierung weiß man sehr genau, dass es als Krieg zwischen den Vereinigten Staaten und indochinesischen Bauerngesellschaften begann (besonders in Südvietnam). Nie war es ein Krieg zwischen dem Norden und dem Süden gewesen. Stellt man die Frage, wann die ersten offiziellen Einheiten der nordvietnamesischen Armee in Südvietnam gesichtet wurden, bekommt man die merkwürdige Antwort, dies sei Ende April 1965 der Fall gewesen (ein Bataillon von vierhundert Mann) – etwa zweieinhalb Monate nach dem Beginn der offiziellen Bombardierungen Nordvietnams und Südvietnams und ungefähr acht Monate nach der ersten Bombardierung strategischer Ziele. Zu jener Zeit waren 35.000 US-Truppen dort stationiert. Tatsächlich waren US-Militärkräfte in Südvietnam schon seit vier bis fünf Jahren mit direkten Militäroperationen befasst. Folglich war es kaum ein Krieg zwischen Nordvietnam und Südvietnam.

Zweitens versucht der *Weekly Reader*, den Eindruck zu erwecken, die Piloten seien bei dem Versuch gefangen genommen worden, Südvietnam vor den

Nordvietnamesen zu verteidigen. Nicht ein Wort findet sich darüber, was die Piloten gerade taten, als sie gefangen genommen wurden. Natürlich waren sie gerade damit beschäftigt, alles in Nordvietnam außerhalb der Hauptbevölkerungszentren zu zerstören – eine Tatsache, die in den Vereinigten Staaten bis heute nicht zugegeben wird. Zudem findet sich kein einziges Wort über die Menschen, die von den Vereinigten Staaten und von Südvietnam gefangen genommenen wurden: jene, die aus Helikoptern in den Tod geworfen wurden, jene, die gefoltert wurden oder jene, die zu den Tigerkäfigen auf der Insel Con Son verschleppt wurden. Im *Weekly Reader* findet sich kein nachvollziehbarer Grund, warum die Gefangenen freigelassen werden sollten, während die Vereinigten Staaten weiterhin siebzigtausend Tonnen Bomben auf Indochina abwerfen, wie sie es in eben jenem Monat der Fall war, als der Artikel erschien (im Januar 1971).[9] Doch das Schlimmste daran ist, dass nicht ein Wort darüber zu lesen ist, was die US-Soldaten in Südvietnam und in Laos angerichtet haben. Nicht Nordvietnam, sondern diese Länder hatten gewiss die Hauptlast der US-Aggression in Indochina zu tragen.

Diese Art der verzerrten Darstellung, auf die wir im *Weekly Reader* stoßen, wirkt auch über große Teile ihres späteren Erwachsenenlebens auf sie ein. Die Korruption der Medien in dieser Hinsicht ist enorm.

Kinder müssen vor Indoktrination verschont bleiben, und außerdem muss ihnen beigebracht werden, wie sie sich später dagegen zur Wehr setzen können. Dies ist in unserer und jeder anderen Gesellschaft ein schwerwiegendes Problem. Ich will ein weiteres Beispiel nennen. Eine meiner Töchter besucht die Mittelstufe, und als ich einen Blick in ihr Geschichtsbuch über das Thema "Länder des kommunistischen Blocks" warf, stieß ich auf folgendes:

> Nie geschah eine Revolution einfach ganz von selbst. Der Übergang zum Kommunismus wurde geschickt von Gruppen engagierter, in Moskau ausgebildeter Revolutionäre zuwege gebracht.

In China oder Kuba etwa? Das ist natürlich Unsinn, aber Unsinn, der Schaden anrichtet. Wird er den Menschen endlos eingeflößt, Tag für Tag, Woche um Woche, ihr ganzes Leben, dann sind die Wirkungen überwältigend.

Dann wird in diesem Teil des Buchs "friedliche Koexistenz" diskutiert:

> Wir alle glauben erstens an die Existenz verschiedener Regierungs- und Gesellschaftssysteme, und zweitens an das Recht eines jeden Volkes, alle politischen und sozialen Probleme des eigenen Lands selbst zu regeln. Wir hatten immer Achtung vor der Souveränität anderer Nationen und waren stets Anhänger des Prinzips der Nichteinmischung in innere Angelegenheiten. Wir glauben fest an eine Politik, die alle internationalen Probleme diplomatisch zu lösen versucht, und praktizieren diese Politik auch.

Dann befasst sich das Buch mit den Führern der Sowjetunion: "Sie behaupten, den Kalten Krieg beenden zu wollen" (...) Bevor jedoch der Kalte Krieg beendet werden kann, heißt es weiter, "müssen wir lernen, uns gegenseitig zu vertrauen." Doch

> Handlungen, wie sie die Sowjetunion in Ländern wie Nordkorea, Nordvietnam und Kuba verübt hat, in denen von der Sowjetunion ausgebildete Kommunisten die Regierungsmacht übernahmen, geben den Vereinigten Staaten ausreichende Gründe, an der Aufrichtigkeit von Herrn Chruschtschows Worten über friedliche Koexistenz zu zweifeln.[10]

Oft genug hat es gute Gründe gegeben, um an der Aufrichtigkeit von Herrn Chruschtschows Worten zu zweifeln. Was jedoch sowjetische Operationen in Nordvietnam anlangt, so wären diese Zweifel nur schwer aufrechtzuerhalten – zumal das Buch 1963 geschrieben wurde, als keine sowjetischen Operationen in Indochina im Gange waren. Dagegen waren zahlreiche US-Operationen im Gange: 1963 wurden große Teile der südvietnamesischen Bevölkerung durch das von der US-Regierung auferlegte Regime gewaltsam an Orte umgesiedelt, die wir Konzentrationslager nennen würden, wenn ein anderes Land sie gebaut hätte.

Ich möchte ein drittes Beispiel nennen, wieder aus einem Schulbuch einer meiner Töchter (diesmal aus der vierten Klasse). Es handelt sich um ein Lehrbuch der Sozialwissenschaften mit dem Titel *Exploring New England* ("Die Erkundung Neuenglands"). Dem Protagonisten des Buchs, einem Jungen namens Robert, wird von den Wundern der Kolonialzeit erzählt. Im Verlauf der Geschichte wird die Ausrottung des Pequot-Indianerstammes durch Kapitän John Mason wie folgt beschrieben:

> Seine kleine Armee griff morgens vor Sonnenaufgang an und überraschte die Pequot. Die Soldaten schlugen die Umzäunung mit ihren Äxten nieder, eilten hindurch und setzten die Wigwams in Brand. Sie töteten alle Krieger, Squaws und Kinder und verbrannten ihr Getreide und ihre anderen Lebensmittel. Sie ließen keine der Pequot am Leben, die weiteren Ärger hätten anrichten können. Als die anderen Indianerstämme sahen, was für gute Kämpfer die weißen Männer waren, hielten sie über viele Jahre lang Frieden.
>
> "Ich wünschte, ich wäre schon ein Mann und ich wäre dabei gewesen", dachte sich Robert.

Das sind die letzten Worte, die Robert über dieses Thema hört oder sagt. An keiner Stelle äußert oder hört er weitere Gedanken darüber.[11]

Ich halte es für höchst wichtig, über Passagen wie diese nachzudenken und sie ernst zu nehmen (ich weiß nicht, wie verbreitet sie sind) – besonders angesichts der Geschehnisse in My Lai und vieler ähnlicher Ereignisse.

Noch wichtiger als die direkte und großangelegte Indoktrination ist möglicherweise die allgemeine Autoritätsstruktur, die man in den Schulen findet, und die damit zusammenhängende Struktur einer technokratischen, problemlösungsorientierten Denkweise, die mit einer großer Ehrfurcht vor Expertenwissen einhergeht und für entwickelte Industriegesellschaften ganz typisch ist. In manchen Lebensbereichen hat dies Ausmaße erreicht, die wahrlich nur als pathologisch angesehen werden können.

Um nur ein Beispiel für diese Gefahr zu nennen: Die Theorie der Niederschlagung von Aufständen wurde im Laufe des vergangenen Jahrzehnts zu einer wirksamen Täuschungsmethode weiterentwickelt. Die Idee ist, das Problem der Unterdrückung von Bürgerbewegungen in rein technische Begriffe zu fassen. So erklären uns zwei Experten für Aufstandsbekämpfung in *Foreign Affairs*, das Dilemma bei Aufstandsniederschlagungen sei "praktischer Natur und in ethischer Hinsicht genauso neutral wie die Gesetze der Physik."[12] Die Situation ist also ganz einfach: Unser Ziel besteht darin, die Herrschaft bestimmter sozialer Gruppen in Gesellschaften durchzusetzen, die für das Experiment der Aufstandsbekämpfung ausgewählt wurden. Hierfür stehen uns eine ganze Reihe von Methoden zur Verfügung, von der Entwicklung des ländlichen Raums und Warenimportprogrammen bis hin zu B-52-Bombern und der Vernichtung der Ernte. Die politischen Entscheidungsträger stehen vor der Aufgabe, diese Methoden in einer Weise abzustimmen, dass die Erfolgswahrscheinlichkeit maximiert wird. Offensichtlich könnte nur ein hysterischer oder sich selbst geißelnder Moralist in dieser Situation ein ethisches Problem sehen; es ist eben genau wie ein physikalisches Experiment.

Die akademische Fachsprache kann in diesem Zusammenhang sehr missbräuchlich verwendet werden, was oft auch geschieht. Wenn z.B. Menschen mit Waffengewalt und chemischer Kriegsführung in Städte getrieben werden, die von der Regierung kontrolliert werden, wird das "Urbanisierung" genannt, was dann als Schlüsselindex für soziale Modernisierung verwendet wird. Wir führen sogenannte "Experimente mit Maßnahmen zur Kontrolle der Bevölkerung" durch. Ein Theoretiker des RAND-Konzerns sagt uns, dass wir lernen sollten, solchen mysteriösen Begriffen keine Bedeutung beizumessen, weil es bloß Meinungen sind; vielmehr sollten wir das Verhalten durch geeignete Anordnungen positiver und negativer Verstärkungsreize kontrollieren, wie etwa durch "die Beschlagnahmung von Hühnern, den Abriss von Häusern und die Zerstörung von Dörfern." Oder nehmen wir "das Anbieten von Nahrungsmitteln für das Erweisen bestimmter Dienste (...) Wenn dies bereits in der

Vergangenheit ein starker Anreiz war, wird er vielleicht durch die Erhöhung der lokalen Landwirtschaftsproduktion geschwächt. Wenn es ein schwacher oder mittelstarker Anreiz war, kann er möglicherweise durch das Niederbrennen der Ernte verstärkt werden." Dieses Zitat stammt aus einer Veröffentlichung des *American Institute for Research* aus dem Jahre 1967.[13] Wer immer diese Experten sein mögen, es sind keine Wissenschaftler. Den Begriff der Wissenschaft, den solche Äußerungen nahelegen, hätten weder Russell noch ein beliebiger anderer ehrlicher Autor gutgeheißen.

Christopher Lasch betonte einmal, dass einer der vorherrschenden Werte der modernen Intellektuellen ihr Scharfsinn für die eigene Professionalität sei, ihr persönliches Interesse am Anbieten technischer Lösungen für politische Probleme. Die Schulen bilden vornehmlich Experten heran und üben die allgemeine Bevölkerung darauf ein, den von den Experten konstruierten Werten und ideologischen Gebilden zuzustimmen. In einer postindustriellen oder modernen Industriegesellschaft hat all dies besondere Bedeutung, denn hier sind die Intellektuellen zunehmend mit Machtausübung verbunden. Ich will hier natürlich weder das Expertenwissen, noch die Technologie oder Wissenschaft kritisieren, sondern vielmehr die Subversion intellektueller Werte. Sie ist Teil einer neuen erzwungenen Ideologie, durch die man die Entscheidungshoheit noch mehr der öffentlichen Kontrolle entreißen will und dabei den Heiligenschein der Wissenschaft und Technik nutzt: Man gibt vor, soziale Planung sei viel zu kompliziert für den Normalbürger. Also müsse sie in den Zuständigkeitsbereich von Experten fallen, die sich als unparteiische Fachmänner ausgeben, gewöhnlich jedoch die vulgärste offizielle Ideologie als Grundlage ihrer Planung kritiklos anerkennen.

Wenn man die seriösen sozialwissenschaftlichen Journale oder die Journale über Außenpolitik in den letzten Jahren gelesen hat, fiel auf, dass man häufig die "emotionale Reaktion" mancher den "rationalen Antworten" anderer gegenüberstellte. Wer sich um die Abschlachtung von Bauernvölkern sorgt, wird von seinen Gefühlen überwältigt. Wer aber von bestimmten Reizabfolgen zur Auslösung bestimmter Reaktionen spricht, ist ein "vernünftiger" Kommentator. Diese Gegenüberstellung von Gefühlen und Vernunft ist interessant, weil sie in hohem Maße von der intellektuellen Tradition des Westens abweicht. So schrieb David Hume, dass "die Vernunft die Sklavin der Leidenschaften ist und auch sein sollte." Russell, der diese Worte kommentierte, ergänzte, dass jeder vernünftige Mensch diese Maxime unterschreiben würde. Sicher wäre er nach den heutigen Maßstäben ein "unvernünftiger" Kommentator. Vernunft hat mit der Wahl der richtigen Mittel zur Erreichung eines gewünschten Ziels zu tun, wobei emotionale und moralische Faktoren in Betracht gezogen werden. Unglücklicherweise entfremden sich zu viele moderne Technokraten, die sich häufig als Wissenschaftler oder Gelehrte ausgeben, von der traditionellen Wissenschaft und Lehre. Im Namen einer Vernunft, die bis zur Unkenntlichkeit verfälscht wurde, kehren sie der Gemeinschaft vernünftiger Menschen den Rücken.

All diese Fragen verlangen nach höchster Beachtung seitens eines Lehrers. Wir müssen lernen, uns jene fragende und untersuchende Methode anzueignen, die in den physikalischen Wissenschaften hochangesehen ist und sorgsam gehütet wird. Ein einfallsreicher Forscher gibt dort seine Grundannahmen oft der nachforschenden Analyse Preis. In der Rolle des Lehrers müssen wir diese Methode übernehmen, und genauso in der Rolle des Bürgers, in der wir die Gesellschaft kritisieren und uns bewusst werden müssen, dass auf dem Gebiet der Gesellschaftskritik die normalen Ansichten eines Wissenschaftlers als Subversion oder gefährlicher Radikalismus gefürchtet und missbilligt werden.

Die Möglichkeit eines revolutionären Gesellschaftswandels

Ich habe die negativen Potenziale der amerikanischen Macht beschrieben. Es gibt auch eine positive Seite, eine Seite, die die Arbeit eines Lehrers besonders anspruchsvoll und zugleich ziemlich aufregend werden lässt. In den Vereinigten Staaten besteht eine echte Möglichkeit für einen revolutionären sozialen Wandel hin zu einer libertären, demokratischen Gesellschaft einer Art, wie sie derzeit wahrscheinlich nirgendwo sonst auf der Welt zu verwirklichen wäre. Im Vergleich zu anderen Gesellschaften sind die libertären Neigungen in den Vereinigten Staaten recht stark. Außerdem gibt es bei uns, verglichen mit den meisten anderen Gesellschaften, nur geringfügige Klassenvorurteile. Doch vor allem die rationale und humane Nutzung der Ressourcen und der Technologie könnte es in den modernen Industriegesellschaften möglich machen, die Menschen aus ihrer Rolle als industrielle Produktionswerkzeuge zu befreien. Zum ersten Mal in der modernen Geschichte könnte es möglich werden, die Menschen von Tätigkeiten zu befreien, die sie, wie Adam Smith hervorhob, durch die Mühsal der spezialisierten Arbeit in Dummköpfe verwandelt. Das also ist die wahre Herausforderung für die Vereinigten Staaten im 20. Jahrhundert: Gesellschaftsformen zu errichten, die das humanistische Menschenbild verwirklichen. Es liegt in der Verantwortung von Lehrern, Bürgern und von uns selbst, unsere kreativen Fähigkeiten, unseren Verstand und auch den Verstand derer zu befreien, die innerhalb des Rahmens autoritärer Ideologien mit uns Umgang haben. So vermögen wir uns dieser Herausforderung wahrhaftig und offenherzig zu stellen.

Kapitel 10
Die Rolle der Universitäten in Krisenzeiten

(1969)

Vor 150 Jahren definierte der große liberale Reformer und Humanist Wilhelm von Humboldt Universitäten als "nichts anderes als das Geistesleben derer, die durch äußere Freizeit und innere Neigungen zum Lernen und Forschen bewegt werden." In jeder Lebensphase wird ein freier Mensch in geringerem oder in höherem Maße von diesen "inneren Neigungen" angetrieben. Die Gesellschaft, in der er lebt, sorgt für die "äußere Freizeit" und die institutionellen Rahmenbedingungen (oder nicht), in denen sich das menschliche Verlangen erfüllt, zu entdecken, erfinden, erforschen, urteilen und verstehen, die eigenen Talente weiterzuentwickeln und auszuüben, seinen Gedanken nachzugehen, seinen eigenen, individuellen Beitrag zur Kultur seiner Zeit zu leisten, seine Kultur und die ihr zugrundeliegende Sozialstruktur zu erforschen, zu kritisieren und zu verändern. Selbst wenn es Universitäten als formale Institutionen nicht gäbe, sagte Humboldt, "würde der eine für sich im Privaten nachdenken und Wissen sammeln, ein anderer sich mit Gleichaltrigen zusammenschließen und ein dritter einen Kreis von Schülern finden. Diesem Bild muss der Staat die Treue wahren, wenn er diesen endlosen und eher zufälligen menschlichen Tätigkeiten institutionelle Gestalt verleihen will."[1]

Ein Maß für die erreichte Zivilisationsstufe

Der Umfang, in dem die vorhandenen Institutionsformen eine Erfüllung dieser menschlichen Bedürfnisse erlauben, ist ein Maß für die erreichte Zivilisationsstufe einer Gesellschaft. Teil des nie endenden Kampfs für eine gerechtere und humanere Sozialordnung ist der Versuch, alle wirtschaftlichen, ideologischen und politischen Hindernisse zu beseitigen, die der persönlichen Selbstverwirklichung und der Gemeinschaftstätigkeit im Weg stehen. Beides sollten die Universitäten ermöglichen.

Ein großes Verdienst der Studentenbewegung der 1960er Jahren war es, jene Selbstgefälligkeit zu zertrümmern geholfen zu haben, die sich über weite

Bereiche des amerikanischen Intellektuellenlebens – was die amerikanische Gesellschaft und die Rolle der Universitäten in ihr anbelangt – breit gemacht hatte. Das wieder erwachte Interesse an Universitätsreformen ist vorwiegend eine Folge der Studentenbewegung. Eine Menge Energie wurde auf die Frage der "Restrukturierung der Universitäten" gerichtet: sie zu demokratisieren, die "Macht" in ihnen umzuverteilen, die Freiheitsbeschränkungen für Studenten abzubauen und die Abhängigkeit der Universität von außenstehenden Institutionen zu reduzieren. Ich glaube, auf diesem Wege kann nur wenig wirklich Bedeutendes erreicht werden. Formale Veränderungen der Universitätsstruktur werden sich wenig darauf auswirken, was die Studenten mit ihrem Leben anfangen oder in welcher Beziehung die Universitäten zur Gesellschaft stehen. Je weniger die Reformen zum Wesen der Universitäten vordringen – zu den Lehrplaninhalten, zur Beziehung zwischen Dozenten und Studenten, zum Forschungsinhalt und in manchen Disziplinen zum Verhältnis von Praxis und Theorie –, desto oberflächlicher werden sie bleiben. Ob die Strukturreformen, die im Augenblick lebhaft an den Universitäten diskutiert werden, tatsächlich diese Probleme beeinflussen werden, ist fragwürdig.

Die "Rolle der Universität" ohne ihre genauen historischen Ursprünge zu betrachten, ist genauso nutzlos, wie irgendeine andere Gesellschaftsinstitution ohne ihre Geschichte zu erforschen. In anderen Gesellschaften stellen sich über die Rolle der Universitäten und die drängenden Probleme vielleicht ganz andere Fragen. Wer wie ich der Meinung ist, dass unsere Gesellschaft dramatische Veränderungen durchlaufen müsste, wenn die Zivilisation Fortschritte erzielen – oder vielleicht nur überleben – soll, dem erscheinen Universitätsreformen als unwichtiges Problem, außer wenn sie zum sozialen Wandel beitragen. Davon abgesehen wäre es sicher möglich, die Universitäten innerhalb der Rahmenbedingungen der gegenwärtig bestehenden institutionellen Strukturen zu verbessern. Selbst tiefgreifende Korrekturen dieser Strukturen werden aber nur wenig zur Neuerung der Gesellschaft beitragen.

Es ist nie leicht zu sagen, inwieweit die Mängel bestimmter Institutionen tatsächlich durch innere Reformen überwunden werden könnten, oder inwieweit sie Merkmale der Gesamtgesellschaft widerspiegeln oder mit individualpsychologischen Fragen zu tun haben, die von der sozialen Ordnung relativ unabhängig sind.

Austausch von Entdeckungen und gegenseitige Unterstützung

Nehmen wir etwa das Konkurrenzverhalten, das an den Universitäten, ja im ganzen Schulsystem genährt wird. Es fällt schwer, sich davon zu überzeugen, dass es irgendeinem Erziehungsziel dienen würde. Zweifellos bereitet es die

Studenten nicht auf ein Leben als Gelehrte oder Wissenschaftler vor. Es wäre lächerlich, von einem berufstätigen Wissenschaftler zu verlangen, seine Forschung geheim zu halten, damit seine Kollegen nichts von seinen Leistungen erfahren und bei ihren eigenen Studien und Forschungen nicht davon profitieren können. Dennoch wird das an den Universitäten oft von den Studenten verlangt. Im späteren Leben gelten gemeinsame Anstrengungen, der Austausch von Entdeckungen und gegenseitige Unterstützung als Ideale; ist das nicht die Norm, sehen wir es zu Recht als Unzulänglichkeit derer an, die über die Selbstverherrlichung ihrer Person nicht hinauszuwachsen vermögen und als Wissenschaftler oder Lehrer demzufolge ungeeignet wären. Selbst auf den höchsten Ebenen der Hochschulbildung werden die Studenten jedoch durch akademische Verordnungen davon abgehalten, so zu arbeiten, wie jeder vernünftige Mensch es wählen würde: individuell, wo die eigenen Interessen hinführen, und in Gemeinschaft, sofern man von anderen lernen oder anderen helfen kann. Lehrpläne und Prüfungen sind individualisiert und auf Konkurrenz ausgelegt. Nicht nur müssen Doktorarbeiten rein individuelle Leistungen sein; zu dieser fragwürdigen Vorgabe gesellt sich eine eingebaute Tendenz zur Bedeutungslosigkeit, denn in einem festen Zeitraum soll eine abgeschlossene Arbeit abgegeben werden. Studenten sind verpflichtet, sich begrenzte Ziele zu setzen und abenteuerliche, spekulative Forschung zu meiden, die das althergebrachte Lehrsystem in Frage stellen könnte und daher ein hohes Risiko des Misslingens in sich birgt. In dieser Hinsicht fördern die institutionellen Hochschulstrukturen Mittelmäßigkeit.

Vielleicht sind diese Einschränkungen einer der Gründe, warum Wissenschaftler ihre Berufskarriere so häufig auf triviale Abänderungen von etwas bereits Vollendetem verwenden. Die Denkgewohnheiten, die ihren ersten wissenschaftlichen Arbeiten aufgeprägt werden, und die Ideenarmut, die durch zu unbewegliche institutionelle Strukturen gefördert wird, setzen ihrem Vorstellungsvermögen oft Grenzen und verwandeln ihre Phantasie in ein Zerrbild. Dass viele den Grenzen entfliehen können, ist der menschlichen Fähigkeit geschuldet, sich jenem Druck zu widersetzen, der auf die Limitierung der Vielfalt und Kreativität des Lebens und Denkens drängt. Was selbst für die höchsten Ebenen der Hochschulbildung gilt, trifft weit mehr auf die unteren Ebenen zu, wie viele Kritiker überzeugend gezeigt haben. Doch selbst hier ist unklar, inwieweit dies eine Unzulänglichkeit der Universitäten darstellt oder zu der Rolle gehört, die ihnen in einer Gesellschaft konkurrierender Individuen zugewiesen wird, wo das Verfolgen persönlicher Interessen zum allerhöchsten Ziel erhoben wird.

Manche der Zwänge, die zur Verarmung der Bildungserfahrung und zur Verzerrung der natürlichen Beziehungen zwischen Schüler und Lehrer führen, entstammen ohne Zweifel bestimmten Vorgaben, die den Schulen auferlegt werden. Betrachten wir das soziologische Problem, das Daniel Bell definierte: "Die Hochschulbildung wurde mit der Aufgabe belastet, als Pförtner zu dienen – vielleicht als einziger Pförtner für den Zugang zu wichtigen Positionen und Privilegien in der Gesellschaft (…) das bedeutet, dass das Bildungssystem jetzt nicht länger auf Lehre, sondern auf Bewertung ausgelegt ist."[2] Jencks und Riesman stellen Ähnliches fest: "Hochschulen sind eine Art verlängerter Eignungstest zur Messung bestimmter Intelligenz- und Charaktermerkmale." Das Resultat: "Da man sich in der Vorauswahl der Ober- und Mittelschicht auf die Hochschulen verlässt, sortiert man die meisten der in Unterschichtenfamilien geborenen jungen Menschen offensichtlich aus, da sie 'die falsche Einstellung' zum akademischen Erfolg haben."[3] Somit dient die Universität als Werkzeug, um den Fortbestand gesellschaftlicher Privilegien zu sichern.

Zugang für jeden in jedem Alter

Gleiches gilt übrigens genauso später im Leben. Um Humboldts Ideal zu erreichen, müssten die Universitäten jedem in jedem Alter offenstehen, der von dieser Art Institution Gebrauch machen möchte, um sein "Geistesleben" zu bereichern. Es gibt Programme, im Rahmen derer Konzernmanager und Ingenieure von der Industrie an die Universität geholt werden, um eine spezielle Ausbildung zu durchlaufen oder schlicht um ihre Kulturkenntnisse zu erweitern. Für Schuhmacher oder Industriearbeiter gibt es jedoch meines Wissens nichts Vergleichbares, sie würden aber von dieser Möglichkeit prinzipiell nicht weniger profitieren. Zweifellos wäre es irreführend, diese Ungerechtigkeit nur den Mängeln der Universitäten zuzuschreiben.

Allgemein kann ich kaum eine oder keine Bildungsfunktion in der Vorgabe erkennen, dass die Universitäten neben der Bildung und der Forschung auch mit Abschlüssen befasst sein sollten. Im Gegenteil – dies beeinträchtigt ihre eigentliche Funktion. Es ist eine Vorgabe, die von der Gesellschaft auferlegt wird und in verschiedenster Weise für den Fortbestand bestimmter Privilegien und Eliten sorgt.

Oder betrachten wir die häufig vorgebrachte Forderung, die Universitäten sollten den Bedürfnissen der Gesellschaft dienen – ihre Handlungen sollten für die allgemeinen sozialen Belange "wichtig" sein. In ziemlich allgemeinem Sinn ist diese Forderung zu rechtfertigen. In die Praxis übersetzt bedeutet sie aber meist, dass die Universitäten jenen etablierten Gesellschaftsinstitutionen Dienste erweisen, die ihre Interessen zur Sprache zu bringen vermögen und dafür bezahlen, dass die Universitäten ihren Anliegen Folge leisten. Die Mitglieder der Universitätsgemeinschaft können sich selbst leicht vormachen, sie würden einen "unparteiischen und wertefreien" Standpunkt wahren, wenn sie doch in Wirklichkeit Interessen bedienen, die anderswo festgelegt werden. So zu handeln heißt, ein politisches Urteil vorzunehmen, nämlich die bestehende Macht-, Autoritäten- und Privilegienverteilung in der Gesellschaft als ganzer gutzuheißen und sich für deren Aufrechterhaltung einzusetzen. Das Pentagon und die großen Konzerne sind in der Lage, ihre Interessen zu artikulieren und Arbeiten zu subventionieren, die ihren eigenen Interessen dienen. Offenkundig sind Bauern in Guatemala und Arbeitslose in Harlem dazu nicht imstande. Eine freie Gesellschaft sollte die Errichtung von Universitäten fördern, die dem nicht geringen Zwang, in diesem Sinne "wichtig" zu sein, entrinnen können. Die Universitäten werden zu einer freien Gesellschaft nur insoweit einen Beitrag leisten können, wie sie der Versuchung widerstehen, der herrschenden Ideologie und der bestehenden Verteilung von Macht und Privilegien blind Folge zu leisten.

Ein Zentrum intellektueller Inspiration: "subversive" Anfechtungen der Orthodoxie

In ihrer Beziehung zur Gesellschaft sollte von einer freien Universität zu erwarten sein, dass sie in gewissem Sinn eine "subversive" Haltung einnimmt. Wir halten es für selbstverständlich, dass kreative Arbeit in allen Bereichen die herrschende Orthodoxie in Frage stellt. Ein Physiker, der nur sein vormaliges Experiment verbessert, ein Ingenieur, der schon vorhandene Technologien zu optimieren versucht, oder ein Künstler, der sich auf Stile und Techniken beschränkt, die bereits zur Genüge erkundet sind, wird zu Recht als einfallslos angesehen. Aufregende Tätigkeiten in Wissenschaft, Technik, Forschung und Kunst dringen an die Grenze des Bekannten vor und wollen Alternativmöglichkeiten zu den konventionellen Annahmen aufzeigen. Wenn die Annahmen in einer Disziplin ihre Gültigkeit verlieren, werden sie von denen verworfen, die nach intellektuellen Abenteuern suchen.

Diese Bemerkungen sind abgedroschen und werden von wenigen in Frage gestellt – es sei denn, es handelt sich um eine Untersuchung über Mensch und Gesellschaft. Will ein sozialkritischer Mensch eine Vision einer gerechteren und humaneren Sozialordnung formulieren, stößt er auf einen Widerspruch – oder häufiger eine Kluft – zwischen seiner Vision und der Realität. Die Realität konfrontiert ihn mit einer monströsen Kreatur, die "ihre Entfremdung überwinden" und "verantwortungsbewusst", "realistisch" und "pragmatisch" werden muss. Im Klartext heißt das: Sozialkritiker sollen aufhören, unsere Werte zu hinterfragen oder unsere Privilegien zu gefährden. Sie dürfen technische Änderungen der bestehenden Gesellschaft vornehmen, welche ihre Effizienz erhöhen und ihre Ungerechtigkeit verbergen, doch dürfen sie nicht versuchen, grundlegend neue Alternativen aufzuzeigen oder an der Neuerung der Gesellschaft mitzuwirken. Sie müssen den Weg kreativer Forschung, wie er in anderen Gebieten bekannt ist, verlassen. Ich brauche nicht zu betonen, dass dieses Vorurteil in den staatssozialistischen Gesellschaften in einen noch starreren institutionellen Rahmen gefasst ist.

Natürlich können Freidenker irren – Sozialkritiker sind nicht weniger vor Irrtümern gefeit als einfallsreiche Wissenschaftler oder Künstler. Ab einem bestimmten Stand in der Technik könnte es möglicherweise von vorrangiger Bedeutung sein, die Verbrennungsmaschine zu verbessern, und ab einem bestimmten Stand der sozialen Evolution sollte das Hauptaugenmerk vielleicht auf die Untersuchung finanzpolitischer Maßnahmen gelenkt werden, um die Funktionsweise des Staatskapitalismus in den westlichen Demokratien zu verbessern. Die Möglichkeiten sind gegeben, aber in keinem der Fälle offensichtlich. Die Universitäten bieten denen Freiheit und Unterstützung, die die erste dieser Annahmen hinterfragen, doch selten denen, die die zweite anfechten. Die Gründe dafür liegen auf der Hand. Da in jeder Gesellschaft die am lautesten schreien können, die vom Status Quo profitieren, werden die "entfremdeten Intellektuellen", die den normalen Weg ehrlicher Forschung beschreiten wollen (und dabei auch Irrtümern erliegen können) und daher oft das überlieferte Wissen anfechten, vielfach an den Rand gedrängt. Inwieweit die Universitäten die "entfremdeten Intellektuellen" beschützen und unterstützen, ist ein weiterer Maßstab für ihren Erfolg, ihre eigentliche Funktion in einer freien Gesellschaft zu erfüllen, ein Maßstab für die Bereitschaft der Gesellschaft, die etablierten Ideologien und Strukturen kritisch zu analysieren und zu bewerten, und ein Maßstab für die Bereitschaft, Ungerechtigkeiten und Mängel zu überwinden, die durch solche kritischen Analysen enthüllt werden.

Probleme wie diese – die immer existieren werden, solange es menschliche Gesellschaften gibt – haben sich in den letzten Jahren aus mehreren Gründen verschärft. Wegen der Nützlichkeit "produzierten Wissens" (um einen der üblichen Begriffe zu verwenden) und der Bereitstellung von Ausbildungen werden in den modernen Industriegesellschaften die Verbindungen zwischen den Universitäten und anderen Gesellschaftsinstitutionen tendenziell immer enger und verstrickter.

Jene Einsicht ist eine altbekannte. Vor einem halben Jahrhundert bemerkte Randolph Bourne, dass der Weltkrieg eine liberale, technische Intellektuellenklasse an die Macht brachte, die "allzu bereit ist, exekutive Handlungsbefehle zu erteilen, die aber auf die intellektuelle Interpretation und idealistische Fokussierung von Zielen völlig unvorbereitet ist" – pragmatische Intellektuelle, die "das Geheimnis der wissenschaftlichen Methode als Mittel zur Verwaltung der Politik tief in sich aufgenommen haben" und sich willig "dem Dienst der Kriegstechnik unterwerfen." Mit Blick auf die Universitäten nahm Bourne die Columbia-Universität als Musterbeispiel und beschrieb sie als einen "Finanzkonzern, dessen Absichten und Verantwortlichkeiten genau jenen Konzernen entsprechen, die mit industrieller Warenproduktion beschäftigt sind (...) Die Universitäten produzieren keinen Stahl oder Gummi, sondern Wissen. Das Wesen der akademischen Ware vermochte den akademischen Arbeitern aber immer weniger einen Status zu gewährleisten, der sich von dem Status eines anderen Angestellten wesentlich unterscheidet." Die Sachwalter der Universitäten, schrieb er, definieren ihre Verpflichtungen so: als "Versuch, die Qualität der akademischen Ware, die die Universität produziert, so zu gestalten, dass sie der Klasse, die sie repräsentiert, achtbar erscheint." "Unter bürokratischer Kontrolle", so Bourne weiter, "wurden die amerikanischen Universitäten von ihrem althergebrachten, ehrbaren Ideal einer Gelehrtengemeinschaft zu einem privaten Wirtschaftskonzern degradiert."[4]

Bournes Beschreibung der Universität kann in vieler Hinsicht in Frage gestellt werden, enthält jedoch einen unerfreulich wahren Kern, der heute noch mehr zutrifft als zu Bournes Zeit. Dem Leser dürfte aufgefallen sein, dass die Studentenbewegung – ganz unabhängig von Bourne – in den letzten Jahren eine ganz ähnliche Kritik geäußert hat, die sie häufig in dieselben Worte fasste. Wieder könnte man auf Übertreibungen oder sogar Phantastereien verweisen, doch wäre es ein Fehler, den wahren Kern zu übersehen.

Die Probleme der Universitäten sind auch deshalb gravierender geworden, weil sie in beispiellosem Umfang zum Mittelpunkt des intellektuellen Lebens geworden sind. Nicht allein Wissenschaftler und Gelehrte, sondern ebenfalls Schriftsteller und Künstler werden von der akademischen Gemeinschaft angezogen. In dem Maße, wie dies geschieht und andere, unabhängige intellektuelle Gemeinschaften verschwinden, mehren sich die Anforderungen an die Universitäten. Wahrscheinlich war das einer der Gründe für die Krisen an den Universitäten in den letzten Jahren. Wegen der Entpolitisierung der amerikanischen Gesellschaft in den 1950er Jahren und der Limitierung der gedanklichen Reichweite sozialer Fragen scheinen die Universitäten für viele Studenten das fast einzige Zentrum für intellektuelle Inspiration geworden zu sein. Lionel Trilling hob kürzlich in einem Interview hervor, dass ihm seine eigenen Erfahrungen als Student nicht helfen würden zu verstehen, was die "militanten Studenten" in Columbia umtreibt:

> Wie alle meine Freunde am College hatte ich nicht das geringste Interesse an der Universität als einer Institution: Ich stellte sie mir – wenn ich überhaupt über sie nachdachte – als unvermeidliche spießbürgerliche Einrich-

> tung für Menschen mit Freizeit vor, in der es einige wenige interessante Lehrer und eine Bibliothek gibt. Ich kann kaum glauben, dass das nicht die gewöhnliche Auffassung ist.[5]

Seine Worte treffen ins Schwarze. In der Vergangenheit waren es größtenteils Bruderschaften und Footballspieler, die ein Interesse an der Universität als solcher hatten. Doch in dieser Hinsicht hat es große Veränderungen gegeben. Heute sind es zumeist die ernsthaftesten und nachdenklichsten Studenten, die sich mit dem Wesen der Universitäten auseinandersetzen und sich durch ihre Mängel verletzt und benachteiligt fühlen. Noch vor zwanzig Jahren [im Jahre 1949] hätten dieselben Studenten (zumindest jene in den städtischen Universitäten) andernorts nach einem intellektuellen und gemeinschaftlichen Leben Ausschau gehalten. Heutzutage erwarten sie von den Universitäten, ihnen ein solches Leben zu bieten.

Ich selbst bin der Meinung, dass die scharfen Anklagen, die die Studentenbewegung in den letzten Jahren erhoben hat, zu den wenigen hoffnungsvollen Entwicklungen in jener besorgniserregenden Zeit gehören. Es wäre trivial und gar ziemlich kindisch, sich durch gelegentliche Ungereimtheiten in ihren Formulierungen oder durch beleidigende Handlungen verwirren zu lassen, und so die enorme Bedeutung der Fragen, die sie aufwerfen und die hinter den Erhebungen stehen, zu verkennen. Nur wem es gänzlich an Urteilsvermögen fehlt, kann sich durch den "studentischen Extremismus" angegriffen fühlen – und nicht weit mehr etwa durch die Ereignisse und Umstände, die die Studentenbewegung motiviert haben. Wer etwas wie das Folgende schreibt, hat, um es so mild wie möglich auszudrücken, den Bezug zur Realität verloren:

> Einige an unseren Universitäten haben bereits beschlossen, dass der einzige Weg zur Vermeidung der Unruhen auf dem Campus darin besteht, den Studenten Krawalle außerhalb der Universität akademisch anzuerkennen ("Feldarbeit" in den Ghettos oder bei ausländischen Arbeitern usw.).[6]

Werfen wir einen Blick auf die Annahmen, die dazu führen, die Arbeit in den Ghettos oder bei ausländischen Arbeitern als eine Art des "Krawalls" zu bezeichnen, und sie so als völlig ungeeignet für ein Hochschulprojekt anzusehen – im Unterschied etwa zur biologischen Kriegsführung oder zur Aufstandsniederschlagung, die in diesem Zusammenhang nicht erwähnt werden. Weniger extrem, aber ebenfalls äußerst verzerrt ist George Kennans Wahrnehmung der Studentenbewegung. Er sorgt sich über den aus seiner Sicht

> extrem verwirrten und erregten Geisteszustand vieler unserer jungen Studenten, die in ihrer erschreckenden Wildheit aus Drogen, Pornografie und politischer Hysterie haltlos umhertaumeln.[7]

Auch hier sticht heraus, dass Kennan sich weit weniger um den "extrem verwirrten und erregten Geisteszustand" derer sorgt, die für die Tatsache verantwortlich sind, dass die Tonnen an Bomben, die auf Südvietnam abgeworfen wurden, die Gesamtzahl an Bomben übertrafen, die von der US-Luftwaffe auf sämtlichen Schauplätzen des Zweiten Weltkriegs eingesetzt wurden; oder den Geisteszustand derer, die für die antikommunistische "politische Hysterie" in den 1950er Jahren verantwortlich waren; oder den Geisteszustand der riesigen Studentenmassen, die an den Universitäten noch immer in der traditionellen Atmosphäre des Konformismus und der Passivität "haltlos umhertaumeln" und deren Unruhen durch Footballsiege hervorgerufen werden.

Die Irrationalität, die für die Reaktionen auf die Studentenbewegung nur allzu charakteristisch war, ist an sich schon ein bemerkenswertes Phänomen und der Analyse wert. Wichtiger aber ist der Versuch, die von der Studentenbewegung gestellten Fragen als Inspiration zum kritischen Denken und sozialen Handeln zu nehmen, und vielleicht gar als Anregung sehr radikaler Art – eine Notwendigkeit in einer Gesellschaft, die so aufgewühlt und gefährlich ist wie die unsere.

Seit dem Zweiten Weltkrieg haben wir über eine Billion Dollar für "Verteidigung" ausgegeben und verausgaben im Augenblick Milliarden für den kindischen Wettbewerb, den ersten Mann auf den Mond zu bringen. Unsere Wissenschaftler und Techniker bereiten gerade den Bau eines Raketenabwehrsystems [*antiballistic missile System,* ABM] vor, das insgesamt viele Milliarden Dollar kosten wird – obwohl sie wissen, dass es nichts zur Verteidigung beitragen und in Wirklichkeit ein möglicherweise selbstmörderisches Wettrüsten beispielloser Größenordnung in Gang setzen wird. In der Zwischenzeit verfallen unsere Städte und Millionen sind von Hunger und Not geplagt, während denen, die diesen Zustand an die Öffentlichkeit bringen wollen, vom FBI nachgespürt wird. Es ist unerträglich, dass unsere Gesellschaft die Hälfte der keineswegs unbegrenzten materiellen Weltressourcen für sich beansprucht – zum Teil für Konsumzwecke, zum Teil für gewissenlose Verschwendung. Es lassen sich einfach keine Worte für unsere Bereitschaft zur Zerstörung finden, die Ausmaße erreicht hat, die in der heutigen Welt ohnegleichen sind: Unsere Führer entdecken eine Bedrohung für "nationale Ziele", die sie formulieren, und eine passive und gefügige Bürgerschaft stimmt bereitwillig zu.

Es mag als übertriebenes Urteil erscheinen, wenn ein Sozialwissenschaftler, ein geborener Pakistani, feststellt, dass "Amerika sogar seinen Genozid institutionalisiert hat", wobei er sich auf die Tatsache bezieht, dass die Ausrottung der Indianer "zum Gegenstand der öffentlichen Belustigung und zum Objekt von Kinderspielen geworden ist."[8] Ein Blick in die Schulbücher bestätigt indes sein Urteil. Betrachten wir die folgende Beschreibung der Ausrottung des

Pequot-Indianerstammes durch Kapitän John Mason in einem Schulbuch der vierten Klasse:

> Seine kleine Armee griff morgens vor Sonnenaufgang an und überraschte die Pequot. Die Soldaten schlugen die Umzäunung mit ihren Äxten nieder, eilten hindurch und setzten die Wigwams in Brand. Sie töteten alle Krieger, Squaws und Kinder und verbrannten ihr Getreide und ihre anderen Lebensmittel. Sie ließen keine der Pequot am Leben, die weiteren Ärger hätten anrichten können. Als die anderen Indianerstämme sahen, was für gute Kämpfer die weißen Männer waren, hielten sie über viele Jahre lang Frieden.
> "Ich wünschte, ich wäre schon ein Mann und ich wäre dabei gewesen", dachte sich Robert.[9]

Ein Kind, das derartige Geisteshaltungen in der Schule lernt, wird ein Mensch, der sich so wie in den Beschreibungen eines britischen Augenzeuges verhalten könnte:

> Ich fragte einen Amerikaner, der gerade einen Angriff auf mehrere Hütten und chinesische Wohnboote befohlen hatte (der Angriff riss sie in Stücke, Teile der Boote und Körper flogen in alle Richtungen), ob solche Luftangriffe nicht eine Menge ungefährlicher Zivilisten töten würden. "Die Leute sollten hier nicht weiterleben", erwiderte er.[10]

Eine kritische Analyse unserer Institutionen und Ideologien

Ich brauche wohl nicht zu ergänzen, dass die in den Schulen erzeugten Haltungen von den Massenmedien gestützt werden, nicht nur auf direktem Wege, sondern auch durch die Förderung einer allgemeinen Passivität. Es liegt viel Wahres in der Beobachtung von Paul Lazarsfeld und Robert Merton, dass

> die Medien nicht nur weiterhin den *Status Quo* bejahen, sondern es in derselben Weise versäumen, grundlegende Fragen über die soziale Ordnung zu stellen. Indem sie den Konformismus befördern und kaum Ausgangspunkte für eine kritische Beurteilung der Gesellschaft bieten, verhindern die kommerziell finanzierten Massenmedien folglich indirekt aber effektiv die dringend nötige Entstehung einer echten kritischen Grundhaltung.[11]

Hier ist nicht der richtige Ort, um diese Frage ausführlicher zu diskutieren. Es genügt zu betonen, dass es (aus den oben angedeuteten Gründen) für uns und die Weltgesellschaft ein höchst dringliches Anliegen ist, unsere Institutionen und Ideologien einer echten kritischen Prüfung zu unterziehen. Die Universitäten müssen zum Hauptgegenstand dieser Prüfung zählen und zugleich als "institutionelle Strukturen" dienen, in denen die Analyse ungehindert vonstattengehen kann. In dieser speziellen geschichtlichen Situation scheint es mir angemessen, eine Bemerkung Bertrand Russells in Erinnerung zu rufen:

> Ohne Rebellionen würde die Menschheit stillstehen, und Ungerechtigkeiten wären unvermeidbar. Wer sich weigert, den Obrigkeiten zu gehorchen, erfüllt so unter bestimmten Umständen eine legitime Funktion, sofern seine Gehorsamsverweigerung sozial und nicht persönlich motiviert ist.[12]

Diese Situation der Geschichte bildet den Hintergrund für eine Analyse der Rolle der Universitäten und ihrer heutigen Herausforderungen.

Die Reaktionen auf die jüngste Protestwelle der Studenten waren weltweit ganz unterschiedlich. Nathan Glazer stellt die Frage, "ob die radikalen Studenten wirklich eine realisierbare bessere Welt wollen, oder ob sie sich überholten und romantischen nicht realisierbaren Visionen hingeben, die anderen von ihnen gehegten Wünschen und Hoffnungen grundsätzlich widersprechen und zu den Wüschen der meisten anderen Menschen gar noch stärker im Widerspruch stehen." Er neigt der letzteren Auffassung zu; die radikalen Studenten erinnern ihn "mehr an technikfeindliche Maschinenzerstörer als an sozialistischen Gewerkschafter, die Bürger- und Arbeiterrechte verwirklicht haben."[13] Schauen wir uns hingegen Paul Ricoeurs Reaktion auf die große französische Studentenerhebung im Mai 1968 an:

> Die Zeichen sind jetzt unverkennbar. Der Westen ist in eine kulturelle Revolution eingetreten, die für ihn charakteristisch ist. Wenngleich sie an die Chinesische Revolution erinnert oder ihr entlehnt ist, handelt es sich um eine Revolution der modernen Industriegesellschaften. Es ist eine Revolution der Kultur, weil sie die Weltanschauungen und Lebensvorstellungen hinterfragt, die den ökonomischen und politischen Strukturen sowie allen menschlichen Beziehungen zugrunde liegen. Die Revolution attackiert den Kapitalismus nicht nur deshalb, weil er keine soziale Gerechtigkeit schafft, sondern weil er die Menschen durch seine inhumane Bindung an quantitatives Wohlergehen irreführt. Sie bekämpft die Bürokratie nicht allein deshalb, weil diese unterdrückerisch und ineffizient ist, sondern weil sie die Menschen in ihrem Verhältnis zu sämtlichen Mächten, zu den Strukturen und hierarchischen Beziehungen, von denen sie entfremdet wurden, in die Rolle von Sklaven versetzt. Sie bekämpft zudem den Nihilismus einer Gesellschaft, der wie ein Krebsgeschwür nur das Ziel des eigenen Wachstums kennt. Mit einer sinnlosen Gesellschaft konfrontiert sucht diese kulturelle

> Revolution Wege, die Produktion von Waren, Ideen und Werten mit ihren Zielen zu verbinden. Dieses Vorhaben ist gewaltig – es wird Jahre, Jahrzehnte oder ein ganzes Jahrhundert dauern.[14]

Glazer sieht (wie Brzezinski, siehe Anmerkung 7) in den rebellischen Studenten Technikfeinde, die verwirrt und zugleich unfähig sind, ihren Platz in der neuen fortschrittlichen Technologiegesellschaft mit ihrem komplexen Sozialmanagement zu finden. Sie "kommen aus Feldern, die in der modernen Gesellschaft eine beschränkte und zweifelhafte Stellung innehaben."[15] Ricoeur dagegen äußert eine gänzlich andere Wahrnehmung: In den modernen Industriegesellschaften würde es in den nächsten Jahren zu einem scharfen Konflikt zwischen der zentralisierenden Macht der technischen Bürokratie, welche die Gesellschaft zu fragwürdigen Zielen hinführt, und jenen Kräften kommen, die das Gesellschaftsleben nach humaneren Maßstäben – auf der Grundlage von "Beteiligung" und öffentlicher Verwaltung – umgestalten wollen. In beiden Interpretationen verbirgt sich die Annahme, dass eine bedeutende Geschichtsentwicklung im Gange ist. Sie unterscheiden sich in ihrer Beurteilung, wohin die Entwicklung aus ihrer Sicht führen wird (und wohin sie diese zu führen zweifellos erhoffen), und entsprechend ebenfalls in ihrer Deutung der Studentenopposition und Studentenauflehnung. Beide erwarten, dass die Universitäten im Zentrum des Konflikts stehen werden. Optimisten mögen hoffen, dass sie sich im Auge des Orkans befinden – realistischer wäre jedoch zu erwarten, dass sie sich weiterhin in Streit und Unruhen verfangen.

Es lässt sich kaum in Abrede stellen, dass wir uns inmitten eines historischen Vorgangs der Zentralisation und Bürokratisierung nicht nur der Wirtschaft, sondern auch der politischen und sozialen Institutionen befinden. Die Krise der Parlamente ist ein weltweites Phänomen.[16] Die Antwort darauf zeigt sich nicht nur in den Erhebungen an den Universitäten, sondern auch in der Suche nach neuen Formen der gemeinschaftlichen Organisation und Verwaltung, die sich in den letzten Monaten Zugang zu den Titelseiten verschafft hat – ja, sie zeigt sich sogar, wie es scheint, in einem vorsichtigen Herantasten an eine direktere Arbeiterkontrolle, das sich häufig in Opposition zu den höchst bürokratisierten Gewerkschaften vollzieht, die sich immer weiter von den Alltagssorgen der Menschen entfernen, die ihre Führer zu vertreten vorgeben.[17] In Osteuropa sind ganz ähnliche Entwicklungen im Gange.

Engagement für einen "freien Marktplatz der Ideen"

Die Studentenbewegung lässt sich aus meiner Sicht nur von diesem allgemeineren Hintergrund aus verstehen. Die Universitäten werden sich aus dem tiefen gesellschaftlichen Konflikt, der wahrscheinlich entstehen wird, nicht heraushalten können – obwohl der Verlauf dieses Konflikts kaum vorherzusagen ist. Die Verbindungen der Universitäten zu anderen, oben erwähnten Gesellschaftsinstitutionen machen dies unausweichlich. In den kommenden Jahren könnte durchaus die sehr ernste Frage aufgeworfen werden, ob die Grundannahme moderner Gesellschaften wahr ist, dass die technologische Weiterentwicklung ihrer Natur nach ein wünschenswerter, unumgänglicher Prozess ist; mit dieser Frage einhergehen könnte eine Kritik der Rolle der Universitäten in ihrem Vorantreiben von Wissen und Technik sowie ihrer Anwendung. Wenn Studenten in Westeuropa "Ho, Ho, Ho Chi Minh" als Schlachtruf wählen, protestieren sie nicht nur gegen den Vietnamkrieg und die Unterwerfung der Armen durch die Reichen, die dieser Krieg symbolisiert; sie protestieren auch gegen die Werte der Industriegesellschaft, gegen die ihnen zugewiesene Rolle als Gesellschaftsmanager, und sie lehnen jene Art der Rationalität ab, die von keiner Gerechtigkeit geleitet wird und sich – wie sie sehr genau durchschauen – in der Praxis in dem Wissen äußert, wie die Privilegien und die herrschende Ordnung zu bewahren sind, nicht jedoch, wie menschliche Bedürfnisse zu erfüllen wären. Die amerikanische Studentenbewegung ist zum Teil auch durch Anliegen dieser Art motiviert.

In vieler Hinsicht sind die Universitäten berechtigte Ziele der Demonstration. Das wenig schmeichelhafte Bild, das Kritiker wie James Ridgeway zeichnen, mag überzogen sein, doch im Kern trifft es zu und wirkt auf besorgte Studenten ziemlich beunruhigend.[18] Wenn diese Seiten der Universität durchschaut werden, ruft dies Widerwillen und oft Kampfbereitschaft hervor. Dennoch sind die ins Licht gerückten Probleme innerhalb der Universitäten allein womöglich unlösbar.

Betrachten wir z.B. Regierungsverträge für Forschungszwecke. Ein klassisches liberales Ideal, das auch bei Marx nachklingt, besagt, dass "die Regierung und die Kirche (...) beide gleichermaßen von jeder Einflussnahme auf die Schulen ausgeschlossen werden sollten."[19] Jedoch lässt sich kaum bezweifeln, dass Forschungsaufträge seitens der Regierung eine versteckte Subvention für den akademischen Etat darstellen, der sonst von den Universitäten selbst finanziert werden müsste. Außerdem wird die Wahl des Forschungsgegenstands (zumindest in den Naturwissenschaften), jedenfalls an den größeren Universitäten, mit großer Wahrscheinlich nur wenig von der Herkunft der Gelder beeinflusst. Es ist fraglich, ob die wissenschaftliche Bildung ohne diese Art der Unterstützung in ausreichendem Maße weitergeführt werden könnte. Revolutionäre Studenten werden zweifellos fragen, warum die Unterstützung durch das Verteidigungsministerium verwerflicher sein sollte als durch kapitalistische Institutionen (d.h. im Endeffekt also Gewinne, die durch Ausbeutung entstanden sind) oder durch steuerfreie Schenkungen, die letzten Endes Abgaben der Armen darstellen, durch welche die Ausbildung der Privilegierten unterhalten wird.[20]

Man kann unmöglich die Tatsache übersehen, dass die Universitäten aus ökonomischer Sicht letztendlich parasitäre Institutionen sind. Sie können sich von den Ungerechtigkeiten der Gesellschaft, in der sie existieren, nicht lossagen. Zugleich hängt ihr Fortbestand als relativ freie Institutionen von Werten ab, die in der Gesellschaft als ganzer befürwortet werden. Wenn Senator Fulbright die Universitäten kritisiert, "das öffentliche Vertrauen missbraucht" zu haben, weil sie sich mit dem militärisch-industriellen Komplex verbinden statt als unabhängige, kritische Institutionen zu handeln, bringt er dadurch Werte zum Ausdruck, die es den Universitäten ermöglichen, im jetzigen Umfang als freie Institutionen zu funktionieren. Es lässt sich nicht ausschließen, dass diese Werte Unruhen in den Vereinigten Staaten zum Opfer fallen könnten, die ihrerseits zum Teil als Folge des US-Militarismus entstehen. Es wäre närrisch, diesen Gefahren blind gegenüberzustehen.

Eines der Vermächtnisse des klassischen Liberalismus, für dessen Fortbestand wir innerhalb und außerhalb der Universitäten mit ständiger Wachsamkeit kämpfen müssen, ist das Engagement für einen "freien Marktplatz der Ideen." In gewissem Maße ist ein solches Engagement nur verbaler Art. Ziel sollte es jedoch sein, die heute bestehende Freiheit zu erweitern und nicht, sie zu begrenzen – und diese Freiheit ist nicht gering. Studenten fragen zu Recht, warum Fakultätsmitglieder sich am Waffenkult oder an der Erforschung der Aufstandsbekämpfung beteiligen dürfen. Sie weisen zudem mit viel Sinn für Gerechtigkeit darauf hin, dass es unsinnig ist zu behaupten, dass sie sich bloß freiwillig daran beteiligen würden. Zu Geld, Macht und Einfluss kommt, wer diese Arbeiten erledigt, nicht jedoch, wer lieber nach Wegen sucht, wie es für schwach bewaffnete Untergrundkämpfer möglich wäre, einen technisch übermächtigen Feind zu besiegen. Wären die Universitäten tatsächlich "unparteiisch und wertefrei", würden sie (wie ich bereits erwähnt habe) jede Tätigkeit gleichermaßen unterstützen.

Dieses Argument ist zwar fundiert, ändert aber nichts an der Tatsache, dass das Vorhaben dennoch mit Eifer und dem Glauben an seine Richtigkeit verfolgt wird. Nur durch Zwang könnte die Freiheit, solche Arbeiten zu übernehmen, beseitigt werden. Wenn das Prinzip des Zwangs hier erst einmal Legitimität erlangte, dann ist ziemlich klar, gegen wen es verwendet würde. Das Prinzip des legitimen Zwangs würde die Universitäten als seriöse Institutionen zerstören und den Wert, den sie für eine freie Gesellschaft haben, vernichten. Das muss selbst im Licht der unbestreitbaren Tatsache gesehen werden, dass die Freiheit weit hinter ihrer Idealvorstellung zurückbleibt.

In gewisser Hinsicht führt die spezielle Frage der Forschungsfinanzierung seitens des Verteidigungsministeriums in die Irre. Die Erforschung der chemischen und biologischen Kriegsführung oder der Aufstandsbekämpfung wäre nicht besser, wenn sie durch das Bundesgesundheitsministerium oder den Forschungsrat der Sozialwissenschaften finanziert würde. Desgleichen würde die Forschung in der Hochenergiephysik nicht darunter leiden, wenn das Geld vom Verteidigungsministerium stammen würde. Den Ausschlag gibt nicht die bürokratische Frage der Geldherkunft, sondern die Art der Tätigkeit und ihre wahrscheinliche Verwendung. Die Finanzierung hat in der Hinsicht manche Bedeutung, als man sagen könnte, dass das Pentagon durch die Unterstützung seriöser Forschung an Ansehen und Macht gewinnt. Für die amerikanische Gesellschaft als ganze ist diese Entwicklung nur ein unbedeutendes Symptom einer wahren Tragödie – der fortschreitenden und womöglich unumkehrbaren Militarisierung der amerikanischen Gesellschaft. Was den Sonderfall der Universitäten betrifft, scheinen mir diese Überlegungen aber von untergeordneter Bedeutung. Ein weiteres marginales Problem ist aus meiner Sicht die Frage, ob Hochschuleinrichtungen die militärische Forschung unterstützen. Eigentlich ist es den Vietnamesen ziemlich egal, ob die Technik der Aufstandsniederschlagung, die man zu ihrer Vernichtung und Repression einsetzt, in den Räumlichkeiten der Universitäten oder aber in Privatablegern in der Nähe entwickelt wird.[21] Und für die Opfer des endlosen Wettrüstens – die gegenwärtigen Opfer der Verschwendung materieller und geistiger Ressourcen, die dringend anderswo gebraucht würden, und die möglichen zukünftigen Opfer einer verheerenden Katastrophe – spielt es kaum eine Rolle, ob ihr Schicksal in der Todesabteilung eines Universitätscampus oder in Los Alamos und Fort Detrick hundert Meilen entfernt bestimmt wird. Diese Art der Forschung auf Orte außerhalb der Universitäten zu verlegen, spielt gesellschaftlich gesehen keine Rolle. Es könnte sogar ein Schritt in die falsche Richtung sein. Man könnte der Meinung sein, dass – solange diese Forschung fortgesetzt wird – es besser wäre, wenn sie an den Universitäten durchgeführt würde, denn dort kann sie in den Fokus von Studentenaktivitäten und -protesten geraten, welche Forschungen dieser Art nicht nur erschweren, sondern ebenfalls zu einem wachsenden öffentlichen Bewusstsein beitragen könnten.

Zu den hoffungsvollsten Zeichen unserer Zeit gehört, wie ich meine, die zunehmende Besorgnis der Studenten über das Problem der Forschungsverwendung. Nur wenige würden heute noch der Meinung von Edward Teller zustimmen, dass "wir auf den gesellschaftlichen Verlauf der Dinge vertrauen sollten", um den größtmöglichen Nutzen aus dem technischen Fortschritt zu ziehen, und dass "wir uns nicht von Fragen über die Folgen oder Kosten beirren lassen sollten."[22] Die Frage der Verwendung der Technologie hat viele

Gesichter: Komplizierte historische und politische Bewertungen spielen hier ebenso eine Rolle wie technische Fragen. Es wäre von Vorteil, wenn sich die Studenten in einem Lebensabschnitt mit diesen Problemen befassen könnten, wo sie deren viele Dimensionen erforschen können und dabei von einer Gesellschaft unterstützt werden, die ihre Sorgen teilt – nicht zu einer Zeit, in der sie als isolierte Individuen auf dem Arbeitsmarkt konkurrieren. Daher scheint mir das Problem der universitätsgestützten militärischen Forschung sehr vielschichtig zu sein.

Ziele von Universitätsreformen

Wer einen revolutionären sozialen Wandel unserer Gesellschaft als Notwendigkeit betrachtet, steckt bei Universitätsreformen in einer Zwickmühle. Man möchte die Universitäten zu freien Institutionen machen und wünscht, dass sich die Beteiligten dieser Freiheit in zivilisierter Weise bedienen. Man sieht jedoch, wie sich die Universitäten – oder genauer viele ihrer Mitarbeiter – "in den Dienst der Kriegstechnik stellen" und häufig in einer Art und Weise handeln, durch die gewisse Privilegien gefestigt und Unterdrückungen gefördert werden.

Im Lichte dieser größtenteils korrekten Beobachtung fällt es nicht schwer, einige gravierende Missverständnisse aus dem Weg zu räumen. Es ist schlicht falsch zu behaupten – wie es derzeit häufig geschieht –, dass die Universitäten dem einzigen Zweck wegen existieren würden, das System der Konzerne mit Arbeitskräften zu versorgen, dass Universitäten (und die Gesellschaft) keine sinnvolle Arbeit dulden würden, und dass Universitäten dem einzigen Zweck dienen würden, Studenten in eine gesellschaftlich akzeptierte Lebensweise und Ideologie zu "kanalisieren" und hineinzuzwängen. Doch zugleich stimmt es, dass die Versuchung sehr groß ist, sich in dieser Weise zu entscheiden. Was auf viele besorgte Studenten am Universitätsleben zu Recht abstoßend wirkt, entstammt in überwältigendem Maße keiner bürokratischen Kontrolle, keinen Verteidigungsverträgen und auch keinen Verwaltungsentscheidungen, sondern den relativ freien Entscheidungen der Fakultäten und der Studenten. So entsteht die erwähnte Zwickmühle. Die "Restrukturierung der Universitäten" wird jene Merkmale dieser Institution, die die Kritik der Studenten entfacht haben, wahrscheinlich nicht beseitigen. Ich vermute, dass viele der konkreten Vorschläge, die mir zu Ohren gekommen sind, wahrscheinlich die entgegengesetzte Wirkung haben werden: Sie könnten zu einem System erzwingbarer Regelungen führen, die zwar auf dem Papier demokratisch erscheinen, doch die individuelle Freiheit einschränken. Diese Freiheit findet sich in höchst dezentralisierten Institutionen, wo die Entscheidungs- und Verwaltungsstrukturen ziemlich locker sind und die daher den Wünschen ihrer Mitarbeiter relativ offen gegenüberstehen.

Nützliche Reformen wären zwar denkbar, doch vermute ich, dass sie bestenfalls marginalen Einfluss auf die Funktionsweise der Universitäten haben werden. Der Kern des Problems liegt viel tiefer – es geht darum, die Enscheidungen und persönlichen Überzeugungen derer zu verändern, die am Universitätsleben teilhaben. Dieses Problem ist nicht einfach nur durch eine bloße Modifikation der formalen Strukturen zu lösen; die erwähnte Restrukturierung wird daran wahrscheinlich kaum etwas ändern.

Mehr in diese Richtung weist meines Erachtens eine Ansicht, die 1962 in der Erklärung von Port Huron geäußert wurde (hier handelt es sich praktisch um das Gründungsdokument der SDS, *Students for a Democratic Society*):

> Die Universität befindet sich in einer Position des ständigen gesellschaftlichen Einflusses. Ihre Bildungsfunktion lässt sie unerlässlich und automatisch zu einer wesentlichen Einrichtung zur Schaffung sozialer Grundhaltungen werden. In einer unfassbar komplizierten Welt ist sie die zentrale Institution für die Organisation, Bewertung und Vermittlung von Wissen (...) Ihre soziale Bedeutung, ihr Wissenszugang und ihre innere Offenheit – diese Merkmale machen die Universität zu einem möglichen Ausgangspunkt und zu einer Anlaufstelle für Bewegungen, die für einen Wandel der Gesellschaft eintreten.
>
> Jede neue amerikanische Bewegung der Linken muss über wirkliche intellektuelle Fähigkeiten verfügen und sich in ihrer Arbeit zu Besonnenheit, Ehrlichkeit und zur Reflexion verpflichtet fühlen. Die Hochschulen könnten das akademische Leben zum Motor des politischen werden lassen und dafür sorgen, dass Handlungen durch Vernunft bestimmt werden.[23]

Universitätsreformen sollten meiner Meinung nach auf solche Ziele gerichtet werden – nicht auf erzwungene Beschränkungen, sondern vielmehr auf deren Reduzierung; nicht auf ein Verbot der derzeit häufig vorherrschen Tätigkeiten (von denen ich persönlich viele abstoßend finde), sondern auf die Erschließung neuer Möglichkeiten. Ich halte die Realisierung dieser Ziele für möglich, auch wenn ein umfangreiches intellektuelles Engagement nötig sein wird, welches den Universitätsreformern der Vergangenheit meist fehlte.

Die Universitäten sollten in der Lage sein, verzerrende Einflüsse auszugleichen, die von äußeren Interessen ausgehen und zwangsläufig die Machtverteilung in der übrigen Gesellschaft widerspiegeln. Verzerrungen entstehen außerdem durch die Dynamik der Professionalisierung, die – wenngleich das nicht verallgemeinerbar ist – die Forschung oft auf Probleme richtet, die mit den vorhandenen Mitteln bewältigt werden könnten, nicht aber auf Probleme, die neue Erkenntnisse erfordern würden. Universitäten sollten das Zentrum revolutionärer sozialer Analysen sein, genauso wie sie es in dem Bereich sind, den man revolutionäre Forschung in den Naturwissenschaften nennen könnte. Daher sollten die Universitäten ihre institutionelle Form noch weiter lockern, um ein breiteres Spektrum an Tätigkeiten, Forschungen und Experimenten zu ermöglichen. Sie sollten Freidenkern, Gesellschaftskritikern und ehrfurchtslosen wie revolutionären Gedanken einen Platz geben. Wenn wir der düsteren Realität entkommen wollen, die uns zu erdrücken droht, ist das ein dringendes Gebot. Das größte Hindernis für eine Entwicklung dieser Art wird nicht der Unwille der Bürokraten oder die Unnachgiebigkeit der Sachwalter sein, sondern der Unwille der Studenten, die nötige schwierige und ernsthafte Arbeit zu tun, sowie die Angst der Fakultäten, die ihre Sicherheit, ihre Autorität und ihre Gildenstruktur in Gefahr sehen.

Die genannten Dinge halte ich in der jetzigen Situation für die eigentlichen Hindernisse grundlegender Reformen und Neuerungen an den Universitäten. Es könnten jedoch neue Barrieren auftauchen, wenn die alten einmal überwunden sind. Das sind die vorrangigen Probleme, die uns veranlassen sollten, unsere Bemühungen auf eine Veränderung der Universitäten zu richten. Allgemein denke ich, dass die neue Linke, wie sie genannt wird, vor einer Aufgabe von historischer Bedeutung steht, die aus meiner Sicht sehr treffend in der Erklärung von Port Huron formuliert wurde. Dort ist die Rede von der Notwendigkeit einer "linken Bewegung mit wirklichen intellektuellen Fähigkeiten, die sich in ihrer Arbeit zu Besonnenheit, Ehrlichkeit und zur Reflexion verpflichtet fühlt" und zu einer Politik, deren "Handlungen durch Vernunft bestimmt werden."

In der Hitze des Gefechts können diese Ziele leicht vergessen werden, sie behalten aber dennoch ihre Gültigkeit. Wir können nur hoffen, dass sie als Wegweiser für konstruktive Handlungen immer wieder aufs Neue zum Leben erweckt werden.

Kapitel 11

Lehre und Engagement in Gegenwart und Zukunft

(Dezember 1999)

Wenn ich mich richtig erinnere, hielt ich zuletzt vor einunddreißig Jahren vor der Vereinigung für moderne Sprachen (der *Modern Language Association*) einen Vortrag. Es war auf einer Versammlung, die der heutigen in manch wichtiger Hinsicht ähnelt, sich jedoch in anderer Hinsicht, die nicht weniger bedeutend ist, von ihr unterscheidet. Die hauptsächliche Gemeinsamkeit bildet das Thema: Lehre und Engagement. Den Unterschied bilden die Ausgangsbedingungen. Die Tagung im Dezember 1968 war informeller Art – eine lebendige und überfüllte Versammlung, die vorher nicht auf dem Programm stand und von einer Gruppe namens "radikale Fraktion" (radical caucus) veranstaltet wurde. Dass die Tagung des heutigen Abends innerhalb des formalen Programms der Konferenz stattfindet, spiegelt beträchtliche Veränderungen wider, die sich in den dazwischenliegenden Jahren ereignet haben. Diese Veränderungen haben positive wie negative Seiten, die vielleicht manche Gedanken wert wären, die ich aber hier übergehen werde.

Die Versammlung im Jahr 1968 entstand aus umfangreichen Bildungs- und Organisationsbemühungen innerhalb des Berufszweigs selbst, an den Universitäten im Allgemeinen und außerdem über die Universitäten hinausgehend. Sie trug zur Inspiration weiterer ähnlicher Bemühungen bei, die der Kultur generell und der Rolle und Stellung der Universitäten innerhalb der Kultur eine ganz neue Gestalt gegeben haben.

Ich möchte nicht vorgeben, über den Wandel innerhalb des Berufszweiges Einzelheiten sagen zu können – darüber wissen Sie viel besser Bescheid als ich selbst. Ich will es ganz allgemein formulieren: Die Profession wurde einem viel breiteren Spektrum von Interessen und Menschen geöffnet. Die traditionellen Bindungen sind zwar bestehen geblieben, schließen jedoch nicht mehr viele andere Bereiche prinzipiell aus. Mittlerweile überrascht es keinen mehr, wenn sich die "Veröffentlichungen der modernen Sprachvereinigung Amerikas" mit Literatur der Arbeiterklasse befassen. Neue Lehrpläne sind erprobt worden, auch an den Community Colleges und an den High Schools. Man hat sich grundsätzlich dafür eingesetzt, den Zugang zu tatsächlichen literarischen Ausdrucksformen und zur eigenen literarischen Tätigkeit nicht mehr auf einen gesonderten Bereich privilegierter Schichten zu beschränken.

Die befreiende Rolle der Universitäten

Die außerplanmäßige Tagung der Vereinigung für moderne Sprachen im Jahr 1968 war nur eine von vielen dieser Art. In weiten Teilen der akademischen Welt fanden ähnliche Bekundungen statt. Man sorgte sich um die Unterordnung der Intellektuellen und ihrer Institutionen unter äußere Machtstrukturen, und um die Abschaffung dessen, was viele als wichtigste Verantwortung und soziale Funktion der Universitäten in einer freien Gemeinschaft erachteten: ihre befreiende Wirkung auf alle dort Tätigen und auf die allgemeinere Gesellschaft.

Diese Entwicklungen waren natürlich ein Ausdruck jener Initiativen und Anfechtungen, die in der Gesellschaft als ganzer, in der die Universitäten und akademischen Berufe ihren Platz haben, entstanden waren. Direkter Auslöser waren Bürgerrechts- und Antikriegsbewegungen. Obwohl die verbleibenden gewaltigen Hindernisse nicht heruntergespielt werden sollten, hat es in beiden Bereichen sicher große Veränderungen gegeben – Veränderungen zum Guten, wie die meisten von uns wohl sagen würden.

Bestandteil davon war auch, dass Unterdrückungen und Ungerechtigkeiten viel mehr wahrgenommen wurden, dass anderen Kulturen mehr Respekt entgegengebracht wurde und dass öffentliche Bewegungen, die sich für Menschen- und Bürgerrechte einsetzten, stark wuchsen. Das schlug sich gelegentlich sogar in Gesetzen des Kongresses und in Gerichtsentscheidungen nieder, die einer oftmals unwilligen Exekutive mit unterschiedlichem Erfolg auferlegt wurden. Damit verbunden war eine erheblich reduzierte Duldung staatlicher Gewalt und staatlichen Terrors. Nach der Versammlung im Dezember 1968 verurteilten bald ungefähr 70 Prozent der Bevölkerung die Indochinakriege als "grundsätzlich falsch und unmoralisch", nicht bloß als einen "Fehler." Dieser Standpunkt hat sich bis heute unerschütterlich gehalten; eine bemerkenswerte Tatsache, wenn man sich vor Augen führt, dass derlei Ansichten fast keine Unterstützung von der artikulierten Meinung erhalten und von den Eliten entweder ignoriert oder missverstanden werden. Kein amerikanischer Präsident könnte [heute] einen so großen Krieg in Gang setzen, wie John F. Kennedy es 1961 tat, als jahrelang nicht einmal das Flüstern eines Protests zu vernehmen war. In Regierungsdokumenten werden derartige Beschränkungen staatlicher Gewalt mit großer Besorgnis wahrgenommen. Die öffentlichen Bewegungen, die in den dann folgenden Jahren entstanden – der Feminismus, die Umweltbewegung, die Antikernkraftbewegungen, die Solidaritätsbewegungen und andere –, haben die soziale, politische und intellektuelle Kultur in dramatischer Weise verändert.

Ein Beispiel für diese bemerkenswerten Entwicklungen (nur eines von vielen) ist die Tatsache, dass es zum ersten Mal zumindest möglich geworden ist, der "Ursünde" der amerikanischen Geschichte ins Gesicht zu schauen: dem Schicksal der einheimischen Bevölkerung. Manchmal kann man sich nur mühsam daran erinnern, dass Schulbücher noch vor dreißig Jahren die glorreichen Massaker feierten, die Neuengland von der "einheimischen Plage" befreiten. Die Erfahrungen meiner eigenen Kinder in einer modernen, vorwiegend akademischen Gemeinde erinnern mich daran. Voller Stolz konnte ein führendes liberales Geschichtslehrbuch verkünden, dass sich die Amerikaner nach dem Erreichen der Unabhängigkeit nun ungehindert "dem Ziel" widmen konnten, "Bäume und Indianer zu fällen und ihre natürlichen Grenzen zu erweitern." Nichts dieser Art wäre heute noch denkbar. Das ist nur *ein* Zeichen für die generell zivilisierenden Wirkungen der damaligen Erhebungen. Es liegt jedoch noch ein weiter Weg vor uns, bis wir auf das Ergebnis vielleicht mit mancher Genugtuung und Selbstachtung blicken können.

Bei diesen Unruhen spielten Studenten und junge Fakultätsmitglieder oft eine Hauptrolle. Es war nur logisch und folgerichtig, dass sie ihr Augenmerk auch auf ihre eigene Institution richten sollten. Das war der Hintergrund für die Aktivitäten in den professionellen Verbänden und an den Universitäten, die wie viele dieser Zeit chaotisch und vielschichtig waren – manchmal konstruktiv und manchmal nicht. Im Allgemeinen führten sie meines Erachtens jedoch in die richtige Richtung und trugen zu konstruktiven Veränderungen bei, wozu ein lebendigeres und leidenschaftlicheres Interesse an engagierter Lehre gehörte: nicht nur der Wahrheit verpflichtet, sondern auch humanitären Werten.

Diese Vorgänge waren von keiner geringen Bedeutung. Gewöhnlich wird die moderne Geschichte folgendermaßen beschrieben: als Übergang von einer hauptsächlich auf Landwirtschaft basierenden Ökonomie zu einer Industriewirtschaft, und in modernerer Zeit als Eintritt in ein neues Zeitalter, in dem Wissen die treibende Kraft ist. Diese Beschreibung hat ihre Vorzüge und gilt in Zukunft wahrscheinlich noch mehr. Hier haben die Universitäten einen immer wichtigeren Platz eingenommen.

Während der Wandel zu einer Wissensgesellschaft mit Bewunderung und hoffnungsvoller Erwartung beschrieben wird, hat er auch fragwürdige Seiten. An erster Stelle sollten stets die Fragen stehen: "Wissen zu welchem Zweck?" und "Wissen für wen?" Die Antworten fallen oft nicht sehr ansprechend aus.

Der ganze Gedanke ist in tieferer Hinsicht irreführend: Wie inhaltsreich das Wissen auch sein mag, so unterscheidet es sich doch sehr von wirklicher Erkenntnis, und auch von einigen Einsichten in den Platz, der in der physischen und sozialen Welt für uns angemessenen ist. Sollte kein Übergang zu einer Erkenntnisgesellschaft in diesem Sinne erfolgen, sind die Aussichten für eine Welt, in der ein vernünftiger Mensch leben will, womöglich düster.

Ein Unterschied zwischen den Natur- und Geisteswissenschaften

Über die gesamte Ideengeschichte unterschied man zwischen Untersuchungen darüber, wie die Welt beschaffen ist und wie sie funktioniert, und darüber, wie ein vernünftiges Leben zu führen wäre. Die verschiedenen geistigen und kulturellen Traditionen haben beide Fragen natürlich unterschiedlich gewichtet. Während die Welt auf eine geistige und soziale Ordnung zusteuert, der Wissen zugrunde liegt – oder Erkenntnis, wie wir vielleicht hoffen dürfen –, wächst die Verantwortung der Universitäten wahrscheinlich in beiden Bereichen. Die Universitäten sollten zum Ziel haben, alle Gedanken und Ideen, alle Einblicke in die Wissenschaften und ins menschliche Leben weiterzuentwickeln, und zugleich alles Wissen und alle tiefen Erkenntnisse, die uns helfen, den Weg in eine humanere Zukunft zu finden. Zu diesem Zweck müssen die Universitäten vom äußeren Druck befreit werden, und die Freiheit muss auf alle verteilt werden. Freiheit ist nicht nur für Verwalter und Professoren, sondern für alle, die am Universitätsleben beteiligt sind: Studenten, Fakultäten und Mitarbeiter. Dieses Ziel mag schwer erreichbar sein, doch sollte es uns als Ideal vorschweben, das wir aktiv zu verwirklichen versuchen.

In grundlegendem Sinne sollte die soziale und intellektuelle Rolle, die die Universitäten in einer gesunden Gesellschaft spielen, subversiver Natur sein. In den Naturwissenschaften ist das meist eine Selbstverständlichkeit und wird oft gar wortwörtlich so verstanden. Hier begreift man, dass die Wissenschaft nur dann überleben kann, wenn die traditionellen Ansichten ständig in Frage gestellt werden. Eine erfolgreiche Bildung in den Naturwissenschaften will die Studenten zu eigenen und ständigen Anfechtungen ermutigen. Der Einzelne und die Gesellschaft als ganze profitieren davon in dem Maße, wie jene Freiheitsideale im Bildungssystem (und natürlich auch darüber hinausgehend) an Gewicht gewinnen.

Sie nehmen diese Verantwortung aber im Schatten einer Zwangslage wahr, die in der realen Welt der höchst konzentrieren Macht nicht einfach aufzulösen ist. Ihrer Natur nach verwenden regierende Institutionen – staatliche und private – ihre Macht, um die gesellschaftliche und die gedankliche Welt ihren

Interessen gemäß zu formen. Aus ökonomischer Sicht sind die Universitäten parasitäre Institutionen, denn sie sind auf äußere Unterstützung angewiesen. Möchten sie diese Unterstützung wahren, während sie ihre im Kern befreiende Funktion ausüben, führt das zu Problemen, die in Widersprüchen münden. Eigentlich sind die Universitäten mit einem ständigen Kampf konfrontiert, da sie ihre Unabhängigkeit und grundlegende Gesellschaftsfunktion in einer gesunden Gesellschaft vor äußerem Druck bewahren müssen. Diese Probleme verschärfen sich durch die Ausweitung der privaten Macht auf allen Fronten, die mit sozialen Manipulationsprogrammen enormer Größe seitens der Regierung und den Konzernen einhergeht, deren Ziel es ist, die Entscheidungsbefugnis der öffentlichen Sphäre – mit all ihren extremen Mängeln – zu entreißen und sie der Privatmacht in die Hände zu spielen, die im Grunde niemandem verantwortlich ist. Diese Programme werden oft "neoliberal" genannt – ein äußerst irreführender Begriff. Zum einen sind sie nicht neu und außerdem hätten sie die Vertreter des klassischen Liberalismus empört.

Die Folgen sind in den Naturwissenschaften spürbar. Ein Pharmakonzern z.B. mag zögern, biologische Grundlagenforschung an den Universitäten zu finanzieren. Zwar könnte sie Profite einbringen, doch zu ungewisser Zeit und zur freien Verfügbarkeit. Viel eher wird er angewandte Forschungsprojekte finanzieren und Kontrollen einbauen, durch die er sicherstellen kann, dass er einen vorrangigen Anspruch auf die Forschungsergebnisse und selbst auf ihre Veröffentlichung erhält. Als Folge ergibt sich wahrscheinlich eine vermehrte Geheimhaltung und eine Verschiebung hin zu kurzfristiger angewandter Forschung, die nach finanziellem Profit strebt. Das ist derzeit Gegenstand großer Besorgnis und ein Wandel seit jener Zeit, als die Universitätsforschung noch vorwiegend von der Regierung (einschließlich des Pentagon) finanziert wurde und zumeist frei und ungehindert erfolgte, auch wenn die Ressourcen höchst undemokratisch verteilt wurden (ein kompliziertes Thema, das ich hier übergehen muss). Wegen des umfassenden Angriffs auf das Wesen der Demokratie in den letzten dreißig Jahren verschärfen sich diese immer schon vorhanden Probleme jetzt. Wer auf die Welt mit offenen Augen blickt, dem dürften diese Entwicklungen nicht verborgen geblieben sein.

Außerhalb der Naturwissenschaften nehmen die Probleme andere Gestalt an – in den Disziplinen, die eine intellektuelle Kultur hervorbringen und zum Rahmenwerk jener Meinungen und Überzeugungen werden können, die den Interessen anderer Machtsysteme dienen. In diesem Bereich ist der Gegensatz zwischen dem parasitären Charakter der Universitäten und der befreienden Rolle, die sie in einer freien und gesunden Gesellschaft spielen sollten, noch tiefgreifender als in den Naturwissenschaften. Zum einen dienen Forschungsergebnisse, die tatsächlich frei und ungehindert zustande kommen – wie es in den Naturwissenschaften für gewöhnlich der Fall ist –, nur selten dem Ausbau der privaten Macht. Zweitens lässt sich vorhersehen, dass die Universitäten, die im Zentrum der Bildungskultur stehen, sich daran beteiligen, "das Bewusstsein der Öffentlichkeit in derselben Weise zu lenken, wie eine Armee die Körper ihrer Soldaten befehligt." So formulierte es einer der Väter und führenden Vertreter der Public-Relations-Industrie, der in den Regierungszeiten Wilsons, Roosevelts und Kennedys ein respektierter Liberaler war. Er brachte Auffassungen zum Ausdruck, die schon lange eine bekannte Lehre der elitären Meinung gewesen waren – besonders im 20. Jahrhundert, als die Freiheiten durch öffentliche Kämpfe erfolgreich ausgeweitet wurden. Folglich begriff man, dass die Gewalt durch die Lenkung der Meinungen und Überzeugungen abgelöst werden musste, denn auf Gewalt konnte man nicht mehr jederzeit setzen. Das ist zugleich ein wesentliches Charaktermerkmal der industriellen Demokratien in moderner Zeit.

Solche Ängste sind stets unterschwellig vorhanden und werden regelmäßig frei heraus – oft sogar mit Leidenschaft – geäußert, wenn die "unwissenden, lästigen Außenseiter" die Macht und die Ruhe der "verantwortlichen Männer" stören. In einer gut geführten Demokratie sollten diese Männer die öffentlichen Angelegenheiten ungestört dirigieren können, und die "verwirrte Herde" – d.h. die allgemeine Bevölkerung – sollte "Zuschauer" sein, doch kein "aktiver Beteiligter." Ich habe hier zufällig Walter Lippmanns Interpretation von Präsident Wilsons Liberalismus zitiert, aber diese Ansichten sind ein Wesensmerkmal der gebildeten Meinung und haben eine einzigartige Geschichte.

Zwei Arten von Intellektuellen

Die gefährlichen zivilisierenden Tendenzen der 1960er Jahre bildeten hier keine Ausnahme. Aus den Rängen der Privilegierten war eine heftige Gegenreaktion zu erwarten. Sie erfolgte unmittelbar, entstammte fast allen respektierten Meinungslagern und – was noch wichtiger ist – ebenfalls der Politik, die versuchte, die Bedrohung einzudämmen und zu zerschlagen. Am liberalen Ende des Meinungsspektrums äußerten sich die Ängste der Privilegierten klar und deutlich in einer Studie, die zu einem bekannten Klassiker werden sollte: der erste Bericht der Trilateralen Kommission. Sie vertritt die internationale, liberale Sicht der drei Hauptzentren der industriellen Demokratie: Nordamerika, Europa und Japan. In den Vereinigten Staaten rekrutierte sich die Regierung Carter sich fast ausschließlich aus ihren Rängen.

Der Bericht widmete sich der "Krise der Demokratie", die in den industriellen Demokratien weltweit um sich griff: Große Teile der Bevölkerung, die zuvor passiv und an den Rand gedrängt gewesen waren, versuchten jetzt, die

Bühne öffentlicher Politik zu betreten, um ihre Interessen zu vertreten und zu verteidigen. Naive Menschen mögen dies als Schritt in Richtung Demokratie ansehen, aber die Verfasser des Berichts erkannten, dass es sich um eine Krise der Demokratie handelte, die überwunden werden musste. Die Unfähigkeit der "unwissenden und lästigen Außenseiter", ihre Rolle als "Zuschauer", nicht etwa als "Beteiligte", nicht mehr zu begreifen, war "ein Übermaß an Demokratie", ein unheilvoller Wandel seit jenen Tagen, als "Truman das Land mit einer Handvoll Anwälten und Bankern aus der Wall Street regieren konnte", wie ein US-Berichterstatter und renommierter Politologe, der sich nostalgisch nach der Vergangenheit sehnte, vielleicht etwas überspitzt anmerkte. Damals hatten wir noch eine ausreichend "gemäßigte Demokratie."

In höchster Sorge war die Kommission, weil "werteorientierte Intellektuelle" auf der Bildfläche erschienen, die sich Fragen wie "Machtbegrenzung, der Anfechtung der Autoritäten und der Enttarnung und Bloßstellung etablierter Institutionen widmen." Zu diesen gehören auch die Institutionen, die für "die Indoktrination der Jungen" verantwortlich sind: Schulen, Kirchen, Universitäten. Die Kommission stellte diese verdächtigen Gruppierungen den "technokratischen und politikorientierten Intellektuellen" gegenüber – den "verantwortlichen Männern", die wir in offiziell zu Feindstaaten erklärten Ländern "Kommissare" und "Bürokraten" nennen (obwohl sich die Werte hierzulande natürlich wie immer umkehren). Die "verantwortlichen Männer" hier bei uns im Land lassen sich nicht durch romantische Gerechtigkeitsvorstellungen und Freiheitsideale irreführen, sie verfolgen seriöse Ziele: die Welt im Rahmen eines Systems unnahbarer "etablierter Institutionen" führen, die den Interessen der Mächtigen und Privilegierten dienen. Dazu gehört auch das Management der Meinungen und insbesondere "die Indoktrination der Jungen", damit sich diese sich die richtigen Gedanken und Überzeugungen aneignen.

Eine ernste Bedrohung

Ein Grundgedanke seit jener Zeit war, wieder für Disziplin und Gehorsam zu sorgen. Hier ist nicht der richtige Ort für einen Rückblick auf die Erfolge und Misserfolge. Es sollte jedoch niemals vergessen werden, dass die gegen die üblichen Opfer angewandten Maßnahmen extrem brutal waren – besonders gegen die Armen und Wehrlosen, aber auch gegen die Intellektuellen. Zudem sollten wir uns niemals erlauben, die Reaktion der Privilegierten zu übersehen. In jüngster Zeit sind wir Zeugen eines schockierenden und meiner Meinung nach sehr vielsagenden Beispiels geworden: der 10. Jahrestag der Ermordung sechs lateinamerikanischer Intellektueller – darunter der Direktor der jesuitischen Universität in San Salvador. Sie wurden von staatsterroristischen Elitesoldaten umgebracht, die gerade ein weiteres Mal Trainingseinheiten bei den US-amerikanischen *Green Berets* absolviert hatten – jene Einheiten, die in der finsteren salvadorianischen Periode, in der für die weltweite Wiederherstellung guten Verhaltens gesorgt wurde, für eine erschreckende Zahl von Grausamkeiten verantwortlich gewesen waren. Schon allein die Liste der Kirchenmärtyrer, die salvadorianische Bischöfe aktuell anlässlich des Erlassjahrs 2000 an den Vatikan schicken, umfasst über einhundert Seiten, und das ist nur ein Teil der Toten. Auch sollten wir niemals vergessen, dass (neben zahllosen weiteren Opfern) jene Intellektuelle, die durch ihr Engagement für Marginalisierte und Unterdrückte die gute Ordnung störten, gleich doppelt ermordet wurden: erst umgebracht, dann vergessen. Der 10. Jahrestag ging vorüber, ohne dass die amerikanischen Zeitungen bloß einen einzigen ihrer Namen erwähnten. Nur wenige gebildete Menschen im Westen kennen ihre Namen oder haben etwas von ihnen gelesen, im Gegensatz zu Regierungskritikern offizieller Feindländer, die massiv unterdrückt wurden. Im Zeitalter nach Stalin geschah in der freien Welt nichts, was dem Umgang mit ihnen gleichgekommen wäre. Ich lasse hier die verwerflichsten Reaktionen westlicher Intellektueller auf diese Grausamkeiten beiseite. Vielleicht genügen meine Worte jedoch bereits, um einige der Fragen anzudeuten, die auf der Liste ganz oben stehen könnten – nicht nur in Diskussionen über Lehre und Engagement.

In den reichen Industriegesellschaften nimmt der Versuch, wieder für Disziplin und Unterordnung zu sorgen, subtilere Formen an, die vor allem junge Menschen nur zu gut verstehen. Dazu gehört die Umwandlung der Universitäten in Konzerne – eine ernste Bedrohung für ihre befreiende und subversive Rolle, die in einer freien und gesunden Gesellschaft der Verantwortung der Universitäten obliegt. Die Verteidigung der Integrität sowie der eigentlichen Verpflichtung der Universitäten ist an sich schon ein respektables und schwer erreichbares Ziel, doch sollten wir unser Blickfeld nicht derart einschränken. Besonders in den privilegierteren Gesellschaften sind viele Alternativen verfügbar, einschließlich eines revolutionären Wandels der Gesellschaftsinstitutionen, wenn dies der richtige nächste Schritt sein sollte, und eines Wandels der Lehre, die zum endlosen Kampf für Freiheit und Gerechtigkeit beiträgt und aus ihm lernt. Wir müssen weder Leid und Unterdrückung, die uns umgeben, sprachlos hinnehmen, noch die nicht abwegige Zukunftsperspektive, dass sich die Menschheit als "Fehler in der Evolution" erweisen könnte, gerade erst in der Evolution erschienen, um sogleich wieder zu verschwinden und auf dem Weg gewaltige Schäden zu hinterlassen.

Kapitel 12

Methode und Praxis der Indoktrination

(Dezember 1984)

Wie wird der beachtliche kollektive Gedächtnisverlust der US-amerikanischen Elite erreicht, was Geschichte angeht? Um die Vorgänge besser zu verstehen, will ich zunächst einen Blick auf deren Funktion in totalitären Gesellschaften werfen, wo sie in ihrer inneren Organisation von den Mechanismen in unserer eigenen Gesellschaft himmelweit verschieden sind.

Ein seltenes Exemplar eines Nachrichtensprechers

Im Mai des Jahres 1983 ereignete sich in Moskau etwas Außergewöhnliches. Vladimir Danchev, ein mutiger Nachrichtensprecher, verurteilte in fünf aufeinanderfolgenden Radiosendungen die sowjetische Invasion in Afghanistan. Das rief im Westen tiefe Bewunderung hervor. Die *New York Times* kommentierte zu Recht, dies stelle eine Abweichung von der "offiziellen Sowjetpropagandalinie" dar, und Danchev hätte "gegen die vorherrschenden Normen des Doppeldenkens und der Neusprache revoltiert."

Danchev wurde gefeuert und in die Psychiatrie eingewiesen. Vergangenen Dezember gab man ihm seine Stellung zurück. Ein sowjetischer Funktionär wurde zitiert, wie er sagte: "Er wurde nicht bestraft, weil ein kranker Mann nicht bestraft werden kann." Im Westen wurde all dies als kurzer Einblick in die Welt von Orwells *1984* aufgefasst. Danchev wurde bewundert für seinen Mut, den Triumph des menschlichen Willens und seine Weigerung, sich durch totalitäre Gewalt einschüchtern zu lassen. In Paris führte man eine Ehrung für einen Journalisten ein, "der für das Recht auf Information kämpft."

Beeindruckend an Danchevs Radiosendung war nicht allein, dass er seine Gegnerschaft zur sowjetischen Invasion in Afghanistan zum Ausdruck brachte und zum Widerstand gegen sie aufrief, sondern auch, dass er es eine "Invasion" nannte. In der sowjetischen Theologie existiert ein solches Wort nicht; vielmehr *verteidigt* Russland Afghanistan gegen Kriminelle, die von pakistanischen Zufluchtsorten aus operieren und dabei von der CIA und anderen Kriegstreibern unterstützt werden.

Die Berichte der westlichen Medien über die Danchev-Affäre waren von einem Ton der Selbstbeweihräucherung begleitet: Bei uns könnte etwas dieser Art nicht passieren: Nie wurde ein amerikanischer Nachrichtensprecher in die Psychiatrie eingewiesen, weil er eine amerikanische Invasion eine "Invasion" genannt oder die Opfer zum Widerstand aufgerufen hatte.

Indes könnten wir uns weiter mit der Frage befassen, warum dies bei uns nie geschehen ist. Eine Möglichkeit wäre, dass sich solche Fragen nie gestellt haben, weil kein amerikanischer Journalist je Danchevs Mut aufbringen oder gar nur erkennen könnte, dass eine der sowjetischen Invasion in Afghanistan vergleichbare US-Invasion wirklich eine Invasion ist, oder dass ein gesunder Mensch die Opfer zum Widerstand aufrufen könnte. Wenn das der wirkliche Grund wäre, würde dies ein Maß an Indoktrination erkennen lassen, der alles unter sowjetischem Terror Erreichte und das Vorstellungsvermögen Orwells bei weitem überstiege.

Eine erstaunliche Unterwerfung unter das Indoktrinationssystem

Betrachten wir die folgenden Tatsachen: 1962 schickte Präsident Kennedy die Air Force los, um die ländlichen Gebiete Südvietnams anzugreifen, wo über 80 Prozent der Bevölkerung lebten. Der Angriff war Teil eines Programms, durch das man beabsichtigte, Millionen Menschen in Konzentrationslager ("strategische Dörfchen" genannt) zu treiben. Dort sollten sie, eingezäunt von Stacheldraht und eingekreist von bewaffneten Wachen, vor Guerillakämpfern "beschützt" werden. Wie wir gestanden, wurden die Guerillakämpfer von den Menschen in den Konzentrationslagern bereitwillig unterstützt.

Vor der direkten US-Invasion in Südvietnam unterstützten wir Frankreich bei seinem Versuch, seine ehemalige Kolonie zurückzuerobern. Wir unterbrachen den "Friedensprozess" von 1954 und führten einen terroristischen Krieg gegen die südvietnamesische Bevölkerung, der ungefähr 75.000 Menschen das Leben kostete. In den folgenden Jahren wehrten die Vereinigten Staaten jeden Versuch ab, eine friedliche Lösung zu erreichen. Im Jahr 1964 begannen wir mit der Planung einer Bodeninvasion in Südvietnam, die dann Anfang 1965 erfolgte und mit der Bombardierung Nordvietnams und der verstärkten Bombardierung Südvietnams einherging. Anschließend weiteten wir den Krieg auf Laos und dann auf Kambodscha aus.

Wie die Vereinigten Staaten beteuerten, waren sie hereingebeten worden. Wie jedoch der Londoner *Economist* im Falle Afghanistans (aber nie im Falle

Vietnams) zu verstehen gab, "ist ein Invasor immer ein Invasor, außer wenn er von einer Regierung mit Legitimitätsanspruch eingeladen wird." Außerhalb der Welt der Orwellschen Neusprache besaß das durch die Vereinigten Staaten eingesetzte Satellitenregime nicht mehr Legitimität als das Sowjetregime in Afghanistan. Noch dazu betrachteten die Vereinigten Staaten das afghanische Regime als illegitim, und tatsächlich wurde die afghanische Regierung immer wieder gestürzt und ersetzt, wenn ihre Führer den amerikanischen Plänen zur Ausweitung des Terrors nicht mehr genug Begeisterung entgegenzubringen schienen, oder wenn befürchtet wurde, dass friedliche Lösungen in Betracht gezogen werden könnten.

Die Vereinigten Staaten gaben durchweg offen zu verstehen, dass eine politische Lösung inakzeptabel für sie sei, und zwar aus dem einfachen Grund, dass der "Feind" in einem politischen Wettbewerb als klarer Sieger hervorgehen würde. Der Konflikt musste auf die militärische Ebene beschränkt bleiben, wo die Vereinigten Staaten die uneingeschränkte Vorherrschaft zu gewinnen hoffen konnten. Wie Douglas Pike, jetzt Leiter der Indochina-Archive in Berkeley und von den etablierten Medien als Vertreter eines neuen Typus "nichtideologischer" Wissenschaftler zutiefst bewundert, es formulierte: Der südvietnamesische Feind "bestand darauf, dass sein Wettbewerb mit der von den USA eingesetzten Regierung und mit den Vereinigten Staaten selbst auf politischer Ebene ausgetragen werden sollte, und dass der massive militärische Gewalteinsatz an sich schon illegal sei." Am Ende wurde von den Vereinigten Staaten militärische Gewalt erzwungen, da "Gegengewalt angewendet werden musste, um zu überleben."

In den vergangenen zwanzig Jahren habe ich die Mainstream-Medien und die wissenschaftlichen Publikationen nach Hinweisen auf die amerikanische Invasion Südvietnams im Jahr 1962 (und zu anderer Zeit) durchsucht, auf den US-Angriff auf Südvietnam und die US-Aggression in Indochina – vergeblich. In der Geschichte existiert ein solches Ereignis nicht. Auf was man stößt, ist bloß die amerikanische *Verteidigung* Südvietnams gegen Terroristen, die von außerhalb (nämlich von Vietnam) unterstützt wurden. Diese Verteidigung, so sagen die "Tauben", sei unklug gewesen.

Kurz – bei uns gibt es niemanden wie Danchev. In den etablierten Medien findet sich niemand, der eine Invasion als "Invasion" bezeichnen oder diese Tatsache nur verstehen könnte; es wäre undenkbar, dass ein amerikanischer Journalist die Südvietnamesen öffentlich zum Widerstand gegen die amerikanische Invasion aufrufen würde. Wer dies täte, würde nicht in die Psychiatrie eingewiesen werden, sondern sicher seinen Beruf und seine Stellung verlieren. Wer die US-Invasion in Südvietnam 1962 erwähnt (die 1965 noch verstärkt wurde), wird weiterhin mit Fassungslosigkeit angesehen. Manchmal reagiert man verwirrt, manchmal auch ziemlich wütend. Wohlgemerkt bedarf es hier keines Mutes, die Wahrheit auszusprechen, sondern nur der Ehrlichkeit. Wir können nicht vorgeben, staatliche Gewalt befürchten zu müssen, wie treu ergebene Parteianhänger in totalitären Staaten geltend machen könnten.

Eine persönliche Bemerkung: Kurze Zeit nach der russischen Invasion in Afghanistan schrieb ich ein Buch, in dem ich diese mit der amerikanischen Invasion in Südvietnam verglich und allgemeiner die Verantwortung beider Supermächte für die Konflikte und Interventionen zur Zeit des Kalten Kriegs erörterte. Amerikanische Journalisten konnten meine Worte nicht verstehen und beschwerten sich, dass es zwar schon etwas dieser Art geben könnte, es jedoch nachvollziehbarer gewesen wäre, wenn ich die Story "ein wenig unparteiischer" erzählt hätte (Christopher Lehmann-Haupt in der *New York Times*). Andere meinten, ich hätte mich der "Doppelmoral" schuldig gemacht (James Fallows im *Atlantic Monthly*). Dasselbe Buch wurde auch in der kommunistischen Presse besprochen, wo meine "weit hergeholte und grundlose Vorstellung, dass beide Mächte eigene Interessen am Kalten Krieg haben", verworfen wurde (James West vom Politischen Büro der Kommunistischen Partei im *World Marxist Review*). Man brachte Argumente vor, dass der Kalte Krieg eine rein amerikanische Angelegenheit sei. Interessanterweise ist der kommunistische Bericht, wenn auch falsch, zumindest logisch, während die Berichte der etablierten US-Medien die Unfähigkeit widerspiegeln, simple Sachverhalte zu verstehen und zu durchdenken. Auf dieselbe Unfähigkeit stößt man gelegentlich auch in fanatischeren Religionskulten.

Heute ist es üblich geworden, jeglichen Vergleich der sowjetischen Invasion Afghanistans mit der US-Invasion Grenadas zu verspotten; und tatsächlich unterschieden sich beide sehr in Größenordnung und Hintergrund. Ein Vergleich mit der US-Invasion in Südvietnam wäre treffender, in den etablierten Medien aber undenkbar. Übrigens erkennen wir hierin ein weiteres typisches, von genügend indoktrinierten Intellektuellen (eine irgendwie überflüssige Formulierung) benutztes Mittel: Man wähle oder erfinde eine beliebige schwache Kritik der geheiligten Verhältnisse und verwerfe sie dann mit Verachtung. So wird eine rationale, kritische Analyse verhindert und die Bedrohung, die von wirklichen Einsichten ausgeht, aus dem Weg geräumt.

Fadenscheinige Ziele des Bildungssystems

In ihrer wichtigen Studie "Vorgeführte Wahlen" (*Demonstration elections*) bildeten Edward Herman und Frank Brodhead ein Foto von Theodore Hesburgh ab (dem Präsidenten von Notre Dame), wie er sich gedanklich eine Wahlurne vorstellte, als er 1982 als Wahlbeobachter in El Salvador fungierte. Viele hatten die Wahlen als einen Schritt zu etwas angekündigt, das wir "Demokratie" nennen. Unter dem Foto war zu lesen: "Pastor Theodore Hesburgh 'sieht' die Wahlen in El Salvador, 'erkennt' aber die durchsichtige Wahlurne" nicht, die auf dem Foto deutlich abgebildet ist. Eines der Hauptziele eines erfolgreichen Bildungssystems besteht darin, seine Opfer mit der Fähigkeit auszustatten, zu sehen, nicht aber zu erkennen. Das ist zugleich auch das Wesensmerkmal der "verantwortlichen Intellektuellen."

Natürlich entwickelte sich im Mainstream eine Art Widerstand gegen den Vietnamkrieg, doch dieser war vorwiegend "pragmatisch": Die Kritiker beschrieben ihn mit beträchtlicher Selbstverherrlichung und grenzten sich von "emotionalen" und "unverantwortlichen" Widersachern ab, die den Krieg aus grundlegenden Erwägungen ablehnten. Die "pragmatischen" Kriegsgegner behaupteten, der Krieg sei nicht gewinnbar, ohne inakzeptable Kostengrenzen zu überschreiten, es bestünden Unklarheiten über die Ziele und es herrschten Doppelzüngigkeit und Ausführungsfehler vor. Aus ganz ähnlichen Gründen kritisierte sicher der deutsche Generalstab auch Hitler nach den Ereignissen in Stalingrad.

Die öffentliche Meinung sah übrigens ganz anders aus. Schon im Jahr 1982 hielten 70 Prozent der Bevölkerung den Krieg für "grundsätzlich falsch und unmoralisch", nicht bloß für einen "Fehler." Diesen Standpunkt vertrat kaum einer der "Meinungsführer" und praktisch niemand aus den Rängen der wortgewandten Intellektuellen – nicht einmal auf dem Höhepunkt der Kriegsgegnerschaft in den 1970er Jahren.

Wie gelang diese bemerkenswerte Unterwerfung unter das Indoktrinationssystem? Die Fakten waren nicht unzugänglich, was gelegentlich der Fall sein kann. Die verheerenden Bombardierungen auf Nordlaos, die Bombardierungen im Jahr 1969 und weitere Angriffe wurden von den Medien verschwiegen – eine Tatsache, die von den etablierten US-amerikanischen Medien bis heute unterdrückt wird (die Kriege werden "Geheimkriege" genannt; die Regierung hielt sie geheim, was sie auch tat, mit Hilfe der Medien). Was den US-Angriff auf Südvietnam betrifft, waren jedoch immer genug Tatsachen verfügbar. Sie wurden gesehen, aber nicht durchschaut.

Besonders die amerikanische Wissenschaft lässt dies erkennen. Der offizielle Historiker der Kennedy-Regierung, Arthur Schlesinger, der als führende "Taube" betrachtet wurde, erwähnte die Angriffe im Jahre 1962 tatsächlich: "1962 ist kein schlechtes Jahr gewesen", schreibt er in seinem Geschichtsbuch *A Thousand Days:* "Die Gewalt in Vietnam [wurde] zurückgefahren." Das Jahr, in dem die Vereinigten Staaten mit direkter Gewalt gegen Südvietnam vorgingen, war also zugleich das Jahr, in dem die Aggression gegen Vietnam *zurückgefahren* wurde. Orwell wäre beeindruckt gewesen.

Adlai Stevenson, eine weitere geachtete Persönlichkeit im liberalen Pantheon, verkündete vor den Vereinten Nationen, wir hätten in Vietnam die "innere Gewalt" bekämpft (ein weiterer Begriff, den Orwell bewundert hätte); folglich haben wir in Vietnam die Gewalt der Vietnamesen gegen uns bekämpft, in gleicher Weise, wie wir schon einhundert Jahre zuvor in Mexiko die Gewalt der Mexikaner gegen uns bekämpft hatten. Dasselbe taten wir gegen Ende der 1940er Jahre in Griechenland, erklärte Stevenson weiter, als wir intervenierten, um Griechenland vor "den Aggressoren" zu schützen, welche "die Kontrolle über weite Teile des Lands gewonnen" hatten. Die "Aggressoren" waren jene Griechen, die die Widerstandsbewegung gegen die Nazis angeführt hatten und die wir mit einer beeindruckenden Zurschaustellung von Massakern, Foltern, Vertreibung und endloser Gewalt zugunsten der Nazi-Kollaborateure unserer Wahl erfolgreich beseitigten. Stevensons Vergleich war treffender, als er (offensichtlich ein sehr unwissender Mann) sich wahrscheinlich gedacht hatte. Natürlich war die amerikanische Haltung wie immer defensiv – selbst wenn wir in ein Land einmarschieren, das auf halbem Weg um die Welt liegt, nachdem es uns misslungen ist, unsere politischen Gegner mit einem gewaltigen Gewalt- und Terrorarsenal auszuschalten.

Ein genauerer Blick auf die Diskussionen, die während des Vietnamkriegs entstanden, ermöglicht uns einige Einblicke in die Methoden der Indoktrination. In den Wortgefechten maßen sich die "Falken" mit den "Tauben." Die Falken waren wie der Journalist Joseph Alsop der Meinung, dass wir unsere Ziele mit genügend Gewalt erreichen könnten. Die Tauben hielten das für unwahrscheinlich, wenngleich, wie Arthur Schlesinger deutlich machte, "wir alle beten, dass Joseph Alsop Recht hat" und "wir uns alle vor der Weisheit und Staatskunst der amerikanischen Regierung verbeugen werden," wenn die US-Kriegspolitik (entgegen seinen Erwartungen) erfolgreich wäre, die Vietnam in "ein ruiniertes und zugrunde gerichtetes Land" verwandelte. Nach Auffassung Leslie Gelbs ließ dieses Buch Schlesinger zu einem "führenden Kriegsgegner" werden.

Das Mainstream-Spektrum denkbarer Gedanken

Natürlich ist unmittelbar ersichtlich, dass ebenfalls ein Standpunkt möglich ist, der in den leidenschaftlichen Diskussionen zwischen Falken und Tauben ausgelassen wurde und der unsere Nation in diesen mühevollen Jahren angeblich auseinanderreißen würde: der Standpunkt der Friedensbewegung, der tatsächlich schon 1982 von der überwiegenden Bevölkerungsmehrheit geteilt wurde: dass der Krieg nicht bloß ein "Fehler" war, wie die Offiziellen auf Seiten der Tauben behaupten, sondern "grundsätzlich falsch und unmoralisch." Im Klartext formuliert heißt das: Alle Kriegsverbrechen sind falsch, einschließlich des Verbrechens, Angriffskriege zu führen, selbst wenn die "edlen" Ziele erreicht werden. Dieser Standpunkt findet keinen Eingang in die Diskussionen – nicht einmal, um widerlegt zu werden; innerhalb des ideologischen Mainstreams wäre er undenkbar.

Ich sollte betonen, dass die wortgewandten Intellektuellen nur ganz selten von der orthodoxen Meinung abgewichen sind. Nur wenige Journalisten waren in ihrer Haltung gegenüber dem Krieg kritischer als Anthony Lewis, der 1975 seine Ansicht zusammenfasste, als er sagte, der Krieg sei mit "naiven Bemühungen, Gutes zu tun" begonnen worden, auch wenn 1969 (1969!) klar wurde, dass er ein "katastrophaler Fehler" gewesen war.

In den akademischen Kreisen des Mainstreams wäre kaum eine engagiertere Kriegskritik zu finden gewesen als diejenige von John King Fairbank der Universität Harvard, dem Vorsitzenden der asiatisch-amerikanischen Wissenschaftler, den man als so extrem einstufte, dass man ihn als kommunistischen Sympathisanten (*comsymp*) – oder sogar noch schlimmer – in McCarthys Terminologie bezeichnen könnte. Im Dezember 1968 hielt Fairbank die Präsidentenrede vor der Amerikanischen Gesellschaft für Geschichte, ein Jahr, nachdem die Tet-Offensive die meisten der Konzerneliten und weitere obere Planungskreise in Anhänger der Tauben verwandelt hatte. Wie zu erwarten, war Fairbank kritisch gegenüber dem Vietnamkrieg, und zwar in folgender Weise: In diesem "Zeitalter überfordern wir unsere Machtpolitik mit Katastrophen im Ausland wie z.B. derjenigen in Vietnam, vor allem durch ein Übermaß an Rechtschaffenheit und selbstloser Güte": "Unserer Rolle bei der Verteidigung Südvietnams nach 1965" lagen analytische Fehler zugrunde, so dass "wir uns nur schwer davon überzeugen konnten, dass der Krieg ein Ziel hatte, das der Mühe wert war."

Die Tauben meinten, der Krieg war ein "hoffnungsloses Unterfangen" – wie wir von Anthony Lake lernen, einem führenden Vertreter der Tauben, der aus Protest gegen die Invasion Kambodschas sein Regierungsmandat niederlegte. Alle waren sich einig, dass der Krieg ein "gescheiterter Kreuzzug" gewesen war, "edel" aber "illusorisch" und mit "den erhabensten Absichten" unternommen, wie Stanley Karnow in seinem Verkaufsschlager und Begleitband zu einer *PBS*-Fernsehserie, welche für ihre kritische Offenheit hochgeschätzt wird, es darstellte. Wer diese augenscheinlichen Wahrheiten nicht zu würdigen weiß oder auf der merkwürdigen Auffassung beharrt, dass diese Wahrheiten mit Belegen gestützt werden müssten, zeigt nur, dass er ein emotionaler und unverantwortlicher Ideologe ist, oder vielleicht gar ein durchtriebener Kommunist. Oder genauer gesagt: Diese merkwürdigen Ansichten vermögen nicht wahrgenommen zu werden, sie befinden sich außerhalb des Spektrums denkbarer Gedanken. Wenige Diktatoren vermögen sich mit einer so vollständigen Unterwerfung unter höhere Wahrheiten zu schmücken.

All dies veranschaulicht vorzüglich die Genialität demokratischer Systeme in Sachen Gedankenkontrolle. Hierin unterscheiden sie sich sehr von den in totalitären Ländern vorherrschenden Methoden. Wer mit Gewalt regiert, neigt zu einer "behavioristischen" Zukunftsaussicht. Was die Menschen denken, ist nicht so furchtbar wichtig – was zählt, ist, wie sie sich verhalten. Sie müssen ergeben sein, und ihre Gefügigkeit wird durch Gewalt sichergestellt. Wie die Strafen für Ungehorsam ausfallen, hängt von der Art des Staates ab. In totalitären Staaten kann die Strafe psychische Folter, Verbannung oder Gefängnis unter brutalen und unerbittlichen Bedingungen sein. In einem typischen US-Satellitenstaat wie El Salvador findet man die Regimekritiker wahrscheinlich in Wassergräben wieder, in entsetzlicher Weise gefoltert und enthauptet. Wenn genügend Menschen umgebracht worden sind, können wir sogar Wahlen abhalten, in denen die Menschen für die Demokratie marschieren, weil sie den Nazi-ähnlichen D'Aubuisson zugunsten von Duarte ablehnen, dem Anführer einer der größten Massenmorde moderner Zeit (das ist die nötige Voraussetzung für demokratische Wahlen; offenbar lassen sich keine Wahlen durchführen, wenn noch funktionierende Organisationen der Bevölkerung existieren), und zugunsten von Duartes Verteidigungsminister Vides Casanova, der 1981 erklärte, das Land hätte bereits die Massaker von 30.000 Bauern im Jahre 1932 in Matanza überlebt, und "die Streitkräfte sind heute zur Tötung von 200.000 bis 300.000 Menschen bereit, wenn so eine kommunistische Machtübernahme verhindert werden kann."

Demokratische Systeme funktionieren ganz anders. Es reicht nicht aus, das Verhalten der Menschen zu kontrollieren – ihr Denken muss ebenfalls gelenkt werden. Weil der Staat nicht durch Gewalt für Gehorsam zu sorgen vermag, könnten Gedanken zu Handlungen werden; deshalb muss die Gefährdung der Ordnung schon an der Wurzel bekämpft werden: Es ist nötig, einen Rahmen möglicher Gedanken zu etablieren, der in den Prinzipien der Staatsreligion verankert ist. Diese Prinzipien brauchen nicht erzwungen zu werden: besser, sie werden als unausgesprochenes Grundgerüst denkbarer Gedanken vorausgesetzt.

Die Kritiker stützen dieses System, weil sie die Doktrinen stillschweigend akzeptieren und ihre Kritik auf taktische Fragen beschränken, die innerhalb der Grenzen der Doktrinen aufkommen. Um geachtet oder zu den Diskussionen zugelassen zu werden, müssen sie – ohne nachzufragen oder Nachforschungen anzustellen – die Grunddoktrin akzeptieren, dass der Staat gutmütig ist, von den besten Absichten geleitet wird und eine defensive Grundhaltung einnimmt; nicht als Handelnder im Weltgeschehen, sondern auf die Verbrechen anderer reagierend – manchmal nicht besonders weise wegen persönlichen Versagens, Naivität, der Komplexität geschichtlicher Vorgänge oder weil es nicht gelingt, die böse Natur unserer Feinde zu verstehen. Wenn selbst die schärfsten Kritiker diese Prämissen übernehmen, dann mag ein gewöhnlicher Mensch sich fragen: Wer bin ich, dass ich widersprechen könnte? Je heftiger das Wortgefecht zwischen Falken und Tauben wütet, je nachdrücklicher und effektiver werden die Doktrinen der Staatsreligion gefestigt. Wegen ihres bemerkenswerten Beitrags zur Gedankenkontrolle werden die Kritiker geduldet, bisweilen sogar geehrt – d.h. wenn sie den Regeln gehorchen.

Dieses System der Gedankenkontrolle hatte Orwell nicht vorhergesehen. Diktatoren verstehen es nicht, weil sie die Nützlichkeit der Indoktrination einer Kritikerklasse nicht zu begreifen vermögen, welche die Fehler und Misserfolge der Führer anprangert, während sie gleichzeitig die Grundprämissen der Staatsreligion stillschweigend akzeptiert.

Diese Unterschiede zwischen totalitären und demokratischen Systemen der Gedankenkontrolle sind bloß eine ungefähre erste Annäherung. Tatsächlich müssen sich auch totalitäre Staaten um die öffentlichen Meinungen und Gedanken sorgen. In einer Demokratie muss man sich vornehmlich der politisch aktiven Bevölkerungsteile, den Gebildeteren und Privilegierteren, annehmen. Offenkundig ist das in den Vereinigten Staaten, wo die Armen oft nicht mal wählen und bedeutendere Formen der politischen Beteiligung – die Ausarbeitung und Formulierung politischer Programme, die Auswahl von Kandidaten, die nötige materielle Unterstützung, Bildungsbemühungen und Propaganda – im Einflussbereich einer ziemlich kleinen privilegierten Elite liegen. Vielleicht befürworten drei Viertel der Bevölkerung einen Nuklearwaffensperrvertrag – und möglicherweise wissen manche gar, dass dies auch die offizielle Linie der Sowjetpolitik ist –, doch beeinflusst das in keiner Weise die massive Interventionspolitik der Regierung. Die Regierung subventioniert die High-Tech-Industrie über einen staatlich abgesicherten Markt von Rüstungsgütern, weil im derzeitigen System der politischen Ökonomie keine wirklichen Alternativen verfügbar sind.

Wie in den letzten Jahren in Mittelamerika deutlich wurde, stellen Massendemonstrationen der Bevölkerung gegen militärische Gewaltanwendung ein Hindernis für die Planer dar. Aber auch wenn solche Widerstände manchmal wirkungsvoll die Kosten staatlicher Gewalt erhöhen, sind sie nur von begrenzter Effektivität, solange die Kräfte, die am Werke sind, und die Gründe für ihr systematisches Handeln nicht verstanden werden. Der Widerstand verschwindet oft genauso schnell wieder, wie er entstanden ist.

Unterdessen ist eine ängstliche und verunsicherte Bevölkerung, die in dem Glauben geschult wird, russische Dämonen und Horden aus der Dritten Welt wollten all ihren Besitz an sich reißen, anfällig für patriotischen Fanatismus. Die öffentliche Reaktion auf die Invasion in Grenada zeigte dies in dramatischer Weise. Jetzt "stehen" die Vereinigten Staaten wieder "groß da", verkündete Reagan, nachdem 6.000 Elitesoldaten es geschafft hatten, die Gegenwehr einer Handvoll kubanischer Soldaten und ein paar weniger grenadischer Milizen zu überwältigen – was zur Vergabe von 8.700 Tapferkeitsmedaillen führte. Bei uns rief das keine Reaktionen hervor. Das muss Erinnerungen an andere Großmächte wachrufen, die vor nicht allzu langer Zeit ähnlich leichte Siege errungen haben.

Weniger subtile Indoktrinationsmethoden

Diese eher subtilen Indoktrinationsmethoden, die ich eben beschrieben habe, sind viel bedeutender als glatte Lügen oder die Unterdrückung unerwünschter Tatsachen, auch wenn diese ebenfalls häufig genug vorkommen. Die Beispiele dafür sind zahlreich.

Nehmen wir z.B. die gegenwärtige Diskussion darüber, ob es eine "Symmetrie" zwischen El Salvador und Nicaragua gebe, weil in beiden Fällen vom Ausland unterstützte Rebellen die Regierung zu stürzen versuchen. Die US-Regierung behauptet, in Nicaragua seien die Rebellen "Freiheitskämpfer" und die dortige Regierung eine illegale Gewaltherrschaft, während die Rebellen in El Salvador Terroristen seien und die dortige Regierung eine noch etwas mangelhafte Demokratie. Die Kritiker diskutieren die Frage, ob Nicaragua tatsächlich die Untergrundkämpfer in El Salvador unterstützt oder bereits im Totalitarismus versunken ist.

Der Debatte entzogen ist eine viel auffälligere Symmetrie: In beiden Ländern existieren terroristische Militärkräfte, die Zivilisten niedermetzeln, und in beiden Nationen unterstützen wir diese Kräfte: die Regierung in El Salvador und die Contras in Nicaragua.

Darin besteht die eigentliche Symmetrie zwischen Nicaragua und El Salvador. Ihre Bedeutung geht verloren, wenn wir über die Richtigkeit der Regierungen diskutieren, während wir uns weiter unter dem mysteriösen kollektiven Gedächtnisverlust abmühen, der uns hindert zu erkennen, dass wir hier wenig Neues vorfinden (und uns daran hindert, die Gründe zu verstehen).

Wenden wir uns einem anderen Teil der Erde zu, betrachten wir den allseits sogenannten "Friedensprozess" im Nahen Osten ("Friedensprozess" bezieht sich auf das Camp-David-Abkommen). Von israelischer Seite durchgeführte Meinungsumfragen lassen erkennen, dass die Bevölkerung in den vom israelischen Militär besetzten Gebieten den "Friedensprozess" in der Mehrheit ablehnt und meint, dass ihre Interessen verletzt würden. Warum sollte dem so sein? Von allen Menschen in der Region müssten sie doch eigentlich zu denen gehören, die sich am meisten nach dem Frieden sehnen. Aber kein Journalist scheint diesem merkwürdigen Widerspruch nachgespürt zu haben.

Das Problem ist schnell gelöst. Wie damals offensichtlich war und rückblickend klar erkennbar sein sollte, wurde der "Friedensprozess" zu dem Zweck konstruiert, die stärkste arabische Militärmacht, Ägypten, aus dem Konflikt herauszuhalten. So sollte es Israel ermöglicht werden, mithilfe der enormen und rasch wachsenden US-Subventionen die Besiedlung und Unterdrückung der eroberten Gebiete zu intensivieren und seinen Nachbarn im Norden anzugreifen – was genau Israel dann direkt nach dem "Friedensprozess" tat und seither ununterbrochen weiterhin macht. Daher verwundert es kaum, dass die Opfer des "Friedensprozesses" diesen in überwältigender Zahl ablehnen und verurteilen. Womöglich erstaunt nur etwas, dass solche Grundwahrheiten, die bereits anfangs allzu offensichtlich waren, noch immer nicht wahrgenommen werden können. Derweil müssen wir damit fortfahren, den "Friedensprozess" zu unterstützen. Wie könnte sich jemand gegen den Frieden stellen?

Auch in diesem Fall wäre es wünschenswert, dass wir unseren rätselhaften kollektiven Gedächtnisverlust über die Tatsachen der modernen Geschichte überwinden. Ich kann hier keine diplomatischen Ereignisse schildern, doch jeder, der sich die Mühe macht, wird rasch erkennen, dass es seit etwa fünfzig Jahren Möglichkeiten zum Frieden gegeben hat, die einen Funken Gerechtigkeit gebracht hätten und stets durch die amerikanisch-israelische Ablehnungspolitik unterdrückt wurden. Anfang der 1970er Jahre war die ablehnende Haltung so extrem, dass man sogar arabische Initiativen (von Ägypten und Jordanien) blockierte, die eine friedliche Besiedlung aller erreichen wollten – was die nationalen Rechte der Palästinenser völlig ignorierte.

Seit sich die internationale Übereinkunft vor einem Jahrzehnt zur Befürwortung einer zweistaatlichen Besiedlung verschoben hat, ist diese Möglichkeit durch die Vereinigten Staaten und Israel durchweg versperrt worden. Sie weisen beharrlich jegliche Forderung der einheimischen Bevölkerung zurück, Rechte zu erlangen, die jüdischen Siedlern (die die dortige Bevölkerung größtenteils verdrängt haben) selbstverständlich zuerkannt werden – einschließlich des Rechts auf nationale Selbstbestimmung in ihrer ehemaligen Heimat. Die artikulierte amerikanische Meinung lobt diese Haltung und drängt die Palästinenser, das Programm der *Labor Party* zu akzeptieren, das ihnen alle nationalen Rechte abspricht und sie in Sachen Besiedlungen als "irrelevant" ansieht (Abba Eban, Anhänger der Tauben in der *Labor Party*). Es gab weder Proteste noch Berichte über die Fakten, als die amerikanische Regierung eine Friedensinitiative der Vereinten Nationen blockierte und erklärte, dass sie nur Verhandlungen "zwischen Gruppen" akzeptieren werde, "die unmittelbar in den arabisch-israelischen Konflikt verwickelt sind", wobei entscheidenderweise die Palästinenser (die nicht zu diesen Parteien gehören) ausgeschlossen wurden. Ähnliche ablehnende Haltungen von Seiten Libyens und einer sich zur Wehr setzenden Minderheit der PLO (Palästinensische Befreiungsorganisation) werden bei uns als rassistisch und extremistisch verurteilt. Der dem ganz ähnliche amerikanisch-israelische Standpunkt, der im Kern offenkundig rassistisch ist, wird als Inbegriff der Mäßigung angesehen.

Ich werde hier nicht mit weiteren Beispielen fortfahren. Der entscheidende Punkt ist, dass dieses Muster weitverbreitet und beständig und äußerst effektiv darin ist, eine Grenze denkbarer Gedanken zu schaffen.

Die Herstellung von Konsens (auch bekannt als "Agitprop")

Vor über sechzig Jahren erläuterte Walter Lippmann die Idee der "Herstellung von Konsens": Sie ist eine Kunst, die "zu großartigen Fortschritten fähig" ist und zu einer "Revolution" in "der Praxis der Demokratie" führen könnte. In Geschäftskreisen wurde die Idee mit großer Begeisterung aufgenommen. Sie ist die Hauptbeschäftigung der Public-Relations-Industrie, deren führender Vertreter, Edward Bernays, "die Herstellung von Konsens" als Wesenskern der Demokratie bezeichnete. Wie Gabriel Kolko richtig bemerkt, war das Bewusstsein der Öffentlichkeit "seit der Jahrhundertwende bis auf den heutigen Tag das Ziel einer Kultur- und Ideologieindustrie, die ebenso unerbittlich wie vielgestaltig ist: Sie reicht von der Schule über die Presse bis zur Massenkultur in ihren vielen Dimensionen." Der Grund für die Existenz dieser Industrie ist – wie ein Vizepräsident von *AT&T* es einmal formulierte –, dass "das öffentliche Bewusstsein (…) nach meinem Ermessen die einzige wirklich ernsthafte Bedrohung für den Konzern ist."

Auch in den Sozialwissenschaften wurde die Idee mit großem Elan aufgenommen. Der führende Politikwissenschaftler Harold Lasswell schrieb 1933, dass wir keinerlei "demokratischen Dogmatismus" erliegen dürften, wie z.B. dem Glauben, dass die Menschen "ihre eigenen Interessen selbst am besten beurteilen" könnten. Die Demokratie erlaubt der Stimme des Volkes, Gehör zu finden, und Aufgabe der Intellektuellen ist es, dafür zu sorgen, dass diese Stimme gutheißt, was weitsichtige Führungspersönlichkeiten als richtigen Lauf der Dinge erkennen. Propaganda ist für die Demokratie, was Gewalt für den Totalitarismus ist. Die Propagandatechniken sind zu einer hohen Kunst gereift, die bei weitem über alles hinausgehen, was Orwell sich vorgestellt hatte. Die Methode der vorgetäuschten Meinungsverschiedenheit, zu der ebenso die Lehren der Staatsreligion gehören und durch die rationale und kritische Diskussionen verhindern werden, ist eine subtilere Methode – jedoch sind auch rauere Methoden weit verbreitet und schützen uns sehr wirksam davor zu erkennen, was wir sehen. Sie bewahren uns davor, die Welt, in der wir leben, zu durchschauen und zu verstehen.

Ich will noch einmal betonen, dass "Agitprop" (Agitation und Propaganda) – wie die Kommunisten es nennen –, in Demokratien von weit größerer Bedeutung ist als in Staaten, die mit Gewalt regieren; die Gründe habe ich bereits dargestellt. Genau aus diesem Grund sind Agitation und Propaganda in Demokratien weit ausgereifter und wahrscheinlich auch effektiver. Bei uns gibt es niemanden wie Danchev, außer an den entlegendsten Rändern der politischen Debatte.

Wer weiterhin unbeugsam nach Freiheit sucht, kann kein dringlicheres Ziel kennen, als die Methode und Praxis der Indoktrination zu verstehen. In totalitären Gesellschaften sind beide leicht zu verstehen, viel schwieriger jedoch in Systemen der "Gehirnwäsche in Freiheit." Dieser Gehirnwäsche sind wir ausgesetzt und dienen ihr allzu oft als willige oder unwissende Werkzeuge.

Anhang

Die Medien als Spiegel der Gesellschaft – nicht ganz im üblichen Sinne

(Oktober 1984)

Inwieweit können wir, wenn überhaupt, den Befürwortern der Ansicht Glauben schenken, dass die Nachrichtensendungen ein Spiegel der Gesellschaft sind? Wenn wir den Nachrichtenmedien die Schuld in die Schuhe schieben, verurteilen wir dann nicht in Wirklichkeit das Medium, das für Informationen sorgt?

Nach meiner Ansicht liegt viel Wahres in der Vorstellung, dass die Medien ein Spiegel der Gesellschaft darstellen – doch nicht ganz im gemeinten Sinne. Die Medien spiegeln die soziale Realität nicht wahrheitsgetreu wider; die Wahrheit dieser Aussage liegt vielmehr darin, dass die Medien dazu neigen, die soziale Realität innerhalb eines Rahmens zu präsentieren und zu interpretieren, der in hohem Maße durch die Macht bei uns bestimmt wird. Das gilt für jede Gesellschaft. Hierzulande liegt die Macht letztlich in Händen des Konzernsystems, in der eng damit verbundenen staatlichen Exekutive und im sehr umfassenden und ausgereiften ideologischen System (zu dem z.B. ein Großteil der Mainstream-Intellektuellen und der Schulen gehören). Dadurch entstehen Bedingungen, die wir treffend als Indoktrinationssystem bezeichnen könnten, das die Macht in der Gesellschaft widerspiegelt. Innerhalb dieser Grenzen funktionieren die Medien sehr effektiv, häufig unbewusst.

Ist die Struktur der Nachrichtenmedien einer systematischen Analyse zugänglich, oder verhindern individuelle Besonderheiten und von Tätigkeit zu Tätigkeit sich verändernde Beurteilungen eine allgemeine Erklärung?

Ich denke, es gibt eine sehr allgemeine Erklärung. Man könnte es eine Art gemeinsame Parteilinie nennen. Also, zunächst einmal bestehen Unterschiede. Ein Lokalreporter, der über die Polizeikorruption recherchiert, ist zweifellos bestimmten Einflüssen ausgesetzt, z.B. einem städtischen Verleger, der einen Geschäftsmann von nebenan kennt. Doch im Grunde steht es dem Verleger recht frei zu handeln, wie es ihm beliebt; d.h. der Druck der Indoktrination ist nicht besonders groß.

Geht es aber um grundsätzlichere Fragen, um die wirkliche Macht im Land – Fragen der Außenpolitik, der militärischen Strategie usw., um die allgemeinen Interessen der nationalen Wirtschaftspolitik oder um eine Politik, die sich auf Leute mit echter Macht auswirkt –, dann nimmt der Druck des Indoktrinationssystems und der Parteilinie beträchtlich zu, und es gibt nur wenige, die einen anderen Weg beschreiten oder den Druck nur wahrnehmen. Sie halten sich für völlig unparteiisch, doch lässt sich leicht zeigen, dass sie innerhalb der Grenzen geteilter Annahmen handeln, die vom Augenscheinlichen und häufig von der Wahrheit meilenweit entfernt sind.

Ich möchte ein Beispiel nennen, das zeigt, wie subtil und fast unmerklich das vonstattengehen kann. Im *Times*-Magazin (vom Sonntag, dem 7. Oktober) erschien ein ziemlich interessanter Artikel von Thomas Friedman, einem ausgezeichneten Reporter, einem der besten. Für Propagandaforscher war dieser Artikel hochinteressant. Er befasste sich mit den Gefahren des Extremismus im Mittleren Osten. Friedman schrieb, es gebe dort ein gemäßigtes Zentrum, auf das wir bauen können, doch gebe es extremistische Randbereiche, die allmählich die Macht übernehmen und an Gewalt glauben und so weiter.

Nun, Worte wie *gemäßigt* und *extremistisch* sind nicht sehr eindeutig definiert – ihre Definition hängt vom Standpunkt ab. Jeder sieht sich selbst als gemäßigt und die anderen als Extremisten. Es wäre daher interessant zu erfahren, in welcher Bedeutung Friedman die Begriffe in seinem Artikel verwendet. Das würde uns verraten, welche stillschweigenden Annahmen darin verborgen liegen. Nun, die Begriffe wurden in der zu erwartenden Bedeutung verwendet: Die Extremisten sind Leute wie Chomeini, die schiitischen Terroristen, die die US-Marines bombardierten, und die Kahane in Israel. Die Gemäßigten sind die Israelische Arbeiterpartei und natürlich die Vereinigten Staaten. Die PLO (Palästinensische Befreiungsorganisation) besteht aus Extremisten. Arafat ist Extremist, doch die Israelische Arbeiterpartei und die Reagan-Regierung sind gemäßigt.

Das ist lehrreich, denn daran lassen sich die stillschweigenden Annahmen ablesen: Wer die Möglichkeit einer politischen Einigung ablehnt – die auf dem Prinzip basiert, dass beiden Völkern (Israel und den Palästinensern) das Recht auf nationale Selbstbestimmung eingeräumt wird –, ist gemäßigt; wer eine politische Einigung befürwortet, wie die PLO, ist extremistisch.

Erkennt man die zutiefst rassistische Annahme an, dass die Palästinenser nicht über dieselben Menschenrechte verfügen, die wir den Juden zugestehen, ergibt all dies Sinn. Wenn man der Meinung ist, dass Palästinenser und Juden Menschen sind, die ein Recht auf nationale Selbstbestimmung haben – oder zumindest, dass die ansässige Bevölkerung dieses Recht hat –, dann wäre die Haltung der PLO gemäßigt und die [Haltung] der Amerikaner sowie der *Labor Party* extremistisch. Tatsächlich gehen nicht einmal israelische Verbände wie *Peace Now*, was die Befürwortung einer zweistaatlichen Lösung anlangt, so weit wie die PLO. Teil der Debatte war also eine im Grunde rassistische Annahme und die viel wesentlichere Annahme, dass Tatsachen völlig belanglos sind. So wurde die Tatsache, dass die PLO eine zweistaatliche Lösung vorgeschlagen hatte, als bedeutungslos angesehen, genauso wie die Tatsache, dass die Vereinigten Staaten und die *Labor Party* den Vorschlag ablehnten.

Die Verwendung der Worte *terroristisch* und *extremistisch* ist auch im Zusammenhang mit der Gewalt im Libanon interessant. Aus Perspektive der Libanesen handelt es sich nicht um Terrorismus, sondern vielmehr um Widerstand. Selten werden Angriffe auf Besatzungsarmeen Terrorismus genannt – außer von den Besatzungsarmeen selbst. Nennt man die Angriffe die Marines im Libanon "Terrorismus", offenbaren sich Annahmen, die sicher in Frage gestellt werden können. Aus Sicht der Bevölkerungsmehrheit waren die Marines nur dazu da, die israelische Invasion zu vollenden. Die gegen die Marines begangenen Akte waren Widerstand. All diese Fragen vermögen in der amerikanischen Presse jedoch nicht einmal gestellt zu werden.

Interessant an Friedmans Artikel ist außerdem, dass er sehr überzeugend geschrieben ist und den Eindruck der Mäßigung erweckt. Der Artikel enthält Prinzipien, die äußerst rassistisch sind und von der gänzlichen Belanglosigkeit historischer Fakten ausgehen. So funktioniert Propaganda in Wahrheit – es ist eine viel effektivere Methode, als den Menschen mit Schlagstöcken die Köpfe einzuschlagen.

Ich möchte ein weiteres Beispiel nennen, richten wir unsere Aufmerksamkeit auf Mittelamerika. Nachricht der Woche ist, dass Duarte Verhandlungsgespräche angeboten habe. Schlagzeile um Schlagzeile dreht sich um Duartes dramatisches Angebot.

Die Fakten sehen etwas anders aus: Tatsächlich nahm Duarte ein Angebot *an*. Schon über eine lange Zeit hatten die Guerillas Verhandlungen angeboten, die sie seit letztem Mai mit Nachdruck wiederholten. Das veranlasste Duarte, aus welchen Gründen auch immer, dem Angebot Folge zu leisten. Das ist eine völlig andere Darstellung der Ereignisse, und wenn man nur gründlich genug liest, findet man gelegentlich die andere Version. Natürlich nicht in der *New York Times*, dort habe ich nichts darüber gefunden. Doch wenn man im Bericht der *Associated Press* über Duartes Angebot (zumindest in dem vom *Boston Globe*) bis zum 23. Abschnitt vordringt (das ist wörtlich gemeint), findet man folgende Bemerkung: Radio Venceremos, das Guerilla-Radio, gab bekannt, dass Duarte das Angebot angenommen hat. Wenn man ein wirklich besessener Zeitungsleser ist, kann man entdecken, dass die ganze Story auf den Kopf gestellt wurde. Die meisten Leute und die Geschichtsschreibung werden darin aber Duartes großartiges Angebot sehen.

Das lässt mich an ein weiteres Beispiel denken. Vor kurzem versetzte ein ehemaliger CIA-Agent der Behauptung, dass angeblich Waffenlieferungen von Nicaragua nach El Salvador erfolgt wären, einen schweren Schlag.

Ja, David MacMichael. Sogar der Botschafter sagte, er sei überzeugt, die Waffenlieferungen seien seit Anfang 1981 auf ein Minimum reduziert worden.

Doch auch hier versteckt sich Grundlegenderes. Werfen wir einmal einen Blick darauf, was den Rahmen der Frage bildet; daran lässt sich manches über die Presse ablesen – also, schauen Sie, wir besitzen argentinische Militärkräfte, israelische Waffen, deutsche Waffen und Schutzgebiete in Honduras, und das alles geht ganz offen vor sich. Wir führen einen Krieg gegen Nicaragua. Doch als einzige Frage darf gestellt werden, ob Nicaragua tatsächlich den Guerillas einige Waffen zukommen lässt.

Tatsache ist: Wenn Nicaragua den Guerillas keine Waffen zukommen lässt, dann aus dem Grund, weil sie eingeschüchtert worden sind. Sie sollten den Guerillas Waffen senden. Jeder sollte das tun. Genauso sollte jeder den afghanischen Guerillas Waffen liefern. Stellen wir uns vor, wir befänden uns in der Sowjetunion und es gäbe eine heftige Diskussion darüber, ob tatsächlich CIA-Waffen über Pakistan zu den afghanischen Guerillas gelangen. Die Antwort lautet: Das sollte so sein. Man sollte Menschen Waffen geben, damit sie sich gegen eine Verbrecherbande verteidigen können, die, unterstützt durch eine ausländische Macht, versucht, Menschen umzubringen. Doch in der Sowjetunion konnte man diese Frage nicht stellen, und bei uns ist es ebenfalls nicht möglich. Sogar die Tauben stecken mit drin. Sie sitzen in der Argumentationsfalle und diskutieren darüber, ob die Nicaraguaner den Untergrundkämpfern Waffen geben oder nicht. Tatsächlich wäre es höchst angemessen, ihnen Waffen zu senden.

Es scheint eine alles durchdringende Philosophie in diesem Land zu geben – der Wunsch, unterhalten statt informiert zu werden. Denken Sie, dass die Medien für die Erzeugung dieses Hedonismus verantwortlich sind, oder hat er sich auf natürliche Weise entwickelt?

Wenn Sie mich fragen, hat es große Bemühungen seit etwa 1970 gegeben – gezielte Anstrengungen –, um die Menschen (vor allem Jugendliche) davon zu überzeugen, dass sie Hedonisten und selbstliebende Narzissten sind. Besonders junge Menschen wollte man dies glauben machen. Infolgedessen gibt es all diesen Unsinn und den ganzen narzisstischen Kult, und jeder glaubt "ich als erster" und Ähnliches.

Natürlich sind solche Neigungen immer vorhanden – doch auch entgegengesetzte Neigungen existieren: Neigungen zur Sympathie, Solidarität, Anteilnahme usw. Es war besonders wichtig, diese Neigungen aus dem Bewusstsein der Menschen zu verdrängen. Die Gesamtwirkung der Propagandakampagne war wahrscheinlich, junge Leute davon zu überzeugen, dass sie verrückt sind, wenn sie keine Narzissten sind. Selbst wenn sie Anteilnahme und Sympathie fühlen, wäre es besser, die Gefühle zu unterdrücken, denn sie widersprechen dem Wesen ihrer Generation. Ich denke, die Kampagne ist gelungen.

Ohne Zweifel sind Menschen an ihrem eigenen Wohlergehen interessiert, doch Menschen sind komplizierte Wesen, die zahlreiche verschiedene Antriebe und Interessen haben. Die genannten Neigungen sind jedoch diejenigen, die akzentuiert wurden. Interessant ist, wie die Kampagne präsentiert wurde, nämlich so, als sei sie eine vollendete Tatsache. In Wahrheit jedoch stellt sie die Bemühung dar, Überzeugungen und Anreize zu schaffen. In den 1960er Jahren waren zahlreiche Leute wirklich ziemlich verängstigt, als die Menschen damit anfingen, Anteilnahme zu äußern, politisch tätig zu werden usw. Das ist gefährlich.

Haben die Medien effektiv funktioniert?

Ich denke, sie waren höchst effektiv. Aus meiner Sicht haben auch große Teile der Linken, z.B. mit ihrem ganzen Gerede über Narzissmus, dazu beigetragen. Es wird gesagt, die Linke hätte auch dadurch dazu beitragen, dass sie verkündete, die politische Tätigkeit sei in den siebziger Jahren gestorben. Doch das ist nicht wahr, in den 1970ern gab es wahrscheinlich mehr politische Aktivität als in den 1960er Jahren: die feministische Bewegung, die ökologische Bewegung und andere – all dies sind Schöpfungen der 1970er Jahre. Aber sie stellen eine Gefahr dar, und deshalb gibt man vor, sie würden nicht existieren.

Und das sind vorwiegend gezielte Bemühungen?

Ich will damit nicht andeuten, dass es sich um eine Verschwörung handeln würde. Es ist schlicht und einfach so, dass eine Fülle gemeinsamer Interessen dahinterstehen.

Kapitel 13

Die Rolle der Medien: Mittelamerika als Musterfall

(April 1989)

An sich sollte die Annahme ziemlich unstrittig sein, dass Politik und Medien in den Vereinigten Staaten durch die Interessen von Konzerneigentümern und Konzernmanagern beherrscht werden. Die Richtigkeit dieser Annahme lässt sich rasch aufzeigen. In bedeutenden Fragen befreit sich die Politik nur selten von jenen taktischen Diskussionen, die zwischen verschiedenen Sektoren der Konzernmacht geführt werden. Die tonangebenden Medien sind selbst große Konzerne. Diese Tatsache und eine Reihe weiterer Faktoren beeinflussen die Medien so, dass sie eine Weltanschauung konstruieren, welche die Interessen von Besitzern, Anzeigenkunden und jenen Privilegierten widerspiegeln, die die Managerpositionen okkupieren.

Grundvoraussetzungen des Propagandasystems

Wie hochrangige Planungsdokumente zeigen, verschrieb sich die US-Außenpolitik in der Dritten Welt der Unterdrückung "nationalistischer Regime", die dem Wunsch der Bevölkerung hörig waren, "den niedrigen Lebensstandard der Massen zu verbessern" und für die Produktion des Eigenbedarfs zu sorgen, was den Zugang Amerikas zu deren Ressourcen beeinträchtigte. Regierungsdokumente verkünden: Die Vereinigten Staaten müssen ein "politisches und ökonomisches Klima" fördern, das "inländische wie ausländische private Kapitalinvestitionen" vorantreibt. Dazu gehört auch "die Möglichkeit, Profite zu erwirtschaften und, im Falle ausländischen Kapitals, vernünftige Renditen zurückzuführen." Da diese Politik nur auf geringe öffentliche Unterstützung stößt, begreift man, dass die Vereinigten Staaten letzten Endes auf Gewalt setzen müssen: bevorzugt auf das Militär anderer Nationen, oder, wenn dieses unfähig oder unzuverlässig ist, auf Subversion, Terror und Attacken unsererseits.

Eine Gesellschaft kann einzig dann als "Demokratie" gelten, wenn sie von lokalen Gruppen beherrscht wird, die den Interessen der amerikanischen Elite hörig sind. "Nationalistische Regime" sind "Viren" oder "Krebsgeschwüre", die sich ausbreiten und andere Nationen "infizieren" können. Kapitalistische Demokratien, rechtsgerichtete Militärregime und linke Regierungen sind alles Krebsgeschwüre, die herausgeschnitten werden müssen, wenn sie der nationalen Unabhängigkeit anheimfallen, denn die Unabhängigkeit könnte dem Recht auf deren Ausbeutung im Weg stehen. Rationaler denkende Planer verstehen, dass der Vorführeffekt erfolgreicher und unabhängiger Entwicklungen Schuld an "der Ausbreitung der Fäulnis" trägt. In der Bevölkerung herrscht das Bild vor, dass die Bösen, deren Beseitigung wir beschlossen haben, den Kriegspfad eingeschlagen haben und aufgehalten werden müssen, bevor sie all unseren Besitz an sich reißen, wie Lyndon Johnson warnend formulierte.

Aufgabe der Medien ist es, dieses Bild zu verbreiten und die Vereinigten Staaten, die sich in ihrer wohlwollenden Naivität gelegentlich auch irren können, als Wächter der Tugend darzustellen. Bestehen taktische Meinungsverschiedenheiten zwischen den Eliten, fördern die Medien Diskussionen, jedoch nichts darüber hinaus. Die liberalen Medien erweisen einen Dienst besonders wichtiger Art, sie ziehen die Grenzen: Bis hierhin und nicht weiter. Innerhalb dieser Grenzen liegen die Grundvoraussetzungen des Propagandasystems: die Vereinigten Staaten sind der Freiheit, der Gerechtigkeit, der Demokratie, den Menschenrechten, und weiteren edlen Zielen verpflichtet und versuchen lediglich, diese Werte gegen ihre Feinde zu verteidigen. Dass die Medien diesem Bild gewöhnlich Folge leisten, ist praktisch zweifelsfrei belegt. Die Berichte in den Medien über Mittelamerika sind ein Musterbeispiel.

Ein Lehrbuchbeispiel

Bis Ende der 1970er Jahre wurden die Interessen der amerikanischen Eliten in Mittelamerika nicht ernsthaft in Frage gestellt. Deshalb erhielt es nur geringe mediale Aufmerksamkeit, und das Problem, dort "Demokratien" zu errichten, entstand nicht. Die wichtigste Ausnahme war Guatemala, wo die Vereinigten Staaten die demokratisch-kapitalistische Regierung aus den üblichen Gründen stürzten. Dies geschah durch einen CIA-Putsch, der als Aufstand der einheimischen Bevölkerung ausgegeben wurde und angeblich die Bemühungen "der bolschewistischen Weltverschwörung, das Land zu übernehmen", vereiteln sollte (Arthur Krock, der führende Denker der *New York Times*). Die Medien ließen eine Menge Unsinn und Lügen verbreiten, die von den staatlichen Propagandadienstleistern und von der Public-Relations-Industrie erfunden worden waren. Diese hatte sich schon lange der Beherrschung "des öffentlichen

Bewusstseins" gewidmet. Die regelmäßigen US-Interventionen, die seither die Leichenhäuser Guatemalas füllten, sind in den Medien ebenfalls kein legitimes Thema. So räumt ein Artikel von Steven Kinzer im *New York Times Magazine* (vom 26. März 1989) zwar ein, dass die "Demokratie" in Guatemala nicht besondes ansprechend sei, doch verliert er kein einziges Wort über die Rolle der Vereinigten Staaten bei der Beendigung der demokratischen Zwischenperiode Guatemalas vor fünfunddreißig Jahren, genauso wenig wie über die Interventionen, die sich seither ereignet haben. Was man dort findet, ist nur ein vager Hinweis auf das mangelnde Engagement für unsere hehren Ideale. Das ist die Standardvorgehensweise.

Gegen Ende der 1970er Jahre läuteten in Washington und New York die Alarmglocken. In ganz Mittelamerika versprachen neu entstandene öffentliche Organisationen der Bevölkerung Wege aus Elend und Unterdrückung sowie politische Beteiligung. In Nicaragua war es dem Tyrannen, der den Vereinigten Staaten ihre hauptsächliche dortige Machtbasis verschaffte, nicht länger möglich, eine Revolution breiter Bevölkerungsschichten zu unterdrücken. Die Sorgen mehrten sich noch, als die Sandinisten die Macht übernahmen und trotz der gewaltigen Zerstörungen mit der Durchsetzung von Sozialreformen und Entwicklungsprogrammen begannen, die gefährliche Erfolge zu zeitigen schienen. Washington und die Medien reagierten darauf in genau der Weise, wie zu erwarten gewesen war.

In Guatemala setzte das Militärregime ein Programm umfassender Massaker in Gang, das von der Regierung Carter stillschweigend unterstützt und unter Reagan begeistert fortgeführt wurde. Die Massaker, die mit beträchtlicher Hilfe amerikanischer Söldnerstaaten begangen wurden, näherten sich den Ausmaßen eines Völkermords. Die Medien schauten weg.

Dem zunehmenden Staatsterrorismus, der sich in El Salvador im letzten Jahr der Regierung Carter vollzog, schenkten die Medien kaum Beachtung. Sie hielten Berichte über das erste große Massaker in der Nähe des Flusses Sumpul im Mai 1980 zurück und mieden größtenteils Berichte über Flüchtlingslager in Honduras. Eine Delegation des Kongresses entdeckte in Honduras, als sie gegen die Regeln verstieß, dass die dortigen Bauern vor einer "systematischen Terrorkampagne" flohen, die US-gestützte Kräfte durchführten und die aus "Mord, Folter, Vergewaltigung, der Verbrennung der Ernte zur Schaffung einer Hungersnot sowie allgemeinen Terrorprogrammen und Störmanövern" bestand. Der Bericht der Delegation blieb praktisch unbeachtet. Stattdessen versicherte man den Lesern: "Es gibt keine wirklichen Beweise dafür, dass die meisten der geschätzten 10.000 politischen Todesfälle im Jahr 1980 Opfer der Regierungstruppen oder ihren Verbündeten geworden sind" (*Washington Post*). Wie später in leisen Tönen zugegeben wurde, waren die Beweise überwältigend. Ausführliche Berichte der Auslandspresse über die Ausrottung dortiger Bauern wurden ebenfalls zurückgehalten, und der Öffentlichkeit blieb verborgen, dass Rivera y Damas (der Nachfolger des ermordeten Erzbischofs), im Oktober 1980 den "Vernichtungskrieg und Völkermord" der Armee "gegen eine wehrlose Zivilbevölkerung" verurteilte.

Als der Terror unter Reagan Ausmaße wie in Pol Pot erreichte, gab es kurze Zeit Berichte – besonders als die Vereinigten Staaten in einen Konflikt hineingezogen zu werden schienen, der ihren eigenen Interessen abträglich war. Als Washingtons Absicht, die Bevölkerung durch Gewalt einzuschüchtern, Erfolge zu zeitigen schien und "vorgeführte Wahlen" zum Gefallen der Heimatfront abgehalten wurden, ließen die Berichte jedoch wieder nach. Unterdessen hielten die Medien Umfragen zurück, die zeigten, dass bloß rund 10 Prozent der Bevölkerung Zeichen eines "demokratischen Prozesses" in der "frischgebackenen Demokratie" (welche sie begrüßte) erkennen konnte. Die Berichte europäischer Medien über die Wahlen waren grundverschieden. Sie erkannten, dass Wahlen nur reine Farce sind, wenn sie in "einer Atmosphäre des Terrors und der Verzweiflung, inmitten grausiger Gerüchte und einer entsetzlichen Realität" abgehalten werden (Lord Chitnis, der die Wahlen für die Menschenrechtskommission des Britischen Parlaments beobachtete).

Nach dem Zweiten Esquipulas-Abkommen im August 1987 nahm der Regierungsterror in Guatemala und El Salvador zu. Die Fakten wurden größtenteils zurückgehalten, gelegentlich auch als Reaktion auf Guerillaterror ausgegeben (James LeMoyne in der *New York Times*). Die den Medien zugewiesene Rolle in jener Zeit bestand darin, sich darauf zu konzentrieren, dass Nicaragua die Vereinbarungen gemäß der von Washington vorgeschriebenen Interpretation angeblich nicht erfüllt hatte, und angebliche Verbrechen der Sandinisten in den Vordergrund zu stellen, die kaum an die (offiziell geringfügigeren) Verbrechen der US-Terrorstaaten heranreichten, geschweige denn an deren regelmäßige Grausamkeiten. Wie an anderer Stelle ausführlich dokumentiert, funktionierten die Medien wie bestellt.

Den entsetzlichen Berichten der Menschenrechtsorganisationen wurde die gesamte Zeit über kaum Beachtung geschenkt; die *Times* erwähnte noch nicht einmal eine Untersuchung von *Amnesty International*, die den Todesschwadronenterror der salvadorianischen Regierung darstellte. Die Aussage der Studie widersprach dem offiziell vertretenen Grundsatz, dass die Vereinigten Staaten Demokratie und Reformen fördern. In beiden der Terrorstaaten Washingtons waren die Medien dabei behilflich, eine Politik der Folter, der Vergewaltigung, der Verstümmelung, der Massaker und der allgegenwärtigen Grausamkeiten in die Tat umzusetzen (wenn die Wahrheit gesagt werden darf).

Die Grenzen von Diskussionen

Nicaragua hingegen wurde zum Feind des Friedens erklärt. Wie Dokumente des Auswärtigen Amts für Lateinamerikanische Diplomatie erkennen lassen, war eine illegale, geheime Propagandaoperation durchgeführt worden, mit der man "die Sandinisten dämonisieren" und Rückhalt für Washingtons Terrorstaaten mobilisieren wollte. Die darin enthaltenen Doktrinen wurden – mit manchen taktischen Vorbehalten – vom Großteil der liberalen Opposition akzeptiert. Untersuchungen von Leitartikeln und Meinungskolumnen zeigen, dass diskutiert wurde, ob die Hilfe für die Contras klug sei. Dies spiegelt die Tatsache wider, dass die Obrigkeiten die Contra-Option bis in das Jahr 1986 überwiegend ablehnten, weil sie diese als zu kostspielig und schädlich für die Heimatfront betrachteten. Sie bevorzugten andere Mittel, über die eine Supermacht verfügt, um einer kleinen, abhängigen Nation die Luft abzuschneiden und seine Sozial- und Wirtschaftsprogramme ins Gegenteil zu verkehren. Die Medien förderten Diskussionen darüber, was der beste Weg wäre, in Nicaragua die "mittelamerikanische Norm" (*Washington Post*) wiederherzustellen und dafür zu sorgen, dass es sich einem "regionalen Vertrag" unterwirft, der von so würdigen Verbündeten wie El Salvador und Guatemala durchgesetzt werden sollte (Tom Wicker, an der äußersten Grenze des Dissens). Dass Nicaragua, im Gegensatz zu den US-Söldnerstaaten, seine Bürger nicht abschlachtet, wurde in hunderten untersuchten Meinungskolumnen nicht erwähnt; Erwähnungen von Nicaraguas Sozialreformen, die verwirklicht worden waren, bevor Regierungs- und Medienkampagnen die "regionale Norm" des Hungers und Elends wiederherstellten, blieben im Bereich statistischer Fehler. Diese Auslassungen zeigen, wie wichtig Massenabschlachtungen und brutale Repression für unsere politische Kultur sind, wenn US-Eliten und deren Schützlinge die Entscheidungen fällen und die Nutznießer sind. In der Berichterstattung über ganz Mittelamerika waren die Diskussionen einzig auf die Frage beschränkt, wie die Vereinigten Staaten ihre Ziele erreichen könnten, die als Förderung von Demokratie und Menschenrechten ausgegeben wurden – während Washington seine Kräfte darauf konzentrierte, jede Hoffnung auf deren Verwirklichung zu zerstören. Das ist eine weitere Tatsache, die die zulässigen Grenzen überschreitet.

Die Nachrichtenbeiträge hielten sich an dieselben Regeln. In einer Analyse der *New York Times* fand Jack Spence heraus, dass die meisten Informationsquellen über Nicaragua von der US-Regierung stammten. Die amerikanischen Satellitenstaaten belegten Platz zwei und wurden beinahe doppelt so oft zitiert wie die nicaraguanische Regierung – ein Unterschied, der durch die umfassende Berichterstattung über Nicaraguas US-gestützte Opposition noch verstärkt wurde. Die Berichterstattung über US-Satellitenstaaten fiel in den meisten Fällen wohlwollend aus: Anfang des Jahres 1986 konzentrierte sich nur einer von dreiunddreißig Berichten über die Contras auf Menschenrechtsverletzungen, und nur selten wurden andere Grausamkeiten erwähnt, die zu jener Zeit beachtliche Ausmaße erreichten. Genau wie das Auswärtige Amt und der amerikanische Kongress bevorzugten die Medien Berichte, die Menschenrechtsbeobachter als "absichtliches Unwissen" bezeichneten.

Leser der *Times* könnten nachvollziehbarerweise daraus schließen, dass die Sandinisten außerhalb der Regierung selbst kaum Unterstützung erhielten. In den ersten fünfzig Artikeln, die Steven Kinzer nach der Unterzeichnung des Esquipulas-Abkommens schrieb, sind genau zwei Hinweise auf die mögliche Existenz der Sandinisten zu finden. Hingegen liest man viel über Ladenbesitzer, Bananenhändler, Arbeiter, Lastwagenfahrer und andere – allesamt verbitterte Anti-Sandinisten, oder kurz die Bevölkerung, die sich im Verein gegen ihre Unterdrücker auflehnt. Nimmt man die Resultate von Meinungsumfragen (über die die *Times* nicht berichtete) – die zeigen, dass der Zuspruch für alle Oppositionsparteien insgesamt 9 Prozent betrug, also weniger als ein Drittel des Zuspruchs für die Sandinisten (und bei weitem weniger als der persönliche Zuspruch für Präsident Ortega) –, könnte man meinen, dass auch manche andere Standpunkte existieren, doch über sie wird nicht berichtet.

In El Salvador war das Muster genau umgekehrt: Dort waren die Untergrundkämpfer marxistische Terroristen. Der offizielle Standpunkt, wie ihn ein Leitartikel der *New York Times* zum Ausdruck brachte, war der, dass sich die Situation unter der demokratischen Regierung des "ehrbaren Herrn Duarte" verbessert hatte. Duarte, "der ehrliche, reformfreudige Christdemokrat", der sein Volk in eine bessere Zukunft führen will, dabei aber von "unerbittlichen Extremsituationen geplagt" wird. Vielleicht war er "etwas nachlässig darin, die Befehlshaber der Todesschwadrone vor Gericht zu bringen" (übersetzt: Er tat nichts gegen die Sicherheitskräfte, die er für ihren "heldenhaften Dienst gegen die Subversion an der Seite des Volks" lobte; als er die Rolle des Frontmanns im Krieg gegen die Bevölkerung einnahm, räumte er im Stillen ein, dass "das Volk auf der Seite der Untergrundkämpfer stand"). Die Berichterstattung der Nachrichtensendungen war ähnlicher Natur. Duarte wurde als Opfer hingestellt, nicht als williger Mittelsmann, der den staatlichen Terroristen – die er beschützte – genügend Gelder des Kongresses sichern sollte.

"Alle Nachrichten, die zum Druck geeignet sind"

In jenen Leitartikeln, die ich über einen Zeitraum von sechseinhalb Jahren in der *Times* durchgesehen habe, wurden folgende Ereignisse nie erwähnt: die

Ermordung Erzbischof Romeros; die Zerstörung und Schließung der Universität durch die Armee mit vielen Ermordeten; die physische Zerstörung der unabhängigen Medien; der Belagerungszustand in El Salvador im März 1980, als Duarte sich der Militärjunta anschloss, die mit seiner Unterstützung und ständigen Befürwortung die erwähnten Grausamkeiten beging. Als Nicaragua am 15. Oktober 1985 den Belagerungszustand ausrief, wurde dies hingegen in der *Times* verbittert als Beweis für Nicaraguas mangelnde "Achtung vor Demokratie und Menschenrechten" verurteilt. Der neuerliche und viel schlimmere Belagerungszustand in El Salvador zwei Tage darauf blieb ohne Erwähnung. Die Ereignisse, die man in den Leitartikeln ausließ, wurden auch in den Nachrichtensendungen größtenteils zurückgehalten oder verfälscht dargestellt. Die politische Opposition war durch Duartes Sicherheitskräfte ermordet worden oder aus dem Land geflohen. Aus diesem Grund gab es keinen Anlass, über ihre Probleme zu berichten oder Stellung dazu zu nehmen. Dass man als Verteidigungsminister Duartes einen der übelsten Mörder auswählte, führte ebenfalls zu keinen weiteren Gedanken. Als Oberbefehlshaber der Nationalgarde hatte er gelassen erklärt, dass "die Streitkräfte bereit sind, 200.000 oder 300.000 Menschen zu töten, wenn so eine kommunistische Machtübernahme verhindert wird", und handelte dementsprechend. Als man ihn dann Verteidigungsminister nannte, beschrieb die *New York Times* diesen Massenmörder und Massenfolterer als "freundlichen Mann der leisen Töne", der "den Ruf eines vortrefflichen Verwalters genießt." Zwar räumte die *Times* ein, dass die Leibwache unter seinem Kommando für entsetzliche Grausamkeiten verantwortlich gewesen war, darunter für die Vergewaltigung und den Mord an vier amerikanischen Kirchenfrauen, und für die Ermordung zweier amerikanischer Gewerkschaftsberater. Doch dann ergänzte sie: "Andere sagen aber zu seiner Verteidigung, dass sich das Ansehen der Nationalgarde unter seinem Kommando so stark verbessert hat, dass sie jetzt nicht mehr als die schlimmste der drei Sicherheitstruppen in El Salvador betrachtet werden kann" – ein beeindruckender Erfolg, zweifellos.

Im Falle Nicaraguas gingen die staatlichen Propagandadienstleister nach folgendem Muster vor: Man erfand irgendeine Anklage, die die Medien dann in großen und kritiklosen Worten der Öffentlichkeit präsentierten. Wurde die Anklage als zu weit hergeholt betrachtet, erschien bisweilen ein schwacher Widerruf auf den Innenseiten der Zeitungen. Oft wurden die Beschuldigungen selbst dann aufrechterhalten, wenn sie als unbegründet oder als reine Erfindungen entlarvt wurden: Fabrikationen des Außenministeriums über "grenzenlose Revolutionen", über Hilfe der Sandinisten für Untergrundkämpfer in Kolumbien (was man wiederholt präsentierte und durch weitere Erfindungen ergänzte, nachdem die kolumbianische Regierung ihr – von den Medien unterdrücktes – Dementi gegenüber den Vorwürfen erklärt hatte), über Waffenlieferungen Nicaraguas an El Salvador, die aus mysteriösen Gründen unauffindbar waren, usw.

Der offizielle Standpunkt lautet: In Mittelamerika gibt es vier Demokratien mit gewählten Präsidenten, und eine Diktatur, in der noch nie Wahlen stattgefunden haben, die den hohen Ansprüchen der US-Terrorstaaten gerecht werden. Die Ergebenheit der Medien ist praktisch ausnahmslos. Die erstaunliche mediale Fehldarstellung der mittelamerikanischen Wahlen in den 1980er Jahren ist ausführlich dokumentiert. Der Chefkorrespondent für Diplomatie der *Times* verweist gar auf "diplomatische Initiativen, die die Führer Costa Ricas, Guatemalas, El Salvadors und Honduras' in Aussicht stellen." Nur die totalitären Sandinisten widersetzen sich, wie der Zeitungsleser begreifen soll (Thomas Friedman). Die Absurdität kennt keine Grenzen, wenn der Staat einmal sein Machtwort gesprochen hat.

Das Standardvorgehen ist die endlose Wiederholung folgender Regierungsversion: Um unseren hohen Ansprüchen gerecht zu werden, muss Nicaragua "tatsächliche Wahlen zulassen, seine Unterstützung der 'Subversion' überall in Mittelamerika beenden, und darf keine Errichtung sowjetischer Stützpunkte gestatten" (so die *Washington Post* in einer Diskussion über den Konsens der beiden US-Parteien im März 1989). Auf diesem Wege gelang es, die Situation so darzustellen, als hätten einzig in Nicaragua keine Wahlen stattgefunden, als seien die Untergrundkämpfer in El Savador eine ausländische Einpflanzung (und die Contras daher legitim), als stünde die Existenz der Vereinigten Staaten einer ernsthaften Bedrohung gegenüber, und als setzten sich die Vereinigten Staaten für Freiheit, Demokratie, Frieden, Sicherheit und die Beendigung der Subversion ein.

Dramatische Einsichten in die Prioritäten der Medien

In einem zweckmäßig funktionierenden Propagandasystem werden Doktrinen dieser Art nicht als Behauptungen dargestellt, sondern schlicht als Grundlage rationaler Diskussionen vorausgesetzt. Dann braucht man sich nicht mit der Tatsache zu befassen, dass sie nachweislich falsch sind. Die Medien können zu ihrer Verteidigung vorbringen, dass sie ja bloß "objektiv" seien, wenn sie über die Ansichten Washingtons berichten. Die *Pravda* [eine sowjetische Zeitung] könnte gleiches behaupten. Die Medien ziehen es vor, kaum (oder gar nicht) über die Standpunkte des Berufsverbands lateinamerikanischer Wissenschaftler oder über die Standpunkte der Menschenrechts- und Hilfsorganisationen zu berichten – und schon gar nicht über die wichtigste Persönlichkeit der kapitalistischen Demokratien Mittelamerikas, José Figueres. Letzterer wurde von den Medien ausgeschlossen, da er die US-Politik scharf kritisiert hatte und zu dem Resultat gelangte, dass "Nicaragua zum ersten Mal eine Regierung hat, die sich um seine Bevölkerung sorgt."

Der Umgang mit der Pressefreiheit verschafft uns dramatische Einsichten in die Prioritäten der Medien. Im Jahr 1988 kehrte ein Verleger aus dem Exil nach Guatemala zurück, um die neue "Demokratie" zu erproben. Er musste Morddrohungen ertragen. Nach wenigen Ausgaben wurde seine kleine Zeitung von Sicherheitskräften mit Brandbomben zerstört. Nachdem er auf einer Pressekonferenz erklärt hatte, dass die freie Meinungsäußerung in der "frischgebackenen Demokratie" offensichtlich unmöglich war, verließ er das Land. Keine der beiden nationalen Tageszeitungen hielt es für nötig, über das Ereignis zu berichten, genau wie sie früher der "Zensur durch Mord" keine Beachtung geschenkt hatten. In El Salvador kümmerten sich die Sicherheitstruppen Duartes, des "gemäßigten Politikers der Mitte", rasch um die unabhängigen Medien, indem sie den Herausgeber einer Zeitung ermordeten und die Einrichtung einer zweiten zerstörten, wodurch deren Besitzer aus dem Land getrieben wurden. Den Schreibern der Nachrichtenbeiträge und der Leitartikel in der *New York Times* war dies weder damals noch heute auch nur ein einziges Wort wert.

Es ist nicht so, dass die Pressefreiheit für die Medien bedeutungslos wäre. Die Sorgen der nicaraguanischen Zeitung *La Prensa* führten zu großer Empörung, was in den 1980er Jahren eine umfangreichere Berichterstattung – und zweifellos mehr Wut – als wahrscheinlich alle anderen weltweiten Fragen der Pressefreiheit zusammen hervorrief. Der massiven Berichterstattung (über ein Artikel pro Woche in der *New York Times* über einen Zeitraum von vier Jahren) gelang es, die Tatsache zu unterdrücken, dass die *La Prensa* etwas Einzigartiges ist: In der gesamten Geschichte der westlichen Demokratie findet sich keine entsprechende bedeutende Zeitung, die offen den Sturz der Regierung durch vom Ausland gesteuerte Terrorkräfte unterstützte, die von derselben Supermacht finanziert wurden, die auch den Angriff organisierte. Nichts nur im Entfernten damit Vergleichbares passierte in den Medien, die in den US-Terrorstaaten durch staatliche Gewalt zerstört wurden, was hierzulande kein Aufsehen erregte. Oder betrachten wir den wichtigsten US-Satellitenstaat, der als Musterdemokratie und zugleich als "Symbol des menschlichen Anstands" (*New York Times*) gefeiert wird: Israel macht Zeitungen dicht und wirft Verleger aus dem Land oder ins Gefängnis (nicht nur in den besetzten Gebieten, sondern auch in Israel selbst), und das schon für weit geringere Provokationen. In den US-Medien herrscht Stillschweigen darüber, auch über die extreme Zensur des Fernsehens (das Staatsmonopol ist) und der Presse. Vergleichende Untersuchungen über die Berichterstattung zeigen alle gleichermaßen, dass die Sorgen um die *La Prensa* keinen plötzlichen libertären Leidenschaften zuzuschreiben sind, sondern den Weisungen staatlicher Autoritäten.

Die Medien mussten sich auch damit befassen, dass Washington versuchte, alle Bemühungen zunichte zu machen, jenen Konflikt dem Gewaltbereich zu entziehen (wo die Vereinigten Staaten uneingeschränkte Vorherrschaft genießen) und ihn in die diplomatische Sphäre zu überführen (wo die Vereinigten Staaten fast nichts zu sagen haben). Die Vereinigten Staaten blockierten Nicaraguas Versuche, seine Grenzen zu überwachen, unterliefen die Contadora-Verhandlungen, wiesen die Entscheidung des Weltgerichtshofs von sich, der die USA für ihren "illegalen Gewalteinsatz" und ihre illegalen Embargos verurteilte usw. – alles unter der Zustimmung oder dem Stillschweigen der größeren Medien. Keine dieser Medien deutete an, dass die Vereinigten Staaten womöglich nicht das friedliebendste Land der Welt sind.

Im August 1987 einigten sich Mittelamerikas Präsidenten zum Unbehagen Washingtons auf das Zweite Esquipulas-Abkommen. Die Vereinigten Staaten setzten sofort alles daran, den Vertrag zu untergraben. Die CIA vermehrte die illegalen Versorgungsflüge für die Contras, die schon damals die phänomenale Zahl von einem Flug pro Tag erreicht hatten. In ihrem Versuch, die Gewalt auszuweiten, verdreifachten sie die Flüge in den folgenden Monaten beinahe – mit Erfolg. Die Medien waren dabei behilflich, indem sie die Fakten zurückhielten. Washington lehnte auch die "Symmetrie" ab, auf der das Abkommen basierte, weil diese vorausgesetzt hätte, dass die US-Satellitenstaaten sich an die Prinzipien von Demokratie und Menschenrechten halten – offensichtlich ein Ding der Unmöglichkeit. Die internationale Überwachung war genauso inakzeptabel, denn sie bedrohte die ständigen Verstöße der US-Terrorstaaten und die Absicht der Vereinigten Staaten, den Vertrag zu unterlaufen. Im Januar 1988 obsiegte der Druck der Vereinigten Staaten: Das Abkommen wurde vollständig aufgelöst, die internationale Überwachung eingestellt und die Anwendung des Abkommens einzig auf Nicaragua beschränkt. Die Medien leisteten ununterbrochen Schützenhilfe – ein weiterer bemerkenswerter Beitrag zum Terror und zur Repression im Dienst der Macht.

Im März 1988 erreichte man in Nicaragua ein Waffenstillstandsabkommen. General Soares von der OAS (Organisation amerikanischer Staaten) wurde als verantwortlicher Zuständiger für die Überwachung des Vertrags bestimmt. Er verfügte, dass die Hilfe für die Contras auf neutrale Güter beschränkt werden müsse, die einzig in Gebieten der Waffenruhe (innerhalb Nicaraguas) gemäß dem Zweiten Esquipulas-Abkommen geliefert werden dürften. Der US-Kongress beschloss unter Missachtung all dieser Bestimmungen unverzüglich, den Contras Unterstützungen zukommen zu lassen, während er zugleich erklärte, dass er sich an die Bedingungen des Abkommens halte. Soares schrieb einen offiziellen Brief an Außenminister George Shultz (über den meines Wissens nicht berichtet wurde), in dem er die Verstöße gegen das Abkommen verurteilte. Die Medien hielten sich an die Version Washingtons: Das Problem bestünde einzig in der Frage, ob die verräterischen Sandinisten zustimmten, den leidenden Widerstandskämpfern "humanitäre" Hilfe zu gewähren; dass diese Hilfe – gleich nach welchen Maßstäben gemessen – nicht als "humanitär" bezeichnet werden konnte, hatte der Weltgerichtshof bereits ausdrücklich festgestellt. Wie üblich schwiegen die Medien still.

Im Februar 1989 trafen die Präsidenten Mittelamerikas eine weitere Übereinkunft, das den amerikanischen Interessen weitgehend nachkam: die Vereinbarungen wurden auf Nicaragua beschränkt und seine Bitte um internationale Überwachung abgelehnt. Doch der Gehorsam reichte nicht: Das Abkommen verlangte die Demontierung der Contras und erklärte, dass jede Hilfe an sie dem Zweiten Esquipulas-Vertrag entsprechen müsse, der jede Form der Hilfe untersagte ("militärisch, logistisch, finanziell und propagandistisch") – ausgenommen eine Hilfe für "Demobilisierung, Rücksiedlung oder Umsiedlung." Der Kongress stimmte unverzüglich dafür, diese Bestimmungen zu verletzen, indem er 4.5 Millionen $ pro Monat zur Verfügung stellte, um die Contras als militärische Kraft in Honduras und als Drohung gegen Nicaragua zu erhalten. Am Vorabend der Abstimmung im Kongress bemerkte die *Times*, dass "die Absicht der Regierung, die Contras dort zu belassen, dem Wesen des dortigen Friedensabkommens zu widersprechen scheint, das ihre Umsiedlung fordert" – d.h. diese Absicht widerspricht den Vertragsbestimmungen gänzlich; "doch Regierungsvertreter meinen, hier bestünde kein Widerspruch" (Robert Pear). Die Vorbehalte schwanden rasch, und die Medien gaben klein bei: Sie lobten das historische Abkommen, das "die Regierung und den Kongress verpflichtet, den nicaraguanischen Rebellen zu helfen und die mittelamerikanischen Friedensbemühungen zu unterstützen" (Bernard Weinraub). Ein Leitartikel in der *Times* erklärte feierlich, dass die Ziele der Vereinigten Staaten jetzt "mit dem dortigen Abkommen übereinstimmen." In diesem Fall bekundeten die Medien eine heitere Gleichgültigkeit gegenüber einem glatten Selbstwiderspruch, statt die Standardvorgehensweise der schlichten Unterdrückung und Verfälschung im Dienst der Macht zu verfolgen.

Wohin wir unsere Blicke auch richten, finden wir weitestgehend dieselbe Situation: Verantwortliche Eingeweihte befolgen die Regeln und verrichten ihre Arbeit. Die Qual der gefolterten und leidenden Opfer anderswo kümmert sie nicht. Bei geschichtlichen Vorläufern, die unschwer zu finden sind, müssen wir hier nicht verweilen.

Kapitel 14

Propaganda und die Beherrschung des öffentlichen Bewusstseins

(Februar 1997)

Der Krieg gegen die Arbeiter sollte als tatsächlicher Krieg verstanden werden. Es ist ein alter und zugleich ein neuer Krieg, der in der ganzen Welt in vollem Bewusstsein geführt wird – besonders aber in den Vereinigten Staaten, einem sehr freien Land, das zugleich über eine höchst klassenbewusste Wirtschaftselite verfügt. Auf diesem Wege erhalten wir eine Menge Informationen über den Krieg: Sie reden, wir haben die Aufzeichnungen ihrer Worte. Schon lange sehen sie sich als Austragende eines erbitterten Klassenkampfes, doch wollen sie nicht, dass irgendjemand davon erfährt.

Gelegentlich bekommt ein Außenstehender Wind von der Sache. Ziemlich berühmt geworden ist Doug Fraser, der vor etwa zwanzig Jahren (ich glaube, es war 1978) den Arbeiterverwaltungsrat verließ und Wirtschaftsführer verurteilte, da diese sich entschlossen hatten, einen gezielten Klassenkrieg gegen Arbeiter, Arme, Arbeitslose, Minderheiten und selbst gegen Teile der Mittelklasse zu führen. Fraser verurteilte sie, weil sie jenen Gesellschaftsvertrag in Stücke gerissen hatten, der in einer Periode des Wachstums und Wohlstands erkämpft worden war, besonders (obwohl er diesen Umstand nicht erwähnte) durch ziemlich kämpferische Bemühungen unter brutalen Bedingungen in den 1930er Jahren.

Einzig zu kritisieren an seinen Worten ist, dass sie viel zu spät kamen. Der Krieg, von dem er sprach, wurde bereits in den 1930er Jahren – als man den zerbrechlichen Gesellschaftsvertrag einrichtete – in aller Offenheit begonnen. Man muss keine Geheimdokumente lesen, um davon zu erfahren, und muss sich auch nicht auf der falschen Seite der Schlagstöcke befunden haben, als Ende der 1930er Jahre die Streiks gewaltsam niedergeschlagen wurden: Es geschah in aller Öffentlichkeit. Dass so wenig darüber bekannt ist, hat seine Begründung darin, dass weder das Bildungssystem noch die Wissenschaften (z.B. die in Harvard) ihnen Beachtung schenken. Es zählt zu den Themen, über die keine Nachforschungen angestellt werden.

Ein Leitmotiv der US-Geschichte im 20. Jahrhundert

Einer der wichtigsten Vorgänge in der Geschichte der Vereinigten Staaten im 20. Jahrhundert ist zweifellos das Aufblühen der Konzernpropaganda. Hierbei handelt es sich um eine Industrie enormer Größe. Offenkundig gehören auch die kommerziellen Medien zu ihr, doch umfasst sie ebenfalls alle Systeme, die zur Öffentlichkeit vordringen: die Unterhaltungsindustrie, das Fernsehen, ein Großteil des in Schulen Unterrichteten und in den Zeitungen Erscheinenden usw. Riesige Mengen davon entstammen direkt der Public-Relations-Industrie, die zu Beginn des 20. Jahrhunderts in den Vereinigten Staaten entstand und in erster Linie seit den 1920er Jahren aufblühte. Jetzt breitet sie sich weltweit aus, vornehmlich jedoch hier bei uns.

Von Anfang an bestand deren Ziel ganz offen und wissentlich darin, "das Bewusstsein der Öffentlichkeit zu beherrschen." Das öffentliche Bewusstsein wurde schon seit Anfang des 20. Jahrhundert als die größte Bedrohung für die Konzerne angesehen. Die Macht der Konzerne war immens. Da wir in einem sehr freien Land leben (verglichen mit anderen Nationen), ist es schwierig – wenngleich nicht unmöglich –, auf staatliche Gewalt zurückzugreifen, um die Versuche der Menschen zu zerschlagen, Freiheit, Rechte und Gerechtigkeit zu erreichen. Daher begriff man früh, dass es nötig sein würde, die Gedanken der Menschen zu lenken. Diese Einsicht ist nicht neu. Man findet sie bereits bei David Hume zu Zeiten der Aufklärung, wo man sich dessen schon bewusst war. Gehen wir zu den frühesten Anfängen demokratischer Revolutionen im England des 17. Jahrhunderts zurück, so war man damals schon besorgt, dass man die Menschen nicht durch Gewalt würde beherrschen können. Es mussten andere Mittel gefunden werden: Man musste kontrollieren, wie sie denken, wie sie fühlen, welche Einstellungen zueinander sie haben. Alle vorstellbaren Methoden der Kontrolle mussten erdacht werden, um die effektive Anwendung des Zwangs und der Gewalt zu ersetzen. Früher standen Zwang und Gewalt noch viel mehr zur Verfügung. Glücklicherweise haben sie, wenn auch nicht durchgängig, mit der Zeit abgenommen.

Um darüber etwas in Erfahrung zu bringen, muss man nicht fern von den Eliten Cambridges suchen. Die führende Persönlichkeit der PR-Industrie, ein hochangesehener Liberaler in Cambridge und in den Regierungen Roosevelts und Kennedys, verstarb erst kürzlich: Edward Bernays. In den 1920er Jahren schrieb er das Standardwerk der Public-Relations-Industrie, welches zu lesen sich sehr lohnt. Ich spreche hier nicht von rechter Politik: Wir befinden uns am äußersten linksliberalen Rand der amerikanischen Politik. Sein Buch trägt den Titel *Propaganda*.

(Ich sollte an dieser Stelle erwähnen, dass die Terminologie im Laufe des Zweiten Weltkriegs einen Wandel durchlaufen hat. Vor dem Zweiten Weltkrieg wurde der Begriff *Propaganda* ziemlich offen und unverblümt verwendet, wenn von der Beherrschung des öffentlichen Bewusstseins die Rede war. Er bekam jedoch durch Hitler im Zweiten Weltkrieg einen schlechten Beigeschmack, also ließ man ihn fallen. Heute sind andere Begriffe gebräuchlich. In den Fachjournalen der Sozialwissenschaften und Public-Relations-Industrie in den 1920er und 1930er Jahren beschrieben die Autoren jedoch, was sie unter "Propaganda" verstanden.)

Bernays *Propaganda* war ein Leitfaden für die im Wachstum begriffene PR-Industrie. Er eröffnete sein Buch, indem er in den Vordergrund stellte, dass die bewusste Manipulation der geregelten Gewohnheiten und Meinungen der Massen das zentrale Merkmal demokratischer Gesellschaften sei. Propaganda sei "das Wesen der Demokratie", wie er später betonte. Bernays schrieb: Wir verfügen über die Mittel und Wege, es zu realisieren: Wir haben die Möglichkeit, das Bewusstsein der Menschen ebenso wirksam zu beherrschen, wie eine Armee über die Körper ihrer Soldaten befiehlt. Auch müssen wir so handeln: Zum einen ist es das Wesensmerkmal der Demokratie. Doch ebenfalls (wie er in einer Fußnote anmerkte) ist es der Weg, die bestehenden Machtverhältnisse, Autoritätsstrukturen, Vermögen usw. beizubehalten, so wie die Dinge eben von Natur aus sind...

Die reiche Minderheit vor der Mehrheit schützen

Was heute Industriekapitalismus genannt wird, ist ein System, in dem die private Macht in ihrer Gesamtheit die Regierung überwältigt und sie durch ihre "Großzügigkeit" besticht. Das ist eine ziemlich genaue Beschreibung der Verhältnisse, wie sie im Jahr 1997 herrschen. Trotz aller Veränderungen, die sich seit 1792 vollzogen haben, ist das ganze System ziemlich beständig – auch die Bekenntnis zu dem von James Madison geäußerten Prinzip: Das vorrangige Ziel der Regierung bestehe darin, die reiche Minderheit vor der Mehrheit zu schützen... Die immer bedeutendere und gewichtigere Vorstellung, besonders in liberalen Kreisen (wie Bernays), ist die, dass das Bewusstsein der Menschen beherrscht werden muss, weil die Leute eine zu große Gefahr darstellen.

Werfen wir einen Blick in das *Lexikon der Sozialwissenschaften*, ein umfangreiches Wörterbuch aus dem Jahre 1933, das noch vor dem Zweiten Weltkrieg erschien. Und tatsächlich finden wir einen Eintrag über Propaganda. Erinnern wir uns: Zu jener Zeit war *Propaganda* ein viel gebrauchtes Wort. Der Eintrag stammt aus der Feder Harold Lasswells, eines renommierten liberalen Politikwissenschaftlers, der zugleich einer der Begründer der modernen Politik- und

Kommunikationswissenschaften war. Er sagte (ich umschreibe seine Worte, doch sind es fast Zitate): Wir dürfen nicht dem demokratischen Dogmatismus erliegen, dass die Menschen ihre eigenen Interessen selbst am besten beurteilen könnten. Das vermögen sie nicht. *Wir* können *ihre* Interessen am besten beurteilen – wir, die klugen Männer. Deshalb müssen *wir* darauf achtgeben, dass diese Dummköpfe da draußen nicht in Schwierigkeiten geraten, wenn sie ihr theoretisches Wahlrecht tatsächlich in Anspruch nehmen und dort eingreifen, wo sie nicht hingehören, z.B. in die öffentliche Politik. Daher müssen wir sie von der politischen Bühne irgendwie fernhalten und sicherstellen, dass nur wir, die klugen Männer, uns dort aufhalten dürfen. Natürlich ist das bloß zu ihrem Besten: Schließlich lässt man sein drei Jahre altes Enkelkind auch nicht alleine auf der Straße herumlaufen. Es könnte über die Straße laufen wollen, und es wäre unangemessen, das Kind die Entscheidung alleine treffen zu lassen. Dasselbe gilt für die Menschenmassen. Sie müssen an ihren Arbeitsplätzen kontrolliert werden, in der öffentlichen Politik haben sie nichts verloren. Sie sind unfähig zu begreifen, dass der Schutz der reichen Minderheit vor der Mehrheit eine Notwendigkeit ist. Sie haben all diese merkwürdigen egalitären Neigungen und werden alles Mögliche tun, was die Welt auf alle vorstellbaren entsetzlichen Weisen ins Verderben stürzen wird.

Deshalb müssen *wir* zu *ihrem* Wohl ihr Denken lenken, genau wie eine Armee über die Körper ihrer Soldaten befiehlt, und müssen dafür sorgen, dass sie unter Kontrolle gehalten werden. Wir müssen ihnen gänzlich klar machen, dass sie an der Verwaltung ihrer Arbeitsplätze nicht beteiligt werden dürfen, und schon gar nicht an der Politik. Sie müssen überall Außenseiter bleiben.

Die Leidenschaft, mit der dieses Ziel verfolgt wurde, ist ziemlich furchteinflößend. Unmittelbar nach dem Untergang des "*house of labor*" in den 1920er Jahren, als die amerikanische Arbeiterbewegung regelrecht zerschlagen wurde, drängte man die Leute ins Private ab. Sie versuchten, sich individuell an "ein zutiefst undemokratisches Amerika" (wie David Montgomery und andere hervorgehoben haben) anzupassen. Zu dieser Zeit herrschte große Ehrfurcht vor dem Ende der Geschichte und der Zukunftsvision ihrer Herren und Meister: "Die Sache ist gelaufen. Wir, die Guten, haben gewonnen. Jetzt liegen uns alle zu Füßen." Das hört sich ähnlich an wie manches von dem Ramsch, den man heutzutage liest…

Wenige Jahre später brach das ganze System zusammen, es kam zu wehrhaften Kämpfen der Arbeiterklasse und weiteren öffentlichen Bewegungen. Diesen unverschämten Massen, die mit Sitzstreiks aus dem Rahmen fielen, mussten gewisse Zugeständnisse gemacht werden. Da war jener zerbrechliche Gesellschaftsvertrag, von dem Doug Fraser sprach und mit dem er Arbeiterrechte und ein begrenztes Sozialsystem meinte: Er wurde eingeführt. Das war kein Geschenk, er wurde erkämpft. (Tatsächlich erlangten die amerikanischen Arbeiter in den 1930er Jahren einen ersten Teil jener Rechte, die selbst in viel brutaleren Gesellschaften schon lange zur Norm geworden waren. Anfang des 20. Jahrhunderts konnte die rechte britische Presse nicht glauben, wie schlecht die amerikanischen Arbeiter behandelt wurden.)...

Die "Mohawk-Valley-Formel"

In den 1930er Jahren aber wurden die Vereinigten Staaten in dieser Hinsicht zum Teil in den Mainstream der anderen Industriegesellschaften gezogen, was bei den Herren und Meistern um 1936 oder 1937 für Hysterie sorgte. (Auch darüber würde in einer wirklich freien Gesellschaft jedes Kind in der Grundschule lernen, weil es wichtig wäre, um einen wirklichen Grundzusammenhalt in der Gesellschaft herzustellen.) In der Wirtschaftspresse war die Rede von der Gefahr für die Industriellen, von der zunehmenden politischen Macht der Massen und davon, dass sie etwas unternehmen mussten, um sich zu retten, weil ihre Lebensweise sonst dahin wäre. Sie hatten nicht viel Zeit und begannen auf der Stelle.

Ende der 1930er Jahre war nach den neuen Methoden eine gewaltige Anti-Gewerkschaftskampagne aufgebaut worden. Gewalt kam zwar noch zum Einsatz, doch begriff man, dass man nicht einfach weitermachen konnte wie bisher. Also erfolgte ein Wandel hin zu mehr Propaganda. Die Grundidee wurde "Mohawk-Valley-Formel" genannt. Sie war 1936 oder 1937 von einer Reihe erstklassiger Spitzenleute der Public-Relations-Industrie erfunden worden, als die Stahlarbeiter streikten. Ihre Idee sollte als sogenannte "wissenschaftliche" Methode der Streikbrechung dienen: Wir [sprich sie] begegnen den Menschen nicht einfach mehr mit Schlagstöcken, erschießen sie oder schlagen ihnen die Köpfe ein. Wir machen es auf die wissenschaftliche Art, weil die alte Methode nicht mehr funktioniert.

Die "wissenschaftlichen" Methoden der Streikbrechung wurden von Ideen der PR-Industrie einer Art übernommen, wie ich sie bereits beschrieben habe. Die Grundidee bestand darin, die Gemeinde gegen die Streikenden und gegen die Gewerkschaftsaktivisten aufzubringen und ihnen eine Weltanschauung zu vermitteln, die heute zur Norm geworden ist: Es ist so gut wie unmöglich, den Fernseher einzuschalten, ohne diese Weltanschauung zu Gesicht zu bekommen. Seither wird sie über alle Kanäle ausgestrahlt.

Die Grundidee war, eine Weltanschauung in etwa dieser Art zu vermitteln: Da sind "wir", eine große, glückliche Familie innerhalb der Gemeinschaft: der ehrliche Arbeiter, der Morgen für Morgen sein Haus mit einer Vespertüte verlässt, seine treue Ehefrau, die das Essen zubereitet und sich um die Kinder kümmert, der hart arbeitende Geschäftsführer, der Tag und Nacht im Interesse seiner Arbeiter und seiner Gemeinde schuftet, der freundliche Banker, der auf der Straße nach Menschen Ausschau hält, denen er Geld leihen könnte. Diese Leute sind wir. Wir alle leben in Harmonie miteinander. (*Harmonie* war ein beliebtes Wort.) Wir alle stehen miteinander in Verbindung. Das ist Amerikanismus.

Werfen wir einen genaueren Blick auf den Begriff "Amerikanismus", ein ungewöhnliches Wort. Auf derartige Begriffe stößt man meines Wissens sonst nur in totalitären Gesellschaften. In der Sowjetunion etwa galt "Antisowjetismus" als das größte aller Verbrechen. Auch die brasilianischen Generäle kannten ein ähnliches Wort: "antibrasilianisch." Doch versuchen Sie mal, ein Buch z.B. über "Antiitalianismus" zu veröffentlichen und schauen sich dann an, was auf den Straßen Roms oder Mailands passiert. Die Leute würden sich nicht einmal die Mühe machen, darüber zu lachen; es ist ein lächerliches Konzept. "Italianismus" oder "Norwegierismus" sind in Gesellschaften, wo noch Reste einer demokratischen Kultur in den Köpfen der Menschen vorhanden sind, Gegenstand der Belustigung (womit ich nicht sagen will, dass in den formalen Systemen dieser Länder eine Demokratie bestehen würde). Doch in totalitären Gesellschaften sind solche Worte gebräuchlich. Soweit ich weiß, sind die Vereinigten Staaten das einzige freie Land der Welt, das derartige Begriffe kennt. "Amerikanismus", "Antiamerikanismus" und "unamerikanisch" sind auf derselben Stufe wie "Harmonie" und "diese Außenseiter loswerden wollen."

Eine weitere Rolle spielt auch, schlicht Hass und Angst unter den Leuten zu verbreiten. Wir leben in einer vielgestaltigen Gesellschaft – schauen wir auf Europa, so gleichen sich die meisten Orte sehr. Daher ist es für Propagandisten ein Leichtes, die Menschen dazu zu bringen, Hass auf ihren Nachbarn zu empfinden, weil er ein bisschen anders aussieht. Großangelegte Kampagnen ziehen immer wieder Trennlinien zwischen den Menschen. Das sind jedoch ganz natürliche Methoden der sozialen Kontrolle.

Kehren wir zurück zur Mohawk-Valley-Formel. Die Idee war, in eine Gemeinde einzurücken, in der gestreikt wird, sie mit Propaganda zu überfluten, die Führung über Medien, Kirchen und Schulen zu übernehmen, Propaganda über die Existenz einer "Harmonie" und die "Bösen" da draußen in die Welt zu setzen, die unser "harmonisches" Leben zerstören wollen: dieser Gewerkschafter etwa, bestimmt ist er "Kommunist" oder gar "Anarchist", und sicher ist er "unamerikanisch." Er will all die wunderbaren Dinge, die wir besitzen, zerstören. Wir müssen uns zusammentun und ihn rausschmeißen. Wir müssen unsere Lebensweise gegen alles dieser Art verteidigen.

Dann wird viel Religion ins Spiel gebracht. Erinnern wir uns, die Vereinigten Staaten sind ein extrem fundamentalistisches Land. Vergleichende Statistiken zeigen, dass der religiöse Fundamentalismus normalerweise mit der Zunahme des Industrialisierungsgrads abnimmt; der Zusammenhang ist ziemlich eng. Die Vereinigten Staaten liegen außerhalb des Schaubilds, auf einer Stufe mit zerstörten Bauerngesellschaften. Wir sind wahrscheinlich fundamentalistischer als der Iran. Worauf das zurückzuführen ist, ist eine komplizierte Frage; eine Ursache ist, dass Wirtschaftsführer schon im 19. Jahrhundert den Fundamentalismus sicher bewusst geschürt haben. John D. Rockefellers Lieblingsprediger, dem er viel Geld zukommen ließ, sagte, dass die Menschen "aufgeklärtere Dinge" tun sollten als über Gewerkschaftstätigkeiten nachzudenken: in die Kirche gehen, Befehlen folgen, machen, was einem gesagt wird und den Mund halten. Dieser Fall ist hochinteressant, denn Mohawk Valley wurde erst später, in der Nachkriegszeit, als Modell verwendet, um Arbeiterbewegungen aufzulösen und Streiks zu zerschlagen.

Übrigens kenne ich keine Literatur darüber, Sie vielleicht? Diese Themen sind unantastbar. Man könnte fast sagen, dass alles Wichtige – all das, was im Leben der Menschen von Bedeutung ist – nicht auf der Tagesordnung steht. Und eigentlich macht das auch Sinn: Man will nicht, dass die Menschen davon erfahren. Man will nicht, dass sie über die "falschen" Dinge Bescheid wissen. Das ist keine Verschwörungstheorie, sondern lediglich gesunder Menschenverstand; verfügt man über eine gewisse Macht, gewisse Autorität und gewisse Privilegien, will man einfach nicht, dass die Menschen etwas über Dinge wissen, die einem "schaden" könnten. Sie sind wie Kinder. "Wir" sind diejenigen, die die Entscheidungen für die anderen treffen müssen.

Riesige Mengen an Geld und enorme Bemühungen fließen in dieses Vorhaben... Es ist ein weiteres Mittel, um die Menschen an den Rand zu drängen und sie von einem wirklichen Engagement in Gesellschaft und Politik abzuhalten, wodurch ihr Leben zu einem besseres werden könnte. Wenn man die Leute auf jede nur denkbare Weise voneinander trennt, werden sie von einer Zusammenarbeit untereinander abgehalten...

Vor einigen Tagen machte ich mir aus einem masochistischen Grund, den ich nicht genauer erklären will, die Mühe, täglich die *New York Times* zu lesen. Die *Times* hat diesen bedeutenden Hauptberichterstatter, einen tiefgründigen Denker namens Thomas Friedman. Vor drei oder vier Tagen schrieb er einen Artikel, einen Meilenstein des Denkens, in dem er schrieb: Der Kalte Krieg ist vorbei, deshalb verläuft die Trennlinie jetzt nicht mehr zwischen Falken und Tauben, sondern zwischen Globalisierungsbefürwortern und Globalisierungsgegnern. Friedman zufolge gibt es jene, die für mehr Globalisierung und für den sogenannten freien Handel eintreten (der kein freier Handel ist), und jene, die diesen Vorgang bremsen oder verhindern wollen. Das ist *eine* Trennlinie. Die andere verläuft zwischen denen, die soziale Sicherungsnetze befürworten, und denjenigen, die meinen, dass jeder "auf sich allein gestellt sein" sollte und versuchen sollte, "alles zu kriegen, was er kann."...

Den Standpunkt eines "Globalisierungsbefürworters" und des "jeder für sich allein", den letzten holt der Teufel, schreibt er Newt Gingrich zu. Es lässt sich überprüfen, ob Gingrich wirklich dieser Meinung ist. Was etwa die Frage anbelangt, ob Gingrich ein Globalisierungsbefürworter ist, der sich für freien Handel einsetzt, schauen wir uns einmal an, wie er reagierte, als die Reagan-Regierung die größte Welle des Protektionismus seit den dreißiger Jahren ins Rollen brachte. Der Protektionismus folgte einer deutlichen Linie und ging mit einer enormen Zunahme der öffentlichen Subventionen für die private Macht und für die Industrie einher, und noch dazu mit der größten Verstaatlichung in der US-Geschichte: die Übernahme der *Continental Illinois Bank*. Das alles ist extrem gegen Globalisierung gerichtet. Wie reagierte Newt Gingrich darauf? Diese Frage vermag gestellt zu werden. Die Antwort lautet: Er fand es ganz großartig.

Was ist mit dem sozialen Sicherungsnetz? Gingrich spricht sich für Leute aus, die in der Welt da draußen auf sich alleine gestellt sind, robuste Unternehmer? Auch diese Aussage ist nachprüfbar. Gingrich ist Abgeordneter für Cobb County in Georgia, und zufällig ist er Landesmeister in der Versorgung reicher Wähler mit staatlichen Subventionen. Um genauer zu sein liegt Cobb County auf Rang drei aller US-amerikanischen Vorstadtgebiete, was staatliche Subventionen anlangt, gleich hinter Arlington in Virginia, das zur Regierung gehört und daher eine Menge staatliche Subventionen erhält (denn dort befindet sich das Pentagon), und Brevard County in Florida, dem Sitz des Raumfahrtzentrums, das somit ebenfalls Teil der Regierung ist. Doch sieht man sich außerhalb des Regierungsgebiets um, belegt Gingrichs Wahlbezirk Platz eins. Er erhält mehr staatliche Subventionen als irgendwer sonst. Der größte Konzern in Cobb County ist Lockheed, ein öffentlich subventionierter Konzern mit privaten Gewinnen. Lockheed verkauft Güterflugzeuge. Wie jedoch jeder weiß, ist unser System in einer Art und Weise eingerichtet, dass Technologien unter dem Deckmantel des Militärs entwickelt und anschließend – sofern sie funktionieren – der privaten Macht übergeben werden. Dasselbe gilt für alle Produkte: Flugzeuge, Computer, Internet, was auch immer. Cobb County ist zentraler Bestandteil dieses Systems.

Gingrich setzt sich also dafür ein, dass man "da draußen" auf sich alleine gestellt sein und in der rauen Welt für sich selbst kämpfen soll? – Lächerlich. Er ist der größte Wohltätigkeitsverteilungsfanatiker im ganzen Land, und das meine ich ganz wörtlich. Es ist einfach nur so, dass er die Unterstützungen in die Hände steinreicher Leute fließen sehen will... So funktioniert unsere Wirtschaft: Man kann so gut wie jeden beliebigen dynamischen Wirtschaftssektor hernehmen (zumindest soweit ich weiß und analysiert habe), und wird finden, dass er auf massiven öffentlichen Subventionen und auf der Privatisierung der Gewinne beruht: Die Öffentlichkeit trägt die Kosten und die Risiken, das private System fährt die Profite ein, wenn welche zu holen sind. Cobb County ist nur ein extremes Beispiel dieser Art...

Man kann kein guter Propagandist sein, wenn man es nicht im Blut hat. Zu lügen ist extrem schwer. Ich glaube, wir alle kennen das aus unserer persönlichen Erfahrung: Zu lügen ist ziemlich schwer. Jeder von uns belügt ständig andere, sofern er kein verrückter Engel ist. Die Methode des Lügens besteht darin – und ich bin sicher, Sie wissen das –, zunächst sich selbst davon zu überzeugen, dass das Gesagte wahr ist. Stellen Sie sich vor, Sie sind ein Kind im Alter von acht Jahren und stehlen eines der Spielzeuge ihres Bruders. Ihre Mutter kommt ins Zimmer und schreit sie an. Sie antworten nicht: Ich wollte ein Spielzeug haben und er hatte eins, also nahm ich es mir, weil ich der Stärkere bin. Sie sagen: Es war nicht wirklich sein Spielzeug, und außerdem hat er mir davor schon ein Spielzeug weggenommen, und überhaupt brauche ich es mehr als er, also war es richtig von mir, es zu nehmen. Wenn jemand noch nie diese Erfahrung gemacht hat, ist er kein Mensch.

Die Selektion von Gefügigkeit in den Schulen

Solche Erfahrungen vertiefen sich immer weiter, bis man schließlich Spitzenjournalist für die *New York Times* ist. Man schafft es in diese Kreise nur, wenn man von Doktrin und Propaganda bereits so überwältigt ist, dass man nicht mehr in anderen Kategorien zu denken vermag. Spricht man darüber, wird man liberale Leitartikel in der *New York Times* finden, die voller Verärgerung verlauten lassen: "Niemand sagt mir, was ich zu schreiben habe. Ich schreibe, wie ich es für richtig halte." Was vollkommen der Wahrheit entspricht. Wenn Menschen mit wirklicher Macht sich nicht sicher wären, die richtigen Dinge zu sagen, dann befänden sie sich nicht in der Position, alles sagen zu können, was sie sagen wollen.

Wie funktioniert das? Es fängt schon in der Kindheit an, im Kindergarten und im Fernsehen. Von Anfang an wird Gefügigkeit selektiert. Wenn ich über meine eigenen Schulerfahrungen nachdenke, an die ich mich noch erinnern kann, fällt mir auf, dass immer Gefügigkeit selektiert wurde. Am Ende ging ich an eine schicke Hochschule wie diese hier. Das gelang mir, weil ich den Mund hielt. Wenn ich der Meinung war, dass der Hochschuldozent ein Armleuchter war – was meistens der Fall war –, sagte ich nichts (manchmal tat ich es doch und wurde aus der Klasse geworfen). Ich lernte, nichts zu sagen: Gut, in Ordnung, ich werde auch die nächste blödsinnige Anweisung befolgen, weil ich weiß, dass es der Weg ist, wie ich vorankomme, und schließlich werde ich dieses oder jenes tun. Wenn man über die Fähigkeiten verfügt (welche es auch sein mögen), die zu einem solchen Verhalten nötig sind, und diszipliniert und passiv genug ist, schafft man es bis in die höchsten Ränge.

Es gibt Menschen, die sich anders verhalten. Sie bekommen Schwierigkeiten. Man nennt sie "verhaltensauffällig" oder "Störenfriede" und verabreicht ihnen Medikamente, weil sie einfach zu unabhängig sind. Unabhängige Leute sind wie ein Dorn im Auge, sie stören das System. Auf die eine oder andere Weise wird ihnen der Weg versperrt...

Wenn Sie den Fernseher einstellen und sich irgendeine beliebige Slapstick-Komödie anschauen, so kommt Ihnen nicht etwa in den Sinn: "Die Mohawk-Valley-Formel wirkt gerade auf mich ein." Doch genau das geschieht. Dieses Bild vom Leben wird uns vermittelt, Tag für Tag.

Die Menschen haben ihre persönlichen Probleme, doch sind es keine, die sie veranlassen würden, sich zusammenzutun und gegen den neuen Zeitgeist aufzulehnen. Haben sie schon mal eine Slapstick-Komödie darüber gesehen? Was man vorgesetzt bekommt, ist der Ramsch, den die PR-Industrie ganz bewusst verbreitet.

Ein Hauptthema der modernen Geschichte

Ein Leitmotiv der umfassenden PR-Propaganda nach dem Zweiten Weltkrieg war die rigorose Verteufelung der Gewerkschaften. Die Arbeiterbewegungen waren sich dessen bewusst. Bereits damals existierte eine sehr umfangreiche Arbeiterpresse. Noch in den 1950er Jahren gab es über achthundert Arbeiterzeitungen, die schätzungsweise zwanzig bis dreißig Millionen Menschen in der Woche erreichten. Dies waren keine kommerziellen, sondern inhaltlich sehr reichhaltige Medien. Sie zu lesen ist hochinteressant. Ich meine keine radikalen Medien oder die linke Presse, sondern ganz normale Arbeiterzeitungen der konservativen amerikanischen Arbeiterbewegung. Sie schrieben darüber, wie ein Gegenmittel gegen das Gift der "gefangenen Presse" zu entwickeln wäre – d.h. gegen die kommerziellen Medien, die die Gewerkschaften bei jeder Gelegenheit verteufelten und versuchten, die Triumphe der Arbeiterbewegung ins Gegenteil zu verkehren und die Verbrechen der Konzernführer, welche die Gesellschaft beherrschen, unter den Teppich zu kehren.

Auch über dieses Thema gibt es ein gutes Buch, das über das akademische Leben in Amerika berichtet. Die erste Untersuchung dieses Grundmotivs der modernen Geschichte, von der ich jemals bei uns gehört habe, erschien kürzlich im Hochschulverlag der Universität Illinois unter dem Titel *Selling Free Enterprise* ("Der Verkauf der freien Marktwirtschaft") von Elizabeth Fones-

Wolf. Das Buch ist relativ unpolitisch geschrieben, die Autorin vertritt keine bestimmte politische Position. Doch die darin enthaltenen Informationen sind höchst aufschlussreich.

Erinnern wir uns, dass die Vereinigten Staaten (genau wie der überwiegende Teil der Welt) als ein ziemlich sozialdemokratisches Land aus dem Zweiten Weltkrieg hervorgingen. Viele in den Vereinigten Staaten – etwa die Hälfte der Bevölkerung – waren zudem der Meinung, dass eine öffentliche Verwaltung der Industrie eingeführt werden müsse; es herrschte große Unterstützung für Sozialprogramme. Das musste den Leuten wieder aus den Köpfen geschlagen werden, und zwar rasch. Die Führer der PR-Industrie verkündeten: Wir haben drei bis fünf Jahre Zeit, um unsere Lebensweise zu retten. Wir müssen in den Krieg ziehen und im ewigen Kampf um das Bewusstsein der Menschen (wie sie es nannten) den Sieg davontragen, und müssen den Menschen den Kapitalismus solange in die Köpfe hämmern, bis sie ihn Tag und Nacht auswendig hersagen können.

Das waren keine Scherze. Anfang der 1950er Jahre stammten ein Drittel der Unterrichtsmaterialen amerikanischer Grundschulen direkt aus den Räumlichkeiten der Konzernpropaganda; Sportligen und Kirchen wurden übernommen, Universitäten angegriffen. All diese Bemühungen gehörten zu dem auf breiter Front angelegten Versuch, im ewigen Kampf um das Bewusstsein der Menschen zu triumphieren. Der Kampf geht weiter...

Besonderen Schaden erleidet die Demokratie, wenn sich die Mediensysteme in den Händen privater Tyrannen befinden... Bei uns existiert ein riesiges System, das auf Kosten der Öffentlichkeit errichtet wurde. Die meisten der Medienanalytiker, um deren Vernunft es gut bestellt ist, begreifen und berichten gar, dass sich die Medien letztlich wahrscheinlich im Besitz von ungefähr sechs international operierenden Megakonzernen befinden werden. Das wäre noch schlimmer als jene Oligopole, die die Stahl- und Computerindustrie beherrschen, denn hierbei handelt es sich um ein neuartiges Informations- und Kommunikationsmittel, das der privaten Macht ausgehändigt wird.

Wir alle haben vom Telekommunikationsgesetz (*Telecommunications Act*) von 1996 gehört, jener großen gesetzgeberischen Errungenschaft des letzten Kongresses. Das Gesetz wurde jedoch nicht im Hinblick auf das öffentliche Interesse diskutiert, sondern als Thema der Geschäftswelt. Die meisten Berichte darüber erschienen in der Wirtschaftspresse... Wenn grundlegende Systeme der Information und des Austauschs an Rupert Murdoch ausgehändigt werden, wird dies nicht als Frage des öffentlichen Interesses behandelt. Einzig diskutiert wurde die Frage: Werden die Medien an sechs oder zwölf Konzerne übergeben? Gehen wir auf diese Weise vor oder auf jene? Das ist wirkliche Indoktrination, die Leute merken es nicht mal... Es ist noch schlimmer als die

Aushändigung der Entscheidungsmacht an private Tyrannen, denn in diesem Fall handelt es sich gleichzeitig um etwas, dass man zur Kontrolle des öffentlichen Bewusstseins einsetzen wird. Dieselben Systeme könnten ebenfalls zur Befreiung der Menschen dienen…

Vermarktung als Mittel der Manipulation und Täuschung

Wir leben in einer Gesellschaft, die in großem Umfang von der Geschäftswelt beherrscht wird. Kürzlich sah ich ein Diagramm, worauf zu sehen war, dass einer von sechs Dollar der gesamten Wirtschaft für Vermarktung ausgegeben wird. Diese Nutzung von Geld ist äußerst ineffizient: Vermarktung produziert nichts, keine für die Bevölkerung verfügbaren Waren. Vielmehr ist Vermarktung ein Mittel der Manipulation und der Täuschung. Vermarktung stellt den Versuch dar, künstliche Wünsche zu erzeugen, zu kontrollieren, wie die Menschen die Welt sehen und über sie denken. Ein Großteil der Vermarktung ist pure Propaganda, ist eine Verkaufsstrategie. Zudem ist Vermarktung größtenteils von der Steuer befreit… das bedeutet, so wie unser System funktioniert, zahlt man sogar noch für das Privileg, Ziel der Propaganda sein zu dürfen und den ganzen Müll in seinen Kopf abladen zu lassen. Und hier handelt es sich um keine geringen Summen – ich glaube, 1992 waren es eine Billion Dollar. Wenn so große Bemühungen aufgebracht werden müssen, um das Denken zu lenken und Wünsche zu manipulieren, und wenn all dies getan wird, wovon in der Literatur der PR-Industrie (man kann es dort nachlesen) und in der sozialwissenschaftlichen Literatur (denn dies sind auch die üblichen akademischen Gesprächsthemen) die Rede ist, und wenn man mit so hohen Einsätzen spielt, wird man hart daran arbeiten müssen. Man muss eine Menge psychischen Widerstand durchbrechen.

Die ganze Geschichte der Arbeiterbewegung lässt dies erkennen. Vor 150 Jahren verstanden die Fabrikarbeiterinnen von Lowell nur allzu gut, was sich abspielte. Doch es ist ein enormer Kampf – man kämpft nicht nur gegen jene, die von einem "Gesetz für ein Recht auf Arbeit" sprechen. Man kämpft gegen fünf Stunden Fernsehen am Tag, gegen die Filmindustrie und gegen Bücher, gegen Schulen und all das Übrige. Die Größenordnung der Bemühungen, die unternommen wurden, um im Kampf um das Bewusstsein der Menschen zu triumphieren, ist enorm. Ich dachte, etwas über das Ausmaß dieser Bemühungen zu wissen, doch als ich Elizabeth Fones-Wolfs Buch las, war ich ziemlich schockiert, die Größenordnung der Versuche und die fieberhafte Hingabe zu sehen, die aufgeboten wurden, um in diesem ewigen Kampf zu siegen – es ist wirklich eindrucksvoll. Bedenkt man jedoch den hohen Einsatz, überrascht es nicht allzu sehr.

Kapitel 15

Die Zukunft der Demokratie

(März 1994)

Ich möchte als erstes mit einigen einfachen Betrachtungen über "die Zukunft der Demokratie" beginnen. Um die Aussichten für die Demokratie beurteilen zu können, müssen wir zunächst einschätzen, wohin die Welt sich entwickelt. Dieser Teil bezieht sich auf die "Zukunft." Es ist aber ebenso entscheidend, dass wir festlegen, was wir mit "Demokratie" meinen, denn dieses Wort wird in ganz unterschiedlicher Bedeutung verwendet.

Ein Entwurf einer funktionierenden Gesellschaft: die vermehrte Beteiligung der Öffentlichkeit

Schauen wir uns die heutige Situation an, so stoßen wir auf einen scheinbaren Konflikt: Lehrmeinungen, die weit verbreitet sind und gar mit Stolz verkündet werden, scheinen der sozialen und politischen Wirklichkeit scharf zu widersprechen. Die führende Lehrmeinung besagt, dass uns die Woge der Zukunft Demokratie und Märkte bringt und dass Amerika "Wegbereiter und Vorbild" dieser Zukunft ist. Zufällig stammt dieses Zitat aus der *New York Times*, doch nähme man Stichproben aus beliebigen anderen Zeitungen, so fände man dieselbe Aussage in ganz ähnlichen Worten.

Soviel zur Lehrmeinung. Die Realität hingegen sieht so aus, dass die Welt – einschließlich unserer eigenen Gesellschaft – auf eine autokratischere und absolutistischere Ordnung zusteuert. Der Geltungsbereich der öffentlichen Politik nimmt ab, und innerhalb der öffentlichen Politik werden die Beteiligungsmöglichkeiten der Bevölkerung geringer. Die Wirklichkeit sieht kurz so aus, dass die Demokratie attackiert wird. Zur gleichen Zeit werden auch die freien Märkte angegriffen, und bestimmte Marktverzerrungen mehren sich. Dies ist ebenfalls ein interessantes Thema, doch werde ich es hier übergehen und mich dem anderen Teil der Geschichte, der Frage der Demokratie, zuwenden.

Wie ich sagte, scheint ein Konflikt zwischen den Lehrmeinungen und der Wirklichkeit zu bestehen – der Lehrmeinung, dass uns die Woge der Zukunft

Demokratie bringt und dass Amerika Wegbereiter und Vorbild dieser Zukunft sein wird, und der Wirklichkeit, die meines Erachtens das ziemliche Gegenteil jener Lehrmeinung ist. Somit herrscht zumindest ein scheinbarer Konflikt. Er könnte aufgelöst werden, wenn die demokratische Idee schwächer würde, zu einer leeren Hülle zusammenschrumpfte und in verschiedene bedeutungslose Formen aufginge. Genau das geschieht derzeit, wie ich denke. In diesem Fall würde sich die Lehrmeinung natürlich als wahr erweisen, und wenn wir uns in der Welt umschauen, sehen wir genau das sich ereignen. Dasselbe gilt genauso für die Diskussionen über die Märkte, doch werde ich diese Frage wie gesagt übergehen.

Die im Augenblick vorherrschenden Demokratievorstellungen, die mit der Zeit immer begrenzter und substanzloser geworden sind – und dasselbe gilt ebenfalls für Demokratie und Freiheit –, hätten Thomas Jefferson und andere bedeutende Persönlichkeiten des klassischen Liberalismus wahrscheinlich tief erschüttert. Für sie waren Demokratie und selbst Freiheit Teile eines größeren Zusammenhangs: Elemente der Idee von einer gesunden Gesellschaft, die sie danach bewertet und beurteilt hätten, inwieweit sie zur Befreiung der Menschen und ihrer kreativen Kräfte führt. Zu eben diesem Ziel erachteten sie die Demokratie als geeignetes Mittel.

Richten wir unseren Blick auf eine modernere Periode, so denke ich, dass die heute vorherrschenden und immer begrenzteren Demokratievorstellungen ebenfalls zeitgenössische Denker des 20. Jahrhunderts erschüttert hätten. Ein wichtiges Beispiel ist John Dewey, den ich als größten amerikanischen Sozialphilosophen überhaupt ansehe. Seine Gedanken kreisten sich besonders um die Erweiterung der Demokratie, die er vornehmlich in klassischem Sinn verstand. Er war schockiert, dass der Geltungsbereich wirklicher Demokratie in der Realität und in den aufkommenden Demokratietheorien seiner Zeit geschmälert wurde, besonders als die progressiven Intellektuellen der Ära Wilson in den 1920er, 1930er und 1940er Jahren die Basis für die Verarmung und Schwächung der heutigen Demokratievorstellungen schufen und hierbei von den in der damaligen Zeit aufstrebenden akademischen Politikwissenschaften unterstützt wurden. Es lässt sich aus meiner Sicht kaum bezweifeln, dass Dewey (und ebenfalls Thomas Jefferson) die heutigen Verhältnisse gar als noch unheilvoller und bedrückender wahrnehmen würden.

In der jüngeren Geistesgeschichte sind diese Fragen von großer Bedeutung und bergen weitreichende Folgen. Hinter dieser Geschichte verbirgt sich eine Realität, die gar noch bedrückender ist. All dies sind sehr umfassende Fragen, die mehr für ein dauerhaftes Seminar als für einen Vortrag geeignet wären. Ich werde versuchen, etwas darüber zu sagen, doch fürchte ich, dass meine Worte unzureichend sein werden.

Als erstes fällt auf, dass sich fast jede heutige Gesellschaft "demokratisch" nennt – ja sogar "egalitär." Die Frage ist nur: Welche Art der Gleichheit ist gemeint? Diese Frage diskutiert der Harvard-Ökonom Amartya Sen in einem interessanten, kürzlich erschienenen Buch: Unserem Lehrmeinungssystem zufolge soll man für Chancengleichheit eintreten. Das ist eine bestimmte Form der Gleichheit, andere wiederum fordern andere Arten der Gleichheit. Wovon ich hier spreche, sind natürlich Ideologien, aus deren Perspektive die Realität wie immer anders aussieht.

Nehmen wir zum Beispiel die alte Sowjetunion. Sie bestand aus Ländern, die "Volksdemokratien" genannt wurden und sich als Inbegriff der Demokratie verstanden. Wir lachen darüber – aus guten Gründen. Es könnte jedoch nützlich sein, einen Blick auf diese Gründe zu werfen. Es war nicht etwa so, dass sie keine Wahlen gehabt hätten – sie hatten Wahlen. Und sie hätten die Wahlen sogar in einem solchen Umfang frei durchführen können, dass jeder, der nur wollte, hätte sagen können: Ich lasse mich als Kandidaten aufstellen – und sein Name wäre gar auf dem Stimmzettel erschienen. Doch dadurch hätte sich nichts Wesentliches verändert.

Das hatte zahlreiche Gründe. Der wichtigste war, dass die grundlegenden Entscheidungen über die Funktion der Gesellschaft vollständig außerhalb der öffentlichen Politik getroffen wurden. Daher spielte es kaum eine Rolle, wer bei den Wahlen seine Stimme abgab und wer bei ihnen als Sieger hervorging: Die elementarsten Entscheidungen wurden von einer militärischen, bürokratischen Elite gefällt, einschließlich der wirtschaftlichen: wo investiert wird, was produziert wird, welche Wirtschaftsbeziehungen eingegangen werden, und so weiter. Die grundlegendsten Entscheidungen, die den innersten Kern jeder modernen Gesellschaft ausmachen, wurden faktisch vollständig außerhalb der öffentlichen Politik getroffen. Das hatte etliche Folgen, z.B. dass die Informationen stark von denen kontrolliert wurden, die zugleich die Ressourcen und die Macht besaßen, um eine Entscheidung über die Informationsverwendung zu erzwingen.

Eine Randbemerkung: Offenbar hatte die Bevölkerung der Sowjetunion einen sehr umfangreichen Informationszugang, und sie nutzte diesen auch. In den 1970er Jahren wurden interessante (von der US-Regierung finanzierte) Untersuchungen von amerikanisch-russischen Forschungsinstituten und anderen Organisationen durchgeführt, die zu dem Ergebnis kamen, dass offenbar mehr als drei Viertel der Bevölkerung regelmäßig ausländische Radiosendungen hörten (das entsprach ungefähr 95 Prozent der am höchsten gebildeten Bevölkerungsschichten). *Samisdat* (subversive Zeitungen, offiziell illegal, doch überall verbreitet) wurden dieser Studie zufolge von etwa der Hälfte der relativ gebildeten Bevölkerung und von ungefähr 15 Prozent der Fabrikarbeiter gelesen. Für regimekritische Zeitungen sind das phänomenale Zahlen, die weit jenseits unseres Vorstellungsvermögens liegen.

Werfen wir erneut einen Blick auf die Gründe, warum wir über "sowjetische Volksdemokratien" lachen. Ein weiterer Grund war, dass es sehr wenige öffentliche Organisationen gab, die in der politischen Sphäre zu funktionieren vermochten. Die Beteiligung der Bevölkerung beim Vorschlagen, Gestalten und Ausarbeiten öffentlicher Politik war extrem gering; es gab keine Organisationsformen, die der Bevölkerung eine Mitwirkung in der Politik ermöglicht hätten. Noch dazu waren die meisten Menschen so sehr nur mit dem bloßen Überleben beschäftigt, dass sie sich an der öffentlichen Politik in keinem bedeutenden Umfang beteiligen konnten. Und selbst wenn sie diese Möglichkeit gehabt hätten, wären sie hierzu nicht imstande gewesen. Unter diesen Bedingungen ist die Demokratie bestenfalls eine sehr dünne Hülle.

Die autokratischen Strukturen des absolutistischen 20. Jahrhunderts

Ich bin sicher, Sie haben bemerkt, dass ich gerade unsere eigene Gesellschaft beschreibe. Der wesentliche, ja entscheidende Punkt, was die Zentralisierung der Ressourcen und der Entscheidungen anbelangt, ist hierzulande aber nicht ganz derselbe wie in der Sowjetunion. Auch bei uns sind die grundlegenden Entscheidungen der öffentlichen Politik entzogen – genauer gesagt, fast vollständig entzogen. Bei uns liegt die Entscheidungsbefugnis aber bei keiner militärischen und bürokratischen Elite, sie befindet sich in Händen der privaten Macht wie Konzernen, Finanzinstitutionen usw., die im Geheimen und ohne jede öffentliche Überwachung operieren – praktisch ohne jegliche Mitwirkung der Bevölkerung. Sie sind im Grunde niemandem verantwortlich. In Wahrheit bestimmen sie über die wichtigsten Dinge, die sich im Leben ereignen. Mittlerweile agieren sie mehr und mehr länderübergreifend.

Schon lange neigen regierende Strukturen (d.h. Gebilde, die zu Regierungen werden) zur Verschmelzung mit Bereichen konzentrierter Macht. In den letzten Jahrhunderten war dies vorwiegend die ökonomische Macht, weshalb nationale Wirtschaften zu nationalen Regierungen wurden und mit diesen zusammenwuchsen. Das führte zum Anwachsen und zur raschen Ausbreitung von transnationalen Konzernen, Banken, Finanzinstitutionen usw. In ihrer Umgebung verschmilzt noch dazu ein Netzwerk von regierenden Strukturen, die die weltweit führende Wirtschaftszeitung, die Londoner *Financial Times*, als "eine faktische Weltregierung" bezeichnete. Diese verfügt über ihre eigenen Institutionen: den Internationalen Währungsfond (IWF), die Weltbank, die neue Welthandelsorganisation (WTO), das Allgemeine Zoll- und Handelsabkommen (GATT), die Exekutive der G-7-Staaten, die Exekutivorgane der sieben reichen Länder. Sie bilden eine Art Rahmenordnung einer Weltregierung, die höchst unnahbar, im Geheimen und ohne Überwachung operiert und niemandem verantwortlich ist. Ihre wichtigsten Bestandteile sind die genannten transnationalen Konzerne und Finanzinstitutionen. Die Weltregierung spiegelt deren Interessen wider.

Die neuen Handelsvereinbarungen (ein ziemlich irreführender Begriff, wie ich finde) verstärken die Übertragung echter Macht auf diese absolutistischen und unverantwortlichen Institutionen in einem hohen Maße. Konzerne sind absolutistische Institutionen: Die Macht liegt in Händen der Besitzer und der Manager. Gestritten wird einzig und allein darüber, wie die Anteile aufgeteilt werden; darüber wird massenhaft geschrieben. Es herrscht eine sehr strenge Autoritätsstruktur. Gelegentlich darf ein Individuum der Hierarchie beitreten, was dann im Wesentlichen bedeutet, dass es Befehle entgegennimmt und nach unten weiterleitet. In allen jenen Institutionen, die wir kennen, ist die Hierarchie sehr strikt. Als Außenstehender gehört man nicht dazu, im Prinzip hat man nichts zu sagen. Es ist einem erlaubt, sich an sie zu vermieten, was man dann "einen Job finden" nennt. Man kann die Dinge kaufen, die sie verkaufen. Man kann ihnen zusehen, doch sieht man nicht viel, weil sie größtenteils im Geheimen operieren. Jetzt, da sie genügend unnahbar geworden sind, um länderübergreifend operieren zu können, und da sie über regierende Institutionen in Brüssel, Genf und andernorts verfügen, agieren sie gar noch mehr im Verborgenen als zuvor.

Das alles ist altes Eisen und wohlbekannt. Vor etwa zehn Jahren nahm ich an einer Konferenz über internationale Angelegenheiten in der Schweiz teil. Einer der Teilnehmer war Schweizer Diplomatiehistoriker. Um genau zu sein, war er, wie er mir erzählte, *der* Schweizer Diplomatiehistoriker von der Universität Genf. Wir freundeten uns gewissermaßen an, und eines Abends gingen wir ein Bier trinken. Er erzählte mir, Schweizer Diplomatiehistoriker sei der schlimmste Job auf der Welt. Der Grund sei ganz einfach: Als Diplomtiehistoriker schaut man sich vorwiegend Archivmaterial an: Man versucht herauszufinden, was vor sich geht, indem man Archive durchstöbert.

In den meisten Ländern existiert eine Art Puffer zwischen der privaten Macht – die im Wesentlichen herrscht – und der öffentlichen Politik. Diesen Puffer nennt man Regierung. Regierungen hinterlassen immer irgendwelche belastenden Beweisstücke. In dieser Hinsicht liegen wir, verglichen mit anderen Ländern, weit vorne. Wartet man dreißig bis fünfunddreißig Jahre, manchmal auch weniger, erhält man eine Art Aufzeichnung – oft sehr interessante und vollständige Informationen darüber, was die Regierung im Schilde geführt hat. In der Schweiz quält man sich jedoch nicht mit dem Puffer ab, die Konzerne herrschen einfach direkt. Sie (z.B. Banken, transnationale Unternehmen) treffen die Entscheidungen. Sie hinterlassen kein einziges belastendes Beweisstück. Sie sind Geheimgesellschaften, geheime und absolutistische Organisationen. Erfährt man etwas über sie, dann nur deshalb, weil unter dem Druck der öffentlichen Bewegungen der 1960er die Kommission für multinationale Operationen (*Multinational Operations Committee*) im Kongress Mitte der 1970er Jahre die Möglichkeit zur Zwangsvorladung erhielt und einige Informationen über die Konzerne veröffentlichen konnte. Gelegentlich findet man auch auf anderem Wege etwas heraus, doch im Grunde erfährt man nichts. Wenn man also Schweizer Diplomtiehistoriker ist, so beschwerte er sich, und nicht in der Lage ist, eingreifen zu können, bleibt einem nicht viel zu tun. Okay, ein wenig kann man tun, weil es da diesen Übertragungsriemen gibt. Doch wenn man darüber nachdenkt, ändert sich das Bild im Grunde kaum – wenn man sich bewusst macht, wo die tatsächliche Macht liegt, wie Entscheidungen getroffen werden und wie wenig man über die Zentren der Macht in Erfahrung zu bringen vermag.

Das hat logischerweise Folgen, z.B. die andere Seite des Demokratiemangels (ich verwende diesen Begriff nur äußerst ungern) und die Absurdität, den Begriff *Demokratie* zu verwenden, um das tyrannische System der Sowjetunion zu beschreiben. In vieler Hinsicht gleichen wir der Sowjetunion: Der Informationszugang ist stark auf diejenigen beschränkt, die auch die übrige Entscheidungsbefugnis in Händen halten. Die größeren Medien sind nichts anderes als riesige Konzerne, die Menschen wie Sie (ihr Publikum) an andere Konzerne (an ihre Anzeigenkunden) verkaufen. Diese Medien geben den Rahmen vor, in dem die meisten anderen handeln. Natürlich haben wir ein anderes Informationssystem und viele weitere Aspekte, die uns von der Sowjetunion unterscheiden. Zum Beispiel ist der Informationszugang bei uns viel geringer (den Zugang gibt es, doch nach anderen Informationsquellen wird nicht gesucht). Der Teil der Bevölkerung, der ausländische Sendungen hört, ist daher verschwindend gering. Veröffentlichungen, die sich außerhalb des sehr schmalen und starren ideologischen Rahmens befinden, erreichen einen statistisch irrelevanten Teil der Bevölkerung – nichts, was der sowjetischen *Samisdat* nur annähernd vergleichbar wäre. Die Gründe dafür sind interessant, doch das ist wieder eine andere Geschichte.

Was öffentliche Organisationen angeht, die der Bevölkerung eine Mitwirkung in der politischen Sphäre ermöglichen würden, so sind diese in unserem System kaum vorhanden. Bei uns gibt es keine funktionierenden politischen Parteien oder Vereine. Etwas dieser Art existiert kaum. Zudem sind die meisten Menschen so sehr mit dem nackten Überleben beschäftigt, dass sie, selbst wenn es solche Organisationen gäbe und die Informationen leicht zugänglich wären, nur wenig damit anzufangen wüssten. Unter diesen Voraussetzungen ist die Demokratie wieder nur eine ziemlich dünne Hülle. Damit will ich nicht sagen, dass es bei uns wie in der sowjetischen Tyrannei zugehen würde – doch einige Strukturmerkmale der Sowjetunion sind den unseren sehr ähnlich, und wir täten gut daran, darüber nachzudenken.

Freiheit als Brücke zur Gleichheit

Aus Gründen wie diesen standen klassische Demokraten und Libertäre der Konzernmacht so feindlich gegenüber. Sie vermochten das Kommende noch kaum zu erkennen, denn sie (wie z.B. Thomas Jefferson) lebten im klassischen Zeitalter. Sie konnten nur Zeugen der sehr frühen, anfänglichen Momente der Vorgänge werden. Das reichte ihnen aber schon, die bevorstehende Entwicklung vorherzusehen und ihr mit Ablehnung gegenüberzutreten So brachte Thomas Jefferson im Jahre 1816 seine Angst zum Ausdruck, dass "das Land auf eine alleinige und blendende Regierung von Aristokraten zusteuert, die auf Bankinstitutionen und kapitalkräftigen Konzernen aufgebaut ist." Sollte sich diese Entwicklung, die gerade erst in den Kinderschuhen steckte, fortsetzen, "würde dies das Ende von Demokratie und Freiheit bedeuten", sagte er. "Einige wenige würden dann über geplünderte Feldarbeiter und ruinierte Bauern herrschen und sie mit Füßen treten."

Das war 1816. Ein Jahrzehnt später, in der Ära von Jacksons Demokratie, war Jefferson ein wenig optimistischer. Doch kurze Zeit vor seinem Tod – ich glaube, wirklich nur einige Stunden vor seinem Tod – hielt er eine Rede anlässlich des fünfzigsten Jahrestags der Freiheitserklärung. In dieser Rede nahm er eine wesentliche Unterscheidung vor, die nähere Beachtung verdient. Er unterschied zwischen "denjenigen, die sich vor den Menschen fürchten, ihnen misstrauen und alle Macht nehmen wollen, um sie auf die höheren Klassen zu übertragen." Das ist die eine Kategorie; die andere sind diejenigen, die "sich mit den Menschen identifizieren, ihnen vertrauen, sie wertschätzen und sie als ehrlichste und sicherste Verwahrer des öffentlichen Interesses ansehen, wenngleich nicht als die weisesten." Das ist die zweite Kategorie. Jefferson hoffte, dass letztere die Oberhand gewinnen würde.

Wenn wir uns nun, verglichen mit 1826, die heutige Situation anschauen, sollte für jeden Beobachter deutlich erkennbar sein, dass Jeffersons schlimmste Ängste wahr geworden sind. Die reale Macht liegt in den Händen der höheren Klassen. Die frühen Institutionen, Banken und kapitalkräftigen Körperschaften, die Jefferson Sorge bereiteten, befinden sich nun in einer Position enormer Macht und Kontrolle; sie dominieren das Entscheidungssystem, vorwiegend im Geheimen. Interessanterweise hat sich die moderne Demokratietheorie sehr scharf von Jeffersons Ideen abgewandt; ihr Fundament sind eben jene Angst und jenes Misstrauen gegenüber den Menschen: Den Leuten darf nicht erlaubt werden, die öffentliche Politik zu bestimmen oder die politische Bühne zu betreten, weil sie, wie moderne Denker es formulieren, zu "dumm und unwissend" sind. Sie stimmen mit Jefferson nur in einem einzigen Punkt überein: dass die Menschen vielleicht nicht "die weisesten" sind. Aber in allem Übrigen sind sie anderer Meinung. Das ist ziemlich wichtig, ich werde später darauf zurückkommen.

Gehen wir ein Jahrhundert weiter zurück in der Vergangenheit, zu Adam Smith. Er beschrieb eine Welt, die von der unsrigen so verschieden ist, dass seine Beschreibungen und Erklärungen nicht besonders gut auf unsere Zeit übertragbar sind. Seine Vorschläge zu übernehmen ist aber durchaus möglich. Smith lebte in einer zu frühen Zeit, als dass er die autokratischen Strukturen des modernen Industriekapitalismus hätte wahrnehmen können. Zwar sah er die Entwicklung nicht vorher, lehnte aber bereits damals Aktiengesellschaften, die wir heutzutage Konzerne nennen würden, sehr entschieden ab. Er lehnte sie besonders in dem Fall ab, wenn sie, wie er befürchtete, personengleich und zu dauerhaften Institutionen gemacht würden, d.h. den Status "unsterblicher Personen" erhielten und mit allen Rechten von Personen ausgestattet würden, ausgenommen nur die Sterblichkeit.

Genau dies geschah im 19. Jahrhundert. Eines der wichtigsten Ereignisse der amerikanischen Geschichte des 19. Jahrhunderts war die Errichtung der Konzernmacht durch Regierungsentscheidungen sowie die Umwandlung der Konzerne, die zuvor so etwas wie öffentliche Interessengemeinschaften (zum Brückenbau und Ähnlichem) gewesen waren, in unsterbliche Personen. Man verlieh ihnen personengleiche Rechte, was im Falle der Konzernmacht sehr weitreichende Rechte bedeutete, die weit über die Rechte wirklicher Personen hinausgehen. Dies geschah nicht auf demokratischem Wege, sondern vorwiegend durch die Entscheidungen von Gerichten, Anwälten, Richtern usw. Das zählte zu dem Versuch, einen entwicklungsorientierten, mächtigen, interventionistischen Staat zu errichten, der ein hohes Maß an Protektionismus einführen und öffentliche Ressourcen der privaten Macht in die Hand spielen sollte, um so für Entwicklung zu sorgen.

Übrigens ist staatlicher Protektionismus die einzige Art und Weise, wie in der Geschichte je Entwicklung stattgefunden hat – ob in England, Südkorea oder Taiwan. Auch daraus sind einige Lektionen zu lernen. Die Entwicklungsrezepte, die heutige Wirtschaftsideologen unterentwickelten Gesellschaften anbieten, haben die interessante Eigenschaft, dass sie in 100 Prozent der Fälle versagen. Wenn Sie eine Gesellschaft in der Geschichte finden können, die diese Regeln auch nur ansatzweise befolgt hat und sich dadurch entwickelte, würde ich gern von ihr erfahren. Es *gibt* Gesellschaften, die diese Regeln befolgt *haben* – heute sind sie meist hoffnungslose Fälle. Darauf zu achten lohnt sich, wenn man Leitartikel über Freihandel oder Ähnliches auf den Titelseiten der *New York Times* liest. Das ist jedoch wieder eine andere Geschichte, die ich hier übergehen muss.

Das Gerichtswesen des 19. Jahrhunderts schuf also jene unsterblichen Personen, die Adam Smith derartige Sorgen bereiteten. Und wieder wurden seine schlimmsten Alpträume wahr. Auch wenn er eine ganz andere Welt beschrieb und seine Interpretationen, die auf seine Welt zutrafen, nicht für die unsere gelten, sind seine Ideen interessant und seine Überzeugungen der Beachtung wert. Sie sind Teil des klassisch-liberalen Kanons, der die Basis für moderne libertäre Theorien über Freiheit und Demokratie bildet. Smith meinte, dass die Märkte einzig in Verhältnissen ziemlicher Gleichheit in sinnvoller Weise funktionieren könnten. Er dachte zudem und versuchte anhand einer umfangreichen Argumentation zu zeigen, dass Freiheit zu Gleichheit führt: dass perfekte Freiheit entweder zu vollkommener Gleichheit oder einer anhaltenden Tendenz in Richtung Gleichheit führt. Solange wir keine gleichen oder annähernd gleichen Verhältnisse haben, zeigt dies lediglich, dass wir keine freien Verhältnisse und keine perfekte Freiheit erreicht haben.

Wie wir alle wissen, ist die Ungleichheit enorm und nimmt weiter zu. Das gibt uns einen Maßstab dafür, wie fern wir jener Freiheit sind, die jemand wie Adam Smith sich vorstellte. Er betonte, dass der Wettbewerb auf den Märkten nur in Verhältnissen ziemlicher Gleichheit oder Tendenzen in Richtung Gleichheit effizient und gerecht sein würde und so zu weitergehenden Zielen beitragen könnte. Für einen Menschen wie Adam Smith waren Märkte kein Selbstzweck – sein eigentliches Ziel war die Entfaltung menschlicher Fähigkeiten und Möglichkeiten. Die Märkte könnten zu diesem Ziel nur insofern beitragen, als sie zu einem hohen Maß an Gleichheit führen würden. Smith dachte, dass dies unter freien Verhältnissen der Fall wäre. Andernfalls hätten wir keine Freiheit.

Die notwendige Grundbedingung für Freiheit ist nach Ansicht von Adam Smith – und das ist für das Denken der Aufklärung typisch – das Recht jedes Arbeiters auf die Früchte seiner Arbeit. Dieses Prinzip, sagte er, sei heilig und unantastbar. Es ist ein Grundelement bei der Verwirklichung dessen, was ein anderer klassisch-liberaler Denker, Wilhelm von Humboldt (der John Stuart Mill sehr inspirierte), in folgende Worte fasste: Wenn ein Handwerker etwas Schönes herstellt, es jedoch auf äußeren Befehl hin tut, unter dem Zwang und der Anweisung anderer, mögen wir bewundern, was er tut, doch verachten, was er ist. Denn dann ist er kein Mensch, sondern er ist eine Maschine. Adam Smith war gleicher Meinung.

Gehen wir in die moderne Zeit, so war John Dewey eine der wenigen und immer einsameren Stimmen, die sich im Amerika des 20. Jahrhunderts für Demokratie und Freiheit aussprachen, obwohl er tief im intellektuellen Mainstream und in der politischen Kultur seiner Zeit (in der ersten Hälfte des 20. Jahrhunderts) verwurzelt war, immer weiter an den Rand gedrängt wurde und heute kaum wiederzuerkennen ist. Dewey meinte (und ich sage das, weil ich es im Kern für wahr halte), dass "die Politik der Schatten ist, den die Großkonzerne auf die Gesellschaft werfen. Solange das so bleibt, wird eine Abschwächung des Schattens nichts Wesentliches ändern." Das heißt, dass Reformen im Grunde nutzlos sind, denn die Demokratie setzt voraus, dass der von den Großkonzernen geworfene Schatten sich auflöst, damit das politische System funktionieren kann. Eben diese Institutionen der privaten Macht sind es, so betonte Dewey, die Freiheit und Demokratie untergraben.

Die antidemokratische Macht, die er im Auge hatte, benannte er in sehr klaren Worten: "Sie liegt in der Kontrolle der Produktionsmittel, des Handels, der Werbung, des Verkehrswesens und der Kommunikationsmittel." Wer immer diese besitzt, beherrscht das Leben im Land. Selbst in einer formalen Demokratie handeln wir innerhalb des Schattens, den die Großkonzerne werfen. "Geschäfte zum Zwecke des privaten Profits durch die private Kontrolle über Banken, Land und über die Industrie, verstärkt durch die Beherrschung der Presse, der Nachrichtenagenturen und anderer Propagandamittel", so Dewey, ist das wahre Machtsystem, die Ursache des Zwangs. Solange es existiert, können wir uns nicht ernsthaft über Demokratie und Freiheit unterhalten. In einer demokratischen, freien Gesellschaft müssten die Arbeiter "die Herren und Meister über ihr eigenes industrielles Schicksal sein."

Das ist eine klassisch-liberale Ansicht. Sie ist im gesamten klassischen Liberalismus zu finden, bei Adam Smith, Humboldt, Thomas Jefferson und den übrigen. Es sei "antiliberal und unmoralisch", Kinder so zu erziehen, dass sie "des erwirtschafteten Lohns wegen" arbeiten statt "frei und intelligent" unter eigener Leitung. Wenn eine Demokratie existieren soll, muss die Industrie sich deshalb verändern. Sie muss "von einer feudalistischen in eine demokratische Gesellschaftsordnung" umgewandelt werden. All dies sind Binsenweisheiten oder sollten es zumindest sein; tatsächlich waren sie weitverbreitet. Vor nicht sehr langer Zeit – noch im 20. Jahrhundert – waren diese Ideen unter den ungebildeten Arbeitern allseits bekannt, als die Arbeiterklasse die Abschaffung der sogenannten "Lohnsklaverei" forderte, wie sie sie gewöhnlich nannte. In ihr sahen sie kaum Unterschiede zur Sklaverei.

Es will betonen, dass all dies genauso amerikanisch ist wie Apfelkuchen. Es hat nichts mit Marxismus, Leninismus oder anderen abschreckenden Begriffen zu tun, die die heutigen Obrigkeiten sich ausgedacht haben. All diese

Gedanken erlitten vollständig Schiffbruch, als das System, wie Dewey es sah, immer feudalistischer und in seinem Wesen immer unfreier wurde; immer verschlossener gegenüber menschlichen Freiheitsidealen, welche die klassisch-libertären Denker zu Recht vertreten hatten. Diesen Denkern, die zu ehren und würdigen wir vorgeben, schlagen wir eigentlich unaufhörlich ins Gesicht. Ihre Ideen verschwinden schlicht von der Bildfläche.

Als das System immer feudalistischer, absolutistischer und unverantwortlicher, begrenzter, unnahbarer und geheimer im eigentlich klassisch-liberalen Sinne wurde, und es an Dewey und andere zeitgenössische Denker heranzutreten begann, wurde auch das Lehrsystem entsprechend zunehmend limitiert. Darum geht es in Wirklichkeit an den Universitäten: Meinungen zu begrenzen und Gedanken auszuschließen, die den klassischen Liberalismus und demokratisches Handeln und Denken inspiriert haben. Die libertären Grundprinzipien – welche, wie ich erwähnt habe, selbst in der Bevölkerung weit verbreitet waren, geschweige denn bei libertären Denkern – klingen heute sehr befremdlich und extrem in unseren Ohren; ein Beispiel habe ich schon genannt. Libertäre Prinzipien werden oft gar "antiamerikanisch" genannt – ein interessantes Wort, das nur in Kulturen mit sehr tiefen totalitären Zügen verwendet werden kann. So galt es in der Sowjetunion als schwerstes aller Verbrechen, "antisowjetisch" zu sein. In den Vereinigten Staaten findet man Gefallen an Professoren von der Universität Massachusetts, die Bücher mit Titeln wie *The anti-Americans* (Die Anti-Amerikaner) veröffentlichen – und man lacht nicht einmal darüber. Solche Bücher werden hochgeschätzt und bekommen mehrere Rezensionen in der *New York Times* und anderen Zeitungen. Man könnte sich als eine Art Gedankenexperiment vorstellen, was passieren würde, wenn jemand z.B. in Italien ein Buch namens *Die Anti-Italiener*, Anti-Italianismus oder Anti-Norwegierismus publizierte. Man könnte sich ausmalen, wie man in den Straßen Mailands oder Oslos oder in jeder anderen politischen Kultur darauf reagieren würde, die nicht dem totalitären Denken erlegen ist und sich noch daran erinnert, was Freiheit und Demokratie bedeuten. Allein die Tatsache, dass wir zum Gebrauch solcher Begriffe fähig sind, ist ganz erstaunlich und wird noch erstaunlicher, wenn wir einen Blick in unsere Geschichte werfen, aus der ich gerade einen winzigen Ausschnitt beschrieben habe – doch einen realen Ausschnitt bedeutender Persönlichkeiten.

Gehirnwäsche in Freiheit: eine amerikanische Erfindung

Das sind sehr wichtige Merkmale des Niedergangs der Demokratie in unserer Zeit, der sich nicht nur auf institutioneller Ebene, sondern auch in der damit einhergehenden doktrinären Machtunterstützung vollzieht. Ich möchte betonen, dass diese Ängste vor der Demokratie bereits uralt und tief verwurzelt sind. Die erste demokratische Revolution der Moderne ereignete sich im 17. Jahrhundert in England. Die demokratischen Volksbewegungen wurden aufs Schärfste verurteilt, weil sie versuchten – wie die führenden Intellektuellen in diesen Tagen es ausdrückten –, "die niederträchtigen Massen (...) gegen die Männer bester Qualität aufzuwiegeln", und die Leute "so wissbegierig und so anmaßend" werden zu lassen, "dass sie sich nicht länger der bürgerlichen Herrschaft unterwerfen." Wie Sie sicher in der Oberstufe gelernt haben, gab es damals einen Bürgerkrieg zwischen König und Parlament. Doch was häufig nicht unterrichtet wird, ist, dass der Pöbel (die "niederträchtigen Massen") während des Bürgerkriegs beide Seiten ablehnten. Ihre Flugschriften brachten zum Ausdruck, dass sie *weder* vom König *noch* vom Parlament regiert werden wollten, sondern "von Landsleuten unseresgleichen, die unsere Bedürfnisse kennen" und "von unseren Sorgen wissen."

Rebellische Farmer wiederholten nach der Amerikanischen Revolution bei uns diese Forderung, als sie erkannten, dass sie weiterhin von den "Männern bester Qualität" regiert werden würden, und nicht etwa von "Landsleuten unseresgleichen", wie die revolutionären Flugschriften hatten verlauten lassen. Hier sind wir wieder bei Thomas Jeffersons Unterscheidung aus dem Jahre 1826 angelangt. Zumindest meines Wissens gilt dies in Wirklichkeit für *jede* soziale Erhebung oder Revolution. Die offizielle Darstellung lautet stets, dass zwei Seiten gegeneinander kämpfen. Doch die Realität sieht typischerweise so aus, dass es in Wirklichkeit drei Seiten gibt: zwei Seiten, die offiziell um einen Teil der Macht oder um die Gesamtmacht kämpfen, und die allgemeine Bevölkerung, die sich von beiden befreien will und dabei oft niedergeschmettert wird. Bei genauerer Betrachtung ist das meiner Meinung nach die *wahre* Geschichte sozialer Erhebungen und Revolutionen, auch die der Amerikanischen Revolution.

Mit der Zeit hat der Pöbel einige Rechte errungen, er hat sie sich erkämpft. Das waren keine Geschenke, die vom Himmel fielen. Dazu gehörte z.B. das Wahlrecht, das ausgeweitet worden ist. So war in den Vereinigten Staaten die halbe Bevölkerung bis in die 1920er Jahre hinein vom Wahlrecht ausgeschlossen, doch schließlich erkämpfte sie dieses Recht. In den 1960er Jahren wurde das Wahlrecht erfolgreich auf die schwarze Bevölkerung ausgeweitet, die es zuvor nicht besessen hatte. All dies sind Triumphe der Demokratie, durch die das Wahlrecht und weitere Rechte erweitert wurden.

Diese Erfolge weckten neuerliche Ängste vor den niederträchtigen Massen und brachten neue und raffiniertere Methoden hervor, um die Massen unter Kontrolle zu halten und an den Rand zu drängen. Da der Staat über die Jahre immer weniger auf Zwang setzen konnte, verwandelten sich diese Mittel des

Zwangs, der Kontrolle und der Ausgrenzung zunehmend hin zur Propaganda. Gewöhnlich halten die Mächtigen die Propaganda in Händen, was keine große Überraschung darstellt. In unseren von der Geschäftswelt beherrschten Autokratien ist das in erster Linie die Wirtschaftspropaganda. Dazu gehört auch die Medienpropaganda, denn die Medien sind nichts anderes als große Konzerne. Propaganda ist ein Phänomen ungeheurer Größe, das einerseits auf direktem Wege wirkt, z.B. durch die Fabrikationen der Public-Relations-Industrie. (Die PR-Industrie ist eine amerikanische Erfindung; das verwundert nicht, da wir in einer in einzigartigem Maße durch die Geschäftswelt beherrschten Gesellschaft leben, in der es außerdem eine höchst klassenbewusste Wirtschaftselite gibt, die unaufhörlich einen erbitterten Klassenkrieg führt, dem sie sich bewusst ist.) Hierzu gesellen sich noch die Ausläufer der PR-Industrie, die unter anderem einen Großteil der Medien und auch der akademischen Berufszweige einschließen.

Der führende Wirtschaftspropagandaforscher im 20. Jahrhundert, der Australier Alex Carey, hat hochinteressante Dinge über die Vereinigten Staaten geschrieben, ist hierzulande aber unbekannt. Einige seiner Arbeiten beginnen mit einer Bemerkung, die den Nagel auf den Kopf trifft: "Das 20. Jahrhundert war geprägt von drei Entwicklungen von größter politischer Bedeutung. Die erste war der Ausbau der Demokratie, die zweite der Ausbau der Konzernmacht, und die dritte der Ausbau der Konzernpropaganda, als ein Mittel, um die Konzernmacht vor der Demokratie zu schützen." Carey liegt ganz richtig: Propaganda stellt die neue Version einer Methode dar, um mit der Angst vor den niederträchtigen Massen umzugehen und um die Massen zu kontrollieren. Wir erkennen diese Zusammenhänge wieder, wenn wir einen Blick in die jüngere amerikanische Geschichte werfen.

Beginnen wir mit dem Ersten Weltkrieg, einem bedeutenden Ereignis, das uns äußerst wichtige Lektionen darin erteilt hat. Woodrow Wilson schuf die erste offizielle Propagandaeinrichtung der Regierung – die *Creel*-Kommission –, um ein vormalig sehr pazifistisches Land in den Krieg zu treiben. Dabei wurde er besonders von jenen Leuten unterstützt, die sich selbst bescheiden die "intelligentesten Gesellschaftsmitglieder" nannten – jene liberalen Intellektuellen, die tiefen Stolz empfanden, weil ein Volk zum ersten Mal in der Geschichte nicht durch Generäle und hundsgemeine Kerle in den Krieg getrieben wurde, sondern durch kluge Männer, die der Meinung waren, dass so zu verfahren richtig sei. Tatsächlich taten sie nichts anderes, als vom Britischen Informationsministerium erdachte Erfindungen zu verbreiten, die belgische Babys mit herausgerissenen Armen und diverse andere Propaganda zum Inhalt hatten. Diese Propaganda war von den Briten erfunden worden, um, wie sie sagten, "den Versuch zu unternehmen, die Gedanken der gesamten Welt zu beherrschen." Wen sie am leichtesten zu kontrollieren vermochten, waren die selbsternannten intelligentesten Gesellschaftsmitglieder bei uns im Land – die seriösen Intellektuellen. Sie verkündeten all das mit viel Ernst und ließen sich später als großes Verdienst anrechnen, was sie erreicht hatten.

Diese kommerzielle Propaganda war überaus erfolgreich – man war beeindruckt. Woodrow Wilson selbst nannte man den "großen Oberbefehlshaber der Propaganda" an der Propagandafront – ein Begriff, den Harold Lasswell (einer der Hauptvertreter der zeitgenössischen Politikwissenschaft und Begründer der modernen Kommunikationswissenschaften) benutzte. Seine sehr einflussreiche Karriere begann, als er die Propaganda zu Kriegszeiten untersuchte. Die Erfolge des Oberbefehlshabers waren beachtlich und beeindruckten gleich mehrere Kreise. Einer der ersten war zugleich auch der wichtigste: die amerikanische Geschäftswelt. Dies versetzte der PR-Industrie, die bereits davor schon existiert hatte, einen beachtlichen Schub, wodurch sie, vor allem durch die Erfolge des Oberbefehlshabers, nun wirklich aufblühte. Der Oberbefehlshaber der Konzernpropaganda, Edward Bernays, der direkt unter uns lebte, war Mitarbeiter in Wilsons Propagandaministerium gewesen und hatte dort viel gelernt. Er hatte Ideen entwickelt, die er später verkünden sollte: Das Wesen der Demokratie sei Propaganda, was er gelegentlich auch die "Herstellung von Konsens" nannte. Es ist ganz offensichtlich, wer für die Herstellung dieses Konsens zuständig ist: Es liegt zwar offen zu Tage, doch muss Stillschweigen darüber bewahrt werden, weil es zu jenen Dingen gehört, die man lieber nicht laut aussprechen sollte.

Eine weitere Person, die von den Erfolgen der angloamerikanischen Propaganda tief beeindruckt war, war Adolf Hitler. Liest man *Mein Kampf*, so fällt auf, dass Hitler dachte, Deutschlands Niederlage im Ersten Weltkrieg sei in erster Linie der Unfähigkeit des autokratischen und autoritären Deutschlands zuzuschreiben gewesen, auf der Propagandafront mit den demokratischen Gesellschaften mitzuhalten, denn diese vollzogen die Kontrolle der Gedanken viel wirkungsvoller und effektiver. Er liegt ganz richtig. In *Mein Kampf* versprach er, bei nächster Gelegenheit ein eigenes Propagandaministerium einzurichten. Ob er damit ähnliche Erfolge verzeichnen konnte wie wir, ist eine andere Frage, die ich wieder übergehen muss.

Ein dritter Personenkreis, der sich tief beeindruckt zeigte, waren die amerikanischen Intellektuellen – Menschen wie Harold Lasswell beispielsweise. Sie waren sich kaum der Tatsache bewusst, dass sie selbst zum Hauptopfer der Propaganda geworden waren. Das war zwar Realität, doch möchte man so etwas nicht über sich selbst denken. 1933 oder 1934 schrieb Lasswell im Lexikon der Sozialwissenschaften einen Eintrag mit dem Titel "Propaganda." Zu der Zeit war man etwas ehrlicher, wir verwenden diesen Begriff heute nicht mehr. Wir gebrauchen andere Begriffe wie *Journalismus* oder dergleichen. Doch damals war man sehr offen und nannte es unverblümt Propaganda. Lasswell begriff, dass Propaganda in jeder Gesellschaft notwendig sein würde, doch in freieren Gesellschaften notwendiger.

Die Gründe dafür sind irgendwie logisch: Vermag man die Menschen mit der Peitsche zu kontrollieren, muss man sich keine größeren Sorgen über ihre Gedanken machen. Das ist wohl einer der Gründe, warum die Sowjetunion die *Samisdat* und ausländische Sendungen nicht besonders unterdrückte. In gewissem Umfang wurden sie unterdrückt, keinesfalls jedoch in einem Maße, wie man es zu tun vermocht hätte. Es spielte wirklich keine große Rolle, denn über den Köpfen der Menschen wurden Schlagstöcke bereitgehalten. Bei uns ist ungleich wichtiger, was die Menschen denken, und aus diesem Grunde muss, wie Lasswell und andere begriffen, die Propaganda sehr viel raffinierter und intensiver sein. "Propaganda", schrieb er in den 1930er Jahren, "ist eine neue Methode zur Kontrolle" der Bevölkerung, denn diese stellt wegen "des Unwissens und Aberglaubens der Massen" eine Bedrohung dar: "Wir dürfen nicht dem demokratischen Dogmatismus erliegen, dass die Menschen ihre Interessen selbst am besten beurteilen können." Wir können ihre Interessen am besten beurteilen. Das erkennt man an den beiden Kategorien, die Jefferson 1826 gegenüberstellte – Jeffersons schlimmste Befürchtungen sind folglich zum Glaubensbekenntnis der liberalen Intellektuellen heutiger Zeit und in der Tat auch der Intellektuellengemeinschaft allgemein geworden.

Der Bolschewismus ist nur eine Spielart dieses Glaubensbekenntnisses (eine nicht sehr verschiedene, wenn man darüber nachdenkt), eine Tatsache, die libertäre und anarchistische Denker schon vor langer Zeit erkannten. Bakunin hatte sie lange vor der bolschewistischen Revolution vorhergesehen. Er sagte voraus, dass zwei Arten moderner Intellektueller in Erscheinung treten würden. Die eine, welche er die "rote Bürokratie" nannte, würde Volksaufstände nutzen, um die Staatsmacht zu übernehmen, und würde die grausamste und rücksichtsloseste Diktatur aller Zeiten errichten. Die andere Art Intellektueller würde erkennen, dass auf diesem Wege kaum ein Zugang zur Macht möglich wäre. Sie würden zu Dienern der privaten Macht und der staatskapitalistischen Demokratien werden, in welcher Rolle sie dann "das Volk mit den Waffen des Volks besiegen" würden, wie Bakunin sagte. Sie würde von Demokratie reden und so das Volk besiegen. Tatsächlich ist das eine der wenigen Vorhersagen in den Sozialwissenschaften, die sich meines Wissens je bewahrheitet haben, und eine sehr scharfsichtige Vorhersage noch dazu.

In vieler Hinsicht sind diese Gedanken zum Glaubensbekenntnis der heutigen Intellektuellen geworden. Daraus lässt sich erkennen, wie viel Boden wir seit Jeffersons Tagen verloren haben. Jefferson hoffte, dass die andere Möglichkeit Realität werden würde; doch was wahr *wurde*, waren seine schlimmsten Befürchtungen. In einer freien Gesellschaft sollte dies eigentlich zur Ideengeschichte gehören, sollte etwas sein, das in der Grundschule unterrichtet wird. Jeffersons Unterscheidung trifft auf die heutige Zeit haargenau zu, außer dass alles verdreht und vergessen worden ist. Auch in der Hochschulkultur ist das größtenteils die Norm. So ließ der Präsident der amerikanischen Vereinigung für Politikwissenschaften, Harold Lasswell, in seiner Präsidentenrede im Jahre 1934 – gerade zur Zeit des Aufruhrs während der Depression und der Arbeiteraufstände, als alle sich erhoben – verlauten: "Wir müssen die ignoranten, unwissenden und unsozialen Individuen von der politischen Bühne ausschließen." Schaut man sich den Inhalt seiner Rede an, so meinte er damit fast alle Menschen. "Was wir benötigen, ist eine Aristokratie der Intellektuellen und der Führungspersonen. Die intelligenten Männer müssen die Zügel übernehmen" (wie z.B. die "handelnden Intellektuellen" der Kennedy-Ära). In seiner Bemerkung verbirgt sich eine unausgesprochene Annahme – eine stillschweigende und möglicherweise auch unbemerkte Annahme, denn sich selbst im Spiegel zu betrachten fällt schwer: Die intelligenten Männer dürfen die Zügel nur insoweit übernehmen, wie sie in jenem Schatten verbleiben, welchen die Großkonzerne werfen und den wir "Politik" nennen. Bewegen sie sich nur geringfügig aus dem Schatten heraus oder berühren seine Grenzen, verwirken sie ihren Platz im Kreise der Aristokratie der Intellektuellen und Führungspersonen. Wie ich bereits sagte, wird darüber kaum diskutiert, obwohl es offenkundig wahr ist.

Der führende Denker und Hauptvertreter dieser Lehrmeinung – einer der einflussreichsten Männer – war Walter Lippmann. Ein halbes Jahrhundert lang war er die führende Persönlichkeit des amerikanischen Journalismus, ein renommierter Kommentator der Außenpolitik und ein hochangesehener, fortschrittlicher Politiktheoretiker. Er unterschied zwischen denjenigen, die er die "verantwortlichen Männer" nannte – nur eine kleine Gruppe von Menschen (natürlich gehörte er dazu; jeder, der einen solchen Standpunkt vertritt, gehört zu den Männern bester Qualität, zur Aristokratie der Intellektuellen und Führungspersonen) –, und den "unwissenden und lästigen Außenseitern", der Bevölkerung. Weil wir in einer Demokratie leben, haben diese unwissenden und lästigen Außenseiter eine Rolle oder eine Funktion zu erfüllen, wie er sagte. Ihre Rolle in einer Demokratie besteht darin, Zuschauer zu sein, nicht jedoch Beteiligte. Es ist ihnen erlaubt, wie er sagte, dem einen oder anderen der verantwortlichen Männer – den Männern bester Qualität – von Zeit zu Zeit "Gewicht zu verleihen." Das wird dann eine "Wahl" genannt. Anschließend sollen sie wieder nach Hause gehen und sich den Superbowl im Fernsehen anschauen (oder was immer dergleichen es in den 1920er Jahren gab).

Ein wiederkehrendes Muster der US-Geschichte

Ich spreche hier von der politischen Mitte – vom liberalen, fortschrittlichen Mainstream. Das politische Spektrum setzt sich nach beiden Seiten fort: Am liberaleren Ende finden wir zu Lippmanns Zeit beispielsweise John Dewey, der im klassischen Liberalismus seine Wurzeln hatte. Am reaktionären Ende findet sich die Geschäftswelt des Mainstreams (die enorme Angst vor den niederträchtigen Massen hatte), ihre offenkundigen Repräsentanten in der Politik (z.B. das politische System unter Wilson) und, in der ideologischen Sphäre, die Reaganisten (jene Leute, die die erwähnten Zeitungen finanzieren). Aus ihrer Sicht sollte die Bevölkerung noch nicht mal Zuschauer sein, schon das wäre zuviel des Guten. Sie sollten vollkommene Außenseiter bleiben.

Das ist einer der Gründe, warum die Reaganisten so leidenschaftlich einen immer mächtigeren Staat unterstützten, denn sie waren staatliche Reaktionäre und glaubten an einen äußerst mächtigen und interventionistischen Staat, der in die Wirtschaft und im Ausland eingreift. Zudem sollte der Staat beschützt werden. Deshalb schufen sie eine beispiellose Zensur und errichteten das erste staatliche Propagandaministerium seit Wilson – dieses Mal illegal, weil sich die Gesetze geändert hatten. Sie führten Geheimoperationen durch – gewaltige Operationen, die neue Maßstäbe setzten. Geheimoperationen haben die eigene Bevölkerung zum Ziel: Jeder weiß Bescheid, nur die eigene Bevölkerung ist ahnungslos. Genau aus dem Grund sind sie geheim. Im Bereich der Konzernpropaganda sind hochinteressante Parallelen zu finden. Ich könnte Ihnen einige interessante Beispiele nennen, ihre Durchführung war sehr gekonnt. Ich werde sie jedoch aus zeitlichen Gründen übergehen.

So war das Meinungsspektrum im Wesentlichen beschaffen. Am libertären Ende finden wir Extremisten wie Thomas Jefferson, Adam Smith und John Dewey – es wurde größtenteils abgesägt. Das übrige Meinungsspektrum teilten sich der Oberbefehlshaber der Propaganda samt seiner Verwalter (gewissermaßen die Mitte): Lippmann, Bernays, Lasswell, das Prinzip der Herstellung von Konsens und das Prinzip der elitären Kontrolle. Und dann gelangen wir ins rechte Lager, z.B. zu den Reaganisten, die schon die Zuschauerrolle als übertrieben ansahen. Im Grunde sind es Stalinisten, die sich an unser politisches System angepasst haben.

Gegen Ende des Ersten Weltkriegs war für den Oberbefehlshaber viel Arbeit zu tun. Es brodelte heftig, die Arbeiter organisierten sich, man streikte, politisches Denken griff um sich und so weiter. Das alles musste zerschlagen werden. Also begann die liberale Regierung Wilson, unterstützt von der liberalen Presse, mit einer sehr brutalen und repressiven Abschreckungskampagne, der "Angst vor den Roten" (*Red Scare*). Die Kampagne funktionierte prächtig und führte zu einem Jahrzehnt der Ruhe und Unterwerfung unter die Herrschaft der Geschäftswelt. In diesen Jahren erlebten die Mainstream-Ansichten von Lippmann, Lasswell und Bernays ihre Blütezeit.

Während der Großen Depression in den 1930er Jahren brach man mit der Ruhe. Die Leute wurden wieder aktiv, kämpften dafür, die politische Bühne zu betreten und organisierten sich. 1935 konnten sie tatsächlich einige Erfolge verzeichnen. Schließlich erkämpften sich die Arbeiter Rechte, die europäische Arbeiterbewegungen schon ein halbes Jahrhundert zuvor erlangt hatten – das Wagner-Gesetz, das Recht auf Organisation. Dieser Triumph der Arbeiter und der Demokratie ließ der Geschäftswelt einen wahren Kälteschauer über den Rücken fahren. Die größte Wirtschaftsvereinigung, die *National Association of Manufacturers*, beschrieb in ihren Veröffentlichungen die "Gefahr für die Industriellen aufgrund der neu erworbenen politischen Macht der Massen." Das System muss in seinen Ursprungszustand zurückversetzt und die Gedanken der Massen in geeignetere Richtungen gelenkt werden, sonst steuern wir auf eine Katastrophe zu (dachten die Industriellen). Also begannen sie eine riesige Konzernpropagandaoffensive, um die von Demokratie und Menschenrechten ausgehende Bedrohung abzuwenden. Der Weltkrieg kam und sorgte für einige Jahre der Ruhe. Doch direkt nach dem Krieg fiel der Startschuss: riesige Konzernpropagandaoffensiven. Mit aus diesem Grund liegen die Vereinigten Staaten in Bereichen wie Gesundheit, Gesellschaftsverträgen, Arbeiterrechten usw. außerhalb des Spektrums der anderen Industriegesellschaften. Das Organisationsrecht wurde im Wesentlichen 1948 zerstört, und damit war das Spiel schon fast vorüber. Tatsächlich war das alles noch vor McCarthy – McCarthy war eine Art Nachzügler. Angeführt wurden die Offensiven von einer Gruppe liberaler Demokraten, die das unabhängige Denken attackierten, sowie von weiter rechts stehenden Personen, die sich die Gewerkschaften und die Sozialpolitik vornahmen. McCarthy führte diese Bemühungen weiter und verwandelte sie in ein obszönes Etwas – doch schon davor war es schlimm genug gewesen. Eigentlich war das ganze Spiel bereits gegen Ende der 1940er Jahre vorüber.

Die Erfolge der Gewerkschaften wurden ins Gegenteil verkehrt, großangelegte Angriffe auf das unabhängige Denken unternommen. Dann kamen die 1950er Jahre, die ähnlich wie die 1920er Jahre ziemlich ruhig verliefen. Im Übrigen haben wir es hier mit einem wiederkehrenden Muster zu tun, das die gesamte US-amerikanische Geschichte durchzieht: demokratische Tendenzen, ihre Unterdrückung, eine Ruhephase, und dann kommt alles wieder erneut ins Rollen.

In jener Zeit konnte man auf zahlreiche neue Technologien zurückgreifen. Bis auf den heutigen Tag sind die Folgen sehr massiv spürbar. In den 1920er und 1930er Jahren betrat das Radio die Bühne. Das Radio, so verstand jeder, ist eine öffentliche Ressource, anders als Schuhe. Es hat einen festen Bereich, der reguliert werden muss. Jeder wusste das. Die Frage war nur: Wohin würde die Entwicklung führen? Würde das Radio öffentlichen Interessen unterstellt werden – ein Radio der Bevölkerung also, das in dem Maße demokratisch ist, wie die Gesellschaft demokratisch ist? Das war eine Möglichkeit. Die andere Möglichkeit war, das Radio vollkommen der privaten Macht auszuhändigen und es in ein Mittel der Propaganda und des privatwirtschaftlichen Profits zu verwandeln. Fast jedes Land der Welt, vielleicht sogar jedes (auf Anhieb fällt mir keine Ausnahme ein), ging den ersten Weg, in Richtung einer öffentlichen Ressource. Die Vereinigten Statten beschritten den zweiten Weg – das Radio wurde gewissermaßen zu einem Privatmonopol. Hochschulen durften kleine Radiostationen betreiben, die man drei Blöcke weit empfangen konnte. Man kämpfte gegen diese Entwicklung. Arbeitervereinigungen, Kirchen und andere öffentlichen Interessengruppen versuchten, innerhalb der Vereinigten Staaten die Normen westlicher Gesellschaften zu etablieren. Doch sie verloren – sie verloren vollends. Dies ist ein Spiegel anderer Entwicklungen und zeigt, dass wir in einer ungewöhnlichen Gesellschaft mit einer höchst klassenbewussten Geschäftswelt leben, die andauernd und in vollem Bewusstsein einen grausamen Klassenkrieg führt. Die Zitate von der *National Association of Manufacturers* sind hierfür ganz typisch.

Soviel zum Radio. Als das Fernsehen auf der Bühne erschien, diskutierte man diese Fragen nicht mal mehr. Die Welt beschritt den einen Weg, die Vereinigten Staaten den anderen. Gerade jetzt begegnet uns dieses Thema wieder: Wir befinden uns im Zentrum dieser Fragen in der Diskussion der "Datenautobahn." Und wieder stellt sich die Frage: Wird sie zu einer Ressource des öffentlichen Interesses werden, die eine demokratische und demokratisierende Rolle spielt, was die Technik ohne Zweifel ermöglichen würde? Oder wird sie einfach zu einem weiteren Werkzeug der Konzernmacht und der Konzernpropaganda, der Gedankenkontrolle, der Schaffung künstlicher Bedürfnisse usw. werden? Die Antwort hängt vom Gleichgewicht der Kräfte ab. Wie die Dinge im Moment liegen, lässt sich vorhersagen, dass sie bloß ein weiteres Werkzeug der Gedankenkontrolle und der Unternehmenspropaganda werden wird – doch das muss nicht geschehen. Es hängt davon ab, wie wir darauf reagieren. Andere Länder, die uns ganz ähnlich sind, haben in Sachen Radio und Fernsehen den anderen Weg eingeschlagen, und auch wir hätten das tun können. Es ist eine Frage der Organisation, des Handelns und des Bewusstseins. Die intensive Propaganda wird unter anderem darum betrieben, um die Menschen davon abzuhalten, über solche Dinge nachzudenken. Bis zu einem gewissen Grad ist es gelungen.

Die 1950er Jahre verliefen ruhig – ganz ähnlich der 1920er Jahre. In den 1960erri brach die Ruhe wieder, ähnlich wie in den 1930ern. Es brodelte heftig, was zu den üblichen Ängsten führte. Seit jener Zeit (den frühen 1970er Jahren) hat es große Bemühungen gegeben, eine weitere *Red-Scare*-Kampagne aufzubauen, vor allem um die Bevölkerung in einen Zustand des Gehorsams und der Passivität zurückzuversetzen. Interessanterweise hat es diesmal nicht funktioniert. Zum ersten Mal in der amerikanischen Geschichte hat sich der Kreislauf nicht fortgesetzt. Dieses Phänomen ist höchst interessant und birgt zahlreiche Folgen in sich. In der kurzen verbliebenen Zeit möchte ich mich damit befassen. Wir befinden uns direkt im Zentrum dieser Ereignisse.

Der Angriff auf die Demokratie: ein Schlüssel zum Verständnis der Politik

Die neue politische Parole Anfang der 1970er Jahre war die, wie die Liberalen sie bezeichneten, "Krise der Demokratie." Der Vorsitzende der politikwissenschaftlichen Abteilung in Harvard, der Eaton-Professor für Regierungswissenschaften (ich liebe diesen Titel), beklagte die "Krise der Demokratie" und die Tatsache, dass die Gesellschaften "unregierbar" würden. Das liege vor allem an den Versuchen des Pöbels, die politische Bühne zu betreten – aus diesem Grund würden die Gesellschaften unregierbar. In all diesen Diskussionen wurde stillschweigend vorausgesetzt, dass jemandem das Betreten der politischen Bühne erlaubt ist. Wem? Man darf diese gefährlichen Worte nicht aussprechen. Die Bevölkerung jedenfalls ist ausgeschlossen. Fast hätte Samuel Huntington es verraten: Voller Sehnsucht erinnerte er an die Tage Trumans, als dieser, wie er sagte, noch "das Land mithilfe einer Handvoll Anwälten und Bankern aus der Wall Street regieren konnte" (das geht ein wenig in Richtung vulgärer Marxismus – ganz so war es nämlich nicht –, aber Sie verstehen schon, was gemeint ist) Im Großen und Ganzen hatte Huntington es begriffen. Zu Trumans Zeiten gab es keine "Krise der Demokratie": Alles lief so, wie die Dinge laufen sollten. Doch jetzt gab es eine: Frauen, Schwarze, junge wie alte Menschen und Bauern – all diese ungezogenen Leute versuchten, die politische Bühne zu betreten und ihre Interessen zu vertreten, und genau das ließ die Gesellschaft "unregierbar" werden. Hätte es sich um eine Handvoll Anwälte und Banker aus der Wall Street gehandelt, wäre alles in bester Ordnung gewesen.

Wir befinden uns gerade genau inmitten dieses Kampfs. Die Bemühungen, wieder für Passivität zu sorgen, waren zum Teil erfolgreich – keineswegs aber waren sie ein voller Erfolg. Gerade wütet dieser Kampf mitten unter uns, und die gezogenen Trennlinien sind die üblichen.

Nehmen wir die Diskussion über das Nordamerikanische Freihandelsabkommen (NAFTA), die in diesem Zusammenhang sehr erhellend ist. NAFTA war ein Hauptanliegen der Geschäftswelt – ein so großes, dass die Medien, die gewöhnlich vorgeben, über dem Kampfgeschehen zu stehen, ihre Maske abnahmen und ihre Klassenbindung deutlich zu erkennen gaben. Die *New York Times* schrieb in einem Zusammenhang von "Klassentrennlinien." Das ist ein Tabu, es darf nicht gesagt werden. Es war jedoch zu offensichtlich, als dass man es hätte verbergen können – genauso wie die Tatsache, wem die Medien verpflichtet sind. Im Rahmen von NAFTA kam es zu einer wahren Raserei, was eigentlich ziemlich ungewöhnlich ist. Daran konnte man erkennen, dass etwas wirklich Wichtiges im Gange war, und das war es auch.

Besonders bedeutend war der Angriff auf die Demokratie, den dieses sogenannte Handelsabkommen verschärfte. Am Ende war die Situation nicht ganz so eindeutig: Die Raserei steigerte sich zu einem Fieberanfall und richtete sich vorwiegend auf ein bestimmtes Phänomen: dass die Gewerkschaften und die Arbeiter versuchten, auf ihre Abgeordneten Einfluss zu nehmen. Das wurde als absoluter Skandal betrachtet. Clinton hielt alle möglichen Reden, die überall zu Schlagzeilen wurden. Darin verurteilte er den "nackten Druck" und die "groben Muskeln der Arbeiter", wie er es formulierte, die sich gar zu "freundschaftlichen Bitten und Drohungen basierend auf Geld und der Tätigkeit in Kampagnen" ausweiteten. Ein unglaubliches Ärgernis, wenn man zu seinem Abgeordneten geht und sagt: "Wir hätten gerne, dass Sie etwas für uns tun." Auf diese Reaktion stieß man auch in den sogenannten linken Medien, z.B. bei Anthony Lewis (der so links ist, wie man sich nur vorzustellen vermag und wie man in einer ehrenwerten Gesellschaft sein kann). Lewis brandmarkte die "rückständige, unaufgeklärte Arbeiterbewegung mit ihren ungehobelten und einschüchternden Methoden und ihrer Angst vor Veränderung."

Das Ganze kam einer regelrechten Hysterie nahe und war hochinteressant. In der *New York Times* erschien jüngst ein Leitartikel, in dem die Personen in der New Yorker Region aufgelistet wurden, die gegen NAFTA zu stimmen beabsichtigten. Man führte ihre Gewerkschaftsspenden auf und sagte, dies sei verdächtig, werfe ernsthafte Fragen über ihre Ehrlichkeit auf usw. Die *Washington Post* ging auf dieselbe Weise vor.

Das war interessant: Wie jeder wusste – aber erst danach zugab, als reiner Wein eingeschenkt wurde (einen Tag nach der Abstimmung packten sie aus)–, übertraf der Konzernlobbyismus den Gewerkschaftslobbyismus wie gewöhnlich um Längen, um einen enormen Faktor. Keinen sorgte das. Die Konzerne verwenden keine "ungehobelten, einschüchternden Methoden" oder ähnlich schlimme Dinge. Das hat einleuchtende Gründe: Der Konzernlobbyismus ist kein Problem: Hier handelt es sich um die Männer bester Qualität, diejenigen, die regieren sollten. Die verantwortlichen Intellektuellen sind ihre braven und treu ergebenen Diener. Also ist gegen den Konzernlobbyismus nichts einzuwenden, er wird nicht beanstandet. Wenn aber die niederträchtigen Massen die politische Bühne zu betreten versuchen, bekommt jeder Schaum um den Mund. Die Massen sollen sich der Herrschaft der Aristokraten und Reichen stillschweigend beugen, und selbstverständlich auch der Aristokratie der Intellektuellen und Führungspersönlichkeiten – d.h. jene klugen Männer, die die Arbeit für sie erledigen.

Faktisch hat sich hierin seit dem 17. Jahrhundert ziemlich wenig verändert. Schauen wir uns z.B. die Hysterie der Intellektuellen des 17. Jahrhunderts an, die ich oben erwähnt habe (ich habe noch viele weitere Zitate, wenn Sie sie hören möchten): Auffallend ist, dass sie der heutigen Hysterie sehr ähnelt, z.B. wenn die Arbeiter es wagen, auf ihre Abgeordneten Einfluss zu nehmen. Der Grund ist, dass die Probleme dieselben geblieben sind. Man kann es eine neue Weltordnung nennen, wenn man möchte, doch der Klassenkrieg ist derselbe geblieben: Die Intellektuellen erfüllen die gleiche Dienerrolle, sie handeln im Schatten der Großkonzerne und ernten die Lorbeeren. Abweichende Meinungen sind zwar vorhanden, aber sehr rar.

All dies hilft uns, die Begeisterung für NAFTA und GATT (Allgemeines Zoll- und Handelsabkommen) zu verstehen. Der springende Punkt daran ist, dass sie den privaten und absolutistischen Institutionen, die der Öffentlichkeit in keiner Weise verantwortlich sind und im Geheimen operieren, viel mehr Macht zuspielen und so jene "faktische Weltregierung" ins Leben rufen, über die die Wirtschaftspresse unverblümt berichtet. All dies bringt uns wieder zu den verschiedenen Ansichten über Demokratie zurück. Wir befinden uns jetzt am reaktionären Ende des Spektrums, bei den Reaganisten, die der Bevölkerung noch nicht einmal eine Zuschauerrolle zugestehen. In dem Maße, wie die Macht zur transnationalen politischen Bühne hin verschoben wird, die über ihre eigene faktische Weltregierung verfügt, ist die Bevölkerung nicht einmal mehr Zuschauer, denn nur die wirklichen Experten und Spezialisten haben eine Ahnung, was im IWF (Internationalen Währungsfond) vor sich geht. Das ist ein wahrer Triumph in der Zerstörung der Demokratie und hilft uns, die Riesenbegeisterung für NAFTA, GATT und andere höchst antidemokratische Entwicklungen zu verstehen – und gleichfalls für gegen die Märkte gerichtete Entwicklungen. Das ist jedoch wie gesagt eine andere Geschichte.

Zuletzt möchte in einigen Worten beschreiben, wie sich diese Entwicklungen auf Länder in unserem Einflussbereich auswirken. Manchmal werden die Folgen mit großer Offenheit dargestellt. Eine der deutlichsten Stimmen ist aktuell ein ehemaliger Reagan-Insider namens Thomas Carothers, der in den 1980er Jahren an den sogenannten Programmen zur "Demokratieförderung" des Außenministeriums mitwirkte. Die Programme wurden mit großem Stolz gefeiert und waren der Leuchtturm, der den Weg in die Zukunft weist. Carothers schrieb ein Buch und mehrere Artikel darüber, die informativ und ehrlich, ja fast reumütig sind. Nach seiner Ansicht war die Politik aufrichtig, doch hält er sie für gescheitert.

Ich hingegen meine, dass sie ist mit Bravour gelungen ist. Doch von seiner Beurteilung einmal abgesehen sind seine Darstellungen völlig zutreffend; dies von einem Insider zu hören ist sehr interessant. Er betont, dass in der westlichen Welt ein Zusammenhang zwischen Demokratie und amerikanischen Einflüssen gegeben war, und zwar ein negativer. War der Einfluss der Vereinigten Staaten am geringsten, waren die Schritte in Richtung Demokratie am größten, besonders im südlichen Lateinamerika, wo – wie Carothers als Insider betont – die Reagan-Regierung Demokratiebewegungen heftig bekämpfte und autokratische Regime zu unterstützen versuchte. Diese Regime sind übrigens eine Hinterlassenschaft der Kennedy-Liberalen, deren Weltanschauung derjenigen der Reaganisten auffallend ähnlich war.

Die Reagan-Regierung wollte die Neonazi-Staaten im Süden Lateinamerikas am Leben erhalten, scheiterte jedoch, und es entstanden Demokratien. Später ließ sie sich natürlich als Verdienst anrechnen, was passiert war. Dasselbe geschah in der ganzen Region: Wo der Einfluss der Vereinigten Staaten am größten war – z.B. in Mittelamerika und der Karibik –, waren die Folgen am schlimmsten. Carothers erkennt zwar diese Tatsache, zieht jedoch keine Schlüsse aus ihr. Dasselbe lässt sich auch über die Menschenrechte sagen (eine weitere Lektion, die man nicht lernen soll). Im Folgenden erläutert Carothers die Geschehnisse. Hier seine Beschreibungen (die eines Insiders), die er nicht negativ auffassen möchte. Er schreibt:

> Washington versuchte nur begrenzte demokratische Veränderungen "von oben nach unten" zu erreichen, ohne einen Umsturz der tradierten Machtstrukturen zu riskieren, mit denen die Vereinigten Staaten schon lange verbündet sind. Washington wollte die grundlegende Ordnung höchst undemokratischer Gesellschaften erhalten, weil es befürchtete, dass ein von der Bevölkerung getragener Wandel zum Sturz der etablierten ökonomischen und politischen Ordnung und zum Verfolgen eines linken Kurses führen könnte.

Was ist ein "linker Kurs?" Der Kurs einiger "linker Extremisten", die meinen, dass "die Menschheit nicht mit Satteln auf dem Rücken geboren wurde, und dass es keine Auserwählten gibt, die dazu geboren sind, mit Stiefeln und Sporen bereitwillig auf ihnen zu reiten." Aus ihrer Sicht sollten wir "eine alleinige und blendende Regierung, die auf Bankinstitutionen und kapitalkräftigen Körperschaften beruht", ablehnen. Ich zitiere den "linken Extremisten" Thomas Jefferson aus der Anfangszeit des staatskapitalistischen Konzernabsolutismus, den er verachtete und fürchtete, der aber zum Leben erweckt wurde.

Carothers liegt ganz richtig. Seine Sicht der Ereignisse ist präzise und lässt sich auf vieles andere ausweiten. Das gilt auch für die Vereinigten Staaten und ist der Schlüssel zum Verständnis der Politik.

Lektionen, die noch immer nicht in der Grundschule unterrichtet werden

Auch dies sind Wahrheiten, die in einer freien Gesellschaft jedes Kind in der Grundschule lernen würde. Im Bildungssystem bis hin zu den Eliteuniversitäten müssen größte Anstrengungen unternommen werden, um die Menschen von der Erkenntnis abzuhalten, dass 2 + 2 = 4 ist. Doch das Ergebnis *ist* vier. Das zu durchschauen ist nicht sehr schwer. Man muss nicht mal seine Augen allzu offen halten, um es überall in unserer Umgebung zu erkennen. Es folgt einer gewissen Systematik. Die politische Linie besagt: Die tradierten Machtstrukturen müssen bestehen bleiben. Sie müssen vor "einem von der breiten Öffentlichkeit getragenen Wandel" beschützt werden. Das gilt im Ausland wie im Inland. Demokratie ist schön und gut – doch nur, wenn sie zum richtigen Ergebnis führt. Die richtigen Männer müssen gewinnen, sonst haben wir keine Demokratie. Die "richtigen Männer" sind Thomas Jeffersons "Bankinstitutionen und kapitalkräftigen Körperschaften" sowie deren moderne Erben: die Aristokratie der Intellektuellen und Führungspersonen, die diesen Männern dient und hart daran arbeitet, um die Realität vor den niederträchtigen Massen zu verbergen. Sie sind Menschen wie wir, die in geeigneter Weise geschult wurden. Natürlich müssen sie gewillt sein, die Schulung anzunehmen. Tun sie es, sind mit ihrer Unterwerfung unter die Macht eine Vielzahl Privilegien und ein großer Einfluss verbunden, hohe Belohnungen warten.

Thomas Carothers These aus den 1980er Jahren ist aktuell in einem weiteren Kapitel der Geschichte wiederzuerkennen, das sich gegenwärtig direkt vor unseren Augen abspielt. Mit wahrlich blendender Klarheit spielt es sich in unserer unmittelbaren Nähe in Haiti ab. Es könnte kein besseres Beispiel geben. In Haiti machten die Vereinigten Staaten einen Fehler. Wir unterstützten Diktatoren und Mörder, alles war in bester Ordnung. Doch dann kam der Fehler: Wir gestatteten eine freie Wahl. Wir nahmen an, dass ein von den Vereinigten Staaten unterstützter Kandidat, ein Weltbankfunktionär, problemlos gewinnen würde. Ihm standen alle wirtschaftlichen Mittel zur Verfügung. Die "Männer bester Qualität" in Haiti und bei uns bemerkten jedoch nicht, dass es in Haiti heftig brodelte. Die Bevölkerung organisierte sich auf breiter Front. Es waren eine Reihe öffentlicher Organisationen entstanden, denen niemand Beachtung schenkte. Diese Organisationen hatten sehr effektiv gearbeitet, und schließlich gewann tatsächlich der falsche Mann mit überwältigender Mehrheit die erste freie Wahl in der Geschichte Haitis (mit zwei Drittel der Stimmen), nämlich Präsident Aristide.

Problem war nur, dass es die falschen zwei Drittel der Bevölkerung waren. Wie die führende Menschenrechtsorganisation *Human Rights Watch* berichtete, verhalfen bemerkenswert fortschrittliche Bevölkerungsorganisationen Aristide zur Macht, die der Bevölkerungsmehrheit eine Mitsprache in der regionalen und nationalen Politik erlaubten – genau das falsche Ergebnis, in jeder Hinsicht völlig falsch. Unverzüglich wurde Aristide gewaltsam gestürzt, was dann das Ende für Haitis Demokratie bedeutete. Wie die *New York Times* es unmittelbar danach in einer Schlagzeile formulierte: "Haitis Demokratie, so wie sie einmal war." Diese abfällige Äußerung will sagen: "Da war nicht viel." Damit ist symbolisch das Gesindel gemeint, das ihn wählte. Häufig ist zu lesen, dass Präsident Aristide jämmerliche demokratische Referenzen hatte. Wie die *Times* schrieb, kritisierte er die "Zivilgesellschaft", und die *Times* befürchtete zudem, dass er die Klassengewalt unterstützte. Er machte sogar die Reichen für die Armut der Massen verantwortlich. Ein absoluter Skandal, solche Grundwahrheiten öffentlich zu sagen. Vielleicht irgendwo im Geheimen, aber doch nicht in der Öffentlichkeit.

Zufällig steht das in der *New York Times*, doch auch in diesem Fall ist es die Standardmeinung. Würden wir nach Belieben Zeitungen auswählen, würden wir stets dieselbe Story finden. Daher muss Aristide "seine Regierung erweitern." Das ist die derzeitige Parole. Das gilt nicht für Clinton, seine Regierung ist schon genügend erweitert – man beachte nur das Durchschnittseinkommen seines Kabinetts. Clintons Kabinett ist also ausreichend erweitert, doch Aristide muss seines "erweitern." Es ist ein Geheimwort, das jeder versteht. Es bedeutet, dass Aristide sein Kabinett so erweitern muss, dass die überwiegende Bevölkerungsmehrheit ausgeschlossen wird, denn sie gehört hier nicht hin. Er muss das Kabinett auf "demokratische" Elemente ausdehnen, auf die "Gemäßigten" in Militär und Geschäftswelt. Die Macht muss in deren Hände übergeben werden.

Doch wer sind die "Gemäßigten?" Die "Gemäßigten" sind diejenigen, die meinen, dass nicht jeder vernichtet werden sollte. Aus diesem Grund sind sie gemäßigt. Sie vertreten vielmehr den Standpunkt, dass den Menschen erlaubt werden sollte, für 0,14 $ die Stunde in US-kontrollierten Montagewerken zu arbeiten – was übrigens auch eine sehr wirksame Waffe gegen arme Menschen und Arbeiter bei uns im Land ist: Es ist eine Methode, in den reichen Ländern weltweit den Lebensstandard und die Löhne zu drücken, eine äußerst wichtige

Sache. Soviel also zu den "Gemäßigten." Auch ist Haiti gestattet, Nahrungsmittel für Exportzwecke zu produzieren. Gerade jetzt unter Clinton wachsen Haitis Lebensmittelexporte (wenngleich ich darüber keine Schlagzeilen gelesen habe). Denken Sie daran, Haiti ist ein hungerndes Land. Die Nahrungsmittelexporte wachsen nicht nur geringfügig – unter Clinton haben sie sich vergangenes Jahr dank der liberalen Demokraten um einen Faktor von sechsunddreißig erhöht (eine gewaltige Zahl). Dazu gehören auch Früchte, Nüsse und Melonen, von einer hungernden Insel. Es ist zum Wohl der US-Agrarindustrie und der Yuppie-Märkte.

Unter dem Deckmantel dessen, was lächerlicherweise Embargo genannt wird, nehmen alle Formen des Handels mit Haiti in Wirklichkeit beträchtlich zu. Das liegt daran, dass das Embargo eine Ausnahme besitzt. Ausgenommen sind im Besitz der Vereinigten Staaten befindliche Montagewerke. Wird das erwähnt, erklärt man es immer mit einer "humanitären Geste." Man muss begreifen, dass die Bevölkerung Haitis nur dann leidet, wenn US-kontrollierte Montagewerke nicht exportieren und nicht importieren. Wenn andere Betriebe nicht exportieren und importieren, leiden sie nicht. Wie kubanische Kinder leiden sie glücklicherweise nicht, wenn sie hungern, deshalb braucht man sich um die Embargos keine Sorgen zu machen. Wir müssen ein sorgsam geplantes Embargo gegen Haiti einrichten, von dem US-kontrollierte Montagewerke ausgeschlossen sind, wobei der Handel wächst (das Gesamtvolumen des Handels wächst) und Lebensmittelexporte erlaubt werden. Dabei bleibt übrigens unbemerkt, dass die Grenze zur Dominikanischen Republik völlig durchlässig ist. Die Reichen können an alles gelangen, auf das sie gerade Lust haben. Die Vereinigten Staaten sind völlig machtlos, wenn es darum geht, die dominikanische Armee zu kontrollieren, die die Grenze beherrscht. Bekanntermaßen konnten die Vereinigten Staaten mancherorts ihren Einfluss geltend machen, aber doch nicht gegenüber einer Großmacht wie der Dominikanischen Republik. Wir können also nichts unternehmen.

Wie allseits bekannt ist, lebt Haitis Militär vorwiegend vom Drogenhandel. Schauen wir uns das genauer an: Die US-Navy und -Küstenwache waren in der Lage, fast jedes Fischerboot abzufangen, das Haiti mit einigen ängstlichen Flüchtlingen verließ. Diese Blockade ist übrigens völlig illegal. Es wäre ungefähr so, als würde z.B. Libyen jeglichen geschäftlichen Flugverkehr aus den Vereinigten Staaten blockieren. Da wir jedoch ein terroristischer Staat sind, machen wir, was uns beliebt. Wir konnten praktisch jeden Flüchtling aus Haiti aufgreifen, aber kein einziges Drogenhandel treibendes Schiff. Das ist erstaunlich, nicht wahr?

Diese Frage wurde vom Ausschuss der Schwarzen (*Black Caucus*) gestellt. Sie bekamen keine Antwort. Man sagte ihnen, das Problem, den Drogenhandel in Haiti zu beenden, bestehe darin, dass das haitianische Militär, mit dem wir bis heute zusammenarbeiten, über keine Radaranlagen verfüge – deshalb können sie keine Flugzeuge oder Schiffe abfangen. Natürlich können die US-Navy und US-Air-Force aufgrund ihrer entsetzlichen Unterfinanzierung durch das Pentagon keinen Weg finden, diesen Mangel zu beheben. Was bleibt uns folglich zu tun? Wir würden den Drogenhandel ja gerne beenden, schaffen es aber nicht.

All dies setzt sich in dieser Art fort. Das Endresultat ist völlig vorhersehbar und war es von Anfang an. Zum Beispiel war vorhersehbar, dass Außenminister Warren Christopher eine Anhörung besuchen musste. Die eintretenden liberalen Demokraten fragten ihn (wenn man das Kleingedruckte liest): Was denken Sie über Haiti? Er antwortete: Wir denken, dass Präsident Aristide im endgültigen Vertrag sicher einen Platz bekommt, doch haben wir noch nicht entschieden, wo dieser Platz sein wird. Mit diesem eindringlichen Eintreten für die Demokratie übernahm die Regierung Clinton das Ruder und schaffte es, die Politik der Regierung Bush, die Christopher attackiert hatte und unter anderem das Erwähnte beinhaltete, noch zu forcieren. Das Endergebnis ist natürlich, dass die Regierung "erweitert" werden muss, damit die "Gemäßigten" an die Macht kommen. Entweder kehrt Aristide überhaupt nicht zurück, oder vielleicht wird er als eine Art Symbolfigur wieder eingesetzt, was zugleich auch bedeutet, dass die Bevölkerung nur symbolisch beteiligt ist.

Gleichzeitig wird die Bevölkerung Haitis terrorisiert und eingeschüchtert. Der letztes Jahr erschienene Bericht von *Human Rights Watch* wies darauf hin, dass, bliebe die Situation – bereits zu Beginn von Clintons Amtszeit – so bestehen, es keine große Rolle spiele, ob Aristide zurückkehrt oder nicht: Die Bevölkerungsorganisationen werden beträchtlich dezimiert und die Menschen eingeschüchtert und in Schrecken versetzt worden sein. Dann kann man sogar Wahlen abhalten, wie in El Salvador, und alles ist wieder in bester Ordnung. Schüchtert man die Menschen nur genug ein, demoralisiert sie, zerstört sie, beraubt sie all ihrer Hoffnung und macht ihnen klar, dass sie abgeschlachtet werden, wenn sie sich daneben benehmen, kann man sogar Wahlen abhalten. Dann wird man Anthony Lewis wieder dazu bewegen, wie Thomas Jefferson von einem "romantischen Zeitalter" zu sprechen – wie er es tat, als wir genau in dieser Weise in Nicaragua vorgingen. Das nennt man dann "Demokratie", und augenblicklich können wir sehen, wie die Demokratie direkt vor unseren Augen in Haiti ausgelebt wird.

Carothers Darstellungen beschreiben die Realität so, wie sie ist. Wenn nach ausreichender Anwendung von Terror und nach Einschüchterungen und der Zerstörung von Bevölkerungsorganisationen usw. dafür gesorgt wurde, dass die Herrschaft in Händen der richtigen Gruppen von Mächtigen bleibt – jene

Gruppen, die mit US-Konzernen und Bankinstitutionen verbunden sind, und jene anderen, die im Grunde die Gesellschaft beherrschen –, dann haben wir eine Demokratie, jeder ist glücklich, und wir loben uns für unsere Herrlichkeit. Wie ich bereits sagte, ereignet sich in El Salvador derzeit Vergleichbares. Ähnliches haben wir in Nicaragua gesehen und werden es auch künftig sehen. Es hat nichts mit dem Kalten Krieg zu tun, rein gar nichts. Der Kalte Krieg war nur ein Vorwand für Dinge, die geschehen sind und sich seither unverändert so fortsetzen.

Wie ist es folglich um die Zukunft der Demokratie bestellt? Wieder hängt die Antwort davon ab, was wir mit "Demokratie" meinen. Wenn wir darunter verstehen, was Thomas Jefferson sich erhoffte, sind die Perspektiven düster und schwinden immer mehr. Wenn wir die offiziell anerkannte Lehrmeinung damit meinen, die die Oberhand gewonnen und unsere immer weiter verarmende autoritäre Denkkultur erobert hat, dann sind die Aussichten genauso großartig, wie wir tagtäglich von respektierten Autoritätspersonen zu hören bekommen, die Loblieder auf die neue Weltordnung singen, für die *wir* (sprich *sie*) Wegbereiter und Vorbild sind.

Das ist natürlich nicht die ganze Geschichte. Die tatsächlichen Aussichten für eine echte Demokratie hängen von etwas ganz anderem ab: ob die Menschen in den reichen und privilegierten Gesellschaften andere Lektionen lernen können, wie z.B. die von den Mayas im Bundesstaat Chiapas in Mexiko gelehrten. Diese Menschen gehören zu den ärmsten und unterdrücktesten des Kontinents, doch im Gegensatz zu uns haben sie eine lebhafte Tradition der Freiheit und der Demokratie bewahrt – eine Tradition, die wir uns haben aus den Händen reißen oder stehlen lassen. Wenn die Menschen bei uns oder in anderen reichen und privilegierten Gesellschaften diese Tradition nicht wieder werden aufleben lassen können, ist es um die Zukunft der Demokratie in der Tat düster bestellt.

TEIL III

Die Erziehungsinstitutionen

Kapitel 16

Gedanken über Intellektuelle und Schulen

(Juni 1966)

In glücklicheren Zeiten hätte ich mich diesem Thema lieber fachlicher und professioneller genähert und mich damit befasst, wie ich die wichtigsten Ideen und die inspirierendsten und tiefgründigsten Gedanken meiner eigenen Interessengebiete am besten meinen Schülern nahebringen würde: Wie könnte ich ihnen helfen, Vergnügen an Entdeckungen und an tiefsinnigen Einsichten zu erfahren und ihren eigenen, persönlichen Beitrag zur Kultur unserer Zeit zu verwirklichen? In diesem Augenblick der Geschichte stellen sich aber andere, drängendere Fragen.

Schulen, Zivilisation und Gerechtigkeit

Während ich hier schreibe, bringt das Radio die ersten Berichte über die Bombardierungen auf Hanoi und Haiphong. An sich sind das, an modernen Maßstäben gemessen, keine Grausamkeiten – gewiss nicht z.B. im Vergleich zum US-Angriff auf die Landbevölkerung Südvietnams, der sich vergangenes Jahr ereignete. Die symbolische Bedeutung dieser Tat wirft jedoch einen Schatten auf alle Kritik US-amerikanischer Institutionen. Als die Bombardierungen auf Nordvietnam begannen, sagte Jean Lacouture treffend, dass diese Taten und die Schriftstücke, die zu ihrer Rechtfertigung erstellt wurden, schlicht erkennen ließen, dass sich die Führer Amerikas berechtigt sehen, zuzuschlagen wo und wann immer sie wollen. Sie enthüllten folglich, dass Amerikas Führer die Welt als amerikanisches Einzugsgebiet betrachten, das gemäß der überlegenen amerikanischen Weisheit zu regieren und zu organisieren und – wenn nötig – durch die amerikanische Macht zu beherrschen ist. In diesem Augenblick der nationalen Schande, während die amerikanische Technologie in Südostasien Amok läuft, kann eine Diskussion über die amerikanischen Schulen kaum die Tatsache übersehen, dass diese Schulen die erste Ausbildungsstätte der Truppen sind, die in den kommenden Jahren den stillen und endlosen Terror des Status Quo eines geplanten amerikanischen Jahrhunderts durchsetzen werden;

die Ausbildungsstätte der Ingenieure, welche die Werkzeuge zum Ausbau der amerikanischen Macht entwerfen werden; die Ausbildungsstätte der Intellektuellen, auf die man sich in hohem Maße verlassen kann, wenn eine ideologische Rechtfertigung für diese besondere Form der Barbarei ersonnen und die Verantwortungslosigkeit und Rückständigkeit derer angeprangert werden soll, die all dies unerträglich und empörend finden.

Vor dreißig Jahren beschloss Franz Borkenau eine brillante Studie über die Zerschlagung der Spanischen Volksrevolution mit folgenden Worten:

> In diesem gewaltigen Kontrast zu früheren Revolutionen spiegelt sich eine Tatsache wider: Vor der Zeit der letzten Jahre waren Gegenrevolutionen gewöhnlich von der Unterstützung reaktionärer Kräfte abhängig, die den Revolutionskräften technisch und geistig unterlegen waren. Dies änderte sich mit dem Aufblühen des Faschismus. Jetzt muss jede Revolution damit rechnen, sich gegen die Angriffe der modernsten, effizientesten und rücksichtslosesten Maschinerie verteidigen zu müssen, die je existiert hat. Das Zeitalter, in dem Revolutionen noch frei und nach ihren eigenen Gesetzen entstehen konnten, ist jetzt also vorüber.[1]

Damals hätte es viel Weitsicht erfordert, um zu erkennen, dass sich Borkenaus Vorhersage als wahr erweisen würde – dass "Faschismus" durch "liberalen Imperialismus" ersetzt werden würde und die Vereinigten Staaten innerhalb nur einer Generation die effizienteste und rücksichtloseste Maschinerie der Welt auf die Beine stellen würden, um dafür zu sorgen, dass revolutionäre Bewegungen nicht mehr nach ihren eigenen Gesetzen entstehen und dass die amerikanische Vorstellung von Zivilisation, Gerechtigkeit und Ordnung sich durchsetzt. Ende der 1930er Jahre wären große Einsichten nötig gewesen, um vorauszusehen, dass eine reformorientierte US-Regierung mit einem Hang zum "Wohlfahrtsstaat" binnen kürzester Zeit ihr Möglichstes tun würde, um den Beweis für Marx' düstere Worte über diese Vorstellung von Zivilisation, Gerechtigkeit und Ordnung zu erbringen:

> Die Zivilisiertheit und Gerechtigkeit der bürgerlichen Ordnung offenbart sich in ihrem schmutzigen Lichte immer dann, wenn die Sklaven und Arbeiter gegen ihre Herren aufbegehren. Dann gibt sich deren bürgerliche Zivilisiertheit und Gerechtigkeit in ihrer unverhüllten Grausamkeit und gesetzlosen Rache zu erkennen.

Es wäre vorstellbar, dass die amerikanischen Taten in Vietnam lediglich ein einmaliger Ausbruch kriminellen Wahnsinns sind, ohne große oder weitreichende Bedeutung, außer für die elenden Bewohner dieses gequälten Landes.

Es fällt jedoch schwer, dieser Möglichkeit viel Glauben zu schenken. In rund sechs lateinamerikanischen Ländern existieren Untergrundbewegungen, die in ihrer Größe denjenigen während des Zweiten Vietnamkriegs nahekommen – und die amerikanische Reaktion auf sie ist offenbar vergleichbar: Amerikanische Waffen werden eingesetzt, um Untergrundkräfte anzugreifen und "den See auszutrocknen, in dem sie schwimmen" (wie ein Militärsprichwort Maos besagt). US-"Berater" führen und schulen Soldaten, die – wie lateinamerikanische Liberale bemerken – einzig zu dem Zweck benötigt werden, im Interesse der ansässigen Herrscherklassen und im Interesse des amerikanischen Kapitals ihr Land zu besetzen.

Anders als in Vietnam war es in diesen Ländern bislang noch nicht nötig, die Tatsache kommunistischer Einmischung in das Märchen kommunistischer Aggression zu verwandeln, um die offene US-Kontrolle gegenrevolutionärer Kräfte zu rechtfertigen. Auch ist die Zeit noch nicht für den Einsatz des vollen Terrorarsenals gekommen, um Regierungen zu unterstützen, die den amerikanischen Interessen am besten dienen. Doch dieser nächste Schritt scheint in vollem Umfang zu erwarten zu sein. Der *Le Nouvel Observateur* zitierte kürzlich Francisco Juliao, einen Bauernorganisator, der sagte: Sollten in Brasiliens nordöstlichen Provinzen eine Rebellion ausbrechen, werden die Vereinigten Staaten sicherlich intervenieren. Andere, weniger bekannte Persönlichkeiten haben Ähnliches geäußert. Geschichte und Logik geben wenig Grund zu der Annahme, dass sie daneben liegen könnten – wenn wir von jener Sentimentalität absehen, nach der die Vereinigten Staaten als einzige Nation selbstlose (wenn auch etwas einfältige) öffentliche Wohltäter sind, die sich nur Taten des "internationalen Wohlwollens" verschrieben haben, obgleich sie ihre warmherzige Großzügigkeit häufig auch mal tollpatschig überspannen. Sicher sollte man die Beharrlichkeit ernst nehmen, mit der Regierungssprecher verkünden, dass eines der Ziele der derzeitigen Gewaltanwendung der Nachweis sei, dass nationale Befreiungskriege keinen Erfolg haben können. So soll in deutlichster und ausdrücklichster Weise demonstriert werden, dass jede Revolutionsbewegung, die wir (wir allein, wie in Vietnam) als illegal ansehen, der effizientesten und rücksichtslosesten Maschinerie gegenübertreten wird, welche mithilfe der modernen Technik hervorgebracht werden kann.

In geringem Maße kann die Weltmeinung dem vollen Einsatz der Terror- und Zerstörungstechnik Einhalt gebieten. Noch sind in Vietnam keine Atomwaffen zum Einsatz gelangt, und auch wenn die Landbevölkerung als Freiwild für alle möglichen militärischen Angriffe betrachtet wird, sind die städtischen Gebiete – wo das Abschlachten für die Außenwelt klarer zu erkennen wäre – noch relativ geschützt. Zugleich wurden die Gasangriffe und die chemische Kriegsführung nur allmählich ausgeweitet, denn durch Gewöhnungseffekte bleibt jede schrittweise Steigerung unbemerkt.[2] Doch letztlich könnte nur ein massiver öffentlicher Widerwille in den Vereinigten Staaten selbst wirklich Einhalt gebieten. Deshalb ist die Kulturstufe, die in den Vereinigten Staaten erreicht zu werden vermag, eine Frage von Leben und Tod für die Mehrheit der leidenden Menschheit. Auch das ist eine Tatsache, die in jeder Diskussion der heutigen amerikanischen Institutionen im Vordergrund stehen muss.

Ein Programm zur intellektuellen Selbstverteidigung

Man kann sich leicht von der bloßen Grausamkeit der täglichen Enthüllungen in den Medien mitreißen lassen und dabei aus den Augen verlieren, dass diese lediglich die brutale äußere Hülle eines schwerwiegenderen Verbrechens sind: die Befürwortung einer sozialen Ordnung, die für endloses Leid, Erniedrigung und die Ablehnung grundlegender Menschenrechte sorgt. Es ist tragisch, dass die Vereinigten Staaten, wie Toynbee sagte, "zum Anführer einer weltweiten Bewegung gegen Revolutionen geworden sind, um so Kapitalinteressen zu verteidigen." Für die amerikanischen Intellektuellen und Schulen gibt es keine dringlichere Frage als diese unbeschreibliche Tragödie.

Niemand würde ernsthaft vorschlagen, dass die Schulen versuchen sollten, sich direkt mit aktuellen Ereignissen wie z.B. dem amerikanischen Angriff auf die Landbevölkerung Vietnams zu befassen, oder mit den Hintergründen der Grausamkeiten der neueren Geschichte, über die die Massenmedien detailliert berichten. Kein gesunder Mensch würde erwarten, dass französische Schulen den Hintergrund und die Rechtfertigung des Algerienkriegs untersuchen, dass russische Schulen die Zerschlagung der ungarischen Revolution in ehrlicher Weise behandeln, dass italienische Schulen die Invasion Äthiopiens unparteiisch analysieren, oder dass englische Schulen die gegenwärtige Unterdrückung irischer Nationalbestrebungen aufdecken. Doch vielleicht ist es nicht absurd, wenn ich vorschlage, dass die Schulen sich auf etwas Abstrakteres konzentrieren sollten: auf den Versuch, Schülern einige Mittel in die Hand zu geben, um sich gegen die Angriffe der gewaltigen staatlichen Propagandamaschinerie zu verteidigen: Sie reicht von der natürlichen Voreingenommenheit der Massenmedien bis zur – besonders mit Blick auf unser Thema – ebenfalls natürlichen Neigung bedeutender Teile der amerikanischen Intellektuellengemeinschaft, nicht Wahrheit und Gerechtigkeit die Treue zu schwören, sondern Macht und ihrer effektiven Ausübung.

Es ist erschreckend, mit welcher Gleichgültigkeit amerikanische Intellektuelle auf die derzeitigen Taten ihrer Regierung und deren langfristige Politik schauen. Dasselbe gilt für die häufige Bereitschaft dieser Intellektuellen – und oft ihr starkes Verlangen –, sich an der Durchsetzung dieser Politik zu beteiligen. Hier ist nicht der richtige Ort für eine ausführliche Betrachtung der Frage; zumindest verfüge ich nicht über die nötige Rhetorik, um in der einzigen richtigen und angemessenen Weise über die derzeitige Kriegsführung und ihre Duldung hierzulande zu sprechen. Trivialere Beispiele verdeutlichen diesen Punkt jedoch zur Genüge.

Nur Randgruppen amerikanischer Wissenschaftler reagierten auf folgende Tatsache: Während die USA den einzigen sinnvollen Verhandlungen den Weg versperren – nämlich Verhandlungen zwischen den politischen Kräften Südvietnams, ohne Beteiligung ausländischer Invasoren aus Amerika und Korea, (und nach ganz anderem Maßstab auch nordvietnamesischer) –, gelingt es den Vereinigten Staaten dennoch weiterhin, ihr Interesse an "Verhandlungen zur Konfliktbeilegung" vorzutäuschen, ohne dass eine Welle des Protests gegen diese Farce durchs Land gehen würde. Als Minister Rusk offen gestand, dass wir Nordvietnams Angebote vom April 1965 nicht akzeptieren konnten, weil sie zur Bedingung hatten, dass die Regierung Saigons durch eine breite, nationale und demokratische Koalition der politischen Kräfte des Landes ersetzt werden sollte, war keine öffentliche Verurteilung jenes zynischen Standpunkts zu vernehmen. Es gab wenige Kommentare, kaum Leserbriefe und keinen allgemeinen Aufschrei, als die Presse berichtete, die Wahlaufsichtskommission in Südvietnam stehe nun vor der "wunderbaren Aufgabe", "ehrliche Wahlen" durchzuführen, während gleichzeitig dafür gesorgt wurde, dass die Kommunisten nicht gewinnen und keine Kommunisten oder "Unparteiische" auf dem Stimmzettel erschienen, "deren Handlungen den Kommunisten zum Vorteil gereichen."

Weitere Beispiele aufzulisten macht wenig Sinn. Man kann nur erschüttert darüber sein, wie bereitwillig amerikanische Intellektuelle (die letztlich Zugang zu den Fakten haben) solche Täuschungen und Heucheleien tolerieren oder gar befürworten. Statt bestürzten Verurteilungen hören wir scheinernste Diskussionen über die Vernunft der amerikanischen Bemühungen, die Nordvietnamesen mit Gewalt zu Verhandlungen zu bewegen, die sie selbst gefordert hatten; über den aufrichtigen Wunsch Amerikas, der südvietnamesischen Bevölkerung die freie Wahl der gewünschten Regierung zu gestatten (jetzt, da die Opposition zerstört wurde und alle kommunistischen und neutralen Kandidaten ausgeschlossen wurden); über die "gewaltige Komplexität" internationaler Beziehungen (die die russische Vorherrschaft über Osteuropa und den japanischen Versuch, Asien eine neue Ordnung aufzuzwingen, merkwürdigerweise nicht zu rechtfertigen schien); über die vernünftige Zurückhaltung der Regierung und ihrem angeblichen plötzlichen Verzicht auf Völkermord, usw. Doch noch schlimmer: Wir lesen vom "vitalen, lebenswichtigen Interesse der Vereinigten Staaten", den Beweis dafür zu erbringen, dass ihre militärische Macht (welche aus irgendeinem Grunde gerade sehr beschäftigt war) unmöglich zum Rückzug gezwungen werden kann. Hätte die Weltmacht Nummer Zwei diesen Standpunkt ebenfalls anerkannt, wäre die Geschichte der westlichen Zivilisation 1962 zum Ende gelangt. Sollte dieser Standpunkt beständig weiterverfolgt werden, kann nur eine *Pax Americana* (eine amerikanische Weltordnung) oder ein verheerender weltweiter Konflikt die Folge sein.

Ursprünglich war die Rolle des Intellektuellen – oder zumindest war dies sein Selbstbild – die eines leidenschaftlichen Kritikers. Insoweit ihm diese Rolle verloren gegangen ist, sollten die Schulen in ihrer Beziehung zu den Intellektuellen zur Selbstverteidigung übergehen. Darüber sollte ernsthaft nachgedacht werden. Gewiss wäre es lächerlich, wenn wir annehmen würden, dass die Schulen in irgendeinem Land der Welt unvoreingenommen mit moderner Geschichte umgehen würden. Sie können sich dem ideologischen Druck nicht genügend entziehen. Jedoch wäre es nicht unbedingt abwegig, anzunehmen, dass es in den westlichen Demokratien zumindest möglich sein sollte, die vergangenen Skandale des eigenen Lands einigermaßen unparteiisch zu untersuchen. Zum Beispiel könnte es in den Vereinigten Staaten möglich werden, die amerikanische Besatzung der Philippinen zu untersuchen. Das würde zugleich auch eine Botschaft für die Gegenwart enthalten.

Ein zentraler Inhalt jedes zivilisierten Lehrplans

Nehmen wir z.B. an, man würde Oberstufenschüler mit den besten derzeitigen Erkenntnissen der amerikanischen Wissenschaft vertraut machen, so etwa mit George Taylors kürzlich durchgeführter Studie für den Rat für Auswärtige Angelegenheiten, *Die Philippinen und die Vereinigten Staaten.* Dann würden die Schüler erfahren, wie das Land ein halbes Jahrhundert nach der blutigen Unterdrückung der Unabhängigkeitsbewegung und auf Kosten von über 100.000 Menschenleben eine symbolische Unabhängigkeit und scheinbare Demokratie erreichte. Sie würden erfahren, dass den Vereinigten Staaten langfristig Militärbasen sowie beispiellose ökonomische Privilegien zugesichert wurden; dass der Lebensstandard für drei Viertel der Bevölkerung seit der spanischen Besatzung nicht angestiegen ist; dass schätzungsweise 70 Prozent der Bevölkerung an Tuberkulose leiden; dass die Profite der Vereinigten Staaten in sämtlichen Nachkriegsjahren die jeweiligen Neuinvestitionen übertroffen haben; dass die derzeitige Demokratie den alten Eliten, die jetzt mit amerikanischen Interessen verbunden sind, neue Legitimität verschafft. Sie würden lesen, dass "die Kolonialpolitik dazu neigte, die Macht einer Oligarchie zu festigen, die (...) von den Freihandelsbeziehungen profitierte und nach dem Erreichen der Unabhängigkeit wahrscheinlich amerikanische Rechte und Privilegien respektieren wird"; dass in wirtschaftlicher Hinsicht "der Gegensatz zwischen der schmalen Oberschicht und der übrigen Bevölkerung (...) einer der extremsten in gesamt Asien [ist]"; dass die Folgen der amerikanischen Kolonialpolitik so aussahen, "dass nur wenig getan wurde, um die Situation der philippinischen Bevölkerung zu verbessern, und dass die philippinische Wirtschaft zum Nutzen der Wenigen an die US-Wirtschaft angebunden wurde", und weiteres. Zuletzt würden sie die abschließende Empfehlung von Taylor lesen, dass wir mit unserer guten Arbeit fortfahren sollten: "Ungeachtet unserer vielen Unzulänglichkeiten zeigt die Geschichte, dass wir dieser Aufgabe mehr als gewachsen sind." Es besteht zumindest die Möglichkeit, dass solche Untersuchungen einem jungen Verstand, der noch nicht von Täuschungen und Spitzfindigkeiten kontaminiert ist, eine erhellende Lektion erteilen – nicht nur über die wahrscheinliche Bedeutung der amerikanischen Vorherrschaft (besonders in der Dritten Welt) –, sondern auch darüber, wie die amerikanischen Intellektuellen diese Einflüsse wahrscheinlich deuten werden..

Generell sollte die Geschichte des Imperialismus und der imperialistischen Rechtfertigung (besonders aus der Sicht derer, die sich am falschen Ende der Gewehre befanden) ein zentraler Inhalt jedes zivilisierten Lehrplans sein. Ein Programm zur intellektuellen Selbstverteidigung wirft aber weitere Fragen auf, die nicht übersehen werden sollten. In der Ära von Wissenschaft und Technik ist unvermeidbar, dass das Ansehen der Wissenschaft und Technik als ideologisches Werkzeug verwendet wird. Vor allem die Sozial- und die Verhaltenswissenschaften werden auf verschiedenen Wegen dazu gebracht werden, zur Verteidigung der Landespolitik und zur Verschleierung bestimmter Interessen zu dienen.

In einer Gesellschaft, die ihnen Ansehen und Wohlstand bietet, sind die Intellektuellen nicht nur sehr stark geneigt, einen "pragmatischen Standpunkt" einzunehmen (wie er heute in der konservativen Bedeutung des Wortes genannt wird – die bedauerlicherweise historisch nicht ganz ungerechtfertigt ist, wie der Wortwechsel zwischen Dewey und Bourne während des Ersten Weltkriegs zeigt), d.h. einen Standpunkt, der anzuerkennen ist und der die national wie international vorherrschende Machtverteilung weder kritisch untersuchen, noch bekämpfen oder verändern darf, auch nicht die daraus hervorgehende politische Realität. Außerdem darf er nur an allmählichen Verbesserungsmaßnahmen technischer Art arbeiten. Hinter der Akzeptanz dieser Ansichten (die in manchen Augenblicken der Geschichte teilweise gerechtfertigt sein mögen) verbirgt sich nicht nur die starke Versuchung, der herrschenden Machtverteilung eine ideologische Rechtfertigung sehr allgemeiner Art zu geben; zudem ist zu erwarten, dass die politische Elite die Begrifflichkeiten der Sozial- und Verhaltenswissenschaften verwenden wird, um ihre Handlungen vor kritischer

Analyse zu schützen. Schließlich nimmt sich doch ein Laie nicht heraus, Physikern und Ingenieuren zu erzählen, wie sie einen Atomreaktor bauen sollen. Zweifellos lassen sich für jede beliebige Handlung akademische Experten finden, die feierlich als Zeugen für ihre Angemessenheit und ihren Realitätssinn auftreten. Das ist keine reine Spekulation: So finden wir in den Berichten des Kongresses bereits den Vorschlag eines führenden Politikwissenschaftlers, wir sollten versuchen, einem Viertel der Menschheit Massenhunger aufzuzwingen, wenn deren Regierungen nicht unsere Weisungen befolgen. Für gewöhnlich wird behauptet, es sei nicht Aufgabe der intellektuellen Freidenker vergangener Tage, die Ergebnisse professioneller Experten in Zweifel zu ziehen, denn schließlich verfügen letztere doch über die Werkzeuge der modernen Wissenschaft.

Auch hierin steckt eine Lektion für die Schulen, für die besonders Lehrer aufgeschlossen sein sollten, so wie man sie in den letzten Jahren mit verbindlichen Resultaten angeblicher "Nachweise" z.B. über Lernen und Sprache beim Menschen bombardiert hat. Die Sozial- und Verhaltenswissenschaften sollten nicht nur aus Gründen des ihnen anhaftenden Interesses einer genauen Untersuchung unterzogen werden (auch wenn ihre Beiträge mager sind, sind sie nicht ohne Wert), sondern auch, um Schülern vor Augen zu führen, wie wenig uns diese Wissenschaften über wirklich bedeutende menschliche und soziale Fragen zu sagen vermögen. Zudem sollten sie zusammen mit den physikalischen Wissenschaften gelehrt werden, um den Schülern deutlich die Grenzen ihres intellektuellen Gehalts aufzuzeigen. Dies könnte ein wichtiger Weg sein, um Schüler vor künftiger Propaganda zu schützen und sie in die Lage zu versetzen, die wahre Natur jener Methoden zu verstehen, die in Zukunft zweifellos zur Verschleierung der eigentlichen Bedeutung nationaler und internationaler Politik eingesetzt werden.

Die Kulturstufe als Frage von Leben und Tod

Stellen wir uns jedoch entgegen aller derzeitigen Anzeichen vor, die Vereinigten Staaten würden urplötzlich auf den Einsatz ihrer immensen Gewalt- und Zerstörungsmaschine verzichten, mit der sie ihre leidenschaftlich hochgehaltene Ideologie und bevorzugte Gesellschaftsordnung großen Teilen der Welt aufzwingen. Stellen wir uns vor, die US-Politik würde nicht länger von jenen Prinzipien beherrscht, die Präsident Truman in den 1940er Jahren in groben Zügen umschrieb, als er in einer berühmten und bedeutenden Rede bemerkte: "Alle Freiheit hängt von der Freiheit des Unternehmertums ab", "die gesamte Welt sollte das amerikanische System übernehmen", und "das amerikanische System kann bei uns nur dann überleben, wenn es zum System der gesamten

Welt wird." Und doch verhält es sich so, dass die in den Vereinigten Staaten erreichte Kulturstufe von enormer Bedeutung für die übrige Welt ist.

Wenn wir wirklich utopisch in die Zukunft blicken wollen, könnten wir sogar als Möglichkeit in Betracht ziehen, dass amerikanische Kapitalressourcen zur Minderung des Terrorismus genutzt werden könnten. Wie wir aus der früheren und jüngeren Geschichte folgern können, scheint der Terrorismus eine unvermeidbare Begleiterscheinung der Modernisierung zu sein. Es wäre denkbar, dass sich die Schulen und Intellektuellen ernsthaft mit jahrhundertealten Fragen beschäftigen. So könnten sie etwa fragen, ob in der Gesellschaft unbedingt ein "Krieg jeder gegen jeden" herrschen muss, wie Hobbes meinte; sie könnten die heutige Bedeutung von Rousseaus Protest untersuchen, dass es die natürlichen Rechte verletze, wenn "eine Handvoll Menschen mit Reichtümern übersättigt sind, während den hungernden Massen lebensnötige Güter fehlen"; sie könnten die moralische Frage stellen, mit der Wohlhabende und Privilegierte konfrontiert sind (oder die sie meiden), und sich nicht von dem Wissen stören lassen, dass die Hälfte der in Nicaragua geborenen Kinder keine fünf Jahre alt wird und nur ein paar Kilometer entfernt unbeschreibliche Armut, brutale Unterdrückung der Menschenrechte und wenig Hoffnung für die Zukunft herrscht; sie könnten die intellektuelle Frage aufwerfen, wie dies zu ändern wäre, und könnten zusammen mit Keynes fragen, wie lange wir noch "einige der abstoßendsten menschlichen Eigenschaften zu den höchsten Tugenden erheben", und "Geldgier, Zinswucher und Vorsichtsmaßnahmen (...) [als] unsere Götter" verehren und uns vormachen, "dass das Gerechte verdorben ist und das Verdorbene gerecht, weil das Verdorbene nützt und das Gerechte nicht."

Sollten sich die US-Intellektuellen in Zukunft mit solchen Fragen befassen, könnten sie eine ungeheuer zivilisierende Wirkung auf die Gesellschaft und auf die Schulen haben. Wenn sie – was wahrscheinlicher ist – die Fragen mit Verachtung als bloßen sentimentalen Unsinn abtun, so werden unsere Kinder andernorts nach Aufklärung und Anleitung suchen müssen.

Anhang

Informiert bleiben und sich in intellektueller Selbstverteidigung üben

(März 1999)

Es gibt keinen anderen Weg, sich zu informieren, als sich darum zu bemühen – ob es sich nun um das Weltgeschehen, Physik, Spitzenbaseball oder etwas anderes handelt. Erkenntnisse kommen nicht von alleine. Möchte man als ein isoliertes Individuum etwas verstehen, liegen die Chancen irgendwo zwischen entsetzlich schwierig und völlig aussichtlos. Doch zu Erkenntnissen gelangen kann jeder, der Teil einer kooperierenden Gemeinschaft ist. Das gilt auch für fast jeden anderen Bereich, genauso für die "intellektuelle Selbstverteidigung." Es bedarf viel Selbstvertrauen (vielleicht mehr, als man haben sollte), auf sich allein gestellt eine Meinung zu vertreten, die man für richtig hält und die allem widerspricht, was man sieht oder hört. Dafür gibt es sogar Belege: Unter experimentellen Bedingungen leugnen Menschen, was sie für wahr halten, wenn ihnen gesagt wird, dass andere, die sie für vertrauenswürdig halten, es ebenfalls leugnen (Solomon Aschs klassische Experimente der Sozialpsychologie, die häufig Verwendung fanden, um zu zeigen, dass Menschen angeblich konformistisch und irrational sind. Man könnte sie aber auch anders interpretieren, nämlich als Hinweis darauf, dass Menschen recht vernünftig sind und alle ihnen verfügbaren Informationen nutzen).

Wichtiger als all dies ist, dass eine Gemeinschaft – oder eine Organisation – zum Ausgangspunkt für Handlungen werden kann. Obwohl es befriedigend für die Seele sein mag, die Welt zu verstehen (was nicht abwertend gemeint ist), hilft es niemand anderem und daher einem selbst auch nicht viel, wenn keine Handlungen daraus erwachsen. Den Schleier der Propaganda zu durchdringen ist auf vielen Wegen möglich und sollte im Umgang mit den Produkten indoktrinierender Institutionen (von Medien, meinungsbildenden Zeitungen und Gelehrten) zur Gewohnheit werden. So führt z.B. die Grundstruktur eines Artikels oder Nachrichtenberichts zumeist hoffnungslos in die Irre, was der doktrinären Notwendigkeit entspricht. Oft findet man aber Hinweise darauf, dass etwas völlig anderes im Gange ist. Oft rate ich, in den Mainstream-Zeitungen die letzten Abschnitte zuerst zu lesen, und das meine ich in vollem Ernst. Die Schlagzeilen, der Aufbau und die ersten Abschnitte eines Artikels sind konstruiert (und zwar bewusst, das lernt man auf der Journalistenschule), um ein allgemeines Bild zu vermitteln und die gesamte Story praktisch allen Lesern verständlich zu machen. Die Leser machen sich nicht die Mühe, das Kleingedruckte zu lesen, ausführlich darüber nachzudenken oder den Artikel mit früheren Artikeln zu vergleichen. Ein derartiges Muster findet man immer wieder.

Ich möchte ein Beispiel nennen. Zufällig habe ich gerade die Sonntagsausgabe der *New York Times* (vom 14. März 1999) gelesen. Sie enthielt einen interessanten Artikel von Ralph Blumenthal in der Rubrik Wochenrückblicke mit dem Titel "Ein Vergleich des Unsagbaren mit dem Undenkbaren." Der Artikel fasst einen längeren (zusammen mit Judith Miller geschriebenen) Artikel vom 4. März zusammen, der sich mit Japans furchterregender Geschichte der biologischen Kriegsführung im Zweiten Weltkrieg befasst, im Experiment wie auch in der Anwendung – durchaus vergleichbar mit Mengele, wie zu Recht betont wird. Der Artikel befasst sich mit der furchtbaren Einheit 731 und ihrem Befehlshaber General Ishii. Er ist so konstruiert: "Wie kann etwas so Böses nur existieren?" "Japan weist Informationsgesuche zurück." "Wie konnten die Japaner so entsetzliche Dinge tun?" usw. Das ist eine bekannte und nützliche Methode, die ich oft diskutiert und mit der Selbstbeobachtung verglichen habe, was eine sinnvolle und lehrreiche Übung ist.

Der Originalartikel verurteilt Japan, weil es Nachforschungen des US-Justizministeriums verweigert habe, das die schrecklichen Verbrechen aufdecken und den mutmaßlichen (japanischen) Mittätern die Einreise in die Vereinigten Staaten verweigern will.

Ein aufmerksamer Leser, der all das über Jahre verfolgt hat, wird Hinweise auf etwas anderes bemerken, das in dem Artikel und in der Zusammenfassung sorgsam ausgelassen oder gut versteckt wurde. Ich möchte ein paar Beispiele nennen, die vorwiegend der Zusammenfassung entnommen sind.

Der Artikel konstatiert, dass "amerikanische und britische Wissenschaftler und Journalisten zu Beginn der 1980er Jahre das Thema biologische Kriegsführung wiederentdeckt und dabei neue Einzelheiten über die amerikanische Beteiligung an der Vertuschung der Verbrechen zutage gefördert haben." Das zeige, wie großartig und furchtlos "amerikanische und britische Wissenschaftler und Journalisten" sind. Die Wahrheit kann Blumenthal kaum verborgen geblieben sein: Die US-Regierung (sowie die Mainstream-Wissenschaftler und -Journalisten) haben die Ereignisse *nicht* offengelegt (also vertuscht), auch Art und Ausmaß der amerikanischen Beteiligung; Blumenthal und seine Kollegen verfahren weiter so. Die Fakten wurden nicht "zu Beginn der 1980er Jahre" von "amerikanischen und britischen Wissenschaftlern und Journalisten" aufgedeckt, sondern im Zeitraum vom Oktober bis Dezember 1980 im *Bulletin of Concerned Asian Scholars*. Sie ist eine der Zeitschriften, die aus dem Dissens und der Kritik gegenüber der etablierten Wissenschaft und Ideologie in den 1960er Jahren entstanden sind. Der Artikel veranschaulicht ihren Erfolg im Aufdecken von Informationen, die die Mainstream-Medien (darunter sicher auch die *New York Times*) verbergen wollten. Der Autor des Artikels, John Powell, förderte umfangreiche Einzelheiten zu Tage; er wurde von Kongressausschüssen verfolgt, ihm wurde eine Anstellung verweigert, er wurde wegen Verhetzung angeklagt, seine chinesische Zeitung wurde geschlossen usw. Powells Artikel ist von herausragender Bedeutung für die Storys von Blumenthal und Miller, doch die Wahrheit zu schreiben (die beide sicher kennen), würde nicht dazu beitragen, das richtige Bild der Bewunderung für unsere freien Institutionen und die angemessene Vorstellung des Muts und der Aufrichtigkeit der Führer und Beteiligten dieser Institutionen zu konstruieren.

Der *Times*-Artikel stellt fest, dass die "Wahrnehmungverzögerung" der japanischen Kriegsverbrechen "die eurozentrische Sicht des Westens in Sachen Kriegsleiden offenbart, und die großen Unterschiede in der Bereitschaft der beiden ehemals verbündeten Achsenmächte, mit ihrer Vergangenheit abzuschließen." Sie werfe ein "helles Licht auf die Feindschaft zur Zeit des Kalten Krieges." Die "Verzögerung" zeigt in Wirklichkeit etwas ganz anderes: Sie war Folge der Tatsache, dass die Vereinigten Staaten die gesamte Geheimoperation übernahmen und Personen wie Mengele schützte, die man jetzt angeblich so eifrig entlarven will. Ihre Arbeit wurde als Grundlage für ein riesiges US-Projekt der biologischen und der bakteriologischen Kriegsführung verwendet. 1949 nahm der US-Generalstab die Resultate des Projekts in Erstschlagpläne auf, die dann 1956 offiziell genehmigt wurden.

Die faule Berufung auf den Kalten Krieg ist die Standardstrategie, eine beinahe reflexartige Methode, um vergangene Verbrechen zu verbergen; gerade jetzt wird die Strategie in feiger und beschämender Weise gegen Mittelamerika ins Feld geführt. Es sollte stets genauer hingeschaut werden, wenn der rituelle Begriff "Kalter Krieg" heraufbeschworen wird. Entscheidend ist jedoch, dass die Verzögerung kaum etwas mit dem Erwähnten zu tun hat, eine Menge aber mit dem, was *höchst* zweckdienlich ignoriert wird.

Der *Times*-Artikel stellt fest, dass sowjetische Gerichtsverfahren gegen Japaner wegen biologischer Kriegsverbrechen"im Westen meist als kommunistische Propaganda ignoriert oder abgetan" wurden, und dass in den Vereinigten Staaten niemand für diese Verbrechen bestraft wurde. Das trifft zu und ist ein Beispiel für eine wahrheitsgemäße Darstellung in der *New York Times* (ein ehrlicher Bericht hätte das hervorheben können), von der ganzen Geschichte aber weit entfernt. Die sowjetischen Prozesse gegen japanische Mengele wurden verspottet, weil man verschleiern musste, dass die Vereinigten Staaten den japanischen Mengele und der Übernahme ihrer Verbrechen Schutz zukommen ließen. In einem Satz gegen Ende des Artikels findet man einen Hinweis darauf, was die *Times* genau weiß: Die Vereinigten Staaten konnten sich "General Ishiis Material unter den Nagel reißen." Die ganze Geschichte wird gerade einmal angedeutet.

Und das ist nur ein kleiner Teil des Ganzen. Der *Times* kann kaum verborgen geblieben sein, dass die *Indiana University Press* 1998 eine wissenschaftliche Studie darüber veröffentlichte. Sie beruht auf jetzt zugänglichen chinesischen und US-amerikanischen Archiven (Endicott und Hagerman, *The US and Biological Warfare*). Die Studie geht weit über das Erwähnte hinaus, das eigentlich schon schlimm genug ist. Der *Times*-Artikel verweist auf die neuen Informationen chinesischer Forscher über die Opfer der biologischen und bakteriologischen Kriegsführung Japans. Das stimmt zwar, doch muss der *Times* ebenfalls bekannt sein (wie Endicott und Hagerman aufzeigen), dass dieselben chinesischen Forscher Belege für Opfer in Nordkorea und China Anfang der 1950er Jahre anführten, die durch US-Verwendung des Materials von Ishii und der Einheit 731 ums Leben kamen. Was in Chinas Archiven und Forschung zum Vorschein kam, stimmt zudem in beunruhigender Weise mit Informationen aus US-Archiven überein, wie Endicott und Hagerman aufzeigen. Früher hatte ich nie geglaubt, dass die Beschuldigung, die Vereinigten Staaten hätten in Nordkorea und China biologische und bakteriologische Kriegsführung betrieben, wahr sein könnte. Doch jetzt die Sachlage ist nicht mehr so eindeutig – es ist eine der wenigen folgenreichen Enthüllungen, die jüngst veröffentlichte kommunistische Archive und Forschungen zum Vorschein gebracht haben, die ebenso Schlagzeilen verdient hätten. Die Beschuldigungen sind zwar nicht bewiesen, verdienen aber zweifellos weit genauere Untersuchungen und können nicht mehr als kommunistische Propaganda abgetan werden (wie auch ich selbst es getan hatte).

Die *Times*-Artikel zitieren zwar wissenschaftliche Studien, lassen jedoch gezielt diejenige aus, von der sie wissen, dass sie die neueste und wichtigste ist und die einzige, die jetzt verfügbare chinesische Archive und Forschung und jüngst freigegebene US-Archive berücksichtigt. Es wäre schon eine außergewöhnliche Unfähigkeit, Nachforschungen darüber angestellt und die wichtigste und neueste wissenschaftliche Arbeit "nicht gefunden zu haben", ganz zu schweigen vom ursprünglichen Durchbruch, der aus leicht denkbaren Gründen nicht erwähnt werden darf.

Die tatsächliche Geschichte, die diesen Journalisten zweifellos bekannt ist, setzt sich so fort. Ein ehrlicher Bericht hätte nicht nur all das hervorgehoben, statt mancherorts Andeutungen zu verstecken und vordergründig eine ganz andere Story zu erzählen; zudem hätte er bei aktuellen Fragen die offensichtlichen Schlüsse gezogen: z.B. angesichts der massiven Drohung vonseiten der Vereinigten Staaten aufgrund der Gefahr durch "Massenvernichtungswaffen" – eine Drohung, die laut der offiziellen US-Politik in der frühen Nachkriegszeit nicht existierte, doch vielleicht noch heute angewandt wird –, und die Angst vor biologischen und bakteriologischen Waffen und ihrer möglichen Anwendung durch Terroristen und Schurkenstaaten. Vieles davon müsste auf den Titelseiten erscheinen und in Diskussionen vorkommen – einschließlich dem Ursprung in der Einheit 731, ihrer Übernahme durch die USA, aller Weiterentwicklungen (möglicherweise auch ihr tatsächlicher Einsatz) und der Art des Umgangs mit der gesamten Thematik früher wie heute.

Und einschließlich des künftigen Umgangs. Wahrscheinlich wird die *Times* irgendwann einen langen Artikel darüber veröffentlichen, nachdem man genug Zeit hat verstreichen lassen, um die Story in der richtigen Weise umzugestalten. Man wird sie in offizielle Dementi einbetten – d.h. in belanglose, aber nützliche Rechtfertigungen aufgrund des Kalten Kriegs, in eine Menge wütendes Gerede über die (unvermeidbaren) Fehler wissenschaftlicher Tätigkeit, die enthüllte, was lange zurückgehalten wurde, usw. (Sicher gibt es solche Fehler, doch würde es überraschen, wenn sie nur einem Teil der Enthüllungen dessen gleichkämen, was als höchst respektierte Geschichte angesehen wird – sofern es den doktrinären Interessen dient.) Man wird auch verstreute Hinweise lesen, die ein aufmerksamer Leser entdecken kann und die – mit erheblichem Aufwand – zur Wahrheit führen können.

Die Wahrheit hat nicht nur ein hässliches Gesicht, sondern ist auch von größter Wichtigkeit und Aktualität. Derart würde ein Bericht in einer freien Presse gestaltet und präsentiert werden, wenn es eine solche gäbe. Mit großem Aufwand vermag man Hinweise zu erkennen, durch die man in der etablierten Presse zur Wahrheit vordringen kann. Das bedarf jedoch der Mühe und setzt ein wenig Erfahrung mit der typischen Funktionsweise voraus.

Ich möchte ergänzen, dass der *Boston Globe* – eine Zeitung, die sich (zum Teil) Persönlichkeiten mit Rang und Namen im "Athen Amerikas" widmet – einen Leitartikel veröffentlichte, wo die Verbrechen als "so verachtenswert" verurteilt wurden, "dass nie ein Verjährungsgesetz dafür gelten sollte und kein Schleier des Vergessens je gestattet werden sollte, der sie vor künftigen Generationen verbirgt." Selbst die wenigen Andeutungen, die in den Berichten der *Times* vereinzelt auftauchen, wurden aus dem Leitartikel entfernt. Er verurteilt Tokyo, weil es "ablehnte, den Vereinigten Staaten die Namen der japanischen Veteranen jener Einheit auszuhändigen, die biologische Kriege führte." Wie können sie es wagen, unsere Hingabe bei der Aufdeckung jedes Körnchens Wahrheit über die japanischen Mengele zu behindern. Und wie wurden diese Wahrheiten von denen wahrgenommen, die zu verehren man uns lehrt?

Ich habe hier nur ein einziges Beispiel genannt; ich hätte ein Dutzend weitere aus den Zeitungen desselben Tages nennen können. Früher schrieb ich regelmäßig Artikel darüber, die in einer heute nicht mehr existenten Zeitung namens *Lies of Our Times* (Lügen unserer Zeit) erschienen – ich vermute, aus Angst vor Verleumdungsklagen wurde sie nicht *Lies of the Times* genannt. Viele meiner Artikel sind in einer Gesamtausgabe mit dem Titel *Letters from Lexington* erschienen (bei Common Courage); der Titel stammt daher, dass die Artikel nicht in formeller Sprache geschrieben sind, sondern als Briefe. Weitere detailliertere Analysen sind in Druck. Ich denke, sie können uns einige Hinweise auf die "intellektuellen Selbstverteidigung" geben, doch letztlich handelt es sich um nichts anderes als um Physik oder Baseball. Will man etwas lernen, bedarf es der Mühe, und durch gemeinsamen Austausch und geteilte Bemühungen wachsen die Erfolgschancen um ein Vielfaches.

Kapitel 17

Die Verantwortung der Universitätsgemeinschaft

(31. Mai 1969)

Wie der Bericht des Prüfungsausschusses des MIT-Komitees über die Bildung am MIT (*Massachusetts Institute of Technology*) zu Anfang feststellt, “stimmen die Ausschussmitglieder im Wesentlichen mit dem Bericht überein, außer wenn es in den Zusatzerklärungen anderweitig vermerkt ist.” In dieser Zusatzerklärung will ich deutlich machen, in welcher Hinsicht und aus welchen Gründen ich dem Bericht nicht zustimme. Wegen dieser Differenzen kann ich den Bericht in seiner jetzigen Form nicht unterschreiben.

Obwohl ich den kurzzeitigen Empfehlungen des Ausschusses im Wesentlichen zustimme, habe ich verschiedene Vorbehalte bezüglich der allgemeinen Annahmen, von denen ausgehend man zu den im Bericht genannten Schlussfolgerungen gelangt ist. Ich werde diese Differenzen in der Hoffnung zu verdeutlichen versuchen, dass die Tätigkeit des Ausschusses nur die erste Stufe einer dauerhaften, kritischen Prüfung der Technik, der Gesellschaft als ganzer und der Art und Weise ist, wie unser Institut seine Rolle des “Dienstes für die Öffentlichkeit” verstehen sollte.

Jede Tätigkeit des MIT in seiner Rolle des Dienstes für die Öffentlichkeit ist eine politische Handlung und muss mit großer Sorgfalt erwogen werden. Wer Wissenschaft und Technik entwickelt, hält ein mächtiges Zerstörungswerkzeug in Händen, und zugleich eine Reihe von Methoden und Techniken, mit deren Hilfe zumindest einige Probleme der heutigen Gesellschaft überwunden werden könnten. Diese Wissenschaftler können die gesellschaftliche Verwendung des Wissens letztlich nicht kontrollieren, doch zugleich können sie ebenfalls nicht blind der Frage gegenüberstehen, welcher Verwendung ihr Beitrag unter bestimmten Gesellschaftsbedingungen wahrscheinlich zugeführt wird. Natürlich lässt sich der Standpunkt des “nationalen Interesses” und des “Dienstes für die Öffentlichkeit” einfach kritiklos übernehmen. Diese Standpunkte werden von denen festgelegt, die sich in der Position befinden, Kapital zu vergeben und über die öffentliche Politik zu bestimmen. Dies zu ignorieren bedeutet letztlich, ein bestimmtes politisches Urteil vorzunehmen, nämlich die herrschende Verteilung von Macht und Privilegien und die damit verbundene ideologische Struktur zu befürworten. Unabhängig davon, ob diese Entscheidung richtig oder falsch ist, muss deutlich erkannt werden, dass dies ein politisches Urteil ist und nicht hinter dem Vorwand versteckt werden sollte, es sei keines, sondern lediglich ein von Ideologien und Werten freies Streben nach Wissen um seiner selbst willen.

In einer Institution, die vorwiegend mit Wissenschaft und Technologie befasst ist, haben wir nicht das Vorrecht, uns in der zentralen politischen Frage, wie Wissenschaft und Technik verwendet werden, eines Urteils zu enthalten. Es liegt in unserer Verantwortung, unsere Position mit Bedacht und Sorgfalt zu wählen. Wer diese Bürde unerträglich findet, klagt eigentlich nur über die Mühsal der Zivilisation. Um dieser Verantwortung gerecht zu werden, müssen Wissenschaftler immer wieder Politik und Geschichte beurteilen. Das gilt für die Arbeit eines Einzelnen, doch viel mehr noch für die institutionelle Verpflichtung der Universitäten, Forschung zu unterstützen und zu organisieren. Diese Verpflichtung muss mit sorgfältigen und unparteiischen Überlegungen seitens der Universitätsgemeinschaft im Gesamten einhergehen, und zwar aus zwei Gründen: erstens, damit die Entscheidung selbst durchdacht und umsichtig getroffen wird, und zweitens, damit die Mitglieder der Universitätsgemeinschaft wortwörtlich auf die Stufe von Bürgern gestellt werden, auf die Stufe von Menschen also, die sich ihrer Verantwortung bewusst und zu ihrer Ausübung bereit sind. In demokratischen Gesellschaften gilt das für jeden, besonders aber für Wissenschaftler und Ingenieure, da die Folgen ihre Handlungen für die Gesellschaft derart groß sein können.

Dieser Punkt ist nicht theoretisch – was den Spezialfall der Erforschung und Entwicklung von Waffen angeht, so ist klar, dass mächtige und konvergierende Kräfte in unserer Gesellschaft existieren, die uns auf einen endlosen und womöglich selbstmörderischen Rüstungswettlauf hin treiben. Von der beschämenden Ressourcenverschwendung einmal abgesehen wird die entwickelte Technologie von jenen, die über die nationale Politik entscheiden, gewissen Verwendungen zugeführt werden. Ich möchte nur zwei Beispiele nennen, die im Bericht des Prüfungsausschusses erörtert werden: das vom Verteidigungsministerium in die Wege geleitete MIT-Projekt mit dem Ziel der Aufstandsbekämpfung, das in Vietnam Verwendung fand, um die US-amerikanischen Kriegsziele voranzutreiben; und das Projekt VTOL [*Vertical Take-Off/Landing (vehicles)*, zum senkrechten Start und zur senkrechten Landung befähigte Flugkörper], das, sollte es erfolgreich sein, sicher verwendet wird, um in Ländern, die in unserem Einflussbereich und unter unserer Kontrolle stehen, Aufstände niederzuschlagen. Die Annahme ist durchaus berechtigt, dass dies vorwiegend das Ergebnis des Projekts sein wird. In unserer Gesellschaft gibt es wenige Gegenkräfte, die das Wettrüsten oder die Verwendung der Technik zur Repression öffentlicher Bewegungen bremsen oder gar umkehren könnten. Eine solche Kraft (zumindest eine potenzielle) könnte die organisierte Gemeinschaft der Wissenschaftler sein. Vielleicht werden sie es ablehnen, als Gegenkraft zu agieren, die aus meiner Sicht eine zivilisierende wäre. Sie könnten sich genauso gut dafür entscheiden, zur Verschwendung, Zerstörung und Unterdrückung einen Beitrag zu leisten. Das tun sie entweder, nachdem sie sich bewusst und ausdrücklich für diese Rolle entschieden haben, oder möglicherweise fällen sie dieses politische Urteil unüberlegt und unter der stillschweigenden Billigung einer Politik, über die anderswo bestimmt wird. Sie können dem Problem jedoch nicht aus dem Weg gehen.

Die Bereitschaft, an Waffen zu forschen, lässt sich nur dann rechtfertigen, wenn man eine bestimmte Haltung gegenüber der modernen Geschichte und der internationalen Rolle der Vereinigten Staaten einnimmt. Wir dürfen uns nicht in eine stillschweigende Akzeptanz all dieser Annahmen treiben lassen – nein, vielmehr muss unsere Zustimmung von intensiven und ständigen Untersuchungen herrühren. Genaue Analysen werden vermutlich zeigen, dass diese Annahmen unhaltbar sind und nahelegen, dass die Militärforschung drastisch reduziert werden sollte – und zwar nicht nur an den Universitäten, sondern ebenfalls in den staatlichen Forschungseinrichtungen und der Industrie. Doch wie dem auch sein mag, jede in diesem Kontext gefällte Entscheidung bringt zweifellos strittige politische und geschichtliche Urteile zum Ausdruck. Es gibt jedoch keinen Weg, dieser Zwickmühle zu entkommen.

Der wichtigste Beitrag der Universitäten zu einer freien Gesellschaft

Der wichtigste Beitrag einer Universität zu einer freien Gesellschaft besteht in der Bewahrung ihrer Unabhängigkeit als Institution, die sich für einen freien Ideenaustausch, für kritische Analysen und Experimente, für die Erkundung vielfältiger Gedanken und Werte, für die Analyse der Folgen gesellschaftlicher Tätigkeiten und des wissenschaftlichen Fortschritts einsetzt, und für die Beurteilung der Folgen nach Maßstäben, die selbst sorgfältig zu prüfen sind. Eine Universität begeht einen Verrat am öffentlichen Vertrauen – wie Senator Fulbright treffend sagte –, wenn sie, ganz gleich aus welchen Gründen, nur eine andernorts bestimmte Politik übernimmt und sich in ihre Grenzen begibt. Die akademische Freiheit wird verletzt und nicht sichergestellt, wenn die Universitäten lediglich dem Willen äußerer Kräfte folgen und letztlich die bestehende

Machtverteilung in der Gesellschaft gutheißen. So handeln sie, wenn sie bloß den Forderungen der Institutionen nachkommen, die ihre Interessen deutlich zur Sprache zu bringen vermögen und Arbeiten unterstützen, die diesen Interessen dienen. Das kann nicht stark genug betont werden. Die Auffassung, die Universitäten blieben unparteiisch und "wertfrei", wenn sie einzig auf äußere Anfragen reagieren, ist absurd.

Im Lichte dieser allgemeinen Bemerkungen möchte ich mich dem Problem der Speziallabore im Ausschussbericht zuwenden. Auch wenn die Mitarbeiter in den Laboren recht frei sein mögen, spricht doch ein vorwiegend politischer Grund für eine Assoziation mit ihnen. Jener Teil der Universitätsgemeinschaft ist auf diejenigen beschränkt, die eine bestimmte politische Ideologie teilen, und daher tragen die Labore zu einer gefährlichen und unerwünschten Politisierung der Universität bei. Diese Begrenzung folgt notwendigerweise daraus, dass sich mit den Speziallaboren nur dann Verbindungen eingehen lassen, wenn ihre Arbeit von bestimmten Regierungsbehörden finanziert wird (vorwiegend vom Verteidigungsministerium), und dass man in den Laboren nur dann ungestört arbeiten kann, wenn man Aufklärungsverfahren über sich ergehen lässt. Offenkundig ist es schwer, diese Art der Politisierung zu vermeiden. Ich denke aber, dass wir ihre dramatische Natur erkennen und unseren prinzipiellen Widerspruch dagegen äußern sollten. Dass es politische Gründe für eine Vereinigung geben soll, ist für Universitäten untragbar.

Ich glaube nicht, dass der Ausschussbericht diese erwähnten allgemeinen Probleme in ausreichender Weise behandelt. Zu Recht stellt er fest, dass die Universitäten "eine Verpflichtung gegenüber dem akademischen Freiheitsgedanken und dem freien Ideenaustausch" bewahren sollten, "die sorgfältig vor begrenzenden Restriktionen beschützt werden sollten." Doch betont er nicht die sich zwangsläufige ergebende Folgerung, dass die Speziallabore im Augenblick so aufgebaut sind, dass sie diese Verpflichtung verletzen. Dass die Arbeit an "bedeutenden Verteidigungsfragen" für eine Universität höchst angemessen sei, bringt ein politisches Urteil zum Ausdruck, das ich nicht teile und das sicher ohne ausreichende Berücksichtigung der Politik und der Geschichte zustande kam, die bei diesem Urteil eine Rolle spielen. Dass eine "bedeutende Reduzierung der Verteidigungsforschung (...) aus Sicht des Verteidigungsministeriums und der Labormitarbeiter, die an Verteidigungsprojekten arbeiten, womöglich unerwünscht ist", ließe sich dahingehend interpretieren, dass diese Reduzierung ungerechtfertigt und unangebracht wäre.

Ich möchte mich von jeder derartigen Schlussfolgerung distanzieren. Eine solche Reduzierung wäre meines Erachtens höchst wünschenswert und würde die Chancen für das Überleben der Zivilisation erhöhen. Sie würde durch eine Minderung unseres Angriffspotenzials – z.B. jenes in Vietnam – zum Frieden beitragen. Die Bereitschaft, “eine Klassifikation von Projektbeschreibungen” zu dulden, selbst wenn diese “stark eingeschränkt” sind, erscheint mir ebenso unhaltbar, denn, wie der Bericht feststellt, “verhindert dieses Verfahren, dass der MIT-Gemeinschaft als ganzer die Hintergründe nicht mal mancher Tätigkeiten am MIT bekannt werden.” Folglich ist anzunehmen, dass solche Tätigkeiten auf militärische Ziele gerichtet sind, die, wären sie bekannt, zumindest für einen Teil der Institutsgemeinschaft untragbar wären.

Noch irreführender ist aus meiner Sicht die Bemerkung über “gemeinsame Beurteilungen der Militär- und Strategiepolitik”, nämlich dass “solche Beurteilungen für keine offizielle Institutsgruppe angemessen sind”, und demzufolge auch nicht für die Gruppe, die ermächtigt ist, vom Institut bezuschusste Projekte zu begutachten. Ich halte diesen Standpunkt für falsch – ich denke, dass diese Beurteilungen völlig angemessen und in Wirklichkeit unvermeidbar sind. Der Standpunkt widerspricht folgender Annahme im Ausschussbericht: dass Forschung, die mit Krieg in Zusammenhang steht (von der ein Teil der Institutsgemeinschaft unbekannt bleibt) wünschenswert und angemessen sei. Jene Art der Forschung zu befürworten heißt aus den bereits genannten Gründen, bestimmte Beurteilungen hinsichtlich der Militär- und der Strategiepolitik zu stützen. Deshalb ist die Aussage in sich falsch und mit dem wesentlichen Inhalt des Berichts unvereinbar.

Richtlinien für (sozial nützliche) Technologien

Ich stimme dem Ausschussbericht in der Folgerung zu, dass wir die Verbindungen mit den Speziallaboren nicht auflösen sollten, sondern ihnen helfen sollten, ihre Tätigkeit auf “sozial nützliche Technologien” zu richten und von Forschung abzusehen, die mit Krieg verbunden ist. Auch sollten wir meines Erachtens versuchen, bestimmte Richtlinien für Labortätigkeiten einzuführen und uns bewusst machen, dass derartige Richtlinien nur vage sein können und sich mit der Zeit und den jeweiligen Umständen ändern werden.

Meiner Ansicht nach sollten sich die Speziallabore an keiner Arbeit beteiligen, die zu offensiven Militäroperationen beiträgt. Die Naturwissenschaften und die anderen Wissenschaften sollten in keiner Weise bei Operationen zur Aufstandsbekämpfung beteiligt sein. Sie sollten nicht an der unilateralen Eskalation des Wettrüstens mitwirken und sich nicht an der Entwicklung von Waffensystemen beteiligen. Ihre Forschung sollte auf Methoden beschränkt sein, die rein defensiver und abschreckender Natur sind. Solche Richtlinien müssen nicht nur die Besonderheiten der erforschten und entwickelten Technologie berücksichtigen, sondern auch die politischen Bedingungen, unter welchen sie zur Anwendung gelangen.

Ob eine technische Fähigkeit oder sogar eine bestimmte Waffe offensiver oder defensiver Natur ist, bedarf einer geschichtlichen und technischen Beurteilung und muss klar als solche erkannt werden. Beurteilungen dieser Art sind heikel und vage, lassen sich jedoch nicht umgehen. Sie müssen sorgfältig unter Berücksichtigung so vieler Einzelheiten wie möglich erwogen werden. So wie ich die Vorschläge verstehe, würden sie unter den gegenwärtigen Umständen nicht nur CBWs ausschließen, sondern ebenfalls die Entwicklung von MIRVs (*Multiple Independently Targetable Reentry Vehicles*) unterbinden und Schritte zur Aufstellung von ABMs (*antiballistic missile system*; Abfangraketensysteme) und ähnlichen Systemen ausschließen.

Wir sollten Forschung einer Art ermutigen, die zur Waffenkontrolle und zur Deeskalation des Wettrüstens führt. Wir sollten umgehend alle Tätigkeiten sein lassen, die mit Aufstandsbekämpfung zu tun haben, einschließlich jener Forschung in den Sozialwissenschaften, die wahrscheinlich vorwiegend Verwendung finden wird, um öffentliche Bewegungen in anderen Ländern zu unterdrücken und sich in die inneren Angelegenheiten dieser Länder einzumischen – und vielleicht auch, um die eigene Bevölkerung zu unterdrücken. Eine Beurteilung derartiger Projekte scheint mir für eine verantwortlich handelnde Gemeinschaft von Wissenschaftlern Pflicht zu sein. Der Vorschlag gilt übrigens für das gesamte Institut, nicht nur für die Speziallabore. Ich meine, wir sollten den sofortigen Stopp der MIRVs beantragen und darauf drängen, umgehend und mit großem Ernst umfangreiche Verhandlungen mit dem Ziel der Rüstungskontrolle aufzunehmen.

Zudem müssen wir auch ein Verfahren etablieren, mit dessen Hilfe solche Forschungsrichtlinien umgesetzt werden können. Die Verantwortung für die vom Institut unterstützten Tätigkeiten liegt letztlich in den Händen der Fakultät, der Mitarbeiter und der Studenten. Forschungsgegenstände institutioneller Art sollten genauso wie akademische Angelegenheiten behandelt werden. Eine neue Abteilung oder ein neues Projekt darf nur unter Zustimmung der Fakultät entstehen. In dieser Weise sollte es ablaufen. Dieselben Prinzipien sollten auch für Forschung gelten, die eine bestimmte Größenordnung überschreiten. Ein Individuum sollte tun können, was ihm beliebt (doch auch hier gibt es Grenzen; ich kann mir kein Prinzip vorstellen, das absolute Gültigkeit hätte). Ein Forschungsprojekt, das eine bestimmte Größe überschreitet, sollte jedoch anhand von Richtlinien geprüft werden, die wir festlegen, und die Richtlinien selbst sollten ebenfalls überprüft werden.

Diese Prüfung sollte ein Komitee durchführen, das sich aus Studenten und Fakultätsmitgliedern zusammensetzt, und das von der Fakultät, den Mitarbeitern und den Studenten gewählt wird und ihnen direkt verantwortlich ist. Das Komitee sollte den Gruppen, die es repräsentiert, Bericht erstatten und seine

Rolle in zweifacher Hinsicht sehen: erstens dafür sorgen, dass die Tätigkeiten unter Zustimmung des Instituts ausgeübt werden und die Unterstützung den vagen ausgearbeiteten Richtlinien entspricht; zweitens sollte es die Institutsgemeinschaft unterrichten, indem es ihr wichtige Informationen zuführt und Diskussionen und Debatten der damit verbundenen Fragen ermutigt. Diese Fragen, möchte ich wiederholen, sind bei weitem zu wichtig, als dass man sie leichtfertigen Verfahren überlassen sollte, die in der Vergangenheit angemessen erschienen sein mögen. In diesem Komitee sollte meiner Meinung nach die Fakultät eine führende Rolle übernehmen. Ich gehe davon aus, dass es nur selten seine Autorität geltend machen wird, weil das gewöhnliche Verfahren der gemeinsamen Einigung in den meisten Fällen genügen sollte. Doch sollte es klare "Präsenz" zeigen und ganz selbstverständlich alle Projekte untersuchen, welche eine bestimmte Größenordnung überschreiten – vielleicht wären 50.000 Dollar im Jahr eine angemessene Minimalsumme. Das Komitee sollte sich darüber hinaus bemühen, sich mit Gewissenhaftigkeit und Umsicht für die erwähnte Bildungsfunktion einzusetzen.

Universitäten und nationale Ziele

Auch in diesem Punkt sehe ich meine Standpunkte in einer gewissen Unstimmigkeit zu denen des Ausschusses: Der Ausschuss hat vorgeschlagen, dass ein solches Komitee nur beratend tätig sein und die übrige Entscheidungsbefugnis der Verwaltung zufallen sollte. Ich möchte deutlich sagen, dass meine Unzufriedenheit mit diesen Absichten nicht von einem Vertrauensmangel in die Verwaltung herrührt. Ganz im Gegenteil möchte ich offen sagen, dass ich nicht überrascht wäre, wenn die Entscheidungen der Verwaltung meinen persönlichen Hoffnungen und Wünschen häufiger entsprächen als die Entscheidungen eines solches Komitees. Jedoch halte ich es für unangemessen, wenn die Entscheidungsbefugnis in den Händen einer anderen Gruppe als der Institutsgemeinschaft als ganzer – der Fakultät, der Studenten und der Mitarbeiter – läge. Die Gründe dafür habe ich bereits genannt: die allgemeine Voraussetzung für demokratische Prozesse und die günstige Wirkung auf die Institutsgemeinschaft im Gesamten in ihrem Anspruch, den Problemen (technischer, politischer und geschichtlicher Art) ernsthaft entgegenzutreten. Ich finde die Argumente des Ausschusses in diesem Punkt nicht überzeugend.

Das einleuchtendste Argument, das mir zugunsten des Erhalts der *Lincoln Laboratories* in ungefähr ihrer jetzigen Form zu Ohren gekommen ist, lautet, dass sie eine unparteiische und unabhängige Bewertung von Waffensystemen vornehmen würden. Doch hier bleibe ich skeptisch. Obwohl ich die Ehrlichkeit und Fähigkeiten der Labormitarbeiter nicht in Frage stelle, bleibt es dennoch eine Tatsache, dass sie nur ein begrenztes Meinungsspektrum repräsentieren. Außerdem können Bewertungen nicht von politischen und geschichtlichen Beurteilungen getrennt werden, und aus den genannten Gründen glaube ich nicht, dass letztere angemessen berücksichtigt werden. Auch kann ich nur schwer glauben, dass die vollkommene Abhängigkeit der Labore vom Verteidigungsministerium in ihrer Finanzierung die Bewertung nicht einschränken würde. Eine weitaus konstruktivere und sinnvollere Bewertung wäre möglich, wenn die Labore von ihrer Pflicht zur Sicherheitsüberprüfung sowie von ihrer Abhängigkeit von Exekutivorganen (vorwiegend vom Verteidigungsministerium) befreit würden.

Es wurde vorgeschlagen und vor dem Ausschuss bezeugt, dass die Labore dem Kongress verantwortlich sein und unabhängig vom Verteidigungsministerium finanziert werden sollten. Der Kongress könnte für einen solchen Vorschlag vielleicht empfänglich sein. Für den Kongress und die Bevölkerung als ganze wäre es äußerst wichtig, eigene und unabhängige Informationsquellen technischer Art und unabhängige Institutionen zur Forschung und Bewertung zu haben. Auch könnten Universitäten eine wirklich unparteiische und umfassende Bewertung von Waffensystemen und allgemeiner von nationalen Zielen und politischen Bedingungen vornehmen, im Rahmen derer Waffensysteme entwickelt werden – vorausgesetzt, die Universitäten wären frei von den Beschränkungen, die ihnen derzeit auferlegt werden. Das scheint mir ein wichtiger Punkt. Diese Ziele sind nicht von heute auf morgen erreichbar. Eine klare Aussage unsererseits über die Prinzipien und Absichten und bestimmte Maßnahmen zur Realisierung dieser Absichten könnten eine günstige Wirkung auf die öffentliche Meinung und den Kongress haben.

Eine vorrangige Aufgabe der Universitäten

Wir müssen hervorheben, dass sich die Rolle der Universität bei Bewertungen nicht bloß auf technische Informationen und Ratschläge beschränkt. Was z.B. die ABM- und MIRV-Systeme anlangt, so sollten die Universitäten nicht nur Informationen über das Funktionieren bzw. Nichtfunktionieren dieser Systeme bereitstellen, oder über deren Auswirkung auf Verhandlungen hinsichtlich einer Rüstungskontrolle usw.; sie sollten gleichzeitig die bestmögliche Analyse der politischen und geschichtlichen Situation zu geben versuchen, in der diese Projekte vorgeschlagen werden.

So ist zum Beispiel verurteilt worden, dass das ABM-Projekt, was die Fortsetzung seiner öffentlichen Subventionierung angeht, mehr durch die Interessen der Elektronik- und Raumfahrtindustrie bestimmt wäre (teilweise deshalb, um dem technologisch negativen Einfluss des Vietnamkriegs auf Regierungsausgaben entgegenzuwirken), als durch militärische und strategische Ziele (die ich keinesfalls akzeptiere). Ob das nun stimmt oder nicht, so ist es doch sicher eine maßgebliche Frage, die im Rahmen der Bewertung dieser Systeme gestellt werden muss.

Ein vorrangiges Ziel der Universität ist eine Analyse, wer die Entscheidungen in der US-Gesellschaft trifft und welche internationale Rolle die Vereinigten Staaten spielen. Augenscheinlich ist hier nicht viel Einigung zu erwarten. Wir sollten jedoch nicht zu der Illusion beitragen, dass die Regierung lediglich den unabhängig formulierten nationalen Willen zum Ausdruck bringen und auf die besten technischen Ratschläge hören würde, um Ziele zu erreichen, die eine informierte Bürgerschaft wählt. Das wäre ein gefährliches Zerrbild. Wir müssen betonen, dass selbst bei scheinbar technischen Angelegenheiten politische und geschichtliche Urteile eine entscheidende Rolle spielen, dass es keine Experten gibt, die diese allgemeinen Fragen beantworten können, und dass die öffentliche Politik in enormem Maße die Wirtschaftsmacht widerspiegelt, die von demokratischen Prozessen völlig ausgeschlossen ist. Die Universitäten dürfen nicht an der Verdrehung demokratischer Ideale oder am Fortbestand gesellschaftlicher Mythen mitwirken. In einer freien Gesellschaft besteht ihre Rolle darin, so gut sie es vermögen unabhängig von mächtigen Gesellschaftsinstitutionen und den Ideologien zu handeln, die erstere ihnen aufzuzwingen versuchen. Auch dieses Ideal mag nicht gänzlich erreichbar sein, doch müssen wir ständig für seine Realisierung kämpfen.

Abschließend will ich meine persönliche Wertschätzung für die Studenten vom SACC (*Science Action Coordinating Committee*) zum Ausdruck bringen – für ihre authentischen und gewissenhaften Bemühungen in den letzten Monaten, die unmittelbar zur Gründung des Ausschusses und zur Prüfung der von ihm verfolgten Politik führten. Das gesamte Institut schuldet ihnen Dank.

Kapitel 18

Bemerkungen vor der Kommission über die Lehre am MIT

(11. November 1969)

Ich möchte über einige der Probleme sprechen, die auf das MIT (*Massachusetts Institute of Technology*) und andere Universitäten in den folgenden Jahren wahrscheinlich mit zunehmender Schwere zukommen werden. Diese Probleme, so meine ich, hängen mit ernsten Problemen in unserer Gesellschaft zusammen. Zu dieser Schlussfolgerung gelange ich, weil ich die Ursachen dieser Probleme in der amerikanischen Gesellschaft in den bevorstehenden Jahren in bestimmter Weise beurteile, und zudem die Art und Weise, wie sich diese Probleme in den Universitäten widerspiegeln und auf sie zurückwirken werden.

Mein Eindruck ist, dass die amerikanische Gesellschaft auf eine ernsthafte soziale Krise zusteuert, die aus einer Art Widerspruch oder Problem unserer Gesellschaft hervorgeht. Zum einen sind wir aggressiv, imperialistisch und zunehmend militaristischer – in gewissem Sinne beinahe überwältigt von einer Art Militärsozialismus hierzulande; wir verfolgen eine scheinbar relativ unveränderliche Politik der militärischen Intervention in die Angelegenheiten anderer Länder. Das ist *eine* Seite unserer Gesellschaft, die Wirklichkeit ist und sich nur sehr schwer ändern lässt. Sie verbindet sich mit einer anderen Seite, einer großen Offenheit bei uns im Land. Ungeachtet aller Kritik sind die Universitäten relativ offen, so dass die Menschen dort tun und sagen können, was ihnen beliebt. Im Allgemeinen sind die Universitäten in der Tat relativ freie Institutionen und bieten eine Menge Möglichkeiten zur eigenen Betätigung. Zudem verfügen wir über ein so hohes Maß an Wohlstand, dass vor allem junge Menschen die Möglichkeit zum Denken haben und nicht dadurch beschränkt sind, dass sie, um überleben zu können, ununterbrochen für ihren Lebensunterhalt arbeiten müssten.

Leute wie Irving Kristol haben diese Tatsache nicht aus den Augen verloren. Sie behaupten, der Weg zur Beendigung der Studentenunruhen bestehe darin, die Kinder zum Verdienen ihres eigenen Lebensunterhalts und zur Bezahlung ihrer Ausbildung zu bringen. In gewissem Sinn stimme ich Kristol zu: Müssten junge Leute wirklich arbeiten, um dem Hungertod zu entgehen, und sich um ihre Sicherheit sorgen, hätten sie keine Zeit zum Denken und wären wahrscheinlich sehr viel apathischer und angepasster. Augenblicklich ist dies jedoch nicht der Fall. Sie haben Zeit zum Denken und sind relativ frei. Diese Entwicklung, welche sich in den 1960er Jahren vollzogen hat, ist ziemlich neu: Über den Menschen schwebte keine Wirtschaftskrise, die als Ansporn zur Bewahrung konformistischer und autoritärer Haltungen dienen konnte. Würden die Menschen folglich zu denken beginnen und die Realität betrachten (wenn die Realität so ist, wie ich sie beschrieben habe und zu sein vermute), wären sie wahrscheinlich entsetzt und würden etwas daran zu ändern versuchen. Das Ergebnis sind natürlich Studentenunruhen. Über die Studentenerhebungen ist viel geschrieben worden, doch erstaunt mich, dass es eine ganz einfache Erklärung für sie gibt: Sie entsprechen einfach dem Verhalten jedes Menschen, der Zeit hat, über die Vorgänge in der Welt nachzudenken.

So sehe ich die heutigen gesellschaftlichen Bedingungen. An den Universitäten ereignen sich, als Spiegel oder vielleicht als Teil davon, zahlreiche Dinge, die sich fortsetzen und verstärken könnten. Auf persönlicher Ebene äußert sich das so, dass viele Studenten eine Abneigung gegen Wissenschaft, Technik und professionelle Tätigkeiten in allen Bereichen entwickeln; ihre Begründung lautet, dass Wissenschaftler und Techniker im besten Fall eine Art Rückzieher machen und schlimmstenfalls das Zerstörungspotenzial einer bereits sehr gefährlichen Gesellschaft erhöhen.

Das zeigt sich überall; die Gänge im elektronischen Forschungslabor, wo mein Büro liegt, sind derzeit voller Beschriftungen wie: "Werden Sie von der Wissenschaft beherrscht?" "Werden Sie zu einer Maschine, die für die Technikfreaks arbeitet?", usw. Das spiegelt etwas in den Haltungen der Studenten wider, das sich fortsetzen wird und das ich ebenfalls fühle; deshalb kann ich verstehen, warum andere so fühlen. Obwohl ich dieses Gefühl teile und nachvollziehen kann, halte es zugleich für extrem gefährlich, denn hier betritt der andere Teil meiner kürzlich entstandenen schizophrenen Persönlichkeit die Bühne: mein Interesse und Engagement für Wissenschaft und mein Glaube an die Richtigkeit intellektueller Werte und an den Nutzen, gesellschaftlichen Fragen mit größtmöglicher Vernunft, gedanklicher Einsicht und Nutzung der Technik zu begegnen. Deshalb fühle ich mich irgendwie schizophren und vermute, dass es vielen Studenten genauso geht.

Die Universitäten als Werkzeuge der Staatspolitik

Der andere, zeitgleiche Vorgang – vielleicht in seiner Gesamtheit die Entsprechung des persönlichen Erlebens – ist die Erkenntnis, dass die Universitäten (besonders das MIT) zweifellos Werkzeuge der Staatspolitik sind. Die Gründe hierfür sind gar nicht so undurchsichtig; sie wurden schon so oft wiederholt, dass ihre erneute Erwähnung beinahe schon abgedroschen klingt: Es ist nicht in Abrede zu stellen, dass die gesellschaftliche Verteilung von Macht, Einfluss und Vermögen sich erheblich darauf auswirkt, woran in den Universitäten gearbeitet wird.

Die Universitäten betreiben in der Hauptsache keineswegs Forschung, die wir uns selbst ausdenken; ihre Forschung dient Interessen, die andernorts artikuliert werden und einer Ideologie entsprechen, die anderswo bestimmt wird. Ihre Forschung wird von anderen Institutionen unterstützt, die ihre eigenen Interessen haben. Obwohl das nicht für 100 Prozent der Fälle gilt, ist die Tendenz in dieser Richtung offensichtlich eine sehr große, was wohl kein zurechnungsfähiger Mensch bestreiten würde. Wer dies erkennt und über den Hang unserer Gesellschaft zum Militarismus erschüttert ist, über die Machtkonzentration in ihr, die Anwendung dieser Macht bei uns und in anderen Ländern, und sich aktiv widersetzt, wird natürlicherweise zu der Überzeugung gelangen, dass er versuchen sollte, die Universitäten zu zerschlagen.

Wieder kann ich die Hintergründe dieser Überzeugung verstehen, und ein Teil meiner Persönlichkeit fühlt eine gewisse große Zustimmung. Würde die Zerschlagung der Universitäten tatsächlich die endlose Eskalation des Wettrüstens, die Militarisierung der amerikanischen Gesellschaft, die zunehmende Konzentration politischer und ökonomischer Macht in der Gesellschaft, die Ausweitung und Konsolidierung des amerikanischen Weltimperiums und imperialistische Kriege verhindern, würde ich diese Tat für sehr gerechtfertigt halten. Hier wehrt sich jedoch der andere Teil meiner Persönlichkeit und sagt mir, dass diese Tat ziemlich sinnlos wäre, da die Universitäten wahrscheinlich die freiesten und offensten Einrichtungen in unserer Gesellschaft sind. Und gerade weil sie das sind, sind sie zugleich die schwächsten und die am leichtesten angreifbarsten. Zu den Folgen dieses Angriffs würde wahrscheinlich auch gehören, dass die Universitäten als relativ freie und offene Institutionen zerstört würden und man sie durch autoritärere und repressivere Institutionen ersetzt, die noch unveränderlicher und in höherem Maße als Werkzeuge einer allgemein unterdrückerischen Staatspolitik dienen. In den kommenden Jahren könnte genau das geschehen. Dies sind allgemeine Tendenzen, die sehr ernst zu nehmen sind und sich, während die soziale Krise sich verschärft, nicht umkehren, sondern vielmehr zunehmen werden.

Eine dritte und meines Erachtens vernünftigere Stimme als diese beiden, im Gegensatz zueinander stehenden ist die Stimme derer, die wie ich denken, dass ein revolutionärer sozialer Wandel in den Vereinigten Staaten nötig wäre, wenn die amerikanische Gesellschaft überleben soll und nicht große Teile der Welt mit ihr zerstört werden sollen. Diese Stimme schlägt vor, dass die Universitäten aufgrund ihrer relativen Offenheit und ihrer Möglichkeit zu freien Debatten und Diskussionen zum Ausgangspunkt für einen sozialen Umbruch werden könnten.

Der zeitliche Maßstab eines Gesellschaftswandels

Jetzt ist über den Zeitmaßstab nachzudenken, in dem wir einen sozialen Wandel vernünftigerweise erwarten können. Hier unterscheide ich mich wesentlich von vielen anderen aus der Studentenbewegung, da ich ihren zeitlichen Maßstab eines sozialen Wandels für ganz falsch halte. Ich sehe keine Möglichkeit, die beschriebenen Probleme in kurzer Zeit zu bewältigen. Ob nun die Lösung Reformen oder Revolutionen sind – sie werden erfolglos bleiben, wenn sie nicht einerseits von der überwiegenden Bevölkerungsmehrheit getragen werden und andererseits von einer sozialen Bewegung ausgehen, die in zahlreichen Gesellschaftsschichten breit und tief verankert ist. Jeder, der nicht völlig phantasiert, muss sich bewusst sein, dass dies heute nicht einmal annähernd der Fall ist. Erst jüngst ist es in diesem Land möglich geworden, Fragen über das Wesen unserer Gesellschaft, über die Probleme des Kapitalismus und die Hintergründe des Imperialismus zu stellen.

Lange Zeit befanden sich diese Fragen in den Vereinigten Staaten schlicht außerhalb des Diskussionsspektrums, obgleich das nicht für andere westliche Demokratien galt. Das Meinungs- und Diskussionsspektrum in den Vereinigten Staaten beginnt allmählich, breiter zu werden und ein wenig der übrigen westlichen Welt zu entsprechen. Es ist nicht mehr so stark in Richtung der konservativen Meinungslager verschoben, was in den letzten zwanzig Jahren der Fall war. Jene Fragen vermögen nun diskutiert zu werden, und ich denke, die Debatte kann auf intellektueller Ebene gewonnen und die Bevölkerungsmehrheit womöglich davon überzeugt werden, dass der heutige Kapitalismus kein lebensfähiges System ist und eine beständige, wenngleich veränderte imperialistische Aggression aus ihm fließt. Diskussionen über diese Frage würde ich gerne an den Universitäten, in den Klassenzimmern und beim Studieren sehen. Ich würde mir wünschen, dass Programme für eine Bewegung daraus entstehen. Das ist zumindest mein Standpunkt, und wenn er der richtige ist, müsste er Diskussionen gewachsen sein und aus einer ehrlichen und offenen Lehre hervorgehen. Ich würde gerne sehen, dass diese Art der Lehre und der Diskussion fortgesetzt werden.

Da ich denke, dass diese Veränderungen viel Zeit benötigen, wünsche ich mir, dass viele Menschen und Studenten, die einen revolutionären Wandel der Gesellschaft wollen, die heutige Gesellschaft als Ausgangspunkt nehmen. Die amerikanische Gesellschaft hat wenig Platz für professionelle Revolutionäre.

Studenten mag diese Rolle vernünftig erscheinen, doch wenn sie etwas älter werden, führt es zu Irrationalität, beraubt sie jeglichem Bezug zu allen laufenden Gesellschaftsprozessen und separiert sie vom aktiv arbeitenden Teil der Bevölkerung, wo jeder soziale Wandel verankert sein muss.

Wegen der langen Zeitdauer eines sozialen Wandels und den enormen persönlichen Belohnungen, die mit wissenschaftlicher Tätigkeit zu erlangen sind (nicht nur in den Grundlagenwissenschaften, in allen Disziplinen), wünsche ich mir, dass Studenten mit einem Bein in beiden Lagern stehen, und so ihre Berufskarriere mit einem beständigen politischen Engagement verbinden. Das zu realisieren ist zwar ziemlich schwer, doch denke ich nicht, dass in Zukunft zugleich Gesundheit und Verantwortung ohne eine Verbindung dieser beiden Elemente erreichbar sind.

(Selbst-)Bildung und Verachtung als beste Waffen

Dies führt uns zu einigen Veränderungsmöglichkeiten an den Universitäten – doch keine übermäßig großen. An den Universitäten scheint mir vor allem eine Offenheit für weitläufigere Alternativen nötig.

Ich kann dem Vorschlag überhaupt nicht zustimmen, dass die Dinge durch Gewalt zum Erliegen gebracht werden sollten; ich würde sie gerne durch die Kraft der Überzeugung und oft auch der Verachtung zu einem Ende gebracht sehen und halte dies auch für denkbar. Wenn es an den Universitäten einmal echte Veränderungen geben sollte, dann weil ein Großteil der Studenten und der Fakultät sich entschließen, andere Wege einzuschlagen. Eine andere Möglichkeit zur Erreichung von Veränderungen wird es nicht geben. Der einzige Weg dorthin sind ständige Bildungsbemühungen verbunden mit der Einsicht, dass Bildung im Wesentlichen Selbstbildung ist.

Diese grundlegenden und äußerst wichtigen Fragen müssen mit derselben Bescheidenheit angegangen werden, mit der ein Wissenschaftler automatisch die seinen angeht. Es muss erkannt werden, wie schwer es ist, zu gesicherten und überzeugenden Einsichten und Erkenntnissen zu gelangen, und wir müssen uns den riesigen Vorteilen offener Diskussionen bewusst werden – ganz gleich, mit welchen Fragen wir es zu tun haben. Alles dieser Art, was für die Naturwissenschaften gilt, kann mit weit größerer Gewissheit über die Sozialwissenschaften gesagt werden. Diese intellektuellen Haltungen sind gar noch wichtiger und nötiger, wenn es sich um soziale Grundfragen unserer Gesellschaft handelt.

M.S.: Eine beständige Kritik an den Universitäten ist diese: Würden sich ihre Forschungsbemühungen auf reale Probleme richten, deren Lösung der Gesellschaft unmittelbar nützten, würden sie ihre Fähigkeit verlieren, über den sozialen Fortschritt und die Langzeitwirkung ihrer derzeitigen Tätigkeit generationenübergreifend nachzudenken. Dieser Einwand könnte sicher auch im Hinblick auf unsere Beteiligung an militärischer Forschung erhoben werden, denn irgendwann in der Vergangenheit haben wir diese Forschung einmal bewertet und für richtig befunden, und dann verfuhren wir ohne dauernde Neubewertungen einfach weiter so. Dasselbe Argument ließe sich auch hinsichtlich unserer Beteiligung an Untersuchungen über Stadtregionen vorbringen: Irgendwann empfahlen wir Wohnungsbauprojekte, die die Leute zehn Jahre später als entsetzlich ansehen und sich wundern, wie wir so etwas nur empfehlen konnten. Wie bewältigen wir in einer Ingenieursschule, in der bestimmte praktische Anwendungen für die Ingenieursausbildung wesentlich sind, das Problem, Ingenieure richtig auszubilden und zugleich einen ausreichend großen Abstand zur Gesellschaft zu bewahren, damit die Ingenieure die Langzeitfolgen bewerten können?

Aktuelle Ereignisse als Teil des Lehrplans

Ich wüsste nicht, wie das möglich sein sollte. Ich bin nicht der Meinung, dass die Technologie von der Frage ihrer Verwendung getrennt bleiben kann. In der Vergangenheit scheint mir das Problem gewesen zu sein, dass man an den Universitäten die Frage nach der Verwendung der Technologie nicht stellte; Unwissen war wohl der Grund. Wie man sich am MIT und anderen Universitäten für die technologische Entwicklung engagierte, basierte auf stillschweigenden und unhinterfragten Annahmen über das Wohl der Gesellschaft, über die öffentliche Politik und über internationale Beziehungen.

Jetzt müssen wir etwas für Akademiker sehr Unangenehm tun – wir müssen politische, soziale und ideologische Fragen ernst nehmen und diskutieren, und müssen Entscheidungen über technische Entwicklungen mit einem ausdrücklichen Urteil über ihren Wert und Befürwortungen ideologischer Standpunkte zusammenführen. Solche Fragen wollten die Universitäten aus guten Gründen immer meiden. Beteiligen sie sich an diesen Fragen, politisieren sie sich zweifellos in hohem Maße. Sie werden zu Orten, an denen geschichtliche und politische Urteile vorgenommen und Entscheidungen über die technische Entwicklung in Verbindung mit diesen Urteilen getroffen werden. Die einzige Möglichkeit, um eine solche offene Politisierung zu vermeiden, wäre in meinen Augen, diese Urteile stillschweigend und ziemlich unüberlegt als Spiegel einer Gesellschaftspolitik vorzunehmen, über die anderswo entschieden wird. Von diesen beiden Möglichkeiten – die Urteile entweder stillschweigend und unbekümmert zu fällen oder sie auf der Grundlage offener Diskussionen und ausdrücklicher Bindungen zu treffen (wie fraglich und schwierig diese auch sein mögen) – ziehe ich letztere vor. Die Vorstellung, dass die Universitäten in der Vergangenheit unpolitisch und von politischen Ereignissen unabhängig gewesen seien, ist größtenteils eine Illusion. Was sich in Wirklichkeit abspielte, war vielmehr – wie Senator Fulbright sagte –, dass die Universitäten mit einer bestimmten Weltdeutung, bestimmten Ideologien und bestimmten Annahmen über gesellschaftliche Vorgänge untrennbar verbunden waren.

M.S.: Könnten wir die Stärke dieser Argumente mindern, wenn wir die Finger von der Anwendung der Technologie lassen und vermehrt in den Grundlagenwissenschaften arbeiten, die weniger eindeutige politische Auswirkungen haben?

Das MIT könnte viele dieser Fragen meiden, doch das hielte ich einfach nicht für verantwortliches Handeln. Diese Probleme müssen angegangen werden, es macht keinen Sinn, den Rückzug anzutreten. Täten wir das, hätte dies schlicht zur Folge, dass andere sich damit beschäftigen müssen. Daher denke ich, dass die größten, am MIT vorherrschenden Probleme in Wahrheit Probleme der amerikanischen Gesellschaft sind, die sich im MIT widerspiegeln. Aus meiner Sicht können wir uns weder als amerikanische Bürger noch als amerikanische Wissenschaftler aus diesen Problemen heraushalten.

L.S.: Was denken sie nicht nur über die Universitäten in den Vereinigten Staaten generell, sondern speziell über diese Art der Institution und die Rolle, die sie spielen sollte?

Ich meine, das MIT sollte eine Institution bleiben, deren zentralen Bestandteile Wissenschaft und Technik sind. Die Gesellschaft benötigt solche Einrichtungen in höchstem Maße. Das MIT muss jedoch auch Dinge ernst nehmen, die es in der Vergangenheit nie ernst genommen hat – die sozialen, politischen und geschichtlichen Bedingungen, in denen wissenschaftliche und technische Entwicklungen erfolgen. Ich finde es erschreckend, dass man eine Ausbildung am MIT durchlaufen und dann noch Dinge von sich geben kann, wie sie in einem Artikel in der *New York Times* vom Sonntag, dem 9. November [1969], zitiert wurden. Vielleicht waren die Zitate unrichtig, doch habe ich genügend ähnlicher Art gehört, um sagen zu können, dass der Journalist die Bedeutung treffend wiedergegeben hat, selbst wenn der Wortlaut nicht stimmte. Ganz nach dem Motto eines Nazi-Wissenschaftlers sagte ein Student: "Was ich konstruiere, könnte eines Tages Verwendung finden, um Millionen Menschen zu töten. Das ist mir gleich, es liegt nicht in meiner Verantwortung. Man gibt mir ein interessantes technisches Problem und ich empfinde Vergnügen daran, es zu lösen."

Sie wissen genauso gut wie ich, dass wir zwanzig Fakultätsmitglieder beim Namen nennen könnten, die Ähnliches von sich gegeben haben. Vor einigen

Wochen sagte ein recht renommiertes Fakultätsmitglied – wenn auch nicht in denselben Worten – etwas dieser Art in einer langen Rede auf einer Fakultätsversammlung. Derartige Ansichten werden von vielen vertreten und geäußert: dass wir lediglich an unseren Problemen arbeiten würden und es in der Verantwortung anderer liege, was daraus wird. Angesichts der jetzigen Situation – der amerikanischen Macht und des Zerstörungspotenzials heutiger Technik – ist dies eine unhaltbare und wahrhaft unsoziale Haltung, die wir durch unsere Bildungseinrichtungen irgendwie überwinden müssen.

E.M.: Wir haben Vorschläge gehört und diskutiert, wie den Studenten mehr Möglichkeiten gegeben werden könnten, über die Folgen ihrer Handlungen nachzudenken und zu erkennen, wie dadurch die Politik beeinflusst wird. Unter den bisherigen Vorschlägen ist zu finden, dass ein Zentrum für politische Studien und für politische Seminare über Wissenschaft, Politik und Technik nötig wäre, und dass ein neuer Renaissancemensch gebraucht würde – ein Mensch sozusagen, der die Gesellschaft genauso wie die Technik versteht. Wir müssen aber auch einige Vorschläge darüber machen, wie wir das Leben in der Umgebung ändern könnten, um den Leuten die Möglichkeit zu geben, über andere Dinge als die ihnen vorgegebenen nachzudenken. Jedoch habe ich Angst vor der natürlichen Neigung der Studenten zu faulenzen, wenn ihnen Freizeit gegeben wird (und dass manche studentische Politikseminare zu Komikveranstaltungen werden). Wir haben gar den Vorschlag gehört, dass politische Seminare auf das Erarbeiten von Gesetzesvorschlägen gerichtet werden könnten, so dass Studenten als Boten arbeiten und Informationen über verschiedene Themen für den Gesetzgeber vorbereiten. Haben Sie über alternative Methoden nachgedacht, die über den Versuch hinausgehen, die Zügel etwas zu lockern?

Das habe ich. Obwohl diese Vorschläge aus meiner Sicht von manchem Wert sein mögen, bin ich sehr skeptisch. Erstens wird ein Zentrum für öffentliche Politik – zumindest nach den Plänen, die ich gehört habe – lediglich eine andere Version unserer politikwissenschaftlichen Abteilung sein – einer höchst ideologischen Abteilung, die einen ganz bestimmten Standpunkt in Bezug auf eine Reihe öffentlicher Fragen gutheißt und eine ganz bestimmte ideologische Position vertritt; und als eine solche sollte sie auch gesehen werden. Ich sehe nichts Verkehrtes darin, eine ideologische Abteilung an der Universität zu haben, doch sollte es nach meiner Ansicht viele ideologische Abteilungen geben – nicht nur eine, die einen bestimmten Standpunkt äußert. Ich würde genauso auf den Plan antworten, auf die im Regierungsviertel in die Wege geleiteten Dinge zu reagieren, denn der Kongress vertritt lediglich eine ganz bestimmte Wahrnehmung der sozialen Probleme in der amerikanischen Gesellschaft, und die Regierungsvertreter sind weit davon entfernt, die einzige oder auch nur die wichtigste Wahrnehmung zu besitzen.

Nach meinem Eindruck gibt es zahlreiche Themen, die von den Sozialwissenschaften fast nie untersucht werden, doch für jeden zivilisierten Menschen von entscheidender Bedeutung sind – besonders für diejenigen, die Macht in Händen halten werden. Jeder, der in der technologischen Branche arbeitet, verfügt über eine derartige Macht, ganz egal, ob er gedankenlos oder bewusst über die Verwendung der Technik entscheidet. Probleme dieser Art haben mit dem Wesen der Macht in der amerikanischen Gesellschaft zu tun; so wird z.B. beinahe nie untersucht, von wem Amerika eigentlich regiert wird. Das wird in keiner ernstzunehmenden Weise erforscht. Es gibt kaum ein Buch darüber, viele Grundfragen über die Macht in Amerika stehen einfach nicht offen zur Diskussion. Die Gründe dafür liegen nicht wirklich im Dunkeln, denn soziales Wissen wird von bestimmten Personen nachgefragt, die es für ihre Ziele verwenden. Dazu gehört auch das Manipulieren und Managen städtischer Fragen und das Management der Gesellschaft, nicht aber eine Veränderung der amerikanischen Machtstruktur. Das ist nicht ihr Problem, also wird es nicht untersucht. Doch aus meiner Sicht sollten diese Fragen und die Frage, welche Rolle Amerika seit dem Zweiten Weltkrieg gespielt hat, ins Zentrum der Analysen gerückt werden.

Die internationale Rolle Amerikas ist ebenfalls kein Thema, das genügend untersucht wird. Wie jeder habe ich meine eigenen Ansichten darüber, und es wäre sehr rückschrittlich und dumm, wenn es mir oder jemand anderem möglich wäre, über die Untersuchung zu bestimmen – obwohl ich natürlich denke, dass meine Ansichten richtig sind. Studenten sollten in einem Projekt dieser Art mit vielen verschiedenen Standpunkten in Berührung kommen. Auch hier sehe ich keine *Notwendigkeit*, dass die Studenten etwas dergleichen durchlaufen müssen, denn ich denke, dass niemand tatsächlich etwas lernen kann, was er sich nicht selbst zu lernen wählt. Dennoch muss die Möglichkeit zum Studieren derartiger Fragen irgendwie ins Zentrum des Lehrplans gerückt werden. Man muss es so anstellen, dass eine wahrhafte Fülle von Standpunkten – ein richtiger Kampf der Ideen und Interpretationen – in sehr lebendiger Weise präsentiert wird, damit jeder Interessierte zur Beteiligung veranlasst wird. Hinter dieser Idee verbergen sich viele Gefahren (z.B. der Verlust an intellektuellen Inhalten), doch diesen muss begegnet werden.

L.S.: Die Lewis-Kommission *verlangte nach einer Stärkung der Geisteswissenschaften am MIT und verfolgte die Idee, dass wir mit einer neuen Art kundiger Menschen aufwarten könnten, die Technik und Wissenschaft wie auch ihre menschlichen Bedeutungen verstehen. Ich glaube jedoch, die meisten am Institut sind der Meinung, dass dieser Versuch für sich genommen gescheitert ist. Wir haben eine florierende geisteswissenschaftliche Abteilung, die im Wesentlichen dieselbe ist wie die in Harvard und anderswo.*

In der geisteswissenschaftlichen Abteilung scheint eine Professionalisierung stattgefunden zu haben, welche ich persönlich befürwortete. Meiner Meinung nach sollten die Abteilungen professionell tätig sein und die professionellen Normen erfüllen, die von den Fachbereichen festgelegt werden. Das Dumme daran ist nur, dass die Professionalisierung mit einigen Gefahren einhergeht. Professionalisierung heißt, Aufgaben auf die Tagesordnung zu setzen, die sich entweder an den Grenzen des Lösbaren befinden oder mit den gegenwärtigen Techniken lösbar sind, und diesen Prozess die Entwicklung der intellektuellen Tradition bestimmen zu lassen. Das ist ausgezeichnet, dagegen habe ich nichts einzuwenden. Eine Schwierigkeit entsteht jedoch durch eine weitere Problemquelle – eine andere als die Lösbarkeit mithilfe heutiger Techniken –, nämlich die Frage: "Was ist wichtig?" Sehr oft kann das eine ganz andere Ursache für Probleme sein als die erste, denn meist sind die bedeutenden Fragen mit den heutigen Methoden nicht lösbar. Das bedeutet aber nicht, dass man sich nicht mit ihnen befassen sollte; man sollte es so gut wie möglich.

Ich denke nicht, dass es derzeit oder in naher Zukunft einen Beruf geben wird, der sich mit den Problemen der gegenwärtigen Gesellschaft befasst. Der Versuch, einen solchen Beruf einzuführen, wäre ein Fehler, denn besäße er intellektuellen Inhalt, würde er gleichzeitig beginnen, der Dynamik der Professionalisierung zu folgen und sich von den wirklich schwierigen und wichtigen Fragen entfernen. Jene Fragen gehören zum zivilisierten Wesen des Menschen – der zivilisierte Mensch muss versuchen, mit all seinem Wissen, das er hervorbringen und erwerben kann, und mit aller Ehrlichkeit, die er aufbringen kann, sich damit zu befassen. Da uns allen diese Verantwortung obliegt, muss sie in ein Projekt eingebaut werden. Das soziale Forschungsprogramm stellte einen solchen Versuch dar: Man versuchte ein nichtprofessionelles Programm auszuarbeiten, das Fragen nach ihrer Bedeutung statt nach der Verfügbarkeit einer Lösungsmethode bemisst. Etwas dieser Art sollte ein wirklich integraler Bestandteil der Bildung eines jeden sein, doch vor allem von Wissenschaftlern und denen, die an der technologischen Entwicklung mitwirken.

L.T.: Hatten Sie ein solches Projekt im Sinn, als Sie davon sprachen, mehr Möglichkeiten zu erschließen? Welche Bildungsebene meinen Sie? Würden Sie demnach eine Abschaffung der akademischen Anforderungen befürworten?

Die zwei Schwerpunkte der Universitäten: Professionalität und Bedeutung

Nein, meines Erachtens muss eine funktionierende moderne Universität diese beiden Problemursachen miteinander verbinden – die aus der Professionalität und die aus der Bedeutung hervorgehenden. Dafür gibt es zahlreiche Gründe. Um zum einen die individuelle Gesundheit zu bewahren, sollte man ein professioneller und zivilisierter Mensch zugleich sein. Ich halte es für eine enorme Bereicherung, mit einem Fuß in den Wissenschaften zu stehen.

Zu den größten Problemen und Schwächen der Sozialwissenschaften (die Ökonomie bildet hier eine der Ausnahmen) gehört, dass die damit befassten Personen nicht die geringste Ahnung haben, worum es bei der Wissenschaft eigentlich geht. Es wäre meines Erachtens für die Sozialwissenschaften sehr hilfreich, wenn sie von Wissenschaftlern untersucht würden. Dann könnten die Sozialwissenschaften mit Gebieten verglichen werden, die wirkliche intellektuelle Inhalte besitzen, was bei den Sozialwissenschaften in gewissem Sinne nicht der Fall ist. Dann würden die Probleme der Sozialwissenschaften zwar nicht gelöst, doch zumindest würde es möglich, sie aus einer sinnvollen Perspektive zu betrachten und zu erkennen, von welcher Wichtigkeit Belege und Lösungen sind. Deshalb sind die Naturwissenschaften zugleich die beste für mich denkbare Übung für revolutionäre Aktivisten, um den Wert intellektueller Ehrlichkeit zu lernen. Zudem wird diese Art der Mischung aus Geschichte, aktuellen Ereignissen und klassischer Soziallehre zu erkennen helfen, welche die wichtigen Fragen sind.

K.H.: Glauben Sie wirklich, dass die mentalen Prozesse, die Wissenschaftlern nutzen, von derselben Art sind wie jene, die für jemanden in einer Analyse vonnöten sind, mit der er die Gesellschaft und Welt in seiner Umgebung verstehen möchte?

Ja, das denke ich. Ich will damit nicht sagen, dass ein Physikstudium notwendigerweise dazu führt, dass man sich gesellschaftlichen Fragen in vernünftiger Weise nähert (offenkundig wäre diese Annahme der Wahrheit sehr fern), doch zumindest ist man dann schon einen Schritt weiter, wenn man sich mit Fragen dieser Art zu beschäftigen beginnt. Übrigens ist das einer der Gründe, warum ich gerne eine wissenschaftliche und technologische Institution sehen würde, die an der Analyse dieser sozialen Grundfragen beteiligt ist.

L.S.: Das setzt voraus, dass diese Themen an der Universität diskutiert werden – vielleicht nicht gerade in den Vorlesungssälen, aber sicherlich in den Wohnvierteln und in der Privatsphäre der Labore. Würden Sie lieber sehen, dass diese Diskussionen in formalerer Weise ablaufen?

Nicht formaler, sondern eingebundener – sie könnten auch völlig informell ablaufen. Zum Lehrplan könnten Seminare gehören, in denen aktuelle Fragen behandelt und große Bemühungen unternommen werden, die Menschen mit einzubinden; nicht unbedingt nur an der Universität tätige Menschen, sondern vielleicht ebenfalls Leute, die an der Organisation der Gemeinden mitwirken, oder Besucher aus dem Ausland. In dieser Weise könnte man versuchen, ein größtmögliches Spektrum an Ideen und Interpretationen zu erreichen. In diesem Abschnitt des Lehrplans sollte versucht werden, eine Analyse der Situation durchzuführen, wie sie in modernen Industriegesellschaften herrscht.

S.B.: Ich weiß nicht genau, wer etwas dieser Art studieren würde. Stellen Sie sich das so vor, dass die Fakultät nur zeitweise damit befasst wäre?

Nein, vielmehr auf der Grundlage veränderter Ausrichtungen. Ich würde mir wünschen, dass dies praktisch ein ständiges Engagement von jedem am MIT wird. In den letzten Jahren habe ich – was mir und hoffentlich auch meinen Studenten gut tat – Kurse in vielen unterschiedlichen Gebieten unterrichtet, darunter auch solche, in denen ich geringe Kenntnisse besaß. Das ist eine hervorragende Möglichkeit, um etwas über ein Gebiet zu lernen.

Es gibt nur sehr wenige Gebiete – mit Ausnahme der Mathematik und der Physik –, in die sich eine durchschnittlich intelligente Person nicht mit einigen Monaten harter Arbeit einarbeiten und dabei zumindest ein Gefühl dafür gewinnen könnte, welche Fragen und Probleme dort auftauchen. Ich glaube, wir sollten den intellektuellen Inhalt der meisten akademischen Disziplinen nicht überbewerten. Damit will ich natürlich nicht sagen, dass man nach wenigen Monaten des Studiums seriöse Forschung in einer Disziplin betreiben könnte; offensichtlich ist dem nicht so. Doch dann kann man anfangen, intelligenter Stellung zu beziehen, wichtige Untersuchungen vorzunehmen, und außerdem lässt sich eine Menge lernen. Aus meiner Sicht sollten die Menschen sehr dazu ermutigt werden, außerhalb ihres Fachgebiets in dieser Weise zu unterrichten. Man sollte sich jedoch darüber im Klaren sein, dass man nicht ein als Experte daraus hervorgeht, der alle Antworten kennt. Man sollte vielmehr die Einstellung haben, dass man Analysen auf dem Gebiet durchführt und die Studenten sich den Bemühungen anschließen können. Ein Projekt dieser Art kann sehr nützlich sein. Auf fast jedem Gebiet – womöglich wieder mit Ausnahme der Mathematik und der Physik – können Universitätsstudenten durchaus von Seminaren profitieren, die jemand von außerhalb der Disziplin unterrichtet und wo die Grundfrage lautet: "Beweise mir, dass es einen Sinn hat, was du tust." Solche Fragen werden in Projekten für Promovierte sehr selten gestellt.

K.H.: Tatsächlich funktioniert das auch in der Physik und in der Mathematik – zumindest in verschiedenen Teilgebieten, zwischen denen kaum eine Kommunikation möglich ist. Wenn es um Studenten höherer Semester geht, ist das durchaus eine sehr effektive Methode.

Hinsichtlich eines anderen Punktes, den Sie angesprochen haben, scheint mir klar, dass wir nun in eine Ära der vermehrten Beteiligung und des größeren Engagements vieler Fakultätsmitglieder eintreten. Doch wenn wir über Institutionen in längeren Zeiträumen nachdenken, müssen wir uns fragen, wie groß das Engagement wohl langfristig sein wird und wie erfolgreich wir darin sein werden, die von Ihnen genannte Art der Beteiligung zu erreichen. Nach früheren Erfahrungen zu urteilen, scheint mir, dass Sie niemals eine breite Beteiligung der Fakultät erreichen können. In Fächern wie Physik, Mathematik und Biologie werden Sie immer eine basale Gruppe engagierter Menschen haben, die eher klein ist – und daher auch verdammt gut in dem, was sie tut. Gehörte zu den Fehlern früherer Institutionen nicht auch, dass sie sich Ratschläge über die zur Wahl stehenden Projekte bei denen holten, die sie bereits durchführten? Mir scheint, man hätte auf andere hören sollen, denn wer bereits an einem Projekt arbeitet, ist im Grunde am wenigsten qualifiziert, darüber zu entscheiden, ob ein solches Projekt durchgeführt werden sollte. Denken Sie, dass Institutionen das Vermögen entwickeln können, auf eine bestimmte Kerngruppe von Kritikern innerhalb der eigenen Institution zu hören? Wenn ich von meiner eigenen Erfahrung ausgehe, sehe ich die Idealvorstellung, alle möglichen Personen an der Fakultät des gesamten Instituts zu beteiligen, als höchst unwahrscheinlich an – sofern wir mit einer Leistung auf hohem Niveau fortfahren wollen. Gibt es einen Weg, solche Haltungen oder Persönlichkeiten hervorzubringen?

Der Anfang der Weisheit: die Notwendigkeit, die Fakultät zu bilden

Wenn wir auf die letzten fünfzehn Jahre zurückblicken, sehen wir, wie man es hätte anstellen können. In den vergangenen fünfzehn bis zwanzig Jahren gab es nur vereinzelte Menschen, die Fragen über die Hintergründe der amerikanischen Gesellschaft, über Revolutionen in der Dritten Welt oder über den Kalten Krieg gestellt haben. Wer dergleichen tat, wurde für ziemlich verrückt gehalten. Viele jener Fragen konnten nicht veröffentlicht werden oder wurden in Fachzeitschriften verspottet. Heute gehört vieles von dem, was diese Leute gesagt haben – wenn auch vielleicht nicht gerade zum Allgemeinwissen –, so doch zumindest fast zum zentralen Gedankengut vieler seriöser Personen auf diesem Gebiet.

Daraus lässt sich eine Lektion lernen: dass die Universitäten diesen Menschen den Weg frei machen sollten, um diese Art äußerer Kritik zu ermutigen, auf die die Fakultät intuitiv mit Spott reagiert. Um ein konkretes Beispiel zu nennen: Auf der Fakultätsversammlung vergangenen Freitag wurde die Kritik der SDS (*Students for a Democratic Society*) an der Verteidigungsforschung des MIT vorgelesen, und eine ganze Reihe Fakultätsmitglieder versuchten, dies zu unterbinden. Im Grunde ist dieses Verhalten ziemlich kindisch. Obwohl die vorgelesene Kritik aus meiner Sicht viele Schwachpunkte aufweist, ist sie weit von den verrücktesten Ideen entfernt, die auf Fakultätsversammlungen einmal geäußert wurden. Der Artikel der SDS befasste sich zumindest mit sehr ernsten Fragen, und vieles war sicher vonseiten jeder ernstzunehmenden Person der Beachtung wert. Ich jedenfalls denke, dass die Fakultät in einem so großen Umfang gebildet werden müsste, dass sie nicht nur innerhalb ihres eigenen, begrenzten Gedankenspektrums Ideen gegenüber offen ist – das wäre nur der Anfang der Weisheit. Es müssen rege Anstrengungen unternommen werden, um die Bandbreite ideologischer Diskussionen zu verbreitern und kritische Standpunkte einzubringen, über die manche Fakultätsmitglieder denken mögen, dass sie den Namen Rationalität vielleicht nicht verdient hätten. Das ist der Ausgleich für die ideologische Zwangsjacke, in die man sich begibt, wenn man nur auf den Druck außenstehender Institutionen reagiert.

K.H.: Wenn den Fakultätsmitgliedern etwas dergleichen fehlt (und ich habe die Vermutung, dass dies wegen der weitergehenden Spezialisierung so bleiben wird) – was genau kann dann außer der allgemeinen "Öffnung", die Sie beschrieben haben, für die Bildung dieser Institution getan werden?

Sollte es in Zukunft beispielsweise Forschungs- und Studienprogramme über städtische Fragen geben, sollte es aus meiner Sicht Bemühungen geben, Leute anzuhören, die in städtischen Ghettos leben – so z.B. Mitglieder der *Panther* oder Gemeindeorganisatoren; wir sollten sie an den Programmen teilnehmen lassen. Letztes Jahr gab Wayne O'Neil einen Kurs über städtische Bildung, an dem mehrere Leute aus lokalen Gemeinden teilnahmen. Das wäre zudem ein gutes Modell für ein Bildungsprogramm – der Kurs hat sicher etwas bewirkt. Tatsächlich scheint es mir ethisch fragwürdig, ob es sinnvoll wäre, Wissen in diese Richtungen zu lenken, so dass es mit der untersuchten Gemeinde nichts zu tun hat. Es scheint zweifelhaft, ob es Wissen geben sollte, das nicht wirklich unter der Kontrolle der untersuchten Menschen steht; das ist ein großes, kaum beachtetes Problem in den Sozialwissenschaften. Ein Projekt, das mit der Analyse, Erforschung und Aktivität in städtischen Fragen befasst ist, sollte in die Hände der Gemeinden selbst übergeben werden (und die Forschungsergebnisse), und die Gemeinden sollten direkt an der Entscheidung über seine Durchführung beteiligt sein. Andernfalls ist es ethisch höchst fragwürdig und gefährlich und wird wahrscheinlich nur geringe Bedeutung haben.

Gleiches gilt für internationale Beziehungen, wenngleich das hier schwerer zu verwirklichen ist. Jede Analyse US-amerikanischer Einflüsse in der Dritten Welt, die durchgeführt wird, ohne dass Sprecher revolutionärer Bewegungen zu Wort kommen, führt hoffnungslos in die Irre und ist nahezu bedeutungslos. Ich will ein weniger offensichtliches Beispiel nennen, das aber dennoch realisierbar wäre: Das MIT hätte aus meiner Sicht durchaus die Möglichkeit, Vertreter des NFL aus Paris einzuladen, um an Diskussionen und Seminaren z.B. über die Rolle der Vereinigten Staaten in Südostasien teilzunehmen. Das wäre sehr nützlich und sollte getan werden. Wenn wir künftig in einer Welt leben, wo Wissen und Technologie mit Machtausübung verbunden sind, sollten wir dieser Tatsache offen ins Gesicht schauen und Menschen auf beiden Seiten der Gewehre gleichermaßen Gehör schenken.

L.T.: Möchte man eine Universitätsfakultät mit all den Persönlichkeiten, die Sie beschrieben haben, denken Sie dann nicht, dass an irgendeiner Stelle in diesem Förderungsprozess diejenigen berücksichtigt werden sollten, die nicht nur in ihrem Beruf gut sind, sondern auch nachdenkliche Menschen sind? Wie wägen Sie ab zwischen dem besten Mathematiker und einem guten Mathematiker, der zugleich die wichtigen sozialen Probleme klar durchschaut?

Wie ich schon sagte, muss die Universität mindestens zwei getrennte Schwerpunkte setzen. Einer ist professionelle Kompetenz und die Arbeit an Fragen, die durch professionelles Engagement entstehen. Andererseits müssen wir die Tatsache ins Auge fassen, dass auch ein anderer Schwerpunkt Fragen aufwirft, nämlich die Bedeutung, die nach anderen Persönlichkeiten verlangt.

E.G.: Ich stimme Noam zu, dass man äußere Ressourcen an die Universität holen sollte – doch möchte ich etwas über die augenblickliche Verwendung der internen Institutsressourcen bezüglich der humanwissenschaftlichen Abteilung sagen.

Als die humanwissenschaftliche Abteilung entstand, war der grundlegende Fehler das erklärte Ziel, Sozialwissenschaftler und Humanisten an die Universität zu holen, die als ein Teil der MIT-Gemeinschaft die Ursachen des Problems verstehen sollten und mithilfe der Etablierung humanitärer Werte am MIT zugleich Techniker so bilden würden, dass sie sich in sozialwissenschaftlichen Fragen human verhalten. Genau das misslang. Unsere Fakultät wurde nicht gebildet, und folglich wurden auch unsere Studenten von der bestehenden Fakultät nicht gebildet. Dem könnte Abhilfe geschaffen werden, wenn die Professoren an zwei unterschiedlichen Kursen teilnähmen, die völlig außerhalb ihres Gebiets liegen. Der eine Weg ist der Ansatz der disziplinüberschreitenden Beteiligung, bei dem Fakultätsmitglieder Gebiete unterrichten, die außerhalb ihres Fachbereichs liegen. Der andere Weg besteht darin, neue Möglichkeiten unter folgender, zur Hälfte freiwilligen Vereinbarung einzuführen: Fakultätsmitglieder zu ermutigen, sich jederzeit als Studenten in Disziplinen einzuschreiben, die von ihren Fachbereichen weit entfernt sind. Diese Form der Beteiligung würde im Prinzip zur Lehre zählen. Ziel ist es, die Fakultät über die wichtigen Fragen und Probleme zu bilden, die Naturwissenschaftler in die Sozialwissenschaften einzuführen und umgekehrt; das hätte meines Erachtens das Ziel sein sollen, als die Human- und Sozialwissenschaften erstmals in die MIT-Gemeinschaft aufgenommen wurden.

Ein soziales Forschungsprojekt: von Studenten in die Wege geleitete Kurse

Eine Erwartung des sozialen Forschungsprojekts bestand darin, eine lockerere Ordnung zu schaffen, in welcher von Studenten veranstaltete Kurse entstehen könnten. Dies stellt einen Weg dar, um auf eine ziemlich berechtigte Frage zu reagieren. Im Großen und Ganzen stimme ich der Idee zu, dass das Lehren außerhalb des eigenen Fachgebiets wertvoll sein kann. Doch erscheint mir das in der jetzigen Situation sehr unwahrscheinlich, wenn nicht einige Studenten Fragen dieser Art stellen oder sich damit auseinandersetzen. Aus meiner Sicht sollten die Studenten viel mehr Möglichkeiten haben, solche Fragen zu stellen und ihre Beachtung durchzusetzen. Das könnte zur Überwindung einiger der Unbeweglichkeiten im Vorlesungssystem beitragen.

J.O.: Ich würde gerne eine Frage zu Ihrer Äußerung stellen, dass es in der Ethik, abgesehen von Philosophen, die Ethik studiert haben, keine Experten gäbe. Sie könnten richtig liegen, doch gibt es führende moralische Persönlichkeiten, die auf die Praxis Einfluss haben, und es gibt zudem intellektuelle Werkzeuge und theoretische Analysen über die Prozesse und Methoden, die diese moralischen Führer zur Analyse und Argumentation verwenden.

Ja, es *gibt* Menschen, die versuchen, in ihrem Leben und in ihren Gedanken ethische Werte zu vertreten – doch diese Menschen kommen selten nur in die Nähe einer Universität. Nehmen wir z.B. jemanden wie A. J. Muste – meiner Meinung nach einer der bedeutendsten Männer des Jahrhunderts. Ich glaube, er kam nie in die Nähe eines Universitätscampus, bis vielleicht ein oder zwei Jahre vor seinem Tod in den 1980er Jahren. Er ist die Art Person, die in die Universitäten aufzunehmen man sich nicht mal im Traum vorstellen könnte – doch genau so jemand sollte an der Universität und in allen Gemeinden, die intellektuelle Ehrlichkeit und Offenheit anstreben, Gehör finden.

Ich würde Ihnen ebenfalls zustimmen, dass Handlungen stets mit Diskussionen über solche Fragen verbunden werden sollten, und es gibt viele Wege, dies zu tun. Beispielsweise stellen sich konkrete Fragen über die ganze Frage der industriellen Demokratie, etwa wie das industrielle System unter direkte demokratische Kontrolle der Arbeiter zu bringen wäre, d.h. die Abschaffung des Managements, die Abschaffung der Eigentümerschaft usw. Diese Fragen stehen in enger Beziehung zur Frage der Konversion, über die sich derzeit jeder sorgt. Als vor einigen Wochen die Internationale Erntefabrik in Chicago geschlossen wurde, hätte der einzige Weg zu ihrer Rettung durchaus der sein können, sie in eine durch Arbeiter verwaltete Fabrik zu verwandeln, die dann für eine Produktion gesorgt hätte, die für die vorwiegend aus schwarzen und puertoricanischen Arbeitern bestehende Gemeinde wichtig wäre. Fragen dieser Art sind von großer Bedeutung und erfordern beträchtliche intellektuelle und materielle Ressourcen. Die Universitäten verfügen zwar nicht über die materiellen Ressourcen, doch zumindest theoretisch über die intellektuellen. Ich halte es für sehr bedauerlich, dass z.B. die Arbeiter in dieser internationalen Erntefabrik keinen wirklichen Grundstein gelegt oder zumindest die Frage aufgeworfen haben, wie mit der Schaffung einer gemeinschaftlich verwalteten Fabrik fortzufahren wäre, die mit den vorhandenen materiellen Ressourcen etwas Nützliches anstellt.

Es gibt weitere Möglichkeiten, die wahrscheinlich mit der Entwicklung einiger grundverschiedener Mittel zur Verwaltung der Wirtschaft einhergehen würden, besonders Verwaltungen, die wie Arbeiterräte Industrieunternehmen kontrollieren würden. In den Vereinigten Staaten liegen diese Ideen heute in weiter Ferne – doch nicht in vielen anderen Ländern wie z.B. England, wo die zweitgrößte Gewerkschaft, die *Amalgamated Engineering Federation*, zurzeit von einer Person geleitet wird, die in derselben Weise denkt. Ich halte es für eine schwerwiegende Tragödie, dass solche Ideen in den Vereinigten Staaten nahezu undenkbar sind.

L.S.: Wer sollte aus Ihrer Sicht das MIT leiten? Was würde das bedeuten?

Die Fakultät und die Studenten sollten die Universität leiten

Um ganz ehrlich zu sein, bin ich in diesem Punkt hin- und hergerissen. Mein Gefühl sagt mir, dass die Verwalter des MIT in den letzten fünfzehn Jahren viel liberaler als die Fakultät gewesen sind. Im Grunde denke ich aber, dass die Universität von der Fakultät und von den Studenten geleitet werden sollte. Es sollte zu einem wirklichen Wandel kommen – trotz der wahrscheinlich unerfreulichen Folgen auf kurze Sicht – hin zu einer echten Kontrolle durch die Fakultät und die Studenten über die Institution, und das sage ich ohne Kritik an bestimmten Entscheidungen, die die Verwaltung getroffen hat. Von Verwaltungsbeamten eingesetzte Ausschüsse zu haben ist aus meiner Sicht im Grunde bedauernswert und das falsche System – obwohl man so wahrscheinlich besser fahren wird –, im Vergleich zu Ausschüssen, die von der Fakultät gewählt werden. Verwalter sollten keine Ausschüsse einsetzen dürfen; letztlich repräsentieren die Verwalter niemanden und wurden von Personen außerhalb der Institution von oben eingesetzt, nicht jedoch von Personen innerhalb der Institution selbst.

Diese Frage stellte sich im *Pounds Review Panel* [*MIT Review Panel on Special Laboratories*] bei dem Vorschlag eines Komitees, das der Verwaltung beratende

Berichte über die Verteidigungsforschung übergibt. Mein Gefühl ist, (a) dass es kein beratendes Komitee sein sollte, sondern ein aus Fakultäten und Studenten bestehendes und Entscheidungen treffendes Komitee, und (b) dass es nicht ernannt, sondern gewählt werden sollte. Viele in der Fakultät reagierten so, dass sie sagten, die Wahl dieses Komitees sei undemokratisch. Diese Reaktion ist nicht so weit hergeholt, wie es scheinen mag. Die Fakultät gestattete den Obrigkeiten, mehr oder weniger so zu verfahren, wie sie wollten, und sie wussten, dass politisch aktive Menschen (ich glaube, der Fachausdruck für sie lautet Wahlminderheit) in einer funktionierenden Demokratie unabhängig von ihrer Zahl eine herausragende Rolle spielen.

Diese Idee hat etwas für sich, doch letztlich kommt sie der Befürwortung eines totalitären, von einem gutmütigen Diktator regierten Staates gleich, auf dessen gerechtes Handeln wir uns verlassen können, so dass wir uns auf unsere Privatangelegenheiten konzentrieren können. Dieser Standpunkt macht für die Universität genauso wenig Sinn wie für die ganze Gesellschaft. Wir müssen dahin kommen, dass die Universitätsverwalter lediglich verwalten – d.h. Entscheidungen ausführen, die von demokratisch gewählten Gruppen getroffen werden, die sich in bestimmten Anteilen aus Fakultätsmitgliedern, Studenten und Mitarbeitern zusammensetzen. In dieser Richtung könnten einfache Schritte unternommen werden, wie z.B. die Einführung gewählter Komitees, die sich Befragungen unterziehen müssen und nicht ernannt werden, sondern von bestimmten Wahlkreisen zurückbeordert werden.

BESUCHER: Wie wollen Sie jemandem Wissen vermitteln, der nichts mit Lernen zu tun hat, und wie wollen Sie jemandem ein soziales Gewissen verleihen, der sozial apathisch ist? Wie können Sie den durchschnittlichen Studenten an der Universität, denen die politischen Probleme egal sind, oder Fakultätsmitgliedern, die sich einzig um ihr Forschungsprojekt wirklich Gedanken machen, die Bedeutung dieser Fragen nahebringen?

Nach meiner Erfahrung ist der einzige Weg, dies zu tun, die Fragen lebendig zu halten – durch Demonstrationen, Streiks und zahlreiche weitere Methoden. Dies scheint mir der richtige Weg, um diese Fragen in einer demokratischen Institution am Leben zu erhalten. Es gibt keinen Weg, jemanden zu zwingen, Physik zu verstehen, wenn er sich nicht wirklich dafür interessiert; wenn ein Studium nicht aus dem eigenen Interesse hervorgeht, kann man die Vorlesung genauso gut sein lassen. Hier sehe ich keinen Unterschied zwischen den Geisteswissenschaften und anderen Disziplinen, doch möchte ich erneut betonen, dass die Geisteswissenschaften nicht der Ort sind, an dem ein soziales Gewissen vermittelt wird; sie sind der Ort, wo ein Studium der Geschichte, Literatur und Künste erfolgt.

Hippokratischer Eid, Waffenproduktion und das Schicksal der Zivilisation

BESUCHER: Denken Sie, dass die Zeit reif ist für einen hippokratischen Eid in den Naturwissenschaften?

Ja, schon lange. Ich halte es für sehr wichtig, Wissenschaftler und besonders Studenten nach einer Art hippokratischem Eid zu organisieren. Er sollte aus meiner Sicht auch die Weigerung enthalten, an Dingen wie z.B. Verteidigungswaffen oder Aufstandsbekämpfung mitzuarbeiten. Ein derartiger Standpunkt verlangt nach einem Verständnis der historischen Zusammenhänge, im Rahmen derer man sich dazu entschließt, mit seinem Namen zu unterschreiben. Dazu gehören auch eine Menge Gedanken über die moderne Geschichte und über die Hintergründe der amerikanischen Gesellschaft – die Art zu denken, der in einer Universität wirklich nachgegangen werden sollte.

BESUCHER: Wenn ich Sie recht verstehe, meinen Sie damit, dass man seine Prioritäten von der Effizienz – die als größtmöglicher Informationsgewinn oder als die Veröffentlichung der maximalen Anzahl von Artikeln definiert ist – in gewissem Maße wegbewegen soll. Das scheint, zumindest finanziell, ein ernstes Problem zu sein, wenn die Universitäten mit der Außenwelt in Kontakt treten müssen. Es ist zudem auch innerhalb der Universität ein Problem, weil es Kreise gibt, die diesem Vorschlag nicht zustimmen werden. Genauer gesagt ist dies eine sehr persönliche Frage für viele Doktoranden, die in den letzten Jahren aktiv gewesen sind und auf denen nun der Druck lastet, wenn sie ihre Arbeit verrichten und ihre Doktorarbeit vollenden wollen.

Ich kann kein absolutes Prinzip vorschlagen, doch mein eigenes Verständnis von akademischer Freiheit würde darauf hinauslaufen, dass die Universitäten in solchen Dingen äußerst beweglich sein sollten – auch wenn es natürlich gewisse Grenzen geben muss. Verspürt jemand in einer bestimmten Phase seiner beruflichen Karriere das Gefühl, dass politische Handlungen für seine eigene Persönlichkeitsentwicklung und für die aktuellen gesellschaftlichen Probleme wichtig sind, läge meines Erachtens eine große Beweislast auf jedem, der anders entscheidet. Jemand hat das einmal schön gesagt: Keine Regel ist nur einen einzigen Studenten wert, und wenn sich die Regeln nicht für bestimmte Interessen der Studenten außer Kraft setzen lassen – besonders an den Universitäten –, ist irgendetwas wirklich faul.

K.H.: Sicher, doch der springende Punkt ist doch: Wenn Sie die Regeln erst einmal außer Kraft gesetzt haben, wird es andere Kategorien von Studenten geben, und dann fällt dasselbe

Argument ins Gegenteil verkehrt auf sie zurück; es ist nie so einfach.

Ich würde wetten, dass Ihre neu eingeführten Regeln für die Mathematikabteilung, was die Zeitlimits anbelangt, deshalb effektiv waren, weil Ihre Studenten deren Rechtmäßigkeit für ihr eigenes Leben erkannt haben. Hätten sie sich die Regeln als etwas Zwanghaftes oder Irrationales für ihr eigenen Lebens vorgestellt, wären sie unwirksam gewesen.

K.H.: Und ich würde wetten: Wenn sie die Regeln außer Kraft setzen, würden die Studenten rapide zu ihrem alten Muster der langen Examensverzögerung usw. zurückkehren. Ich gebe nicht vor, die Antwort auf das Problem zu kennen – doch behaupte ich, dass es nicht so einfach ist.

E.M.: Zu den Problemen nichtpolitischer Art am MIT gehört die starke Kollektivierung der Studenten in dem Sinne, dass sie aufgefordert werden, ziemlich vorprogrammierte Kurse synchron zu besuchen. Wenn wir Vorschläge für andere Studien- und Seminarkurse und für einen sofortigen Meinungswandel hören, denke ich, dass wir hier nur von einer weiteren Art der Kollektivierung sprechen. Ich würde gerne Ihre Meinung über die Vorteile der Studentenkollektivierung und zu der Frage erfahren, ob wir unabhängigere Studien ermutigen sollten und die Studenten mehr ihren eigenen Weg gehen und eigene Erfahrungen machen lassen sollten, oder ob wir diese andere Art Kollektivierung ermutigen sollten, d.h. durchstrukturierte und durchorganisierte strikte Programme.

Mir scheint, dass bestimmte durchstrukturierte Programme für jeden gemacht werden sollten, der über so wenig Kreativität verfügt, dass es ihm nach solchen Programmen verlangt. Solche Menschen gibt es – und diese Programme sollten direkt vor ihren Augen ausgebreitet werden. Ich denke jedoch nicht, dass die Menschen dazu ermutigt werden sollten. Ich sehe wenig Grund, warum man die Hochschule in heutiger Zeit nach vier Jahren abschließen sollte. Gerade wegen des gesellschaftlichen Wohlstands sollten wir uns auf den Tag freuen, an dem Hochschulen zu einem Ort werden, an dem man beinahe sein ganzes Leben lang ein- und ausgehen kann. Soweit ich weiß, gibt es eine Reihe von verborgenen Bildungszuschüssen. Tatsächlich ist die Bildung eine wahre Wachstumsindustrie gewesen und sollte es gar noch mehr werden.

L.S.: Ich finde, das jetzige System ist so aufgebaut, dass man wahrlich tun kann, was man will, sofern man den Wunsch dazu verspürt. Nach meiner Erfahrung ist das der Fall, und die meisten meiner Bekannten haben dieselbe Erfahrung gemacht.

Ja, innerhalb der Rahmenbedingungen des Bestehenden kann man tun, was man will – doch der springende Punkt ist der, dass aus meiner Sicht andere Dinge existieren sollten.

M.S.: Einer der Gründe für dieses durchstrukturierte System ist nach meiner Ansicht, dass es eine feste Geschwindigkeit erzwingt und es dadurch eine bestimmte Tendenz gibt, so viele Menschen wie möglich zur Institution zu holen und an ihr teilnehmen zu lassen.

Wenn das System derart organisiert wäre, dass die Studenten zum Teil akademischen Dingen nachgehen könnten und zum Teil anderen Tätigkeiten, hieße das, dass mehr Studenten von derselben Einrichtung aufgenommen werden könnten. Zur Frage der Stipendien: Wenn jemand außerhalb der Universität tätig ist, erhält er womöglich Unterstützung von anderen, so dass die Ausgaben für Stipendien pro Person vermindert werden könnten. Zumindest sind die akademischen Institutionen im Augenblick nur teilweise ausgelastet, und das lässt manche Freiräume offen.

Ich denke, in Ihrer Bemerkung versteckt sich eine stillschweigende Annahme – dass das MIT professionelle Ausbildungen anbietet und diese möglichst vielen Menschen geben will. Ich möchte diese Annahme in Frage stellen, weil sie mir unrichtig zu sein scheint – und in dieser Phase der Geschichte halte ich es für sehr gefährlich, wenn eine Institution nur professionelle Ausbildungen bietet. Das MIT sollte professionelle Ausbildungen in Verbindung mit sozialer Wahrnehmung ermöglichen. Für die Studenten könnte der Weg so aussehen, dass sie mit anderer Geschwindigkeit arbeiten und ihre Aufmerksamkeit anderen Dingen zuwenden.

BESUCHER: Was mich an Ihrer Vorstellung von der Universität verwirrt, ist die Art, in der die Menschen in sozial wichtige Themengebiete eingeführt werden. Ihre Universität scheint nur für jene wenigen bemerkenswerten Individuen konstruiert zu sein, die in ihrem Beruf so gut sind, dass sie zwei oder drei wirklich bedeutende Artikel veröffentlichen, sich in ihrem Beruf einen Namen machen können und dann die Zeit haben, andere Fragen zu betrachten. Es scheint mir eine Gruppe ebenso brillanter Menschen zu geben, die das schmale Berufsfeld einfach nicht als bedeutend ansehen und sich damit nicht befassen wollen – und genau diese Menschen würde man im Regen stehen lassen. Und zweitens gibt es die weniger Befähigten, die sich mit ihrem Beruf und mit sozial bedeutenden Fragen befassen. Sie können aber schlicht nicht die Hälfte ihrer Zeit für sozial bedeutende Themen und die andere Hälfte für ihren Beruf verwenden – und noch dazu beruflich aufsteigen. Diese Menschen scheinen auch weiterhin im Regen stehen gelassen zu werden; in diesem Bereich scheinen wir wenig getan zu haben.

Ich halte Ihre Bemerkung für korrekt. Die Universitäten sollten die Möglichkeiten und die Lehrpläne schaffen, die im Prinzip den "idealen Menschen" hervorbringen könnten. Dabei sollten sie deutlich erkennen, dass jeder seinen eigenen Weg durch das Labyrinth finden muss und die Art Mensch wird, die er werden will. Ich denke, das MIT sollte ausdrücklich jedem offenstehen, der nur bestimmte Nachforschungen auf einem schmalen, spezialisierten Gebiet durchführen möchte. Zugleich sollte das MIT es erleichtern, die Tatsache zu erkennen, dass die Tätigkeit der Experten mit der Machtausübung in der Welt verbunden ist und dass sie durch ihre Handlungen und Aktivitäten politische Urteile fällen, die andere Menschen und die ganze Welt betreffen. Wenn sie das Problem einmal erkannt haben, beschließen sie vielleicht, dass es nicht ihr Problem ist und sich ein anderer Gedanken darüber machen muss. Wenn man sich derart entscheidet, kann man wohl nicht viel tun – doch die Universität könnte es einem zumindest sehr schwer machen, dem Problem aus dem Weg zu gehen.

BESUCHER: *Würden Sie es akzeptieren, wenn das Kompetenzniveau an der Fakultät vermindert würde?*

Ja, das würde ich, doch halte ich das nicht wirklich für notwendig. Kaum einer arbeitet in seinem Beruf wirklich fünfzehn Stunden am Tag. Ich glaube auch nicht, dass man als allgemeine Regel sagen kann, wenn die Menschen viel besser wären, wenn sis sich nur auf ein schmales Berufsfeld konzentrierten. Außerdem denke ich, dass eine Untersuchung über die Persönlichkeitsmerkmale, die jemanden zu einem wertvollen Sozialkritiker werden lassen, in einer Sackgasse enden würden. Die uns offen stehende Alternative, der wir meiner Meinung nach folgen sollten, besteht darin, ein breites Spektrum von Menschen an die Universität zu holen und vielfältige Diskussionen und Fragen zuzulassen. Zugleich sollte man versuchen, Studenten schon sehr früh an Diskussionen zu beteiligen.

Zum Beispiel halte ich es für jeden, der Ingenieur werden will, für sinnvoll, in einem sehr frühen Karrierestadium die Geschichte des Kalten Krieges aus einer Vielzahl verschiedener Perspektiven eingehend zu untersuchen. Ich bin mir meiner Interpretation des Kalten Krieges sicher genug, um überzeugt zu sein, dass, wenn ich anderen davon erzählte, ich viele Menschen dafür gewinnen könnte, sich nicht an Dingen wie Waffenproduktion oder Ähnlichem zu beteiligen – denn eine solche Beteiligung beruht auf völlig falschen Vorstellungen über die Gründe des Kalten Krieges. Diese Fragen stellen sich für die meisten Ingenieure im Augenblick nicht; doch ich denke, dass müssten sie. Es war eine schreckliche Tragödie, dass diese Fragen in den letzten Jahren nie aufgekommen sind und z.B. viele Ingenieure, die vor dem *Pounds*-Ausschuss aussagten, alle glaubten, sie würden Waffen bauen, weil die Vereinigten Staaten andernfalls von ihren Feinden überwältigt würden. Ich selbst halte das für einen Mythos, doch das tut nichts zur Sache. Wichtig ist, dass sie zu diesem Standpunkt auf der Grundlage extrem begrenzter Informationen gelangt sind. Das zeigt einen erheblichen Mangel unserer Institutionen und besonders ihrer eigenen Institution, dem MIT, denn ihre Entscheidung war immens wichtig. Tatsächlich könnte das Schicksal der Zivilisation davon abhängen.

Kapitel 19
Die zwei Rollen der amerikanischen Universitäten

(1997)

I (1997)

Die Geschichte der Intellektuellen und Regierungskritiker während des Kalten Krieges muss besonders vor dem Hintergrund des Wandels in der amerikanischen Psyche gesehen werden, zu dem der gewaltige internationale Machtzuwachs geführt hat.

Internationaler Machtzuwachs und Stimmung der Intellektuellen

Während des Zweiten Weltkrieges ereignete sich ein enormer Wandel. Zum einen führten die Kriegsausgaben die Vereinigten Staaten aus der Wirtschaftskrise. Während ein Großteil Europas verwüstet war oder in Schutt und Asche lag, boomte die amerikanische Industriewirtschaft. Im Laufe der 1940er Jahre wurde ziemlich klar, dass die Vereinigten Staaten in allen Bereichen mit einer großen Vormachtstellung über die Welt aus dem Krieg hervorgehen würden: industriell, diplomatisch, militärisch. Bis 1945 hatten die Vereinigten Staaten eine Vormacht über die Welt inne, die wohl in der Geschichte ohnegleichen ist: Sie besaßen 50 Prozent des Weltreichtums, einen Großteil der weltweiten Industrieproduktion, militärische Dominanz, Sicherheit, die Kontrolle beider Weltmeere – die gegenüberliegenden Seiten beider Weltmeere! – usw. Eine Macht dieses Umfangs war schlicht beispiellos, er prägte sich tief ins Bewusstsein ein. Amerikanische Strategen hatten ziemlich ehrgeizige und einfallsreiche Ideen, wie die ganze Ordnung der Welt zu gestalten wäre, und sie realisierten viele dieser Ideen.

Diese Machtverschiebung spiegelte sich in der Kultur und an den Universitäten wider. Die Hintergründe dieser Vorgänge sind vielschichtig. Zum Teil war die Reaktion im amerikanischen Verhalten gegen das Minderwertigkeitsgefühl gerichtet, das vor dem Krieg vorgeherrscht hatte, als die Vereinigten Staaten Europa kulturell unterlegen gewesen waren. War man amerikanischer Künstler oder Schriftsteller, ging man nach Paris; war man Mathematiker oder Physiker, ging man nach Deutschland; war man Philosoph, so ging man nach England, und so weiter. Man hielt die Vereinigten Staaten für ein kulturelles Provinznest, etwa vergleichbar damit, wie die Oststaatler heute den mittleren Westen sehen.

Die Verhaltensreaktion versinnbildlichte sich während des Kriegs, als viele europäische Gelehrte, Wissenschaftler und Intellektuelle vor den Nazis flohen und in die Vereinigten Staaten zu gelangen versuchten. Viele von ihnen wurden ziemlich schäbig behandelt, zum einen aus Angst, dass sie die Oberhand gewinnen würden, wenn man ihnen Einlass gewährte, zum anderen aus unverblümter Feindseligkeit. Als jene angesehenen Gelehrten und Wissenschaftler Amerika erreichten, konnten viele keine angemessene Anstellung erlangen. Roman Jakobson etwa floh 1941 von Prag über Schweden in die Vereinigten Staaten. Obwohl er ein sehr renommierter Sprach- und Literaturwissenschaftler und eine der führenden Persönlichkeiten auf diesen Gebieten war, ließen führende amerikanische Sprachwissenschaftler schon bald ein Gesuch an den Universitäten verbreiten, in dem sie darauf drängten, ihn nicht einzustellen, weil dies negative Auswirkungen auf die amerikanischen Sprachwissenschaftler hätte. Mit der Unterstützung zweier Linguisten – Zellig Harris und Carl Voegelin – landete er schließlich als Übersetzer am Yivo-Institut und bekam später eine Anstellung an der Universität Chicago. Jakobsons Fall war keine Ausnahme. Viele europäische Gelehrte und Wissenschaftler wurden in derselben Weise behandelt.

Ende der 1940er und Anfang der 1950er Jahre war die Reaktion in vollem Gange. Auf der gesamten Welt entwickelten amerikanische Strategen eine Art "Du-schaffst-es"-Mentalität. Die europäische Kultur wurde als Misserfolg angesehen, und schließlich brach sie zusammen. Die Strategen wollten sich nicht länger mit diesem alten Staub befassen. Die Dinge würden jetzt nach unserer Manier laufen, nach der richtigen Manier, nach amerikanischer Manier. Es gab eine Menge Hurrapatriotismus, der durch den Sieg Amerikas, ihre Macht und globale Vormachtstellung gestützt wurde. Eine neuere Studie über die kubanische Raketenkrise und die Haltung der Intellektuellen und Strategen Kennedys gegenüber den Europäern zu jener Zeit, wie sie sich in (jetzt freigegebenen) Regierungsdokumenten darstellt, zeigt Dramatisches: Es kam den Amerikanern schlicht nie in den Sinn, die Europäer um Rat zu fragen. Dies zu tun hätte, so nahm man an, Menschen ins Spiel gebracht, die emotional, unseriös, rückständig und Ähnliches waren. Die Grundhaltung war, dass wir die Dinge selbst in die Hand nehmen und den Europäern (auch den Briten) am Ende davon berichten würden. Das ist einer der Gründe, warum Charles de Gaulle so wütend wurde und versuchte, auf ein unabhängiges Europa hinzuarbeiten. Zweifellos stand Europas Schicksal auf dem Spiel: Die Strategen hielten einen Krieg mit Europa für ziemlich wahrscheinlich, in dem Europa zerschmettert werden könnte. Doch die Kennedy-Regierung fragte die Europäer nicht; es war die totale Verachtung.

Ich erinnere mich noch an die Stimmung Ende der vierziger und Anfang der fünfziger Jahre, als ich Student war. Ich beschäftigte mich vorwiegend mit Linguistik und Philosophie, zunächst in Pennsylvania, dann in Harvard. Nie wurde von uns erwartet, irgendetwas über die Geschichte dieser Disziplinen zu lesen. Es war, als ob die Geschichte nicht existierte; alles Wichtige wurde von Amerikanern und einigen wenigen anderen vollbracht. In der Philosophie lasen wir Quines Antwort auf Carnap im Jahre 1951; damit begann die Philosophie. Wir mussten den Inhalt ihrer Philosophien kennen – Frege und den frühen Russell. Wir lasen etwas moderne britische Philosophie, dann noch die Vorsokratiker, und mussten wissen, dass jemand namens Hume existiert hatte, doch das war schon so ziemlich alles.

Ich übertreibe zwar etwas, aber nicht viel. In den amerikanischen Sprachwissenschaften zeigte sich die Stimmung sehr deutlich an einem Buch namens *Readings in American linguistics*, das 1955 veröffentlicht und von Martin Joos, einem hochangesehenen amerikanischen Linguisten, herausgegeben wurde. Seine Bemerkungen über die enthaltenen Artikel sind voll purer Verachtung von allem, was den modernen amerikanischen Sprachwissenschaften vorausging. Man betrachtete es als altmodischen europäischen metaphysischen Unsinn; wir meinten, so wichtige Dinge zu tun, dass wir dem keine Beachtung schenken mussten. Das galt sogar für Klassiker wie z.B. die von Otto Jespersen, die vom Anfang des Jahrhunderts stammten und die ich aus persönlicher Neugier auf eigene Faust las. Es gehörte schlicht nicht zum Kanon. Ich hatte Glück, bei der *Society of Fellows* in Harvard ein Promoviertenstipendium zu erhalten. So hatte ich zum ersten Mal Gelegenheit, mich an einer Universität aufzuhalten, ohne nebenher arbeiten zu müssen, so dass ich die wunderbaren Schätze der *Widener*-Bibliothek durchstöbern konnte. Ich stieß auf eine Menge wichtiger Arbeiten von Linguisten und Philosophen. Ich war ziemlich überrascht, als ich entdeckte, wie viele der früheren Werke in Vergessenheit geraten oder, wenn man sie überhaupt erwähnte, verspottet worden waren.

Gleiches galt auch für andere Gebiete. Mitte der 1950er Jahre unterrichtete ich am *Massachusetts Institute of Technology* (MIT) Crashkurse für Studenten, die ihre Doktorprüfungen in Französisch und in Deutsch bestehen mussten. Wir lasen Artikel in ihren Disziplinen, die oftmals vom Anfang des Jahrhunderts stammten. Bisweilen waren die Studenten (besonders die Ingenieure) erschüttert, wenn sie entdeckten, dass die "unfähigen" Europäer, die von den Amerikanern vor den Folgen ihrer angeblichen Rückständigkeit und Verdorbenheit "bewahrt" werden mussten, schon lange zuvor Dinge herausgefunden hatten, an denen sie in ihren Promoviertenstudien gerade zu lernen und zu arbeiten anfingen.

Derartige Einstellungen wurden durch zahlreiche Einflüsse hervorgerufen. Zum einen hatten sich während des Zweiten Weltkriegs beträchtliche Weiterentwicklungen in der Technik vollzogen: Computer erschienen auf der Bildfläche, das Feld der Elektronik allgemein entwickelte sich rasch. Neue Untersuchungsmethoden wurden erschlossen, die es zuvor nicht gegeben hatte. In den 1930er Jahren kam es zu einer wichtigen wissenschaftlichen Entdeckung, als Linus Pauling die chemische Bindung quantentheoretisch analysierte, was die Chemie und die Physik erstmals vereinigte. Die Chemie war eine eigenständige Disziplin gewesen, die keine feste Grundlage in der Physik hatte und sogar unvereinbar mit ihr schien. Im Laufe der 1940er Jahre führten Pauling und andere diese Entdeckungen weiter. Anfang der 1950er Jahre wurde ein Großteil der Biologie mit der Biochemie vereinigt – und so konnte man die Vereinigung der Wissenschaften zumindest erahnen. In gewissem Sinn zählten alle Wissenschaften, von der modernen Physik (der Quantenphysik) und der theoretischen Chemie zumindest bis zu den Grundlagen der Biologie, zu einem einzigen Unternehmen. Der nächste augenscheinliche Ort, um nach Vereinigung zu suchen, waren die Neurowissenschaften, die Psychologie, die Verhaltenswissenschaften usw.

In jenen Jahren, als die *Macy*-Konferenzen tagten, und die Kybernetik, die Kommunikationstheorie und weiteres entwickelt wurde, machte das Gefühl die Runde, dass der Horizont unendlich sei. Wir hatten die Biologie übernommen, der nächste Schritt wäre dann die Psychologie, und schließlich würden wir weitere Facetten des menschlichen Lebens und der menschlichen Existenz an uns reißen. Zu diesem Zeitpunkt betrat der *American Way* die Bühne, und zwar durch den Behaviorismus. Es war die Blütezeit der "Verhaltenswissenschaften", die man für eine amerikanische Erfindung hielt – nicht so rätselhaft wie das, womit die Europäer sich beschäftigt hatten. Wir sind seriöse Wissenschaftler, wir erforschen das Verhalten, wir sind nüchterne Denker und fähige Forscher – Skinner hatte das gezeigt, die Verhaltenswissenschaften hatten das gezeigt, und anderes mehr. So war die Stimmung der 1950er Jahre im Großen und Ganzen beschaffen: Wir hielten uns für erfinderisch, für überaus potent und für geschichtslos. Das war Bestandteil des allgemeinen amerikanischen Gefühls, die Macht über die Welt zu übernehmen.

Die Stimmung war nicht ganz einheitlich. So bekundete man in Harvard, wo ich mich aufhielt, praktisch kein Interesse für die Kontinentalphilosophie, nicht einmal für Philosophiegeschichte. Bis auf Frege, den frühen Russell und Teile des logischen Positivismus war das Gebiet nahezu unbekannt, und selbst diese Philosophen kannte man in erster Linie wegen ihres Einflusses auf gegenwärtige Arbeiten. Der britischen Philosophie zollte man jedoch noch eine Menge Respekt. Tatsächlich existierten noch Überreste der kulturellen Unterlegenheitsstimmung der 1930er Jahre – in amüsanter Weise. Für promovierte Philosophiestudenten z.B. erachtete man es als angemessen, sich in Kleidung, Ausdrucksweise, ja selbst im Akzent britische Manieren anzueignen; und natürlich ging jeder, sofern es einem möglich war, zum Studieren nach Oxford oder Cambridge, und es herrschten beträchtliche Einflüsse der Philosophien Wittgensteins und Oxfords, die sich mit einem naiven und arrogantem Gefühl des "wir wissen alles" zu einem sehr seltsamen Gebräu vermischten.

Etwas Vergleichbares geschah aus meiner Sicht in diesen Jahren mit einem Großteil der amerikanischen Intellektuellenkultur. Diese Arroganz verknüpfte sich mit dem sogenannten Anti-Kommunismus und enthielt auch ein starkes hurrapatriotisches Element.

Dies setzte sich so fort, bis Europa wieder aufblühte; die Raketenkrise war ein eindrucksvolles und dramatisches Beispiel. Der Prozess setzt sich zudem direkt in die Gegenwart fort. Kürzlich ließ Madeleine Albright, die US-Botschafterin der Vereinten Nationen, etwas verlauten, das man als einen Skandal ansehen würde, wenn eine andere Nation etwas Ähnliches verkündet hätte – doch bei uns betrachtet man es als völlig normal. Der UN-Sicherheitsrat war wegen einer US-gestützten Resolution den Irak betreffend verunsichert, und Albright sagte einfach, in dieser Region seien unsere Interessen in Gefahr: Wir werden multilateral handeln, wenn wir können, und unilateral, wenn wir müssen. Nun, das ist der *American Way*. Als die Vereinigten Staaten aufgrund ihrer "rechtswidrigen Gewaltanwendung" gegen Nicaragua vor dem Weltgerichtshof zur Anklage standen, reagierte man in den Vereinigten Staaten auf breiter Front – praktisch ausnahmslos (einschließlich denen, die mit beredten Worten über die Unantastbarkeit internationaler Gesetze schreiben) – mit der Verachtung des Weltgerichtshofs. Der Weltgerichtshof, sagten sie, hatte sich entehrt, weil er es gewagt hatte, die Vereinigten Staaten zu verurteilen. Als der UN-Sicherheitsrat eine Resolution diskutierte, die Vereinigten Staaten in diesem Zusammenhang nicht erwähnte und schlicht alle Länder dazu aufrief, internationales Recht zu beachten, legten die Vereinigten Staaten ein Veto ein. Man betrachtete das als so unwichtig, dass es bei uns kaum erwähnt wurde. Als die Angelegenheit der UN-Generalversammlung vorgelegt wurde und die Vereinigten Staaten praktisch im Alleingang dagegen stimmten, wurde noch nicht einmal darüber berichtet. Wir handeln, wie es uns beliebt, und Vergleichbares gilt für den kulturellen Bereich.

Die Anfangszeit des Kalten Krieges versetzte dem Hurrapatriotismus, dem Selbstgerechtigkeitsgefühl, der begrenzten Perspektive und der Versammlung unter der Flagge einen Schub. Es hätte sich vielleicht ohnehin so fortgesetzt, doch der Kalte Krieg verstärkte bereits vorhandene Gefühle.

Aktivitäten an den Universitäten

Stand man dem System des Kalten Krieges, das sich in jener Zeit entwickelte, als Intellektueller kritisch gegenüber, befand man sich so weit außerhalb des Mainstreams, dass man mit niemandem außer mit ein paar Freunden darüber sprechen konnte – ich erinnere mich noch sehr gut daran. Wenn man zum Beispiel Bedenken aufgrund des Kriegs hatte, den die Vereinigten Staaten gegen Ende der 1940er Jahre in Griechenland führten – und ich hatte Bedenken, ich fand ihn entsetzlich –, war man an den Rand gedrängt. Ich kann mich an niemand anderen erinnern, der so fühlte wie ich. Gleiches galt für Korea. Erst Anfang der 1960er Jahre begann diese fast einheitliche Unterwerfung unter die inländische Macht, die mit Arroganz und Selbstgerechtigkeitsgefühlen einherging, erheblich zu bröckeln.

Natürlich war es in den 1950er Jahren nicht so, dass keiner in Cambridge meine Vorbehalte gegenüber den Geschehnissen in Griechenland oder Korea geteilt hätte. Doch das drang kaum an die Öffentlichkeit, bestenfalls marginal. Ein Beispiel ist die Zeitung *Dissent*, welche 1953 oder 1954 gegründet wurde. Die Herausgeber waren Trotzkisten – Irving Howe, Lewis Coser und andere –, die etwa 1950 jedoch die trotzkistische Organisation verließen. Mitte der 1950er Jahre wurde die Zeitung zu dem, was sie seit dieser Zeit geblieben ist: sozialdemokratisch, kritisch gegenüber extremer amerikanischer Macht. Doch damals betrachtete man sie als mutigen Bruch mit der Konformität – und in gewissem Sinne war sie das auch. Diese Zeitung war jedoch eine große Ausnahme. Viel üblicher war z.B. (um nur einen Fall zu nennen) die Reaktion auf den Aufstand in Ungarn und seine brutale Unterdrückung durch die Russen im Jahr 1956. Ich befand mich einmal in Gesellschaft einer Fakultätsgruppe in Harvard, die die russische Invasion in Ungarn aufs Schärfste verurteilte. Dem stimmte ich zu, sie war entsetzlich. Ich erinnere mich, wie ich sagte: "Also, ihr habt ja Recht, doch das ist nicht das einzige furchtbare Ereignis auf der Welt." Ich erwähnte, was die Briten zur gleichen Zeit in Kenia taten, was ebenfalls entsetzlich war. Eine Art Stille machte sich breit. Dann sagte einer, der alles besser weiß: "Das lässt sich nicht vergleichen, anders als in Ungarn leben in Kenia nur sehr wenige Menschen." Dass es koloniale Grausamkeiten auch nur geben könnte, war dem Verstand entzogen.

Ein weiteres Beispiel lässt sich in der Reaktion auf den Sturz der Regierung Guatemalas finden, der zu einer wahren Terrorherrschaft mit tausenden Toten – wenn nicht gar zehntausenden – führte. Niemand blinzelte nur mit den Augen. Das dramatischste Beispiel ist aus meiner Sicht, was 1961 in Vietnam und in gesamt Indochina geschah, vor allem im Hinblick darauf, was danach passierte. 1954 übernahmen die Vereinigten Staaten die Macht, unterwanderten rasch die Genfer Konventionen, blockierten eine diplomatische Einigung und errichteten einen typischen Terrorstaat à la Lateinamerika in Südvietnam, der bis Ende der 1960er Jahre wahrscheinlich um die 60.000 bis 70.000 Menschen umgebracht hatte – keine geringe Zahl. Das war nicht unbekannt, doch unbedeutend – nur Standardterror wie in Lateinamerika und Guatemala, keine große Sache. 1961 übernahm dann Kennedy. Inzwischen hatten Repression und Gewalt zu Widerständen geführt, die US-Satellitenregierung befand sich auf dem Wege des Zusammenbruchs. Das war eine Tatsache. Also eskalierte Kennedy den Krieg einfach. Er verwandelte den Terrorkrieg in einen direkten Angriff auf Südvietnam. Das war kein Geheimnis – wir kennen heute viele Einzelheiten, von denen wir damals nichts wussten; doch die entscheidenden Dinge waren offenkundig. Ich erinnere mich, wie ich im Oktober 1962 in der *New York Times* las – auf den hinteren Seiten versteckt, aber dennoch vorhanden –, dass amerikanische Piloten ein Drittel der Bombardierungseinsätze in Südvietnam mit Flugzeugen durchführten, die mit Beschriftungen vietnamesischer Flieger getarnt waren. Es war bekannt, dass US-amerikanische Truppen entweder schon eingegriffen hatten oder kurz vor dem Kampf standen, und dass Napalm und die Zerstörung der Ernte genehmigt worden waren. Zwar hörte man viele Berichte über Grausamkeiten, reagierte aber nicht darauf, weil man es als völlig legitim erachtete, dass wir in ein anderes Land einmarschieren, es angreifen und seine Zivilbevölkerung terrorisieren.

Erst Mitte der 1960er Jahre begann man, einen Widerstand an den Universitäten zu organisieren, und selbst damals unterschieden sich die Universitäten in ihrem Bewusstsein und ihren Aktivitäten enorm. Ich hatte die Gelegenheit, diese Unterschiede aus erster Hand zu beobachten, denn damals arbeitete ich sowohl in Harvard als auch am MIT.

Trotz seiner Verbindungen zum Pentagon war das MIT in seiner Opposition viel aktiver als Harvard und stand abweichenden Meinungen weniger ablehnend gegenüber. Die Mehrzahl der lokalen Bewegungen gegen den Vietnamkrieg konzentrierten sich auf das MIT. Salvador Luria, der am MIT arbeitete, war aus dem faschistischen Italien geflohen und blieb ein engagierter und kämpferischer Linker. Er leitete eine ganze Reihe von Aktivitäten in die Wege. Wirft man in der *New York Times* einen Blick auf die Kleinanzeigen der Fakultäten des Landes, entdeckt man, dass das MIT die meisten der Aktivitäten veranlasste – mit ein wenig Beteiligung aus Harvard, die jedoch ziemlich gering war. Ich bin sicher, man würde heute lesen, dass die Fakultät in Harvard zur damaligen Zeit liberaler als das MIT gewesen sei (an den Standardnormen gemessen). Doch die Möglichkeit, ein offener, freimütiger, widersprechender intellektueller und politischer Aktivist zu sein, war meines Erachtens am MIT größer als in Harvard. Deshalb sind nicht nur von der Fakultät veranstaltete Friedensaktionen, sondern auch andere Tätigkeiten meist auf das MIT konzentriert. Das gilt sogar für öffentliche Versammlungen über Alltagsthemen – zumindest für jene mit öffentlicher Initiative und Beteiligung. Ein Beispiel ist RESIST, ein nationaler Unterstützungsfonds aus verschiedenen Bewegungen, der um 1967 entstand und größtenteils aus dem MIT hervorging. Unter den direkt an RESIST beteiligten Mitgliedern des Aufsichtsrats sind viele Mitarbeiter des MIT zu finden. Von Anfang an bis heute war kaum je eine Harvard-Fakultät daran beteiligt. Dieser Unterschied besteht bis in die Gegenwart. Das gilt zwar nicht für alle Fälle, doch tendenziell trifft es zu.

Der Grund für diesen generellen Unterschied zwischen MIT und Harvard ist wahrscheinlich die Tatsache, dass das MIT eine auf Naturwissenschaften basierende Universität ist, weshalb die ideologischen Beschränkungen dort bei weitem geringer sind. Ich glaube nicht, dass ich in Harvard überlebt hätte. Am MIT hatte ich noch nie Probleme, wenngleich ich ziemlich auffällig war und ihnen zweifellos eine Menge Schwierigkeiten bereitete – ich beteiligte mich am Widerstand, im Gefängnis und außerhalb, und vieles mehr. Das MIT war im Grunde eine vom Pentagon betriebene Universität: Neben zwei Militärlaboren, die es selbst betrieb, stammte das gesamte Budget vom Pentagon. An den üblichen Normen gemessen war der akademische Freiraum jedoch ziemlich groß. Nie habe ich nur ein Wort zu hören bekommen. Wenn die Verwaltung von jemandem unter Druck gesetzt wurde, drang das nicht bis zu mir vor – und das galt nicht nur für mich. Ich würde die Situation am MIT nicht als perfekt beschreiben, doch sie war eine der besten in den Vereinigten Staaten. Sie war nach meiner Kenntnis weit besser als an anderen Universitäten, wo viel Repression herrschte und Hetzjagden auf Aktivisten und Linke auf der Tagesordnung standen. Auch am MIT geschahen Dinge, die nicht hätten passieren dürfen, doch im Allgemeinen verlief die Geschichte am MIT recht gut und setzt sich in dieser Weise fort.

Als ich 1955 ans MIT kam, war es höchst militärisch. Ich arbeitete im Gebäude des elektronischen Forschungslabors, das von drei Waffenunternehmen finanziert wurde. Jeder musste sich routinemäßig Sicherheitstests unterziehen. Ich weigerte mich, und man sagte mir, ich sei der einzige, der sich geweigert hatte. Es kümmerte niemanden, meist hielt man mich für verrückt. Alles, was ich tat, war, Freifahrten mit militärischen Lufttransporten und andere Vorzüge abzulehnen. Ich stellte einfach nur klar, dass ich mich keinen Sicherheitstests unterziehen wollte, und kann mich nicht erinnern, dass sich irgendjemand je dafür interessiert hätte. Ich ging mit meinen politischen Ansichten sehr offen und freimütig um, es kümmerte keinen.

Die Studenten am MIT waren ziemlich passiv. Bis zum Herbst 1968 gab es beinahe keine studentischen Aktivitäten. Um 1965 oder 1966 gründete eine kleine Studentengruppe die Rosa-Luxemburg-Gesellschaft. Louis Kampf und ich waren ihre Berater an der Fakultät, und damals veranstalteten wir aus eigener Initiative Kurse über diese Themen – große Kurse, die von hunderten Studenten besucht wurden, was darauf schließen ließ, dass Interesse aufkam. Aber bis sich etwas regte, sollte es noch bis zum Herbst 1968 dauern. Viele der Studenten gehören übrigens bis heute zu den aktivsten und effektivsten der linken Bewegung. Einer von ihnen, Mike Albert, der zum Präsidenten der Studenten gewählt und später rausgeworfen wurde (obwohl wir ihn teilweise rehabilitieren konnten), fuhr mit seinen Aktivitäten fort und war an der Gründung der *South End Press* (später *Z Magazine*) beteiligt. Viele Autoren, wie etwa Steve Shalom, entstammen ebenfalls diesem Hintergrund. Es war folglich eine sehr lebendige und gute Gruppe, die noch heute ziemlich aktiv ist und zu den besten gehört.

Am MIT war diese kleine Gruppe jedoch stark an den Rand gedrängt, bis sie im Herbst 1968 vorschlug, einen Zufluchtsort für einen Militärdienstverweigerer einzurichten, was in jener Zeit häufig getan wurde. Der Betreffende war ein weißer Deserteur aus der Arbeiterklasse des innerstädtischen Boston. Die Studenten hatten mit ihm gesprochen, er hatte alles genau durchdacht, kannte die Folgen und entschloss sich, öffentlich zu desertieren. Diese Entscheidung war schwierig. Er würde seine Desertation in seinem Zufluchtsort öffentlich bekanntgeben, wo man dann mit ihm zusammen warten würde, bis das FBI erschien. Ich war dagegen. Ich glaubte, die Studentenschaft würde es nicht unterstützen. Doch sie zog es dennoch durch, ich lag völlig daneben. Sie gaben eine Pressekonferenz im Studentenzentrum, und von einer Minute auf die andere war das MIT nahezu lahmgelegt. Fast die gesamte Studentenschaft war dort versammelt, tausende von Studenten, vierundzwanzig Stunden am Tag. Alles Mögliche wurde organisiert – von politischen Seminaren und Versammlungen bis hin zu Rockmusik und allem anderen, was damals üblich war. Das gesamte Institut wurde auf den Kopf gestellt.

In der Folgezeit gab es eine Reihe von Initiativen, darunter die erste seriöse Studie über die Beziehungen zwischen dem MIT und der Regierung, über die Frage nach der gesellschaftlichen Rolle von Wissenschaft und Technologie, über die Überlegungen, die dabei eine Rolle spielen sollten und viele weitere Themen. Am 4. März 1969, während das gesamte Institut stillgelegt war, fand eine große, ganztägige Versammlung statt. Sie hatte einen großen, dauerhaften Einfluss. Seither war das MIT nie wieder wie früher.

Das Amüsante daran war, dass man zu dieser Zeit noch dachte, das MIT sei völlig passiv. Als die Geschäftswelt 1968 die Entscheidung veranlasste, die Eskalation des Vietnamkriegs zu stoppen und zu Verhandlungen und einem möglichen Truppenabzug überzugehen, ging man unter anderem so vor, dass man die Universitäten besänftigen wollte: "Okay, nun ist alles vorüber, jetzt stehen wir alle auf derselben Seite." Man entsandte den ehemaligen nationalen Sicherheitsberater und Harvard-Dekan McGeorge Bundy auf eine "Friedensmission" im ganzen Land, um allen zu erzählen: "Lasst uns Freunde sein und uns verbrüdern, es ist alles vorüber." Als Test schickte man ihn zunächst an einen sehr ruhigen Ort – ich glaube, die *De Paul University* –, einfach nur um zu sehen, ob es funktionieren würde. Es funktionierte prächtig, die *New York Times* brachte eine große Story darüber. Ich glaube, der zweite Halt auf seiner Mission war das MIT, das man vermutlich wegen seiner Ruhe und Passivität ausgewählt hatte: Man erwartete, dass es sicher sein würde. Was dort passierte, war für alle irgendwie eine Überraschung; ich werde es nicht näher schildern. Jedenfalls war dies das Ende seiner Mission.

Wenden wir uns wieder der Frage der Regierungsgelder zu. Ich denke, dass zwischen den Naturwissenschaften und den Sozialwissenschaften ein erheblicher Unterschied besteht. Obwohl die Naturwissenschaftler die Regierungspolitik stark unterstützt haben, denke ich nicht, dass die militärische Finanzierung der Grund war. Meine eigenen Erfahrungen sind in dieser Hinsicht wohl ziemlich typisch. In den Sozialwissenschaften sieht es jedoch anders aus. Die heutige politikwissenschaftliche Abteilung am MIT gehörte bis etwa 1960 zur ökonomischen Abteilung; das MIT war eine Ingenieursschule und hatte nur wenige anderweitige Abteilungen. Erst in den 1960er Jahren wurde es zu einer Universität im eigentlichen Sinne. Um 1960 wurde die politikwissenschaftliche Abteilung dann von der Wirtschaftsabteilung getrennt. Damals wurde sie ganz offen von der CIA finanziert, es war nicht einmal ein Geheimnis.

Keiner sah einen Grund zur Geheimhaltung, und eigentlich sehe ich auch keinen. Ab Mitte der 1960er Jahre wurde die Abteilung nicht mehr öffentlich von der CIA finanziert, obwohl sie noch immer direkt in skandalöse Aktivitäten verstrickt war. Die politikwissenschaftliche Abteilung war meines Wissens die einzige der Hochschule, die geschlossene, geheime Seminare veranstaltete. Einmal wurde ich eingeladen, ein Seminar dort zu halten, und so erfuhr ich davon. Die Abteilung hatte eine Villa in Saigon, wo Studenten für ihre Doktorarbeiten u.a. an Friedensprojekten arbeiteten. Ich habe keine Zweifel, dass die Beziehungen zur Regierung innerhalb dieses Systems, was die Bildung politischer Überzeugungen und vielleicht auch die Auswahl der Fakultäten und

Studenten angeht, ziemlich eng waren. Ich weiß nicht, wie lange das System Bestand hatte. Sicher gibt es etwas Derartiges heute nicht mehr; die Abteilung ist viel offener geworden. Doch ich dachte, dass ein erheblicher Unterschied zwischen der politikwissenschaftlichen Abteilung und dem Institut als ganzem bestünde. Hätte man Fragebögen verteilt, hätte man wahrscheinlich herausgefunden, dass die politikwissenschaftliche Abteilung liberaler als die Ingenieursabteilung war (an den üblichen Normen gemessen). Doch das wäre eine ganz andere Frage gewesen.

Tatsache ist, dass man selbst damals kaum etwas geheim hielt. 1969 gehörte ich dem Komitee an, das sich nach Ablauf der geschilderten Ereignisse das Budget des MIT anschaute. Die Informationen waren öffentlich zugänglich, man konnte sie sich also ansehen. Wenn ich mich richtig erinnere, betrug das Budget des MIT etwas mehr als 200 Millionen Dollar pro Jahr, von denen die Hälfte direkt an die großen, vom MIT betriebenen Militärlabore ging, an die *Lincoln Laboratories* und an das *Instrumentation Lab* (das heute *Draper Lab* heißt). Die andere Hälfte, das akademische Budget, war nach meiner Erinnerung zu 90 Prozent vom Pentagon abhängig. Das veränderte sich über die Jahre – zum Teil wegen des Wandels der Wissenschaften –, denn in der Folgezeit wuchs und entwickelte sich die Biologie. Heute sind es daher nicht mehr 90 Prozent, wenngleich die Finanzierung beträchtlich war. Ich glaube, dass nur sehr wenig Arbeit im Geheimen erfolgte.

Angeblich soll irgendwo eine Bibliothek voller wissenschaftlicher Geheimmaterialien existiert haben. Wenn dem so war, wären die Informationen von geringer Bedeutung gewesen und hätten die Periode wohl nicht überstanden. Man entschloss sich, alle geheimen Tätigkeiten zu beenden, und ich bezweifle, dass seitdem irgendwelche geheime Arbeiten stattgefunden haben. Wenn wir jedoch von der Regierungsfinanzierung einmal absehen und die Finanzierung durch Konzerne betrachten, ist die Geheimhaltung höher. Subventionen von Konzernen sind meist viel begrenzter und zielgerichteter als die Finanzierung durch das Pentagon. Das Pentagon finanzierte die Grundlagenwissenschaften und war Deckmantel für die US-Industriepolitik. Das Pentagon-System wurde Ende der 1940er Jahre in dieser Weise als Werkzeug eingerichtet, um moderne Industriesektoren mit Steuergeldern zu subventionieren; es war vollständig öffentlich. Man konnte darüber in der Wirtschaftspresse lesen; man machte wirklich kein Geheimnis daraus.

So wurden z.B. in den 1950er Jahren um die 85 Prozent der elektronischen Forschung vom Pentagon finanziert – wobei ich mit "Pentagon" das gesamte System meine: die Nationale Luft- und Raumfahrtbehörde, das Energieministerium und alles, was beschönigend "Verteidigung" genannt wird. Einer der Gründe, warum die Finanzierung durch das Pentagon ungefähr auf der Stufe des Kalten Kriegs verbleibt, ist der, dass es sich primär um ein System der öffentlichen Finanzierung moderner Industriesektoren handelt. Das Pentagon finanzierte also die Grundlagenwissenschaften, ohne auf kurzfristige Gewinne Rücksicht zu nehmen, in der Erwartung, dass irgendwann etwas dabei herauskommen würde, was für die private Macht von Nutzen sein könnte. Die Geschichte des Computers ist ein Beispiel dieser Regelung. In den 1950er Jahren waren Computer noch nicht marktfähig, weil sie zu groß und zu schwerfällig waren. Deshalb lag ihre öffentliche Finanzierung durch das Pentagon bei fast 100 Prozent. In den 1960er Jahren wurden Computer dann marktfähig, also übergab sie das Pentagon der sogenannten "Privatwirtschaft" (d.h. öffentliche Subventionen, private Profite), daher liegt der öffentliche Finanzierungsanteil jetzt bei rund 50 Prozent. In anderen Bereichen gilt Vergleichbares.

Es ist schwierig, einen Sektor in der amerikanischen Ökonomie zu finden, das nicht früher und heute von solchen Subventionen leben würde. Unmittelbar in den 1980er Jahren ergriffen die Reaganisten – staatliche Reaktionäre, die nichts Konservatives an sich hatten – neben einer gewaltigen Verstärkung des Protektionismus die Initiative bei der Subventionierung der umfassenden Entwicklung von Computern und ähnlichen Technologien. Zum Teil wurden sie von der *Defense Advanced Research Projects Agency* subventioniert, jener Forschungsbehörde des Pentagon, die Firmenneugründungen nach Vorbild des *Silicon Valley* in Gang setzte, die zu den führenden Konzernen dieses Gebiets wurden. Das "Star-Wars-Programm" [Strategische Verteidigungsinitiative] war ziemlich ähnlich. Dieses System besteht nun seit fast fünfzig Jahren.

Andererseits jedoch will die Geschäftswelt die Grundlagenwissenschaften aus demselben Grund nicht finanzieren, aus dem die *Ford Motor Company* ihre Technologien nicht an *General Motors* weitergibt. Grundlagenwissenschaften können von jedem verwendet werden. Die Geschäftswelt will etwas finanzieren, aus dem sie Profit schlagen kann. Aus diesem Grund sind ihre Finanzierungen ziemlich zielgerichtet und werden für kurzfristige angewandte Arbeit und für Geheimhaltung aufgebracht, denn man will nicht, dass irgendjemand davon erfährt. Zwar können sie die Geheimhaltung nicht erzwingen, doch sie können allgemein bekanntmachen, dass die künftige Finanzierung davon abhängt. Die Wirkungen sind darin spürbar, dass die Universitäten zu vermehrter Konzernfinanzierung übergehen und sich von der Regierungssubvention abwenden. In vieler Hinsicht war das Pentagon die freieste der finanzierenden Institutionen. Im Pentagon gab es keinen Senator Proxmire, der ihm über die Schulter schaute, um die Tätigkeiten zu überwachen – wie die *National Science Foundation* (NSF) es machte. Das Pentagon war deshalb in seiner Finanzierung viel freier. Es sah sich ganz einfach als Wohlfahrtsstaat für die Reichen und für moderne Industriesektoren; so konnte ohne viel Überwachung alles finanziert werden, was sich am Ende – vielleicht erst nach Jahren – möglicherweise als nützlich erweisen würde. Die NSF war weit bürokratischer – sie wurde überwacht; Konzerne werden bis ins kleinste Detail gemanagt und haben ihre eigenen, kurzfristigen Interessen im Sinn. Das hat solche Ausmaße erreicht, dass es kürzlich in einem *Science*-Artikel erwähnt wurde, der die landesweiten Folgen diskutierte, die sich aus der Begrenzung wissenschaftlicher Forschung und aus der zunehmenden Geheimhaltung ergeben – oder zumindest aus dem Unwillen, Informationen zu teilen –, die mit dem Übergang hin zur Konzernfinanzierung verbunden sind.

Kriege und Intellektuelle

Bis heute ist die Tatsache, dass die Vereinigten Staaten Südvietnam angegriffen haben, weder zur amerikanischen Wissenschaft noch zu den Intellektuellen oder den meisten Linken vorgedrungen. Es ist schwer, ein dramatischeres Beispiel für die Disziplin und die Ergebenheit der Intellektuellenklasse zu finden als die Tatsache, dass wir die Grundwahrheit dieses Angriffs – der zweifellos 1961 erfolgte – nicht zugeben können, und dass Südvietnam bis zum Kriegsende unser Hauptangriffsziel blieb. Den Umgang damit veranschaulicht ein Buch von Robert McNamara, das inzwischen eine ganz große Nummer geworden ist. Jeder hat es rezensiert oder diskutiert.

McNamara war an zwei weitreichenden Entscheidungen beteiligt. Die erste wurde 1961 gefällt, als man in Südvietnam vom staatlichen Terrorismus zum direkten Angriff überging. Die zweite wichtige Kriegsentscheidung war die im Januar und Februar 1965. Nicht die Entscheidung, Nordvietnam zu bombardieren und US-Truppen nach Südvietnam zu schicken, sondern die Entscheidung, Südvietnam dreimal stärker zu bombardieren als Nordvietnam, und das in einem Maße, dem kein Gebiet je zuvor ausgesetzt worden war. Das ist ein fast wörtliches Zitat von Bernard Fall, einem Falken und französischem Militärhistoriker und Militärexperten, der zugleich ein hochgeschätzter Berater der US-Regierung war – er führte Missionen in Kampfschauplätzen durch und so weiter. McNamara erwähnt ihn zwar nicht, zitiert aber aus dem Artikel, den ich genannt habe. Fall ist der einzige außenstehende Sachverständige, der in McNamaras Buch tatsächlich zitiert wird. McNamara bezeichnet Falls Artikel als "ermutigende Neuigkeiten." Der Hintergrund ist McNamaras Erklärung, warum es Sinn mache, die Angriffe zu eskalieren und Südvietnam zu bombardieren. McNamara schreibt, wir hätten von den Bodentruppen ermutigende Neuigkeiten erhalten. Der von ihm zitierte Artikel Falls sagt eben das, was ich erwähnt habe – dass die wichtigste Kriegsentscheidung darin bestand, Südvietnam in einem Ausmaß zu bombardieren, dem kein Gebiet der Welt je ausgesetzt war. An keiner Stelle erwähnt McNamara die Entscheidung, Südvietnam in den Jahren 1961 und 1965 zu bombardieren. Die Bombardierung des Südens verursachte keine Kosten, war also unstrittig und unwichtig. Weiter schreibt Fall, dass die Vereinigten Staaten so viele Streitkräfte einsetzten, dass sie auf kurze Sicht unmöglich militärisch zu bezwingen seien. Die Vereinigten Staaten gingen noch viel weiter als alles, was die Franzosen angerichtet hatten. Daher seien sie militärisch genauso wenig zu bezwingen wie die Franzosen in Algerien. Doch die Vietnamesen werden das gleiche Schicksal wie die Algerier erleiden, schreibt Fall. Das sind McNamaras "ermutigende Neuigkeiten", die er Falls Buch entnimmt. Zwar war Fall ein Falke, doch sorgte er sich um die Vietnamesen. Anschließend beschreibt er furchtbare Kriegsverbrechen, Folter, Kampfeinsätze, in denen die Vereinigten Staaten Bauern niedermetzelten usw. Das sind die "ermutigenden Neuigkeiten." Doch es ist nicht mit Kosten verbunden, es ist irrelevant.

Dann merkt McNamara in einer Fußnote an, dass Fall zwei Jahre später seine Meinung änderte, von seinem Optimismus abwich und zu der Einsicht gelangte, dass die US-Streitkräfte vielleicht nicht die Oberhand behalten würden. Dabei bezieht sich McNamara auf Artikel, die Fall 1967 schrieb und in denen er seine Besorgnis ausdrückte, dass die amerikanischen Streitkräfte die Oberhand gewinnen könnten. Dort schreibt er, dass Vietnam Gefahr laufe, unter den Hieben der gewaltigsten Militärmaschinerie, die je gegen ein Gebiet dieser Größe gerichtet wurde, als kulturelles und historisches Gebilde ausgemerzt zu werden. Für McNamara heißt das, dass Fall seine Meinung, ob die US-Streitkräfte die Oberhand behalten würden, vom Optimismus zum Pessimismus wandelte.

Dass McNamara Falls Artikel in dieser Weise interpretiert, ist bedeutungslos. McNamara war ein unwichtiger Technokrat, der kaum verstand, was vor sich ging. Interessant sind aber die Reaktionen auf dieses Buch in allen Meinungslagern. Werfen wir einen Blick auf die Kritiker des Buches. Keiner war der Meinung, dass an McNamaras Zitaten, in denen er Falls erbitterte Verurteilung der US-amerikanischen Grausamkeiten als "ermutigende Neuigkeiten" darstellte, etwas faul sein könnte. Sie finden es z.B. nicht merkwürdig, wenn McNamara schreibt, Fall veränderte wegen der "ermutigenden Neuigkeiten" seine Meinung, weil er dachte, dass die Vereinigten Staaten das Land in die vollständige Auslöschung treiben würden. Man müsste schon lange suchen, um etwas Entsprechendes in den Nazi-Archiven zu finden. Und so dachte das gesamte Meinungsspektrum!

Ich erwähne das, um zu zeigen, dass amerikanische Intellektuelle (auch die meisten linken Dissidenten) unfähig sind, aus den Grenzen des Propagandasystems herauszutreten. Bis heute können wir nicht der elementaren Wahrheit ins Gesicht schauen, dass die Vereinigten Staaten Vietnam angegriffen haben. Tatsächlich schafften die Vereinigten Staaten etwas, das als bemerkenswerteste Propagandaleistung der Geschichte Anerkennung finden muss. Sie schafften es, den Vietnamesen die Schuld in die Schuhe zu schieben: Wir waren die geschädigte Partei. Seit Kriegsende bis auf den heutigen Tag steht die Frage im Vordergrund, ob das Verhalten der Vietnamesen aus unserer Sicht gut genug gewesen ist, um ihnen Eintritt in die zivilisierte Welt zu gewähren. Als George Bush [senior] Präsident war, erschien auf den Titelseiten der *New York Times* eine Story, die eine seiner Reden zitierte. Er sagte, Hanoi muss verstehen, dass wir nicht nach Vergeltung für die Verbrechen suchen, die es gegen uns begangen hat; wir möchten nur, dass sie ehrlich über ihre Taten berichten. Dieser Artikel erschien neben einem weiteren – einer von dutzenden –, der mit Verwunderung feststellt, dass die Japaner einen gewissen Charakterfehler haben: Sie scheinen unfähig, ihre während des Zweiten Weltkriegs begangenen Verbrechen einzugestehen. Ich bezweifle, dass man ein solches Gebaren irgendwo sonst auf der Welt finden könnte, nicht einmal im Russland Breschnews. Dort wussten die Menschen, dass man Afghanistan angriff und dass Russland nicht die geschädigte Partei war. Bei uns setzt sich problemlos das Gegenteil durch, bleibt praktisch unkommentiert und dringt wahrscheinlich nicht einmal ins Bewusstsein vor.

In der *Times* erschien eine Story – eine weitere von Nicholas Kristofs unzähligen Storys über den japanischen Charakterfehler –, in der er schrieb, dass die Japaner schließlich Reue zeigten, doch verwendeten sie ein Wort, das nicht "Entschuldigung", sondern "Bedauern" bedeutet. Dann fährt er – direkt auf der Titelseite – mit einer Art sprachwissenschaftlicher Analyse der betreffenden Schriftzeichen fort. Als die Japaner von ihren Grausamkeiten berichteten, so Kristof, bezogen sie zwar eine klare Position zu der Tatsache, dass Japan schreckliches Leid bei den Völkern Asiens verursacht hatte, schenkten aber keinen reinen Wein ein. Sie versuchen weiter, sich ihrer Schuld zu entziehen, indem sie diese mit Aggressionen und Kolonialbestrebungen anderer in Verbindung bringen. Offensichtlich ist das absurd – niemand außer den Japanern verübte koloniale Grausamkeiten und Aggressionen in Asien. Die Niederländer taten es nicht, die Briten taten es nicht, die Franzosen taten es nicht, und wir taten es auch nicht. Als wir die Philippinen eroberten und hunderttausende Menschen töteten – wie kann nur jemand auf die Idee kommen, dass wir etwas anderes als eine Begrüßungsfeier abgehalten hätten? Und was Vietnam betrifft, wo wahrscheinlich vier Millionen Menschen getötet wurden – daran waren doch die Nordvietnamesen schuld, nicht wir. Und das steht genau im selben Abschnitt! Kristof zitiert die *Asahi Shimbum*, eine Art japanische *New York Times*, um zu zeigen, dass nicht jeder mit dem Unwillen der Japaner, sich zu entschuldigen, einig ist; die Herausgeber der *Asahi* verurteilten die unverschämte Weigerung Japans, sich vollständig zu entschuldigen, aufs Schärfste. Hat sich die *New York Times* je vollständig für den Vietnamkrieg entschuldigt oder die Vereinigten Staaten dafür verurteilt, dass sie sich nicht vollständig für diesen Krieg oder für etwas anderes entschuldigt haben? In McNamaras Buch finden wir eine Entschuldigung – er entschuldigt sich beim amerikanischen Volk für das, was den Amerikanern angetan wurde. In den Buchkritiken wird das für sehr mutig und ehrenwert gehalten.

In den 1960er Jahren vollzogen sich in der gesamten Kultur große Veränderungen, und die Universitäten waren daran in vieler Hinsicht beteiligt. Es gab einen entscheidenden Wandel in den Haltungen der Menschen zu allem Möglichen, der sich auf die ganze Gesellschaft auswirkte: auf die persönlichen Beziehungen, auf die Haltung gegenüber Frauen und gegenüber der Umwelt, auf die Achtung vor anderen Kulturen. In jeder Hinsicht ereigneten sich ganz beträchtliche Veränderungen.

Selbst die *Times* machte einen Wandel durch, denn jede Institution spiegelt in gewissem Maß die öffentliche Meinung wider; das gilt selbst für den Kreml. Als Ergebnis ist die *Times* viel offener als in den 1960er Jahren. Sonst gäbe es niemanden wie Bob Herbert, der für die *Times* schreibt. Faktisch war die *Times* ein starker Befürworter des Krieges. Ich glaube, Anthony Lewis war der erste, der in der *Times* den Krieg kritisierte – wenngleich er mit der sogenannten "Kriegskritik" meinte, dass die Kosten für einen amerikanischen Sieg zu hoch wären. So gesehen waren David Halberstem und auch die Herausgeber der *Times* "kritisch", nämlich in dem Sinne, dass sie meinten, die Vereinigten Staaten würden eine schlechte Taktik verfolgen und wahrscheinlich nicht gewinnen – oder vielleicht wären die Kosten eines Sieges zu hoch –, also sollten wir andere Wege einschlagen. Selbst Lewis' verspätete Kritik fiel sehr mild aus: Sie besagte, dass wir den Krieg mit tölpelhaften Bemühungen begannen, Gutes zu tun, er aber dann in einer Katastrophe mündete und zu teuer wurde. Damals, in den 1960er und 1970er Jahren, wurde das "Kritik" genannt.

Die Studenten unterscheiden sich nicht besonders von der Kultur im Allgemeinen, auch damals nicht. Doch werfen wir einen Blick auf ein ganz anderes Thema, auf die amerikanischen Ureinwohner. Die Ursünde der amerikanischen Kultur ist nach wie vor das Schicksal der einheimischen Bevölkerung. Sie gehörte weder zur Alltags- noch zur Intellektuellenkultur, ja nicht einmal zur Anthropologie an den Universitäten. Erst Ende der 1960er Jahre erhielt sie schließlich Eingang in die Gedanken und Meinungen. Man war bereit, zur Kenntnis zu nehmen, dass mehreren Millionen Menschen, die nun nicht mehr da sind, etwas zugestoßen war. Damals begann tatsächliche wissenschaftliche Forschung auf diesem Gebiet, die teilweise von außerhalb der akademischen

Welt angestoßen wurde, obwohl sie schrittweise in die Universitäten vordrang. Die öffentliche Meinung änderte sich ebenfalls. 1992 wollte man eine Fünfhundertjahresfeier anlässlich der Befreiung der westlichen Welt abhalten. Es war unmöglich. Nicht wegen der Hochschulen – nein, die Öffentlichkeit hätte es nicht akzeptiert, hätte dies nicht als Befreiung der westlichen Hemisphäre anerkannt. Dieser Wandel ging auf fast alle Bereiche über.

Das lässt sich abermals in dramatischer Weise am Vietnamkrieg sehen. Seit etwa 1970 sind Meinungsumfragen zum öffentlichen Standpunkt gegenüber dem Vietnamkrieg durchgeführt worden. Die Resultate sind dramatisch. Die letzte mir bekannte Umfrage stammt, glaube ich, von Anfang der 1990er Jahre. Seit der erstmaligen Durchführung in den 1970er Jahren bis in die 1990er Jahre hinein bezeichneten ungefähr 70 Prozent der Bevölkerung den Krieg als "von Grund auf falsch und unmoralisch", nicht als "Fehler." Praktisch kein Intellektueller hat den Krieg je so dargestellt. Sie sagen allenfalls, er sei "ein Fehler" gewesen, und in gleicher Weise äußert sich ein guter Teil der Linken. In seinem 1974 veröffentlichten Buch *The American intellectual elite* ("Die intellektuelle Elite Amerikas") befragte Charles Kadushin zweihundert "der Elite zugehörige Intellektuelle", von denen viele als links oder linksliberal angesehen wurden, nach ihrer Meinung zum Vietnamkrieg. Diese Interviews wurden übrigens im April 1970 direkt nach der Invasion Kambodschas durchgeführt, auf dem Höhepunkt der Kriegsgegnerschaft – der Hochschulbetrieb war eingestellt, alles brach zusammen. Das folgende stammt aus meiner Erinnerung, daher könnte es nicht ganz richtig sein – doch soweit ich mich erinnere, unterschied Kadushin drei Kategorien voneinander. Zum einen die sogenannten "pragmatischen" Kriegsgegner wie Anthony Lewis, die im Wesentlichen sagten, dass wir damit nicht ungestraft davonkämen und dass der Krieg zu kostspielig sei. Des Weiteren die sogenannten "moralischen Kriegsgegner", die im Wesentlichen sagten: Hört mal zu, es wird zu blutig; Napalmbomben auf ein Krankenhaus sind okay, aber doch nicht auf zehn Krankenhäuser. Das sind die "moralischen" Kriegsgegner – ein interessanter Begriff. Dann unterschied er noch die sogenannten "ideologischen Kriegsgegner", die der Meinung waren, Gewalt sei falsch. Ich glaube, ihre Zahl belief sich auf zwei von insgesamt zweihundert Befragten – ich bin mir nicht sicher, wer der andere gewesen ist, doch jede von Kadushin zitierte Stellungnahme erkannte ich als meine eigene wieder.

Stellen wir uns einmal vor (auch wenn Kadushin es nicht tat), er hätte die Interviewten gefragt, was sie über die russische Invasion in der Tschechoslowakei denken. Die Invasion war schlimm genug, doch wurden nicht Millionen Menschen getötet – die Russen brachten fast keinen um. Hier wäre jeder ein "ideologischer Kriegsgegner" gewesen, doch hätte man sich selbst bestimmt nicht "ideologisch" genannt – es wäre einfach der ganz normale Anstand gewesen, so zu denken. Auf dem Höhepunkt der Kriegsgegnerschaft [gegen den Vietnamkrieg] lehnte praktisch kein Angehöriger der amerikanischen Elite den Krieg aus prinzipiellen Gründen ab, und die Wenigen, die es taten, wurden als "ideologisch" und unseriöser Haufen abgetan. In jener Zeit verurteilten etwa zwei Drittel der Bevölkerung den Krieg als unmoralisch, und wenige Jahre später erhielt man durchweg das folgende Umfrageergebnis: "von Grund auf falsch und unmoralisch, kein Fehler." Ich sollte hinzufügen, dass dies nur eines von vielen Spiegelbildern einer kulturellen Kluft zwischen der allgemeinen Bevölkerung und der intellektuellen Elite ist – meiner Meinung nach eine sehr tiefe Kluft.

Die Universitäten haben sich verändert, da die dort tätigen Menschen sich verändert haben. Wenn ich sage, dass die Intellektuellen sich nicht verändert haben, meine ich damit die *öffentlichen Intellektuellen*, diejenigen, die sich auf der Bühne der öffentlichen Politik bewegen und tiefsinnige Äußerungen über den Zustand der Welt von sich geben. Ich glaube nicht, dass sie sich besonders gewandelt haben. Soweit man den Wandel messen kann, haben sie geringere Veränderungen durchlaufen als die allgemeine Bevölkerung.

In jeder Gesellschaft neigen die respektierten Intellektuellen, die als seriöse Intellektuelle anerkannt werden, mit überwältigender Mehrheit dazu, treu der Macht ergeben zu sein. Wer sich nicht der Macht unterwirft, wird nicht als Intellektueller akzeptiert oder als (vielleicht "ideologischer") Dissident an den Rand gedrängt. Da sich die Gesellschaften voneinander unterscheiden, gilt das nicht für einhundert Prozent der Fälle. Doch die Tendenzen sind genauso offensichtlich wie die Tatsache, dass die Medienkonzerne Unternehmensinteressen dienen.

Das zieht sich durch die ganze Geschichte, zumindest soweit ich sie kenne. Ein Beispiel findet sich in der Bibel. Wer waren die respektierten Intellektuellen und wer die Dissidenten? Die falschen Propheten waren die respektierten Intellektuellen. Erst Jahrhunderte später nannte man sie "falsche" Propheten, nicht aber in biblischen Zeiten. Wer waren die Menschen, die in biblischer Zeit eingesperrt, beschimpft und in der Wüste ausgesetzt wurden? Es waren diejenigen, die Jahrhunderte später "Propheten" genannt wurden. Der Grund war, dass sie eine moralische und eine weltpolitische Kritik vornahmen: Die Herrscher würden das Land der Vernichtung zuführen, man sollte sich um Witwen und Weisen kümmern, und weiteren derart umnachteten Fanatismus. Mit solchen Menschen wird brutal verfahren; wie brutal, hängt von der Art der Gesellschaft ab. Im Osteuropa Breschnews werden sie womöglich eingesperrt oder verbannt. In einem typischen US-Satellitenstaat wie El Salvador wird ihnen vielleicht von US-ausgebildeten Elitebataillonen eine Kugel durch den Kopf gejagt, sie werden mit Buschmessern zerstückelt oder fliehen einfach nur um ihr Leben. Solche Leute vermögen im respektierten Mainstream wahrscheinlich nicht viel Respekt zu erlangen.

Etwas dieser Art ist für unsere Gesellschaft keineswegs typisch – ganz im Gegenteil. Unsere Gesellschaft ist außergewöhnlich frei und offen; die relativ Privilegierten (d.h. eine ganze Zahl von Menschen) durchleben vielleicht eine Reihe unangenehmer Situationen, doch ist das kaum mit anderen Nationen vergleichbar.

Die Neigung, Regierungskritiker an den Rand zu drängen, ist immer vorhanden und wird immer vorhanden sein, solange massive Ungleichheiten in der realen Macht und Herrschaft bestehen. Ist die tatsächliche Entscheidungsbefugnis auf eine kleine Gruppe konzentriert, wird diese Macht auch in den doktrinären Institutionen ausgeübt werden.

John Dewey beschrieb die Politik einst als Schatten, den die Großkonzerne auf die Gesellschaft werfen. Dasselbe gilt nicht weniger für die Universitäten und die doktrinären Systeme im Allgemeinen. Gewiss kann man dagegen ankämpfen und Veränderungen bewirken, wie es in den 1960er Jahren und in der Folgezeit geschah. Die Situation an den Universitäten und im Land allgemein ist eine andere als die vor vierzig Jahren. Der Wandel im Umgang mit Schwarzen im südlichen Amerika ist beträchtlich. Um nur ein Beispiel zu nennen: Vor einigen Jahren reiste ich nach Harrisburg in Mississippi, und mir fiel auf, dass sich die 1960er Jahre dort von der Gegenwart wie Tag und Nacht unterschieden. Dieser Wandel war kein Geschenk: Er kam durch mutige und engagierte Kämpfe zustande. Gleiches gilt für jeden anderen Bereich, und es ist ein ständiger Kampf. Diejenigen, die versuchen, die Verhältnisse in einen früheren Zustand zurückzuversetzen, werden nie damit aufhören. Sie arbeiten unablässig daran und verfügen über eine Menge Ressourcen. Wenn die Menschen keinen Widerstand leisten, werden sie gewinnen.

Die Veränderungen lassen sich nicht leicht rückgängig machen, doch die Möglichkeit besteht. Die Geschichte der Arbeiterbewegung ist ein lehrreiches Beispiel. Sie war in jeder modernen Gesellschaft ein maßgeblicher Faktor, der zu Demokratie und Menschenrechten führte. Die Vereinigten Staaten haben eine ungewöhnliche Arbeitergeschichte. Wir leben in einer in ungewöhnlich hohem Maße durch die Geschäftswelt beherrschten Gesellschaft, und die Geschichte der amerikanischen Gewerkschaften ist außergewöhnlich gewalttätig und brutal. Erst in den 1930er Jahren erlangten amerikanische Arbeiter jene Rechte, die Arbeiter selbst in sehr reaktionären Industriegesellschaften schon lange zuvor errungen hatten. Ursprünglich galt der erste Mai als Tag der Solidarität mit den amerikanischen Arbeitern; es spiegelt in dramatischer Weise die herrschende Kultur wider, dass die amerikanische Gesellschaft eine der wenigen ist, in der kaum jemand etwas über den ersten Mai weiß, geschweige denn an der Solidaritätsbekundung teilnehmen würde.

Als die Vereinigten Staaten vor sechzig Jahren zu einer typischen Industriegesellschaft wurden, warnten die Wirtschaftszeitungen vor der "politischen Macht der Massen" wegen ihrer "Gefahr für die Industriellen" und [sprachen von] der Notwendigkeit, "ihre Gedanken" in geeignetere Richtungen zu lenken und die Rechte, die sie schließlich errungenen hatten, wieder rückgängig zu machen. Nach dem Krieg begann der Gegenangriff Gestalt anzunehmen. Seine Größenordnung, seine Leidenschaft und sein Klassenbewusstsein waren äußerst erstaunlich, und die Wirtschaftsführer forderten große Bemühungen, um "den immerwährenden Kampf um das Bewusstsein der Menschen" zu gewinnen und "der Bevölkerung die kapitalistische Geschichte in die Köpfe zu schlagen."

Fünfundvierzig Jahre intensiver Propaganda zeigten eine massive Wirkung. Eine Wirkung ist, dass die Meinung über Gewerkschaften höchst bedenklich ist. Etwa 80 Prozent der Bevölkerung denken, dass die Arbeiter in öffentlichen Fragen mehr zu sagen haben sollten, doch ungefähr die Hälfte davon meint, dass Gewerkschaften zu viel zu sagen hätten. Das spiegelt die extrem erfolgreiche Propaganda wider, die alles von der Werbung bis zur Unterhaltungsindustrie umfasst. Die Wirtschaftspropaganda präsentiert darin das Bild ehrlich arbeitender Menschen, die ihre Feinde bekämpfen, die Gewerkschaften. Die Dämonisierung der Gewerkschaften war seit Ende der 1930er Jahre ein bewusst konstruiertes Thema der Wirtschaftspropaganda, das mittlerweile Wirkung gezeigt hat. Zudem hält sie eine bestimmte Meinung über die Regierung aufrecht, welche einen enormen Wohlfahrtsstaat für die Reichen über das Pentagonsystem und andere Einrichtungen unterstützt, während zugleich Angst und Abneigung gegen jenen Regierungssektor geschürt wird, der die Interessen und Bedürfnisse der Bevölkerung widerspiegelt – wodurch Deweys Binsenweisheit natürlich verschleiert wird. Das gilt für eine Menge Bereiche. Warum zum Beispiel sind rote Zahlen und Schulden ein so großes Thema? Sind sie es, weil die Menschen sich darüber sorgen würden, dass die Schulden gemessen am Bruttosozialprodukt im Bereich früherer Zeiten liegen? Nein, sie sind es deshalb, weil man Tag für Tag in die Köpfe der Menschen hämmert, dies seien unsere größten Probleme.

Die Gründe dafür liegen auf der Hand: Die Geschäftswelt, allen voran die Finanzinstitutionen, wollen einen ausgeglichenen Haushalt sehen und zudem die Schulden als Werkzeug verwenden, um Sozialprogramme zu untergraben, die sie schon immer bestenfalls als tolerierbaren Luxus angesehen haben. Was die öffentliche Meinung anbelangt, sind Umfragen interessant. Typischerweise stellt man zwei Arten von Fragen: eine für die Schlagzeilenschreiber und eine andere für diejenigen, die "den immerwährenden Kampf um das Bewusstsein der Menschen" austragen und ihren Finger am Puls der Öffentlichkeit halten wollen, um ihre Absichten wunschgemäß durchzusetzen. Die Frage für die Schlagzeilenschreiber lautet: Hätten Sie gerne einen ausgeglichenen Haushalt? Die zu erwartende Antwort lautet: "Aber ja" – Die Frage könnte genauso gut sein, ob man seine eigenen Schulden auf magische Weise verschwinden sehen will. Dann folgt die vernünftige Frage, die etwa so formuliert wird: Wollen Sie Ihre Schulden erlassen bekommen, wenn Sie dadurch Ihr Haus, Ihr Auto und die Ausbildung Ihrer Kinder verlieren? Oder auf unseren Fall übertragen: Wollen Sie einen ausgeglichenen Haushalt haben, wenn das Einschnitte in der Gesundheit, in der Bildung und im Umweltschutz bedeuten würde? Dann fällt die Unterstützung drastisch auf 20 oder 30 Prozent ab, je nachdem, wie die Frage gestellt wird.

Die Geschäfts- und Finanzwelt haben ihr Machtwort gesprochen, und der Schatten gehorcht. Beide politischen Parteien halten unnachgiebig an einem ausgeglichenen Haushalt fest, die Medien verkünden die Botschaft ununterbrochen und erzählen der Öffentlichkeit, sie würde den ausgeglichenen Haushalt benötigen, für den sie gestimmt hat – eine Erfindung, die durch endlose Wiederholung jedoch wahrscheinlich verinnerlicht, vielleicht sogar geglaubt wird. Dahinter verbirgt sich die Idee, den Leuten solange etwas in die Köpfe zu schlagen, bis sich ihre Meinung oder zumindest das, was sie für ihre Meinung halten, verändert hat. In einer entpolitisierten Gesellschaft, wo öffentliche Organisationen, die eine funktionierende Demokratie am Leben erhalten könnten, größtenteils zerstört sind, fehlt den Leuten jede Unterstützung. Sie befinden sich in einer schwierigen Lage und sind oft unfähig, sich darüber klar zu werden, was sie denken und glauben sollen und was sie eigentlich wollen – was selbst unter den besten Bedingungen keine einfache Aufgabe ist. Manchmal reagieren sie irrational, was jedoch kein Problem darstellt, solange die bestehenden Privilegien unangetastet bleiben.

Gleiches gilt auch für andere Propagandakampagnen. Der "Drogenkrieg" ist nur ein Beispiel. Bevor Bush im September 1989 pathetisch den "Krieg gegen die Drogen" verkündete (wieder einmal – es kommt regelmäßig vor), befand sich das Drogenproblem im unteren Teil der öffentlichen Interessenliste. Aus Neugier verfolgte ich die Mediengeschehnisse in diesem Monat. Die Leitungen der *Associated Press* brachten mehr über Drogen als die gesamte internationale Presse zusammen. Im Fernsehen und in den Zeitungen war überall Drogen, Drogen, Drogen zu hören. Gegen Monatsende war die Drogenfrage zum beherrschenden Thema des öffentlichen Interesses emporgeschossen. War der Grund der, dass sich das Problem verschärft hatte? Nein, es war nur sehr erfolgreiche Propaganda.

Auch das sind ganz natürliche Eigenschaften einer von der Geschäftswelt beherrschten Gesellschaft, einer Gesellschaft also, die auf Vermarktung und Werbung beruht – die im Wesentlichen Formen der Manipulation und Täuschung sind. Das hat Folgen, die manchmal nur allmählich zutage treten. Die Vereinigten Staaten gingen mehr oder weniger als sozialdemokratische Gesellschaft aus dem Zweiten Weltkrieg hervor. Über die gesamten 1980er Jahre und sogar noch heute sind Auffassungen nach Art des *New Deal* tief verwurzelt geblieben – trotz eines halben Jahrhunderts der intensiven Propaganda, die jegliche verfügbaren Mittel nutzte, um derartige Ideen aus den Köpfen der Menschen zu verdrängen. Es braucht eine gewisse Zeit, doch schließlich kann eine Wirkung auftreten, selbst wenn es nur Verwirrung und Demoralisierung ist. Doch für diejenigen, die dafür sorgen wollen, dass der Schatten seinen Verursachern gehorsam bleibt und dass demokratische Strukturen nicht ausreichend funktionieren, um die Macht der Privattyranneien in Frage zu stellen, ist das genauso gut wie echte Gedankenkontrolle.

Meines Erachtens besteht eine der derzeit vorherrschenden Tendenzen in der Ausweitung des traditionellen Versuchs, die von der Demokratie ausgehende Gefahr zu reduzieren und das Prinzip Madisons noch entschiedener zu verwirklichen, auf dem die Vereinigten Staaten gegründet wurden – dass die wichtigste Verantwortung der Regierung darin bestehe, "die Minderheit der Wohlhabenden vor der Mehrheit zu schützen," wie Madison in den Diskussionen im Rahmen der Verfassungsgebenden Versammlung bemerkte. Die Bevölkerung ist sich der Abtragung der Demokratie bewusst. In einer regelmäßig durchgeführten *Gallup*-Umfrage fragt man die Menschen, für wen die Regierung ihrer Meinung nach arbeitet. Für lange Zeit antwortete etwa die Hälfte der Befragten: Für "einige wenige schwergewichtige Interessen, die einzig auf sich selbst achtgeben." Inzwischen sagen über 80 Prozent, dass die Regierung für die Interessen Weniger und für Spezialinteressen arbeitet – obwohl sich das, was die Bevölkerung für "Spezialinteressen" hält, nach zahlreichen Jahren der intensiven Propaganda verändert hat.

Diese Ergebnisse, die sich über weite Bereiche erstrecken, spiegeln das allgemeine Empfinden wider, dass wir nicht in einer funktionierenden demokratischen Gesellschaft leben – wenngleich die Gründe dafür nicht verstanden werden. Unter diesen Bedingungen kann eine kleine Gruppe engagierter Fanatiker mit reichlich Geld in der Hinterhand zahlreiche Veränderungen herbeiführen, egal was die Bevölkerung vorzieht. Ein Blick auf die Budgetvorschläge der *Heritage Foundation* enthüllt diese Möglichkeiten. Man fordert massive Einschnitte in den Sozialausgaben (im scharfen Widerspruch zum Willen der Bevölkerung) und eine Erhöhung der Pentagon-Ausgaben (die die Bevölkerung mit überwiegender Mehrheit ablehnt).

Wohin das führen wird, ist schwer zu sagen. Die Zukunft hängt, wie auch oft die Vergangenheit, davon ab, ob die Menschen Wege finden können, sich zu organisieren und konstruktiv zu reagieren, um wenigstens einen Bruchteil des Gesellschaftsvertrags zu verteidigen und zurückzuerlangen. Vor nicht langer Zeit war es in großen Teilen der Bevölkerung Allgemeinwissen, dass die Konzentration der Entscheidungsmacht in den Händen niemandem verantwortlicher Institutionen eines im Kern totalitären Charakters völlig inakzeptabel ist und kein vernünftiger Mensch den "neuen Zeitgeist" dulden sollte, den die bekannten Zeitungen der Arbeiterklasse Mitte des 19. Jahrhunderts verurteilten: "Werde reich und vergiss alles außer dir selbst."

Wenn sich die privilegierten Intellektuellen dazu entschließen, könnten sie an den Universitäten und an anderen Orten dazu beitragen, Demokratie, Freiheit und Menschenrechte zu schützen und voranzubringen. Das brächte ihnen wahrscheinlich zwar keinen großen Beifall ein, wäre aber mit unermesslichen Belohnungen verbunden.

II (Februar 1997)

Das Buch *The Cold War and the university* ist nicht mein Werk. Ich bin sicher, Howard Zinn wird es auch nicht als das seine betrachten. Es handelt sich um ein Gemeinschaftsprojekt, zu dem wir und andere beigetragen haben. Mein eigener Beitrag bestand in einem Interview. Folglich war es ein gemeinsames Unternehmen, der erste von mehreren Bänden über den Kalten Krieg und die Universitäten. Im Folgenden werde ich mich vorwiegend auf dieses Buch beziehen, einige Worte über den Kalten Krieg sagen und erläutern, wie sich die Universitäten in dieses Bild fügen. Dann werde ich kurz beschreiben, was jetzt geschieht, da der Kalte Krieg offiziell vorbei ist.

Der Verlauf der modernen Geschichtswissenschaft

Über den Kalten Krieg gibt es enorme Mengen historischer Untersuchungen, die ich hier nicht wiederzugeben versuchen werde. Es existiert eine Standardmeinung über den Untersuchungsverlauf, die ich hier als richtig voraussetze und die sich im Prinzip in eine These, Antithese und Synthese gliedern lässt. Die anfängliche und ursprüngliche Position war die These; sie wird manchmal auch als orthodoxer oder traditioneller Standpunkt bezeichnet. In einem Satz besagt sie, dass der Kalte Krieg eine Folge der sowjetischen Aggression und Unnachgiebigkeit war und dass die Vereinigten Staaten eine völlig defensive und erwidernde Rolle spielten. Es war schlicht eine Angelegenheit des Lichts gegen die Dunkelheit, eine Sache der absoluten Perfektion gegen das größtmögliche Böse. Wenn Sie diese These in ihrer Reinform betrachten möchten und es bisher noch nicht getan haben, sollten Sie das geheime Memorandum 68 des Nationalen Sicherheitsrats (NSC 68) lesen, das jeder als das Standarddokument über den Kalten Krieg anerkennt – doch nie zitiert es irgendwer. (Der Grund dafür ist wohl der, dass die Sprache darin so befremdlich ist und das Bild, das das Memorandum von der Kultur jener Zeit zeichnet, so untragbar ist, dass man sich lieber indirekt darauf bezieht, statt es zu zitieren.) Soviel also zur These.

Die Antithese, die sogenannte "revisionistische" Lehrmeinung, trat Mitte der 1960er Jahre als Teil der ganzen Wut jener Periode in Erscheinung. In ihr wurde der häretische Standpunkt vertreten, dass der Kalte Krieg eine Art gegenseitiges Wechselspiel gewesen sei und beide Seiten bei seiner Entstehung und Aufrechterhaltung eine gewisse Rolle gespielt hätten.

Bei der Synthese, die manchmal "postrevisionistisch" genannt wird, handelt es sich im Wesentlichen um die traditionelle, orthodoxe Auffassung – mit wenigen nuancierten Veränderungen. Nach allgemeiner Zustimmung ist ihr Hauptvertreter John Lewis Gaddis, der gelegentlich als Vater der Diplomatiegeschichte bezeichnet wird. Er führte die maßgeblichen Studien durch und ist die führende Persönlichkeit auf dem Gebiet. Ich werde mich im Folgenden daher auf ihn beziehen.

Als die revisionistische Häresie die Bühne betrat, verursachte sie ungeheure Aufregung und Besorgnis, was schon für sich genommen einiges über diese Periode verrät. Arthur Schlesinger schrieb im Oktober 1966, dass "es an der Zeit ist, die Wahrheit" über die Häresie zu verkünden. Die Auseinandersetzung ist interessant, denn zu dieser Zeit war die Häresie noch kaum geäußert worden. In Wirklichkeit reagierte er auf einen jungen Historiker, der ein Buch über den Kalten Krieg rezensiert hatte, in dem der Autor, ein Historiker namens Gar Alperovitz, geschrieben hatte, dass "der Kalte Krieg nicht einfach nur als Reaktion auf sowjetische Provokationen gesehen werden kann, sondern vielmehr auf ein gemeinsames Wechselspiel hinterhältiger Verdächtigungen zurückgeführt werden muss, für das alle die Schuld zu tragen haben." Darin bestand die Häresie. Schlesinger war so außer sich, dass er unverzüglich schrieb, jetzt sei es an der Zeit, die Wahrheit über den Kalten Krieg zu verkünden, bevor die Sache wirklich außer Kontrolle geraten und die Plage sich ausbreiten würde.

Einige Jahre später beklagte sich Henry Kissinger, dass "die europäischen Intellektuellen in den 1960er Jahren zu behaupten begannen, dass der Kalte Krieg sowohl durch die amerikanische wie auch durch die sowjetische Politik verursacht worden sei und dass in den Vereinigten Staaten eine wortgewandte, manchmal gewalttätige Minderheit die zuvor beinahe einhellige Überzeugung in Frage stellt, dass der Kalte Krieg allein durch die sowjetische Unnachgiebigkeit entstanden ist." Oder anders formuliert: Die Säulen brachen wirklich in sich zusammen. Kissinger schrieb in einer Zeit großer Besorgnis über die sogenannte "Krise der Demokratie" – der Titel eines bedeutenden Buchs, das jeder lesen sollte. Es handelte sich um die erste und einzige seriöse Studie der Trilateralen Kommission Mitte der 1970er Jahre. Man war besorgt wegen der Tatsache, dass es im Verlauf der 1960er Jahre in allen trilateralen Gebieten – in Europa, Japan und den Vereinigten Staaten – Bevölkerungsteile gegeben hatte, die eigentlich immer ruhig und gefügig gewesen waren, sich jetzt aber organisierten und versuchten, die Bühne der öffentlichen Politik zu betreten, um ihre Bedürfnisse einzubringen. Dies führte zur Krise der Demokratie, die überwunden werden musste, indem man die Bevölkerung in einen Zustand der Apathie und der Gefügigkeit zurückversetzte und sie von der politischen Bühne verjagte, wo sie nichts verloren haben.

Diese Äußerungen gehörten zum liberalen Teil der politischen Meinungslager, stammten von Personengruppen, die der Regierung Carter nahestanden. Tatsächlich rekrutierte sich die gesamte Regierung Carter aus diesen Leuten. Eines der Probleme war, dass die Medien zu feindselig wurden. Man sagte, es könnte nötig werden, über Mittel zur Kontrolle der Medien nachzudenken, denn diese liefen aus dem Ruder. Ein weiteres Problem hatte mit den sogenannten Institutionen zur Indoktrination der Jungen zu tun – Universitäten, Schulen, Kirchen, usw. Diese erfüllten ihre Aufgabe, die Jungen in geeigneter Weise zu indoktrinieren, nicht mehr, und daher musste etwas unternommen werden. Die Ausbreitung dieser fürchterlichen Häresie – dass möglicherweise nicht nur reines Licht gegen reine Dunkelheit kämpfte – war ein Aspekt dieses Geschehens.

Die postrevisionistische Synthese erschien zu eben jener Zeit auf der Bildfläche und versuchte, der Häresie ein Ende zu setzen. Ihre Hintergründe und ihr Ausgangspunkt sind höchst interessant. Ihr Hauptvertreter ist John Lewis Gaddis. Im Wesentlichen bin ich mit ihm einig, deshalb werde ich ihn zitieren. Er verfolgt die Ursprünge des Kalten Krieges bis ins Jahr 1917 zurück, was meiner Meinung nach zutrifft. Eine weitere Phase des Kalten Krieges begann 1945. Wie Sie wissen, fiel der Westen unmittelbar nach der bolschewistischen Revolution (im Oktober 1917) innerhalb weniger Monate unter Beteiligung der Vereinigten Staaten in Russland ein. Die Sache wurde sehr ernst genommen. Die Aufzeichnungen der nachfolgend beschriebenen Ereignisse sind vor etwa fünfzehn Jahren freigegeben wurden, doch sind sie meines Wissens noch nicht ins Geschichtsbewusstsein der Öffentlichkeit vorgedrungen.

Die Briten nahmen die Sache so ernst, dass sie an der Nordfront Giftgas einsetzten. Denken Sie daran – das war direkt nach dem Ersten Weltkrieg.

Damals war dies die größtmögliche Grausamkeit – sie machten keine Späße. Gaddis beschreibt die Intervention des Westens und sagt, sie sei gerechtfertigt und im Grunde defensiver Natur gewesen. "Sie war eine Reaktion auf tiefgreifende und möglicherweise weitreichende Interventionen der neuen Sowjetregierung in die inneren Angelegenheiten nicht nur des Westens, sondern praktisch aller Länder der Welt, eine Reaktion auf den Angriff der Revolution auf das Überleben der kapitalistischen Ordnung." Folglich war die Sicherheit der Vereinigten Staaten schon 1917 in Gefahr – nicht erst 1950 –, und die Invasion Russlands wurde vollständig durch die Notwendigkeit zur Verteidigung gerechtfertigt. Verteidigung wogegen? Gegen innere Veränderungen in Russland und die Bekanntmachung revolutionärer Absichten. Das rechtfertigte eine Invasion aus Gründen der Verteidigung, denn es stellte eine Gefahr für uns dar. Wenn also nach derselben Logik die Vereinigten Staaten den globalen Kapitalismus ausrufen würden, wäre jedes Land, das eine andere Richtung einzuschlagen wünscht, völlig berechtigt, eine defensive Invasion in den Vereinigten Staaten durchzuführen. Oder wenn ihnen die Macht dazu fehlt, zumindest internationalen Terrorismus zu verüben, wie etwa das *World Trade Center* in die Luft zu sprengen, was einer Aggression nahekäme.

Der entscheidende Punkt ist, dass Gaddis die Mentalität genau erfasst hat. Da Russland den westlichen Machtbereich verließ und sich gleiches auch von anderen wünschte, stellte dies eine unerträgliche Provokation dar, die zu ihrer Beendigung Gewalt rechtfertigte. Das ist die Standardrechtfertigung, die immer wieder für Interventionen in der Dritten Welt angeführt wird.

Denken Sie daran, die ursprüngliche Dritte Welt war Russland. Diese Entwicklung reicht bis ins 15. Jahrhundert zurück. Das im Gedächtnis zu behalten, ist von entscheidender Bedeutung, um den Kalten Krieg zu untersuchen. Um das 15. Jahrhundert setzten in Europa Teilungsprozesse ein, der Westen begann sich zu entwickeln, und der Osten wurde zu einer Art Dienstleistungsregion für den Westen – für Rohstoffe, Märkte, billige Arbeitskräfte usw. Die Teilung setzte sich fort. Heute verläuft direkt durch Deutschland eine Bruchlinie. Der Teilungsprozess ging bis Anfang des 20. Jahrhunderts weiter. Der Osten verarmte relativ zum Westen immer mehr, bis Russland Anfang des 20. Jahrhunderts eine Richtung einschlug, "die seine Bereitschaft und sein Vermögen, die Industriewirtschaften des Westens zu ergänzen, minderte." Das ist die Hauptgefahr des Kommunismus. Ich zitiere hier aus einer sehr wichtigen Studie, die eine renommierte Forschergruppe im Jahr 1955 über die politische Ökonomie der US-Außenpolitik durchführte. Aus meiner Sicht trafen sie den Nagel auf den Kopf. Das war die Gefahr des Kommunismus: die Weigerung, die Industriewirtschaften des Westens zu ergänzen. Das ist nämlich Aufgabe der Dritten Welt.

Es kam noch schlimmer: Russland war, was man später als einen "Virus" bezeichnete, der andere infiziert. Genau davon sprach Gaddis. Russland rief andere dazu auf, denselben untragbaren Weg zu beschreiten – direkt bis in die 1960er Jahre, wo unsere Aufzeichnungen versiegen (hier enden die freigegebenen Geheimdokumente). Bis in die 1960er Jahre war die größte Sorge amerikanischer und britischer Strategen genau das: ein Erfolg der Sowjetunion. Sie würde zu einem Modell werden, dem andere folgen könnten. So sagte Arthur Schlesinger in einer jüngst freigegebenen Mitteilung an John F. Kennedy, Kuba betreffend: Das Problem sei "die Ausbreitung von Castros Idee, die Dinge selbst in die Hand zu nehmen und die Möglichkeit eines annehmbaren Lebens einzufordern. Zu all dem inspiriert die Sowjetunion, die sich als Modell für Modernisierung innerhalb nur einer einzigen Generation präsentiert." Folglich weigerte sich die Sowjetunion nicht nur, die Industriewirtschaften des Westens zu ergänzen und verstieß gegen die Rolle, die man der Dritten Welt zugewiesen hatte: Sie veranlasste sogar andere dazu, es ihr gleichzutun. Übrigens hatten die Vereinigten Staaten damals bereits im Geheimen offiziell festgelegt, dass sie die Regierung Kubas stürzen würden.

Das ist die Grundlogik des Nord-Süd-Konflikts, und schaut man sich den Kalten Krieg an, gilt sie für ihn, wie ich denke, in hohem Maße. Hier war die Größenordnung gewiss so verschieden, dass sich ein Eigenleben entwickelte; doch die Logik hatte Ähnlichkeit zu der Gefahr, die von Grenada, Nicaragua, Kuba und vielen anderen Ländern ausging. Es überrascht nicht besonders, dass die Regionen des ehemaligen Sowjetreichs nach 1989 größtenteils wieder zu dem werden, was sie früher einmal waren. Jene Gebiete, die in der Vergangenheit zum Westen gehörten – z.B. die Tschechoslowakei (oder zumindest die Tschechische Republik) und Westpolen –, gliedern sich wieder in den Westen ein. Die übrigen Länder stürzen, mit all den typischen Mustern, ins tiefe Elend der Dritten Welt. Wir schreiben alle diese Vorgänge dem Versagen des Kommunismus zu. Es ist nur etwas schwer zu erklären, warum sich diese Ereignisse nach 1989 vollziehen und warum es so gänzlich all den Ereignissen in den Gebieten gleicht, die – nicht eben freiwillig – weiterhin die Industriewirtschaften des Westens ergänzen.

Kurz, ich denke, dass Gaddis mit dem postrevisionistischen Konsens im Wesentlichen richtig liegt, mit der zeitlichen Einordnung des Kalten Krieges, wie auch mit der Bestimmung seiner Gründe. Der Grund war der Erfolg der Sowjetunion und die Gefahr, dass sie anderen als Modell dienen könnte. Die moderne Wissenschaft hat aus meiner Sicht ein interessantes Ergebnis zutage gefördert: Es dürfte nun vollkommen offensichtlich sein und von keiner Seite ernsthaft bestritten werden, dass die Gefahr besonders in dem bestand, was George Kennan 1947 im Geheimen sagte: Es war keine militärische, sondern eine politische Provokation: einerseits der Widerwille, die Rolle als Diener für den Westen anzuerkennen, und zum anderen gar das Anstiften anderer, dieser Idee, ein annehmbares Leben führen zu wollen und die Dinge selbst in die Hand zu nehmen, nachzufolgen: der sogenannte Virus-Effekt. Dies setzt sich direkt bis in die Gegenwart fort.

Aus meiner Sicht ist dies der Kern des Kalten Krieges und der Ansichten, die aus ihm hervorgehen. Das zeigt sich gerade in der orthodoxen Wissenschaft; man muss nicht einmal die kritische Wissenschaft zu Rate ziehen, um zu diesen Einsichten zu gelangen; sie stammen direkt aus dem Mainstream. Nehmen wir z.B. die Tatsache, dass Gaddis' Standpunkt keinem merkwürdig erscheint: Wir haben das Recht, in andere Länder einzufallen, wenn sie innere Veränderungen durchlaufen und verkünden, dass andere es ihnen gleichtun sollten – besonders dann, wenn diese Länder erfolgreich zu sein scheinen und möglicherweise als Modell dienen, dem andere folgen wollen. Dies stellt eine Provokation dar, und natürlich sind wir zur Gewaltausübung berechtigt, um uns zu verteidigen. Versuchen Sie mal, einen Kritiker dieses Standpunkts zu finden.

Universitäten und zwei verwandte Systeme

Wie passen die Universitäten hier ins Bild? In zweierlei wichtiger Hinsicht. Zunächst müssen sie den doktrinären Rahmen schaffen, denn schließlich sind sie die Institutionen, die für die Indoktrination der Jungen zuständig sind. Sie müssen dafür sorgen, dass die Jungen in richtiger Weise indoktriniert werden und den Älteren gleiches widerfährt. Wer für die Indoktrination zuständig ist, muss sie für wahr halten, und diejenigen, die über die wichtigsten Kanäle ein breites Publikum erreichen, müssen sie ebenfalls glauben. Es darf Falken und Tauben geben. Sie sind nicht nur erlaubt, sie sind sogar notwendig. Es sollte sehr lebhafte Diskussionen geben, weil diese für das Propagandasystem sehr nützlich sind. Sie sollten jedoch in extrem eng gezogenen Grenzen ablaufen. Die Diskussionen sollten so aussehen, wie sie z.B. über Nicaragua, dem größten Thema der 1980er Jahre, geführt wurden. Die Falken sagten: Wir sollten die Regierung gewaltsam stürzen. Die Tauben sagten: Nein, die Kosten sind zu hoch. Wir sollten sie auf andere Weise stürzen und in den Zustand zurückversetzen, der als sogenannter mittelamerikanischer Standard bekannt ist. Wir sollten Nicaragua die regionalen Normen El Salvadors oder Guatemalas aufzwingen (ich zitiere Tom Wicker und andere Tauben). Über diese extremen Standpunkte sollte es umfangreiche Auseinandersetzungen geben. Dass außerhalb dieser Grenzen ein anderer Standpunkt möglich sein könnte, wäre dann undenkbar.

Abgesehen von diesem doktrinären Gesichtspunkt haben die Universitäten eine äußerst wichtige Rolle in der amerikanischen Ökonomie gespielt. Viele Wirtschaftszeitungen diskutieren darüber. Diese Rolle, die die Universitäten in der gesamten Ökonomie bei uns spielen, ist extrem bedeutend. Wenn Sie es noch nicht wissen, sollten Sie davon erfahren – es ist von größter Wichtigkeit. In den 1930er Jahren gab es die Wirtschaftskrise. Der *New Deal* änderte kaum etwas daran – nein, der Krieg führte uns aus der Krise. Aus amerikanischer Sicht war der Krieg ein Riesenerfolg. Die Vereinigten Staaten hatten eine Art Kommandowirtschaft. Die Industrieproduktion verdreifachte sich, das Land produzierte wie verrückt. Daraus lernte man eine Lektion, die später zur Lehre Keynes' werden sollte: Wenn die Regierung Ressourcen mobilisiert und sie in die Wirtschaft pumpt, kann die Produktion stimuliert und eine Art staatskapitalistische Ökonomie unterhalten werden. Und diese Lektion lernten eben jene, die sie nötig hatten: Konzernmanager, die man nach Washington holte, um die erfolgreiche Semi-Kommandowirtschaft zu führen.

Sie hatten die Botschaft verstanden und übernahmen die Semi-Kommandowirtschaft für die Nachkriegszeit. Das gesamte Spektrum (Wirtschaftswissenschaftler, Industrielle und alle andere) nahm an, dass die Nation direkt in die Wirtschaftskrise zurückfiele, wenn man den Geldhahn zudrehen würde. Es war nicht einmal ein Geheimnis: Man kann das alles in der Wirtschaftspresse der späten 1940er Jahre nachlesen. In *Fortune*, *Business Week* und anderen Zeitungen wurde viel darüber geredet, dass in einer nichtsubventionierten Konkurrenzwirtschaft, die nach den Gesetzen des freien Marktes funktioniert, die moderne Industrie nicht überleben könnte und die Regierung deshalb zu ihrer Rettung einspringen müsse. Diskutiert wurde auch darüber, wie dies zu bewerkstelligen wäre. Aus nachvollziehbaren Gründen entschied man sich als beste Lösung für das Militär. Man begriff, dass auch Sozialausgaben funktionieren würden. Jeder kannte die Geschichten von Keynes über das Verstecken von Geld im Sand und Ähnliches, was man im ersten Semester eines Wirtschaftsstudiums lernt. Das begriff man. Es war bekannt, dass Sozialausgaben dieselbe stimulierende Wirkung haben könnten, doch es gab da eine Schattenseite: Sozialausgaben bewirken eine Umverteilung und eine Demokratisierung. Den Leuten ist es wichtig, wo ein neues Krankenhaus gebaut wird. Es kümmert sie nicht, welche Art von Rakete gebaut werden sollte. Darüber hinaus handelt es sich bei Sozialausgaben nicht um eine direkte Subvention des Konzernsektors, sondern um eine indirekte.

Bei Militärausgaben tauchen keine dieser Probleme auf. Auch sie bewirken eine Umverteilung, doch zugunsten der Reichen. Sie sind antidemokratisch. Sie halten die Leute von der Politik fern. Sie sind ein direktes Geschenk für die Konzerne, noch dazu sind sie leicht zu verkaufen. Das alles wurde ganz offen gesagt: Trumans erster *Air-Force*-Minister, Stuart Symington, empfahl, dass man statt "Subvention" den Begriff "Sicherheit" verwenden sollte. Eben dies ist in der Geschichte von damals bis heute der Fall gewesen. Man sage "Sicherheit", wenn man in Wirklichkeit "Subvention" meint. Dann merken die Menschen nichts.

Der Kalte Krieg trug einerseits dazu bei und wurde so weiter angeheizt. Jeder beliebige gewinnbringende Wirtschaftssektor von damals bis heute ist in hohem Maße von diesem System der öffentlichen Kostenübernahme abhängig gewesen. Wenn irgendetwas schief läuft, dann trägt die Öffentlichkeit auch die Risiken; doch die Profite werden privatisiert. Derart ist das heutige System beschaffen. Es entstand direkt in der Anfangsphase des Kalten Kriegs und ist eng mit ihm verbunden. Die Universitäten spielen in diesem System eine entscheidende Rolle.

Fragen wir uns als erstes: Warum habe ich einen Job? Ganz einfach: Das MIT ist Teil des Kanals, durch den man öffentliche Gelder in die High-Tech-Industrie pumpt. Es verleiht ihnen einen luxuriösen Anstrich, wenn es einige Verzierungen an den Rändern gibt, z.B. eine Musikabteilung oder mich. Das ist die vorrangige Funktion der Universitäten, und außerdem, für einen doktrinären Grundrahmen für all dies zu sorgen. Man will den Menschen nicht nur die Ideologie des Kalten Krieges einflößen, sondern auch verhindern, dass sie darüber Bescheid wissen. Versuchen Sie mal, eine Universitätsabteilung zu finden, die die Funktionsweise der amerikanischen Wirtschaft in dargestellter Weise untersucht. Damit befassen sich die Wirtschaftsabteilungen nicht, weil sie zehndimensionale Wirtschaftsmodelle aufstellen. Auch die politikwissenschaftlichen Abteilungen befassen sich nicht damit, weil sie die Wahlpolitik untersuchen. Verfügt eine Universität über eine *Business School*, wird es wahrscheinlich dort gelehrt, doch sicher gehört es nicht zum allgemeinen Lehrplan. Doch das sind die Grundfragen der US-Ökonomie.

Haben Sie die heutigen Zeitungen gelesen, die Titelseiten? Überall war die Rede von der großartigen Entscheidung der Welthandelsorganisation (WTO), die US-Telekommunikationsindustrie die Welt übernehmen zu lassen – denn darauf läuft die Entscheidung hinaus. Das soll unsere Vorliebe für freie Märkte und für den wunderbaren *American Way* zeigen, dafür, wie wir unsere Werte exportieren (ich schreibe hier in Zitaten). Wie schaffte es die US-Telekommunikationsindustrie bis zu dem Punkt, wo sie die Welt übernehmen konnte? Indem sie Satelliten in die Umlaufbahn schickte und Computer, Netzwerke, das *Arpanet* (*Advanced Research Projects Agency Network*), die entsprechende Software, Glasfaserleitungen und Weiteres entwickelte? Nicht im Geringsten. Sie schaffte es mithilfe öffentlicher Ressourcen, die in großem Maßstab über die Universitäten weitergeleitet wurden. Einen Großteil der direkten Organisation übernahm die Forschungsabteilung des Pentagon, die die Entstehung neuer Unternehmen vorantrieb und die meisten neuen Ideen anstieß. Wenn es am Ende funktioniert, übergibt man es den Privatkonzernen und spricht von unserer Vorliebe für freie Märkte und so weiter.

Zu einem angemessen funktionierenden Indoktrinationssystem gehört, die Menschen das Offensichtliche nicht sehen zu lassen. Es geschieht direkt vor aller Augen, doch man soll es nicht durchschauen. Wenn das System wirklich gut funktioniert, wenn die Institutionen, die für die Indoktrination der Jungen und der übrigen Bevölkerung sorgen sollen, zufriedenstellend arbeiten, dann haben wir keine Krise der Demokratie, und dann kann man über unsere Vorliebe für freie Märkte und alles andere schreiben.

Drei nicht triviale Fragen

All dies wirft zahlreiche Fragen auf, die nicht einfach zu beantworten sind. Etwa diese: Wofür sollte man öffentliche Gelder verwenden? Wie könnte man öffentliche Mittel nutzen, um den Grundstein für die Wirtschaft und geistige Kultur der Zukunft zu legen? Diese Fragen sind nicht trivial. Oder eine weitere: Sollten die durch öffentliche Finanzierung entstehenden Erfolge automatisch der privaten Macht ausgehändigt werden, die niemandem verantwortlich ist? Oder eine dritte: Wer sollte darüber entscheiden? Sollte die Entscheidung Gegenstand öffentlicher Diskussionen und Debatten sein? Sollte die Öffentlichkeit an der Entscheidung über diese nicht trivialen Fragen beteiligt werden? Die letzte Frage sollte eigentlich unstrittig sein – zumindest wenn man die Demokratie für eine gute Sache hält. Doch in der Realität geschieht es einfach nicht, es wird nicht einmal als Möglichkeit in Betracht gezogen.

So wird z.B. die ganze Telekommunikationswirtschaft – einschließlich des Telekommunikationsgesetzes von 1996 –, nicht einmal als Frage des öffentlichen Interesses behandelt. Es ist ein Thema der Geschäftswelt. Wie sollte das System der privaten Macht übergeben werden? Und nicht: *Sollte* es der privaten Macht übergeben werden? Über diese Frage wird nicht einmal diskutiert. Die Rede ist nur davon, *wie* dieses gewaltige öffentliche Geschenk der privaten Macht übergeben werden sollte. Denken Sie daran, es handelt sich dabei um ein wenig mehr als bloß um das Verschenken der Luftfahrtindustrie, denn das Telekommunikationswesen in seiner Gesamtheit ist für das Funktionieren eines demokratischen Systems wesentlich. Diskussionen darüber werden jedoch praktisch nicht geführt.

Die Öffentlichkeit soll nicht daran beteiligt werden. Das gilt nicht nur für diesen Fall, sondern genauso für alles Übrige – es ist sogar ein Grundsatz, den man in Standardwerken über amerikanische Politik nachlesen kann. So etwa ein Werk, das ein Typ namens Samuel Huntington vor einigen Jahren schrieb, der in Harvard den entzückenden Titel "Professor für Regierungswissenschaften" trägt. Er erläutert, dass "die Architekten der Macht eine Kraft erschaffen müssen, die zwar gefühlt, nicht aber gesehen werden kann. Die Macht bleibt gewichtig, wenn sie im Dunkeln wirkt. Dem Sonnenlicht ausgesetzt beginnt sie, sich zu verflüchtigen."

Diese Äußerung halte ich für sehr zutreffend, genau wie die Bemerkungen anderer führender Intellektueller und Akademiker, die ich bereits zitiert habe. Zur Aufgabe der Institutionen, die für die Indoktrination der Jungen und aller anderen zuständig sind, gehört, die Macht vor Bloßstellung zu schützen. Der Kalte Krieg lieferte dafür ein Grundgerüst, doch das Problem ist bei weitem größer. Es wird noch lange, nachdem die Berliner Mauer glücklicherweise zu einer Ruine zerfallen ist, in unserer Gegenwart verharren.

Kapitel 20

Universitäten und Konzerne

(Mai 1973)

Denken Sie, dass in unserer Gesellschaft, wie sie derzeit beschaffen ist, direkte Beziehungen, direkte Verbindungen oder Verantwortungsbereiche irgendeiner Art zwischen Universitäten und Konzernen bestehen sollten?

Bestünden in der jetzigen Situation keine Verbindungen zwischen Vermögen (gleich welcher Art) und Universitäten, würden die Universitäten zusammenbrechen. Dem ist offensichtlich so, denn die Universitäten existieren auf der Grundlage der Geldversorgung seitens der Regierung und vor allem durch die Vermögenden. So betrachtet muss es eine Verbindung geben. Ich selbst halte dies für einen bedauernswerten Zustand, doch das sind die Tatsachen unserer Gesellschaftsorganisation.

Ihrer Natur nach scheinen die Fakultäten oft eine liberale, radikale oder kritische Sicht auf die Gesellschaft einzunehmen.

Dem muss ich widersprechen. Ich denke, dass die Fakultäten höchst konservative Einrichtungen sind. Im amerikanischen Meinungsspektrum werden sie zwar als liberal angesehen, doch verglichen z.B. mit Westeuropa hat sich das Meinungsspektrum in Amerika so weit nach rechts verschoben, dass die Fakultäten der US-Universitäten an den Normen westeuropäischer Demokratien gemessen wirklich ziemlich konservativ sind.

Strenge ideologische Kontrollen und mangelnde Ehrlichkeit

Sie denken also, dass die Fakultäten in der Rolle, die sie als Vorreiter einer liberalen Kraft und positiven Kritik in der Gesellschaft spielen könnten, versagen?

Mich stören die verschiedenen Meinungen der Menschen nicht. Ich denke, die Universitäten sollten ein breites Meinungsspektrum zulassen, doch das tun sie nicht. Ich halte dies für einen schwerwiegenden Fehler und für einen Mangel an Ehrlichkeit. Ich denke, dass die Wissenschaftler an den Universitäten nicht versuchen, mit dem realen Gesellschaftssystem in Berührung zu kommen. Sie stehen unter so starker ideologischer Kontrolle, dass sie jedes Interesse an den Grundfragen unserer Gesellschaft und an ihrer Untersuchung meiden. Das ist nicht nur eine Meinung, es lässt sich leicht aufzeigen.

Könnten die Fakultäten in der Gesellschaft, so wie sie im Moment beschaffen ist, eine freiere Rolle spielen?

Niemand hindert sie daran. Wegen ihres umfassenden Konservatismus finden die Fachbereiche in ideologischen Gebieten wie Geschichte oder Politikwissenschaft aber Wege, die Analyse grundlegender Fragen über das Wesen und die Ausübung der Macht in unserer Gesellschaft zu meiden. Selbst wenn sie solche Fragen untersuchen, gehen sie dabei in verdrehender und verwirrender Weise vor. Auch die Besonderheiten der akademischen Spezialisierung tragen dazu bei, z.B. im Bereich der politischen Ökonomie. Die Spezialisierung der Fachgebiete erschwert es manchen Abteilungen enorm, Grundfragen über die Struktur der amerikanischen Gesellschaft zu untersuchen.

Am deutlichsten fallen mir hier Untersuchungen über die Außenpolitik ins Auge. Vor kurzem erschien in den *Annals of the American Academy of Political and Social Sciences* eine Umfrage, in welcher der Autor 200 Hauptwerke über internationale Angelegenheiten und Auslandsbeziehungen untersuchte, die er als seriös einstufte. Er fand heraus, dass über 95 Prozent die Beziehung zwischen Konzernen und Außenpolitik nicht einmal erwähnen, und weniger als 5 Prozent merken dazu beiläufig etwas an. Natürlich weiß jeder Zehntklässler, dass die Frage von zentraler Bedeutung ist. Dass die Wissenschaften an den Universitäten diese Grundfragen so systematisch meiden, ist nur ein sehr dramatisches Zeichen für die ideologischen Kontrollen, im Rahmen derer die Wissenschaftler handeln.

Danach zu urteilen, was ich von der Umfrage gelesen habe, scheint mir der Artikel in seinen Anschauungen ziemlich konservativ zu sein.

So ist es, und zwei Dinge fallen mir besonders ins Auge. Zunächst die Tatsache, dass er die Umfrage überhaupt durchführen konnte, denn im Mainstream meidet jeder das Thema wie Gift. Zudem erstaunt mich seine eigene Meinung über die Tatsachen: Nachdem er bemerkt hat, dass ein Großteil der Literatur die Grundfragen meidet (es gibt aber Randbereiche, die die zentralen Fragen berühren), kommt es ihm an keiner Stelle in den Sinn, dass die Randbereiche die seriöse Literatur sein könnten und dass die überwiegende Zahl der Artikel von Interessenvertretern stammen könnte. Er ist derart gefangen im ideologischen Gefüge der Gesellschaft, dass er die Schlussfolgerungen seiner eigenen Daten nicht zu erkennen vermag.

Schauen wir uns die Hintergründe der Gesellschaft als ganzer an, so wie Sie sie sehen – gibt es eine Möglichkeit für Fakultätsmitglieder und Konzerne, manche dieser Probleme anzugehen und zu lösen?

Wir blicken aus sehr verschiedenen Perspektiven auf dieses Frage. Ich finde, die Fakultäten und die Konzerne kommunizieren ganz prächtig miteinander. Die Konzerne wollen ganz einfach, dass die akademischen Wissenschaften ein Netz der Verwirrung spinnen, um jedes Bewusstsein der Öffentlichkeit über die eigentliche Rolle der Macht in der Gesellschaft zu vermeiden. Die Fakultäten haben die Botschaft verstanden und setzen sie hervorragend um. Sie spinnen wunderbare Verwirrungen und Irreführungen und weigern sich, Fragen wie die Beziehungen zwischen Konzernen und Außenpolitik zu untersuchen. Die Kommunikation funktioniert prächtig, doch natürlich nie gut genug. Zum Beispiel ist *Agnew* unzufrieden damit, dass nur 92 Prozent der Zeitungen Nixon unterstützen. Es sollten schon 100 Prozent sein. Außerdem bin ich sicher, dass die Konzerne sich nicht damit zufrieden geben werden, dass nur etwas über 95 Prozent der wichtigsten Veröffentlichungen über Außenpolitik diese Fragen nicht erwähnen; sie sollen sie überhaupt nicht erwähnen. Nichtsdestoweniger funktioniert die Kommunikation ganz wunderbar.

Was ist mit dem Bereich der Politik? Die Fakultäten schienen fest hinter McGovern zu stehen, zumindest in Princeton und an den Eliteuniversitäten. Ich weiß nicht, ob das fürs ganze Land gilt, doch scheint mir der politische Standpunkt dieser Universitäten mit Ihrer Analyse unvereinbar. Ich glaube nicht, dass der Vergleich zwischen Fakultäten und Zeitungen in diesem Zusammenhang wirklich angebracht ist.

Ich halte den Vergleich für treffend. Ich habe mir zwar keine aktuellen Statistiken angeschaut, vermute aber, dass die von Princeton-Professoren gelesenen Zeitungen für die Vereinigten Staaten als ganze untypisch sind. Nehmen wir aber die Fakultäten im Gesamten, würden wir wohl feststellen, dass sie genau wie die Zeitungen konservative Institutionen sind, die in enger Verbindung mit den ideologischen Kontrollen in der modernen Gesellschaft stehen. Auch sollte man erwähnen, dass McGovern zu unterstützen nicht viel beweist, denn er ist ebenfalls ein Konservativer.

Welchen allgemeinen Trend schlägt die Universitätsgemeinschaft aus Ihrer Sicht ein? Wird sich die konservative Entwicklung fortsetzen, oder werden die Randbereiche mehr zu sagen bekommen?

Ich denke, in den 1960er Jahren gab es eine kurze Zeit, in der – hauptsächlich als Folge der Desillusionierung wegen des Vietnamkriegs – eine Studentenbewegung und eine Art Massenbewegung der Dissidenten entstanden. Im Zuge dieser Bewegungen *gab* es einige Bemühungen, die Universitäten etwas offener zu gestalten, um eine breitere Äußerung von Meinungen zu erlauben, als der Konservatismus, der die ideologischen Gebiete dominierte, es gestattet hatte. Meines Erachtens werden die Kontrollen derzeit aber recht erfolgreich wieder errichtet. Zumindest die bedeutenden Universitäten werden wohl keine große Meinungsvielfalt dulden. Ich will ein aktuelles Beispiel nennen: Harvard hat kürzlich vier seiner bedeutendsten radikalen Ökonomen entlassen – d.h. man hat sich geweigert, ihnen eine Festanstellung zu geben. Einige bekamen natürlich anderswo einen Job, z.B. an der Universität Massachusetts. Etwas anderes wäre aber wohl auch nicht zu erwarten gewesen.

Gesucht: eine integrierte Sicht, wie die Gesellschaft funktioniert

Diese Art der Einstellungspolitik hat in den letzten Jahren zugenommen. Häufig beschuldigen Konservative die Universitäten, sie würden eine Einstellungspolitik gegen konservative Professoren betreiben. Meinen Sie, das könnte wahr sein?

Ich vermute, das stimmt ebenfalls. Die Universitäten tendieren zu einer sogenannten "liberale Haltung." Bei dieser handelt es sich um eine Orthodoxie in engen Grenzen. Wo im Meinungsspektrum sie anzusiedeln ist, hängt vom betrachteten Spektrum ab. Nehmen wir z.B. das Meinungsspektrum westeuropäischer Demokratien, scheinen mir unsere Fakultäten sehr konservativ zu sein. Nehmen wir das amerikanische Meinungsspektrum [Anfang der 1970er Jahre], befinden wir uns mehr oder weniger weit links. Aber auch dieses Spektrum ist sehr begrenzt, Widerspruch wird kaum geduldet. Das sind nicht nur politisch auferlegte Zwänge, sondern, wie ich bereits erwähnte, führen die akademische Spezialisierung und die Besonderheiten ihrer Umsetzung zur Beseitigung von Forschungsgebieten, die uns eine integrierte Sicht auf die Funktionsweise der Gesellschaft ermöglichen könnten.

Was ist mit ethischen Investitionen seitens der Universitäten – werden sie irgendeine Wirkung auf das Innenleben der Konzerne haben? Werden sie eine Rolle bei Reformen spielen oder bestimmte Veränderungen herbeiführen können?

Ihre Wirkung ist geringfügig, doch womöglich können sie ein wenig ausrichten. Im Augenblick kommt es z.B. in England zu erheblichen Unruhen wegen der jüngst aufgedeckten Praktik Großbritanniens, in Südafrika zu investieren. Vielleicht werden dadurch die Löhne schwarzer Arbeiter in Südafrika leicht ansteigen – wahrscheinlich nur zeitlich begrenzt, bis die Menschen es wieder vergessen haben. Doch auf diesem Wege lässt sich nicht viel bewirken. Macht und Vermögen sind zu zentralisiert, als dass sie angetastet werden könnten. Die Mächtigen und Reichen brauchen nur geringfügig auf die Unruhen in den Randbereichen zu reagieren.

Und welche Ziele sollte die Gesellschaft dann Ihrer Meinung nach haben?

Ich persönlich bevorzuge die Demokratie. Damit meine ich, dass die zentralen Institutionen der Gesellschaft unter die Kontrolle der Bevölkerung gebracht werden müssten. Jetzt, im Kapitalismus, ist schon per Definition keine Demokratie möglich. Der Kapitalismus ist ein System, in dem die wichtigsten Gesellschaftsinstitutionen im Prinzip autokratisch kontrolliert werden. Das heißt, ein Konzern oder Industriebetrieb ist politisch gesehen faschistisch, er wird streng von oben nach unten kontrolliert, und auf jeder Ebene muss für strikten Gehorsam gesorgt werden. Es gibt ein paar Tarifverhandlungen, ein wenig Geben und Nehmen – doch die Machtverhältnisse sind genauestens festgelegt. Genau wie ich gegen den politischen Faschismus bin, lehne ich auch den wirtschaftlichen Faschismus ab. Solange die zentralen Gesellschaftsinstitutionen nicht unter eine Verwaltung durch die Bevölkerung – eine Verwaltung durch die Beteiligten und die Gemeinden – gebracht worden sind, macht es keinen Sinn, von Demokratie zu sprechen.

In diesem Sinne würde ich mich als libertären Sozialisten bezeichnen – ich würde die zentralisierte Macht gerne abgeschafft sehen, gleichgültig, ob es sich nun um die Macht des Staates oder der Wirtschaft handelt, so dass sie auf alle verteilt wird und letzten Endes unter der direkten Kontrolle der Beteiligten steht. Außerdem halte ich das für völlig realistisch. Alle vorhandenen Indizien (es sind nicht viele) scheinen darauf hinzudeuten, dass die Arbeiterverwaltung beispielsweise die Effizienz erhöht. Dessen ungeachtet wollen die Kapitalisten etwas dieser Art natürlich nicht. Worum sie sich sorgen, ist ihre Macht, nicht etwa Einbußen in der Produktivität oder Effizienz.

Was ist mit dem Versuch Großbritanniens, Verstaatlichungen im System selbst vorzunehmen? Berührt das nur die Randbereiche oder waren die Versuche von Erfolg gekrönt?

Der britische Ansatz bestand darin, unbedeutende und funktionsunfähige Industriebetriebe, die keine Gewinne mehr abschlugen, zu übernehmen und die Öffentlichkeit die Kosten dafür tragen zu lassen. Das wird dann Sozialismus genannt. Es ist völlig bedeutungslos. Meines Wissens haben sich dadurch die Konzentrationen des Kapitals, die Größenordnung der Kontrolle des Privatkapitals über die Wirtschaft oder die Warenverteilung nur marginal verändert; die Strukturen sind lediglich etwas aufgeweicht worden.

Treu ergebene Diener im autokratischen Konzernstaats- und Wirtschaftsfaschismus

Wie könnte aus Ihrer Sicht ein möglicher Übergang des Wirtschaftssystems zum libertären Sozialismus aussehen?

Man könnte sich den Übergang als eine Abfolge sehr tiefgreifender Reformen vorstellen, oder als soziale Revolution – doch das würde einen fundamentalen Wandel der Gesellschaftsorganisation bedeuten, wie auch immer es dazu käme. Ich halte eine solche Entwicklung nicht für besonders *wahrscheinlich*, wenn nicht zumindest den Menschen in hohem Maße bewusst wird, dass auch andere Gesellschaftsformen möglich sind, und wenn sich nicht ein Großteil der Bevölkerung tatsächlich um die Errichtung einer neuen Gesellschaftsordnung bemüht – und das ist bei uns natürlich nicht einmal annähernd der Fall. Die Universitäten und andere ideologische Institutionen arbeiten hart daran, um Entwicklungen in dieser Richtung zu verhindern. In dieser Hinsicht sind die Universitäten ziemlich treu ergebene Diener des Konzernstaats. Die hier diskutierten Fragen zählen nicht zum akademischen Lehrplan. Bis vor zwei oder drei Jahren war mir in den Vereinigten Staaten lediglich ein einziges Buch zum Thema Arbeiterverwaltung bekannt, ein sehr feindseliges. In den vergangenen zwei bis drei Jahren hat es – wieder durch die Bemühungen der 1960er Jahre – einige Diskussionen darüber gegeben, doch werden sie wieder nachlassen, wenn die Unruhen versiegen.

Alle kommunistischen Revolutionen haben sich in vorwiegend nichtkapitalistischen Gesellschaften vollzogen.

Das waren doch keine kommunistischen Revolutionen. Was kommunistische Revolution genannt wird, ist etwas Autoritäres – Entwicklungsrevolutionen, die politisch autoritäre und gesellschaftlich egalitäre Strukturen einführen. Im Prinzip befürworten sie eine *Do-it-yourself*-Haltung bezüglich Entwicklung, und das nennen wir dann Kommunismus. Mit dem Kommunismus in der westeuropäischen Tradition des Sozialismus hat das nichts zu tun. Daher denke ich nicht, dass sich an irgendeinem Ort kommunistische Revolutionen vollzogen haben, zumindest nicht im traditionellen Sinne.

Denken Sie, dass streng marxistische Entwicklungen noch möglich sind, wenn wir uns vor Augen führen, wie sich der Kapitalismus seit Mitte des 19. Jahrhunderts entwickelt hat?

Ich fände es ganz erstaunlich, wenn die Analysen, die Marx vor hundert Jahren durchführte, für die Probleme des heutigen Kapitalismus noch unmittelbar von Bedeutung wären; ich halte sie nur für marginal wichtig. Von einem allgemeineren Standpunkt aus betrachtet halte ich seine Sicht der Dinge für unsere gegenwärtigen Betrachtungen jedoch für nützlich.

Gibt es eine zeitgemäße Untersuchung irgendeines Lands, die auf Marx' Analysen zurückgreift? Kommt Lenin der Wahrheit näher?

Nein, Lenin ist viel weiter davon entfernt. Lenin war nur eine Art autoritärer Mensch – wenngleich man sagen muss, dass seine Darstellungen eine gewisse Gültigkeit für Entwicklungsländer besitzen. Aber für moderne Industriegesellschaften haben sie keinerlei Bedeutung, und selbst wenn sie eine hätten, wäre dies für diese fortschrittlichen Nationen ein Rückschritt.

Gibt es überhaupt eine zutreffende Analyse?

Ich denke, es gibt eine sehr wichtige, jedoch nicht weiterentwickelte Tradition, die aus dem Marxismus und dem Anarchismus hervorgegangen ist. Sie repräsentiert ein ganzes Meinungsspektrum, das große Bedeutung hat, aber nicht ausgebaut wurde, da man es sorgfältig ausgeschlossen hat. Die Chancen, dass diese Sichtweise an den Universitäten oder anderswo neu zum Leben erweckt wird, stehen nicht gut; folglich gab es hier nur wenig Fortschritt.

Die Verwaltung der Industrie durch Arbeiter und Gemeinden

Welche Möglichkeiten sehen Sie für die Zukunft?

Ich halte es beispielsweise für absolut vorstellbar, dass eine Bewegung entstehen könnte, die sich für eine Verwaltung der Industrie durch die Arbeiter und die Gemeinden einsetzt. Ich denke, das würde viel Sinn machen. Warum sollten die Arbeiter akzeptieren, Sklaven in einer im Grunde autoritären Struktur zu sein? Sie sollten die Zügel selbst in der Hand halten. Warum sollte man den Gemeinden keine einflussreiche Stimme in der Leitung der Institutionen geben, die ihr Leben beeinflussen? Wenn sich eine solche Bewegung entwickeln sollte, könnte sie ganz unterschiedliche Formen annehmen: eine neue Partei in einem parlamentarischen System, die nicht in den Konsens zwischen Republikanern und Demokraten eingebunden ist; oder direkte Handlungen, wie z.B. die Übernahme von Wirtschaftsorganisationen.

Sie halten es also für möglich, innerhalb des parlamentarischen Systems etwas zu bewirken?

Ja, theoretisch schon. Ich glaube jedoch nicht, dass diese Möglichkeit realisiert werden wird. Wer in unserer Gesellschaft tatsächliche Macht in Händen hält, duldet die Demokratie nur solange, wie sie seine Macht nicht beeinträchtigt. Würden wir je damit anfangen, über das parlamentarische System Industriebetriebe zu enteignen, würden diese reichen und mächtigen Leute die Parlamente zerstören. In dieser Hinsicht besteht in unserem System wahrscheinlich keine Möglichkeit. Alle Revolutionäre, von denen ich je gehört habe, bevorzugten aber friedliche und gewaltlose Mittel, wenn die Möglichkeit gegeben war. Wegen des Widerstands derjenigen, die ihre Privilegien wahren wollten, war dies jedoch nur selten möglich.

TEIL IV

Sprache im Unterricht

Kapitel 21
Gedanken über den Sprachunterricht

(September 1969)

Der erste Rat, den ein Sprachwissenschaftler einem Sprachlehrer geben sollte, ist, seinen Ratschlag mit Vorsicht anzunehmen. Wir müssen uns deutlich vor Augen führen, dass die Sprachwissenschaften und die Psychologie keine technische Anleitung einer Art geben können, wie die Physik "Technologien" für Atomreaktoren oder für die Erforschung des Weltraums bereitstellt. Lehrer wären gut beraten, den Erfolgen jener Disziplinen einige Beachtung zu schenken, zugleich aber skeptisch zu bleiben, wenn es um ihre direkte Anwendung zum Zweck der Lösung direkter Probleme geht. Einer der größten Sprachwissenschaftler, Wilhelm von Humboldt, schrieb einmal, dass Sprachen nicht wirklich gelehrt werden könnten – vielmehr könne man nur den roten Faden vorgeben, an dem sich die Kinder in eigener Weise entwickeln. Linguistische und psychologische Entdeckungen werden an dieser Einsicht wahrscheinlich nicht viel ändern. Kinder lernen dann etwas, wenn man für eine vielfältige und komplexe intellektuelle Umgebung Sorge trägt; Kinder lernen in dem Maße, wie sie motiviert sind, diese Umgebung zu erforschen, und wie ihnen die Freiheit gegeben wird, gemäß der in ihnen entstehenden Interessen und Ansichten zu handeln. Ein erfolgreicher Lehrer der Sprachen oder in anderen Fachgebieten ist jemand, der für die nötigen Herausforderungen, Anregungen und Freiheiten zu sorgen vermag.

Intelligente Lehrpläne und aktive Beteiligung

Bei gleichbleibenden übrigen Bedingungen wird der Sprachunterricht sicher in gewissem Maße durch intelligente Lehrpläne vereinfacht, die Texte nutzen, in denen neue Wörter und Strukturen in angemessener Geschwindigkeit und mit ausreichender Wiederholung eingeführt werden. Gleichzeitig ist es jedoch sehr wohl möglich, dass sorgfältig gestaltete Lehrpläne – wie ausgezeichnet sie sein mögen – das Lernen bremsen, wenn der Lehrer zu überwältigt von ihnen ist und sich zu stark an sie gebunden fühlt. Beobachtungen wie Versuche legen nahe, dass ein Hauptfaktor für erfolgreiches Lernen freiwilliges Handeln und die selbstbestimmte Erforschung der Umwelt ist. Die erste Sprache erlernt ein Kind zumeist in einer recht chaotischen Umgebung. Auch die zweite Sprache kann unter ähnlichen Bedingungen, z.B. auf der Straße oder im Schulhof, sehr erfolgreich gelernt werden. Versuche haben gezeigt, dass bestimmte Arten des Lernens geradezu von freiwilligen Handlungen abhängig sind. Wenn ein Subjekt nur passiver Beobachter statt aktiver Beteiligter ist, der die Umwelt erforscht und beeinflusst, wird unter bestimmten Bedingungen nichts gelernt – selbst wenn das gesamte "Erfahrungsspektrum", das dem Subjekt präsentiert wird, in beiden Fällen genauso groß ist. Zum Beispiel zeigen Untersuchungen über die visuelle Anpassung bei Subjekten, die verzerrende Prismen vor den Augen tragen, bedeutende Unterschiede zwischen jenen, die einen Weg hinunterlaufen, und anderen, die denselben Weg im Rollstuhl hinunter geschoben werden. Gleiches gilt für die Anpassung eines Subjekts, das seine Hand beobachtet, während es sie bewegt, und einem anderen, dessen Hand bewegt wird. Bei der Verallgemeinerung solcher Entdeckungen ist jedoch Vorsicht geboten. Dennoch verbirgt sich hier eine offensichtliche Lektion für den Lehrer. Jeder, der unterrichtet, kennt diese Lektion gewiss intuitiv; sie sollte im Denken und Planen jedes Lehrers einen zentralen Platz einnehmen.

Viele Beispiele könnten angeführt werden. Um nur eines herauszugreifen: Aus Sicht (eng aufgefasster) pädagogischer Prinzipien ist kaum zu bezweifeln, dass die heutigen Texte in der Bibel aus offensichtlichen Gründen weit von optimalen Sprachtexten entfernt sind. Die Konstruktionen sind kompliziert, neue Wörter werden viel zu schnell eingeführt, es gibt viel zu wenige Wiederholungen und ein Großteil des Inhalts entzieht sich dem Verständnis eines Kindes. Und doch könnte ein Kind, das Begeisterung verspürt, etwas Wirkliches und Lebendiges von großer kultureller und geschichtlicher Bedeutung zu erforschen, eine Ausgleichstätigkeit finden, die zu erheblichem Erfolg führt; das gilt selbst für das Erlernen von Sprachen, das hier als Nebenprodukt von Kulturerfahrungen in Erscheinung treten könnte und unabhängigen Wert hat. Ich will damit nicht vorschlagen, dass im Sprachunterricht der Grundschulen unveränderte Bibeltexte verwendet werden sollten; der springende Punkt ist vielmehr, dass für die richtige Wahl der Textmaterialien berücksichtigt werden muss, welche Hauptfaktoren zu Bedingungen führen, in denen das Sprachenlernen in sinnvoller und gewinnbringender Weise erfolgen kann. Dazu gehört intellektuelles Interesse, Motivation wie auch die Bedeutung der geistigen und emotionalen Welt des Sprachenlerners.

Wir können mit einiger Gewissheit sagen, dass die miserabelsten Voraussetzungen für das Sprachenlernen durch Starrheit und geistige und emotionale Leere gekennzeichnet sind. Ich kann mir kein größeres Hindernis als Sprachdisziplin vorstellen – sei es das bloße Auswendiglernen von Regeln oder die stumpfsinnige Wiederholung von Vorlagen, die jedem sinnvollen Zusammenhang entrissen sind. Noch vor einer Generation hatten die Sprachwissenschaften und die Psychologie – die nun endlich (nach der üblichen kulturellen Verzögerungsphase) einen gewissen Einfluss auf pädagogische Kreise ausüben – leider die Neigung, Lehrpläne in dieser Weise zu beeinflussen. Es wurde allgemein angenommen, dass die Sprache und andere Verhaltensweisen ein Gefüge aus Gewohnheiten seien, die durch Disziplin, Übung, durch Belohnung und Bestrafung entstehen. Man nahm an, dass die Sprache aus Strukturen aufgebaut sei, die durch ständige Wiederholung und "übermäßiges Lernen" unter den passenden Verstärkungsbedingungen erworben werden. Daher sah man sogenannte "Musterübungsmethoden" (*pattern practice methods*) als wesentliches Element der Sprachlehrpläne an.

Eine völlig unzulässige Schlussfolgerung

Welche greifbaren Ergebnisse die derzeitigen Methoden des Sprachunterrichts auch haben mögen (meines Wissens sind sie bestenfalls fragwürdig), so muss doch begriffen werden, dass diese Methoden nicht auf wissenschaftlichen Erkenntnissen beruhen, sondern auf Überzeugungen, die vor allem aus unseren Wissensgrenzen und gewissen methodischen Beschränkungen herrühren, die die Forschung unnötig bremsen. Der Überzeugung, das Verhalten der Tiere und Menschen ließe sich als Gefüge von Gewohnheiten betrachten, liegen bestimmte experimentelle Fehler zugrunde. So war es einfach und gelegentlich nützlich, Experimente so zu konstruieren, dass bestimmte Gewohnheiten eingeübt werden und das Verhalten durch Kontrolle bestimmter Verstärkungsbedingungen "geformt" wird. Diese Beobachtung, die sicher richtig ist, lässt jedoch keine allgemeine Schlussfolgerung über das Verhalten von Tieren und Menschen zu. Aus der Beobachtung, dass Verhaltensweisen und Gewohnheiten durch strenge Übung geformt werden können, zu folgern, das Verhalten sei ein Gefüge aus Gewohnheiten, ist ganz und gar unzulässig und der wissenschaftlichen Forschungsmethode völlig fremd. Eine solche Schlussfolgerung könnte nur gezogen werden, wenn eine Analyse der Verhaltensstruktur zeigen würde, dass das Verhalten aus Gewohnheiten besteht. Untersucht man die Verhaltensstruktur unabhängig von der experimentellen Anordnung der behavioristischen Psychologie, findet man keinen Rückhalt für diese Hypothese – ganz im Gegenteil.

Besonders im Fall der Sprache lässt sich leicht zeigen, dass die normalen Sprachkenntnisse eines Menschen nicht als "Verhaltensplan" oder als Gefüge von Gewohnheiten verstanden werden können. Der Meinung, die Sprache sei ein Gefüge von Gewohnheiten – die noch vor wenigen Jahren allgemein anerkannt war –, lagen nicht nur unzulässige Schlussfolgerungen zugrunde, die Psychologen aus experimentellen Fehlern zogen, sondern auch gewisse Grenzen der modernen Strukturlinguistik. Auch hier ist wichtig zu verstehen, dass der Schwerpunkt, den die moderne Sprachwissenschaft auf die Untersuchung der Lautstruktur legt, eine Folge methodischer Mängel ist. Dies spiegelt die Grenzen gewisser Untersuchungsmethoden, aber keine neuen Entdeckungen über die Natur der Sprache wider.

Gleiches kann man über die Behauptung sagen, die Satzstruktur ließe sich als Systems von Mustern darstellen – eine Hypothese, die einem Großteil der heute im Sprachunterricht verwendeten Methoden zugrunde liegt. Auch deren Ursprung war keine neue Entdeckung in den Sprachwissenschaften, sondern die Mängel bestimmter Untersuchungsmethoden. In derselben Weise wie die Methoden der behavioristischen Psychologie waren jene der Sprachanalyse ihrer Natur nach nicht in der Lage, die Hintergründe der Gewohnheiten und Muster aufzudecken, welche für den alltäglichen Sprachgebrauch und für das sprachliche Wissen eines Menschen tatsächlich nur marginale und nebensächliche Bedeutung haben. Untersucht man die alltäglichen Sprachkenntnisse einer Person in unabhängiger Weise – ohne die künstlichen Einschränkungen bestimmter Untersuchungsmethoden, die letztlich sehr willkürlich sind –, wird schnell klar, dass sie nicht als System von Mustern und Gewohnheiten verstanden werden können. Vielmehr entwickelt ein Mensch üblicherweise ein abstraktes Verarbeitungssystem, das zur Formulierung und zur Interpretation einer endlosen Zahl von Satzstrukturen, aus denen der gewöhnliche Redefluss besteht, verwendet werden kann. Ein Kind, das eine Sprache erlernt, hat es irgendwie geschafft – wir wissen nicht annähernd wie –, das zugrunde liegende Verarbeitungssystem für sich zu erfinden. Dadurch vermag es sprachliche Strukturen zu verstehen und zu formulieren, die in keines der simplen Muster passen, die es gehört oder durch übermäßiges Lernen erworben hat. Typisch für das Verhalten eines Kindes ist, dass es diese neu erworbenen Strukturen zu passender Gelegenheit formuliert und sie versteht, wenn es mit ihnen in Berührung kommt (was andauernd geschieht). Das Vermögen, eine abstrakte Grammatik elementarer Prinzipien für sich zu konstruieren, ist vermutlich eine für den Menschen charakteristische Grundausstattung, ein Grundmerkmal der menschlichen Intelligenz. Die Aufgabe des Lehrers ist es, Bedingungen zu schaffen, unter denen dieses natürliche Vermögen des Menschen zur Anwendung gelangen kann.

Wer eine Umgebung schaffen möchte, in der die natürliche kindliche Neugier zum Erwerb von Sprachkenntnissen oder etwas anderem führt, kann sich dabei nur auf wenige einfache Regeln verlassen. Wie ich schon erwähnt habe, führt das Auswendiglernen von Regeln, wie etwa die Wiederholung bestimmter Vorlagen, meistens dazu, die Bedingungen des Lernens zu zerstören. Doch auch hier ist Vorsicht geboten. Sicher könnte ein kreativer Lehrer selbst Vorlagen erfolgreich einsetzen. Er könnte sie beispielsweise verwenden, um jene sehr faszinierenden Prinzipien zu veranschaulichen, die die Struktur und den Aufbau der erwähnten Regelmäßigkeiten bestimmen. Das könnte bei vielen Kindern zu großer Neugier führen und ihr Interesse an Sprachen wecken statt trüben. Im Allgemeinen mögen Kinder Sprachspiele und erfinden sie sogar spontan von alleine. Die altmodische Grammatik vermag – in richtiger Weise angewandt – Möglichkeiten und Material zur Tätigkeit zu bieten, die die Vorstellungswelt für sich gewinnen und Lernanreize geben können.

Gestufte Lesematerialien und mündliche Übung

Gestufte Lesematerialien und mündliche Übungen ins Zentrum des Lehrplans zu rücken, ergibt Sinn, sofern das Themengebiet interessant ist und mit weiteren Aktivitäten und Studien verbunden ist. Welche Gebiete behandelt werden sollten, steht natürlich auf einem ganz anderen Blatt geschrieben. Die Gebiete werden durch allgemeinere Erziehungsziele gewählt, die weder die Sprachwissenschaften noch die Psychologie näher bestimmen können. Besteht das Ziel eines Erziehungsprogramms z.B. darin, Kinder in eine Tradition einzuführen, in der die hebräische Sprache ein wesentliches Element ist, oder ein verständnisvolles Bewusstsein für Israels Leben und Kultur und eine Beteiligung daran zu erreichen, lässt sich kaum in Abrede stellen, dass die Lehre der hebräischen Sprache einen vorderen Platz im Lehrplan einnehmen sollte.

Selbst wenn diese Sprache später wieder vergessen werden sollte, muss das nicht unbedingt heißen, dass ihr Erlernen eine Verschwendung von Zeit und Arbeit gewesen wäre. Die Erfahrungen und Einsichten, die untrennbar mit einem sinnvollen Sprachunterricht verbunden sind, können von Dauer sein. Es ließe sich recht überzeugend argumentieren, dass ein frühes Sprachenlernen als Teil breiterer Kulturerfahrungen diese Einsichten bereichert. Ich kann nicht ganz die Behauptung nachvollziehen, dass ein Erwachsener, der eine Sprache nicht mehr sprechen kann, durch die Erfahrung ihres Lernens nicht beeinflusst worden sei – obwohl das durchaus so sein mag, wenn der Sprachunterricht von anderen Bildungserfahrungen getrennt verlief und die Sprache durch sinnlose Disziplin und Wiederholung gelehrt wurde. Für manche zumindest wird es später im Leben Gelegenheit geben, das als Kind Erlernte zu erweitern und fortzuführen. Ein intelligenter Lehrplan wird sich daran orientieren, solche Möglichkeiten bei denen zu realisieren, die durch ihre späteren Erfahrungen und Interessen dem zugeneigt sind.

Von einer so allgemeinen Perspektive aus lässt sich wenig mehr über diese Fragen sagen. Konkrete Fragen stellen sich erst dann, wenn die Ziele genauer formuliert werden. Darüber etwas zu sagen bin ich nicht qualifiziert.

Anhang
Über die Bedeutungslosigkeit vorgeschriebener Grammatik
(1954)

Jede Analyse der modernen hebräischen Sprache muss bestimmte Gegebenheiten berücksichtigen. Als gesprochene Sprache wurde Hebräisch erst jüngst und auf sehr künstlichem Weg wieder zum Leben erweckt. Die an dieser Wiederbelebung beteiligten Leute stammen aus vielen unterschiedlichen Sprachhintergründen. Im Augenblick gibt es in Israel eine Vielzahl neuer Immigranten, die die hebräische Sprache unsicher oder überhaupt nicht sprechen. Viele, die Hebräisch seit der ersten Generation sprechen (und sogar schon lange in Israel wohnen), sprechen noch immer mit Hemmungen und deutlichen Überresten ihrer Muttersprachen. Andererseits ist Hebräisch nun zu einer einheitlichen Sprache mit einem großen Kernbereich von Muttersprachlern geworden. Eine solche rasante Entwicklung stellt eine Untersuchung natürlich vor spezielle Probleme, aber die vorgeschriebene Grammatik – wie ihre Rechtfertigung vor ungefähr einem halben Jahrhundert auch ausgesehen haben mag – lässt sie unegfähr genauso bedeutungslos werden, wie sie es bei der Untersuchung jeder anderen Sprache ist.

Dass der Autor [des Buches *Modern Hebrew*] sich dessen durchaus bewusst ist, erkennt man an vielen seiner Bemerkungen. So weist er zu Recht darauf hin, dass "die Entstehung einer einheitlichen hebräischen Aussprache mit rasanter Geschwindigkeit vor sich geht." Er kritisiert Versuche, ein vorgefasstes Sprachsystem zu erzwingen und gleichzeitig ein Projekt zur allgemeinen Verwendung vorgeschriebener Grammatik vorzuschlagen. Leider jedoch scheint seine Wahrnehmung zu schwinden, wenn er sich dem linguistischen Material annähert. So schreibt er z.B.: "Das Ziel des Grammatikers besteht nicht darin, Regeln festzulegen, sondern die Sprachstrukturen einer bestimmten Periode zu untersuchen und zu beschreiben." Doch kurz darauf finden wir eine Liste und Erörterung der 225 häufigsten "Fehler" der gesprochenen hebräischen Sprache. Wie diese "Fehler" zusammengestellt worden sind, erinnert an jene Methode, die Sprachwissenschaftler oft verwenden, wenn sie einen linguistischen Körper konstruieren: "Jeder Student [an der *Hebrew School of Education*] verbrachte eine Woche damit, sich die Sprache seiner Umgebung anzuhören – auf der Straße, im Bus, in Restaurants, Cafés usw. – und notierte alle Fehler, die er finden konnte." Dann kommt er zu dem Ergebnis, dass "die konventionelle hebräische Grammatik nur wenige Aspekte der im Alltag gesprochenen hebräischen Sprache widerspiegelt." Doch statt dem vorigen Vorschlag, dass diese Lücke durch die Entwicklung einer tatsächlich vorgeschriebenen Grammatik geschlossen werden könnte, empfiehlt er nun, diese Liste von "Fehlern" als Leitfaden für ein Lehrprogramm zu deren Korrektur zu verwenden. "Man könnte [die Fehler] auf eine bestimmte Anzahl von Jahren verteilen und sich jedes Jahr die Korrektur einer bestimmten Fehlerzahl vornehmen."

Eine genaue Untersuchung der Liste mehrt nur die Verwirrung. Viele der Fehler in der Liste sind normale Redewendungen, die für die Muttersprache typisch sind, z.B. *ex kor'im lxa* (Wie heißt du?), *ani oxel hamon* (Ich esse viel) oder *kmuvan šehalaxti lakontsert* (Natürlich bin ich ins Konzert gegangen).Viele dieser Formen repräsentieren normale und typische morphologische Entwicklungen der modernen Sprache, wie z.B. *ra'ítem* statt *r'itém* oder *habetsefer* statt *bet-hase-fer*, wo das geläufige zusammengesetzte Substantiv 'Schule' (wörtlich 'Haus der Bücher') als einziges, untrennbares Substantiv behandelt wird – eine relativ häufige Entwicklung; oder *yašan* in der Vergangenheitsform statt *yašan*, analog zu allen anderen gewöhnlichen Verben. Vieles davon sind tief verwurzelte Formen, die kein Muttersprachler in Frage stellen würde, z.B. *tsorfat* statt *tsarfat*, wie die biblische Aussprache nahelegt; oder *bana'í* statt *banái* und *amod* (Stopp) anstatt *atsor*. Andere Formen sind wirkliche Fehler, die jeder Sprecher der Sprache als nicht zur Muttersprache gehörig erkennen würde. Gleichzeitig stellen die jeweils "richtigen" Formen tatsächlich oft die Standardsprache dar, doch häufig handelt es sich um hochtrabende und pedantische Ausdrücke, die von Muttersprachlern als reine Sprichwörter oder gar als fremdartig angesehen würden.

Das Kapitel zum Thema Aussprache ist genauso verwirrend. Während der Autor sich einerseits gegen diejenigen ausspricht, die für eine Wiedereinführung der Kehllaute plädieren (als ob Grammatiker diese Rückkehr zur "ursprünglichen" Aussprache beeinflussen könnten), behauptet er zugleich, dass "relativ wenige Leute in Israel Schwierigkeiten mit ihrer Aussprache haben, weshalb die hebräische Aussprache, die man gewöhnlich hört, viel Gutes an sich hat"; "die moderne hebräische Aussprache neigt zur Nachlässigkeit, und wenig Aufmerksamkeit wird ästhetischen Gesichtspunkten geschenkt"; "der wichtigste Schritt [zur Verbesserung "der ästhetischen Qualität unserer Sprache"] wäre die Einführung von Zwillingskonsonanten und dem *shva*", und so weiter. Das Hauptziel, das diese Vorschläge zur "Verbesserung" der hebräischen Aussprache motiviert, ist "das Erreichen einer allgemeinen Standardaussprache in Israel und in der Diaspora." Doch angesichts der Tatsache, dass das moderne Hebräisch eine lebendige Sprache mit einem großen Kern von

Muttersprachlern ist, ist klar, dass die einzige Bedeutung eines solchen Ziels darin besteht, die Sprache dieser Gemeinschaft immer dann zu lehren, wenn das moderne Hebräisch als Zweitsprache vorgeschlagen wird. Der Vorschlag, Immigranten sollten eine künstlich erstellte Sprache lernen, die sich von jener der Sprachgemeinschaft stark unterscheidet, in welche sie eingeführt werden sollen, scheint mir eine merkwürdige Schlussfolgerung zu sein für eine Studie, die unter anderem helfen möchte, "die zur Anpassung benötigte Zeit für die zahlreichen Immigranten in Israel erheblich zu verkürzen."

Die zweite Hälfte des Buchs diskutiert die Methoden des Sprachunterrichts und führt dann zur Präsentation und Besprechung der "Jerusalem-Methode", die weit mehr als die linguistischen Abschnitte des Buches mit der modernen Sprachtheorie übereinstimmt. Die "Jerusalem-Methode" beruht auf der Methode mündlicher Gespräche mit großem Fokus auf die Aussprache, einer schrittweise abnehmenden Zahl an Übersetzungen, einer induktiven Präsentation der Grammatik, auf Material, dem das Leben in Israel zugrunde liegt und auf einem sorgfältig regulierten Vokabular. Dieses Vokabular, das auf Häufigkeitszählungen des Autors und auf einem "Grundwortschatz" basiert, wird in allen Einzelheiten vorgestellt und geht mit einer Diskussion darüber einher, welche Erwägungen bei seiner Erstellung eine Rolle spielen sollten.

Kapitel 22
Sprachtheorie und Sprachlehre

(August 1966)

Ich möchte von Anfang an deutlich machen, dass ich nicht als Experte für irgendein Teilgebiet der Sprachlehre an dieser Tagung teilnehme, sondern als jemand, der sich vorwiegend mit der Sprachstruktur und allgemeiner mit den Hintergründen kognitiver Prozesse beschäftigt. Ich bin ehrlich gesagt ziemlich skeptisch, ob sprachwissenschaftliche oder psychologische Einsichten und Erkenntnisse eine Bedeutung für die Sprachlehre haben.

Zweifellos täten Sprachlehrer gut daran, über die Fortschritte und Fragen informiert zu bleiben, die in den Sprachwissenschaften und in der Psychologie diskutiert werden. Die Versuche von Sprachwissenschaftlern und Psychologen, Fragen des Sprachunterrichts grundsätzlich anzugehen, sind aus intellektueller und gesellschaftlicher Sicht äußerst lohnenswert. Ich kann aber dennoch nur schwer glauben, dass die Linguistik oder Psychologie einen Grad an theoretischem Verständnis erreicht hätten, durch das eine "Technologie" der Sprachlehre möglich werden könnte.

Zweifel an den Prinzipien des "Lernens"

In den letzten Jahrzehnten haben beide Disziplinen bedeutende Fortschritte erzielt, und beide profitieren aus Jahrhunderten tiefgründiger Gedanken und sorgfältiger Nachforschungen. Gerade befinden sie sich in einem Zustand des Wandels und der Veränderung. Was noch vor wenigen Jahren eine etablierte Lehrmeinung zu sein schien, ist heute vielleicht Gegenstand heißer Diskussionen. Es scheint mir – obwohl es schwer wäre, eine solche Verallgemeinerung zu belegen – in der Psychologie und in den Sprachwissenschaften in den letzten zehn bis fünfzehn Jahren einen großen Vertrauensverlust gegeben zu haben, was den Geltungsbereich und die Gewissheit ihrer Grundlagen angeht. Ich selbst halte diesen Vertrauensverlust für gesund und realistisch. Er sollte aber Lehrern als Warnung dienen, Vorschläge dieser "Grunddisziplinen" mit Vorsicht und Skepsis aufzunehmen.

Viele Psychologen würden heute in Zweifel ziehen, dass die Grundlagen des Lernens gut verstanden wären. Prinzipien der Assoziation und der Verstärkung, Prinzipien der Gestaltpsychologie und die in der neueren Forschung entwickelte Theorie der Konzeptbildung, die alle lange Zeit anerkannt waren, sind theoretisch und experimentell beträchtlich in Frage gestellt worden. Mir scheinen diese Prinzipien nicht nur mangelhaft, auch sind sie wahrscheinlich missverstanden worden: Sie sind marginale Phänomene des Wissenserwerbs, die das Grundproblem unberührt lassen. Insbesondere scheint es mir unmöglich, die Auffassung zu akzeptieren, dass die Nutzung der Sprachte eine Frage der Gewohnheit sei, die durch Verstärkung, Assoziation und Verallgemeinerung allmählich erworben würde, und dass Sprachkonzepte anhand grundlegender, physisch definierter "entscheidender Merkmale" beschrieben werden könnten.

Die Sprache ist kein "Gefüge von Gewohnheiten." Der alltägliche Sprachgebrauch umfasst gewöhnlich Neuschöpfungen, die Bildung neuer Sätze und neue Muster, die sehr abstrakten und komplexen Regeln gehorchen. Das gilt für den Sprecher einer Sprache, der je nach Situation neue Sätze konstruiert, wie für den Zuhörer, der neue Strukturen analysieren und interpretieren muss. Weder kennen wir Prinzipien der Assoziation und Verstärkung, noch "Verallgemeinerungen", welche diese typische "kreative" Eigenschaft des alltäglichen Sprachgebrauchs nur ansatzweise erklären könnten. Die neuen Strukturen, die beim alltäglichen Sprachgebrauch gebildet und interpretiert werden, "ähneln" den Vorerfahrungen des Sprechers und Zuhörers nur insofern, als ihre Formen und Interpretationen von demselben System abstrakter Grundregeln gesteuert werden. Keine heutige Theorie der Assoziation oder der Verallgemeinerung vermag diese Tatsache zu erklären, und es würde aus meiner Sicht ein grundsätzliches Missverständnis bedeuten, wenn man nach einer solchen Theorie suchen würde, denn die Erklärung liegt höchstwahrscheinlich anderswo. Einfache Wörter der Alltagssprache (wie z.B. "Mensch", "Messer", "nützlich" usw., und in unserem Zusammenhang "grammatischer Satz") vermögen nicht durch eine Anzahl physischer Merkmale bestimmt zu werden, wie das Begriffsbildungsparadigma besagt. Folglich besteht keine offenkundige Analogie zwischen experimentellen Untersuchungsergebnissen über die Begriffsbildung und dem tatsächlichen Vorgang, auf dem sich das Erlernen einer Sprache zu gründen scheint.

Wenn ich die Bedeutung psychologischer Konzeptionen für den Spracherwerb so bewerte, verlangt das natürlich nach einer Erklärung – und die ist durchaus nicht unstrittig. Im Rahmen dieses Kapitels werde ich jedoch keine solche Erklärung zu geben versuchen. Ich möchte nur sagen, dass die Bedeutung psychologischer Theorien für den Spracherwerb höchst zweifelhaft und fragwürdig ist und von vielen Kontroversen und allen möglichen Ungewissheiten geplagt wird. Praktische Psychologen und Lehrer müssen sicher alles annehmen, was sie an Vorschlägen und Hinweisen aus der psychologischen Forschung bekommen können. Doch wären sie gut beraten, sich dabei ständig bewusst zu bleiben, wie zerbrechlich und vorläufig die Prinzipien dieser Grunddisziplinen sind.

Wenden wir uns den Sprachwissenschaften zu, so finden wir fast dieselbe Situation. Auch die Linguistik förderte den Mythos, dass der Sprachgebrauch "eine Gewohnheit" sei und ein fester Bestand an "Mustern" durch Einübung erlernt werde und als Grundlage für "Analogien" Verwendung fände. Diese Überzeugung konnte sich nur solange halten, wie die Grammatik zu vage und zu ungenau beschrieben war. Als man versuchte, die Regeln der Satzbildung, der phonetischen Organisation und der entsprechenden Lautbedeutung einer Sprache sorgfältig und präzise zu erklären, wurde die Unzulänglichkeit dieser Methode augenscheinlich. Die Grundannahmen der linguistischen Beschreibung sind ebenso ernsthafter Kritik ausgesetzt worden. Zum Beispiel wurden vor kurzem die Prinzipien der phonetischen Analyse in Frage gestellt und die Bedeutung des "Phonem"-Konzepts erheblich angezweifelt. Es gibt selbst bei phonetischen Repräsentationen ungelöste Grundfragen, die als Grundlage für die Analyse der Formen in der Strukturlinguistik Verwendung finden. Noch vor zehn Jahren nahm fast jeder an, phonetische Repräsentationen wären nur Abbilder physischer Fakten. Jetzt haben wie guten Grund zu der Annahme, dass die phonetische Transkription, wie der Linguist sie nennt, in komplexer Weise durch die syntaktische Struktur der Sprache bestimmt wird und insofern von physikalischen Signalen unabhängig ist. Heute halten es nur wenige Sprachwissenschaftler für möglich, dass man durch die Anwendung systematischer "analytischer Methoden" der Gliederung und Einteilung zur phonologischen oder syntaktischen Struktur der Sprache vordringen könnte, obwohl dieser Standpunkt vor fünfzehn bis zwanzig Jahren nicht nur allgemein akzeptiert war, sondern auch durch bedeutende Ergebnisse und recht überzeugende Belege gestützt wurde.

Eine erschreckende Bereitschaft, sich auf "Experten" zu verlassen

Ich möchte erneut betonen, dass die Anzweiflung jener Grundprinzipien eine höchst gesunde Erscheinung ist, die zu bedeutenden Fortschritten geführt hat und sicher auch künftig führen wird. In Wirklichkeit ist das ein Charakteristikum jedes lebendigen Forschungsgebiets. Wir müssen jedoch begreifen, dass etablierte Theorien in Feldern wie der Psychologie oder Sprachwissenschaft extrem begrenzte Geltung haben. Wie die Physik im Maschinenbau anzuwenden ist, würde wohl selbst durch die bedeutendste Revolution in den Grundfesten der Physik nicht ernsthaft in Frage gestellt werden. Die Anwendung der Psychologie oder der Sprachwissenschaften im Sprachunterricht aber könnte durch einen Perspektivenwechsel erheblich beeinflusst werden, denn diese Disziplinen haben nur einen geringen Bestand an theoretischem Wissen, der größeren Veränderungen standhalten könnte.

Überhaupt ist die Bereitschaft, sich auf "Experten" zu verlassen, eine erschreckende Erscheinung des derzeitigen Lebens in Politik und Gesellschaft. Besonders Lehrer sollten sicherstellen, dass Ideen und Vorschläge nach ihrem Wert bemessen werden. Sie sollten nicht passiv angenommen werden, wenn eine wirkliche oder eingebildete Autorität es ihnen vorschreibt. Der Sprachunterricht bildet hier keine Ausnahme. Es ist möglich – und gar wahrscheinlich –, dass psychologische und linguistische Prinzipien sowie die Forschung auf diesen Gebieten den Sprachlehrern nützliche Einsichten verschaffen werden. Dies muss jedoch bewiesen werden und kann nicht einfach vermutet werden. Sprachlehrer selbst müssen jeden Vorschlag einzeln belegen oder entkräften. In der Psychologie und in den Sprachwissenschaften gibt es kaum etwas, das sich einfach so glauben lässt.

Entwicklungen mit möglichen Auswirkungen auf die Sprachlehre

Ich werde hier keine spezifischen Vorschläge über die Sprachlehre zu machen versuchen, denn wie ich bereits sagte, bin ich dazu nicht qualifiziert. Doch in den Sprachwissenschaften wie in der Psychologie gibt es gewisse Tendenzen und Entwicklungen, die die Sprachlehre beeinflussen könnten. Diese lassen sich aus meiner Sicht in vier Hauptkategorien zusammenfassen: die kreative Besonderheit des Sprachgebrauchs, die Abstraktheit der sprachlichen Repräsentation, die Allgemeinheit der zugrundeliegenden Sprachstruktur sowie die Rolle der inneren Organisation für kognitive Prozesse. Ich will zu jeder dieser Kategorie einige Worte sagen.

Die offensichtlichsten und typischsten Merkmale des alltäglichen Sprachgebrauchs sind Reizunabhängigkeit und Erfindungsreichtum. Eine Wiederholung immer derselben Sätze ist eine Seltenheit; nur unter außergewöhnlichen und ziemlich uninteressanten Umständen können wir ernsthaft erwarten, dass der "situative Kontext" das Gesagte bestimmen würde, nicht einmal nach den Gesetzen der Wahrscheinlichkeit. Die Überzeugung, der Sprachgebrauch würde "Reaktionen" auf "Reize" enthalten, ist ebenso ein Mythos wie die Vorstellung, er sei eine Frage der Gewohnheit und der Verallgemeinerung. Um solche Annahmen trotz der vorliegenden Tatsachen aufrechtzuerhalten, müssten wir die Begriffe "Reiz" und "Reaktion" (und ähnlich auch "Gewohnheit" und

"Verallgemeinerung") jeder fachgemäßen und präzisen Bedeutung berauben. Den Erfindungsreichtum und die Reizunabhängigkeit will ich die "kreativen Besonderheiten des Sprachgebrauchs" nennen. Sie wurden im 17. Jahrhundert beschrieben und sind ein Eckpfeiler der klassischen Sprachlehre. Sie gerieten jedoch immer mehr Vergessenheit, als die moderne Sprachwissenschaft entstand, was ihr sehr zum Nachteil gereichte. Jede Sprachlehre muss sich mit dieser Grundeigenschaft des alltäglichen Sprachgebrauchs auseinandersetzen. Ein nötiger, wenngleich nicht ausreichender Schritt zur Lösung dieses Problems ist die Einsicht, dass Muttersprachler eine "generative Grammatik" verinnerlicht haben – ein System von Regeln, das in neuen und nie zuvor benutzten Zusammenhängen verwendet werden kann, um neue Sätze zu bilden und ihnen semantische Bedeutung zu verleihen. Ist man sich dieser Tatsache bewusst, offenbart sich die naheliegende Aufgabe des Sprachwissenschaftlers. Er muss versuchen, die Regeln der generativen Grammatik aufzufinden und den Grundprinzipien nachzuspüren, nach denen sie aufgebaut ist.

Ein Muttersprachler hat eine derartige generative Grammatik verinnerlicht, ist sich ihr und ihren Eigenschaften aber offensichtlich nicht bewusst. Sprachwissenschaftler sind mit dem Problem konfrontiert, den Elementen des unbewussten und verborgenen Wissens nachzuspüren – das innere menschliche "Sprachvermögen" [das Sprachwissen], wie es heute manchmal genannt wird, zum Vorschein zu bringen. Die generative Grammatik einer Sprache ist eine Theorie des Sprachvermögens einer Person. Wenn sie stimmt, bringt sie jene Prinzipien zum Ausdruck, die den inneren Zusammenhang zwischen Lauten und Bedeutungen der jeweiligen Sprache bestimmen. Demzufolge dient sie als Teil einer Theorie, die jene für den Sprachgebrauch charakteristische kreative Besonderheit erklären kann.

Bei dem Versuch, eine präzise generative Grammatik zu konstruieren und ihre Eigenschaften zu erschließen, stoßen wir sehr rasch auf viele Mängel der traditionellen und modernen Sprachbeschreibungen. Oft hört man, eine vollständige generative Grammatik sei noch nie für eine Sprache ausgearbeitet worden. Dahinter verbirgt sich die Annahme, dieser "neumodische" Ansatz sei im Vergleich zu älteren und fest etablierten in dieser Hinsicht mangelhaft. Die Aussage über die generative Grammatik ist ganz richtig; doch die Schlussfolgerung lässt, wenn sie beabsichtigt ist, ein schwerwiegendes Missverständnis erkennen. Allein schon die Bruchstücke, die wir heute von der generativen Grammatik besitzen, decken eine ungleich größeren Bereich ab als die traditionellen und strukturalistischen Beschreibungen; es ist wichtig, diese Tatsache im Hinterkopf zu behalten. Die generative Grammatik gibt uns schlicht präzise Regeln in die Hand, die die Struktur von Sätzen, ihre phonetische Form und ihre semantische Interpretation bestimmen. Die Grenzen der generativen

Grammatik entsprechen unseren Wissensgrenzen in diesen Gebieten. Wo die traditionellen und strukturalistischen Beschreibungen stimmen, lassen sie sich unmittelbar in eine generative Grammatik einbauen. Wo sie nur verschiedene Beispiele auflisten und Bemerkungen darüber vorbringen (die interessant und vielsagend sein mögen), können sie nicht direkt in eine generative Grammatik eingebaut werden. Traditionelle und strukturalistische Beschreibungen können daher insoweit in die generative Grammatik aufgenommen werden, wie sie richtig sind und nicht vom "Verstand des Lesers" und seinem "linguistischen Gespür" abhängen. Die Grenzen der generativen Grammatik spiegeln folglich direkt die Grenzen der Richtigkeit und der Genauigkeit früherer linguistischer Arbeiten wider.

Eine eingehendere Analyse der generativen Grammatik zeigt rasch, dass die Regeln, die die Form und Interpretation von Sätzen bestimmen, nicht nur kompliziert, sondern auch ziemlich abstrakt sind, denn die durch sie beeinflussten Strukturen haben nur entfernt etwas mit physischen Tatsachen zu tun (durch eine lange Kette interpretativer Regeln). Das gilt für die phonologische genauso wie für die syntaktische und semantische Ebene. Diese Tatsache hat zur Anfechtung strukturalistischer Prinzipien und der ihnen stillschweigend zugrunde liegenden psychologischen Theorien geführt. Weil die sprachlichen Repräsentationen daher so abstrakt sind, muss man aus meiner Sicht nicht nur die analytischen Methoden der modernen Sprachwissenschaften fallenlassen – die sich auf Segmentierung und Klassifikation verlassen –, sondern auch die Prinzipien der Assoziation und der Verallgemeinerung, die in der empirischen Psychologie diskutiert und analysiert wurden. Obwohl solche Phänomene wie Assoziation und Verallgemeinerung innerhalb des Verständnisses psychologischer Theorien und philosophischer Spekulationen wirklich existieren könnten, lässt sich nur schwer einsehen, welche Rolle sie beim Spracherwerb oder beim Sprachgebrauch spielen sollten. Wenn unsere derzeitigen Vorstellungen über die generative Grammatik in irgendeiner Weise zutreffen, dann sind die dadurch beeinflussten Strukturen und die in dieser Grammatik zu findenden Prinzipien keineswegs mit bestimmten sensorischen Phänomenen verbunden, die von der empirischen Psychologie beschrieben werden könnten. Die von der empirischen Psychologie vorgeschlagenen Prinzipien haben schlicht nichts mit jenen Tatsachen zu tun, die nach einer Erklärung verlangen.

Eine universelle Voraussetzung des Spracherwerbs

Wenn es korrekt ist, dass die der generativen Grammatik zugrunde liegenden Prinzipien weder durch Erfahrung noch durch Übung erworben werden können, müssen sie Teil der psychischen Organisation sein, die eine Voraussetzung des Spracherwerbs ist. Folglich müssen diese Prinzipien allgemeine Eigenschaften jeder generativen Grammatik sein. Deshalb kann man sich den sicher grundlegendsten Fragen der Sprachwissenschaften auf zwei verschiedenen Wegen nähern – nämlich über die Frage nach den linguistischen Universalien. Der eine Weg ist die Untersuchung vieler verschiedener Sprachen. Jede Hypothese über die Grundlagen linguistischer Universalien muss die empirische Bedingung erfüllen, dass sie keinen natürlichen Sprachen (d.h. alle Sprachen, die auf normalem Wege von Menschen erworben und gesprochen werden) widersprechen. Es gibt aber noch einen weiteren und in gewissem Sinn vielversprechenderen Weg, um der Frage der Universalien nachzuspüren: Man untersucht eine bestimmte Sprache und konzentriert sich auf die Entdeckung der grundlegenden Organisationsprinzipien, die in dieser Sprache einen hohen Grad an Abstraktion aufweisen. Wo immer solche abstrakten Prinzipien gefunden werden, müssen wir ihre Existenz erklären.

Eine mögliche Hypothese besagt, dass diese Prinzipien angeboren und daher universell sind. Eine andere mögliche Hypothese besagt, dass die Prinzipien durch Erfahrung und Übung erworben werden. Beide Hypothesen lassen sich präzise formulieren und haben somit eine bestimmte Bedeutung und sind der Beachtung wert. Die erste Hypothese könnten wir widerlegen, wenn wie zeigten, dass ihr andere Eigenschaften dieser oder anderer Sprachen widersprechen. Die zweite ließe sich widerlegen, wenn wir zeigten, dass sie nicht die Strukturen hervorbringt, die Voraussetzung für die Erklärung des Sprachvermögens sein müssen. Im Grunde scheint es mir praktisch unmöglich, viele Grundeigenschaften der Sprache durch Übung oder Erfahrung zu erklären; daher muss man in der inneren Organisation der Psyche nach einer Erklärung suchen. Die fast schon abergläubische Weigerung, diesen Vorschlag ernsthaft in Betracht zu ziehen, hat die Sprachwissenschaft und die Psychologie enorm aufgehalten. Im Moment scheint mir die Annahme, die Grundprinzipien der Grammatik seien erlernt, nicht besser zu sein als dieselbe Annahme z.B. über die visuelle Wahrnehmung. Es gibt also keine besseren Gründe für die Annahme, dass jemand, der Englisch lernt, eine generative Grammatik einer ganz speziellen und präzisen Form besitzt, als für die Annahme, dass diese Person es lernt, die Richtungen, Winkel, Bewegungen, soliden Körper, menschlichen Gesichter usw. im Sehfeld zu analysieren.

Betrachten wir zum Schluss noch die letzte der vier erwähnten Fragen. Zu den bedeutendsten gegenwärtigen Entwicklungen in der Psychologie und in der Neurophysiologie gehört aus meiner Sicht die Erforschung der inneren Organisation der Kognition. Was den speziellen Fall der Sprache anlangt, gibt es gute Gründe für die Annahme, dass selbst das Erkennen der phonetischen Form von Sätzen zumindest teilweise eine syntaktische Analyse voraussetzt, so dass die Regeln der generativen Grammatik selbst bei der Erkennung eines Signals eine Rolle spielen. Dies widerspricht der Annahme, die phonetische Repräsentation würde vollständig durch das Signal bestimmt, und die Wahrnehmungsanalyse würde mit formellen Signalen beginnen und dann zu Interpretationen fortschreiten – eine Annahme, die, wie ich weiß, häufig in Diskussionen über den Sprachunterricht zitiert worden ist. Jene Bedeutung, die die generative Grammatik für die Wahrnehmung hat, entspricht der Bedeutung der Universalgrammatik (dem System unveränderlicher Grundprinzipien der sprachlichen Organisation) für den Spracherwerb. Die Bedeutung der inneren Organisation scheint mir jedenfalls sehr eine große, und das vorrangige Ziel einer linguistischen und psychologischen Sprachanalyse muss ihre Erkundung und Beschreibung sein.

Ich bin mir nicht sicher, ob diese sehr knappe Erörterung einiger maßgeblicher Ideen weiter Teile der heutigen Forschung klar genug war, um informativ und nachvollziehbar zu sein. Ich möchte erneut betonen, dass mir überhaupt nicht einleuchtet, was sich aus diesen Ideen für den Sprachunterricht folgern lässt. Es scheint mir sehr fragwürdig, den Entwicklungsverlauf einer Disziplin vorhersagen zu wollen. Ich persönlich halte es aber für wahrscheinlich, dass derartige Fragen die Forschung der kommenden Jahre dominieren werden, und dass (um eine weitere Prognose zu wagen) jene Forschung zeigen wird, dass bestimmte, ziemlich abstrakte und spezifische Organisationsprinzipien für alle menschlichen Sprachen charakteristisch sind, dass diese Organisationsprinzipien angeboren sind und nicht erworben werden, dass sie eine zentrale Rolle bei der Wahrnehmung und bei der Satzbildung spielen und die Basis für die kreative Besonderheit der Sprache liefern.

Anhang

Brief über das Lehren von Grammatik

(4. März 1984)

Liebe Mrs. Davis,

vielen Dank für die Übersendung Ihres Artikels sowie für Ihre Bemerkungen zu der Diskussion, die ich mit großem Interesse gelesen habe. Ich zögere, eine Beurteilung der wichtigsten von Ihnen gestellten Frage anzustellen, und zwar einfach aus dem Grund, weil es mir an dem dafür nötigen Wissen fehlt. Meine unkundige Vermutung ist, dass ein Studium der Grammatik nur geringe Auswirkungen auf das Schreibvermögen hat. Ich denke aber, dass die Grammatik wegen dem ihr anhaftenden Interesse und wegen ihrer Bedeutung unterrichtet werden sollte. Ich weiß nicht, wie jemand wirklich als "gebildet" bezeichnet werden könnte, der nicht die Elemente der Satzstruktur kennt, oder wer nicht die Grundlagen des Relativsatzes, die Bildung des Passivs und Ähnliches versteht. Wenn man Literatur – darunter auch die von Schülern mit eigener Hand geschriebene – besprechen möchte, und verstehen will, wie und warum sie so geschrieben ist, sind diese begrifflichen Werkzeuge unabdingbar.

Ich denke, zu diesem Zweck bleibt die sogenannte traditionelle Grammatik (z.B. jene von Jespersen) auch heute eine sehr beeindruckende und nützliche Grundlage für diese Art des Unterrichtens. Ich sehe keinen Grund, warum die englische Strukturgrammatik oder die Transformationsgrammatik, wie sie in manchen Lehrbüchern, die ich gesehen habe, vorkommt, unterrichtet werden sollte (ich kenne aber die Literatur nicht besonders gut), denn dies läuft nur auf das Auswendiglernen bedeutungsloser Formeln hinaus.

Wenn die aktuelle Linguistik unterrichtet werden soll (und ich denke, das sollte sie), muss dies in anderem Zusammenhang geschehen. Ich meine, sie eröffnet einen einzigartigen Weg, um das Wesen der menschlichen Psyche zu verstehen. Zugleich kann sie Studenten mit Einsichten in die Funktionsweise der Wissenschaft ausstatten. Sie befasst sich mit Fragen, die faszinierend und verwirrend sind und sein sollten: z.B. warum der Satz "*Who did the boys expect to see them*" eine Interpretation erlaubt, bei der sich *them* auf *boys* bezieht, wohingegen der Satz "*The boys expect to see them*" dies nicht erlaubt? Oder warum die Sätze "*John is too stubborn to talk to Bill*" und "*John is too stubborn to talk to*" unterschiedliche "begriffliche Subjekte" für *talk to* haben (im ersten Fall *John*, im zweiten Fall eine andere Person als *John*)? Dazu gesellen sich unzählige weitere Fragen. Das sind einfache, aber ziemlich verwirrende Tatsachen. Jedes Kind meistert eine Vielzahl solcher Informationen.

Es lassen sich außerdem relativ komplizierte Theorien aufstellen, die einige dieser Tatsachen erklären, ohne auf die höhere Mathematik oder auf andere begriffliche Werkzeuge zurückgreifen zu müssen, die Studenten (und im Allgemeinen auch Lehrern) unzugänglich sind. Auf diesem Wege vermag man in die sagenhafte Welt der Forschung eingeführt zu werden, in welcher man über die Natur dessen zu staunen lernt, was bei oberflächlicher Betrachtung ein offensichtliches Phänomen zu sein scheint. So vermag man zu fragen, warum etwas ist, wie es ist, und mit Antworten aufzuwarten. Im Studium der Wissenschaften fehlt im Allgemeinen diese Erfahrung, sofern der Unterricht nicht überragend gut gemacht ist. All diese Gründe sprechen für ein Studium der modernen Grammatik als Zweig jener Wissenschaft, die sich mit Fragen von zentraler humaner Bedeutung befasst, die, verglichen etwa mit der Quantenphysik, sehr gut zugänglich sind. Ich bezweifle aber, dass auf diesem Weg der Schreibstil verbessert wird; doch könnte es Studenten helfen zu lernen, wie (und warum) man über schwierige und komplexe Fragen nachdenkt. Es könnte ihnen helfen, die natürliche Neugier zu entwickeln, welche so oft durch das, was wir (vielleicht zu Unrecht) "Erziehung" nennen, abgestumpft wird.

Ich persönlich glaube jedenfalls, Sie sollten das Unterrichten der traditionellen Grammatik fortsetzen, selbst wenn die pädagogische Forschung keine Auswirkungen auf das Schreibvermögen zeigen sollte. Aus meiner Sicht sollte das nicht das Hauptziel eines solchen Unterrichts sein.

Mit besten Grüßen,
Noam Chomsky

Brief an den Herausgeber

(21. März 1984)

Lieber Professor Berger,

als Antwort auf Ihren Brief vom 15. März möchte ich Ihnen mitteilen, dass ich nichts gegen eine Veröffentlichung meines Briefs an Mrs. Davis einzuwenden habe, obgleich ich es zu schätzen wüsste, wenn Sie deutlich machen würden, dass es sich nur um einen informellen Brief handelt, den ich nicht mit der Absicht einer Veröffentlichung geschrieben habe. Wie in dem Brief angedeutet, will ich nicht, dass jemand fälschlicherweise denkt, ich hätte besondere Einsichten in das Gebiet des Grammatikunterrichts und würde mit einer speziellen Qualifikation über das Thema schreiben. Ganz offen gesagt bezweifle ich, dass andere sich hier in einer besseren Position befinden – mit Ausnahme von Lehrern, die echte Erfahrungen auf dem Gebiet vorzuweisen haben.

Mit besten Grüßen,
Noam Chomsky

Kapitel 23

Unser Wissen über Sprache und Lehrpläne

(1964)

Die Grammatik einer Sprache versucht, die dem Sprecher intuitiv bekannten Tatsachen der Sprache klar und präzise zu beschreiben. Sie versucht, das Vermögen des Muttersprachlers zu erklären, alle Sätze seiner Sprache verstehen und Sätze bilden zu können, die zur jeweiligen Situation passen und für andere Sprecher der Sprache unmittelbar verständlich sind, selbst wenn diese Sätze vielleicht nie zuvor gesprochen oder niedergeschrieben wurden. Im normalen Gebrauch der Alltagssprache hat man dauernd mit Sätzen zu tun, die für den Sprecher (oder Schreiber) der Sprache oder für denjenigen, der sie hört (oder liest) vollkommen neu sind.

So sind z.B. die Sätze in diesem Abschnitt den meisten Lesern unbekannt, und dasselbe gilt für die meisten Sätze, die man heute in den Zeitungen liest oder morgen ausspricht. Daraus lässt sich folgern, dass die Sprachkenntnisse derer, die eine Sprache sprechen oder hören, als Regelwerk repräsentiert sein müssen, und dass ihr Sprachvermögen gerade in der Fähigkeit besteht, diese Regeln der Satzbildung und der Satzinterpretation in neuen und zuvor nicht benutzten Kombinationen zu verwenden. Die verschiedenen Anwendungen dieser Regeln legen die Struktur eines jeden Satzes fest; die Kenntnis einer Sprache bedeutet, diese Regeln intuitiv zu beherrschen. Die Grammatik einer Sprache repräsentiert dieses Regelwerk.

Von einer einfachen Beobachtung zu einer wichtigen Folgerung

Formaler können wir uns die Grammatik als ein System von Regeln denken, das die Menge aller möglichen Lautäußerungen bestimmt, die in einer Sprache als gut formuliert betrachtet werden. Die Regeln weisen jedem gut formulierten Satz (ob er nun tatsächlich einmal gebildet wurde oder irgendwann einmal gebildet wird) eine Strukturbeschreibung zu, die Informationen über den Satz enthält und zum Ausdruck bringt, welche denjenigen zugänglich sind, die den Satz interpretieren. So weiß zum Beispiel eine englischsprachige Person, dass der Satz “Der Welpe sieht furchterregend aus” gut formuliert ist, wohingegen die Sätze “Der Welpe sieht bellend aus” und “Aus furchterregend sieht Welpe der” es beide nicht sind (obgleich sie zu einem unterschiedlichen Grade nicht gut formuliert sind). Ganz ähnlich weiß bei den Sätzen

(A) *John impresses Bill as incompetent*
(B) *John regards Bill as incompetent*

jede englischsprachige Person, dass sich bei Satz (A) das Wort *incompetent* auf *John* bezieht, und bei Satz (B) auf *Bill*. Eine ausreichende englische Grammatik muss Informationen dieser Art für jede mögliche Lautäußerung bereitstellen können.

Wenn wir mit Grammatik die Darstellung dessen meinen, was ein Muttersprachler weiß, beziehen wir uns natürlich auf unbewusstes Wissen. Der Sprecher einer Sprache kann die Regeln seiner Sprache normalerweise nicht besser benennen, als er die Prinzipien zum Ausdruck bringen kann, die es ihm erlauben, physische Objekte zu erkennen oder ihre Entfernung und Geschwindigkeit einzuschätzen. Die Prinzipien der Satzbildung und der Satzinterpretation, die in einer Grammatik formuliert sind, müssen als Bedingung vorausgesetzt werden, um den realen Sprachgebrauch zu erklären. Zeigt man die Prinzipien einem Muttersprachler, werden sie ihm vielleicht bewusst. Zum Teil gehen sie möglicherweise jedoch weit über die Grenzen jedes möglichen introspektiven Bewusstseins hinaus (wie es auch bei den Prinzipien der Fall ist, die der visuellen Wahrnehmung zugrunde liegen). Dass die Fähigkeiten des Sprechers oder Hörers einer Sprache durch ein verinnerlichtes System grammatischer Regeln bestimmt werden, lässt nicht darauf schließen, dass er sich den Hintergründen dieser Regeln oder ihrer Funktion bewusst wäre.

Mängel der traditionellen und strukturalistischen Grammatiken

Der Fortschritt in der Analyse der Sprachstruktur offenbart zunehmend, dass die Raffinesse, die Vielfalt und die erstaunliche Komplexität des angeeigneten Könnens eines Muttersprachlers in jüngeren Versuchen, eine Theorie über die Grundlagen, den Gebrauch und den Erwerb der Sprachen aufzustellen, stark unterschätzt worden sind. Analysen der Sprachstruktur sind daher auch heute noch sehr lebendig. Viele Arbeiten werden besonders der Analyse der Syntaxstruktur und der Rolle gewidmet, die sie bei der Bestimmung von Lauten und Bedeutungen spielt. In vielen Diskussionen und Debatten kommen gewisse Annahmen über die Hintergründe der Sprache zum Vorschein, die lehrreich sind und zunehmend von empirischen Belegen gestützt zu werden scheinen. Das Buch [*English syntax* von Paul Roberts] präsentiert einige der Ergebnisse jüngerer Analysen der Sprachstruktur. Um die Gründe für die eingeschlagene Richtung besser zu verstehen, will ich kurz einige gebräuchliche Methoden betrachten, mithilfe derer die Sprachstruktur in der Vergangenheit untersucht worden ist.

Die traditionellen beschreibenden Grammatiklehren (wie z.B. die von Jespersen, Poutsma und anderen) versuchen in gewissem Sinne zu erklären, über welches intuitive Wissen eine Person verfügt, die eine Sprache flüssig zu sprechen vermag. Ein kluger Leser mag imstande sein, sich mithilfe einer solchen Grammatik oder vielleicht auch mithilfe einer darauf basierenden pädagogischen Grammatik ein erhebliches Können in einer neuen Sprache anzueignen. Daraus lässt sich jedoch nicht schließen, dass uns diese Grammatiken tatsächlich eine vollständige und genaue Erklärung der angeborenen Sprachfähigkeit bieten könnten. Es bleibt zu bestimmen, was die Grammatik und was die Intelligenz des Lesers zur Sprachfähigkeit beitragen.

Eine genauere Analyse zeigt, dass der nicht untersuchte Beitrag des klugen Lesers keineswegs gering ist. Die am sorgsamsten ausgearbeitete und kürzeste traditionelle Grammatik mag vielleicht Ausnahmen und Unregelmäßigkeiten vollständig erklären, gibt aber lediglich Beispiele und "exemplarische Fälle" gebräuchlicher Konstruktionen und unterschiedliche informelle Hinweise und Anmerkungen, wie der Leser von den Beispielen ausgehend verallgemeinern kann. Der normale Grundvorgang der Satzkonstruktion bleibt im Verborgenen; es ist Aufgabe des Lesers, ihn aus den präsentierten Texten zu erschließen. Wie sich herausstellt, ist es keine leichte Aufgabe, diese Lücke zu schließen. Tatsächlich erfassen selbst die besten traditionellen beschreibenden Analysen nur geringe Bruchstücke einer Sprache, und aufgrund ihrer indirekten Wirkung auf die Intelligenz und das Sprachvermögen des Lesers belassen sie grundlegende Fragen ungelöst. Daher besitzen wir keine genauen Kenntnisse darüber, was die "Intelligenz des Lesers" ausmacht oder was in ihrer Anwendung auf die in der Grammatik bereitgestellten Informationen geleistet wird. Solange diese Fragen unbeantwortet sind, bleiben unsere Beschreibungen der Sprache und der Hintergründe des menschlichen Sprachvermögens in grundlegender Hinsicht unvollständig und mangelhaft.

Die moderne Strukturlinguistik hat einen Grad an Exaktheit erreicht, der häufig jenen der traditionellen Grammatik überschreitet, und hat zuvor nicht entdeckte Merkmale der Sprachstruktur entdeckt. Sie ermöglicht jedoch kaum Einblicke in die Vorgänge der Satzbildung und der Satzinterpretation. Eine Untersuchung dieser Fragen hat die Reichweite des modernen Strukturalismus überschritten. Er beschränkte sich fast gänzlich auf das System vorhandener

Elemente (Phoneme, Morpheme) sowie auf analytische Methoden, die bei der Bestimmung dieser Elemente helfen können. Manchmal wurden syntaktische Strukturen betrachtet, doch im Vergleich zur traditionellen Grammatik war es ein recht primitives Unterfangen.

Daher verwundert es nicht, dass in jüngster Zeit ein neues Interesse an der Formalisierung und an der Nutzung von Techniken und Methoden entstanden ist, die für die traditionellen Grammatiken typischer sind als für die strukturalistischen. In der Tat wird ein Leser, der mit der traditionellen Grammatik vertraut ist, in Roberts Buch vieles finden, was ihm bekannt vorkommt. Die aktuelle Arbeit auf dem Gebiet der Grammatik will die Normen der Genauigkeit erfüllen, die für die besten strukturalistischen Werke charakteristisch sind, ohne dabei den Geltungsbereich zu mindern. Sie versucht, die Vorgänge der Satzbildung und Satzinterpretation präzise zu formulieren, die für das Sprachvermögen einer flüssig sprechenden Person typisch sind und dem wirklichen Sprachgebrauch zugrunde liegen. Dies wird in der traditionellen Grammatik nur angedeutet und überschreitet die Reichweite strukturalistischer Beschreibungen. Ziel der Arbeit ist es, das Vertrauen auf die Intelligenz des Lesers zu aufzulösen, das für die traditionelle Grammatik charakteristisch war. Anders ausgedrückt versucht sie, eine explizite Analyse dessen zu geben, was bei der "Anwendung der Intelligenz" auf die Informationen, die von der Grammatik bereitgestellt werden, eine Rolle spielt.

Die Grundelemente der Transformationsgrammatik

Eine vollständige Grammatik sollte aus drei Teilen bestehen. Ihre **syntaktische** Komponente (die besonders ein Lexikon mit einschließt) ermöglicht die Aufteilung eines Satzes in seine kleinsten funktionellen Einheiten. So könnte z.B. die syntaktische Komponente einer englischen Grammatik den Satz "*We began smoking*" in eine Abfolge von sechs Einheiten aufgliedern: *I, Plural, begin, Vergangenheitsform, smoke, -ing*. Außerdem ermöglicht sie eine Strukturbeschreibung, die bestimmt, wie diese sechs Einheiten miteinander zusammenhängen und zu größeren Strukturen verschiedener Komplexität organisiert sind. Bei den Sätzen "*We began smoking*" und "*We enjoy smoking*" würde die syntaktische Komponente einer englischen Grammatik z.B. anzeigen, dass eine bestimmte grammatische Beziehung (nennen wir sie *Subjekt-Verb*) für die Wortpaare (*we, begin*), (*we, enjoy*) und (*we, smoke*) besteht, wohingegen sie dem Satz "*We oppose smoking*" diese Beziehung nur dem Wortpaar (*we, oppose*) zuweisen würde, nicht aber dem Wortpaar (*we, smoke*). Eine zufriedenstellende syntaktische Beschreibung der englischen Sprache müsste viele Informationen dieser und anderer Art geben.

Die **semantische Komponente** der Grammatik (der zweite der drei Teile) nutzt diese syntaktische Strukturbeschreibung, um eine semantische Interpretation eines Satzes vorzunehmen. Betrachten wir wieder das vorige Beispiel, so würde jene semantische Komponente der Grammatik (welche die Informationen der syntaktischen Komponente über grammatische Beziehungen verwendet) den Sätzen "*We enjoy smoking*" und "*We oppose smoking*" semantische Beschreibungen so zuordnen, dass sie anzeigt, dass der erste Satz eine Umschreibung von "*We smoke and we enjoy it*" ist, der zweite aber keine Umschreibung von "*We smoke and we oppose it.*"

Die **phonologische** Komponente der Grammatik nutzt die syntaktische Strukturbeschreibung, um eine phonetische Repräsentation eines Satzes abzugeben. Bei einer Sprache mit einer konventionellen Rechtschreibung könnte man für ihre Grammatik noch eine *orthografische Komponente* hinzufügen, welche die syntaktische Strukturbeschreibung nutzt, um die Aussprache eines Satzes anzuzeigen. Diese ist kaum je in seriöser Weise untersucht worden, denn die Analyse dieses Output-Systems wäre recht simpel und im Vergleich zur phonologischen Komponente nicht informationsreich.

Der zentrale und grundlegende Bestandteil einer Grammatik ist sicher ihre syntaktische Komponente. Die semantischen und die phonologischen Regeln sind auf syntaktische Informationen angewiesen, um angemessen zu funktionieren. Die Analyse semantischer und phonetischer Strukturen kann nicht die Grenzen überschreiten, die durch unser Verständnis der syntaktischen Regeln und die dadurch bestimmten Strukturbeschreibungen definiert werden. Diese Regeln bilden die entscheidende kreative Besonderheit des Sprachvermögens, denn sie ermöglichen einem Muttersprachler, neue Sätze zu bilden und diese zu interpretieren. Roberts Buch ist eine Einleitung in die Analyse der syntaktischen Komponente der englischen Grammatik. Eigentlich müsste es durch Untersuchungen ergänzt werden, wie diese Strukturen die Grundlage für die semantische und phonetische Interpretation ermöglichen. Doch müssen wir uns darüber im Klaren sein, dass diese hochinteressanten Fragen die Grenzen der heutigen Forschung berühren.

Die in Roberts Buch vorgeschlagene Grammatiktheorie wird im Allgemeinen Transformationsgrammatik genannt. Sie basiert auf gewissen Annahmen über die bei der Sprache ablaufenden Prozesse und die Art ihres Zusammenwirkens. Speziell nimmt Roberts an, dass für die Interpretation und Bildung von Sätzen bestimmte Prozesse entscheidend sind (die als Transformationsgrammatik bezeichnet werden), die einen Satz zu einer Zahl satzähnlicher Grundstrukturen sehr einfacher Form in Beziehung setzen. Diese einfachen Grundstrukturen, deren Konstruktion keine grammatische Transformation benötigt, bringen alle grammatischen Zusammenhänge und Funktionen zum Ausdruck, die in Sätzen auftauchen können. Die gewöhnlichen Sätze des Alltagslebens werden typischerweise durch eine komplizierte Abfolge von Transformationen gebildet, die von den Grundstrukturen herrühren. Obwohl die Zahl dieser Grundstrukturen begrenzt ist, können die Regeln der Transformation in endlos vielen Anordnungen verwendet werden, um eine unendliche Mannigfaltigkeit verschiedener Satztypen zu bilden.

Wie jede substanzielle Sprachtheorie trifft die Transformationsgrammatik bestimmte Aussagen über die Natur des menschlichen Intelligenzvermögens. Sie besagt, dass ein Kind eine bestimmte Art Struktur – nämlich die in dieser Theorie formulierte – den sprachlichen Informationen aufzuprägen versucht, mit denen es in Berührung kommt, während es in einer Sprachgemeinschaft aufwächst. Die Theorie geht folglich davon aus, dass ein Individuum, das aus den ihm präsentierten Informationen die Struktur einer Sprache erschließt, die Ressourcen der transformationsgrammatischen Theorie zur Konstruktion der Grammatik seiner Sprache nutzt.

Wenngleich die Transformationsgrammatiktheorie tief in der traditionellen Grammatik und in der klassischen Sprachtheorie wurzelt, ist ihre ausdrückliche Formulierung recht neu, und ein Großteil des Materials in Roberts Buch ist das Ergebnis der Arbeiten der letzten Jahre. Weder die Transformationsgrammatiktheorie, noch die Beschreibung der englischen Sprachstruktur – die in Übereinstimmung mit den Prinzipien der Transformationsgrammatik entwickelt wurde und wird – ist als abgeschlossenes und festes System anzusehen. Es bleibt noch eine enorme Menge über die Natur der Sprache im Allgemeinen und die Struktur der englischen Sprache im Besonderen zu lernen. Diese Tatsache wurde durch die informelle Besonderheit der traditionellen Grammatik verdeckt, wird jedoch augenscheinlich, wenn man die Prinzipien der Satzbildung und Satzinterpretation genau darzulegen versucht, ohne dass man sich auf den nicht analysierten Beitrag des intelligenten Lesers verlässt. Verglichen mit der speziellen Analyse der traditionellen und der strukturalistischen Grammatik ist der Geltungsbereich von Roberts Buch ziemlich breit angelegt. Es präsentiert die Grundzüge der englischen Syntax und befasst sich explizit mit einer Vielzahl sehr komplizierter Strukturen mithilfe von Regeln, die in der traditionellen Grammatik bestenfalls vage angedeutet werden. Es muss dennoch klar sein, dass das dort vorgestellte Material bloß ein Stadium bei der Entwicklung einer linguistischen Theorie und einer Theorie der englischen Sprachstruktur darstellt. Dieses Stadium wird mit dem Fortschritt in der Forschung sicherlich überschritten werden. Die Sprachanalyse ist demzufolge ein lebendiges Feld, und demzufolge sind ihre künftige Entwicklung und ihre Richtung unvorhersehbar.

Eine einzigartige Gelegenheit, die Grundlagen der Entwicklung der Psyche zu untersuchen

Ich denke, es liegt auf der Hand, dass eine Analyse der Sprachstruktur tiefe Einblicke in die Intelligenzfähigkeit und die mentalen Prozesse des Menschen ermöglichen kann. Um einen Satz zu verstehen, sind Wahrnehmungsprozesse äußerster Komplexität nötig; wenn überhaupt, gibt es wenige andere Beispiele für Prozesse vergleichbarer Komplexität, die direkten Untersuchungen in gleicher Weise zugänglich wären. Zum Erwerb der Sprache gehört die Konstruktion eines höchst komplexen, abstrakten, eng verzahnten Systems von Regeln. Dennoch wird diese Leistung einheitlich, mit höchster Geschwindigkeit und (mit einer ziemlich genauen Näherung) relativ unabhängig von der Intelligenz vollbracht – auf der Basis von Informationen, die nicht sehr umfassend sind, wenn man die Art des Systems bedenkt, welches das Kind meistert und in bestimmter Form intern repräsentiert ist. Auch in dem Fall gibt es wenige andere komplexe Fähigkeiten des Menschen, die vergleichbar gute Gelegenheiten zur Analyse der Grundbestandteile des menschlichen Lernens und der dafür nötigen Voraussetzungen bieten würden.

Die Struktur einer Sprache ist ein bemerkenswertes intellektuelles Produkt, die immer, wenn ein Kind sie lernt, gewissermaßen jedes Mal neu geschaffen wird. Wir können davon ausgehen, dass auf den Gebieten, wo ein wirkliches Verständnis der Sprachstruktur erreicht wird, es in eine direkte Bedeutung für die Analyse der menschlichen Verstandestätigkeit und der zugrundeliegenden Mechanismen umgemünzt werden kann. Solche Überlegungen waren für die Analyse sprachlicher Strukturen von primärem Interesse.

Ursprünglich wurde das Ziel der Grammatiker ganz anders aufgefasst. Wie erwähnt, folgt aus der Tatsache, dass eine Person eine Fähigkeitsstufe erreicht hat, die durch ein bestimmtes Regelwerk repräsentiert wird, nicht, dass diese Peron sich diesen Regeln bewusst wäre. Klar ist auch, dass die Fähigkeit einer Person, seine vorhandenen Vermögen und Kenntnisse einzusetzen, aus einer Vielzahl von Gründen behindert werden kann. So könnte jemand die Regeln arithmetischer Rechnungen perfekt erlernt haben und doch häufig typische Fehler selbst bei recht einfachen Berechnungen machen. In ähnlicher Weise können sich zwei Menschen, die beide genau dasselbe über eine Sprache wissen (und die durch dasselbe Regelwerk repräsentiert wird), in ihrem Redefluss und in ihrem Sprachvermögen deutlich voneinander unterscheiden.

Eines der ursprünglichen Ziele des Grammatikunterrichts bestand in der Erweiterung der Grenzen der Situationen, wo der vom Sprecher einer Sprache erworbene Bestand an Fähigkeiten und Wissen effektiv eingesetzt zu werden vermag. Zudem sollten wir nicht die Tatsache übersehen, dass englischsprachige Schüler im Englischunterricht mit einer Art von Englisch in Berührung kommen (nämlich mit der literarischen Standardsprache), die sich in mancher Hinsicht von der ihnen vertrauten Sprache unterscheidet. Aus diesem Grund wurden grammatische Instruktionen häufig als "normativ" bezeichnet, wenngleich man sie genauer bestenfalls als Instruktionen bezeichnen sollte, die in der beschreibenden Grammatik einer bestimmten Art Englisch enthalten sind, die mit derjenigen des Schülers zwar in engem Zusammenhang steht, jedoch nicht mit ihr identisch ist.

Zumindest ist zu erwarten, dass das Verfolgen dieser traditionellen Ziele der grammatischen Instruktion durch die Nutzung eines grammatischen Systems vereinfacht wird, welches die der Sprache zugrundeliegenden Regeln so vollständig und klar wie möglich zum Ausdruck bringt. Insoweit das zutrifft, sollte sich ein Fortschritt im Verständnis der Sprachstruktur natürlich in englischen Lehrplänen widerspiegeln. Doch abgesehen davon motiviert das intrinsische intellektuelle Interesse, das mit der Erforschung der Sprachstrukturen einhergeht – genauso wie die zahlreichen und vielfältigen Auswirkungen, die sich auf viele Fragen ergeben –, sicher in einem Maße, dass die Studenten in eine systematische Analyse ihrer Muttersprache eingeführt werden. Diese Art der Analyse müsste so vorgenommen werden, dass sie für Fragen offen bleibt, die der derzeitigen Arbeit Bedeutung und Substanz verleihen.

Anhang

Kommentar zum Project Literacy Meeting

(September 1964)

Morris Hall und ich haben mehrere Jahre lang an einer Analyse der englischen Lautstruktur gearbeitet. Manche Aspekte unserer Analyse scheinen die Anliegen dieser Versammlung zu berühren: besonders Fragen der Dialektvariation, der psychologischen Realität linguistischer Einheiten und Fragen hinsichtlich der Hintergründe der konventionellen Rechtschreibung sowie ihrer Beziehung zum Lautsystem.

Bei der Struktur einer Sprache haben wir es vor allem mit einer Beziehung zwischen Lauten und Bedeutungen zu tun. Die Regeln einer Sprache – jene, die ein Muttersprachler intuitiv verwendet und die Sprachwissenschaftler zu entdecken und aufzuzeigen versuchen – setzen bestimmte physische Signale mit bestimmten semantischen Bedeutungen in Beziehung; oder genauer: Sie beziehen phonetische Repräsentationen von Sätzen auf ihre Strukturbeschreibungen. Eine Repräsentationsebene, die – sowohl auf der Ebene der Wahrnehmung wie auch auf motorischer Ebene – psychologische Bedeutung haben muss, ist folglich die Ebene der phonetischen Repräsentation; eine weitere ist die in Strukturbeschreibungen erscheinende Repräsentationsebene.

Die phonetische Repräsentationsebene ist recht gut verstanden; strukturelle Beschreibungen sind rätselhafter. Natürlich muss eine Strukturbeschreibung (die den semantischen Inhalt eines Satzes darzustellen vermag) zumindest eine Repräsentation der "bedeutungstragenden" Einheiten enthalten, aus denen der Satz aufgebaut ist, sowie eine Repräsentation der Satzformulierung (natürlich muss sie noch vieles mehr enthalten, was wir hier weglassen). So muss die Strukturbeschreibung der Worte "*American history teacher*" die Einheiten *Americ, -an, histor-, -y, teach, -er* enthalten, und ebenfalls eckige Klammern, die anzeigen, welche der beiden semantischen Interpretationen beabsichtigt ist. In ähnlicher Weise muss z.B. das Wort *theatricality* als Substantiv repräsentiert sein, das vom Adjektiv *theatrical* abgeleitet ist, das wiederum vom Substantiv *theater* abgeleitet ist. Daher muss die Grammatik einer Sprache (zumindest) syntaktische Regeln enthalten, die die Formulierung und die Platzierung "grammatischer" Einheiten wie *-er* oder *-ity* bestimmen, ein Lexikon, das die semantisch funktionellen Einheiten enthält, sowie die Regeln, nach denen die Strukturbeschreibungen in phonetische Repräsentationen umgewandelt werden.

Betrachten wir nun das Wesen des Lexikons. Es ist leicht zu begründen, warum es nötig ist, jedes Element des Lexikons als Abfolge von *Segmenten* zu repräsentieren. Jedes Element hat natürlich eine einzigartige Aussprache – einen einzigen Eintrag – im Lexikon. Die Aussprache muss alle Informationen enthalten, die nicht durch die phonologischen Regeln vorherzusagen sind (die übrige Strukturbeschreibung des Satzes, in dem der Begriff steht, vorausgesetzt). Somit muss die lexikalische Repräsentation der gewöhnlichen Elemente *histor-y, histor-ic-al, histor-ian,* oder *anxi-ous, anxi-ety,* oder *courage, courage-ous,* oder *tele+graph, tele+graph-ic, tele+graph-y* usw. so gewählt werden, dass sie genau das enthält, was die variablen phonetischen Realisationen dieser Elemente nicht vorhersagen. Die psychologische Realität der Repräsentation im Lexikon steht in diesem Zusammenhang nicht wirklich zur Diskussion.

Es sei angemerkt, dass eine lexikalische Repräsentation im beschriebenen Sinne eine natürliche Rechtschreibung für eine Person liefert, die eine Sprache kennt. Sie gibt exakt die Wortinformationen, die nicht durch phonologische oder syntaktische Regeln vorhersagbar sind, und bestimmt die Formulierung des Satzes, in dem der Begriff steht. Sie liefert genau die Informationen, die eine Person benötigt, die die syntaktischen und phonologischen Regeln beherrscht (bis hin zur Zweideutigkeit). Die gewöhnliche englische Rechtschreibung (und die Rechtschreibung bei jeder mir bekannten Sprache) ist in dieser Hinsicht einem Optimalzustand erstaunlich nahe. Zum Beispiel ist die Rechtschreibung von *histor-, anxi-, courage* und *telegraph* (abgesehen von unwichtigen

Schreibkonventionen) im Grunde das, was in einem Lexikon der gesprochenen englischen Sprache zu finden wäre. Die konventionelle Rechtschreibung neigt zu einem *systematischen* Unterschied von der lexikalischen Repräsentation nur in der Hinsicht, dass echte Unregelmäßigkeiten (z.B. *man-men, cling-clung*) unterschiedlich repräsentiert werden – was ganz natürlich ist. In dem der gesprochenen Sprache zugrunde liegenden Lautsystem entsprechen die Symbole der gewöhnlichen Rechtschreibung Merkmalsgruppen.

Es scheint ziemlich gut belegt, dass die Ebene der lexikalischen Repräsentation höchst unempfänglich für Veränderungen und über die Zeit äußerst beständig ist (und daher gleichzeitig über einen weiten Bereich von Dialekten). Entsprechend bleibt die gewöhnliche Rechtschreibung, mit geringen Abweichungen, über lange Zeit und für viele Dialekte von Nutzen.

Als Ergebnis unserer Arbeit sind wir zu der Schlussfolgerung gelangt, dass es keine linguistisch wichtige (und vermutlich auch keine psychologisch reale) Ebene der systematischen Repräsentation gibt, die zwischen jener Repräsentationsebene, zu der die gewöhnliche Rechtschreibung in enger Beziehung steht, und der Ebene der (umfassenden) phonetischen Repräsentation liegen würde. Diese Grundrepräsentationen werden nach Sapirs Terminologie "phonologisch" genannt; unsere Ergebnisse sind seiner Auffassung über das Wesen der Lautmuster und der phonologischen Regeln in vieler Hinsicht ähnlich. Sapirs Verwendung dieses Begriffs folgend können wir sagen, dass die Verbindung zwischen der gewöhnlichen Rechtschreibung und der phonologischen Repräsentation sehr eng ist, und dass die gewöhnliche Rechtschreibung im Allgemeinen ein höchst effektives System für eine Reihe von Dialekten ist, da sie mit einer gemeinsamen phonologischen Grundrepräsentation übereinstimmt, die trotz starker phonologischer Abweichungen zwischen verschiedenen Dialekten ziemlich unveränderlich ist. Ich möchte erneut auf die Vorteile einer phonologischen (d.h. im Wesentlichen orthografischen) Repräsentation hinweisen *für eine Person, die eine Sprache versteht.* Eine umfangreiche phonetische (und womöglich ebenfalls die sogenannte phonemische) Repräsentation ist hingegen die einzige, die einer Person nutzen würde, die nichts über die Syntax einer Sprache weiß, aber Laute erzeugen möchte, die der phonetischen Form eines Satzes nahekommen – wie z.B. bei einem Schauspieler, der Sätze in einer ihm unbekannten Sprache sprechen muss.

Betrachten wir hingegen die phonemische Repräsentation in dem Sinn, wie sie *nach* Sapir entstand. Das phonemische System gewinnt alle Regeln aus dem Lautsystem, die ohne eine Analyse (oder in manchen Fällen mit stark eingeschränkten Analysen) in der Struktur höherer Ebene gefunden werden können. Im Vorfeld besteht kein Grund zu der Annahme, dass ein solches System existiert. Zum Beispiel ist offensichtlich, dass ein Kind nicht zuerst ein solches phonemisches System konstruiert und danach mit dem Problem fortfährt, wie die Syntax und die Semantik zu erwerben sind. Desgleichen gibt es nicht den geringsten Grund zu glauben, dass es eine Ebene der Wahrnehmungsverarbeitung (oder der motorischen Leistung) geben würde, die der phonemischen Repräsentation in modernem Sinn entspricht. Zudem haben wir mehrere Argumente zur Untermauerung der Folgerung angeführt, dass es keine linguistische Begründung für eine phonemische Ebene gibt – d.h. letztere kann in eine vollständige Grammatik nur dann eingebaut werden, wenn auf anderem Wege gültige Verallgemeinerungen vorgenommen werden. Deshalb ist die Phonetik im modernen Sinne vielleicht nichts weiter als ein methodisches Artefakt, wie mir scheint.

Im Hinblick auf das Problem der Schriftkundigkeit stellt sich natürlich die Frage der "Phonem-Graphem-Entsprechungen" und der Dialektvariationen. Was letztere betrifft, so ist es nur in der Hinsicht ein Problem, dass sich die Dialekte auf syntaktischer und lexikalischer Ebene unterscheiden. Unterschiede der phonologischen Regeln sind irrelevant, denn die Rechtschreibung entspricht einer grundlegenderen Repräsentationsebene als die (weit aufgefasste) Phonetik. Daher erlangen die oben gestellte Frage (nach der Beständigkeit des Vokabulars in Bezug auf Zeit und Dialekt) sowie die analoge Frage über die Gleichheit grundlegender Syntaxstrukturen große Bedeutung. Was die Frage der "Phonem-Graphem-Entsprechung" angeht, könnte es sich um ein scheinbares Problem handeln – oder genauer gesagt um mehrere Scheinprobleme –, abhängig davon, was genau damit gemeint ist.

Wenn mit "Phonem" jene Einheit gemeint ist, die nach modernen Prinzipien konstruiert wird, dann besteht kein Grund, bedeutende "Phonem-Graphem-Entsprechungen" zu erwarten, denn Phoneme scheinen nur künstliche Einheiten ohne linguistische Bedeutung zu sein, während die "Grapheme" der gewöhnlichen Rechtschreibung stark einer linguistisch bedeutenden Repräsentationsebene entsprechen. Daher ist unklar, warum man "Phonem-Graphem-Entsprechungen" überhaupt untersuchen sollte. (Übrigens gilt dasselbe nach den derzeit verfügbaren Erkenntnissen scheinbar auch für andere Sprachen.) Verwendet man das Wort "Phonem" im Sinne Sapirs, und wenn die "phonologische Repräsentation" die Ebene ist, auf der alle vorhersagbaren Unterschiede anzutreffen sind, scheinen die "Phonem-Graphem-Entsprechungen" etwas ganz Einfaches zu sein – nahezu Eins-zu-Eins-Entsprechungen –, unter der Voraussetzung bestimmter Schreibkonventionen, und wenn einige wirkliche Ausnahmen unberücksichtigt bleiben. Wenn wir andererseits den Begriff "Phonem-Graphem-Entsprechung" verwenden, um uns auf die Analyse der Beziehung zwischen Lauten und Buchstaben zu beziehen, betreiben wir letztlich einfach Phonologie. Um genauer zu sein, scheint mir der einzige vernünftige Weg zur Untersuchung der Beziehung zwischen Lauten und Buchstaben die Nutzung der Tatsache zu sein, dass die Rechtschreibung in enger Verbindung zu einer bedeutenden Stufe der linguistischen Repräsentation zu stehen scheint – nämlich der phonologischen Repräsentation im obigen Sinne. Diese ist darüber hinaus durch allgemeine Regeln mit Lauten verbunden – mit den Regeln der phonologischen Komponente. Folglich lässt sich die Analyse der Beziehung zwischen Lauten und Buchstaben in drei verschiedene Teile zerlegen: die Phonologie, die systematischen (beinahe Eins-zu-Eins-) Beziehungen zwischen phonologischen Abschnitten und Buchstaben (bzw. konventionellen Buchstabenfolgen) sowie in einen Rest von Ausnahmen (von denen manche untergeordnete Regeln verschiedener Art enthalten). Der Großteil der Untersuchung besteht jedoch schlicht und einfach in der Bestimmung des phonologischen Musters.

Wenn dies der Fall ist, so scheint daraus zu folgen, dass die Regeln für die Beziehungen zwischen Lauten und Buchstaben kaum gelehrt werden müssen (besonders nicht die allgemeinsten und grundlegendsten dieser Regeln), denn sie sind immer ein Teil der unbewussten sprachlichen Ausstattung des nicht schreibkundiges Verwenders einer Sprache. Lernen muss der Verwender einer Sprache nur die elementare Beziehung zwischen den grundlegenden phonologischen Abschnitten seines verinnerlichten Wortschatzes und den orthografischen Symbolen (echte Ausnahmen ausgenommen).

Ich muss hier jedoch eine Einschränkung hinzufügen. Die konventionelle Rechtschreibung hängt sehr eng mit der Repräsentationsebene zusammen, die für das Lautsystem einer ziemlich umfassenden Version der englischen Standardsprache optimal geeignet scheint. Ein Großteil der Hinweise, durch die ein Phonologe die exakte Form dieses grundlegenden Systems bestimmt, basiert auf der Betrachtung erlernter Wörter und komplexer abgeleiteter Muster. Es ist keineswegs offensichtlich, dass ein sechsjähriges Kind dieses phonologische System in vollständig beherrscht – es könnte noch nicht alle Erfahrungen aufgenommen haben, die die Grundstruktur des englischen Lautmusters festlegen.

Es würde überhaupt nicht besonders überraschen, wenn wir herausfänden, dass sich die intuitive Organisation des Lautsystems erst viel später weiterentwickelt und vertieft. Auch scheinen Kinder bei weitem mehr auf phonetische Nuancen eingestimmt zu sein als Erwachsene – mit großer Häufigkeit "hören sie phonetisch" statt phonologisch. Obwohl ich keine überzeugenden Belege besitze, habe ich einige Fälle beobachtet, wo Kinder ihr eigenes Alphabet entwickelten oder wo das Lernen des Lesens auf einer weit begrenzteren Repräsentation basierte, als das Ohr eines Erwachsenen als plausibel wahrnehmen würde.

Um einen Extremfall zu nehmen: Wie sich in einer Untersuchung herausstellte lehnte es meine älteste Tochter im Alter von fünf Jahren ab, dasselbe Symbol für die beiden Pausen im Wort *cocoa* zu verwenden, da ihr die unterschiedlichen Aussprachen nicht bedeutend genug schienen, um verschiedene Symbole zu rechtfertigen. Obwohl das nur eine Vermutung ist, überrascht sie nicht sehr. Beispielsweise ist eine alltägliche Beobachtung, dass Kinder neue Aussprachen viel eher als Erwachsene nachahmen und sich aneignen können. Dies könnte mit einer oberflächlicheren (und begrenzteren) Organisationsebene des phonetischen Materials verbunden sein. Aus verschiedenen Gründen könnte sich demzufolge herausstellen, dass sich die psychologisch realen Repräsentationen eines Kindes mit zunehmendem Alter verändern und vertiefen und sich mit wachsender Reifung und Spracherfahrung der Phonologie eines Erwachsenen nähern. Genaue Analysen dieser Fragen sind keineswegs leicht, müssten aber eigentlich viel Licht auf die Probleme der Sprachwahrnehmung und der Spracherzeugung werfen, und indirekt vielleicht auch auf das Problem der Schriftkundigkeit.

Kapitel 24

Theorie und Praxis der Sprache

(1981)

Inwieweit haben die analytischen Methoden der Sprachwissenschaften aus Ihrer Sicht der Vielfalt und dem Erfindungsreichtum des Sprachgebrauchs Rechnung getragen? Was muss noch erforscht werden?

In gewissem Sinn lautet die zentrale Frage der Sprachwissenschaft: Wodurch entstehen "die Vielfalt und der Erfindungsreichtum des Sprachgebrauchs?" Ich denke, die Analyse dieser Frage hat zu zahlreichen Erkenntnissen über die Mechanismen geführt, die beim Sprachgebrauch eine Rolle spielen, wie auch über die biologische Ausstattung, die die Entwicklung dieser Mechanismen ermöglicht. Doch andererseits haben diese Nachforschungen nur zu wenigen Erkenntnissen über die Verwendung der Sprache geführt – was meiner Meinung nach auch kaum zu erwarten war. Das hat gar nichts Paradoxes an sich. Man muss nur die Unterschiede einiger Fragen sorgfältig auseinanderhalten – besonders diejenigen der folgenden Fragen:

(1) *Was genau weiß jemand, wenn gesagt wird, er oder sie "beherrscht eine Sprache", wie z.B. Englisch?*
(2) *Wie gelangt man an das Wissen über eine Sprache?*
(3) *Wie wird dieses Wissen zur Anwendung gebracht?*

Diese Fragen sind vage und bedürfen der Verdeutlichung. Ich denke, in klarer Weise formuliert lassen sich für die ersten beiden Fragen die Umrisse relativ überzeugender Antworten erkennen, nicht jedoch für die dritte.

Die Antwort auf die erste Frage lautet ungefähr: Jemand, der eine Sprache beherrscht, hat das Wissen einer Grammatik erworben; d.h. seine Psyche (sein Gehirn) repräsentiert ein System von Regeln und Prinzipien, das für jede der endlos vielen Äußerungen bestimmte Grundeigenschaften ihrer Laute, ihrer Bedeutung und anderer Strukturmerkmale festlegt.

Die Antwort auf die zweite Frage lautet: Die Psyche (das Gehirn) ist durch seine genetische Ausstattung mit bestimmten Strukturmerkmalen konstruiert worden, die in der heutigen Bedeutung der traditionellen Vorstellung häufig "Universalgrammatik" genannt werden. Die Universalgrammatik selbst ist ein System von Regeln, Prinzipien und Bedingungen, das nur zum Teil festgelegt ist: Mit der Universalgrammatik sind eine Reihe verschiedener Grammatiken (wenn auch höchstwahrscheinlich nur eine endliche Zahl) vereinbar. Bisweilen wird gesagt, dass die Prinzipien der Universalgrammatik bestimmte offene Parameter haben, und dass die Werte dieser Parameter durch Erfahrung bestimmt werden. So ist z.B. die Reihenfolge von Subjekten, Verben und Objekten in Aussagesätzen von Sprache zu Sprache verschieden; manche Sprachen erfordern in Aussagesätzen eine ausdrückliche Erwähnung des Subjekts (z.B. Englisch), andere hingegen nicht (z.B. Spanisch); und so weiter. So gesehen ist der Spracherwerb ein Prozess, bei dem die Werte der Parameter im Rahmen eines festen universalgrammatischen Systems durch Erfahrung bestimmt werden. Die Vielfalt dieses festen, gegebenen Systems macht es möglich, dass die erworbene Grammatik nuanciert, kompliziert und äußerst wortgewandt wird. Jene Struktur wird nur in geringem Maße durch Erfahrung bestimmt und von Menschen, die verschiedene Kindheitserfahrungen haben, mit großer Einheitlichkeit erworben. Die Gesamtheit der Kindheitserfahrungen ist zu schwach, als dass sie die präzisen Strukturen der erworbenen Grammatik durch irgendeinen induktiven oder alltäglichen "Lernmechanismus" hervorbringen könnte. Ich denke, dies ist praktisch zweifelsfrei gezeigt worden.

Insoweit wir die ersten beiden Fragen überzeugend beantworten können – und ich denke, das können wir relativ gut –, können wir uns die dritte Frage vornehmen und hoffen, einige echte Einsichten und Erkenntnisse zu gewinnen, die mehr als nur Begriffsbeschreibungen sind. So könnte die Untersuchung der ersten beiden Fragen Erkenntnisse über die Verwendung der Mechanismen ermöglichen (was in gewissem Maße schon passiert ist), sowie über deren Grundlagen in der angeborenen psychischen Ausstattung, die zur Entwicklung dieser Mechanismen führt (was aus meiner Sicht zu Unrecht "Sprachenlernen" genannt wird). Diese Hoffnung wurde jedoch nicht erfüllt – und ehrlich gesagt erwarte ich das auch nicht. Um genauer zu sein, zweifle ich sehr daran, dass wir eine Art "wissenschaftliches Verständnis" über die Ursprünge und das Wesen menschlicher Handlungen erreichen können (besonders nicht des Sprachgebrauchs). Ich bezweifle, dass wir theoretische Prinzipien entwickeln können, die uns Erkenntnisse darüber ermöglichen werden, wie Menschen die Anwendung jener kognitiven Systeme wählen, die sich in der Psyche entwickelt haben (einschließlich der Sprache). Man könnte meiner Meinung nach sogar über die Gründe spekulieren (und das ist gar nicht so abwegig) – doch werde ich der Frage hier nicht weiter nachgehen. Ich will daran erinnern, dass "wissenschaftliches Verständnis" in diesem Sinne nur eine bestimmte Art der Erkenntnis und der Einsicht ist. Ich denke, dass wir uns den ersten beiden Fragen auf diesem Wege mit einiger Hoffnung (und mit einigem Erfolg) annähern können, der dritten Frage jedoch wahrscheinlich nicht. Es scheint mir zumindest aktuell keine Anzeichen dafür zu geben, dass diese Beurteilung in Frage gestellt werden könnte.

Eine cartesianische Annahme über den Menschen

Viele würden sagen: Eigentlich müssten sie die Sprachwissenschaften interessant finden – und doch erscheint sie ihnen unergiebig. Haben diese Leute etwas falsch verstanden?

Was den einen interessiert, erscheint dem anderen öde. Die moderne Physik und die moderne Mathematik sind für manche Persönlichkeitstypen interessant, anderen erscheinen sie trocken. In diesem Zusammenhang gibt es kein richtig oder falsch. Nehmen wir an, jemand interessiert sich für die Natur des menschlichen Wissens, und wie dieses Wissen erworben wird. Dem müssten die Sprachwissenschaften eigentlich interessant erscheinen, da sie mit einigen überzeugenden Vorstellungen und mit guten empirischen Belegen aufwarten können, die in diesem für das menschliche Leben zentralen Bereich zum Tragen kommen. Wer sich nicht besonders für derartige Fragen interessiert, wird diese Tätigkeit unergiebig finden.

Um abermals zu spekulieren: Ich neige zu der Ansicht, dass die Forschung auf dem Gebiet der sogenannten "Kognitionspsychologie" und in ähnlichen neurowissenschaftlichen Disziplinen bei gewissen Fragentypen theoretisches Wissen zu erlangen vermag und bei anderen nicht. Zu den Gebieten, die der rationalen Untersuchung (in dem Sinn, wie wir sie verstehen) zugänglich sind, gehören u.a. jene, die sich damit befassen, wie Informationen unserer Psyche präsentiert werden: so zum Beispiel die Funktionsweise des visuellen Verarbeitungssystems, oder die Art und Weise, wie Lauten eine grammatische und (teilweise) semantische Struktur verliehen wird. Außerdem könnten derartige rationale Untersuchungen tatsächliche Erkenntnisse darüber ermöglichen, wie sich diese Systeme in einem Individuum entwickeln, und eines Tages vielleicht auch darüber, wie sie sich in unserer Spezies entwickeln und welche neurale Grundlage sie haben könnten.

Selbst wenn diese Fragen vollständig beantwortet wären (was immer das bedeuten mag; ich glaube, nicht viel), bleiben unzählige Fragen offen, z.B. diese: Wie geht die Psyche mit den verfügbaren Informationen um? Wie und warum entscheiden wir uns, in dieser Weise zu handeln und nicht in anderer? Wie funktioniert unser Denken, wie lösen wir Probleme, wie gestalten und erfinden wir etwas, usw.? Ich sehe wenig Grund, die folgende in der Hauptsache traditionelle cartesianische Annahme in Frage zu stellen: Maschinen sind "gezwungen", Menschen aber nur "getrieben und geneigt", in bestimmter Weise zu handeln – in Abhängigkeit von den äußeren Bedingungen und dem inneren Geisteszustand. Möglicherweise ist diese Annahme falsch – jedoch ist es sehr schwierig, überzeugende Gründe zu finden, um an dieser Annahme zu zweifeln. Wenn diese traditionelle Auffassung einen wahren Kern enthält, wäre es vielleicht möglich, Theorien über die Motivation usw. zu entwickeln (und gar vorhersagende Theorien), doch ein entscheidendes Element würde fehlen. Ich will damit nicht sagen, dass die verbleibenden Rätsel "die Möglichkeiten wissenschaftlicher Erklärungen überschreiten" würden – in gewissem absoluten Sinne, wenn es einen solchen gibt –, doch wäre es durchaus möglich, dass sie über das Verständnis hinausgehen, das von einem gegebenen biologischen, in der Natur entstandenen System erreicht werden kann, d.h. über das Verständnis der menschlichen Psyche.

Selbst wenn sich diese Annahme als falsch herausstellen sollte, gibt es aus meiner Sicht andere Gründe, skeptisch zu bleiben, was die Möglichkeit eines wissenschaftlichen Verständnisses dieser Rätsel angeht. Die Erfolge der Naturwissenschaften lassen sich darauf zurückführen, dass man in der Lage war, bestimmte (in gewissem Maße idealisierte) Systeme herauszugreifen und deren Merkmale verhältnismäßig isoliert zu untersuchen. Doch Gedanken und die Auswahl von Handlungen usw. sind schlicht zu kompliziert. Es scheint keine Methode zu geben, die dafür wesentlichen Untersysteme zu isolieren (zumindest ist meines Wissens bisher kein solcher Weg gefunden worden). Vielleicht ist das nur ein Zustand des vorübergehenden Unwissens, vielleicht auch nicht. Ich persönlich vermute letzteres.

Kehren wir zu der Frage zurück, ob die Sprachwissenschaften und die kognitive Psychologie (zu der, wie ich denke, die Sprachwissenschaften gehören) in der Lage sind, bestimmten Fragen nachzugehen und anderen nicht (aus relativ komplexen und spezifischen Gründen). Ob diese Fragen unergiebig oder interessant erscheinen, hängt in erster Linie davon ab, ob man der rationalen Untersuchung (jetzt oder vielleicht zukünftig) zugängliche Fragen als trocken oder als interessant betrachtet; es hängt auch davon ab, ob die Resultate der Untersuchung von ausreichender Wichtigkeit sind, um intellektuell gesehen interessant zu sein. Ich meine, letztere Frage lässt sich in bestimmten Disziplinen mit ja beantworten, und es gibt gute Gründe, künftig (vielleicht sogar in naher Zukunft) auf beträchtliche Erfolge zu hoffen.

Die Sprachwissenschaften insgesamt haben Texten recht wenig Aufmerksamkeit geschenkt. Inwieweit haben die Sprachwissenschaften aus ihrer Sicht zu unserem Verständnis des Anfertigens und Interpretierens geschriebener Texte beigetragen?

Über das Anfertigen und Interpretieren geschriebener Texte gibt es eine Reihe von Untersuchungen. Aus den genannten Gründen glaube ich aber nicht, dass sie zu einem wirklichen theoretischen Verständnis führen werden; ich glaube auch nicht, dass dies im Augenblick der Fall ist.

Die Bedeutung der Psychologie für die Erziehungspraxis

Erziehungswissenschaftler haben Versuche unternommen, um aus sprachwissenschaftlichen Arbeiten Ergebnisse für die Erziehungspraxis abzuleiten. Welche Erfahrungen haben Sie – besonders im Hinblick auf Ihre eigene Arbeit – damit gemacht?

Die Frage sollte denen gestellt werden, die in der Praxis arbeiten – denen, die sich mit den Problemen des Unterrichtens befassen. Ich wüsste nicht, warum meine Meinung über diese Fragen ernst genommen werden sollte. Doch hier trotzdem mein eigener Standpunkt: Ich glaube, dass weder die Sprachwissenschaften noch die Psychologie im Allgemeinen viel Wertvolles für die Erziehungspraxis anzubieten haben – außer in dem Sinne, dass sie ein theoretisches Verständnis bestimmter spezieller Fragen ermöglichen (z.B. der erwähnten). Wenn zur Bildung zählen soll, ein Verständnis der Funktionsweise der Psyche zu vermitteln, dann wären die Sprachwissenschaften und die Psychologie für die Erziehungspraxis von Bedeutung, genauso wie die Physik für Lehrer von Bedeutung ist, die Einsichten in die Hintergründe der physikalischen Welt zu gewinnen hoffen. Doch davon abgesehen bin ich skeptisch.

Soweit ich es sehen kann, bietet meine eigene Arbeit und Erfahrung außer bei den erwähnten Fragen nichts Wertvolles auf diesem Gebiet.

Lehrer haben sich den Sprachwissenschaften zugewandt, weil sie verstehen wollen, warum Kinder aus der Arbeiterklasse und ethnische Minderheiten in der Schule versagen. Das ist zu einer Art Wachstumsindustrie geworden. Wie schätzen sie ihren Beitrag ein? Kann die Linguistik zu einer gerechteren Gesellschaft beitragen?

Wieder bin ich äußerst skeptisch. Persönlich richte ich einen Großteil meiner Zeit und meiner Bemühungen auf den Versuch, eine gerechtere und annehmbarere Gesellschaft in unserem Land und international zu bewirken. Ich sehe keinerlei Zusammenhang irgendeiner Art zwischen diesen Bemühungen und meiner Arbeit als Linguist – und ich wüsste auch nicht, wie meine Arbeit in den Sprachwissenschaften in irgendeiner relevanten Weise zu all diesen verschiedenen Zielen beitragen könnte. Vielleicht wäre ein solcher Beitrag möglich. Zum Beispiel hört man – zumindest in den Vereinigten Staaten, vielleicht auch in England –, eine Menge Unsinn über Sprachen und Dialekte, die irgendwie "innerlich verarmt" seien oder "eine mangelnde Grammatik" aufweisen würden usw. Ich nehme an, dass die Linguistik etwas unternehmen kann, um diesen törichten und hinterlistigen Vorstellungen entgegenzuwirken. Doch offen gesagt glaube ich nicht, dass für dieses möglicherweise gewinnbringende Vorhaben ein besonderes Expertenwissen nötig ist.

Ich möchte eine weitere persönliche Bemerkung ergänzen: Ständig werde ich gefragt, wie meine linguistische Arbeit mit meinen Bemühungen auf anderen Gebieten in Zusammenhang steht, z.B. mit meiner Gegnerschaft zu staatlicher Gewalt oder mit der Verteidigung der Menschenrechte. Freilich lassen sich immer irgendwelche Verbindungen zwischen den verschiedenen Tätigkeiten eines einzelnen Menschen finden – auch wenn, zumindest in meinem Fall, die Verbindungen dürftig erscheinen. Falls es einen Berührungspunkt gibt, ist er äußerst abstrakt; vielleicht auf der Ebene, wie ich mir die menschliche Natur vorstelle, zu der ein grundlegendes Bedürfnis nach freier, kreativer Arbeit und Selbstausdruck gehört. Doch die Auffassung, man könnte z.B. versuchen, einige Überzeugungen über soziale Neuerung oder über die gesellschaftliche Organisation aus Sprachprinzipien abzuleiten, scheint mir so absurd, dass sie keinen weiteren Kommentar verdient. Wenn überhaupt eine Erklärung nötig ist, dann nur, weil manchmal das Gegenteil behauptet wird. Ein kürzlich von einem bekannten englischen Verlag veröffentlichtes Buch – aus Mitleid nenne ich weder den Autor noch den Verleger – schreibt mir z.B. die Auffassung zu, man könne anarchistische Ideale, von denen ich sehr viel halte, aus syntaktischen Prinzipien ableiten. Das ist von Anfang bis Ende reine Erfindung; man müsste verrückt sein, um solche Dinge zu glauben. Womöglich ist nicht ganz uninteressant, dass solche Bücher veröffentlicht und von den Kritikern ernst genommen werden – doch das hat mit der Pathologie unserer intellektuellen Kultur zu tun, nicht mit bestimmten Überzeugungen meinerseits.

Wichtige Aspekte der Sprache

Die Sprachanalyse ist jüngst zu einem expliziten Bestandteil der Lehrpläne einiger Schulen geworden. Das Verständnis welcher Aspekte der Sprache wäre aus Ihrer Sicht besonders wichtig?

Eine Vielzahl Aspekte der Sprache wären wichtig zu verstehen. Kinder sollten ungefähr verstehen, wie ihre Sprache funktioniert, und hier kann die Sprachwissenschaft ganz hilfreich sein, wenn sie mit Verstand und Sorgfalt angewandt wird. Zudem bin ich der Meinung, dass Fragen über die Hintergründe und die Entwicklung von Kognitionsstrukturen Bestandteil des Lehrplans sein sollten – vielleicht ein wichtiger. Aus einer anderen Perspektive gesehen ist es wichtig zu lernen, sich vor den Mitteln und Wegen zu verteidigen, die in jeder Gesellschaft (auch in unserer) verwandt werden, um zu indoktrinieren und zu kontrollieren. Zu diesen Mitteln gehört ebenfalls der Missbrauch der Sprache im Dienst der Macht – Propaganda, oder, wie es manchmal genannt wird, "die Herstellung von Konsens." Doch soweit ich sehen kann, sind die Sprachwissenschaften für diesen Zweck irrelevant. Zum Beispiel habe ich mich sehr zu verstehen bemüht, in welcher Weise die Medien und große Teile der akademischen und intellektuellen Gemeinschaft sich der Verfälschung der gegenwärtigen Realität verschreiben. Das halte ich für ein äußerst wichtiges Thema, das unzureichend untersucht wurde. Doch auch dieser Arbeit fehlt beinahe jeder Bezug zu meiner Tätigkeit als Linguist. Auch sehe ich hier keine interessanten wirklichen oder möglichen Verbindungen.

Kapitel 25

Sprache, Politik, Gestaltung

(1991)

Sie haben eine überwältigende Zahl von Werken veröffentlicht. Sehen Sie sich selbst als Schriftsteller?

Nein, ich habe mich nie wirklich als Schriftsteller gesehen. Die meisten meiner Veröffentlichungen sind überarbeitete Versionen meiner Vorträge. So bestand z.B. das erste meiner Bücher, *Strukturen der Syntax*, vorwiegend aus Aufzeichnungen von Vorlesungen, die ich für einen Grundkurs am MIT (*Massachusetts Institute of Technology*) gehalten und ein wenig überarbeitet habe, um eine publizierbare Form zu erhalten. Ungefähr 80 bis 90 Prozent meiner Arbeit an politischen Texten hat nur mit der Überarbeitung von Vortragsaufschrieben zu tun. Die meisten der Texte, die zu professionellen Büchern werden, beruhen auf Vorlesungen für Kurse oder auf anderweitigen Vorträgen. Ich neige also dazu, laut zu denken.

Dann sehen Sie sich in erster Linie als Redner, als Vortragender?

Tatsache ist, dass ich wahrscheinlich größtenteils Briefe schreibe. Ich verbringe vielleicht zwanzig Stunden in der Woche nur mit der Beantwortung von Briefen. Viele sind Antworten auf mehrere hundert Briefe, die ich zugeschickt bekomme. Die Briefe sind nachdenklich und interessant und werfen wichtige Fragen auf (hier ist der heutige Stapel). Ich verschicke mehrere hundert in der Woche. Dafür ist es erforderlich, dass ich viel nachdenke; manche der Briefe sind ziemlich lang. Ich schreibe sie, ohne sie laut auszusprechen. Hin und wieder setze ich mich auch hin und schreibe ein Buch; doch die meiste Zeit über sehe ich mich eigentlich nicht als Schriftsteller.

Könnten Sie kurz schildern, wie Sie beim Schreiben vorgehen? Sie sagten einmal: 'Ich kann in Zwanzig-Minuten-Stößen schreiben und meine Aufmerksamkeit ohne Unterbrechung von einem Thema auf ein anderes richten. Ich arbeite fast nie nach einem Entwurf oder folge einem Plan. Die Bücher wurden ganz einfach immer mehr." Können Sie uns mehr über ihre

Vorgehensweise beim Schreiben erzählen?

Der Grund für die Zwanzig-Minuten-Stöße – eine leichte Übertreibung, vielleicht wären Stunden-Stöße treffender – hat schlicht mit meiner intensiven Lebensweise zu tun. Ich gehe zwei Vollzeitberufen nach, die beide recht anspruchsvoll sind, und vielen weiteren Beschäftigungen. Eine habe ich genannt – zahlreiche Briefwechsel –, und dazu gesellen sich noch weitere. Also bleibt mir nicht viel Zeit; tatsächlich ist meine Zeit oft ziemlich zerhackt. Über die Jahre habe ich entdeckt, dass dieses merkwürdige Talent wahrscheinlich das einzige ist, das ich zu haben scheine und andere nicht haben. Es besteht darin, dass ich irgendwelche Zwischenspeicher in meinem Gehirn besitze, durch die ich zwischen verschiedenen Gedanken hin- und herspringen und sie abspeichern kann.

Wenn Sie also zum Beispiel ein Buch schreiben, können Sie sich nicht zehn Stunden ohne Unterbrechung darauf konzentrieren?

Nein. Ich weiß, dass viele Menschen dieses Talent scheinbar nicht haben, und dazu imstande zu sein ist sicher von Vorteil. Ich kann nach einer langen Pause dort weitermachen, wo ich aufgehört habe, und manchmal musste ich das auch. Einige meiner Freunde gleichen mir darin – besonders ein israelischer Logiker, der vor einigen Jahren verstarb und ein alter Freund von mir war, seit ich ungefähr zwanzig war. Wir trafen uns immer alle fünf oder sechs Jahre und setzten unser Gespräch an der Stelle fort, wo wir stehengeblieben waren, als wäre es gerade erst fünf Minuten her gewesen. So gesehen schreiben sich meine Bücher fast von selbst, so ungefähr würde ich es beschreiben. Ich kann mich nicht erinnern, dass ich mich je hingesetzt und ein Buch geplant hätte, außer dass ich vielleicht dachte: "Jetzt schreibe ich über X, Y und Z, das erste Kapitel wird über X sein, das zweite über Y und das dritte über Z." Dann muss ich nur noch den ersten Abschnitt niederschreiben, und danach geht es weiter wie von selbst.

Ein beachtliches Talent.

Wahrscheinlich hat es damit zu tun, dass ich über die meisten Dinge schon früher einmal nachgedacht, einen Vortrag gehalten, einen Brief geschrieben oder es schon zwanzigmal gemacht habe. Dann geht es hauptsächlich noch darum, alles zusammenzufügen. Mir ist aufgefallen (falls es von Interesse sein sollte), dass ich ein wenig anders schreibe, seit ich einen Computer habe. Ich weiß nicht, ob sich der Unterschied bemerkbar macht, aber ich schreibe sicher anders. Computer waren mir zuwider und ich wollte keinen benutzen, doch eines Tages stellte mir mein Abteilungsleiter einfach einen ins Zimmer. Mein Sohn, der – wie wahrscheinlich jeder Teenager – Computerfreak war, führte mich langsam durch die ersten Phasen, für die ich niemals die nötige Geduld hätte aufbringen können. Sobald ich zur Benutzung des Computers fähig war, wurde mir klar, dass ich viel Neues tun konnte. Ich hatte mich z.B. nie viel mit Textverarbeitung beschäftigt, weil mir das einfach viel zu umständlich war. Ich wollte nicht alles nochmal schreiben und verwendete nie Dinge wie "Einfügen", "Umstellen" oder Ähnliches. Jetzt verwende ich es oft, weil es so einfach ist. Ob der Leser den Unterschied merkt, weiß ich nicht. Doch bin ich mir sicher, dass ich recht anders schreibe.

Überzeugung als autoritäre Vorgehensweise

Als jemand, der sich besonders für die Struktur der Sprache und für den Gebrauch und Missbrauch der Rhetorik in politischen Zusammenhängen interessiert, haben Sie bestimmt über das Wesen der Rhetorik nachgedacht. Welches sind aus Ihrer Sicht die wichtigsten Elemente der Redekunst?

Ich kenne zwar keine Theorien über Rhetorik, habe aber in Erinnerung behalten, dass man nicht zu überzeugen versuchen sollte. Vielmehr sollte man versuchen, das Gebiet bestmöglich darzustellen, damit andere ihren eigenen Verstand gebrauchen können, um für sich herauszufinden, was sie für richtig und was für falsch halten. Zum Beispiel versuche ich, besonders in politischen Schriften, meinen eigenen Standpunkt im Vorfeld so gut es geht klar zu machen. Die Vorstellung, es gebe eine unparteiische Objektivität, halte ich größtenteils für trügerisch. Man nimmt keinen realistischen Standpunkt bezüglich der Tatsachen ein. In Wirklichkeit nähert man sich allen komplizierten und strittigen Fragen – besonders den aus menschlicher Sicht wichtigen Fragen – mit einer abschleifenden Axt. Ich möchte, dass man diese Axt direkt vor sich sieht, so dass man sie kompensieren kann. Soweit ich meine eigenen rhetorischen Aktivitäten einzuschätzen vermag (die wahrscheinlich nicht sehr ausgeprägt sind), versuche ich nicht, jemanden zur Akzeptanz meiner Folgerungen zu bewegen.

Liegt das daran, dass Sie sonst Ihre Glaubwürdigkeit oder Ihr Publikum verlieren würden?

Überhaupt nicht. Man verliert wahrscheinlich sein Publikum, wenn man nicht so vorgeht. Zu Überzeugen ist lediglich eine autoritäre Methode, von der man Abstand nehmen sollte. Dasselbe gilt für das Unterrichten: Der beste Lehrer scheint mir jemand zu sein, der seinen Schülern erlaubt, ihren eigenen Weg durch ein kompliziertes Gebiet zu finden, dessen Territorium man absteckt. Zweifellos lässt sich eine Führung nicht vermeiden, weil man ja in bestimmter Weise und nicht in einer anderen vorgehen möchte. Mir scheint aber, dass eine Flagge zur Warnung gehisst werden sollte, wenn die Führung zu weit geht, denn das Ziel besteht ja darin, die Schüler zu befähigen, Dinge alleine herauszufinden – nicht dieses oder jenes zu wissen, sondern die nächste sich stellende Frage zu verstehen; d.h. man sollte die Fähigkeit zur kritischen Analyse, zur Nachforschung und zur Kreativität entwickeln. Das gelingt nicht durch Überzeugung oder Zwang. Hiervon gibt es auch eine Art klassische Version: Zu unterrichten bedeutet nicht, Wasser in ein Gefäß zu gießen, sondern einer Blume dabei zu helfen, auf ihre eigene Art zu wachsen. Das halte ich für zutreffend, und dies scheint mir ein Leitgedanke zu sein, dem wir so nahe wie irgend möglich kommen sollten. Daher denke ich, dass die beste Rhetorik am wenigsten Rhetorik ist.

In seiner kritischen Abhandlung über die westliche Metaphysik enthüllte Jacques Derrida die Unbestimmtheit der Sprache und zeigte so, dass die Bedeutungen von Wörtern nie fest, immer wandelbar und niemals sicher sind. Was denken Sie darüber?

Ich kenne die Werke Derridas nicht sonderlich gut, und um ehrlich zu sein, ist der Grund der, dass ich sie mich nicht interessieren. Hin und wieder versuche ich, Bücher dieser Art zu lesen, doch interessieren sie mich nicht wirklich. Zur Frage der Unbestimmtheit der Sprache ist man aus verschiedenen Perspektiven gelangt. Aus meiner Sicht verbirgt sich darin etwas Wahres, aber ebenfalls etwas Falsches. Es handelt sich um Fragen über Fakten, nicht um Ideologien; daher gibt es hier keinen Grund zu Dogmatismus. In diesem Zusammenhang spielen keine Behauptungen, sondern Entdeckungen eine Rolle.

Soweit wir die Sprache verstehen, weisen die Tatsachen ziemlich eindeutig auf eine bestimmte Schlussfolgerung hin, die zur Hälfte (aber nur zur Hälfte) mit Derridas Auffassung übereinstimmt: Es gibt eine in hohem Maße festgelegte und sehr eindeutige Struktur von Konzepten und Bedeutungen, die Teil unserer Natur ist und beim Erwerb der Sprache und bei der Aneignung anderer kognitiver Systeme irgendwie in unserer Psyche wächst – genauso, wie uns Arme und Beine wachsen. Insoweit sind Bedeutungen festgelegt. In anderer Hinsicht sind sie jedoch nicht vollständig festgelegt, und zwar in der Weise, wie wir die begrifflichen und besonders die vielen semantischen Strukturen in unserem Umgang miteinander und mit der Welt verwenden. Hier herrscht ein hohes Maß an Relativität bezüglich der Interessen und Werteinflüsse wie auch der Zwecke und Absichten – eine Wandelbarkeit einer oft kreativen Art usw.

Auf dieser Ebene gibt es wandelbare und unbestimmte Elemente, die jedoch ihre eigene Struktur haben. Wir wissen einfach nicht sehr viel darüber. Daher denke ich, dass sich in Derridas Sicht der Dinge ein wahres Element verbirgt, doch kann man es damit viel zu weit treiben.

In der philosophischen Fachliteratur – in den Gebieten, welche mir mehr sagen und wo ich zu verstehen glaube, wovon die Rede ist – gibt es ähnliche Vorstellungen in den Studien über den sogenannten "Bedeutungsholismus." So z.B. bei Hilary Putnam, die eine ursprünglich auf Quine zurückgehende Auffassung zu einer allgemeinen Theorie der Semantik weiterentwickelt hat. Sie bringt einen ähnlichen Standpunkt zum Ausdruck – dass Wortbedeutungen niemals festgelegt sind (und sicher nicht in der Psyche anzutreffen sind). Wenn dem so ist, würden sie vom Ort des Begriffs in der Gesamtstruktur des Verstandes abhängen und könnten sich wandeln: die Überzeugungen ändern sich, die Bedeutungen verändern sich usw.; d.h. die Absichten verändern sich und die Bedeutung kann sich wandeln.

Also denke ich, dass Derridas These zur Hälfte stimmt. Doch zugleich gibt es eine feste Bedeutungsstruktur, die interessant und beeindruckend ist. Entgegen der Überzeugung vieler Leute – Richard Rorty z.B. – gibt es gewichtige empirische Gründe für die Annahme, dass es eine ziemlich scharfe Trennung zwischen analytischen und synthetischen Formen gibt, die durch die inneren Strukturen der Semantik zustande kommt. Sie spiegelt schlicht die Tatsache wider, dass es wahrscheinlich biologisch gesteuerte, sehr zahlreiche und faszinierende semantische Strukturen gibt, die im Wesentlichen festgelegt sind. In bestimmter Hinsicht stimmt der Bedeutungsholismus aber: Was in alltäglichen und philosophischen Diskussionen Bedeutung genannt wird, ist nie vollständig durch die Strukturen der Psyche festgelegt. Wir haben diese Bedeutungen in bestimmter Weise erworben, weil wir eine bestimmte Lebensform sind. In diesem Sinne liegt etwas Wahres im Bedeutungsholismus.

Demzufolge würden Sie wohl nicht mit Bakhtin übereinstimmen. Sind Sie mit seiner Arbeit vertraut?

Nein, bin ich nicht.

Seine Vorstellungen scheinen dem von Ihnen erwähnten Konzept des Bedeutungsholismus sehr ähnlich zu sein.

Ja, das ist die Standsichtweise. Das ist die Sichtweise Derridas – soweit ich ihn verstehe – und diejenige eines Großteils der analytischen Philosophie sowie von Richard Rorty. Zum Beispiel argumentierte Donald Davidson (eigentlich sollte ich eher sagen "behauptete"), den Rorty zitiert, dass Quines Demontage der analytisch/synthetischen Unterscheidung – d.h. sein Nachweis, dass diese Unterscheidung nicht zutrifft –, die moderne Sprachphilosophie als ernstzunehmende Disziplin entstehen ließ.

Die analytisch/synthetische Frage ist eine technische, doch der entscheidende Punkt ist derselbe. Gäbe es feste Bedeutungen, gäbe es eine analytisch/synthetische Unterscheidung. Auf philosophischem Gebiet wird diese Frage also über das analytisch/synthetische Problem entschieden – doch die eigentliche Frage lautet, ob es feste und eindeutige Bedeutungen gibt. Hat das Wort *Haus* eine feste Bedeutung oder kann sie zufällig variieren, in Abhängigkeit davon, wie sich die Struktur unserer Überzeugungen verändert? Ich denke, die richtige Antwort liegt genau in der Mitte. Es existiert eine feste und sehr umfassende Erkenntnisstruktur, die mit der Konzeption "Haus" verbunden ist. Diese Struktur ist sprachübergreifend und entsteht unabhängig von allen Erfahrungen, weil sie schlicht in unserer Natur liegt. Doch in unserer Verwendung des Begriffs gibt es unter bestimmten Bedingungen oder bei bestimmten theoretischen Erkenntnissen usw. eine große Variabilität.

Manche Denker bedienen sich Rortys Werk, um zu postulieren, dass das Wissen selbst eine sozial konstruierte Erfindung sei. Das heißt, Wissen sei nichts Absolutes, sondern gehe aus dem Konsens innerhalb einer bestimmten Diskussionsgemeinschaft hervor. Diese Annahme ähnelt Kuhns Vorstellung darüber, wie Wissen in einer Wissenschaftsgemeinschaft entsteht. Was halten Sie von Kuhns Theorie?

Offenkundig enthält sie ein wahres Element. Sicherlich ist die Wahrheitssuche oft – nicht immer, aber typischerweise – eine Art Gemeinschaftstätigkeit. Das gilt vor allem für organisiertes Wissen, z.B. naturwissenschaftliche Forschung oder unsere Arbeit in diesen Räumlichkeiten; dabei handelt es sich offensichtlich um eine soziale Tätigkeit. Es könnte z.B. passieren, dass ein Doktorand zu mir kommt und mich darüber informiert, dass ich mich in der gestrigen Vorlesung aus irgendeinem Grund geirrt habe. Dann diskutieren wir die Frage und sind entweder derselben oder verschiedener Meinung – und womöglich stellen sich weitere Fragen. Das ist ganz normale Forschung, welches Wissen und welche Erkenntnisse auch daraus entstehen mögen. Offenkundig werden die Einsichten durch die Art dieser Interaktionen sozial bestimmt.

Auf den meisten Gebieten verstehen wir jedoch nicht viel – z.B. wissen wir im Grunde nichts darüber, wie wissenschaftliche Erkenntnisse entstehen. Bei einem genaueren Blick auf die Gebiete, in denen wir manches verstehen, finden wir aber, dass die Entwicklung kognitiver Systeme (besonders der Wissenssysteme) in hohem Maße durch unsere biologische Natur gesteuert wird.

Wenn es um Sprachkenntnisse geht, dann verfügen wir über die eindeutigsten Belege. Mein Interesse an der Sprachanalyse hat auch damit zu tun, dass derartige Fragen in der Linguistik viel genauer und einfacher untersucht werden können als in zahlreichen anderen Disziplinen. Zudem ist die Sprache ein Teil der menschlichen Natur und der menschlichen Fähigkeiten und daher nicht von geringer Bedeutung. Ich denke, in den Sprachwissenschaften besitzen wir sehr aussagekräftige Belege für die steuernde Wirkung der biologischen Natur, wenn es um die Art des entstehenden Wissenssystems geht.

In anderen Feldern, z.B. der Verinnerlichung moralischer Regeln oder der Verinnerlichung von Kleidungsstilen, wissen wir weniger. Ich denke aber, dass die qualitative Natur dieser Fragen stark auf eine ganz ähnliche Schlussfolgerung hindeutet: eine in hohem Maße steuernde Wirkung unserer biologischen Natur. Über die wissenschaftliche Forschung, so möchte ich nochmals sagen, wissen wir so wenig, dass alle Aussagen darüber im Grunde reine Spekulation sind. Die qualitative Natur des wissenschaftlichen Erkenntniserwerbs legt aus meiner Sicht jedoch auch in diesem Fall eine steuernde Wirkung der biologischen Natur nahe.

Diese Gedanken gehen vorwiegend auf Platon zurück und sind aus meiner Sicht sehr stichhaltig; daher wird dies gelegentlich "Platons Problem" genannt. Die Logik in Platons Dialogen, die überzeugend und vielleicht gar entscheidend ist, besagt, dass der Umfang, die Spezifität sowie die Allgemeinheit des erworbenen Wissens bei weitem alles übertreffen, was durch die uns zugängliche Erfahrung – einschließlich zwischenmenschlichen Beziehungen – erklärt werden könnte. Als Möglichkeiten bleiben nur, dass es Akte Gottes sind oder dass das Wissen von innen bestimmt wird.

Das ist dieselbe Logik, der jeder Naturwissenschaftler dauernd folgt, wenn er biologische Systeme untersucht. Würden wir – bildlich gesprochen – das Wachstum des Körpers unterhalb des Kopfes untersuchen (alles bis auf die Psyche), würden wir diese Logik für selbstverständlich halten. Nehmen wir an, ich erzählte Ihnen, die Pubertät würde durch soziale Beziehungen verursacht und Menschen würden sie durchlaufen, weil sie andere Menschen dabei beobachten und weil es ein Gruppenzwang ist. Sie würden lachen, genau wie Sie jetzt lachen. Warum lachen Sie? Jeder nimmt an, dass die Pubertät biologisch gesteuert wird und dass man irgendwie darauf programmiert ist, zu bestimmter Zeit die Pubertät zu durchlaufen. Lachen wir, weil etwas über dieses biologische Programm bekannt wäre? Nein, darüber wissen wir nichts. Tatsächlich wissen wir viel mehr über den Erwerb von Bedeutungen und die festen, daran beteiligten Faktoren als über die Faktoren, die die Pubertät auslösen. Heißt das, dass soziale Faktoren für die Pubertät bedeutungslos wären? Keineswegs. Sicher spielen die Sozialbeziehungen eine Rolle. Unter bestimmten Bedingungen der sozialen Isolation könnte die Pubertät gar nicht erfolgen. Warum aber lachen wir dann? Das ist die Frage.

Die cartesianische Revolution in den Kognitionswissenschaften

Was ist mit dem Wissen in einer bestimmten Disziplin, etwa in der Linguistik? Sie kamen mit Ihrem Buch Strukturen der Syntax *des Wegs und veränderten die Art und Weise, wie wir über die Sprachwissenschaft denken. Hätten Ihre Kollegen und Befürworter Ihre Ideen nicht anerkannt und wären nicht bei ihrer Verbreitung behilflich gewesen, wären Sie nur irgendein Exzentriker vom Mond mit irgendeiner verrückten Idee gewesen. Große Teile Ihrer Wissenschaftsgemeinschaft akzeptierten jedoch die Ideen, arbeiteten mit ihnen und erweiterten sie vielleicht auch – und schließlich wurden sie zum "Wissen" unserer Zeit. Womöglich wird sich in Zukunft eine Revolution in den Sprachwissenschaften vollziehen, die eine völlig neue Richtung einschlägt; die Wissenschaftsgemeinschaft wird dann neues "Wissen" konstruiert haben.*

In den vergangenen dreißig Jahren ist dies mehrmals geschehen – aber das ist eine völlig andere Frage. In Disziplinen, die ihrem Wesen nach rational sind und die Bedingungen rationaler Forschung beachten – wo eine Art gemeinsames Verständnis dessen vorherrscht, was eine Annäherung an die Wahrheit bedeutet (oder zumindest eines besseren Begriffs der Wahrheit), und in denen eine Art gemeinsames und rationales Verständnis des Wesens von Argumenten und Beweisen herrscht (und ich denke, dass diese Dinge im Wesentlichen unwandelbar sind) –, zeigt die Entwicklung eine Richtung. Es ist nie perfekt, alle möglichen unberechenbaren Dinge geschehen. Selbstverständlich kommt es zu Umbrüchen, manches wird anerkannt, anderes abgelehnt (manchmal zu Recht, manchmal nicht), und es gibt Wege, die Fehler zu korrigieren.

Aber ich verstehe nicht, was das mit der sozialen Bestimmung des Wissens zu tun haben soll. Eine Rolle spielt, wie jeder durch seine sozialen Beziehungen versucht, ein gemeinsames Vorhaben voranzubringen. Dieser Standpunkt ist etwas idealisiert, denn es herrschen alle möglichen persönlichen Konflikte – der eine versucht, den anderen auszubooten –, doch lassen wir das einmal beiseite; abstrahieren wir von den schlechten Seiten der menschlichen Natur und reden von ihr, als lebten wir nach den Idealen, die zumindest theoretisch ein Teil von uns sind. Dann gibt es ein gemeinsames Unternehmen, und wenn sich die Menschen an diesem gemeinsamen Vorhaben beteiligen, wachsen die Erkenntnisse. Und sie wandeln sich, manchmal von Grund auf.

Hat ihr Kollege am Ende des Gangs, Thomas Kuhn, die Chomsky-Revolution je im Sinne eines "Paradigmenwechsels" diskutiert?

Das hat er nicht, doch andere haben es (ich selbst jedoch nicht). Meine Meinung hierzu: Während sich einige bedeutende Veränderungen ereignet haben, gab es im Grunde nur eine einzige wissenschaftliche Revolution (Thomas und ich sind uns in diesem Punkt nicht wirklich einig): die galiläische Revolution des 17. Jahrhunderts, die sich über einen Zeitraum erstreckte, der auch Galilei mit einschließt. Das war eine echte Revolution und in vieler Hinsicht eine neue Art, die Dinge zu sehen. So gab es z.B. in jener Zeit einen tiefgreifenden Wandel von einer Art naturgeschichtlichen hin zu einer naturwissenschaftlichen Weltanschauung: eine veränderte Sicht auf erschlossene Tatsachen, eine veränderte Sicht auf Idealisierungen, eine andere Sicht auf Erklärungen. Vor allem durch Newton kam es zum vollständigen Zusammenbruch der Alltagsvorstellung mechanischer Erklärungen, was neue Wege eröffnete. Fügen wir all diese Entwicklungen zusammen, so ergibt sich, wie ich meine, ein radikaler Perspektivenwechsel. Nun gibt es aber nur sehr wenige Gebiete der Analyse des Menschen, wo sich ein solcher Perspektivenwechsel vollzogen hat. In der Sprachanalyse hat sich, wie ich denke, in den 1950er Jahren in gewissem Umfang ein solcher Wandel vollzogen. Man könnte dies einen "Paradigmenwechsel" nennen, wenn man das Wort verwenden möchte – doch scheint mir das nur eine Übernahme naturwissenschaftlicher Methoden in eine andere Disziplin zu sein. So gesehen war es kein wirklich dramatischer Wandel.

Schaut man sich nur die grundlegenden intellektuellen Entwicklungen und Perspektivenwechsel an, welche mit der sogenannten "kognitiven Revolution" Mitte der 1950er Jahre einhergingen (zu der ebenfalls die Entwicklung der generativen Grammatik gehörte, ja sogar ein wesentlicher Bestandteil war), so sind diese Veränderungen höchst real; doch in vielen entscheidenden Punkten sind sie eine Wiederholung oder Korrektur jenes Wandels, der zu einer Zeit stattfand, die ich gerne die "erste kognitive Revolution" im 17. Jahrhundert nenne. Eine wesentliche Veränderung in den 1950er Jahren war zum Beispiel der Perspektivenwechsel weg vom Verhalten und den Wirkungen des Verhaltens hin zu inneren Vorgängen, die das Verhalten und den Verhaltensablauf bestimmen. Das ist ein Wandel hin zu den Naturwissenschaften, denn innere Vorgänge sind etwas Reales – sie sind Teil der Psychologie und der Biologie. Somit handelte es sich um eine Verlagerung hin zu den Naturwissenschaften, weg vom Verhalten, hin zu inneren Mechanismen und Vorgängen, die dem Verhalten zugrunde liegen. Zugleich war es ein Wandel von Beschreibungen hin zu Erklärungen.

Der Wandel war gewaltig, und Ähnliches ereignete sich bei der sogenannten "cartesianischen Revolution" der Kognitionswissenschaften. Damit verbunden war ein Wiederaufleben des Interesses (kein neues Interesse) an dem, was gelegentlich als Informationsverarbeitungsmodell der Psyche bezeichnet wird – grob gesagt eine Theorie über Regeln und Repräsentationen. Das war Teil derselben Entwicklung, denn jene inneren Mechanismen und Vorgänge scheinen Computersysteme zu sein, welche die Psyche repräsentieren und eine unbekannte körperliche Grundlage haben. Das erinnert jedoch wieder stark an Dinge, die sich im 17. Jahrhundert vollzogen haben – besonders an Descartes' Theorie des Sehens, die einen entscheidenden Durchbruch darstellte und eine Art repräsentative und informationsverarbeitende Theorie der Psyche hervorbrachte. Das war ein bedeutender Wandel.

Ein weiterer Wandel vollzog sich als Teil der kognitiven Revolution in den 1950er Jahren und hatte mit Entwicklungen wie dem allgemeinen Turing-Intelligenztest zu tun. Dies ist jedoch nur eine abgespeckte Version einer viel umfassenderen und interessanteren Vorstellung aus dem 17. Jahrhundert: der cartesianische Existenztest für andere Psychen, für den die Verwendung bestimmter Aspekte des sprachlichen Leistungsvermögens ausschlaggebend ist – d.h. die Tatsache, dass der alltägliche menschliche Sprachgebrauch über etwas verfügt, das ich manchmal das kreatives Moment nenne (damals nannte man es aber nicht so). Das bedeutet, dass die Sprache für bestimmte Situationen zweckmäßig ist, nicht jedoch durch die Situation verursacht wird (ein grundlegender Unterschied); Sprache ist erfinderisch, unbegrenzt und wird nicht von inneren Reizen oder äußeren Ursachen gesteuert; sie ist einheitlich (was immer das bedeuten mag; wir akzeptieren es, können es aber nicht definieren); sie löst Gedanken in anderen aus, die diese Gedanken ihrerseits äußern können usw. Die Sprache weist eine Reihe von Merkmalen auf, die man in ein experimentelles Programm einfügen kann – was im 17. Jahrhundert tatsächlich vorgeschlagen wurde, um festzustellen, ob ein anderer Organismus eine Psyche besitzt, die der eigenen gleicht.

Auf diesem Gebiet gibt es wirkliche wissenschaftliche Nachforschungen, bei denen man zu bestimmen versucht, ob z.B. eine Maschine eine Person mit einer Psyche ist. Das ist eine echte wissenschaftliche Fragestellung, die in einen umfangreichen Rahmen wissenschaftlicher Nachforschungen eingebettet ist. Sie befassen sich mit realen Fragen und ermitteln entscheidende Tatsachen über Menschen (dabei handelt es sich um wirkliche Fakten). Das alles macht viel Sinn. Die entsprechende Version des 20. Jahrhunderts, die gelegentlich Turing-Test genannt wird, ist hingegen fast völlig nutzlos. Es ist lediglich ein Funktionstest, um beispielsweise herauszufinden, ob ein Computerprogramm Intelligenz zeigt. Wie bei den meisten Funktionstests spielt es keine Rolle, wie das Ergebnis zustande kam, denn Funktionstests sind bloß theoretisch von Interesse und Bedeutung. Ich erwähne das deshalb, weil es offenbart, dass die zweite kognitive Revolution in dieser Hinsicht ein Rückschritt im Vergleich zur ersten war.

Eine weitere Frage hat mit dem Verhältnis von Körper und Psyche zu tun. Im cartesianischen System des 17. Jahrhunderts war das Verhältnis des Körpers zur Psyche von absolut zentraler Bedeutung. Descartes und die Cartesianer führten ein überzeugendes Argument für die Existenz der Psyche an (auch wenn es, wie wir heute wissen, unrichtig ist). Ihr Argument lautete im Wesentlichen so: Sie hatten einen Begriff des Körpers entwickelt, der auf einer Art unmittelbaren Mechanik basierte, auf einer Art Kontaktmechanik – Gegenstände also, die sich gegenseitig schieben und ziehen können. Unsere normale, intuitive Alltagsvorstellung der Mechanik entspricht ihrem Verständnis des Körpers. Sie argumentierten zu Recht, dass diese Vorstellung gewisse Grenzen hat, und aus diesem Grund postulierten sie eine zweite Substanz – eine denkende Substanz –, um jene Phänomene erklären zu können, die über diese Grenzen hinausgehen, wie z.B. die kreativen Aspekte des Sprachgebrauchs. So entstand der Körper-Psyche-Dualismus. Das ist ein echtes Problem, welches jedoch nicht Newton überlebte, denn dieser verwandelte die Theorie der Mechanik voll und ganz. Die Vorstellung vom Körper verschwand, und seitdem gibt es keinen Begriff des Körpers und keinen klassischen Körper-Psyche-Dualismus mehr – oder zumindest sollte es ihn aus meiner Sicht nicht mehr geben. Nach dem neuen Modell gibt es nur verschiedene Verstandesebenen, die alle natürlichen Ursprungs sind; wir versuchen, so gut wir vermögen diese Ebenen miteinander zu verbinden.

In der kognitiven Revolution des 20. Jahrhunderts entstand abermals eine Art Körper-Psyche-Dualismus, doch in unfruchtbarer Weise – ein Rückschritt im Vergleich zur früheren Fassung. Die frühere Version stellte ein wirkliches metaphysisches Problem über die Realität dar. Die moderne Version ist eine Art erkenntnistheoretischer Dualismus; d.h. Fragen über die Psyche werden schlicht anders untersucht als Fragen über den Körper. Das genannte Beispiel ist dieser Art. Untersuchen wir die Pubertät, gestatten wir unserem Konzept der rationalen Forschung, uns zu führen, und es führt uns direkt zur Analyse angeborener Strukturen. Untersuchen wir z.B. Bedeutungen, folgen wir nicht derselben Forschungslogik – obwohl dem so sein sollte, denn die Logik ist dieselbe. Das ist eines zahlreicher Beispiele, die zeigen, dass sich unsere Untersuchungsmethode für traditionell der Psyche zugeordnete Phänomene von Untersuchungen anderer Teile der physischen Realität unterscheidet. Dieser Dualismus ist höchst unfruchtbar, eine extrem gefährliche Version des traditionellen Dualismus, die aufgegeben werden sollte. In dieser weiteren Hinsicht hat sich daher meiner Meinung nach ein Rückschritt im Vergleich zur ersten kognitiven Revolution vollzogen.

Damit will ich sagen, dass sich in der Psychologie allgemein und ebenso in der Linguistik Mitte der 1950er Jahre ein großer Wandel vollzogen hat, der in mancher Hinsicht ein Rückschritt war. In anderer Hinsicht war er jedoch ein echter Fortschritt. Die traditionelle und zutreffende Ansicht der Sprache, wie Humboldt sie darstellte, lautet: Sprache macht einen "unbegrenzten Gebrauch von begrenzten Möglichkeiten." Doch niemandem war klar, was er damit anfangen sollte, denn damals gab es keinen Begriff vom unbegrenzten Gebrauch begrenzter Möglichkeiten. Gegen Mitte des 20. Jahrhunderts bekam man dann eine Vorstellung davon, was dies bedeutet, sie ging aus der Mathematik hervor: Aus Teilgebieten der Mathematik und der Logik entstand ein genaues Verständnis der Idee eines unbegrenzten Gebrauchs begrenzter Mittel, und so wurde es möglich, diese Idee auf die traditionellen Fragen zu übertragen. Dies führte zu einem gewaltigen Erkenntnisfortschritt: zur generativen Grammatik. Viele klassische Fragen werden im Licht der modernen Einsicht betrachtet, was es heißt, begrenzte Möglichkeiten unbegrenzt zu gebrauchen. Dieses Zusammenfließen ermöglichte einen bedeutenden Wandel. Wenn man will, kann man es eine Revolution nennen – wenn nicht, auch in Ordnung. Wenn neue Erkenntnisse entstehen und man diese auf frühere Probleme übertragen kann, scheint mir das lediglich ein ganz alltäglicher Fortschritt zu sein.

"Lehren" und "Lernen" als eine Art auslösende Wirkung

Sie sprechen von einer biologischen Gerichtetheit, und in Ihren Arbeiten der vergangenen drei Jahrzehnte haben Sie hervorgehoben, dass die Sprache ein starkes angeborenes Element aufweist. Was ist mit dem Schreiben, das etwas Erlerntes ist – und im Gegensatz zur Sprache nicht von jedem gesunden Menschen beherrscht wird? Würden Sie dieselbe Argumentationslogik auch bei der geschriebenen Sprache verfolgen?

Bei der geschriebenen Sprache bin ich sicher, dass die Situation von Platons Problem erneut am Horizont erscheint: Wir wissen nämlich zu viel. Erforscht man menschliche Fähigkeiten, ist man laufend mit dem Grundproblem konfrontiert (das gilt für jedes biologische System), dass der erreichte Zustand so vielgestaltig und einzigartig ist, dass man ihn auf der Grundlage von Interaktionen wie z.B. Lernen nicht erklären kann. Das findet man fast überall.

Die Frage der Pubertät, die ich erwähnt habe, ist nur *ein* Beispiel, doch gleiches gilt von der Ebene der Zellen an aufwärts. Analysiert man eine beliebige menschliche Verhaltensweise – die Sprache, moralische Urteile, das Lesevermögen –, dann wird man überall genau das gleiche finden. Wenn man das betreffende Phänomen versteht, entdeckt man typischerweise, dass es eine Art auslösende Wirkung gibt, die von außen kommt (die oft "Lehren" oder "Lernen" genannt wird) und die gerichtete innere Prozesse in Gang setzt. So vermag man derart vielgestaltige Fähigkeiten auf Grundlage einer so begrenzten

Erfahrung zu erwerben. Es ist ähnlich wie die Tatsache, dass ein Kind wächst, wenn es isst. Man könnte sagen, die Nahrung lässt es wachsen, doch nicht die Nahrung bestimmt die Art des Wachstums – es wird durch die innere Natur des Kindes bestimmt. Ohne Nahrung wird nichts passieren. Lässt man die Nahrung beiseite, wird das Kind nicht wachsen. Doch gibt man ihm Nahrung, wird es zu dem heranwachsen, was es ist – zu einem Menschen und nicht zu einem Vogel. Der Grund ist seine innere Natur. Das ist im Wesentlichen das Argument Platons.

Viele Feministen haben wie folgt argumentiert: Weil die Sprache das Denken kontrolliere und unsere Sprache von Männern geprägt sei – eine von Männern dominierte Sprache –, funktioniere die Sprache derart, dass sie patriarchale Ideologien reproduziere und so die Frauen unterdrücke. Stimmen Sie diesen Annahmen und der Schlussfolgerung zu?

Ich kann die Argumentation nachvollziehen, würde es aber nicht als Merkmal der Sprache bezeichnen. Der Sprachgebrauch weist zahlreiche Merkmale auf, die die Autoritäts- und Herrschaftsstrukturen in der Gesellschaft widerspiegeln, wo die Sprache gesprochen wird. Das stimmt. Ich glaube aber nicht, dass es etwas in der Sprache gibt, das zwangsläufig dazu führen muss. Man könnte dieselbe Sprache auch ohne diese Besonderheit ihres Gebrauchs verwenden. So vermag die Sprache in zutiefst rassistischer Weise verwendet zu werden, doch dieselbe Sprache kann auch gesprochen werden, ohne notwendigerweise rassistisch sein zu müssen.

Doch so, wie die Sprache in der Realität verwendet wird…

So, wie die Sprache verwendet wird, stimmt es sicher. Das gilt für alle Autoritäts- und Herrschaftssysteme, und eines davon sind die Geschlechter.

Ein kleines Beispiel: Einige Feministen behaupten, das Wort Mutterschaft *sei eine Art semantische Universalität, die die Frauen unterdrückt. Halten sie das Argument in gewissem Sinn für gerechtfertigt?*

Man müsste zunächst einmal klären, was mit "semantischer Universalität" gemeint ist. Zuerst stellt sich die Frage, ob dies wahr ist. Doch nehmen wir der Diskussion zuliebe an, jede uns bekannte Sprache enthielte einen Begriff von "Mutterschaft", und nehmen wir zudem an, alle diese Sprachen und Begriffe würden etwas enthalten, dass die Frauen unterdrückt. Nehmen wir der Diskussion zuliebe an, all dies würde sich als wahr erweisen. Dann wäre unsere Arbeit nicht beendet, denn es könnte schlicht so sein, dass jede untersuchte

Kultur die Frauen unterdrückt. Das beweist nicht, dass die Unterdrückung der Frauen in unserer Natur liegt. Es zeigt nur, dass alle existierenden Kulturen die Frauen unterdrücken. Und so wird sich herausstellen, dass jede in diesen Kulturen entstandene Sprache einen Begriff kennt, der dieses Verhältnis der Autorität und Kontrolle widerspiegelt. Es sagt uns jedoch nicht, dass es sich um eine semantische Universalität handeln würde.

Im Grunde ist der Begriff "semantische Universalität" doppeldeutig. Ich will das verdeutlichen: Manche Begriffe sind in dem Sinne eine semantische Universalität, dass man sie in jeder Sprache vorfindet. Andere Begriffe sind in dem Sinne eine semantische Universalität, dass sie Teil unserer Natur sind und demzufolge in jeder Sprache anzutreffen sind. Das ist ein grundlegender Unterschied. Tatsache ist zum Beispiel, dass jede uns bekannte menschliche Gesellschaft den Frauen in bestimmter Hinsicht eine untergeordnete Stellung zuweist – ich denke, dass kommt der Wahrheit wahrscheinlich nahe oder ist sogar vollkommen wahr. Daraus folgt aber nicht, dass dies Teil unserer Natur wäre. Es zeigt nur, dass es Teil der Gesellschaft ist. Wenn dem so ist, handelt es sich um eine "schwache Universalität." Das heißt, es ist eine beschreibende, jedoch keine grundlegende Universalität – keine, die zwangsläufig Realität sein muss. Es gibt aber auch Phänomene, die notwendigerweise zutreffen müssen. Beispielsweise weist unsere Sprache Eigenschaften auf, die genauso Teil unserer Natur sind wie die Tatsache, dass wir Arme und keine Flügel haben. Nur Stichproben aus den Sprachen der Welt zu nehmen reicht aber nicht aus, um das zu beweisen.

In einem kürzlich erschienen Artikel in Mother Jones *wurden folgende Worte einer Ihrer ehemaligen Studentinnen zitiert: "Chomsky denkt, er sei Feminist, doch im Innersten ist er ein antiquierter Patriarch (...) Er hat einfach nie verstanden, worum es bei der Frauenbewegung geht." Befürworten Sie die Ziele und Absichten der Frauenbewegung?*

Ich glaube nicht, dass es *die* Absichten oder Ziele der Frauenbewegung gibt, und glaube ebenfalls nicht, dass es so etwas wie *die* Frauenbewegung gibt. Die Frauenbewegung – ich sollte besser sagen, die Frauenbewegungen – haben viele Absichten und Ziele, die ich für zeitgemäß, richtig und wichtig halte und die sich immens auf die Befreiung des Bewusstseins und des Denkens ausgewirkt haben. Auch machten sie den Menschen Unterdrückungsarten bewusst, die sie verinnerlicht hatten und nicht mehr bemerkten. Das alles halte ich für positiv. Meine eigene Ansicht – und das habe ich schon viele Male gesagt – ist, dass die Frauenbewegung von allen Bewegungen, die sich in den sogenannten 1960er Jahren entwickelten (es waren nicht wirklich die 1960er Jahre, denn eigentlich war es später; doch im übertragenen Sinne), wahrscheinlich die mit dem tiefsten Einfluss und der größten Bedeutung war: Sie war enorm wichtig. Was die Bemerkung der Studentin betrifft, könnte sie durchaus Recht haben, doch bin ich nicht der Richtige, um dies zu beurteilen.

Die Propagandafunktion der knappen Darstellung

In den letzten Jahren haben die Medien und das politische Establishment behauptet, die Vereinigten Staaten würden eine Alphabetisierungskrise durchlaufen. Trifft das Ihrer Meinung nach zu?

Sicher, es ist ganz einfach eine Tatsache. Soweit ich weiß, wird es nicht einmal bestritten. Bei uns gibt es viel Analphabetismus und eine minimale Alphabetisierung. Die Zahlen sind außergewöhnlich hoch. Zudem nimmt – zumindest scheinbar – das Interesse am Lesen ab. Die Leute scheinen entweder weniger zu lesen, oder sie wollen und können weniger lesen. Ich kenne z.B. Kollegen – Akademiker –, deren Welt aus Lesen besteht: Manche der Journale, mit denen sie sympathisieren und die sie für wichtig halten, wollen sie nicht abonnieren, weil ihnen die Artikel ganz einfach zu lang sind. Sie wollen es kurz und knapp haben. Das verschlägt mir regelrecht die Sprache.

Ich möchte Ihnen von einem persönlichen Erlebnis erzählen. Einmal gab ich ein Interview bei einer Radiostation. Der Journalist interessierte sich dafür, warum ich nicht bei *MacNeil und Lehrer* in der *Nightline* oder in ähnlichen Programmen zu hören sei. Zu Beginn des Interviews spielte er mir eine kurze Aufnahme eines vorigen Interviews vor, das er mit einem Produzenten von *Nightline* durchgeführt hatte. Der Journalist stelle ihm folgende Frage: "Man behauptet, die in Ihrem Programm auftretenden Leute neigen alle einer bestimmten Richtung zu und sie würden kritische und dissidente Gedanken ausschließen. Wie kommt es z.B., dass Chomsky nie in Ihrem Programm vorgekommen ist?" Zuerst bekam der Produzent eine Art Wutanfall und sagte, ich käme doch vom Mond und sei verrückt usw.; doch nachdem er sich wieder beruhigt hatte, sagte er etwas, das tatsächlich ein Körnchen Wahrheit enthält: "Chomsky fehlt die Prägnanz."

Prägnanz heißt, dass man zwischen zwei Werbespots reden können muss. Dies ist eine Struktureigenschaft unserer Medien – eine sehr wichtige, die in entscheidender Weise Konformismus aufzwingt, weil man angehalten ist, die Bedingungen der knappen Darstellung zu erfüllen. Man vermag nur entweder die üblichen Standardantworten zu wiederholen, oder man hört sich an wie jemand vom Mond. Sagt man ietwas Unkonventionelles, so hört sich dies sehr merkwürdig an. Wenn ich z.B. ins Fernsehen ginge und sagte, "die Invasion der Sowjetunion in Afghanistan ist schrecklich", dann wären die Bedingungen der Prägnanz erfüllt. Ich brauche keine Beweise anzuführen, um es zu untermauern. Weil das bereits alle glauben, entspricht es der Wahrheit – und dann kommt der Werbespot.

Nehmen wir einmal an, ich wäre in denselben zwei Minuten im Fernsehen und sagte, "die Invasion der Vereinigten Staaten in Südvietnam war schrecklich." Die Leute wären ziemlich überrascht. Sie haben noch nie gehört, dass es eine US-Invasion in Südvietnam gegeben hat, warum also sollte sie schrecklich sein? Sie haben von so etwas wie einer "Verteidigung" Südvietnams durch die Vereinigten Staaten gehört, und dass diese vielleicht falsch war, doch noch nie haben sie jemanden von einer "Invasion" durch die Vereinigten Staaten reden hören. Daher haben sie ein Recht, zu fragen, wovon ich eigentlich spreche. Wenn ich so etwas in einem Artikel unterzubringen versuche, werde ich von Lektoren gefragt, was ich damit meine. Sie sagen: "Ich kann mich an ein solches Ereignis nicht erinnern." Sie haben ein Recht, mich zu fragen, was ich damit meine. Die strukturelle Voraussetzung der Prägnanz, die unsere Medien erzwingen, verweigert Erklärungsmöglichkeiten; tatsächlich besteht darin ihre Propagandafunktion. Man kann die üblichen Standardantworten wiederholen, doch vermag man nichts Außergewöhnliches zu sagen, ohne sich wie jemand vom Mond oder wie ein Verrückter anzuhören. Eine Erklärung dessen, was gemeint ist – worauf man ein Recht hat, wenn es sich um unkonventionelle Gedanken handelt – würde nämlich etwas Zeit benötigen.

In diesem Punkt unterscheiden sich die Vereinigten Staaten von praktisch jeder anderen Gesellschaft, ausgenommen vielleicht Japan, das im Großen und Ganzen nach unserem Vorbild geschaffen ist. Wenn man aber, zumindest nach meiner Erfahrung, in Europa oder in der Dritten Welt im Radio zu hören oder im Fernsehen zu sehen ist (vor allem *kann* man dort ins Radio oder Fernsehen kommen, wenn man regierungskritische Meinungen vertritt, was in den Vereinigten Staaten praktisch unmöglich ist), hat man genügend Zeit, das Gemeinte zu erklären. Man muss nicht drei Sätze zwischen zwei Werbespots sagen. Und wenn die Erklärung mehrere Minuten (oder häufiger eine Stunde) dauert, bekommt man die Zeit. Bei uns sind die Medien so organisiert, dass man keine Zeit hat; man muss die Bedingung der Prägnanz erfüllen. Ob sich das nun jemand von der PR-Industrie ausgedacht hat oder nicht, Tatsache ist, dass die Prägnanz äußerst funktionell darin ist, eine Kontrolle der Gedanken zu erzwingen.

Ganz Ähnliches gilt für das Schreiben, wenn man z.B. angehalten ist, etwas in 700 Wörtern zu formulieren. Das ist ein weiterer Weg, die Bedingungen des konventionellen Denkens aufzuzwingen und suchende Forschungen genauso wie kritische Analysen auszuschließen. Ich denke, zu den Folgen gehört unter anderem eine Art Analphabetismus.

Paulo Freires Weg zu einem "kritischen Bewusstsein"

Wenn wir gerade von kritischen Analysen und Analphabetismus reden: Paulo Freire und andere behaupten, dass das Schreiben ein Weg zum sozialen und politischen Machtgewinn der Entmachteten sei, weil es zu einem "kritischen Bewusstsein" führen könne. Stimmen Sie dem zu?

Vollkommen. In einer komplizierten Gesellschaft ist das Schreiben tatsächlich ein unverzichtbares Mittel der zwischenmenschlichen Kommunikation. Nicht so in einer Jäger-und-Sammler-Gesellschaft, die sich aus fünfzehn Menschen zusammensetzt; dort lässt sich alles untereinander besprechen. Doch in einer komplizierteren Welt wie unserer erfordern der intellektuelle, kulturelle und moralische Fortschritt Arten der Interaktion und des kommunikativen Austauschs, die weit über das Mittel des miteinander Sprechens hinausgehen. Natürlich haben die daran Beteiligten dann die Möglichkeit, ihr eigenes Denken zu bereichern, andere aufzuklären oder in eine gewinnbringende Diskussion mit anderen zu treten, von der alle profitieren. Das ist eine Art des Machtgewinns. Wenn ein Lehrer einem Kind sagt: "Schreibe über dieses Thema 500 Wörter", gelingt es nicht. Das ist dann lediglich eine Art Rückschritt, eine Art der Rückbildung, nicht der Bildung.

In Studien über Gestaltung gibt es eine Bewegung, die das auf kritischen und kulturellen Analysen beruhende Modell von Freire zum Lerngegenstand im Englischunterricht der ersten Klasse machen will. Halten Sie das für eine gute Idee?

Tätigkeiten nachzugehen, die kritische Analysen, Selbstanalysen und Analysen über die Kultur und Gesellschaft anregen, ist ganz entscheidend. Zum Kern aller Erziehung scheint mir die Entwicklung eines Systems zur intellektuellen Selbstverteidigung zu gehören, und eine Förderung des Vermögens, Nachforschungen anzustellen – auch in Gemeinschaft mit anderen. Der von Ihnen genannte Bereich ist einer, in dem das getan werden könnte. In dieser Weise wird zum Beispiel in den Naturwissenschaften vorgegangen, doch hier ist man auf die dortigen Fragestellungen begrenzt. Man sollte so vorgehen, dass es als allgemeines Bedürfnis und normale Fähigkeit begriffen wird. Gestaltungskurse im Englischunterricht sind dafür ein ganz passender Ort.

Ein tieferes Verständnis unserer moralischen Natur

1973 [tatsächlich war es schon 1971] führten Sie im niederländischen Fernsehen eine lange Diskussion mit Michel Foucault, einem der bedeutendsten französischen poststrukturalisti-

schen Philosophen. In einem daran anschließenden Interview sagten Sie, dass Foucault und Sie einige Gemeinsamkeiten gefunden hätten, berichteten aber auch, dass er viel skeptischer war als Sie, als es um die Möglichkeit ging, eine Theorie der menschlichen Natur aufzustellen, die von den Bedingungen der Gesellschaft und der Geschichte unabhängig ist. Worauf würden Sie eine Theorie der menschlichen Natur gründen, die über die menschliche Fähigkeit des Sprachenlernens hinausgeht?

Ich würde in derselben Weise vorgehen: Ich würde die Logik des Problems Platons heranziehen. Nehmen wir irgendeine Disziplin – sagen wir das Gebiet moralischer Urteile. Ich glaube nicht, dass wir schon in der Lage sind, dieses Gebiet zu analysieren, doch liegt offen zutage, wie wir vorgehen müssen. Man würde Menschen fragen, wie die Natur ihres moralischen Urteilsvermögens beschaffen ist. Zweifellos haben wir ein derartiges Vermögen. Wir fällen ständig moralische Urteile in einheitlicher Weise und mit einem hohen Maß an Beständigkeit; wir fällen auch moralische Urteile in neuen Situationen, in denen wir uns nie zuvor befunden haben. Also haben wir eine Art Theorie, ein System oder eine Struktur, die der Ursprung einer wahrscheinlich unendlichen Anzahl moralischer Urteile ist. Dieses System lässt sich aufdecken, man kann ergründen, wie es beschaffen ist. Dann könnten wir fragen, in welchem Maße verschiedene Systeme, die an verschiedenen Orten entstehen, sich voneinander unterscheiden und inwieweit sie sich gleichen. Wir könnten außerdem eine schwierigere und grundlegendere Frage stellen: Wie waren die äußeren Einflüsse beschaffen, die äußeren Reize und die Hinweissituationen, auf deren Grundlage das System moralischer Urteile entstanden ist? Soweit diese Fragen beantwortet werden können, lässt sich ermitteln, wie die innere Natur anfänglich ausgesehen hat.

Die Logik ist genau dieselbe wie bei der Frage, warum Kinder die Pubertät durchlaufen. Als erstes stellt man fest, was mit Kindern in diesem Alter geschieht; man fragt nach den beteiligten Faktoren und welche äußeren Ereignisse stattfinden; anschließend kann man sagen, wie das innere, die Richtung vorgebende Vermögen beschaffen sein muss, von dem ausgehend die äußeren Ereignisse zur Pubertät führen. Diese Frage ist wissenschaftlicher Natur und schwer zu beantworten. In diesen Gebieten sind die Fragen gewöhnlich nicht schwierig, weil man meist feststellt, dass die äußeren Einflüsse so geringfügig, ungeordnet und kurzzeitig sind, dass sie eigentlich keine große Wirkung haben können. Qualitativ geht das meiste von innen aus. Das wäre also ein Weg, um unsere vollständige moralische Natur zu ergründen.

Es lassen sich auch andere Dinge untersuchen, z.B. moralische Argumente. Nehmen wir ein reales Beispiel: die Debatte über die Sklaverei. Ein Großteil der Diskussion fand auf geteiltem moralischem Boden statt (oder er hätte es, wenn wir die Diskussion rekonstruieren würden). Die Argumente der Sklavenhalter sind auf Grundlage unserer Moral zu verstehen, und wir können gar erkennen, dass ihre Argumente nicht bedeutungslos sind.

Nehmen wir ein Beispiel, um dies zu veranschaulichen. Stellen wir uns vor, ich wäre Sklavenhalter und Sie wären gegen die Sklaverei. Ich konfrontiere Sie mit folgendem Argument zugunsten der Sklaverei: "Nehmen wir einmal an, Sie mieten ein Auto und ich kaufe mir ein Auto. Wer wird sich besser um das Auto kümmern?" Die Antwort ist natürlich, dass ich besser darauf achtgeben werde, weil ich Kapital in das Auto investiert habe. Sie werden sich gar nicht darum kümmern. Wenn es klappert, werden Sie es einfach "an Hertz zurückgeben", und ein anderer hat die Sorgen. Wenn ich ein Klappern höre, bringe ich es in die Werkstatt, weil ich später nicht in Schwierigkeiten geraten will. Im Allgemeinen werde ich besser auf mein Auto achtgeben, als Sie sich um das gemietete Auto kümmern werden. Nehmen wir einmal an, ich besitze einen Menschen und Sie mieten sich einen Menschen. Wer wird sich besser um ihn kümmern? Aufgrund der Gleichheit der Argumente werde ich besser auf den Menschen achtgeben als Sie. Daraus folgt, dass die Sklaverei moralisch viel besser als der Kapitalismus ist. Die Sklaverei ist ein System, in dem man Menschen besitzt und sich deshalb um sie kümmert. Der Kapitalismus im Verein mit seinem freien Arbeitsmarkt ist ein System, in dem die Menschen gemietet werden. Wenn Sie Kapital besitzen, mieten Sie Menschen und kümmern sich nicht im Geringsten um sie. Man nutzt sie aus, wirft sie weg und besorgt sich neue Menschen. Daraus folgt, dass der freie Arbeitsmarkt völlig unmoralisch ist, die Sklaverei hingegen sehr moralisch.

Das ist eine moralische Argumentation, der wir folgen können. Zwar können wir sagen, dass wir sie für absurd halten; tatsächlich *werden* wir sagen, dass wir sie für absurd befinden, doch müssen wir uns fragen, aus welchem Grund. Der Grund ist nicht der, dass wir keine gemeinsame moralische Grundlage mit dem Sklavenhalter hätten; wir *haben* eine und würden gerne argumentieren, dass der Besitz von Menschen ein derart großer Verstoß gegen die grundlegenden persönlichen Menschenrechte ist, dass sich die Frage des besser oder schlechter gar nicht erst stellt. Dieses Argument ist ohnehin schon vielschichtig, doch zugleich basiert es auf einer geteilten Moralauffassung. Woher also stammt diese gemeinsame Moralauffassung? Ich habe den starken Verdacht, dass wir, würden wir die Hintergründe des Problems besser verstehen, womöglich herausfänden, dass dieses geteilte Moralverständnis unserer inneren Natur entstammt.

Kehren wir zum Problem des Feminismus zurück. Die Feministen liegen meines Erachtens in folgender Hinsicht genau richtig: Wenn sie die Tatsachen der Beherrschung aufzeigen und uns damit konfrontieren, sehen wir ein, dass die Beherrschung falsch ist. Warum sehen wir ein, dass sie falsch ist? Weil ein Teil unserer Meinung über Menschen und ihre Rechte aufgedeckt und öffentlich gemacht wird. Zuvor haben wir es nicht eingesehen, doch jetzt erkunden wir unsere moralische Natur und finden etwas in ihr, das wir zuvor nicht gesehen hatten. Soweit es in der menschlichen Geschichte irgendeinen Fortschritt gibt (und letztlich gibt es einen), scheint er mir teilweise darin zu bestehen, die eigene moralische Natur zu beleuchten und Dinge zu entdecken, die wir zuvor nicht gesehen hatten. Es ist nicht lange her, da wurde die Sklaverei als moralisch richtig und gar als notwendig erachtet. Heute erscheint sie uns absurd. Meiner Ansicht nach gibt es dafür gesellschaftliche und geschichtliche Gründe – wie z.B. die Entstehung des Industriekapitalismus –, doch das ist nicht die ganze Geschichte. Es könnte auch etwas damit zu tun haben, dass in unserem Inneren etwas stimuliert wurde, nämlich ein tieferes Verständnis unserer moralischen Natur. Das scheinen mir unterschiedliche Wege zu sein, wie wir hoffen könnten, die angeborene Grundlage moralischer Urteile zu ergründen. Doch wie immer diese Natur beschaffen ist: Jedes System, das komplex genug ist, um eine Analyse zu verdienen, führt zu ungefähr demselben Ergebnis, und das hauptsächlich aus den Gründen, die Platon nannte.

In asiatischen Gesellschaften – besonders in der chinesischen Gesellschaft – herrschen sehr patriarchale Bedingungen. Als ich einmal in Singapur war, führte ein Mitreisender genau dieselbe Diskussion über angeborene moralische Autorität bei Menschen. Dann sagte einer: "Nein, die angeborene moralische Autorität bei Menschen besagt, dass Männer über Frauen stehen sollten." Es gibt also eine deutlich erkennbare kulturelle Sackgasse, die wir ans Licht zu bringen scheinen. Haben Sie hier einige Einblicke? Liegt das daran, dass wir fortschrittlicher sind als die asiatischen und chinesischen Gesellschaften?

Nun, ich denke, das sind wir. So erkenne ich z.B. an, dass es sich dabei um ein Werturteil handelt, das sich nicht beweisen lässt. Doch einmal angenommen, dass die Menschheit sich nicht selbst zerstören wird (was sie wahrscheinlich tun wird), so gehe ich davon aus, dass eine Evolution von rigiden patriarchalischen Gesellschaften hin zu egalitäreren Gesellschaften stattfinden wird, doch keine umgekehrte. Ich vermute, es wird sich eine asymmetrische Entwicklung vollziehen, weil die Menschen, wenn die Bedingungen es erlauben, in zunehmendem Maße zur Erforschung ihrer eigenen moralischen Natur in der Lage sein werden. "Wenn die Bedingungen es erlauben" heißt, dass die Bedingungen für Freiheit im Allgemeinen zunehmen – zum Teil aus ökonomischen und zum Teil aus anderen kulturellen Gründen. Zudem wächst unsere Fähigkeit, unsere eigenen kulturellen Handlungen zu erforschen, statt sie bloß engstirnig hinzunehmen. Die Annahme, dass die Beherrschung anderer notwendig oder berechtigt sei, wird in Frage gestellt und normalerweise umgestürzt werden – wie ein Abschälen von Meinungsschichten. Wenn das der Fall ist, dann wäre die Wegbewegung vom Patriarchat ein echter Fortschritt, nicht nur ein bloßer Wandel. Es wäre ein Schritt zum Verständnis unserer wirklichen Natur.

"Erziehung" als Filter von Unterordnung und Gehorsam

Sie haben darauf hingewiesen, dass "die Intellektuellen der am stärksten indoktrinierte Bevölkerungsteil sind (…) sie sind diejenigen, die für Propaganda am anfälligsten sind." Sie haben deutlich gemacht, dass die gebildeten Klassen als "ideologische Manager" an "der Kontrolle des gesamten organisierten Informationsflusses" mitwirken. Wie und aus welchen Gründen kommt es dazu? Was können wir tun, um das zu ändern?

Hierin verbirgt sich schon beinahe eine Art Zirkelschluss: Diejenigen, die wir Intellektuelle nennen, haben eine Vielzahl Schranken und Filter durchlaufen und es in Positionen geschafft, von wo aus sie als Manager der Kultur wirken können. Es gibt etliche andere, die ebenso klug oder klüger, unabhängiger und nachdenklicher sind und die diese Filter nicht durchlaufen haben: *Sie* nennen wir nicht Intellektuelle. Eigentlich beginnt dieser ganze Prozess schon in der Grundschule.

Ich möchte das verdeutlichen. Sie und ich gingen auf schicke Hochschulen und lehren an noblen Universitäten. Warum ist uns das gelungen? Weil wir gefügig waren. Sie, ich und uns ähnliche Menschen haben es in diese Positionen geschafft, weil wir seit unserer Kindheit bereit waren, Befehle zu befolgen. Wenn uns der Lehrer in der dritten Klasse aufforderte, etwas Blödsinniges zu tun, sagten wir nicht: "Hören Sie mal, das ist doch lächerlich, das werde ich nicht tun." Wir taten es, weil wir in die vierte Klasse kommen wollten. Wir kamen aus einer Art Hintergrund, wo man uns erzählte: "Hör mal zu, mach es einfach und dann vergiss es wieder, der Lehrer ist ein Dummkopf. Mach es, dann kommst du weiter, zerbrich dir nicht den Kopf darüber." Dies setzt sich über die ganze Schulzeit so fort, und auch über die ganze Berufskarriere. Auf der Hochschule sagte man uns: "Schau mal, denk nicht darüber nach, du hast falsche Vorstellungen. Warum nicht genau hier weitermachen? So kommst du vorwärts." Wie auch immer es sich äußert (und es kann sich auf subtile Weise ausdrücken): Man gestattet es dem bestehenden Autoritätssystem, das einen formen will, einen zu formen.

Nun ja, einige Menschen tun es. Sie sind gefügig und ergeben, bejahen das System und arbeiten sich hoch. Am Ende bekleiden sie die hohen Positionen – als Manager in Wirtschaft, Kultur oder Politik. In unseren Klassen waren andere, die es nicht machten. Wenn sie der Lehrer in der dritten Klasse aufforderte, dieses oder jenes zu tun, sagten sie: “Das ist doch Unsinn, ich werde es nicht tun.” Diese Menschen sind unabhängiger, und man hat einen Namen für sie: Man nennt sie “verhaltensauffällig.” Irgendwie muss man mit ihnen zurechtkommen, also schickt man sie zum Psychiater, steckt sie in ein Spezialprogramm oder wirft sie vielleicht schlicht und einfach von der Schule und sie enden als Drogendealer oder Ähnliches. Tatsächlich finden sich im gesamten Bildungssystem eine Menge solcher Filter, die auf Gefügigkeit und Gehorsam ausgerichtet sind.

Dies setzt sich in der Berufskarriere fort. Nehmen wir einmal an, Sie sind Journalist und wollen eine Story schreiben, die Leute in mächtigen Positionen bloßstellt, und ein anderer Journalist will eine Story schreiben, die den Interessen dieser Leute nützt. Wir alle wissen, wer am Ende der Abteilungsleiter ist. So funktioniert es; deshalb enthält Ihrer Frage schon fast einen Zirkelschluss. Wer geachtete Stellungen erlangt, wo er als Intellektueller akzeptiert wird, ist sicher ein Mensch, der den Machtstrukturen nicht subversiv gegenübersteht. Auf die eine oder andere Weise dienen sie diesen Strukturen, stehen ihnen zumindest aber nicht neutral gegenüber. Wer eine subversivere Haltung vertritt, wird nicht intellektuell genannt: Es sind Spinner, Verrückte oder “wilde Männer, die Theater spielen”, wie McGeorge Bundy es einmal ausdrückte, als er sagte: “Die einen verstehen, dass wir in Indochina sein müssen, sie haben nur andere taktische Vorstellungen. Doch dann gibt es da diese wilden, Theater spielenden Männer, die meinen, dass etwas falsch daran ist, gegen ein anderes Land aggressiv vorzugehen” (das sagte er in *Foreign Affairs*, einer Mainstream-Zeitung). Genau das ist die Logik: Es gibt wilde, Theater spielende Männer, die keine Autoritäten anerkennen. Sie bleiben wilde Männer und werden keine respektierten Intellektuellen. Natürlich gilt das nicht für 100 Prozent Fälle. Es sind Tendenzen – tatsächlich ziemlich starke Tendenzen –, die durch weitere gewichtige Einflüsse noch verstärkt werden.

Zwei Arten von Intellektuellen und ihre Rolle

Eine weitere Tendenz von großer Wirkung hat mit der Rolle zu tun, die die Intellektuellen spielen. Warum nennt man Sie und mich Intellektuelle, einen Automechaniker aber nicht? Der Grund dafür ist nicht zwangsläufig, dass wir mehr lesen oder in bessere Konzerte gehen würden oder Ähnliches. Vielleicht tut das ja der Mechaniker. Ich kenne mehrere solche Fälle, weil ich in einer solchen Umgebung aufgewachsen bin. Meine Onkel und Tanten waren Juden und gehörten der New Yorker Arbeiterklasse an. Das war noch in den 1930er Jahren, zu einer Zeit, als die Arbeiterklasse eine reiche Kultur besaß. Viele der

Arbeiter waren kaum zur Schule gegangen. Einer meiner Onkel kam nie über die vierte Klasse hinaus, und eine meiner Tanten machte nie einen Schulabschluss. Doch es war die reichhaltigste intellektuelle Umgebung, die ich jemals kennengelernt habe. Damit meine ich keine Comicbuchkultur, sondern Hochkultur: Freud, Steckel, das Budapester Streichquartett und Diskussionen über alles, was man sich nur vorstellen kann. Aber niemals wurden sie Intellektuelle genannt, sondern "beschäftigungslose Arbeiter" oder ähnlich.

Warum also gelten diese Menschen nicht als Intellektuelle, während viele an den Universitäten, die eine im Grunde theologische Arbeit verrichten (aus intellektueller Sicht ist ein Großteil der Forschung nichts anderes als theologische Arbeit auf niedrigster Ebene), geachtete Intellektuelle sind? Zunächst ist es eine Frage der Unterordnung und der Macht, und zweitens hat es mit der Rolle zu tun, die zu spielen man sich entscheidet. Wer Intellektueller genannt wird – besonders öffentlicher Intellektueller (Sie wissen schon, wen ich meine: diejenigen, die Aufsehen erregen und als Experten eingeladen werden) –, sind Menschen, die eine Managerrolle zu spielen entschieden haben. In früheren Gesellschaften wären sie Priester gewesen, heute bilden sie eine Art säkulare Priesterschaft.

Im 19. und 20. Jahrhundert schlugen die Intellektuellen typischerweise einen von zwei sehr ähnlichen Wegen ein. Der erste ist im Wesentlichen der marxistische/leninistische Weg, der eine große Anziehungskraft auf die Intellektuellen ausübt, weil er ihnen die moralische Macht zur Beherrschung der Menschen verleiht. Der Kern des Marxismus/Leninismus ist eine Führerrolle, welche die radikalen Intellektuellen einnehmen, um die beschränkten Massen nach vorne in eine Zukunft zu peitschen, die zu verstehen sie zu dumm sind. Für Intellektuelle ist das eine sehr anziehende Vorstellung. Es gibt sogar eine Methode, dies zu realisieren: In diese Positionen gelangt man auf dem Rücken der Menschen, die öffentliche Kämpfe austragen. Man ernennt sich zum Anführer öffentlicher Kämpfe, übernimmt die Macht und führt die beschränkten Massen in die Zukunft. Das ist das eigentliche Wesen des Marxismus bzw. Leninismus, der aus offensichtlichen Gründen eine enorme Anziehungskraft auf die Intellektuellen ausübt und folglich eine Richtung ist, die sie weltweit eingeschlagen haben.

Es existiert eine weitere Strömung, die sich von der ersten nicht sonderlich unterscheidet. Sie besteht in der Erkenntnis, dass es zu keiner Revolution des Volkes kommen wird: Wir haben ein bestimmtes Machtsystem, das ungefähr in dieser Form bestehen bleiben wird. Ich werde ihm dienen und der Experte sein, der Personen mit wirklicher Macht hilft, ihre Ziele zu erreichen. Das ist das Henry Kissinger-Phänomen bzw. das Phänomen des staatskapitalistischen Intellektuellen. Dies ist eine weitere Rolle der Intellektuellen. In einem seiner akademischen Aufsätze stellte Kissinger dies wunderbar dar: Er beschrieb einen Experten als "eine Person, die weiß, wie man die Konsensmeinung seiner Kundschaft ausspricht." Er erwähnte aber nicht, dass "die Kunden Leute mit Macht sind", obgleich das in seinen Worten enthalten ist. Zu wissen, wie man die Konsensmeinung von beschäftigungslosen Arbeitern oder Obdachlosen ausspricht, macht einen nicht zum Experten. Der Punkt ist, dass die Experten diejenigen sind, die die Konsensmeinung der Mächtigen zur Sprache zu bringen wissen und die Rolle von Managern zu spielen vermögen.

Diese beiden Arten der Intellektuellen sind sich sehr ähnlich. Auffällig ist meiner Meinung nach die Tatsache, dass es für Intellektuelle ein Leichtes ist, die Seite zu wechseln: Das ist das "Phänomen des gescheiterten Gottes." Man erkennt, dass es keine Volksrevolution geben wird: Man wird es nicht zur Avantgarde bringen, die die Massen in die Zukunft peitscht – also vollzieht man diesen Wandel und wird zum Diener des "Staatskapitalismus." Ich will damit nicht sagen, dass jeder, der diesen Wandel durchlaufen hat, unmoralisch gehandelt hätte. Manche begriffen tatsächlich Dinge, die sie zuvor nicht gesehen hatten. Doch mittlerweile ist es zu einer Farce geworden. Man erlebt, wie so mancher in vollem Bewusstsein versteht: "Es wird keine Revolution geben. Wenn ich zu Macht und Ansehen kommen will, sollte ich besser jenen Leuten dienen. Also durchlaufe ich rasch die Wandlung und denunziere meine alten Kameraden als uneinsichtige Stalinisten." Der Wandel ist absurd, und eigentlich sollten wir darüber lachen. Wie leicht er zu durchlaufen ist, spiegelt sich teilweise darin wider, wie wenig sich diese Intellektuellen voneinander unterscheiden. Sie unterscheiden sich in ihrer Beurteilung, bei wem die Macht liegt – doch in ihrer Vorstellung der Rolle des Intellektuellen besteht eine gewisse Gemeinsamkeit.

Der springende Punkt ist folglich, dass die Menschen, die wir Intellektuelle nennen, Filter durchlaufen, Schranken passiert, sich die Rolle angeeignet und sich dazu entschieden haben, sie zu spielen. Sie sind diejenigen, die wir Intellektuelle nennen. Wenn Sie fragen, warum Intellektuelle gefügig sind, so lautet die Antwort darauf, dass sie andernfalls keine Intellektuellen wären. Auch hier gilt das nicht für alle Fälle, doch für die allermeisten.

Ein Ziel der Medien und des Bildungssystems

Sie haben gerade die Medien erwähnt. Immer wieder haben sie geschrieben, dass Staat und Medien kollaborierten, um die Interessen und Werte der etablierten Klassen zu stützen und am Leben zu erhalten. Dennoch prahlen wir in den Vereinigten Staaten stolz mit unserer "freien Presse." Sind unsere Medien Opfer der ideologischen Indoktrination oder sind sie willige Verschwörer in der Unterdrückung der Wahrheit?

Ich halte keines von beidem für ganz richtig. Die Medien sind weder Opfer, noch sind sie Verschwörer. Nehmen wir einmal an, Sie würden eine ähnliche Frage über *General Motors* stellen. *General Motors* versucht, seine Profite und seine Marktanteile zu maximieren; ist *General Motors* Opfer unseres Systems oder Verschwörer innerhalb des Systems? Keines von beidem. Sie sind ein Teil des Systems und handeln aus leicht durchschaubaren institutionellen Gründen in bestimmter Weise. Würden sie nicht so handeln, dann wären sie nicht länger Teil des Spiels.

Betrachten wir z.B. die Medien: Sie erfüllen eine bestimmte institutionelle Funktion. Wir verfügen über eine freie Presse, d.h. sie wird nicht vom Staat kontrolliert, sondern durch Konzerne. Das nennen wir Freiheit: Was wir Freiheit nennen, ist Konzernherrschaft. Wir haben deshalb eine freie Presse, weil sie aus Konzernmonopolen und Konzernoligopolen besteht. Das nennen wir Freiheit. Wir besitzen ein freies politisches System, weil wir eine Partei haben, die von der Geschäftswelt beherrscht wird: eine Wirtschaftspartei bestehend aus zwei Fraktionen. Aus diesem Grund haben wir ein freies politisches System. Die Begriffe *Freiheit* und *Demokratie*, wie sie in unserer Orwellschen politischen Diskussion verwendet werden, gehen von der Annahme aus, dass eine bestimmte Art der Beherrschung – nämlich jene durch Besitzer und Elemente der Wirtschaft – Freiheit ist. Wenn sie die Zügel in der Hand halten, herrscht Freiheit und Chancengleichheit. Wenn nicht, sind die Verhältnisse ungerecht und müssen verändert werden. Wenn sich Organisationen in der Bevölkerung bilden oder die Gewerkschaften zu mächtig werden, muss wieder für gerechte Verhältnisse gesorgt werden. Passiert etwas dieser Art in El Salvador, schickt man die Todesschwadrone; geschieht es aber bei uns im eigenen Land, unternimmt man etwas anderes; es muss aber wieder für gerechte Verhältnisse gesorgt werden.

Zurück zur freien Presse. Ja, unsere Presse ist frei. Im Grunde besteht sie aus einer konzentrierten Konzernstruktur, die durch Konglomerate eng miteinander verbunden sind. Genau wie andere Konzerne haben sie ein Produkt, das sie auf dem Markt verkaufen: Ihr Markt sind Anzeigenkunden, d.h. andere Konzerne. Ihr Produkt (vor allem in der elitären Presse, d.h. jene Presse, die die Richtung für andere Medien vorgibt, die sich danach richten) sind privilegierte Leserschaften. So verkauft man Produkte an Anzeigenkunden. Bei uns gibt es also eine institutionelle Struktur von Großkonzernen, die privilegierte, elitäre Leser an andere Konzerne verkauft. Und selbstverständlich spielen sie eine bestimmte institutionelle Rolle: Sie präsentieren eine Version der Welt, die die Interessen und Bedürfnisse der Verkäufer und Käufer widerspiegelt. Das überrascht nicht besonders; eine Reihe weiterer Faktoren drücken in dieselbe Richtung.

Nun, das ist keine Verschwörung, ebenso wenig wie das Profitstreben von General Motors eine Verschwörung ist. Die Medien sind nicht die Opfer, vielmehr sind sie Teil des Systems. Wenn irgendein Teil der Medien, sagen wir die *New York Times*, von dieser Rolle abzuweichen begänne, würde er schlicht und einfach Pleite gehen. Warum sollten die Anteilseigner und die Anzeigenkunden ihnen fortzufahren gestatten, wenn sie ihre Funktion nicht erfüllen? Würde sich in ähnlicher Weise ein Journalist der *New York Times* entschließen, die Wahrheit ans Licht zu bringen – wenn er z.B. anfinge, wahrheitsgemäße und ehrliche Artikel über Machtausübung zu schreiben –, wären die Herausgeber verrückt, wenn sie ihm die Fortsetzung seiner Tätigkeit erlauben würden. Der Journalist untergräbt Autorität und Dominanz und bringt die Leute dazu, von alleine nachzudenken: Genau das ist die Rolle, die man die Medien nicht spielen sehen will. Es ist keine Verschwörung, sondern es liegt einfach daran, dass die institutionelle Medienstruktur ihnen dasselbe Ziel vorgibt, das auch das Erziehungswesen hat: die Menschen in ergebene und atomisierte Individuen zu verwandeln, die den Macht- und Autoritätsstrukturen nicht im Weg stehen, sondern ihnen vielmehr dienen. So ist das System aufgebaut, und würde man davon abzuweichen beginnen, würden die Leute mit tatsächlicher Macht – die Institutionen mit wirklicher Macht – eingreifen, um die Abweichung zu eliminieren. So funktionieren Institutionen, und deshalb scheint es fast schon vorhersehbar, dass die Medien eine Art Indoktrinationsfunktion erfüllen.

Sie sagten einmal: "Propaganda ist für die Demokratie, was Gewalt für den Totalitarismus ist." Das deckt sich zweifelsohne mit dem, das sie hier beschreiben.

Tatsächlich finden wir in der Demokratietheorie einen ganz eindrucksvollen roten Gedankenfaden, der sich sicherlich zu den Revolutionen in England im 17. Jahrhundert zurückverfolgen lässt, den ersten größeren demokratischen Revolutionen in moderner Zeit. Damals begriff man, was im 20. Jahrhundert in aller Deutlichkeit zum Vorschein kommen sollte (besonders in den Vereinigten Staaten): Wird die Möglichkeit geringer, die Menschen mit Gewalt zu kontrollieren, müssen andere Kontrollmethoden ausgedacht werden. Harold Lasswell, einer der Väter der modernen Kommunikationstheorie der Politikwissenschaften, stellte das in den 1930er Jahren in der *Enzyklopädie der Sozialwissenschaften* in einem Artikel über Propaganda so dar: "Wir sollten nicht dem demokratischen Dogmatismus erliegen, dass die Leute ihre eigenen Interessen selbst am besten beurteilen könnten." Das können sie nicht. Wir können ihre Interessen am besten beurteilen. In einem Militärstaat oder in einem Staat, den wir heute als totalitär ansehen würden, vermag man die Bevölkerung mit Gewalt zu kontrollieren; in demokratischen Systemen besteht die Möglichkeit nicht, also kontrolliert man sie lieber mit Propaganda, zu ihrem eigenen Wohl. Das ist die Standardmeinung, und ich vermute, dass dies in Wahrheit auch die vorherrschende Auffassung der Intellektuellen ist.

Das ist sicher mit Walter Lippmanns Idee der "Herstellung von Konsens" verbunden – mit der Vorstellung, dass die Regierung nicht darauf vertraut, dass die Bevölkerung fähig ist, vernünftige Entscheidungen zu treffen. Aus diesem Grund sollte die eigentliche Macht einer "intelligenten" Elite vorbehalten bleiben, die die "richtigen Entscheidungen" trifft und dann die Illusion öffentlicher Zustimmung konstruiert.

Richtig, doch muss beträchtlich über den Gedankengang nachgedacht werden, von dem dies ausgeht. Lippmann entwickelte die Idee der "Herstellung von Konsens" als Fortschritt in der Kunst der Demokratie und war der Überzeugung, dass sie eine gute Sache sei. Dieser Punkt ist wichtig. Sie sei deshalb eine gute Sache, weil "wir uns vor dem Wahnsinn und Getrampel der verwirrten Herde schützen müssen", sagte er. Da gibt es also diese Menschenmassen, die verwirrte Herde. Wenn wir sie tun lassen, was sie will – wenn wir Demokratie und Ähnliches erlauben –, führt das zu Wahnsinn und zu Verwirrung, weil die Menschen völlig unfähig sind. Die Einzigen, die etwas zustande bringen können, sind wir, die klugen Männer, die "Expertenklasse." Er fügte nicht hinzu (wieder etwas, das stillschweigend begriffen wird), dass man es in die Ränge der Expertenklasse nur dann schafft, wenn man Leuten mit wirklicher Macht dient. Der Grund ist also nicht der, dass Experten klüger wären, sondern der, dass sie ergebener sind. Wir, die Expertenklasse, die Diener der Macht, müssen unser Ansehen, unsere Macht und uns selbst vor dem Wahnsinn und dem Getrampel der verwirrten Herde schützen. Deshalb müssen wir für Konsens sorgen; wir können die Menschen nicht einfach auf der Straße erschießen, da sie sich nicht durch Gewalt kontrollieren lassen. In diesem Sinne ist Indoktrination für die Demokratie, was Gewalt für den Totalitarismus ist.

Demokratie in Gestalt der Demokratie verhindern

Tatsächlich ist diese Methode sogar besser, sie ist viel effektiver.

Sicher ist sie sehr viel bedeutender. In totalitären Staaten, wie der Sowjetunion unter der Führung Stalins (welche einem totalitären Staat so nahe wie möglich kommt), spielte es keine so große Rolle, welche Überzeugungen die Menschen hatten. Sie konnten mehr oder weniger glauben, was sie wollten. Wichtig waren ihre Handlungen, und was sie taten, kontrollierte man durch Gewalt oder ihre Androhung. Selbst ganz gewöhnliche faschistische und totalitäre Staaten waren relativ offen. Im Spanien Francos beispielsweise lasen viele Menschen ein breiteres Themenspektrum als bei uns und diskutierten weit mehr. Doch das spielte keine große Rolle, weil man sie kontrollierte: Über ihren Köpfen schwebte eine Keule, gegen die sie nicht viel unternehmen konnten. In der Sowjetunion z.B. hatte die Zeitung *Samisdat* eine Menge Leser. Ich habe einige Studien darüber gelesen, in welchem erstaunlichen Umfang *Samisdat* verbreitet war. Die Obrigkeiten hätten sie verbieten können, doch wahrscheinlich bereitete sie ihnen einfach keine großen Sorgen: "Okay, die Leute haben verrückte Ideen. Wen kümmert es? Sie werden nichts gegen uns unternehmen, weil wir sie kontrollieren."

In freieren und demokratischeren heutigen Gesellschaft hingegen wird es äußerst gefährlich, wenn die Leute zu denken anfangen, denn ihre Gedanken könnten zu Handlungen werden, und man hat nicht die Polizei, um sie unter Kontrolle zu halten. Wenn es sich um Schwarze im innenstädtischen Boston handelt, stellt dies kein großes Problem dar: Dann hat man die Polizei, um sie zu kontrollieren. Wenn es aber relativ privilegierte Weiße aus der Mittelklasse sind wie wir, steht nicht die Polizei zur Verfügung, um sie zu kontrollieren: Sie haben zu großen Einfluss, sie würden es nicht gestatten. Sie teilen die Privilegien der Wohlhabenden, daher lassen sie sich nicht mit Gewalt kontrollieren. Also muss man ihre Gedanken lenken, und Indoktrination ist ein entscheidendes Mittel, um Demokratie in Gestalt der Demokratie zu verhindern.

Kürzlich sagten Sie zu Bill Moyers, Sie würden "gerne eine Gesellschaft sehen, die auf eine freiwillige Organisation zusteuert und die Hierarchie- und Herrschaftsstrukturen sowie deren Basis im Eigentum und in der Kontrolle weitestgehend abschafft." Wie kann das erreicht werden? Das von Ihnen beschriebene System ist ziemlich fest verwurzelt.

In verschiedenen Gesellschaften gibt es verschiedene Herrschaftstypen. Eine ist das Patriarchat, von dem wir im Prinzip wissen, wie es überwunden werden kann; es ist zwar nicht einfach zu überwinden, doch im Grunde wissen wir wie. In Gesellschaften wie der unsrigen sind die primären Herrschaftsformen (zumindest die entscheidenden) aber vorwiegend Eigentum. Der Privatbesitz an Produktionsmitteln erlaubt seinen Besitzern die höchste Autorität über die Produktion und über die Verteilung, über das, was sich im politischen Leben abspielt, über den Umfang der kulturellen Freiheit usw. Sie verfügen über die Entscheidungsbefugnis, weil sie das Kapital kontrollieren. Ich sehe jedoch keinen Grund, warum das Kapital in privater Hand sein sollte. Wenn man die Ideale des 18. Jahrhunderts ernst nimmt, muss man meines Erachtens einen zutiefst antikapitalistischen Standpunkt einnehmen. Wenn man die Ideale des klassischen Liberalismus ernst nimmt, führt das, so meine ich, zur Ablehnung des Konzernkapitalismus. Der klassische Liberalismus, wie er z.B. von Humboldt und großen Teilen des aufklärerischen Denkens entwickelt wurde, stand Kirchen, Staat und Feudalsystem feindlich gegenüber – aus einem bestimmten Grund: Sie waren die hervorstechendsten Exempel zentralisierter Macht. Der klassische Liberalismus lehnte in Wirklichkeit zentralisierte Macht ab, die sich nicht unter der Kontrolle der Bevölkerung befindet.

Die Konzerne des 19. Jahrhunderts sind eine weitere Form zentralisierter Macht, die vollständig außerhalb der öffentlichen Kontrolle steht. Nach derselben Logik sollten wir auch sie ablehnen. Wenn man die klassisch-liberalen Gedanken folgerichtig auf die heutige Situation anwendet, wird man libertärer Sozialist oder eine Art linker Anarchist. Mit “Anarchist” meine ich nicht die amerikanische Bedeutung des Wortes, die rechter Kapitalist meint. Ich meine Anarchist in der traditionellen Verwendung: Ein Sozialist, der die staatliche Macht ablehnt und sich, soweit die gesellschaftlichen Verhältnisse es erlauben, für freiwillige Assoziationen einsetzt, und die Rolle eines ehrlichen Menschen in einem ewigen und beständigen Kampf sieht, der so lange andauert, wie die Menschheitsgeschichte weitergeht – ein Kampf gegen jede Form der Autorität und Herrschaft, von denen wir viele vielleicht noch nicht wahrnehmen können und erst später entdecken werden.

Welche Art von Gesellschaft kommt aus Ihrer Sicht einer solchen freiwilligen Assoziation am nächsten? Denken Sie, dass irgendeine heutige Gesellschaft dem nur nahekommt?

Zweifellos verfügt jede Gesellschaft über bestimmte Merkmale dieser Art, die sich von Gesellschaft zu Gesellschaft voneinander unterscheiden. Manchmal findet man derlei Merkmale in rückständigen, unterentwickelten und nicht in fortschrittlichen Gesellschaften. Aus vielen Gründen herrscht in den Vereinigten Staaten eine solche Situation vor: Hierzulande gibt es sehr positive Seiten; in vieler Hinsicht sind die Vereinigten Staaten das freieste Land der Welt. Das meine ich nicht nur wegen der Begrenzung staatlichen Zwangs (wenngleich das auch dafür gilt), sondern ebenfalls wegen der persönlichen Beziehungen. Was zwischenmenschliche Beziehungen angeht, sind die Vereinigten Staaten einer klassenlosen Gesellschaft näher als praktisch jede andere Gesellschaft. Wenn ich in ein anderes Land reise, zum Beispiel nach England, verschlägt es mir jedes Mal die Sprache, wenn ich sehe, welche Ehrerbietung und Autorität die Menschen ganz automatisch an den Tag legen, die hierzulande größtenteils unbekannt ist.

So hat in den Vereinigten Staaten niemand ein Problem damit, wenn sich ein Universitätsprofessor und ein Automechaniker informell als völlig Gleichgestellte unterhalten. Für England gilt das aber nicht. Das ist ein sehr positiver

Zug der Vereinigten Staaten. Bei uns beklagen sich die Intellektuellen immer, dass man sie nicht so ernst nimmt wie die europäischen Intellektuellen – das ist eine der guten Seiten hier bei uns. Meist gibt es überhaupt keinen Grund, sie ernst zu nehmen. Ich erinnere mich, wie ich in den 1960er Jahren gelegentlich internationale Erklärungen gegen den Vietnamkrieg unterschrieb – ich in den Vereinigten Staaten und Sartre und noch irgendein anderer in Europa. In Paris erschienen dicke Schlagzeilen auf den Titelseiten der Zeitungen, bei uns aber schenkte dem niemand die geringste Beachtung – die einzig vernünftige Reaktion. Okay, drei Leute haben eine Petition unterzeichnet, wen interessiert das schon? Eine Petition, die 120 Intellektuelle zur Zeit des Algerienkrieges unterschrieben, war in Paris ein Großereignis. Würde sich etwas Ähnliches bei uns abspielen, gelangte es nicht einmal in die Zeitungen, und das ganz und gar zu Recht.

All dies spiegelt eine Art verinnerlichtes Demokratieverständnis und ein Freiheitsideal wider, die eine ungeheuer große Rolle spielen und nicht unterschätzt werden sollten. Ich denke, dies ist einer der Gründe für das Bestehen des Pentagonsystems. Vergleichen wir die Vereinigten Staaten z.B. mit Japan: Warum mussten wir das Pentagonsystem errichten, um die Öffentlichkeit zur Subventionierung der High-Tech-Industrie zu bewegen, während Japan dies nicht tun musste? In Japan bringt man die Bevölkerung ganz einfach dazu, die High-Tech-Industrie direkt zu subventionieren: durch verringerten Konsum, finanztechnische Maßnahmen und Ähnliches. Dadurch wird Japan weit effizienter, als wir es sind. Möchte man z.B. Computer der nächsten Generation bauen, sagt man in Japan einfach: “Okay, wir senken den Konsum, investieren diese oder jene Summe und bauen dann Computer.” Will man dasselbe in den Vereinigten Staaten machen, sagt man: “Okay, wir bauen irgendein verrücktes System, um die sowjetischen Raketen aufzuhalten, darum muss der Konsum gesenkt werden, und vielleicht kommen am Ende Computer dabei heraus.” Offensichtlich funktioniert das japanische System viel effizienter.

Doch warum wählen wir nicht das effizientere System? Weil wir in einer freieren Gesellschaft leben; bei uns lässt sich das nicht durchsetzen. In einer Gesellschaft, die mehr faschistisch als staatskapitalistisch ist – und ich meine das im Hinblick auf die Kultur und auf die Wirtschaftsinstitutionen –, kann man den Menschen einfach sagen, was sie tun sollen, und sie tun es. Bei uns vermag man das nicht: Kein amerikanischer Politiker könnte sich hinstellen und erklären: “Nächstes Jahr werdet ihr euren Lebensstandard senken, damit IBM größeren Profit machen kann. So läuft es und nicht anders.” Es würde nicht funktionieren. Bei uns müssen die Leute durch Angst und Ähnliches dazu gebracht werden. Wir benötigen all diese komplizierten Propagandawerkzeuge und Zwangsmechanismen, die in einer gut geführten, faschistischeren

Gesellschaft recht unnötig sind; dort erteilt man ganz einfach Befehle. Das ist einer der Gründe, warum der Faschismus so effizient funktioniert.

Sie haben Ihre Befürchtung geäußert, dass die Vereinigten Staaten reif für einen faschistischen Führer sind. Sie schrieben: "In einer entpolitisierten Gesellschaft, in der die Menschen kaum Möglichkeiten haben, ihre Ängste und Bedürfnisse zur Sprache zu bringen und sich konstruktiv an der Regelung ihrer Lebensverhältnisse zu beteiligen, könnte jemand daherkommen, der nicht an persönlichem Profit, sondern an Macht interessiert ist. Das könnte sehr gefährlich werden." Ist ihre Äußerung rhetorisch gemeint oder als Warnung, oder hegen Sie wirklich die Befürchtung, dass die Vereinigten Staaten einem charismatischen, faschistischen Diktator zum Opfer fallen könnten?

Die Gefahr besteht. Ich habe mehrere sehr positive Seiten an den Vereinigten Staaten genannt, doch es gibt auch eine Reihe negativer Punkte. Einer ist der Zusammenbruch unabhängiger Gesellschaftsorganisationen und unabhängigen Denkens – die Vereinzelung der Menschen. Während wir auf eine Gesellschaft zusteuern, die aus Sicht der Wirtschaftsklassen besser nicht sein könnte, eine Gesellschaft, in der alle Individuen vereinzelt sind und keine Möglichkeit zur Kommunikation mit den anderen haben (und deshalb kein unabhängiges Denken oder Handeln entwickeln können und lediglich Konsumenten statt Produzenten sind), werden die Menschen zutiefst voneinander entfremdet; sie mögen vielleicht hassen, was vor sich geht, doch fehlt ihnen die Möglichkeit, ihren Hass in konstruktiver Weise auszudrücken. Kommt ein charismatischer Führer daher, könnten sie ihm durchaus folgen wollen. Die Vereinigten Staaten können sich glücklich schätzen, dass dies bisher nicht geschehen ist.

Das ist wohl auch einer der Gründe, warum ich die Korruption so hoch schätze. Korruption ist eine der besten Dinge, die es gibt. Sie werden bemerken, dass ich in meinen Büchern nie die Korruption kritisiere – ich halte sie für etwas ganz Wunderbares. Ich habe korrupte Führer viel lieber als machthungrige Führer. Ein korrupter Führer raubt die Menschen aus, richtet aber sonst keinen großen Schaden an. Solange z.B. fundamentalistische Prediger – wie Jim Bakker oder wie er auch heißt – sich für Cadillacs, Sex und Ähnliches interessieren, stellen sie kein großes Problem dar. Doch nehmen wir einmal an, es käme jemand daher, der wie Hitler ist, der sich nicht besonders für Sex und Cadillacs interessiert, sondern einfach nur Macht will. Dann stecken wir wirklich in der Klemme. Je korrupter solche Leute sind, desto besser für uns. Wir sollten alle die Korruption feiern. Das gilt auch für autoritäre Gesellschaften: Je korrupter sie sind, desto besser normalerweise für die Menschen, denn Machthunger ist weit gefährlicher als Geldhunger. Ungeachtet dessen denke ich, dass die Vereinigten Staaten reif sind für einen faschistischen Führer. Bisher hatten wir das große Glück, dass jeder, der daherkam, unmöglich dafür geeignet war: Joe McCarthy etwa war ein zu großer Gangster, Richard Nixon ein zu großer Betrüger, Ronald Reagan ein zu großer Clown; die fundamentalistischen Prediger sind letztlich zu korrupt. Bislang sind wir solchen Führern entgangen – doch das war nur Glück. Wenn ein Hitler daherkommt, stecken wir möglicherweise wirklich in der Klemme.

Ihre politischen Ansichten sind "radikal" genannt worden, ihre Ideen über die Sprache hingegen "konservativ." Jay Parini schreibt: "Einige Kollegen tadeln Chomsky für das Ignorieren der gesellschaftlichen Realitäten der Sprache, die er ihrer Meinung nach zu eng definiert. Zum Beispiel befasst sich Chomsky in seiner Arbeit nicht damit, wie die Sprache in Alltagssituationen Verwendung findet, um die herrschenden Ungerechtigkeiten zwischen Männern und Frauen zu bewahren." Ist diese Beurteilung fair? Wie führen sie diese scheinbar widersprüchlichen Standpunkte wieder zusammen?

Da ist etwas dran. Doch möchte ich Ihnen sagen, wie meine Entscheidungen aussehen und wie ich meine Prioritäten setzte. Wie jeder Mensch interessiere ich mich für viele unterschiedliche Dinge. Da gibt es Themen, die ich intellektuell interessant finde, und andere, die ich menschlich für wichtig halte; diese beiden Gebiete überschneiden sich nur wenig. Vielleicht könnte die Welt auch anders beschaffen sein – doch Fakt ist, dass sie so beschaffen ist: Die intellektuell interessanten, herausfordernden und aufregenden Themen sind von den aus menschlicher Sicht wichtigen Themen im Allgemeinen nahezu vollständig getrennt. Wenn ich eine bestimmte Zahl von Stunden pro Tag zur Verfügung habe, verteile ich sie wie jeder andere in bestimmter Weise. Damit möchte ich nicht sagen, dass ich jede wache Minute damit zubringe, anderen zu helfen – ich esse, gehe spazieren, lese ein Buch, arbeite an Problemen, die ich aufregend finde usw. Das alles mache ich für mich, weil ich Gefallen daran finde. Einen Teil meiner Zeit (genau genommen ziemlich viel) verbringe ich jedoch damit, Dinge zu tun, die ich aus menschlicher Sicht für wichtig halte.

Ich stelle es viel zu technisch dar, um den Punkt zu verdeutlichen; nehmen wir jedoch einmal an, ich würde sagen: "Nun ist die Stunde gekommen, etwas menschlich Wichtiges zu tun, und mir stehen zwei Möglichkeiten offen: Entweder untersuche ich, wie die Sprache verwendet wird, um mächtige Leute zu unterstützen; oder ich unternehme etwas, um jenen Bauern in El Salvador zu helfen, die abgeschlachtet werden." Nun, ich entscheide mich für die zweite Möglichkeit, weil sie viel wichtiger ist als die erste, um ein Vielfaches. Daher verbringe ich meine Zeit nicht mit Dingen wie der Untersuchung des Sprachgebrauchs, durch den Autorität aufgezwungen wird. Das geschieht zweifellos. Die Frage ist jedoch intellektuell gesehen nicht interessant; wie den meisten sozialwissenschaftlichen Gebieten fehlt es ihr an jeglicher intellektuellen Tiefe. Menschlich gesehen ist diese Frage im Vergleich zu anderen Problemen nur von marginaler Bedeutung. Daher würde ich dies nicht als günstige Verteilung meiner Prioritäten betrachten.

Manche denken anders darüber, doch aus meiner Sicht ist ihr moralisches Urteil ziemlich dürftig. Möchte man z.B. die soziale Verwendung der Sprache untersuchen, weil man sie interessant findet, dann schön und gut; das würde meiner Entscheidung gleichen, ein Buch zu lesen – moralische Fragen spielen dann keine Rolle. Aus ähnlichen Gründen finde ich Fragen über die Sprachstruktur oder über das Problem Platons interessant; daher untersuche ich sie. Sagt man aber, man würde es aus moralischem Pflichtbewusstsein tun, begeht man einen schweren Fehler, denn in dieser Hinsicht ist das Thema viel niedriger einzustufen als andere Fragen. Oft wird gesagt (und ich halte das für einen beträchtlichen Irrtum): "Ich bin Linguist, und in dieser Rolle muss ich für die Gesellschaft nützlich sein." Das ergibt überhaupt keinen Sinn. Wir sind Menschen, und als solche sollten wir gesellschaftlich sinnvoll handeln. Das bedeutet jedoch nicht, dass die Entscheidung, anderen Menschen zu helfen, mit der Berufsausbildung als Sprachwissenschaftler verbunden sein muss. Womöglich hilft die Ausbildung gar nicht, sich gegenüber anderen sinnvoll zu verhalten – und tatsächlich ist das auch nicht der Fall.

Ich habe das Gefühl, dass sich eine Menge Karrierestreben dahinter verbirgt. Wenn ich zum Beispiel meine gesamte Zeit damit verbringe, als Linguist zu arbeiten, und ein Teil davon marginalen gesellschaftlichen Nutzen erbringt, kann ich sagen: "Schaut her, wie moralisch ich bin", und gleichzeitig meine Karriere vorantreiben. Wenn ich jedoch denselben Teil meines Lebens darauf verwende, zur Demonstration in Washington zu gehen, die letzte Woche anlässlich der Ermordung Romeros stattfand, fördere ich damit gar nicht meine Karriere, obwohl ich den Menschen mehr helfe. Man muss auf der Hut sein, um nicht in diese Falle zu tappen. Wenn man an solchen Problemen arbeiten möchte – und ich denke, sie sind völlig berechtigt –, muss man sich folglich einfach die Frage stellen, warum man es macht. Tut man es deshalb, weil man dadurch anderen Menschen helfen kann? Ist die Antwort darauf ja, halte ich die Beurteilung für dürftig. Tut man es, weil man sich dafür interessiert, dann schön und gut, dagegen habe ich nichts einzuwenden. Menschen haben das Recht, Dinge zu tun, die sie interessieren.

Kreatives Lesen als Herz des Schreibprogramms

Ihre Arbeiten über Kreativität waren einflussreich und dienten sogar als Inspirationsquelle für diejenigen, die die Satzkombination als Methode entwickelten, um Schreiben zu lehren.

Wir beide kennen einen Lehrer, der alle seine Kurse mit der Bitte an die Studenten begann, vier oder fünf kurze Sätze zu einem zusammenzufügen. Natürlich gibt es viele mögliche Lösungen, und die Studenten waren immer erstaunt, dass fast alle ihre Sätze verschieden waren. Und doch kann jeder, der auf irgendeiner Stufe einmal Schreiben unterrichtet hat, bezeugen, dass viele Studenten in vorhersagbare Muster des Sprachgebrauchs verfallen. Denken Sie, dass die Kreativität der Sprache gefördert werden kann, damit ein größerer Teil des angeborenen Potenzials der Studenten genutzt wird?

Ich bin sicher, die Möglichkeit besteht. Zum Beispiel ist kreatives Lesen sicher eine Fördermöglichkeit; jemanden zu veranlassen, mit komplizierten Ideen zu ringen und einen Weg zum Ausdruck dieser Ideen zu finden, sollte Kern des Schreibprogramms sein. Offen gesagt bezweifle ich sehr, dass die Linguistik etwas dazu beitragen kann. Womöglich kann sie manche Dinge vorschlagen, doch glaube ich nicht, dass sie wirklich anwendbar sind.

Nach meinem Eindruck hat das Unterrichten größtenteils mit gesundem Menschenverstand zu tun. Als ich Hochschulstudent war, unterrichtete ich Kinder. Ich arbeitete mich zum Teil durch die Hochschule, indem ich hebräische Bildung lehrte. Ich habe Doktoranden aller Stufen unterrichtet, und aufgrund meiner eigenen Erfahrungen und allem, was ich gelesen habe, scheinen mir 99 Prozent einer guten Lehre darin zu bestehen, Menschen für eine Aufgabe oder ein Problem zu interessieren und ihnen eine ausreichend vielfältige Umgebung bereitzustellen, in der sie damit beginnen können, den Dingen, die sie interessant finden, in konstruktiver Weise nachzugehen.

Ich kenne keinen anderen Weg zur Erreichung dieses Ziels, als sich selbst dafür und für die Menschen, die man unterrichtet, zu interessieren, und dann aus den Erfahrungen zu lernen. In einer solchen Umgebung geschieht etwas Positives, das vermutlich für das Schreiben genauso wie für die Mechanik von Automobilen gilt. Ich zitiere oft eine berühmte Äußerung von Victor Weisskopf, einem der bedeutendsten Physiker am MIT – doch eigentlich ist es eine ganz normale Bemerkung. Er wurde oft von den Studenten gefragt: "Welche Themen behandeln wir dieses Semester?" Seine Standardantwort darauf soll gewesen sein: "Es spielt keine Rolle, was wir *ab*decken, sondern nur, was wir *ent*decken." Das ist das Wesentliche, das ist guter Unterricht. Es kommt nicht darauf an, was man abdeckt, sondern inwieweit man die Fähigkeit zum Entdecken entwickelt. Stellt man es auf diese Weise an, ist man auf dem richtigen Weg.

In College English *schrieben Sie 1967, dass "ein Interesse an der Standardschriftsprache – der Präskriptivismus in seinen zweckmäßigeren Ausdrucksformen – genauso zulässig ist wie ein Interesse an der Umgangssprache." Denken Sie noch immer, dass ein zweckmäßiger*

Präskriptivismus gegenüber sprachlicher Freizügigkeit vorzuziehen ist? Und wenn ja, wie würden Sie einen zweckmäßigen Präskriptivismus beschreiben?

Aus meiner Sicht sollte ein zweckmäßiger Präskriptivismus Bestandteil jeder Bildung sein. Natürlich denke ich auch, dass die Studenten die Standardschriftsprache mit all ihren Konventionen, Absurditäten, künstlichen Festlegungen usw. kennen sollten, denn dabei handelt es sich um ein reales Kultursystem, und zwar um ein wichtiges. Gewiss sollten sie die Standardschriftsprache kennen, in ihrem Innersten durchschauen und in der Lage sein, sie frei zu verwenden. Ich glaube nicht, dass man sich Illusionen darüber machen sollte, was sie ist – sie ist weder besser noch zweckmäßiger. Vieles an ihr verstößt gegen die Naturgesetze. In der Tat wird vieles von ihr deshalb unterrichtet, weil es falsch ist. Man muss den Menschen nicht ihre Muttersprache beibringen, denn sie entsteht in ihren Köpfen, doch wenn man die Menschen sagen hören will, "*He and I were here*" anstatt "*Him and me were here*", muss man sie das lehren, weil es wahrscheinlich falsch ist. Die Natur der englischen Sprache ist wahrscheinlich umgekehrt, nämlich "*Him and me were here*", da der sogenannte Nominativ üblicherweise nur als Subjekt der Zeitform des Satzes verwendet wird; Grammatiker, die diese Tatsache früher missverstanden haben, nahmen an, dass es eigentlich "*He and I were here*" heißen müsste, doch damit lagen sie falsch. Nach dieser Regel müsste es "*Him and me were here*" heißen. Man lehrt es also deshalb, weil es unnatürlich ist. Oder wenn man die sogenannte richtige Verwendung von *shall* und *will* unterrichten möchte – und die halte ich für völlig irre – dann muss man sie aus dem Grund lehren, weil sie keinen Sinn ergibt.

Möchte man dagegen Schülern die Bildung des Passivs lehren will, verwirrt man sie nur, denn sie wissen schon, wie es funktioniert, weil sie bereits nach den Regeln vorgehen. Vieles des in der Standardsprache Gelehrten ist folglich nur eine künstliche Angelegenheit; die Regeln müssen aus dem Grund gelehrt werden, weil sie künstlich sind. Das heißt aber nicht, dass man sie nicht kennen sollte. Man sollte sie kennen, weil sie Teil der Kulturgemeinschaft sind, in der sie eine Rolle spielen und zum Bestand eines sehr reichen Kulturerbes gehören. Folglich muss man sie natürlich kennen.

Die Standardschriftsprache, das sogenannte "Standardenglisch", ist in Teilen der Dritten Welt gegenwärtig Gegenstand vieler Kontroversen. Zum Beispiel führt man in Indien Diskussionen darüber, ob man noch immer die Kolonialsprache lehren sollte, weil sie einen besseren Zugang zur Technologie ermöglicht, oder ob es nur ein paar Wenige geben sollte, die tüchtig in die lokalen Sprachen übersetzen. Halten Sie es für wünschenswert, Englisch auf der Welt zu verbreiten? Denken Sie – jetzt, da die amerikanische Wirtschaftshegemonie zerbrochen ist –, dass sich die englische Sprache weiter ausbreiten wird? Ist ihre Verbreitung wünschenswert?

Ich habe nie eine echte Studie darüber gesehen, habe aber den starken Eindruck, dass sich die englische Sprache weiterhin ausbreiten und die amerikanische Kulturhegemonie anwachsen wird, selbst wenn die amerikanische Wirtschaftshegemonie geringer wird. Nehmen wir z.B. die Beziehungen zwischen den Vereinigten Staaten und Europa: Verhältnismäßig wird Europa ökonomisch mächtiger und in absoluten Zahlen in naher Zukunft mächtiger sein als wir. Andererseits habe ich jedoch das starke Gefühl, dass Europa, was die Denkstruktur, den Ursprung der Nachrichtenmedien usw. anbelangt, von den Vereinigten Staaten kulturell immer mehr kolonisiert worden ist. Das ist nicht ungewöhnlich. Betrachten wir die Beziehung zwischen England und den Vereinigten Staaten um das Jahr 1950. Relativ zu den Vereinigten Staaten nahm die Macht Englands ab – was jedoch mit einem hohen Grad an Anglophilie und oft mit einer ziemlich kindischen Nachahmung der Stile und Moden der britischen Kultur durch die intellektuellen US-Klassen einherging. Diese Entwicklungen sind nicht unbedingt miteinander vergleichbar, doch mein starker Eindruck ist, dass sich die Hegemonie des amerikanischen Englisch und der amerikanischen Kultur in allen Bereichen – von der Wissenschaft bis hin zur Popmusik – verbreitert.

Aber was sollen die Menschen in Ländern wie Indien tun? Das ist ein ernstes Problem. Es gleicht dem Problem, was mit dem Englisch der Schwarzen getan werden sollte. Ich glaube nicht, dass es darauf einfache Antworten gibt. Es gibt gute Gründe, die nationalen Sprachen und Kulturen zu bewahren und weiterzuentwickeln, denn sie bereichern das Leben der daran Beteiligten und anderer Menschen. Doch andererseits leiden die Leute in diesen Ländern womöglich darunter. Wenn z.B. die Menschen in Wales Walisisch lernen, sind sie in der Welt von heute in vieler Hinsicht schlechter dran, als wenn sie Englisch gelernt hätten. Man mag wünschen, dass die Welt eine andere wäre, doch so ist sie eben. Die gleichen Fragen stellen sich genauso im Fall des Englisch der Schwarzen, und ob Englisch als Zweitsprache in Indien gelehrt werden sollte. Diese Werte in Einklang zu bringen, ist schwer; meiner Meinung nach gibt es darauf keine allgemeingültige Antwort. An verschiedenen Orten gibt es wohl verschiedene Antworten. In Indien geht man so vor: Man sagt, die Menschen sollten Englisch lernen. Ich denke, das ist wahrscheinlich sinnvoll.

1979 haben Sie eine Reihe von Vorträgen in Pisa gehalten, die später veröffentlicht wurden. Zahlreiche Sprachwissenschaftler denken darüber, dass sie die bedeutendste Entwicklung der 1980er Jahre darstellen: die Methode der Prinzipien und der Parameter. Und doch ist sie, im Gegensatz zu Ihrer früheren Arbeit in der Phase der Aspekte, *außerhalb der Sprachwissenschaften unbekannt und hatte dort nicht dieselben Einflüsse. Denken Sie, dass man außerhalb der Sprachwissenschaften von der Methode der Prinzipien und Parameter wissen sollte?*

Meiner Meinung nach ist sie wichtiger als die Methode nach Art der *Aspekte.* Wenn etwas eine Revolution genannt zu werden verdient, dann ist es wahrscheinlich diese Methode. Sie führt zu einem Begriff der Sprache, der wirklich grundverschieden von allem historisch Überlieferten ist. Zu Beginn hatte die Transformationsgrammatik (die frühe generative Grammatik) um die 1950er und 1960er Jahre eine Art traditionelle Stimmung an sich. In vieler Hinsicht war sie den traditionellen Grammatikern genehmer als den Strukturlinguisten, denn ihr Stil war in großen Teilen traditionell. So glich sie z.B. Jespersen mehr als Bloomfield, und die traditionellen Grammatiker erkannten dies. Vielleicht verstanden sie die Einzelheiten nicht oder hatten etwas gegen ihre Methoden einzuwenden, doch das Wesentliche konnten sie begreifen. Beispielsweise gab es bestimmte Regeln für bestimmte Konstruktionen – und genau wie es in der traditionellen Grammatik ein Kapitel über das Passiv, eins über den Imperativ usw. gab, war auch die Struktur der frühen generativen Grammatik aufgebaut: Es gab eine Regel für die Passivbildung, eine für die Bildung von Fragen, ein Kapitel über die Beschaffenheit von Verbalphrasen usw.

Die Theorien nach 1980 sind grundverschieden. Es gibt keine Konstruktionen und keine Regeln mehr. Dinge wie die traditionellen Konstruktionen – wie z.B. Relativsätze – sind lediglich begriffliche Artefakte. Sie sind vergleichbar mit Begriffen wie "großes Säugetier." Ein großes Säugetier ist etwas Wirkliches, hat aber in den Wissenschaften keinerlei Bedeutung. Es ergibt sich nur aus vielen verschiedenen, sich gegenseitig beeinflussenden Faktoren. Dasselbe scheint für das Passiv zu gelten. Es ist nichts Wirkliches – es ist nur ein begriffliches Phänomen. Folgende Frage hat demnach keine Bedeutung: "Ist das japanische Passiv dasselbe wie das englische Passiv?" Zudem scheint es keine Regeln zu geben, d.h. keine für eine Sprache spezifische Regeln. Man kann – ohne für verrückt gehalten zu werden – spekulieren, dass es womöglich nur ein einziges Rechensystem gibt und demzufolge auch nur eine einzige Sprache. Die Vielfalt der Sprachen könnte eine Frage der Wortmöglichkeiten sein, wobei diese Wortmöglichkeiten wahrscheinlich große Teile des wesentlichen Vokabulars auslassen, also Substantive, Verben usw. Deshalb hat es den Anschein, als sei die Vielfalt der Sprachen sehr eng begrenzt und als gehe ihre scheinbare Grundverschiedenheit aus folgender Tatsache hervor: Wenn man in sehr komplizierten Systemen hier und da kleine Veränderungen vornimmt, kann das Ergebnis am Ende ganz anders aussehen – auch wenn die Sprachen im Grunde identisch sind. Das alles ist das Werk der 1980er Jahre, und sofern es die Realität trifft, ist es in seinen Wirkungen aus meiner Sicht sehr ergiebig. Ich glaube nicht, dass es von anderen Disziplinen so einfach aufgenommen werden wird, weil man es verstehen muss. Bei den Arbeiten der 1960er Jahre konnte man ein grobes Gefühl von ihnen haben und sie sogar missverstehen, doch anwenden konnte man sie trotzdem. Vieles am scheinbaren Einfluss der Sprachwissenschaften war eine leichtfertige Fehleinschätzung von Dingen, die mehr oder weniger vertraut zu sein scheinen. Die neueren Arbeiten sind doch ziemlich anders. Man muss verstehen, worum es dabei geht – und das ist mit einiger Mühe verbunden.

Was würden Sie Leuten zu lesen empfehlen, die aus einer anderen Disziplin kommen und die neue Methode verstehen wollen?

Nun, es gibt einige ziemlich gute Einführungsbücher. Es hängt davon ab, auf welcher Stufe man sie verstehen möchte. Ich habe es selbst getestet. Ein Buch von mir, *Language and problems of knowledge*, ist eine Sammlung von Vorträgen, die ich vor einem öffentlichen Publikum, das aus Nichtsprachwissenschaftlern bestand, in Managua gehalten habe. Es war ein ganz normales Publikum. Die Leute schienen es verständlich zu finden, und andere haben mir erzählt, dass sie es einleuchtend finden. Auf einer mehr fachlichen Ebene gibt es ein Buch von Howard Lasnik und einem seiner Studenten, Juan Uriagereka, namens *A course in GB syntax: lectures on binding and empty categories*, das aus Vorlesungen für Promovierte im ersten Jahr an der Universität Connecticut besteht. Dieses Buch geht viel weiter und tiefer in die fachlichen Feinheiten. Für die allgemeinen Punkte, zumindest so wie ich sie verstehe, würde ich aber das erste Buch empfehlen.

Welche Leserschaft haben Sie sich mit Ihrem Buch Knowledge of language *von 1986 zum Ziel gesetzt?*

Das ist ein lustiges Buch. Ein Kapitel besteht aus relativ technischer Linguistik, ein anderes befasst sich mit Gedankenkontrolle, und der Rest hat eine Art Sprachphilosophie zum Thema. Ich hatte eine originelle Idee für das Buch, doch stellte sie sich für eine Veröffentlichung als zu umfangreich heraus; sie wird gewissermaßen im Vorwort beschrieben. Das Buch sollte zwei Probleme der Wissenstheorie behandeln: Das Problem Platons – oder wie wir trotz so weniger Beweise so viel wissen können – und das Problem Orwells – oder wie wir trotz so vieler Beweisen so wenig wissen können. Ich denke noch immer, ein solches Buch zu schreiben wäre schön. Doch es führte zu weit.

Nun, Orwells Problem haben Sie im letzten Kapitel skizziert. Was denken Sie über Darstellungen Ihrer Werke in populärwissenschaftlichen Büchern wie Neil Smiths The twitter machine*?*

Das ist ein hervorragendes Buch. Ich denke, Smith weiß, wovon er spricht – er ist sehr erfahren. Ich stimme nicht in allen Punkten mit ihm überein, doch sein Buch ist meines Erachtens eine intelligente Darstellung nicht nur meiner Werke, sondern einer Reihe von Arbeiten auf dem Gebiet, darunter viele interessante Arbeiten über die Bedeutungstheorie, über die Pragmatik usw.

Er befasst sich sehr ausgiebig mit Ihrer Arbeit.

Dieser Fehler unterläuft vielen: Es wird "meine" Arbeit genannt, weil ich gelegentlich darüber schreibe. Nehmen wir beispielsweise die Pisa-Vorträge – das waren nicht "meine." Sie waren das Ergebnis einer jahrelangen, interessanten Arbeit. Sie wurden nicht ohne Grund in Pisa gehalten: Viele der besten Arbeiten stammen von italienischen und von europäischen Sprachwissenschaftlern. Zufällig habe ich einige Sommervorlesungen dort gehalten. So etwas bezieht sich nicht auf einzelne Namen.

Sprache und Interpretation

Zuvor haben Sie die Semantik und Ihr Interesse an ihr erwähnt, doch haben sie im Laufe Ihres Berufslebens immer wieder geäußert, zuletzt in The generative enterprise, *dass das Hauptinteresse der Sprachwissenschaftler nicht der Semantik gelten sollte. Wir waren überrascht zu hören, dass Sie jetzt einen Kurs in Semantik geben.*

Das ist keine Überraschung – ein Teil davon ist Terminologie. Nach meiner Ansicht ist das meiste der sogenannten Semantik Syntax. Ich nenne es Syntax, andere nennen es Semantik. Mein Buch *Strukturen der Syntax* hat nach meiner Meinung nur mit Syntax zu tun, doch die dort behandelten Fragen sind dasselbe, was andere Semantik nennen. Ich interessierte mich für folgende Frage: Warum hat der Satz "*John is easy to please*" eine andere Bedeutung als der Satz "*John is eager to please*"? Ich wollte eine Theorie der Sprachstruktur finden, die diese Tatsache erklärt. Die meisten nennen das Semantik, ich nenne es Syntax, weil es meines Erachtens mit mentalen Repräsentationen zu tun hat.

Nehmen wir eine zuvor diskutierte Frage: Das Wort *Haus*, das Konzept "Haus" und die Verwendung des Wortes *Haus* in realen Situationen beziehen sich auf bestimmte Gegenstände. Hier gibt es zwei Beziehungen, von denen ich nicht glaube, dass sie sich in eine einzige verwandeln lassen, wie es für gewöhnlich getan wird. Die Alltagsvorstellung ist die, dass es nur eine Beziehung gibt, die Referenzbeziehung, doch das halte ich für falsch. Ich denke, es existiert eine Beziehung, die zwischen dem Wort *Haus* und einem sehr umfangreichen Konzept gilt, das nicht nur auf *Haus*, sondern auf alle möglichen Dinge zutrifft. Jene Beziehung würden die meisten Menschen Semantik nennen. Ich nenne es Syntax, weil es mit mentalen Repräsentationen und deren Struktur zu tun hat.

Dann gibt es noch die Beziehung zwischen den umfangreichen semantischen Repräsentationen und den Dingen, die es auf der Welt gibt – z.B. der Ort, an den ich heute Abend nach dem Kurs gehe. Diese Beziehung ist nun die eigentliche Semantik, und darüber gibt es fast nichts zu sagen. Dieser Teil ist Gegenstand des Holismus, der Interessenrelativität, der Werte usw., und es lassen sich z.B. Wittgensteins Partikularitäten danach zusammenbauen – doch scheint man nichts Generelles darüber sagen zu können. Ich weiche von Wittgenstein ab, weil ich denke, dass sich etwas sehr Allgemeines und Eindeutiges über die Beziehung zwischen Worten und Konzepten sagen lässt. Das nenne ich Syntax, weil es mit mentalen Repräsentationen zu tun hat, mit Dingen im Kopf, mit Regeln, Berechnungen, Repräsentationen usw. bis hin zu inneren semantischen Eigenschaften, analytisch/synthetischen Abgrenzungen und den meisten Problemen der Bedeutungstheorie, die sich lösen lassen.

Nun gibt es viele Leute, die ihre Arbeit Semantik nennen, was jedoch aus meiner Sicht mit Semantik überhaupt nichts zu tun hat. Nehmen wir den Satz "alle mögliche Semantik der Welt." Meiner Meinung nach ist das bloß reine Syntax. Diese Aussage ist entweder wahr oder falsch (ich halte sie für wahr), doch wenn sie wahr ist, dann in dem Sinne, in dem auch eine beliebige andere phonologische Theorie wahr ist. Es handelt sich hier um eine Art der Syntax. Semantische Fragen stellen sich dann, wenn man zu sagen beginnt, wie sich eine mögliche Welt auf Gegenstände bezieht; die an diesen Fragen arbeitenden Leute befassen sich nicht damit. Wenn man sich mit der Beziehung zwischen mentalen Konstruktionen und der Welt zu beschäftigen beginnt, entdeckt man, dass es wenig anderes darüber zu sagen gibt als Wittgensteins Fragen über die Lebensweise. Ich denke, dass Wittgenstein auf dieser Ebene im Wesentlichen Recht hat; die Lebensweise lässt sich diskutieren. Es ist folglich größtenteils eine Illusion. Syntax und Semantik sollten sich aus meiner Sicht hauptsächlich mit dem beschäftigen, was ich Syntax nenne, denn dort liegt die Fruchtbarkeit dieses Gebiets.

In Ihrer berühmten Kritik der behavioristischen Sprachpsychologie Skinners argumentierten Sie 1959 überzeugend, dass Begriffe wie z.B. Verstärkung, *die in Versuchen mit Ratten wohldefinierte Bedeutungen haben, ihre Bedeutung verlieren, wenn sie auf die Komplexität des menschlichen Verhaltens ausgeweitet werden. Auch viele Ihrer Begrifflichkeiten wurden metaphorisch ausgeweitet. Können Sie sich Fälle vorstellen, in denen metaphorische Erweiterungen von Begriffen wie "tiefe Struktur" gerechtfertigt wären – oder sollten solche Erweiterungen stets vermieden werden?*

Ich denke, hier man muss vorsichtig sein. Im Falle der "tiefen Struktur" hörte ich einfach auf, diesen Begriff zu verwenden, weil er so häufig missverstanden wurde. "Tiefe Struktur" war ein Fachbegriff. Seine Bedeutung hatte nichts mit irgendeiner "Tiefe" zu tun, doch er wurde er als "tief", "weitreichend" oder in ähnlicher Bedeutung verstanden. Es könnte sich erweisen, dass das, was ich "oberflächliche Struktur" nenne, in seiner Auswirkung viel tiefer geht. In der Sekundärliteratur wurde "tiefe Struktur" fast ausnahmslos damit verwechselt, was ich "Universalgrammatik" nennen würde. "Tiefe Struktur" wird daher mit einer Art angeborenen Struktur gleichgesetzt, was jedoch nicht so ist. Dieser Begriff wurde auf so breiter Front missverstanden, dass ich beschloss – ich glaube, es war in *Knowledge of language* –, ihn fallenzulassen und durch einen eindeutigen Fachbegriff zu ersetzen, den keiner mehr verwechseln würde; heute nenne ich es schlicht "D-Struktur." Ich glaube, das verwirrt niemanden. Der Begriff sieht wie ein Fachbegriff aus und ist auch einer.

Es passiert höchst selten, dass man aus einer fremden Disziplin etwas geschenkt bekommt. Wer glaubt, dass er über den freien Willen spricht, wenn er Heisenberg erwähnt, weiß meist nicht, wovon er gerade redet. Oder wer sagt: "Menschen sind keine Computer, denk' nur an Gödel." Man macht es sich zu einfach. So einfach ist das Leben nicht. Man sollte etwas besser erst verstehen, bevor man etwas daraus folgert. Wer versteht, von was die Rede ist, kann manchmal einleuchtende Vorschläge anbringen oder gar Schlussfolgerungen und Mutmaßungen von außerhalb des Gebiets anstellen. Das ist nicht unmöglich, doch muss man zunächst verstehen, wovon man spricht. Diese Themen sind nicht wie die Politikwissenschaften, denn sie sind nicht nur oberflächlich; es gibt eine intellektuelle Struktur und eine bestimmte intellektuelle Tiefe. Und auch gleichen sie nicht der Quantenphysik; deshalb denke ich, dass jeder, der sich dafür interessiert, es ohne große Mühe durchschauen kann. Doch etwas Anstrengung muss man investieren. Ich war entsetzt darüber, was ich über die Verwendung des Begriffs "tiefe Strukturen" gelesen habe.

Manche Ihrer sprachwissenschaftlichen Arbeiten und politischen Analysen haben zu erheblichen Kontroversen geführt. Fallen Ihnen bestimmte Missverständnisse oder Kritiken Ihrer Werke ein, denen Sie hier widersprechen möchten?

Darüber könnten wir endlos sprechen. Was die Linguistik angeht, gibt es eine

Menge Missverständnisse, die ich aber für lösbar halte. Ich bin genügend vom rationalen Vermögen des Menschen überzeugt, so dass ich der Meinung bin: Würde man sich zusammensetzen, die Fragen durchsprechen und durchdenken, könnte man zu einer Lösung gelangen.

Was den politischen Teil angeht, halte ich die Fragen für unlösbar, weil es ein tiefes zweckmäßiges Bedürfnis gibt, sie nicht zu verstehen. Das Problem ist folgendes: Wenn es stimmt, was ich sage, dann ist es gleichzeitig subversiv; daher ist es besser, wenn man mich nicht versteht. Lassen sie es mich anders darstellen: Wenn ich zu Machtsystemen wie z.B. zu Zeitungen oder zum Fernsehen leichten Zugang hätte, würde ich beginnen, mir Sorgen zu machen. Ich dächte dann, dass ich irgendetwas falsch mache, weil ich versuchen will, diese Machtsysteme zu unterwandern. Wenn ich dabei ehrlich vorgehe, dann müsste es eigentlich so sein, dass sie mich nicht in ihrer Nähe haben wollen. Hier sind Missverständnisse (wenn man es so nennen möchte) fast schon ein Zeichen dafür, dass man auf der richtigen Spur sein könnte. Sie sind kein Beweis, doch ein Hinweis, dass man richtig liegen könnte. Wird man verstanden und respektiert, kommt das beinahe schon einem Beweis gleich, dass man auf der falschen Spur ist.

Anmerkungen

Vorwort

1. Denken wir daran, dass John Dewey das Buch "*Progressive education and the science of education*" veröffentlichte und 1928 Ehrenvorsitzender der *Progressive Education Association* (PEA) wurde, in genau dem Jahr, in dem Chomsky geboren wurde. Das Herzstück seines letzten Buches über Erziehung, *Experience and education*, das 1938 veröffentlicht wurde, enthält eine Anklage gegen einen Großteil der "progressiven" Erziehung (mehr darüber später).
2. Siehe meine Einleitung zu Noam Chomskys *Sprache und Politik* (1988).
3. Kinsman (Hrsg.), *Contemporary authors* (1975-1978), unter dem Eintrag Chomsky.
4. Für mehr Informationen über dieses Thema und ausführlichere Beispiele repräsentativer Referenzen, siehe Otero 1986/1994.
5. Diese Folgerung und Chomskys Erkenntnisphilosophie im Allgemeinen werden häufig missverstanden, vielleicht weil sie so sehr dem Kern des gesunden Menschenverstandes widersprechen (wie die Verabschiedung vom Geozentrismus – was noch heute bei vielen der Fall ist). Ein wichtiges Beispiel in diesem Zusammenhang ist das Kapitel "*Human learning*" von D. W. Hamlyn in *The philosophy of education* (1973), hrsg. von R. S. Peters. Natürlich kannte Hamlyn nicht *Language and learning: the debate between Jean Piaget and Noam Chomsky* (1980), hrsg. von M. Piattelli-Palmarini, besonders Chomskys Antwort auf Piaget, die uninformierte und fehlgeleitete Kritiker durchaus vor großen Missverständnissen in den strittigen Fragen bewahren könnte.
6. "Vor der Pubertät" ist als ungefähre erste Annäherung zu verstehen. Das "entscheidende Alter" ist in jeder Entwicklungsdimension offensichtlich nicht dasselbe (bei jedem einzelnen Wachstumsprozess). Selbst bei einem bestimmten Prozess, etwa der Sprachentwicklung, scheint es nötig, mehr als ein "entscheidendes Alter" zu unterscheiden. Vgl. Strozer, *Language acquisition after puberty* (1994).
7. Seine Terminologie wird generell als höchst mangelhaft angesehen, seit Chomskys zu Recht gefeierte Kritik von Skinners Buch "*verbal behavior*" 1959 erschien, nach der "Chomskys Stern zu leuchten begann" und "die generative Grammatik der letzte Schrei wurde." Die Debatte war wirklich auf der Stelle zu Ende (Skinner versuchte nie, seine Position zu verteidigen), was nicht heißt, dass keine hartnäckigen Anhänger verblieben sind. Die vielleicht neueste "Neubewertung" in Buchlänge ist Richelles *B. F. Skinner* (1993). Skinners Erklärung, warum er Chomsky nie geantwortet hat, die ausführlich auf Seite 122 zitiert ist (und aus der die letzten beiden Zitate entnommen sind), sind nicht uninteressant. Siehe auch Chomsky,

"*Psychology and ideology*" (1972) in seinem Buch *For reasons of state* (1973), nachgedruckt zum Teil im *The Chomsky reader.*

8. "An interview on Minimalism" (geleitet von Adriana Belletti und Luigi Rizzi), Universität von Siena, 8.-9. November 1999, enthalten in Chomskys *Of Nature and language* (2002) sowie in der italienischen Ausgabe (2001); vgl. *Science and creationism* (1984), hrsg. von A. Montagu. Ausführlichere Diskussionen über diese Fragen können jetzt in Jenkins, *Biolinguistics* (2000), gefunden werden, sowie in seiner Erörterung von Calvin und Bickerton, *Lingua ex machina: reconciling Darwin and Chomsky with the human brain* (2000) in *Mind and Language* 16:4 (September 2001). Siehe auch Wesson, *Beyond natural selection* (2001) in Verbindung mit Lewins *Complexity* (1992, 1999), Waldrops *Complexity* (1992) und besonders Kaufmanns *At home in the universe* (1995), sowie die Verweise in diesen Büchern.
9. Das Zitat aus Burrows Einleitung (1969) in seiner Ausgabe von Humboldts *Über die Grenzen der Wirksamkeit des Staates* (1792), S. vii. Eine reichere einzelne Informationsquelle für diesen bedeutenden klassischen Liberalen (ein Begriff, der nicht mit dem Begriff des heutigen "Liberalen" zu verwechseln ist, wie er für gewöhnlich heute verstanden wird, und schon gar nicht mit dem Begriff "neoliberal") ist vielleicht Sweets Buch *Wilhelm von Humboldt: a biography* (1978-1980). Kapitel 8, das die Jahre 1808 bis 1810 umfasst (falls es von Bedeutung ist: Darwin und Lincoln wurden beide 1809 geboren), handelt größtenteils vom "zögernden Erziehungsreformer." Siehe auch Viertel, "The concept of 'diversity' in Humboldt's thought" (1973).
10. Nachvollziehbarerweise ließ es der höchst originelle und innovative Charakter seines Werkes für viele schwer erkennbar werden, dass er traditioneller und konservativer als die meisten anderen ist – so konservativ, wie die wahrlich anhaltende Tradition es ihm zu sein erlaubt. Wie gelegentlich angedeutet wird und Chomsky gerne bekundet, sind es nicht wirklich revolutionäre Entwicklungen, sondern reaktionäre erste Schritte, die scharf und leichtsinnig von anhaltenden traditionellen Werten abzuweichen neigen. Vgl. MacIntyre, *A short history of ethics* (1966), Kap. 17.
11. Vgl. Spring, *Wheels in the head: educational philosophies of authority, freedom, and culture from Sokrates to Paulo Freire* (1994).
12. Vgl. Chomsky, *World orders old and new* (1994, 1996), 2.1, besonders den Satz in Anmerkung 4 über die Darstellung dieser Themen von Adam Smith (und anderen klassischen Liberalen aus der Aufklärungszeit). Hinsichtlich der freien Beteiligung von Kindern sollte bedacht werden, dass Dewey nicht nur gegen jene war, die keine "Verbindung des Lehrplaninhalts mit den Interessen und Aktivitäten des Kindes" herzustellen vermögen, sondern auch (was weniger bekannt ist) gegen manche Befürworter einer "progressiven" kinderzentrierten Erziehung wegen ihres Versagens, "die Interessen und Aktivitäten des Kindes mit dem Lehrplaninhalt zu verbinden." (Westbrook, S. 99, siehe auch S. 502f.).
13. An anderer Stelle identifiziert er diese "führenden Vertreter der marxistischen Hauptströmung" als Rosa Luxemburg, Arthur Rosenberg, Anton Pannekoek, Karl Korsch und als (seinen späten Freund) Paul Mattick, sowie als die beiden herausragenden "libertären Sozialisten verschiedener anarchistischer Bewegungen", Mi-

hail Bakunin und Rudolf Rocker. Er fügt hinzu, dass "Russells Ansichten in diesem Punkt ganz ähnlich waren" (*Power and prospects* [1996], S. 76; vgl. z.B. Chomsky, *American Power* [1969], S. 363 [*Chomsky reader*, S. 413]; *Language and responsibility* [1979], S. 74; *Language and politics* [1988], S. 167-69). Mit den wichtigen Verweisen der "Bevölkerungssektoren" könnte er unter anderem Wares *The industrial worker 1840-1860* (1924) sowie David Montgomerys *Citizen worker* (1993) und *The fall of the house of labor* (1987) gemeint haben.

14. Auch wenn beide Anhänger einer bestimmten Form des Empirismus waren (Russell bewusster als Dewey), gibt es wichtige Unterschiede zwischen den beiden Denkern. So beschreibt Russell im 30. Kapitel seiner *Philosophie des Abendlandes* (1945) Dewey zunächst als "einen Mann des höchsten Charakters mit einer liberalen Weltanschauung, großzügig und freundlich im persönlichen Umgang, unermüdlich in seiner Arbeit", mit dessen Meinungen er "fast vollständig einig ist." Doch im Weiteren fechtet Russell an, was er als Deweys wichtigstes Werk "aus rein philosophischer Sicht" betrachtet: "Seine Kritik der traditionellen Vorstellung von der 'Wahrheit', die in jener Theorie eingebettet ist, die [Dewey] 'Instrumentalismus' nennt." Deweys Instrumentalismus und allgemeiner auch sein Pragmatismus sind Chomsky genauso fremd wie Russell – und genauso fremd ist Chomsky Russells Empirismus. Nicht weniger bedeutsam ist die Tatsache, dass weder Russell noch Chomsky einen ähnlichen Fehltritt wie Dewey in ihrem Urteil hatten. Vgl. Chomsky, *American power* (1969), S. 6 u. 317 (eine Seite davon findet sich in Kap. 16).
15. Die Zitate stammen aus Chomskys *Reflections on language* (1975), S. 128f. (siehe auch Kap. 12). Nicht weniger wichtig ist das übrige Kapitel, worauf ich hier nicht näher eingehen kann.
16. Siehe Harry Bracken, *Mind and language: essays on Descartes and Chomsky* (1984), wo diese Ideen ausgearbeitet werden.
17. Siehe auch *Language and problems of knowledge* (1986), S. 171-76 und die letzte Seite. Für weitere ähnliche Verweise, siehe Corsons "Chomsky on education" (1980) und Barsky (in Kürze erscheinend), Kap. 5. Vgl. Rai (1995), Kap. 8, für seine Ansichten über die Funktion der Universitäten. Wie zu erwarten, widerspricht Chomskys Sichtweise gegenwärtigen Entwicklungen gänzlich, besonders dem derzeitigen Versuch, das Erziehungssystem zu privatisieren, d.h. der Versuch der Konzerne, das Erziehungssystem genauso zu übernehmen wie ein Großteil des Gesundheitssystems und Teile des Gefängnissystems, um sie zu Quellen hoher Profite zu machen. Somit werden die Analoga zu HMOs (*Health Maintenance Organisations*) in der Erziehung EMOs sein, vermutet Chomsky. Das ist "die Richtung, die das Finanzkapital einschlagen will… Das nächste große Ziel öffentlicher Gelder, das [Investoren] in der parasitären Weise der Reichen verfolgen, ist das Erziehungssystem" ("U.S. to world: get out of the way", 1999). Seiner Ansicht nach ist das nur ein Teil des allgemeinen Angriffs der letzten 25 Jahre auf Solidarität, Demokratie, das soziale Wohlfahrtssystem und alles, was der privaten Macht und der Erwirtschaftung von Profiten im Weg steht. Für einen Sonderbericht über diese Entwicklungen, siehe das Ranking "der US-Spitzenuniversitäten auf ihrer Suche nach geistigem Ei-

gentum, Geschäftspartnern und Profiten" in Rebecca Zacks, "The TR university research scorecard", in der Ausgabe im Juli/August 2000 des *Technology Review*, "MIT's Magazine of Innovation" (es überrascht nicht, dass die Universität Kalifornien als unbestrittene Nummer eins im "Campus-Patentieren" und im "reichen Technologietransfer" hervortritt, mit dem MIT als abgeschlagener Zweiter in der ersten und als Zehnter in der zweiten Kategorie); siehe auch Buderi, "From the ivory tower to the bottom line", in derselben Ausgabe. Vgl. R. Solomon und J. Solomon, *Up the university: re-creating higher education in America* (1993), Soley, *Leasing the ivory tower: the corporate takeover of academia* (1995), Masao, "Ivory tower in escrow" (2000), für eine Kritik der höheren Bildung als Big Business, mit aufgeblähten Universitätsverwaltungen, die um Forschungsgelder und lukrative Profite wetteifern und die Lehre als Aufgabe der Universitäten aus dem Blick verloren haben; siehe auch Hewlett, *Child neglect in rich societies* (1993), sowie Hewlett und West, *The war against parents* (1998), für ähnliche Gesichtspunkte über dieses Thema.

18. Es gibt keinen Grund, im Studium des menschlichen Verhaltens weniger rational vorzugehen als bei irgendeiner anderen Untersuchung: Wenn die Durchführung eines rationalen Ansatzes nicht erlaubt ist, blockiert die institutionelle Struktur wahrscheinlich seinen Weg. Andererseits sind sich seit dem Höhepunkt der wissenschaftlichen Revolution im 17. Jahrhundert die meisten gebildeten Menschen einig, dass es nichts wie sicheres Wissen oder absolute Gewissheit über empirische Fragen gibt. Siehe Popkin, *The history of scepticism from Erasmus to Spinoza* (1979).
19. Der Begriff *corporatism* ("Konzernherrschaft") wird im Englischen zum ersten Mal 1890 erwähnt (das Datum ist von Bedeutung). Die Eingrenzung "privat" ist nötig, um ihn von der öffentlichen Konzernherrschaft zu unterscheiden. Beide Formen sind sowohl in faschistischen Regimen als auch in "liberalen" Demokratien anzutreffen. Interessanterweise schenken heutige Studien über die Konzernherrschaft der privaten Konzernherrschaft in der US-amerikanischen Form ("big business") keine Beachtung. Sie richten ihre Aufmerksamkeit auf die öffentliche oder kommunale Konzernherrschaft, besonders in faschistischen oder ehemals faschistischen Staaten (siehe z.B. *The corporate state: corporatism and the state tradition in Western Europe* [1988], hrsg. von Cox und O'Sullivan). So schreibt ein amerikanischer Fachmann über das Thema in einem vergleichenden Überblick: "Im Grunde sprechen wir nicht gerne über die Konzernherrschaft in den Vereinigten Staaten. Im freundlichen Umgang wird sie nicht erwähnt, zum Teil wegen ihren Verbindungen zum Faschismus (...) Wir denken gerne über uns als freies und demokratisches Land. Wir denken nicht gerne über uns, dass wir dem ähneln (...)" Dieser Autor spricht, in scharfem Kontrast zu Chomskys Analyse, nicht von der privaten Konzernherrschaft (welche die faschistischen Regime stückweit in Schranken zu halten versuchten), sondern, wie die folgende Passage verdeutlicht, vielmehr von öffentlichen Maßnahmen: "Und dennoch: Wann immer wir über private Gruppen sprechen (z.B. Unternehmen, Arbeiter oder Lehrer), die in das politische System *integriert* werden; wann immer wir von der Regierung gestützte Bezugsrechte, Rücklagen, Anteile oder Gruppenbevorzugung haben; wann immer wir Gesundheitsreformen, Industriepolitik, die Reformierung von Medicare oder Medicaid, Wohl-

fahrts- oder soziale Sicherheitsreformen diskutieren – sind fast immer Konzerne oder Konzernelemente involviert (Wiarda, *Corporatism and comparative politics*, 1977, S. 129-130). Eine besonders schwache Rechtfertigung für einen Wortgebrauch, der sich sehr von Chomsky's unterscheidet (und von dem, der der "neuen Linken" zugesprochen wird) ist der folgende: "Die 'neue Linke' hat den Begriff "Konzernstaat" verwendet, um einen Staat zu bezeichnen, in dem die Wirtschaftskonzerne einen wichtigen oder entscheidenden Einfluss haben. Würde diese Verwendung des Wortes allgemein übernommen werden, würden wir in Verlegenheit geraten, ein englisches Äquivalent für das deutsche Wort *Ständestaat* ["'Konzernstaat' in der alten Bedeutung"] zu finden. Im Französischen und Italienischen spricht man von *ordre corporatif* bzw. *stato corporativo* im gleichen Sinne wie bei uns (Landauer, *Corporate state ideologies: historical roots and philosophical origins*, 1883, S. 1).

20. *Problems of language and freedom* (1971), S. 63f.; *Language and responsibility* (1979), S. 90. Das Zitat über einen der wichtigsten Punkte in *American Power* stammt aus *Language and politics* (1988), S. 181.
21. Die Zitate stammen aus Antworten von Chomsky auf Fragen, die ihm im Znet-Forum gestellt wurden; vgl. sein Buch *World orders old and new* (1994, 1996), S. 86. Siehe u.a. Sklar, *The corporate reconstruction of American capitalism*, 1890-1916 (1988); Sellers, *The market revolution* (1991); Montgomery, *Citizen worker* (1993); siehe auch Veblen, *The higher learning in America: a memorandum on the conduct of university by business men* (1918); Spring, *Education and the rise of the corporate state* (1971); Smith, *Who rules the universities?* (1974). (Siehe Anm. 16 oben.) Die reale Welt unterscheidet sich sehr von den bekannten Doktrinen. Beispielsweise enthüllt Sklar, dass die Geschichte des Sherman Antitrust Act, der es jetzt mit einer schwierigeren Aufgabe zu tun hat, sich ziemlich davon unterscheidet, was mit gelegentlichen Inspektionen gemeint ist.
22. Chomsky, *Cartesian linguistics* (1966), S. 22f. Er weist ebenfalls darauf hin, dass die Betonung der Sprache als "un système où tout se tient" und "un tout organique" des Saussureanschen Strukturalismus "zumindest gedanklich eine direkte Folge" von Humboldts Auffassung ist.
23. Siehe *Organic form* (1972), Hrg. Rousseau; besonders Orsinis "The ancient roots of a modern idea" und Wimsatts "Questions about a metaphor."
24. Für mehrere aufschlussreiche Beispiele aus seinen ausgereiftesten Werken (seine Vorlesungen über Philosophiegeschichte), siehe die "befremdlichen und erstaunlich ignoranten und rassistischen Rasereien, die selbst nach den (nicht besonders liebenswerten) heutigen Normen schockieren" (Znet Forum), zitiert aus Chomsky, *Year 501* (1993), S. 4-5, 119-120, 226, 230 (dt. *Wirtschaft und Gewalt*).
25. Siehe Boucher und Kelly (Hrsg.), *The social contract from Hobbes to Rawls* (1994), Kapitel 8 (von B. Haddock).
26. Wie Chomsky hervorgehoben hat, sind die neuhegelianischen Doktrinen und ihre Stellung in der intellektuellen Geschichte des Bolschewismus, des Faschismus und der privaten Konzernherrschaft ein äußerst interessantes Thema, das erhellend sein sollte, nie eingehender untersucht wurde (es ist nirgendwo im politischen Spektrum ein Lieblingsthema) – auch wenn es hier und da Nachahmungen gibt.

Manche (vielleicht mit die ersten) sind in einer herausragenden Studie (*Business as a system of power*, 1943) von Robert Brady zu finden, "ein sehr wichtiger, Veblen ähnelnder politischer Ökonom", den Chomsky gelegentlich zitiert hat. Die Hauptquelle über Rechtsgeschichte scheint *The transformation of American law, 1870-1960* (1992) von Morton Horwitz zu sein, einem Juraprofessor in Harvard und führendem Rechtshistoriker, der die Geschichte bedeutender Rechtsentscheidungen ausgehend von der heutigen Konzerngesetzgebung detailliert und interessant widergibt (...) Er schreibt, eine solche "rechtliche Personifizierung des Konzerns (...) stärkte die Stellung der Wirtschaftskonzerne in der amerikanischen Gesetzgebung enorm" (S. 67). Im Vorwort betont er, dass "so verschiedene Geschichtsdenker wie Hegel und Marx, Whig-Historiker wie McCauley oder Konservative wie Sir Henry Maine versuchten, die allgemeinen Gesetze der Geschichte, des Wandels und des sozialen Fortschritts zu finden" und dabei, wie ergänzt werden könnte, die Naturwissenschaften nachahmten und mehr oder weniger bewusst annahmen, dass manche kulturelle Gebilde nicht weniger "organisch" sind als der menschliche Organismus. Siehe auch S. 52, 222 und "The natural entity theory", S. 100f.

27. *Powers and Prospects* (1996), S. 72.
28. Chomsky betont: In den falsch benannten "Freihandelsvereinbarungen" (NAFTA, WTO usw.) werden Konzernen Rechte zuerkannt, die über jene von Personen weit hinausgehen: so z.B. das Recht in Kapitel 11 der NAFTA, gegen souveräne Staaten zu klagen, wenn sie Handlungen begehen, die "einer Enteignung gleichkommen" (z.B. Regelungen, die zukünftige Profite beeinträchtigen könnten), oder "nationale Verfahren", die von General Motors in Mexiko gefordert werden können, jedoch nicht von Mexikanern aus Fleisch und Blut in New York.
29. Siehe Robert W. Benson, *Challenging corporate rule: the petition to revoke Unocal's charter as a guide to citizen action* (1999), eine hervorragende Erzählung über einen Versuch (der gerade von den Gerichten weitergeführt wird), den Justizminister Kaliforniens zu zwingen, die Charta von Unocal aufgrund von Verbrechen aufzuheben, die in Burma und Kalifornien begangen wurden. Dieses Buch liefert zudem erhellende Hintergründe und ist ein Ratgeber für Bürgerbewegungen anderenorts. Siehe auch Dean Ritz (Hrsg.), *Defying corporations, defining democracy: A book of history and strategy* (2001).
30. Chomsky, *Powers and prospects* (1996), S. 113, und in diesem Zusammenhang "The system is weak" (1996).
31. Chomsky, *Powers and prospects* (1996), Kapitel 4; siehe auch "Rollback III" (April 1995); "Propaganda and control of the public mind" (Feb. 1997), woraus Kapitel 20 ein Auszug ist; und "Market democracy in a neoliberal order: doctrine and reality" (1997), wovon in *Profit over People* (1999) ein Auszug zu finden ist; und weitere Schriften.
32. *Powers and Prospects* (1996), S. 131.
33. Für eine Vielzahl von Bemerkungen über verschiedenartige Gesichtspunkte von Chomskys Werken, siehe *Noam Chomsky: critical assessment* (1994), Hrsg. C. P. Otero, und die dortigen Verweise; besonders die Verweise in den Einleitungen der vier Bände; für Übersichten über seine Werke, siehe die Monographien von Lyons

(1970, 1991), Leiber (1975), Salkie (1990), Haley und Lundsford (1994), Wilkin (1997), Barsky (1997), Mc Gilvray (1999), Smith (1999) und Otero. Es gibt auch ein *Chomsky for beginners* (1996) von Cogswell und nach derselben Art *Introducing Chomsky* (1997) von Maher und Groves.

6

1. Robert Goodman, *After the planners* (New York: Simon and Schuster, 1971).
2. K. William Kapp, *The social cost of private enterprise* (New York: Schocken Books, 1971), S. 231.
3. Vgl. Seymour Melman, "Industrial efficiency under managerial versus cooperative decision-making", *Review of Radical Political Economics*, Herbst 1970; nachgedruckt in B. Horvat, M. Markovic und R. Supek, Hrgs., *Self-governing socialism*, Band 2 (White Plains, N.Y.: International Arts and Sciences Press, 1975). Siehe auch Melman, *Decision-making and productivity* (Oxford: Blackwell, 1958); und Paul Blumberg, *Industrial democracy: the sociology of participation* (New York: Schocken Books, 1969).
4. Stephen A. Marglin, "What do bosses do?" *Review of Radical Political Economics*, Sommer 1974; Herbert Gintis, "Alienation in capitalist society", in R. C. Edwards, M. Reich und T. E. Weiskopf, *The capitalist system* (Englewood Cliffs, N.J.: Prentice-Hall, 1972).
5. J. E. Meade, *Efficiency, equality and the ownership of property* (Cambridge, Mass.: Harvard University Press, 1965).
6. Karl Marx, *Das Kapital*, Band 3.
7. Giambattista Vico, *The new science,* übersetzt von T. C. Bergin und M. H. Fisch (Garden City, N.Y.: Anchor Books, 1961).
8. David Ellerman, "Capitalism and workers' self-management", in G. Hunnius, G. D. Garson und J. Case, Hrsg., *Workers' control* (New York: Random House, 1973), S. 10-11.
9. Adam Smith, *Wealth of nations* (dt. Wohlstand der Nationen), zitiert von Marglin in "What do bosses do?"
10. Edward S. Greenberg, "In defense of avarice", *Social Policy*, Jan.-Feb. 1976, S. 63.
11. "The fearful drift of foreign policy", Kommentar, *Business Week*, April 1975.
12. In diesem Fall ist wohl ein schierer, durch die staatliche Macht unterstützter Raub eine wahrscheinlichere Erklärung.
13. Über die Interpretation der "Lektionen aus Vietnam" durch akademische Gelehrte und liberale Kommentatoren gegen Kriegsende, siehe mein Buch "Remaking of history", *Ramparts*, September 1975 (nachgedruckt in *Towards a new cold war* [New York: Pantheon Books, 1982]), und "The United States and Vietnam", *Vietnam Quaterly*, Ausg. 1 (Winter 1976).
14. Für eine Diskussion dieses Themas siehe meine Einleitung in N. Blackstock, Hrsg., *Cointelpro* (New York: Vintage Books, 1976).
15. Siehe zum Beispiel Herbert J. Gans, "About the equalitarians", *Columbia Forum*, Herbst 1975.

16. Rudolf Rocker, "Anarchism and anarcho-syndicalism", in P. Eltzbacher, Hrsg., *Anarchism* (London: Freedom Press, 1960), S. 234-35.
17. Einige der Ursprünge dieser Doktrinen habe ich an anderer Stelle diskutiert, z.B. in *For reasons of state* (New York: Pantheon Books, 1973).
18. Rocker, "Anarchism and anarcho-syndicalism", S. 228. Rocker beschreibt die "Weltanschauung des Anarchismus." Ob Marx diese Vorstellung begrüßt hätte, lässt sich nur vermuten. Als Theoretiker des Kapitalismus hatte er nicht viel über das Wesen einer sozialistischen Gesellschaft zu sagen. Anarchisten, die zu der Sichtweise tendierten, dass Arbeiterorganisationen "nicht nur die Ideen, sondern auch die Tatsachen der Zukunft" in kapitalistischen Gesellschaften schaffen müssen (Bakunin), lieferten entsprechend eine umfassendere Theorie postrevolutionärer Gesellschaften. Für einen links-marxistischen Standpunkt über diese Fragen siehe Karl Korsch, "Was ist Sozialisierung?", in Horvat, Markovic und Supek, Hrg., *Self-governing socialism*, Band 1.
19. Offensichtlich treffe ich hier ein moralisches Urteil, für das ich mich nicht entschuldige.
20. Die Zitate stammen von Salvador E. Luria, *Life: the unfinished experiment* (New York: Scribner's Sons, 1973).
21. Für Verweise und Diskussionen siehe Anmerkung 17 und Frank F. Manuel, "In memoriam: critique of the Gotha Program, 1875-1975", *Daedalus*, Winter 1976.
22. Fredy Perlman, *Essay on commodity fetishism*, 1968, nachgedruckt aus *Telos*, Ausg. 6 (Somerville, Mass.: New England Free Press, 1968).
23. Istvan Meszaros, *Marx' theory of alienation* (London: Merlin Press, 1970).
24. Zitiert ebd.
25. Siehe mein Buch *Reflections on language*, New York: Pantheon Books, 1975 (dt. *Reflexionen über die Sprache*), für Verweise und Diskussionen.
26. Walter Sullivan, "Scientists debate question of race and intelligence", *New York Times*, 23. Feb. 1976, S. 23. Seine Darstellung könnte durchaus zutreffend sein; ich habe oft ähnliche Kommentare von linken Wissenschaftlern gehört und gelesen.
27. Vgl. zum Beispiel die Bemerkungen über Sprache in Luria, *Life: the unfinished experiment;* Jacques Monod, *Chance and necessity* (New York: Alfred A. Knopf, 1971); und Francois Jacob, *The logic of life* (New York; Pantheon Books, 1973). Für eine aktuelle Diskussion dieses Themas siehe mein Buch *Reflections on language* (dt. *Reflexionen über die Sprache*).
28. Es ist extrem irreführend zu argumentieren, wie manche es tun, dass bestimmte Vögel ein elementares "Konzept von Zahlen" hätten, wie ihre Fähigkeit offenbare, ordinal und visuell präsentierte Systeme bis zu einer endlichen Grenze (ca. 7) zu verwenden. Die Konzepte von 1, 2 … 7 sind nicht mit dem Konzept der natürlichen Zahlen zu verwechseln, die z. B. von den Axiomen von Dedekind und Peano erfasst werden und auch von gewöhnlichen Menschen ohne Schwierigkeit als unendliches System intuitiv verstanden werden.
29. Vgl. mein Buch *For reasons of state*, Kapitel 7.
30. *American power and the new mandarins*, New York: Pantheon Books, 1969 (*dt. Amerika und die neuen Mandarine*, 1969), Einleitung.

8

1. *Boston Globe*, 20. Juni 1969.
2. Joan Robinson, "Contrasts in economic development: China and India", in Neal Houghton, Hrg., *Struggle against history* (New York: Simon and Schuster, 1968).
3. Walter Lafeber, *America, Russia and the cold war* (New York: Wiley, 1967), S. 73. Siehe Christopher Lasch, *The agony of the American left* (New York: Knopf, 1969), für eine scharfsinnige Diskussion des "kulturellen Kalten Krieges" der 1950er Jahre.
4. Siehe z.B. das neue französische Journal *Autogestion* und die Veröffentlichungen des Institute for Workers' Control, 91 Goldsmith St., Nottingham, England.
5. Ken Oates, Hrg., *Can the workers run industry?* (London: Sphere Books and the Institute for Workers' Control, 1968).
6. Paul Samuelson, *Economics*, 6. Ausg. (New York: McGraw-Hill, 1964).
7. *Daedalus*, Winter 1969.
8. Woodrow Wilson Foundation and National Planning Association, *Political economy of American foreign policy* (New York: Holt, 1955). Unsere menschlichen Werte werden in diesem wichtigen Bericht noch auf viele andere Arten veranschaulicht. So sind z.B. "eine konstruktive Lohnpolitik und eine soziale Wohlfahrtspolitik offensichtlich nötig." Warum? "Um die Unruhen in der Industrie zu mildern." Zur gleichen Zeit ist es nötig, übermäßigen Egalitarismus und Gesetze zur sozialen Wohlfahrt zu bekämpfen, die von linken und sozialistischen Regierungen in die Wege geleitet werden. Die kapitalistische Elite dürfte wie Stalin der Meinung sein, dass Egalitarismus "eine reaktionäre spießbürgerliche Absurdität ist, die manchen asketischen Sekten würdig ist" (17ter Parteikongress). Der Bericht besteht im Folgenden darauf, dass wir das Recht bewahren müssen, zur Unterstützung "etablierter Machtgruppen" zu intervenieren, die erkennen, "dass ihre zukünftige Unabhängigkeit in der Allianz mit dem Westen liegt", sofern die verantwortlichen Teile der Mittelklasse keine Macht erlangen. Wir müssen auch weiterhin dafür sorgen, dass Westeuropa und Japan von der "Neutralität und vom Pazifismus" Abstand nehmen – im Falle Japans dadurch, dass "eine größere Beteiligung Japans an der Entwicklung Südasiens möglich" wird – was im Übrigen ein nicht unerheblicher Faktor im Vietnamkrieg ist. Wir müssen irrationale, kommunistisch inspirierte Landneuverteilungen bekämpfen, wie in Guatemala, wo (wie im Iran) "nationalistische, totalitäre oder geheime kommunistische Regierungen es beinahe geschafft haben, ihre Herrschaft zu festigen" (das bezieht sich auf Arbenz und Mossadegh); und so weiter.
9. Es gibt drei weitere Gesichtspunkte dieser Bedrohung: "Eine geplante Zerstörung der freien Weltökonomie", die größere Wachstumsrate der sowjetischen Schwerindustrie (der Ursprung dieses Zitats ist unbekannt, es stammt von 1955), und "die Tatsache, dass der sowjetische Kommunismus nicht nur die politischen und wirtschaftlichen Strukturen des Westens bedroht, sondern auch die künftige Existenz menschlicher Freiheit und humaner Gesellschaften weltweit."
10. Franz Schurmann, "The Nixon administration and the Vietnam War" – ein Dokument, das der Stockholm-Konferenz über Vietnam vorgelegt wurde, Mai 1969.

9

1. Veröffentlicht unter dem Titel *Problems of knowledge and freedom*, Pantheon: New York, 1971 (dt. *Über Erkenntnis und Freiheit*, 1973). Sofern nicht anderweitig vermerkt, finden sich sämtliche speziellen Verweise auf Russells Schriften in diesem Buch.
2. "Anarchistischer Kommunismus." Erwähnt von Russell in *Proposed roads to freedom: anarchy, socialism and syndicalism*, New York: Henry Holt, 1919, S. 100 (dt. *Wege zur Freiheit. Sozialismus, Anarchismus, Syndikalismus*, 1971).
3. Besonders in den *Ökonomisch-philosophischen Manuskripten.*
4. Wilhelm von Humboldt, *Ideen zu einem Versuch, die Grenzen der Wirksamkeit des Staats zu bestimmen*, 1792.
5. Ebd.
6. Diese linguistischen Themen werden in *Problems of knowledge and freedom* detaillierter behandelt, S. 3-51 (dt. *Über Erkenntnis und Freiheit*, 1973).
7. Humboldt, *Ideen zu einem Versuch, die Grenzen der Wirksamkeit des Staats zu bestimmen.*
8. *Weekly Reader*, Januar 1971, Ausgabe für die vierte Klassenstufe.
9. Für eine vollständigere Darstellung, die nicht aus dem *Weekly Reader* stammt, siehe Noam Chomsky, *At war with asia*, New York: Pantheon, 1969 (dt. *Indochina und die amerikanische Krise*, 1972, und *Kambodscha, Laos, Nordvietnam*, 1972).
10. C. Kohn und D. Drummond, *The world today*, New York: MyGraw-Hill, 1963.
11. Harold B. Clifford, *Exploring New England*, Chicago: Follett, 1961. Das Beispiel und den Präzedenzfall, den Mason abgab, wurden von späteren Soldaten nicht vergessen. Der Fall wurde z.B. von General Leonard Wood herangezogen, als er die Ermordung von sechshundert Männern, Frauen und Kindern der Moro auf den Philippinen im Jahr 1906 rechtfertigte: "Die Abtrünnigen in den Bergen hatten für 3 bis 6 Monate Lebensmittel und eine Fülle von Wasser. Wir mussten nichts tun, als die Stellung zu halten (...) Ich glaube, manche unserer unnachgiebig betenden Vorfahren behandelten die Pequot-Indianer bei viel geringeren Provokationen in ziemlich ähnlicher Weise." Zitiert in R. O'Connor, *Pacific destiny*, Boston: Little, Brown, 1969, S. 295. Die Analogie ist tatsächlich sehr präzise; wie die Pequot waren die einheimischen Moro mit Pfeil und Bogen, Speeren und Steinen bewaffnet (gegen Woods Maschinengewehre, Bomben und Haubitzen).
12. George Tanham und Dennis Duncanson, "Some dilemmas of counterinsurgency", *Foreign Affairs* 48, 1 (1969): S. 113-22.
13. Siehe auch Chomsky, *American power and the new mandarins*, New York: Pantheon, 1969 (dt. *Amerika und die neuen Mandarine*, 1969).

10

1. Wilhelm von Humboldt, "Über die innere und äußere Organisation der höheren wissenschaftlichen Anstalten in Berlin" (1809/10).
2. Daniel Bell, "The scholar concerned", *American Scholar* 37, 3 (1968): 401-6.

3. Christopher Jencks und David Riesman, *The academic revolution* (New York: Doubleday, 1968), S. 104, 100.
4. *The world of Randolph Bourne*, Hrg. Lilian Schlissel (New York: E. P. Dutton, 1965), S. 198, 85, 87. Mit dem Zitieren dieser Äußerungen beabsichtige ich keine Billigung dessen, was behauptet oder angedeutet wird – wie z.B. dass Universitäten einst eine noble wissenschaftliche Gemeinschaft waren oder dass der "akademische Arbeiter" einen von anderen Angestellten verschiedenen Status haben sollte. Der "akademische Arbeiter" ist nicht der einzige, der davon befreit werden sollte, als Produktionswerkzeug zu dienen.
5. *Partisan Review* 35, 2 (1968).
6. Irving Kristol, "A different way to restructure the university", *New York Times Magazine*, 8. Dez. 1968. Nicht weniger erhellend ist der folgende Satz: "Und in Harvard – als einzigem Ort! – gibt es jetzt einen Kurs (Social Relations 148), der von mehreren hundert Studenten belegt wird und in dem Scheine erhältlich sind. Der Lehrplan wurde von der SDS ausgearbeitet und wird von Sympathisanten der SDS unterrichtet. Sein erklärtes Ziel ist die 'Radikalisierung' der Studenten." Warum sollte es eigentlich so skandalös sein, dass Harvard ("als einziger Ort!") einen von Studenten eingeführten Kurs hat, der eine radikale Kritik der amerikanischen Gesellschaft und ihrer inneren Funktionsweise anbietet?
7. George Kennan, Rede an die International Association for Cultural Freedom am 2. Dez. 1968, in Princeton, N.J.; *New York Times*, 4. Dez. 1968. Zbigniew Brzezinski, der die Studentenbewegung in erster Linie als "technikfeindlich" sieht, beschreibt Kennan als "in einer Stimmung des Zorns gegenüber den Jungen."
8. Eqbal Ahmad, in *No more Vietnams?* Hrg. Richard M. Pfeffer (New York: Harper and Row, 1968), S. 18.
9. Harold B. Clifford, *Exploring New England* (Chicago: Follett, 1961), S. 11.
10. Richard West, *Sketches from Vietnam* (London: Jonathan Cape, Ltd., 1968), S. 97-8.
11. Paul Lazarsfeld und Robert Merton, "Mass communication, popular taste and organized social action", in W. L. Schramm, Hrg., *Mass communication* (Urbana: University of Illinois Press, 1949); zitiert von D. W. Smythe und H. Wilson in einer Studie, in der sie folgern, dass "die Hauptfunktion der kommerziell gestützten Massenmedien in den Vereinigten Staaten darin besteht, die Produkte der Konsumwarenindustrie zu vermarkten und die Bevölkerung zur Loyalität gegenüber dem amerikanischen ökonomisch-politischen System zu erziehen" ("Cold Warmindedness and the mass media", in *Struggle against history*, Hrg. N. D. Houghton [New York: Washington Square Press, 1908], S. 71-72).
12. *Power* (New York: W. W. Norton, 1938), S. 252 [dt. *Macht*]. Er beschließt seinen Essay mit den folgenden Worten (S. 305): "Genau wie wir Kinder lehren, möglichst nicht von Autos überfahren zu werden, sollten wir ihnen auch beibringen, sich nicht durch grausame Phantasien zerstören zu lassen und, soweit wie möglich, die instinktive Freude am Leben zu bewahren, die für gesunde Kinder natürlich ist. Das ist die Aufgabe einer liberalen Erziehung: dem Wert der Dinge einen Sinn zu geben, der nichts mit Herrschaft zu tun hat, weise Bürger einer freien Gemeinschaft hervorzubringen helfen, und durch ein Zusammenspiel aus Bürgerschaft

und freier, individueller Kreativität den Menschen zu ermöglichen, ihrem Leben einen Glanz zu verleihen, von dem einige wenige Menschen gezeigt haben, dass er erreichbar ist."

13. Nathan Glazer, "'Student power' in Berkeley", *Public Interest* 13 (1968).
14. *Le Monde*, 9./10. Juni 1968.
15. Glazer, "'Student power' in Berkeley."
16. Für eine erhellende Diskussion siehe Michael Kidron, *Western capitalism since the war* (London: George Weidenfeld and Nicholson, 1968).
17. Ebd.
18. James Ridgeway, *The closed corporation* (New York: Random House, 1968).
19. Karl Marx, *Kritik des Gothaer Programms* (1875).
20. Vgl. ebd.: "Wenn in einigen Staaten der [Vereinigten Staaten] die höheren Bildungseinrichtungen ebenfalls 'frei' sind, heißt das eigentlich nur, dass die Kosten für die Bildung der oberen Klassen mit allgemeinen Steuereinnahmen bezahlt werden."
21. Und setzt sich weiter so fort. Einer der Mitbegründer des *Cambridge-Projekts* am MIT, Professor Ithiel Pool, stellt z.B. fest, dass dieses 7,6 Millionen Dollar-Projekt die Forschung in der Aufstandsbekämpfung "stärken" wird (*Scientific Research*, 15. September 1969). Zugleich beschreibt er die Studentenproteste als "einen Haufen Unsinn."
22. "Teller fordert ein striktes nukleares Management", *Aviation Week and Space Technology*, 23. April 1963. Wir müssen "den wissenschaftlichen Fortschritt bis an seine Grenzen" vorantreiben, ermahnt Teller, und "die militärischen Erfordernisse werden bald folgen." Sorgen über "den bestmöglichen Gebrauch der bereits erreichten Fortschritte" sind nach seiner Ansicht "ein äußerst besorgniserregendes Symptom", das die "gesamte dynamische westliche Zivilisation" bedroht, "deren Speerspitze Amerika ist."
23. Students for a Democratic Society ("Studenten für eine demokratische Gesellschaft"), Erklärung von Port Huron (1962), nachgedr. in Mitchell Cohen und Dennis Hale, Hrg., *The new student left*, überarb. Aufl. (Boston: Beacon Press, 1967).

16

1. *The Spanish cockpit* (1938; Nachdruck, Ann Arbor: University of Michigan Press, 1963), S. 288-89.
2. Dieser Aufsatz wurde im Juni 1966 geschrieben; er wird im Mai 1968 nachgedruckt. Über die Anwendung von Giftgas in Vietnam siehe Seymour Hersh, "Poison gas in Vietnam", *New York Review of Books*, 9. Mai 1968. Über aktuelle Pläne zur chemischen Kriegsführung siehe *Science*, 24. Mai 1968; dort finden wir folgende Äußerung (S.863)
Die Ausweitung der chemischen Kriegsführung: Die Air Force teilte dem Kongress mit, dass sie 70,8 Millionen Dollar für 10 Millionen Gallonen ausgeben wird, die für Entlaubung und die Zerstörung der Ernte in Vietnam im Steuerjahr, beginnend am 1. Juli, eingesetzt wurden – eine

Erhöhung um 24,9 Millionen Dollar im Vergleich zum Vorjahr. Die ausgeweiteten Einsätze im folgenden Jahr stimmen mit der anhaltenden Erhöhung des US-Programms zur chemischen Kriegsführung in Vietnam überein. In den ersten 9 Monaten des Jahres 1967 wurden 843.606 Morgen Land in Vietnam mit entlaubenden Chemikalien und 121.400 Morgen mit erntezerstörenden Chemikalien besprüht – Werte, die die Gesamtzahlen des gesamten Jahres 1966 geringfügig übertreffen.

Die *Science*-Ausgabe vom 10. Mai 1968 enthält einen Brief von Thomas O. Perry von der Harvard University Press, der die chemische Kriegsführung folgendermaßen kommentiert (S. 601):

Das Verteidigungsministerium kann zwar das Ablenkungsmanöver der "Langzeiteffekte" versuchen, doch über die Kurzzeiteffekte können keine Zweifel bestehen: 2,4-D und 2,4,5-T vernichten die grüne Vegetation. Werden anschließend Brandbomben verwendet, verbrennen die toten Blätter und Zweige, wie es bei schätzungsweise 100.000 Morgen Land (etwa 40.000 Hektar) im "Iron Triangle" im vergangenen Herbst der Fall war.

Durch den einfachen Prozess der Hungersnot wird ein Land ohne grünes Blattwerk rasch ein Land ohne Insekten werden, ohne Vögel und tierisches Leben in irgendeiner Form verwandelt. Neue Photographien und Beschreibungen vor Ort legen nahe, dass manche Gebiete wiederholt besprüht wurden, um für eine vollständige Vernichtung der Vegetation zu sorgen. Es kann kein Zweifel bestehen, dass das Verteidigungsministerium auf kurze Sicht über bloßen Genozid hinausgehen wird – hin zum Biozid. Es hat die gesamte US-Produktion von 2,4,5-T in den Jahren 1967 und 1968 erfordert [etwa 13 bis 14 Millionen Pfund (6,36 Millionen Kilo), wie die U.S. Tariff Commission berichtete]. Wenn man das zu den anderen Chemikalien hinzuzählt, deren Verwendung das Verteidigungsministerium einräumt, ist das genug, um 97 Prozent der oberirdischen Vegetation von mehr als 10 Millionen Morgen Land (etwa 4 Millionen Hektar) zu vernichten – ein so großes Gebiet, dass ein Mann über 60 Jahre brauchen würde, um jeden Morgen Land zu betreten.

Die Langzeiteffekte des Besprühens einer solchen Fläche sind womöglich unberechenbar, doch die Kurzzeiteffekte der Verwendung dieser Chemikalien stehen fest: eine Vielzahl von Blättern, Bäumen, Reispflanzen und anderen Pflanzen sterben; eine Vielzahl von Insekten, Vögeln, Tieren sowie einige Menschen sind entweder abgewandert oder verhungert. Die Nordvietnamesen können sich glücklich schätzen – sie müssen sich nur gegen Bomben zur Wehr setzen.